作者近影

陈　锋，1955年生，山东莱芜市人。历史学博士。国务院政府特殊贡献津贴专家（1993年起）。武汉大学教授、博士生导师，中国经济与社会史研究所所长，国家人文社会科学重点研究基地——中国传统文化研究中心副主任。兼任中国社会史学会理事、中国经济史学会副会长、中国古代经济史专业委员会主任、中国传统文化学会副会长、中华砚文化联合会副会长、湖北省中国经济史学会会长等。著有《清代盐政与盐税》（1988）、《中国病态社会史论》（1991）、《清代军费研究》（1992）、《陈锋自选集》（1997）、《清代财政政策与货币政策研究》（2008）、《清代财政史论稿》（2010）等书。主编有《中国俸禄制度史》（1996）、《武汉现代化进程研究》（2002）、《张之洞与武汉早期现代化》（2003）、《明清以来长江流域社会发展史论》（2006）、《中外学者论〈展望二十一世纪〉》（2006）、《中国经济史纲要》（2007）等书。学术辑刊《中国经济与社会史评论》、《中国经济史论丛》主编。论著多次获省部级一、二、三等奖。获湖北省优秀研究生导师奖，日本创价大学荣誉奖。并曾任日本东京大学、同志社大学、创价大学，台湾“中央研究院”等高校或研究机构的客座教授、客座研究员。

陈锋史学论著五种

中国财政经济史论

陈锋 著

WUHAN UNIVERSITY PRESS
武汉大学出版社

图书在版编目(CIP)数据

中国财政经济史论/陈锋著．—武汉：武汉大学出版社,2013.7
名家学术
陈锋史学论著五种
ISBN 978-7-307-08717-0

Ⅰ.中…　Ⅱ.陈…　Ⅲ.财政史—中国—文集　Ⅳ.F812.9-53

中国版本图书馆 CIP 数据核字(2011)第 077787 号

责任编辑:张俊超　　责任校对:黄添生　　版式设计:马　佳

出版发行：**武汉大学出版社**　(430072　武昌　珞珈山)
(电子邮件：cbs22@whu.edu.cn　网址：www.wdp.com.cn)
印刷：武汉中远印务有限公司
开本：720×1000　1/16　印张:36　字数:514 千字　插页:2
版次：2013 年 7 月第 1 版　2013 年 7 月第 1 次印刷
ISBN 978-7-307-08717-0　定价:72.00 元

目　　录

一、

马克思主义整体世界史观与中国经济史研究

本世纪以来在历史研究中出现的宏观研究趋势，已使越来越多的史学工作者认识到必须用全球的眼光去看待世界史，“然而，越是强烈地相信需要用全球的眼光去看待世界史，历史学家们便越容易认识到撰写这种世界史的过程中所包含的问题和实际困难。至今，试图撰写世界史的努力并没有取得真正的成功”①。但是，随着“欧洲中心主义”及形形色色的中心主义的史学思潮的驳正，随着世界历史体系的重新架构，近20年来，在吴于廑等老一辈史学家的倡导下，在我国史学界，整体世界史观已得到基本认同。作为一种理论和方法论，整体世界史观不仅对重新审视世界历史有重要意义，对相关领域的研究也同样富于启迪。本文即是在阐述马克思主义整体世界史观的基点之上对中国经济史的研究谈一点粗浅的看法。

---

①［英］杰弗里·巴勒克拉夫：《当代史学主要趋势》，上海译文出版社1987年版，第244页。

一

马克思在《政治经济学批判》导言中曾下过一个科学的断语："世界史不是过去一直存在的；作为世界史的历史是结果。"① 众所周知，在人类发展的初始阶段，不论是欧洲大陆，还是亚洲大陆、非洲大陆，可以说是完全隔绝的，甚至在一个大陆的不同区域也处于隔绝状态。在隔绝的状态下，彼此独立，多元发展，蕴孕成长着不同的文明。当人类经过若干世纪的文明发展后，当不同的文明类型和不同的文化群体之间有了一定的接触和交流之后，相互之间的联系和影响也依然有限，也依然保持着相对独立的文明形态。甚至在东西方的农本经济得到相对成熟的发展后，农本经济本身也在相当程度上制约着此疆彼界的交往。"在中世纪的社会里，特别是在最初几个世纪，生产基本上是为了供自己消费。它主要只是满足生产者及其家属的需要。在那些有人身依附关系的地方，例如在农村中，生产还满足封建主的需要。因此，在这里没有交换，产品也不具有商品的性质。农民家庭差不多生产了自己所需要的一切：食物、用具和衣服。只有当他们在满足自己的需要并向封建主缴纳实物租税以后还能生产更多的东西时，他们才开始生产商品……以交换为目的的生产，即商品生产，还只是在形成中。因此，交换是有限的，市场是狭小的，生产方式是稳定的，地方和外界是隔绝的。"② 生产的自给自足，交换的有限，市场的狭小，生产方式的稳定，当然是由农本经济的特质所决定，并由这种特质而导致地方与外界的隔绝或部分隔绝。世界历史的统一进程只能是逐渐形成，并且显然是在相当晚的历史时段上形成。

在人类历史由分散向整体的发展转变中，1492 年的地理大发现是一个显著的界标。地理大发现的偶然事件是历史发展的必然结果。众所周知，15 世纪至 18 世纪是西欧资本主义开始兴起的时期

---

① 《马克思恩格斯选集》第 2 卷，人民出版社 1972 年版，第 112 页。

② 《马克思恩格斯选集》第 3 卷，人民出版社 1972 年版，第 429 ~ 430 页。

(亦即“前工业化时代”),“随着商品生产的扩展,特别是随着资本主义生产方式的出现,以前潜伏着的商品生产规律也就愈来愈公开、愈来愈有力地发挥作用了。旧日的束缚已经松弛,旧日的壁障已经突破”,“伟大的地理大发现以及随之而来的殖民地的开拓使销售市场扩大了许多倍,并且加速了手工业向工场手工业的转化”①,加速了传统农业社会向近代工业社会的过渡,加速了封建经济结构的解体。在这样一个历史发生重大转折的时代,与这种社会经济总体背景的转折相一致,开始了人类历史从分散发展向整体发展的重大转变,到19世纪20世纪之交,世界终于形成为一个相互依存、彼此影响、不可分割的整体。

二

马克思主义的经典作家虽然没有集中论述过世界的整体发展,但在有关篇章中揭示历史发展的脉络和动因时,事实上已较为系统,并由此形成了马克思主义的整体世界史观。

在马克思、恩格斯看来,历史的纵向发展是绝对的,历史总是在不断前进的,一切发展,不管其方式如何,不外是各个世代的依次交替,都可以看作是一系列的不同的发展阶段,每个发展阶段又彼此否定,彼此联系,“每一代一方面在完全改变了的条件下继续从事先辈的活动,另一方面又通过完全改变了的活动来改变旧的条件”②。这种发展首先源于生产力推动的生产方式的变革。生产力的变化必然引起生产方式的变化,“随着生产力的获得,人们改变自己的生产方式,随着生产方式即保证自己生活的方式的改变,人们也就会改变自己的一切社会关系。手工磨产生的是封建主为首的社会,蒸汽磨产生的是工业资本家为首的社会”③。马克思进而又指出:“在人们的生产力发展的一定状况下,就会有一定的交换和

---

① 《马克思恩格斯选集》第3卷,人民出版社1972年版,第430页。
② 《马克思恩格斯选集》第1卷,人民出版社1972年版,第51页。
③ 《马克思恩格斯选集》第4卷,人民出版社1972年版,第144、104页。

消费方式。在生产、交换和消费发展的一定阶段上，就会有一定的社会制度、一定的家庭、等级或阶级组织，一句话，就会有一定的市民社会。有一定的市民社会，就会有不过是市民社会的正式表现的一定的政治国家。”① 其次源于社会自身的矛盾运动。经典作家把社会看成是包含内在矛盾的有机体，并一再从社会结构的角度研究这个有机体。社会发展当然是在解决社会自身的矛盾中不断前进的，“当文明一开始的时候，生产就开始建立在级别、等级和阶级的对抗上，最后建立在积累的劳动和直接的劳动的对抗上。没有对抗就没有进步。这是文明直到今天遵循的规律。到目前为止，生产力就是由于这种阶级对抗的规律发展起来的”②。正是由于这种互相联系着的生产力的发展、生产方式的变革、社会自身的矛盾运动，决定着人类社会形态由低级向高级的演进。

当历史演进到资本主义阶段，也就具备了世界整体发展的某种条件。换言之，历史的纵向发展所达到的阶段和水平，规定和制约着各民族之间的交往。正如马克思、恩格斯所说：“各民族之间的相互关系取决于每一个民族的生产力、分工和内部交往的发展程度。这个原理是公认的。”③

各民族之间的相互交往，亦即历史的横向发展，是世界走向整体发展的枢纽。从某种程度上说，正是由于历史的横向发展，才使世界由分散发展转变为整体发展。在历史上，很早之前就存在着民族之间的联系和交往（如以丝绸之路为纽带的中华民族与西亚、欧洲之间），但这种联系和交往远非普遍，只有随着生产力的高度发展，“人们之间的普遍交往才能建立起来”，每一民族与其他民族的进步也才具有“依存关系”，从而使“狭隘地域性”转变为“世界历史性”④，“历史也就在愈来愈大的程度上成为全世界的历

① 《马克思恩格斯全集》第27卷，人民出版社1972年版，第477页。
② 《马克思恩格斯选集》第4卷，人民出版社1972年版，第144、104页。
③ 《马克思恩格斯选集》第1卷，人民出版社1972年版，第25页。
④ 《马克思恩格斯选集》第1卷，人民出版社1972年版，第39~40页。

史"①。按照经典作家的界说，资本主义与大工业在这一转变过程中起着关键性的作用，"资本主义生产的规律，是生产方式的经常改造和生产规模的无限扩大。……资本主义企业必然超出村社、地方市场、地区和国家的界限。因为国家的孤立和闭关自守的状态已被商品流通所破坏，所以每个资本主义工业部门的自然趋向使它需要'寻求国外市场'"，所以，"资本主义破坏了旧时经济体系的孤立和闭关自守的状态（因而也破坏了精神生活和政治生活的狭隘性），把世界上所有的国家联结成统一的经济整体"②。而大工业则使竞争普遍化了，创造了交通工具和现代化的世界市场，"大工业到处造成了社会各阶级间大致相同的关系，从而消灭了各民族的特殊性"，"首次开创了世界历史，因而它使每个文明国家以及这些国家中的每一个人的需要的满足都依赖于整个世界，因为它消灭了以往自然形成的各国的孤立状态"③。概言之，世界各民族、地区、国家间隔绝状态的打破，有赖于不同民族、不同地区、国家之间的交往、联系的增多，而交往、联系的增多是与生产力的发展同步的，它主要表现为：生产的发展引起社会分工，社会分工产生了产品交换，交换的发展导致了资本的出现，资本把市场扩展到世界范围，大工业最终形成了世界市场。正是这种"经济必然性"，打破了各民族、各地区、各国家的分散孤立、闭关自守的状态，逐渐把世界联成为一个整体。以这个经济运动为基础，构成了历史的横向发展，推动着"民族历史"向"世界历史"的转变，使历史愈来愈成为"世界史"④。

如上所述，人类历史由彼此闭塞、分散发展的历史逐步演化为世界历史，其自身是一个历史过程。在这一历史过程中，历史的纵向发展导致了生产方式的演变和社会形态的更迭，纵向发展所处于

---

① 《马克思恩格斯选集》第1卷，人民出版社1972年版，第39~40页。

② 《列宁选集》第1卷，人民出版社1972年版，第187~188页。

③ 《马克思恩格斯选集》第1卷，人民出版社1972年版，第39~40页。

④ 参见《世界历史》1991年第2期、《史学理论研究》1994年第1期，李植枬教授的文章。

的阶段和达到的水平，规定和制约着横向发展的规模和广度、深度；而历史的横向发展则是各民族、地区、国家之间由闭塞到开放，由分散到整体的直接显示，横向发展既是世界迈向整体发展的驱动，也在某种程度上反作用于纵向发展。历史的纵向发展和横向发展及其相互关系，构成了世界历史进程的核心内容。这也正是马克思主义整体世界史观的精义。

三

在马克思主义整体世界史观的指导下，吴于廑先生于20世纪80年代曾提出研究世界历史的四个结合，即：经济基础研究与上层建筑研究相结合；历史纵向研究与历史横向研究相结合；专门问题研究与综合研究相结合；世界史研究与中国史研究相结合。循着这一思路，近年来，在世界历史学科领域已取得相当多的成果，其影响所及已经超出世界历史学科领域。

重温马克思主义的整体世界史观及相关理论与方法，结合中国经济史研究的现状，下述几个问题应该予以特别注意。

第一，应该在更加广阔的视野下研究中国经济史。中国经济史本来就是专门化程度很强的学科，如果忽视了从更加广阔的视野来窥察、探讨中国经济史上的有关问题，必然会过深地陷入专门化的陷阱，必然会阻碍我们更加深刻地认识中国社会经济发展的进程，以及在发展进程中的内部、外部制约和诸多变量。这样，便会有就事论事、走进狭窄胡同的危险。从实际情况看，这种危险也确实存在。

我们所说的“更加广阔的视野”，并不是就研究领域而言，在更大的程度上是指一种方法论，它至少应该包括三点要义：一是在总体上把握个体研究，在研究某一个具体问题时，注意其与相关类项的联系以及一系列比较复杂的变量因素。社会经济本身就是一个不断变化、相互影响的多层次的结构性整体，诸如人口、土地、赋税、货币、物价、商业等社会经济本体之间已经存在着互相联系、制约、影响；而什么样的政治体制，政治体制如何运作，经济政策如何制定、颁布、实施，什么样的社会结构、文化背景、生活习惯等，都与社会经济密切关联。二是地理、气候、生态自然环境对社会经济往往起着长期的、深刻的影响，布罗代尔把其归结为“长时段”理论，任何个体的研究，应该尽可能地用长时段的标尺加以衡量，对此，我们必须借鉴和注意。事实上，马克思主义的经典作家也十分重视地理环境对社会经济发展的影响，马克思在《资本论》中曾认为，“劳动生产率是同自然条件相联系的”，一定的自然条件甚至对社会生产“具有决定性的意义”①。三是把中国经济史研究放在世界史的全局下加以把握。世界历史由分散到整体的发展，决定了中国社会经济的发展进程中与外界联系的由疏到密，特别是明清以来的中国经济的发展变迁，如资本主义萌芽问题，中外贸易冲突问题，闭关、限关与开放问题，近代化转型问题，以及自然经济的解体、城镇化倾向、洋行的出现、新型商业的兴起、新式经济政策的出台、近代企业的发展、列强在华的经济扩张等问题，更是与外界不可须臾相离。若不对世界全局加以把握，很难想象对这类问题能有深入的研究或新的突破。甚至是一些传统的问题，因为世界化进程的加速，也都或多或少地有着外界影响的烙印，也应该加以观照或比较。

第二，经济史的研究对象应该在实质上加以扩展。如前所述，生产力的发展，生产力与生产关系、经济基础与上层建筑的矛盾运动，是世界由分散到整体转变的关键，是社会经济发展的原动力，也是马克思主义的精髓。自从亚当·斯密、李嘉图和马克思时代以来，特别是随着马克思主义的传播和定尊，历史学家已经充分认识到了经济因素在历史变革过程中的重要性，经济史研究也取得了长足的进步和发展。在我国经济史学界，也特别注意生产力与生产关系的研究。但毋庸讳言的是，许多经济史著作，不论是标明“经济史”也好，标明“社会经济史”也好，标明“国民经济史”也好，往往是表面化和框框化的，所述内容大同小异，大多侧重经济制度的制定与演变之铺陈，与其说是社会经济史研究，不如说是对

① 《马克思恩格斯全集》第23卷，人民出版社1972年版，第560页。

制度经济史的研究，而对每一个历史时期的生产力发展水平，人民生活的实际状况，农村社会与市民社会以及不同阶层、不同劳动者之间的共性与差别等，都缺乏细致的、比较的、量化的研究。我们知道，生产力与生产关系并不是空洞的概念，也不是死搬硬套的模式，马克思主义的经典作家在讲到生产力和生产关系时，恰恰特别注意生产、交换、消费、家庭、等级、阶级组织、市民社会、生活方式这些有血有肉的因子。从这里我们可以体味到，经济史的研究对象，应该包括整个社会经济生活，并应该深入到社会经济生活的内里。当然，相关资料的匮乏，也是导致研究表面化、条条化、制度化的一个原因。这里，除了视角的改变外，还应在挖掘、搜集资料上踏踏实实的下一番工夫。

第三，应该注重社会经济的比较研究。整体世界史观的一个基本特点，就是探求世界上不同民族、不同地区、不同文明形态的发展轨迹和社会模式之间的规则性和变异性。欲寻求其共性和差异，也就需要双向和多向比较。随着历史学由叙述式向分析式的转变，在更广的范围内钩沉、罗列比较性资料，在更深的层面上进行比较研究，也就益显重要。在这方面，已有学者进行过较为成功的尝试，如对罗马与汉代奴隶制的比较，对西欧封建制经济与魏晋封建制经济的比较，对明清以迄近代中西经济的比较，对中日近代化的比较，等等。有的已形成专著，正式出版。尽管有些比较研究还嫌稚嫩，但毕竟是吹来了缕缕清风。

不论是“过程比较”方法，还是“结构比较”方法，从原则上说，只有在个案研究的基础上，只有在可以比较的事项之间，才有可能进行有意义的令人信服的比较。但是，可供比较的社会经济事项还是相当多：从时间序列上讲，既可作不同历史时期的顺向、逆向比较，也可作不同时段的选择性比较；从空间范围上讲，既可作不同区域、不同流域之间的比较，也可作不同民族、不同国家之间的比较；从研究类项上讲，大至社会经济结构、社会经济形态，小至一个集市、一个工场、一种物价、一种税收，都有可供比较之处。正像国外学者已经指出的，只有通过比较，才能十分清晰地认识到每一个国家的本质特征，才有可能把必然和偶然加以区别，把个别和典型加以区别。比较研究，可以导致提出非常有用的问题，有时还能提出新的问题，也许可以推导出新的历史结论①。

第四，区域经济史的研究还应加强。如所周知，前此西方史学界所出现的“欧洲中心主义”史学思潮，往往以欧洲社会经济发展模式来诠释世界历史的发展进程，不注意甚至否认不同国家、不同民族、不同地区的社会经济发展特点。西方历史研究方法的引进往往伴随着欧洲人的偏见和成见，同时也有意无意地接受了欧洲中心论的观点，由此导致了社会经济区域性研究的疏忽。近年来在我国经济史学界，对区域经济的研究已得到应有的重视，其中，对东北区域经济史的研究，对长江流域经济史的研究，对云贵西南民族经济史的研究，对广东、福建沿海区域经济史的研究等，都已经取得重大进展。在区域经济史研究理论上，美国斯坦福大学教授施坚雅提出的一系列观点、模式以及将中国划分为东北、西北、华北、长江上游、长江中游、长江下游、东南沿海、岭南、云贵九个大的经济区，分别进行经济结构的系统分析，不失为富有启发性的成果，也对中国经济史学界产生着影响。

由于中国幅员辽阔，社会经济背景有着许多差异，表现在经济发展水准上，在地域上就呈现出不均衡性。当然，这种不均衡性，发生在中华民族大家庭的版图之内，以中央经济政策为导向的经济发展模式是基本相同的，这就决定了区域经济的异中有同，同中有异，应该遵循既寻其异，又觅其同的原则，毕竟不同于超越国界的大的区域经济研究（如布罗代尔的名著《地中海与腓力普二世时期的地中海世界》），但是，像布罗代尔的名著中所体现出来的“结构”、“局势”、“事件”的谋篇布局和研究方式还是多可借鉴。同时，加强区域经济史的研究，还应注意如下方面：首先，应该注意社会经济区域的界定。如前所述，施坚雅将中国划分为九个经济区，台湾学者在进行“现代化区域研究”时，又将中国划分为十个经济区，凡此，可供参考，不能视作定论。一个完整的社会经济

① ［英］杰弗里·巴勒克拉夫：《当代史学主要趋势》，上海译文出版社1987年版，第280页。

区域，既应考虑到行政区划，更应考虑地理上的自然地理区域、经济活动上的经济区域、人文特征上的文化区域等多种因素，然后视研究课题而权衡界定。况且，历史上的社会经济区域在不同的历史阶段也不是一成不变的。其次，应该注意每个社会经济区域的研究内容和研究深度。一般说来，社会经济区域内大致包括自然、文化、社会等生态环境，人口、土地、赋税等财政制度，农业、商业、手工业等部门经济，物价、流通、市场等商业结构，城镇、农村、小经济区等经济网络，政治、军事、事件等外在制约，以及交通、运输、仓储、社会保障等。每一个社会经济区域的研究内容虽然不尽吻合，但不妨说是大致类同的，只有逐一清理，然后才谈得上科学的综合。而研究深度的取得，仍需要继承和发扬前辈学者的优良学风，认真搜集资料，下工夫进行社会调查，并加强个案研究和专题研究的力度。再次，应该注意多种研究方法的运用。布罗代尔研究“地中海世界”很有方法论启示。社会经济的区域研究，涉及方方面面，本身就是一种综合研究，必须跨越历史学与其他学科的樊篱，将社会科学、人类学乃至自然科学的研究方法引入区域研究之中，从而运用历史学、社会学、地理学、生态学、人口学、民族学、经济学、统计学、心理学等多种知识结构和研究方法进行综合研究。各种研究方法的运用，一方面给我们提供了新的技术手段；另一方面，也促使我们用新的眼光去窥察旧的或新的研究课题。

原载《江汉论坛》1996 年第 4 期

二、

论中国经济政策史的研究

随着现今中国经济由计划经济向市场经济的过渡，历史上的“经济体制”或许会引起中国经济史研究者的重视。从“经济体制”着眼，迄今的历史上大概有过四种类型的经济：一是习俗性经济，二是指令性（计划性）经济，三是市场经济，四是前二者或三者相互交织、共同存在的混合经济。不同的经济体制当然有不同的运作特点，笔者认为，中国传统社会的经济，主要是一种指令性经济①，在指令性经济体制之下，经济政策的作用也就特别突出，加强对中国经济政策史的研究应该是很有意义的。

一　从国家与经济的关系概说经济政策

列宁在《论国家》中曾说：

---

①　当然，在指令性经济体制下，“专制君主未必能把各种习俗破坏殆尽”，习俗性经济仍在很大程度上存在着。参见［英］约翰·希克斯：《经济史理论》，商务印书馆1987年版，第16页。

> 国家一直是从社会中分化出来的一种机构，一直是由一批专门从事管理、几乎专门从事管理或主要从事管理的人组成的。……只要国家存在，每个社会就总有一个集团进行管理，发号施令，实行统治，并且为了维持政权而把实力强制机构、暴力机构、适合于每个时代的技术水平的武器把持在自己手中①。

国家产生、并在设官分职之后所体现出来的管理或统治特征，从表面上看是各级官僚直接行使或大或小的政治权力的结果，但事实上在这背后，正常权力的行使（当然排除了权力的滥用）则受制于一系列的政策或法令。换句话说，正是在政策、法令的规范下，各级官僚藉以发挥各自的行政职能。也正是在这个意义上，抑或说随着时势的变化而颁布的政策或法令也可以视作是把持在统治集团手中的“武器”，并不断地采取进行调节的“新手段”②。因此，国家与经济的关系，是由国家职能以及由国家职能直接衍化出来的政治权力、直接颁布的政策法令对社会经济的干预。

不言而喻，国家的经济职能是国家诸多职能的重要内涵之一，国家经济职能的体现，标示着上层建筑、国家机器对经济基础、经济运作的反作用。在有阶级的社会中，国家职能以及政治权力、政策法令对社会经济的干预无时不在。这种干预，在不同的社会形态和不同的经济体制之下，只有强弱的不同和效果的差异；而在中国封建社会中，由于高度的中央集权和家长式的专制统治，政策干预也就表现得更为强烈和典型。在许多情况下，对社会经济、财政经济起决定作用的，多半还是政府的经济政策。王毓铨先生说得好，“封建社会的经济是政治控驭下的经济”，或者可以称之为“政治权力经济”③。这正揭示出了封建社会的经济特质以及经济与政治

---

① 《列宁选集》第4卷，人民出版社1972年版，第47页。

② 《马克思恩格斯选集》第4卷，人民出版社1972年版，第168页。

③ 王毓铨：《中国古代经济史研究》，载《中国经济史研究》1989年第4期。

的关系。

由这种“政治权力经济”特质所决定，以显现国家经济职能对社会经济实施干预、规范、导引、调节的经济政策，在封建社会或者说在“专制统治社会”，也就具有了如下主要特点：第一，所谓的“经济政策”的语义或内涵较为宽泛，它既包括了典型政策意义上的典章、条例、法律等，也包括了帝王的谕令、意旨，甚至后者更能代表经济政策的走向与更张，充分体现着封建皇权与官僚政治特征，这也就是列宁所指称的“国家实行君主制时，政权归一人掌握”的底蕴①。第二，由此“糅合”起来的经济政策，在一定程度上具有明显的随意性和超经济性。一方面，受着帝王的智能、品性、好恶的制约以及权力的极度膨胀，其谕令在某些情况下可能仅仅是“个人的憎恶，或者甚至是各种纯粹个人的怪癖”的表现②；而且，随着时间的推移以及最高统治者的更迭，继位帝王往往纠前主之“是”或纠前主之“非”，政策的连续性被打破（卢梭在《社会契约论》中曾认为这是君主制政体的一个显著缺陷）。另一方面，经济政策中的过度的政治化倾向，也正标示着政治权力支配经济权力，标示着政治利益对经济发展自身规律的遏制。第三，与官僚政治的根本利益相一致，经济政策的一个基本导向是伴随着政治的等级制而进行财产的等级分配，这包括了土地的占有、徭役的优免、俸禄的分配以及经济特权的攫得等方面。并且，为了维持封建统治，保证行政权力整个机构的生活源泉，向农民以及工商业者榨取沉重的地租及各种赋税，并在赋税收入的基础上，进行财力的分配。在许多情况下，首先被考虑的是国家财政的收支平衡，而不一定是社会经济的发展。第四，财政政策是国家能力的最直接的表现，在经济政策中，财政政策被首先考虑是毋庸置疑的，但是，也必须注意到，封建王朝的经济政策作为对社会经济实行干预的总纲，在不同的历史阶段和不同的历史背景下虽然由于政策目标的不同而表现出诸多效果差异，但毕竟对生产关系的调整、社会

① 《列宁选集》第4卷，人民出版社1972年版，第51页。

② 《马克思恩格斯选集》第4卷，人民出版社1972年版，第244页。

经济的发展以及经济活动的正常运行起过至关重要的作用，这种作用标示着国家权力对于经济发展的干预沿着同一方向运作，标示着统治者制定与推行的经济政策是一定的经济基础和社会生产力的反映，标示着政策导向与历史发展的吻合，从而显现出经济政策的积极的一面。

由上，有理由认为，封建国家的经济政策虽然具有多样化特点，但从总体上反映了在专制统治之下，国家用行政命令和行政手段干预经济，乃是经济政策实施的主要方式。由上，我们也可以对封建国家的“经济政策”作如下界定：专制统治社会的经济政策是帝王谕旨、官僚意志、典章律例的总和，一些制度化和非制度化的谕令、条例等共同构成指导、规范社会经济活动的准则。它既是一定的经济基础和社会生产力的反映，同时又集中体现着统治阶级的意愿和利益。统治者通过直接行使政治权力，通过颁布许可和禁令，为每个领域的经济活动规定外部条件或基本框架，迫使社会经济按照或朝着统治阶级的利益要求运转，从而在主观上或客观上促进或阻碍社会经济发展。

鉴于以上认识，我们对经济政策的研究就不应该局限在典章律例式的政策条文方面，对帝王的有关谕令应该加以充分注意。一般性的典章律例可以视作是程序化或制度化的政策，这种程序化或制度化的政策，起初可能因着帝王的有关谕令而制定，并具有相对的政策稳定性和长时段政策导向的特点；另一方面，又往往因着特定条件下颁布的帝王谕令而受到冲击，形成临时性的措施，或者导致原有政策的改变。同样鉴于以上认识，我们也必须分析经济政策的制定、实施过程与官僚体制的关系，分析不同背景之下经济政策的导向、更张及其对社会经济产生的影响，分析财政、货币、人口、农业、工商业、外贸等一系列具体的经济政策对各个门类的制约和规范。

二 经济政策形成的制约因素

在封建社会，远未达到科学决策的程度。一般地说，以帝王的谕令为形式颁布的经济政策，高度体现着专制主义集权的特点，体现着帝王的品性和动机。一纸诏令即可形成决策，决策迅速，程序简单，表面上不受权力的制衡，具有很大的随意性和独断性，即所谓“君设其本，臣操其末；君治其要，臣行其详；君操其柄，臣事其常”①。但事实上没有如此简单，帝王的出令仍受到许多制约。笔者在拙著《清代盐政与盐税》中曾引述过乾隆五十六年（1791年）的一次“上谕”，借以说明行盐疆界变更之难②，为方便起见，在这里仍简要引述此谕，转换一个角度看看影响帝王决策的因素。乾隆帝谕称：

前据姚棻奏，江西建昌府属界连闽省之区，私盐路径较多，堵缉稍难，必须于各要隘添设卡巡一折。彼时以建昌距淮南二千余里，离闽省邵武、汀州等府不过二三百里，运盐程站较之淮南近至十倍，其盐价自必贵贱悬殊，欲百姓之舍贱买贵、舍近求远，于情理亦未平允。何以从前定例时不将邻闽府属就近行销？并恐他省亦有似此者。因降旨通谕各省督抚，彼此酌商调剂，使商民交便，以省缉私之繁。嗣据孙士毅等奏酌筹建昌府属设卡巡缉章程，朕恐有名无实，且商人行销盐引，利于近而惮于远，行运盐道路愈远，脚价愈增，所费已属不赀，若又添设卡巡，多增费用，不特病民，而且病商。复令长麟、全德前往该处察看情形，详妥办理。昨又思，无知小民惟利是图，只知得尺则尺，得寸则寸，如建昌划入闽省，私贩即可越过建昌，沿及抚州、南昌，无所底止，恐巡缉亦未能周到。传谕长麟等不可回护前旨，稍存拘泥迁就之见。今据全德将前旨所询数款查明复奏，所言甚是。其折内称：若将建昌一府改食闽盐，恐抚州等府渐有私盐阑入，于通省盐务有关，是以该处向系减价敌私，合通省纲力派出公费贴补。与昨降谕旨相同，果不出朕之所计！从前酌定行销引盐运道，全藉关津山

① 《申子·大体篇》。

② 参见拙著：《清代盐政与盐税》，中州古籍出版社1988年版，第72～73页。

> 隘，得以稽察遮拦，若舍此久定之界，听其就便行销，则平原地面毫无阻隔，邻盐逐渐侵入，必至无所底止。且以通省纲力资助建昌一府公费，众擎易举，于该处商人并无赔累，况有杉关等隘口可恃为门户堵缉闽私，自应照孙士毅奏，设立巡卡，增派兵役，严密稽察，以绝私贩侵越之路。至江西一省情形如此，则他省可知，看来该督抚等酌议，到时亦与全德所奏大略相同，此事竟可不必更张，悉仍其旧为是。

此谕实际上是一个未形成新决策的决策，转了一圈又回复到了老路上。但细观此谕仍可看出帝王决策的形成及其受制。乾隆帝此上谕的颁布是因着姚棻、孙士毅、全德等官员的前后上奏，这里已包括了决策形成过程中的汇集要求、吸纳建议、评论选择、发现问题、确定问题等程序，只不过这一过程被圈定在帝王一人之手。乾隆帝在接到姚氏官员上奏之初，鉴于食盐运销中因疆界划分的不合理而出现的困难，迅速作出了“酌量变通”的决断，并令地方大员调查类似事项，协商解决；但紧接着在孙氏官员的上奏后又冒出新的想法，并宣称无知小民欲无底止，“得尺则尺，得寸则寸”，这已意味着前旨的推翻，前去调查的官员也只是循着帝王的意旨办事，所以后来全德上疏中的有关表白便毫不奇怪，最终自然是以“悉仍其旧”了之。在这里可以清晰地发现，帝王决策的形成以及一项新政策的出台或被埋葬，一方面具有宸纲独断的随意性成分，但另一方面又受着臣僚疏谏、集团利益（在这里主要是两淮盐商集团的利益）、沿袭模式、社会经济背景等因素的制约。清代如此，其他朝代也不会例外。

事实上，即使是极有作为、权力高度集中的帝王，面对纷繁的社会经济生活以及需要决策的问题层出不穷，也会显得绠短汲深，权力的膨胀与能力的有限永远是一个悖论，在权力与能力之间，任何帝王都难以弥合。所以，在某种程度上所说的帝王谕令决策的随意性依然是有限度的。所以，毛泽东在分析中国封建社会的特征时这样指出：“自秦始皇统一中国以后，就建立了专制主义的中央集权的封建国家。……在封建国家中，皇帝有至高无上的权力，在各地方分设官职以掌兵、刑、钱、谷等事，并依靠地主绅士作为全部封建统治的基础。"① 这就标示着，帝王要行使其"至高无上的权力"，必须依赖一整套政治机构，"依赖"即是一种分权，也就同时意味着利用与制约的交互作用。

以典章律例形式颁布的经济政策，通常是以政府的名义颁布的，也被学者们视作是"标准化"的经济政策。这种经济政策的形成通常要经过利益集团（这里主要是指经济利益集团）建议、幕僚谋划、官僚题奏、职能部门议复（主要是户部，也包括工部、吏部等衙门）、皇帝钦定朱批等环节和程序。其中，利益集团建议、幕僚谋划是一种隐性环节，他们的要求和谋略只有在通过有关渠道、有关官僚的上达后才能进入决策过程。而官僚题奏、职能部门议复、皇帝钦定朱批才是经济政策形成的正常程序。在这里值得注意的是，这种经济政策的形成，虽然最终仰赖于帝王的圣裁，但由于已经经过了各个环节，每个环节都或多或少地体现着各级官僚的意念，帝王只能根据各级官僚的上疏和决策意见进行判断，政策（许可或禁止）的最终裁决，往往是名义、形式上的，与帝王直接出令毕竟不同。

按照政策学的概说，一种政策的形成，不仅具有政策主体和政策客体这些内在结构性要素的直接影响，而且还受到社会中各种因素——经济环境、政治环境、文化环境和国际环境的制约，这些因素构成了政策形成过程中的外在环境②。这种一般性的概说，具有启发意义。笔者认为，在中国封建社会有关经济政策的形成过程中，下述外在的制约因素是最为重要的。

第一，历史的沿袭模式。

中国人注重传统，历朝历代的因袭性极为强烈，所谓"汉承秦制"、"清袭明制"云云，即是指此。历史的沿袭模式是经济政

① 《毛泽东选集》第2卷，人民出版社1991年版，第624页。

② 参见：[美] 阿尔蒙德：《比较政治学》，上海译文出版社1987年版；王沪宁：《比较政治分析》，上海人民出版社1987年版；桑玉成、刘百鸣：《公共政策学导论》，复旦大学出版社1991年版。

策形成的一种最为重要的规范。比如，《文献通考》在叙述秦汉的更卒徭役制度时称："秦用商鞅之法，月为更卒，已复，为正一岁，屯戍一岁，力役三十倍于古。汉兴，循而未改。"① 又如，《宋史·食货志》述仓储之制云："常平、义仓，汉、隋利民之良法，常平以平谷价，义仓以备凶灾。周显德中，又置惠民仓，以杂配钱分数折粟贮之，岁歉，减价出以惠民。宋兼存其法焉。"② 清初的一系列经济政策，沿袭明制的特点也非常明显。这种政策的沿袭，只是一定程度上的翻版，当然不是全部袭承，而是经过选择比较和"参酌时宜"之后的增删。

第二，社会经济背景。

一定的社会经济背景是制约经济政策制定和更张的重要前提。这在三种情况下表现得最为突出：一是在封建王朝建立之初，亦即开国时期。此一时期由于新旧王朝的交替对社会经济带来的破坏、农民起义的影响、前朝亡国的教训等原因，经济政策的制定不得不考虑到社会经济的复苏和社会的安定，因此，统治者在袭承旧王朝政策的同时也就有了适当的变动。二是在战争、自然灾害等非常时期。此种时期由于人民正常经济生活规律的打破以及国家财政的困窘等原因，统治者往往对现行的经济政策加以调整，这种调整针对性较强，一般是以解决某种凸现出来的问题为宗旨，具有短期性、临时性政策的特点，一旦问题解决，政策又多回复旧轨。但这已构成了正常政策与非常政策的互补，以及长期政策与短期政策的有机结合。三是在王朝后期。任何王朝后期的经济政策都有一些共性，这就是随着吏治的腐败、各种矛盾的加剧、苛捐杂税的增多而呈现出的竭泽而渔的经济政策。但是，晚清的经济政策有所不同，除了这种共性之外，由于帝国主义的侵略、洋务运动的兴起，经济政策又呈现出前所未有的新特点。

第三，经济思想的导向。

从理论上说，一种经济思想的形成，离不开一定的社会经济背

---

① 《文献通考》卷10，《户口一》。

② 《宋史》卷176，《食货志四》。

景，或者前导，或者滞后，它总是经济活动的理论抽象；而一定的经济活动，又往往受着某种经济思想的驱动和导引。质言之，经济思想反映着各式各样的社会经济问题，并有对各种经济现象的针对性分析，有的甚至包含着各种政策性主张和方案，从而也就影响着经济政策的制定。就传统的经济思想而言，已经有学者指出，儒家关于亲政爱民、轻徭薄赋的思想，以及注重调整社会经济利益均衡的经济思想或伦理准则，一直影响着传统经济政策的形成，“我国历代王朝实行的农业政策、工商业政策、财政政策、备荒救灾政策，几乎都可以看到某些儒家伦理的思想影响”①。其他学派的经济思想同样对传统经济政策的形成有着不可忽视的影响，如管仲的相地衰征说，墨子的生财、节用说，商鞅、韩非的重本抑末说等。汉以后，各家的经济思想已趋向融合，对经济问题的见解也往往更加具体。

上述之外，民众情绪、社会舆论也是影响经济政策形成的一个变量。在专制统治之下，一般民众没有参与国事的权力，民众情绪、社会舆论也不能介入决策议程，但是，一般民众的心态、观念、意见、情绪，以及由此凝结、显现出来的社会舆论，却是实实在在的反映着社会经济生活中的各式各样的问题，直接影响着各级官僚和利益集团的意见与行止，并进而对经济政策的决策形成压力。

三 经济政策的实施与变异

笔者曾经指出过：“在许多情况下，政策的颁布是一回事，政策的实施又是一回事，官僚政治影响社会经济的一个显著特点就是政策在逐级执行过程中的变异，尤其是一种似是而非的带有缺陷的政策，各级官僚最后执行的结果可能恰恰就是对缺陷的逐级放大，从而导致统治者始料不及的种种弊端。在这种认识的基点上，对任何政策的研究，决不应止于政策本身，更为重要的是揭示出政策执

① 参见张鸿翼：《儒家经济伦理》，湖南教育出版社1989年版，第175页。

行过程中的种种问题和症结。"① 经济政策的制定仅仅标示着一种决策的形成，当然不是政策行为的终结，经济政策只有在进入执行过程以后并得到切实的实施，所谓的"决策效能"才得以显现，决策行为至为重要的最后一环也才最终完成。否则，政策目标只能是纸上谈兵，一系列的谕令、条例也仅是空有其文。

比之于经济政策的制定，经济政策的实施更重要也更为复杂。之所以这样说，其底蕴是：政策实施是一个由抽象到具体的过程，以抽象的一般准则性的形式表现出来的政策，一旦付诸实施，就会泛化成具体的行为和措施。而在具体的实施过程中，又不可避免地要受到各种因素和各个环节的制约。一句话，决策效能或政策目标的实现，取决于各级官僚实施政策的最后结果。

一般说来，在经济政策的实施过程中，大致有三种结果：

1. 经济政策得到了切实的执行；

2. 经济政策根本未得到执行；

3. 经济政策得到了部分执行或全部执行，但在执行过程中任意歪曲，出现了偏差或变异。

之所以会出现上述结果，解释的思路可能会多种多样，因为政策执行过程原本就非常复杂，涉及许多因素和变量，比如，政策本身是否完美无缺？政策目标是否符合社会经济情势？政策实施是否具备某种保障？执行政策的人员是否能令行禁止？等等。毫无疑问，这都是值得考虑的问题。不过，在笔者看来，与经济政策的实施关联最大的乃是由官僚阶层集合起来的官僚体制。

众所周知，国家是阶级统治的象征，设官分职是实行统治的具体体现，各级官僚则是实施统治的器具。在设官分职之下，上下统属的官僚机构和任职于各种机构中的人数众多的官僚阶层发挥着各自的行政职能，并具有相应的行政权力，政策的执行正有赖于官僚阶层的主观能动性。因此，从这个意义上说，政策的实施一方面是一种上下有序的组织活动，官僚体制的作用与功能如何，直接影响

① 参见拙文：《清代的土地开垦与社会经济》，载《中国经济史研究》，1991 年第 1 期。已收入本书。

着政策的执行；另一方面，伴随着政策的实施，官僚阶层的权力显化，政策执行者的素质、能力、水平等都构成制约政策实施的重要变量。在国家机器强大、监督职能完备、机构运转正常的情况下，上行下达的渠道基本畅通，国家利益、官僚阶层的利益与民众的利益大致吻合，各种政策可能会执行得较好。一旦国家机器监督官僚阶层的能力下降或官僚机构腐败，官僚阶层的自身利益就会恶性膨胀，敷衍塞责、人浮于事、以权谋私、借机渔利等腐败现象随之产生，各种政策也就难以执行。当然，官僚主义与腐败现象本来就是一胞双胎，在任何情况下都难以避免政策实施过程中的变异，哪怕是一种很好的政策，最终实施或沿袭的结果也有可能滋生弊端。

因此，上面所揭示的在经济政策的实施过程中出现的三种结果虽然各有例证，但以第三种结果最为普遍，即执行政策的偏差或变异。这方面的例子可以说是俯拾即是：汉初名臣贾谊在谈到所谓的“重农抑商”政策时说：“商贾大者积贮倍息，小者坐列贩卖，操其奇赢，日游都市，乘上之急，所卖必倍。故其男不耕耘，女不蚕织，衣必文采，食必粱肉；亡农夫之苦，有仟佰之得。因其富厚，交通王侯，力过吏势，以利相倾；千里游敖，冠盖相望，乘坚策肥，履丝曳缟。此商人所以兼并农人，农人所以流亡者也。今法律贱商人，商人已富贵矣；尊农夫，农夫已贫贱矣。故俗之所贵，主之所贱也；吏之所卑，法之所尊也。”① 这正是“贾人不得衣丝乘车，重租税以困辱之”的抑商政策的背反②。

唐代名臣杨炎在谈及以租庸调为内涵的财政政策混乱时说：“至德之后，天下兵起，始以兵役，因之饥疠，征求运输，百役并作，人户凋耗，版图空虚。军国之用，仰给于度支、转运二使；四方征镇，又自给于节度、都团练使。赋敛之司数四，而莫相统摄，于是纲目大坏……科敛之名凡数百，废者不削，重者不去，新旧仍积，不知其涯。百姓受命而供之，沥膏血，鬻亲爱，旬输月送无休

① 《汉书》卷24，《食货志四上》。

② 《史记》卷30，《平准书》。

息。吏因其苛，蚕食于人……"① 杨炎所指虽然是军兴旁午、藩镇割据这一特殊时期的混乱情势，但"租庸之法弊久"的原因仍是多方面的。

清初名臣汤斌在谈到田赋的"催科"时说："夫人千里而来为吏，谁肯以催科无术甘心废弃！一存顾惜功名之念，则辗转苟且之计必生，或以存留而抵起解，或以此项而借彼款，或以新粮而抵旧欠。参罚期迫，则以欠作完；赔补维艰，又以完为欠。种种弊窦，莫可究诘。一经发觉，身家俱丧，官之更代日勤，蠹胥因之作奸。头绪纷淆，侵渔任意。……良以百姓之脂膏既竭，则有司之智勇俱丧。"② 这里的所谓"有司之智勇俱丧"，当然是以"百姓之脂膏既竭"为代价，由催科而导致的"种种弊窦"，除了地方官的行政作弊外，亦与当时的《催科考成条例》过严有关③。

勿需多引，以上示例已标示出有关政策在具体实施过程中的变异现象，从中可以看出政策条例与实施之间存在着相当大的距离。这些现象有时是由于政策导向的偏差，有时是由于非常时期的特殊背景，有时则纯属于地方官出于本身的利益任意舞弊所致，是吏治腐败的反映。

应该说，经济政策的实施过程，一方面是对官僚体制、行政职能的检验，表现出国家机器在运转中的一些症结；另一方面，这一历程也反映了动机与效果的吻合或背离，并在吻合或背离中，对社会产生不同的效应。

上述表明，进行中国经济政策史的研究，不仅要考虑到经济政策形成过程中的诸多因素，对各种经济政策加以综合性的分析，更应该注意到经济政策的实施及其后果。

原载《江汉论坛》1994 年第 9 期

---

① 《旧唐书》卷 118，《杨炎传》。

② 汤斌：《逋赋难清，乞减定赋额，并另立赋税重地州县官考成例疏》，见乾隆《江南通志》卷 68。

③ 参见光绪《大清会典事例》卷 173，《户部·田赋·催科考成》。

三、

中国古代的土地制度与田赋征收

中国传统社会的土地制度与田赋征收有着密切的关系，不同的土地制度，“田赋”征收亦不相同。就土地制度的变化而言，经历了从国有到私有的过程，土地的私有化，导致了地主土地所有制和自耕农、半自耕农土地所有制的出现。在不同的土地所有制下，“田赋”征收也经历了几次大的变化。本文旨在概述土地制度与田赋征收的历史演变。

一

从总体上说，自从国家建立以来，中国古代的土地制度，经历了从国有到私有的过程。夏代没有文字，其土地制度无从知晓，商代虽有文字，但土地制度也没有明确的记载，甲骨文中的“田”字有不同的写法，但都有一个共同的象形特点，就是将土地划分为一个一个的小方块。后人推论，商代的土地国有制类似于西周、春秋时期的井田制①。西周、春秋时期的井田制按照《孟子·滕文公上》的说法："方里而井，井九百亩，其中为公田，八家皆私百亩，同养公田。"意即把900亩土地化成"井"字形的9个方块，每块100亩，中间一块为公田，其余8块为私田，分由8户耕种，公田则有8户共耕。公田、私田的分布不一定像孟子说的那么理想化，但井田制的核心问题是：不管是共同耕作的"公田"还是各个家庭耕种的"私田"，都只有使用权，而没有所有权。《诗·小雅·北山》所谓的"溥天之下，莫非王土"，可以看成是对当时土地国有属性的概括。作为国家最高统治者的"王"或"天子"，对土地享有最高的所有权。当然，正如学者已经指出的，研究西周的土地所有制，应当联系西周的宗法分封制来考察。周天子作为集中的土地国有制的总代表，其权利是通过分封制来体现的。周王将大部分土地封赐给诸侯和臣属，诸侯和臣属又将其领地的一部分以采邑形式分封给卿大夫，卿大夫再将一部分土地转赐给自己的家臣，形成等级土地占有关系②。各等级的土地占有权通过宗法制度逐代继承，如《礼记·礼运》所云："天子有田以处其子孙，诸侯有国以处其子孙，大夫有邑以处其子孙，是谓制度。"这也导致了名义上的"王有"、"国有"与实质上各级贵族的分割占有。说到底，这一制度的实质，是天子与下级贵族共同享有土地的所有权。

自春秋以降，随着社会生产力的发展以及各诸侯国不断的改革，土地产权结构发生了剧烈变动，多级贵族所有制向其两极——国家与个体家庭集中。铁制农具的使用使一家一户为单位的农业生产成为可能，一方面，各诸侯国间的兼并战争、大型水利设施的修筑等要求强化国家权力，增加国家可以直接调配的人力财力物力，而贵族的世袭繁衍使上缴给上级贵族的贡赋越来越少，农奴的负担

---

① 井田制究竟是我国古史的实际，还是孟子建构的乌托邦，学术界有不同的看法。参见葛金芳：《中国文化通志·土地赋役志》，上海人民出版社1998年版，第26页。

② 参见李埏、武建国主编《中国古代土地国有制史》，云南人民出版社1997年版，第10~13页。彭雨新主编《中国封建社会经济史》，武汉大学出版社1994年版，第19~22页。

则越来越重。以劳役地租为主要剥削形态的井田制难以维持，于是各国相继取消了“公田”与“私田”的差别，改进原来定期分配土地的制度，允许耕者长期占有固定的土地，使土地成为他们的“恒产”。春秋时期齐国的“案田而税”，晋国的“作爰田”，鲁国的“初税亩”等，都是强化劳动者土地占有权、促进村社土地私有化的措施。另一方面，在西周幽王被杀和周平王被迫东迁之后，王室衰微，周天子失去了天下共主的地位，在兼并战争中强大起来的少数诸侯国，都不同程度地削弱贵族特权，加强中央集权，扩大实行地域统治的郡县制，限制血缘与地域结合的封邑制，使国家不经过中间层次直接统治民户，土地多级所有制向单级所有制过渡①。西周初年，未见土地买卖的记载，从西周中期起，一些贵族便将其长期占有的土地转化为私有土地，并开始出现土地的交换活动，诸侯之间、诸侯与卿大夫之间、大夫与大夫之间的争田夺地已屡见不鲜，史籍中多有夺田、争田、取田的记载②。春秋战国时期，卿大夫贵族的土地实际上已经逐步私有化，井田制的破坏，也正是从贵族土地的私有化开始。

战国中叶，商鞅先后于公元前361年和公元前356年两次变法，变法的内容包括推行县制、重农抑商、奖励军功等诸多方面。其中一条变法的内容，就是“开阡陌封疆”，“阡陌”是不同土地所有者的土地分界，“开阡陌封疆”从字面理解即打破旧有的田界。如果按董仲舒的解释，则是废除井田制，从法律层面上允许土地买卖，即：“至秦则不然，用商鞅之法，改帝王之制，除井田，民得卖买，富者田连阡陌，贫者亡立锥之地。”③ 对此，学术界有一些不同的看法，但不管怎么说，战国时期，土地的买卖与私有化倾向是非常明显的。

---

① 参见魏天安：《从模糊到明晰——中国古代土地产权制度之变迁》，《中国农史》2003年第4期。

② 参见孙翊刚：《中国财政问题源流考》，中国社会科学出版社2001年版，第11～12页。

③ 《汉书》卷24，《食货志》。

秦始皇统一六国后，于公元前216年颁布“使黔首自实田”的法令①，让老百姓向政府呈报、登记实际占有田地的数额。颁布这项法令的意旨，主要是国家为了掌握各民户的土地数量，以便据田定税。这项法令的颁布，同时也标志着在全国范围内承认了私有土地的合法性②。

土地的私有化，当然并不意味着国家土地所有制的消失，而是以另外不同的方式存在。秦汉以至明清，国有土地大致有公田、屯田、学田、皇庄、官庄等名目。土地的私有化，只是导致了地主土地所有制和自耕农、半自耕农土地所有制的出现。秦汉以后的土地制度，大致有国家土地所有制、地主土地所有制和自耕农、半自耕农土地所有制三种形式。

不同的土地所有制形式，有时以单一的方式存在，有时又互相交织。如：曹魏的屯田制，屯田区不隶属于郡县，直属中央的大司农，由典农中郎将或典农校尉、屯田都尉管理，屯田分民屯和军屯两种，屯田区的土地所有权属于国家，是比较典型的国家土地所有制形态。由于汉魏之际，社会动乱不已，赖以屯田的土地，有的原本是国有荒芜土地，有的则是因战乱逃亡而抛荒的无主土地，土地所有权因之变动。西晋的占田制，规定官僚、士族及一般民众按照各自的占田标准去占有土地。一方面，规定占田的数额，不可多占，具有限田的意义；另一方面，公开承认世族、官僚占田占客和宗法统治的特权，使世族、官僚的大土地私有制法典化。与此同时，也承认小农土地私有的合法性，把农民占耕的屯田私有化。从产权特征上讲，占田制是土地国有制和私有制的统一和协调。北魏隋唐的均田制，依旧是国有土地和私有土地的混合，或者说具有国有和私有两重性质。北魏太和九年（485年）颁布的均田令把所授之田分为露田、桑田、公田等名目，露田不准买卖，身死及年满

① 《史记》卷6，《秦本纪》。

② 参见黄今言：《秦汉赋役制度研究》，江西教育出版社1988年版，第40页。另外不同的观点请参见郑学檬主编《简明中国经济通史》，人民出版社2005年版，第65页。

70岁时，归还官府，“老免及身没则还田”。桑田“皆为世业，身终不还”，可以买定额二十亩的不足部分或卖有余部分，“盈者得卖其盈，不足者得买所不足”。官吏给公田，从刺史到县令，按官职高低分别授田十五顷到六顷，作为俸田，离任时移交下任，不得买卖，“更代相付，卖者坐如律”①。唐代的均田令与前代相比，发生了较大的变化，就土地的买卖而言，《通典·田制下》载：

> 诸庶人有身死家贫无以供葬者，听卖永业田。即流移者，亦如之。乐迁就宽乡者，并听卖口分（卖充住宅、邸店、碾硙者，虽非乐迁，亦听私卖）。诸买地者不得过本制，虽居狭乡，亦听依宽制。其卖者，不得更请。凡卖买即须经所部官司申牒，年终彼此除附。若无文牒辄卖买，财没不追，地还本主。……其官人永业田及赐田，欲卖及贴赁者，皆不在禁限。

这种对土地买卖的规定，一方面是对小农土地所有权的限制，在一定程度上遏制了地主以法外的形式强占民田，地主限外买田和未经官府认可的私相交易，均受限制。另一方面，在均田制实施的过程中，通过授田，一部分国有土地转化为农民或地主的私有土地，同时，土地买卖的条件和范围不断放宽，永业田、口分田、赐田都可以买卖，土地私有制日益发展。

唐代两税法之后，国家不再设置私家扩田置产的数额限制，土地买卖更加兴盛，“法制隳弛，田亩之在人者，不能禁其卖易”②。及至宋代，宋太祖赵匡胤鼓励官僚、地主的土地兼并，“市田宅以遗子孙”，买田买地，“为子孙立依旧之业”③，实行“不抑兼并”的政策。学者认为，唐代建中两税法开放土地买卖之后，地权转移率随之提高，宋代的土地所有权转移更快，“有钱则买，无钱则

① 《魏书》卷110，《食货志》。
② 《文献通考》卷3，《田赋考》。
③ 《宋史》卷250，《石守信传》。

卖”，“贫富无定势，田宅无定主”①。宋代以后直至清代，一直延续了这种趋势。所谓“千年田八百主”，是传统社会后期流行的谚语，反映出地权转移的频繁。

二

不同的土地制度，田赋征收亦不相同。“田赋”只是中国传统社会后期的一个通常的叫法，在早期，“田赋”并不称之为“赋”②，往往称之为“税”、“租”。巫宝三认为：中国最早论述地租和田赋的古籍《尚书》、《周礼》、《左传》等及思想家著作如《老子》、《论语》、《孟子》、《墨子》等，对地租与田赋二者在概念上都不予区分，视为一体。因而租与税二词常常连同使用。这种情形自先秦时期以至唐代中期都存在，而在先秦最为突出。在先秦，二者不加区分的最好例证是：所谓的“初税亩”、“初租禾”，“税亩”与“租禾”同包涵实物地租和田税，但一则用“税”，一则用“租”。二者连同使用的例证也有，《墨子·辞过》称，“以其常征，收其租税”。《管子·国蓄》称，“租税者，所虑而请也”。后世读者常为此二词的使用而感到困惑，但一查古代字书对此二词的训解，亦即释然。如：《说文解字》说，“租，田赋也”，“税，租也”，“赋，敛也”。《广雅·释诂》说，“租，税也”，“赋，税

① 参见葛金芳：《中国经济通史》第5卷，湖南人民出版社2002年版，第575页。

② 《周礼·地官·小司徒》郑玄注称：“赋谓出车徒，给徭役也。”“赋”从“贝”（财物）从“武”（战争），先秦时期的“赋”多与兵役、军事有关，《汉书·刑法志》说，殷、周“有税有赋，税以足食，赋以足兵”。李剑农也说过：“春秋时代之‘赋’与‘税’，本为二事，‘税’之性质，颇与后世之‘田赋’相同，‘赋’之溯，则以军役与军用品征发为目的。”参见李剑农：《中国古代经济史稿》第1卷，武汉大学出版社1991年校勘本，第93页。侯家驹认为，田赋，古时称为“税”或“租”，后者主要见于两汉之田租及唐代之租庸调，前者由鲁宣公“初税亩”，一直到明代，还称为夏税秋粮。田赋，在南宋已为普通名词，至清代，则通称“田赋”。参见侯家驹：《中国财金制度史论》，台湾，联经出版事业公司1988年版。第85~86页。

也”。为什么先秦思想家对地租与土地税两个概念没有加以区分呢？这是由当时的土地制度决定的。在先秦时期，地租与田赋概念的合一从天子到诸侯、卿大夫大小领主，以及以后称为国君、贵族、爵官等，他们既是统治者，又是各辖地的土地所有者，他们根据统治权和土地所有权这两种权力，对耕种土地的农民课征生产品，以满足他们在各个方面的需要。他们课征的产品，既有地租的涵义，也有土地税的涵义。而农民交纳课征的生产品，因不存在独立于统治权力以外的土地私有者，也无地租与地税之分①。这种释词，是有启发意义的。

已有学者指出，就田赋来说，在中国五千年的历史长河中，大致经历了六次大的变化，即：三代至春秋时期的贡、助、彻制，战国、秦、汉和两晋时期的租税制，北魏至隋唐的租调（租、庸、调）制，唐中期至明中期的两税法，明中期至清雍正年间的一条鞭法，雍正年间至民国初年的地丁银制。严格地说，一条鞭法和地丁银制是两税法的继续和完善。因此，中国赋税制度实际上是贡助彻制、租调制和两税法三个大的阶段，各领风骚上千年②。此说可以参考。

在井田制实行的时期，一般采取“贡、助、彻”法，《孟子·滕文公上》在叙述井田之制后说：“夏后氏五十而贡，殷人七十而助，周人百亩而彻，其实皆什一也”。对于贡、助、彻的解释，学术界历来见解歧异。带有教材性质的经济史著作的表述也不一致。一种意见认为：“五十而贡”，指一夫授田50亩，将收获的十分之一上缴国王作为税谷；“七十而助”，指一夫授田70亩，并以其劳力助耕公田；“百亩而彻”，指一夫授耕100亩，“彻取”十分之一作为公田，以其收获贡纳天子。“彻”仍属于井田制下的力

① 巫宝三：《中国古代地租与田赋思想的演进》，《南京社会科学》1998年第8期。

② 参见孙翊刚：《中国财政问题源流考》，中国社会科学出版社2001年版，第103页。

役税制①。一种意见认为："殷人七十而助"，大概是为贵族助耕公田，已具有劳役地租的性质。"彻"即"贡"、"助"兼用，通计而征取之意，也就是按产品的十分之一征税。由于国、野地域不同，分配的土地也略有差异，因而国中与鄙野两地征收赋税的办法，也不完全一样。国中居住的"国人"，即周族的一般平民，对他们实行征收实物地租的贡法，即对一夫百亩土地的产品征收十分之一的实物地租。在鄙野居住的是野人，他们多是外地迁来的人或当地土居人，对他们则实行助法，即助耕公田。实即征收劳役地租②。一种意见认为：周代的负担，"国"与"野"有别，"国人"的负担大体上是十分之一，"野人"的负担稍重，大体上是九分之一。负担的形式，大体上应是力役③。由于文献资料有限，导致见解不一，诸说仅供参考。我们比较倾向于业师彭雨新教授主编的全国高等学校文科教材《中国封建社会经济史》的说法，井田制下的贡赋形式，不大可能全是力役，应该是实物地租与劳役地租的结合。

春秋战国时期，随着井田制的破坏和土地私有制的发展，土地税也以新的面貌出现。公元前685年，齐国实行"相地而衰征"（或称"案田而税"），一般认为是各国赋税改革的前奏与尝试。《管子·大匡》记载说："赋禄以粟，案田而税，二岁而税一，上年什取三，中年什取二，下年什取一，岁饥不税。"这种按收成好坏，隔年而税的税收，虽然称之为"赋"，但不一定是"军赋"，我们同意李剑农的说法，"赋禄以粟，案田而税"，则赋与税明明

---

① 刘克祥：《简明中国经济史》，经济科学出版社2001年版，第17页。

② 彭雨新主编：《中国封建社会经济史》，武汉大学出版社1994年版，第5、23页。

③ 郑学檬主编：《简明中国经济通史》，人民出版社2005年版，第28～29页。按：郑学檬主编《中国赋役制度史》，有"贡、助、彻辨析——三代的田税"一节，也可以参考。厦门大学出版社1994年版，第8～12页。又按：井田制以及先秦时期的赋役问题一直众说纷纭，相关研究请参见杨华：《先秦财政史研究概要》，见叶振鹏主编：《20世纪中国财政史研究概要》，湖南人民出版社2005年版。

为一事，且可见当时之赋税，无不以土田为征课对象①。公元前594年，鲁国实行“初税亩”，《公羊传》曰：“税亩者何？履亩而税也。”意即不分公田、私田一律纳税。其后，楚国的“书土田”、秦国的“初租禾”等，均具有按土地面积征收田税的性质。

秦始皇统一中国后的“使黔首自实田”，以便使国家按亩征税，此后，按亩征收田税普遍化。但田税的税率各不相同，按《孟子·滕文公上》的说法，夏、商、周时期，“其实皆什一也”，为“什一之税”。春秋战国时期，某些诸侯国的田租税率已经达到三分之二②。秦时的税率如按董仲舒的说法，“田租、口赋、盐铁之利，二十倍于古”③，并不一定可信，只是一种极而言之的愤懑之词，因为当时的“田租是以产量为税基，夏、商、周三代均为‘什一’，今若‘二十倍于古’，则田租税率高达200%，高出产量一倍，岂有可能”④？但其税率也不会太低，前揭钱剑夫《秦汉赋役制度考略》认为，秦代的田租税率仍是“收泰半之赋”，也就是三分取二，实际上只是继承六国的旧制，没有加重也没有减轻。黄今言认为，战国时期，大体上行什一之税，秦代的田租税率也是什一之税⑤。刘邦建立汉朝后，接受前朝教训，轻减田租，什五而税一。如《汉书·食货志》的记载：

> 天下既定，民亡（无）盖藏，自天子不能具醇驷，而将相或乘牛车。上于是约法省禁，轻田租，什五而税一。

---

① 李剑农：《中国古代经济史稿》第1卷，武汉大学出版社1991年校勘本，第98页。

② 参见钱剑夫：《秦汉赋役制度考略》，湖北人民出版社1984年版，第13页。

③ 《汉书》卷24，《食货志上》。

④ 侯家驹：《中国财金制度史论》，台湾，联经出版事业公司1988年版，第92页。

⑤ 黄今言：《秦汉赋役制度研究》，江西教育出版社1988年版，第56～57页。

可以体会到，“什五税一”是经济凋敝、国穷民穷的情势下，休养生息，为恢复社会经济而采取的轻减税率。这种轻税率，由于军旅未息，国家财政困难，大概没实行几年，又实行了较高的税率，因为，汉高祖死后，惠帝继位，又“减田租，复什五税一”①。直到汉文帝、景帝时，实行重农政策，将田税调整为三十税一，并有多次的租税免征。东汉初，由于军费开支增加，入不敷出，一度改行什一之税。

不管是“什一之税”，还是“什五税一”、“三十税一”，都是一种按常年产量计算的分成税制，还十分笼统。而且，国家也不大可能了解具体的农作物收获而按比例收税，只可能是一种大体的比例。

东汉末年，恒帝延熹八年（165 年），“初令郡国有田者，亩敛税钱”；灵帝中平二年（185 年），曾规定“税天下田，亩十钱”。标志着分成税制向定额税制演变。到献帝建安九年（204 年），曹操下令“田租亩四升”，田租定额税走向制度化②。另一则记载称，东汉章帝建初年间，秦彭任山阳太守，“亲度顷亩，分别肥瘠，差为三品，各立文簿，藏之乡县。……彭乃上言，宜令天下各同其制。诏书以其所立条式，班令三府，并下州县”③。这也就是《文献通考》卷二《田赋考》所言的“章帝建初三年，诏度田为三品”。这种定额税制，已经考虑到了土地的肥瘠不同，收获量不同，田税也应该有所区别。从分成税制到定额税制，是一个重要的变化。此后，不论是魏晋时期的租调制、隋唐时期的租庸调制，还

① 《汉书》卷 2，《惠帝纪》。

② 参见刘克祥：《简明中国经济史》，经济科学出版社 2001 年版，第 34 页。按：东汉恒帝及灵帝时的按亩税钱，多有不同的解释，参见钱剑夫：《秦汉赋役制度考略》，湖北人民出版社 1984 年版，第 26 页。又按：关于“田租亩四升”，贺昌群认为“四升”是“四斗”之误，见贺昌群：《升斗辩》，《历史研究》1958 年第 6 期。周国林在《曹魏时期亩租额与租调负担之比较》中又有进一步的考辨，见周国林：《战国迄唐田租制度研究》，华中师范大学出版社 1993 年版，第 62 ~ 76 页。

③ 《后汉书》卷 76，《秦彭传》。

是唐代中期以降的两税法、明代中期以降的一条鞭法，在田赋征收中均实行定额税制。越是到后来，随着起赋的“公平”化，其定额税制表现得越繁杂，如唐代，有上田、下田、荒田之分，“夏税，上田亩税六升，下田亩税四升。秋税，上田亩税五升，下田亩税三升。荒田开佃者，亩率二升”①。五代南唐时，还曾“分遣使者按行民田，以肥瘠定其税，民间称其平允”②。如清代，“各省起科则例有大地、小地、上中下地之殊，有一二等至六七等、三四则至数十则之别，不但各省不同，即一省之中，各府、各州、各县亦多互异。盖地形有高下平坡，土地有沙卤肥瘠”③。无论是征粮，还是征银，田、地、山、塘诸类土地的起赋科则各不相同，即使同属“田则”，起赋时又往往分为上田、中田、下田、次下田等④。据前揭《清代亩额初探——对省区“折亩”的考察》一文，可以示列明代和清代的田赋征收情况：

明代安徽徽州府歙县的田赋征收

乡　名	上田征收粮数	中田征收粮数
民德乡	七升五合	六升四合
登瀛乡	七升三合	五升六合
仁礼乡	七升五合	六升
德政乡	七升二合	五升九合
通德乡	六升八合	五升二合
孝女乡	六升九合	五升三合

① 《旧唐书》卷48，《食货志上》。

② 《资治通鉴》卷282。

③ 乾隆《江南通志》卷68，《食货志》。

④ 参见陈锋：《清代亩额初探——对省区“折亩”的考察》，《武汉大学学报》1987年第5期。

清代安徽徽州等府的田赋征收

府别	县别	每亩征银	每亩征米	每母征豆
徽州府	休宁县	0.090 两	1.3 升	0.07 升
	黔县	0.093 两	1.6 升	0.08 升
宁国府	南陵县	0.071 两	1.6 升	0.31 升
	宁国县	0.073 两	1.8 升	0.32 升
池州府	贵池县	0.126 两	7.3 升	0.91 升
	铜陵县	0.116 两	7.9 升	0.97 升

从上列表中已经可以看出田赋征收的繁杂。

实际上，在田赋征收的过程中，还涉及许多问题，诸如田赋的征纳物品、田赋征收中的考成、田赋征收中的私饱等。大要说，田赋的征纳物品，在前期主要是征收粮食等实物，兼有货币制钱的征收；在后期，特别是明代中期以后，粮食等实物之外，开始征收银两，清代则是以征收银两为主①，兼有实物的征收。田赋的征纳物品又与本色、折色、折收、折纳等问题相关联。田赋征收中的考成，是对官员督责纳税的考核，如果征不及额或征收足额，各级官员要受到相应的处罚或奖励。田赋征收中的私饱，则是官吏凭藉手中的权力私征多征以饱己囊。不备述。主要讲述田赋的附加与预征、田赋的蠲免两个问题。

第一，田赋的附加与预征。就田赋的附加而言，秦汉时期，有刍、稿附加税和以亩敛钱，魏晋时期有横调、横赋敛，隋唐时期有运脚、营窖、加耗等项，宋代有支移、助军米、斛面、畸零、加耗等，明代有羡余、火耗、私帮、辽饷、剿饷、练饷等名目，清代有九厘银、羡余、火耗、浮收、规费、津贴、亩捐、厘谷、新捐等名目。

有些田赋的附加税是一种定制，如秦汉时期的刍、稿税。从《国语·鲁语》的记载来看，刍、稿的征收，不始与秦汉，而起于

① 征收的制钱折银计算。参见陈锋：《清代银钱比价的波动与对策》，《中国前近代史理论国际会议论文集》，湖北人民出版社 1997 年版。

先秦。秦汉时期，有关刍、稿的征收屡见于典籍和出土文献的记载，大量史实证明，刍、稿税是秦汉时期经常性的田赋附加，“刍稿”与“田租”两项，往往联系在一起，国家征收刍、稿的目的，是为了供马匹和作上林苑等处牲畜的饲料，秦代一般没顷交纳刍三石、稿二石，汉代的田租较秦为轻，估计刍、稿也会相应减轻①。又如加耗或羡余、火耗。唐代田赋附加中的“加耗”，一般是由于粮食在征收、运输、储藏过程中的损耗。明清时期，既征收白银也征收粮食，征收来的白银一般是碎银，要把碎银熔铸成银锭上缴国库，铸造过程中的损耗称为“火耗”②，征收粮食中的损耗称为“羡余”，“火耗”与“羡余”又合称为“耗羡”。不管是加耗还是耗羡都由农户负担。清人钱陈群在《条陈耗羡疏》中曾叙述过耗羡的沿革：

> 伏查正供之外有耗羡一项，彷于唐之中叶立羡余赏格，于是天下竞以无艺之求，为进阶之计，五代相沿滋甚。宋太祖乾德四年，从张全操之请，罢羡余赏格，宋史美之。然入于公者虽罢，而出于民者未必尽除。明代征收正赋之外，有倾销耗银，即耗羡也。有解费，有部费，有杂费，有免役费，种种名色，不可悉数，且偏枯太甚。本朝定鼎，耗羡一项，尚存其旧。康熙六十余年，州县官额征钱粮，大州上县，每正赋一两，收耗羡银一钱及一钱五分、二钱不等。其或偏州僻邑，赋额少至一二百两者。税轻耗重，数倍于正额者有之。不特州县官资为日用，自府厅以上，若道、若司、若督抚，按季收受节礼，所入视今者养廉倍之。其收受节礼之外别无需索者，上司即为清官；其上征耗羡，不致苛派者，州县即为廉吏。间有操

① 参见黄今言：《秦汉赋役制度研究》，江西教育出版社 1988 年版，第 90～92 页。

② 按：田赋中的“火耗”起于明代，应该是没有疑义的，但元代在征收金课时，已有火耗之名，据《元史》卷 104，《刑法志·刑法三·食货》记载：“诸产金之地，有司岁征金课，正官监视人户，自执权衡，两平收受，其有巧立名色，广取用钱及多称金数，刻除火耗，为民害者，从监察御史廉访司纠之。”

> 守清廉，如陆陇其之知嘉定，每两止收耗羡银四分，并不馈送节礼，上司亦或容之者，以通省所馈节礼尽足敷用，是清如陆陇其，亦未闻全去耗羡也。其贪得无厌、横征暴敛者，时于纠察。自节礼之说行，而操守多不可问，其势然也①

钱陈群在这篇上疏中既谈了耗羡的沿革，又谈了耗羡征收与“节礼”以及吏治的关系，很值得注意。“耗羡”自从出现以来沿而不废，成为一种定制，到清代，且有加重的趋势，甚至如前揭钱陈群的上疏所说“税轻耗重，数倍于正额者有之”。雍正帝即位后，试图在整顿财政、吏治方面有所作为，雍正元年（1723 年）实行了“耗羡归公”政策。实行耗羡归公，在财政上的关键点是：此前，耗羡征收“皆系州县入己”②，“官取之，官主之，不入于司农之会计”③；此后，将耗羡归于政府的正式财政收入，然后再用耗羡收入所得支发官员的养廉银等，以弥补官员正俸的不足和地方财政的亏空。耗羡归公以后，耗羡银的用途大体说有三个方面，一是支发养廉，二是弥补亏空，三是地方公用。按说，此后不应该有另外的耗羡征收，但随着时间的推移，与其他制度与措施一样，耗羡归公也依然会产生弊端，这就是前此学者已经指出的：“提解既久，耗羡渐同正项，州县贪员，重新征收，于耗羡之外又增耗羡，养廉之中又私取养廉。”④

有些田赋的附加税则是一种临时的加征，东汉时期的“以亩敛钱”就是这种情况，据《后汉书·灵帝纪》载，“南宫大灾，火半月乃灭”，于是“税天下田，亩十钱”以修宫室。但有些临时的加征可能历经数年而不废，甚至演变成为一种经常性的加征。如明代后期的辽饷、剿饷、练饷等“三饷”加派，自从万历年间陆续加派以后，终明一代未废，清初顺治元年（1644 年）发布上谕革

---

① 《皇朝经世文编》卷 27，《户政》。

② 高成龄：《议覆提解耗羡疏》，《皇朝经世文编》卷 27。

③ 钱陈群：《条陈耗羡疏》，《皇朝经世文编》卷 27。

④ 庄吉发：《清世宗与赋役制度的改革》，台湾学生书局 1985 年版，第 145 页。

除招致民怨沸腾的明末"三饷"加派，也就是所谓的"我朝革命，首除三饷，与民休息"①。终顺治一朝，有关废除明末加派的谕旨多达十余次，足见清廷对此一问题的重视，并在一定范围内对明末的加征有所减免，因之，被视为是恢复社会经济的最为重要的措施②。但是，受清初赋役制度的混乱以及财政困难、军需紧急的双向制约，所谓废除明末的加征，在许多情况下只具有安抚的性质，有关谕令形同虚文，私征暗派十分严重。曾经谕令废止的"三饷"之一的"辽饷"，不久又重新开征。辽饷的重新开征，是借口辽饷系万历旧例，而清初的钱粮征收又是依照"万历则例"，只是清代为避"辽饷"之恶名，一般改称"九厘银"、"九厘饷"或"九厘地亩"③。至顺治十四年（1657年），刊定《赋役全书》，谕令："钱粮则例俱照万历年间，……至若九厘银，旧书未载者，今已增入。"④从此，九厘银除在个别地区、个别情况下有所减征外，九厘银的加征一直延续了下来，直到清末，视同正项。

另外，曾经被明令革除的"练饷"，亦因财政困难、军费不足而重新于顺治十八年（1661年）开始加征。当时，练饷的加征一

---

① 王庆云：《石渠余纪》卷3，《纪赋册粮票》。

② 参见戴逸主编：《简明清史》第1册，人民出版社1980年版，第192～193页。郭蕴静：《清代经济史简编》，河南人民出版社1984年版，第19页。李龙潜：《明清经济史》，广东高等教育出版社1988年版，第301～302页。周远廉：《顺治帝》，吉林文史出版社1993年版，第112～113页。

③ 按：九厘银名称的来由，是每田一亩加派九厘，但事实上并非全部如此。如湖广总督祖泽远称："陕西、湖广以照亩而改为照粮，总随土宜民便，盖有由焉。……至湖北多未照亩起派者，田地最为低薄，有三等九则，又有金、银、铜、锡、铁五则科粮，皆因土作贡，原非一例，有每亩纳赋几分以致几厘者，至于塘堰，多名水心，每亩更有纳赋几厘以及几毫者，若一概按亩九厘，是轻重不均，加派数倍于正赋。当初改为照粮，盖使上下得平，民无偏累，不知经几番拟议而后定也。且所获十一处之单，俱系照粮，其余概可推矣"。见档案，顺治十一年六月二十九日祖泽远题：《为请征辽饷明示以便遵行事》。在方志中亦可见有些州县由于地处山区，只是象征性的征收，如湖北郧西原额田地为26506顷27亩，仅征九厘银179两。见同治《郧西县志》卷5，《赋役》。

④ 乾隆《江西赋役全书·省总·田产》。又见《清世祖实录》卷112，顺治十四年十月丙子。

方面弥补了清廷的财政亏空，将加征所得拨充了兵饷；而另一方面又不可避免地带来许多弊端，在清初社会经济尚未复苏的情势下尤其如此。所以，新即位的康熙帝在顺治十八年（1661 年）十二月十六日发布上谕："今思各省水旱、盗贼，民生未获苏息，正赋之外，复有加征，小民困苦。朕心殊为不忍。若不急停以舒民困，必至失所。除顺治十八年已派外，康熙元年通行停止。"① 至此，大规模的练饷加征方告结束。

就田赋的预征而言，最晚在唐代已经出现。据《新唐书·代宗纪》记载，代宗广德二年（764 年）："七月庚子，初税青苗。"青苗钱的出现，是因为筹集京官俸钱，而国用急迫，等不到秋收课征田赋，而于青苗时即行预征，即所谓"天下用兵，京师百僚俸钱减耗，……税天下地青苗钱，以充百司课料"。初税时，每亩征钱 15 文，以后又有调整②。在两税法实行后，青苗钱也依旧加征。宋代则有"预借"，"预借"顾名思义也是提前征收钱粮，唐末五代时就已经出现预借方式，但不普遍。南宋时，因战争需款，加之迁都临安，制度草创，开支浩大，不得不求助于预借③。其后，预借或预征便成为一种弥补财政的常见措施。清初，在军需紧急的情况下，打破赋税征收定例，进行了较大范围的田赋预征④。本来，田赋的预征也是明末的一项弊政，清初依旧沿袭。户部尚书车克在谈及陕西的情况时说："自故明崇祯年间，秦中军兴浩繁，需饷甚殷，持筹者计无所出，遂议于通省地方预征三分，以济燃眉。其初亦曰偶一行之。后遂相沿为例，以致延、庆诸郡民穷为盗，地荒而丁绝，竟不可问焉！迄今沿袭未革。"⑤ 之所以"沿袭未革"，是

① 档案，顺治十八年十二月十八日阿思哈题：《为恭缴上谕事》。

② 《旧唐书》卷 48，《食货志上》。

③ 参见郑学檬主编《中国赋役制度史》，厦门大学出版社 1994 年版，第 352～353 页。

④ 参见陈锋：《顺治朝的军费支出与田赋预征》，载《中国社会经济史研究》1992 年第 1 期。

⑤ 档案，顺治九年六月十六日车克题：《为预征相沿为例，秦民苦累难堪，请旨永禁，以固邦本事》。

由于“秦中满汉兵马云集，本省钱粮不足，全望拨济者以充之，而协解多不如期，此预征之弊所由难返也”。在明末，还只是预征三分，至清初已是预征五分，并将预征“折色”改为预征“本色”，由于当时粮价飞涨，也就更加加重了人民的负担，如陕西巡抚雷兴所云：“因军需不敷，不得已而檄征（顺治）三年本色五分，接济兵食。然旧贮已空，新苗未布，见在市价升米四分，升豆三分，较征折色四倍其值。”① 而到了顺治七八等年（1650 年、1651 年）则又预征来年的全部额赋，从而导致各地士民“纷纷称苦”。因此，户部尚书车克在上揭顺治九年（1652 年）的题本中认为，“钱粮自应按年征解，预征委属病民”，要求“嗣后敢有预征滋扰者，即行指名特参，以苏民困”。朱批：“依议。”顺治十二年（1655 年）的上谕也曾指出，自今以后，各地方钱粮有“非时预征”者，“严行禁革，有违犯者，该督抚即行纠参，以凭重处。如督抚徇情庇纵，部院科道官访实劾奏”②。但是，后来在粮饷不继的情况下仍有预征，并不曾被纠参，仍为清廷默认、应允。

根据笔者所接触到的档案材料，除了陕西的田赋预征外，在湖北、湖南、广西、贵州等省也有田赋的预征。凡此预征，一般是经过地方官事先申详，或经略大臣具题，复经最高统治者应允实施的。除此之外，不“事先申详”、“不奉明旨”的私自预征或“擅行预征”更为普遍。

第二，田赋的蠲免。历代大多有因灾蠲免田税的规定。上述揭示的《管子·大匡》所谓“下年什取一，岁饥不税”，已经有蠲免田税的意思。汉代建始年间有了因灾蠲免的具体规定：“郡国被灾什四以上，毋收田租。”颜师古注曰：“什四，谓田亩所收，十损其四。”③ 也就是说按被灾的严重程度进行蠲免。汉代以后，这种规定越来越具体。《唐令·赋役令》已经显现出具体的征象：“凡水旱虫霜为灾害，则有分数。十分损四已上免租，损六已上免租

① 档案，顺治三年二月七日雷兴题：《为大兵云集，粮饷不敷事》。

② 《清世祖实录》卷 88，顺治十二年正月甲辰。

③ 《汉书》卷 10，《成帝纪》。

调，损七已上课役俱免。"① 特别是在传统社会后期，更变得十分细致。如清代顺治十年(1653 年)曾经议定：被灾八、九、十分者，免十分之三；五、六、七分者，免十分之二；四分者免十分之一。康熙十七年(1678 年)又议定：歉收地方，除五分以下不成灾外，六分者免十分之一，七分、八分者免十分之二，九分、十分者免十分之三。雍正六年(1728 年)谕："蠲免之例，着加增分数，以惠蒸黎。其被灾十分者，着免七分；九分者，着免六分；八分者，着免四分；七分者，着免二分；六分者，着免一分。将此通行各省知之"。乾隆元年(1736 年)谕："朕思田禾被灾，五分则收成仅得其半，输将国赋未免艰难，所当推广皇仁，使被灾较轻之地亩亦得均沾恩泽。嗣后着将被灾五分之处，亦准报灾。地方官察勘明确，蠲免钱粮十分之一，永着为例"②。相应地，也还有勘灾的规定及违例处分、报灾期限的规定及违例处分等具体的配套措施。

当然，蠲免也不仅仅是因灾蠲免。笔者在《清代军费研究》中，有"战时、战后的赈济与蠲免"专节，对康、雍、乾、嘉、道各朝的蠲免实例进行过分析，可以参看。笔者认为："因战争进行的蠲免，虽统之曰'恩蠲'，但就蠲免钱粮的范围来看，事实上有五种情况，一是对战争地区的蠲免，二是对战争相邻地区的蠲免，三是对供办军需地区的蠲免，四是对军队过往、供办差役地区的蠲免，五是战争结束、军队凯旋后较大范围的蠲免。这些蠲免已经充分考虑了战争对社会经济的破坏以及对人民的骚扰程度，并且体现着清廷的特别'恩政'。而就蠲免钱粮的类型来分，又有五种类型，一是蠲免钱粮逋欠，二是蠲免缓征、带征等项，三是蠲免有关加征，四是蠲免本年钱粮，五是蠲免来年钱粮。……综观有清一代的战争蠲免，我们也可以发现：康熙二十年三藩之乱结束之前的

---

① 《唐六典》卷 3，《尚书户部》。

② 乾隆《大清会典则例》卷 55，《户部·蠲恤三》。按：据康熙《大清会典》卷 21，《户部五·田土二·荒政》记载，康熙七年议准："淮扬二府属及真定府属，各被重灾，十分、九分者，本年正赋全免；八分、七分者，免十分之四"。这是一次个例。类似的个例在顺治年间也有。如顺治五年曾经议准："陕西水旱蝗虫冰雹相继，被灾一等者蠲一年额赋，二等者免一年之半，三等者免三分之一"。

蠲免，主要是蠲免逋欠；三藩之乱结束之后以迄乾隆中后期的蠲免，则是以蠲免加征及蠲免本年、来年钱粮为主；嘉、道以后的蠲免，又是以蠲免逋欠和蠲免缓征、带征为主。这种变化，一方面与国家的财政状况有关，另一方面也是与社会经济的兴盛与衰微相吻合的。这种吻合绝不是一种巧合。从这里我们也不难进一步窥察到，为什么单从蠲免次数来看，历朝不相上下，遇事‘辄蠲其田赋’，而效果绝不相同的底蕴。”①

另外，元代以后，在蠲免田赋时，业主和佃户已经有了不同的蠲免待遇。郭松义、李新达说：“清朝统治者的蠲免政策，既包括政府蠲免业主的田赋，也包括业主蠲免佃户的地租。可是，长期以来，人们往往只重视对前者的研究，而忽略了后者，甚至误将两者混为一谈”。并且注意到，“至迟在元成宗时，政府规定业主蠲免佃户地租的政策就已经产生了”，在康乾时期成为定制②。日本学者周藤吉之根据有关史料的记载，指出：在元代至元二十二年（1285 年），已有减免佃户地租十分之二的规定，元成宗即位后的至元三十一年（1294 年）十月，又有减免佃户地租十分之三的诏令。此后以至明代，又有数次规定。“清代袭承了元明两代的田赋减免政策，使得佃户的负担有所轻减，但是，这个政策与清代初期相比，清代中期有了相当大的变化”。并进行了具体的分析论述③。经君健也详细缕述了康乾时期的政策变化，可以参看④。

原载《清华大学学报》2007 年第 4 期

---

① 陈锋：《清代军费研究》，武汉大学出版社 1991 年版，第 366～367 页。

② 郭松义、李新达：《清代蠲免政策中有关减免佃户地租规定的探讨》，《清史论丛》第 8 辑，1991 年。

③ ［日］周藤吉之：《清代前期佃户的田赋减免政策》，原载《经济史研究》第 30 卷 4 号，1943 年。见氏著《清代东亚史研究》，日本学术振兴会 1972 年版。

④ 经君健：《论清代蠲免政策中减租规定的变化》，《中国经济史研究》1986 年第 1 期。关于清代蠲免政策的一些具体问题，笔者另有专文讨论。

四、

中国古代的户籍制度与人口税演进

在中国传统社会中，统治者长期将户口作为征收赋税、征发徭役的重要依据之一。户籍制度由于和赋役制度有着密切的关系，直接关系到国家的财政来源，因而历代统治者都十分重视。本文从财政制度着眼，分别缕述户籍制度与人口税的变革。至于户籍制度的其他功能以及徭役的征发则不涉及。

一

户籍制度渊源甚早，据研究，从夏以前的部落战争以及刑法的萌芽中，可推知已滋生出对人口和兵员进行计算和管理的需要，但多系传说，尚难为凭。夏禹“会稽”的背后，似乎已有与地域划分、土地分配和贡赋联系在一起的户口管理办法，但可以为据的仍是后人的传说和追述，而乏确证。殷商甲骨文中的“登人”，以及与“登人”相联系的其他经济、政治制度的存在，比较可信地说明殷商时期已有户口统计和管理制度，而西周末期的宣王“料民”

事件，反映出西周乃殷商时期，户籍管理已形成常制①。

可以认为，西周是户籍制度的形成期。在《史记·周本记》和《国语·周语》中都有周宣王“料民于太原”的记载，“料”是数的意思，“料民”就是清查统计人口。周宣王“料民”的起因，是征伐姜戎失败，兵员减耗，补充兵员和军赋，这种“料民”是和征收赋税联系在一起的。《周礼》的许多篇章中都记载了户口调查和登记制度。《周礼·秋官·司寇》称：“小司寇之职，……及大比，登民数，自生齿以上，登于天府。内史、司会、冢宰贰之，以制国用。”《周礼·秋官·司民》称：“掌登万民之数，自生齿以上，皆书于版，辨其国中，与其都鄙，及其郊野，异其男女，岁登下其死生。及三年大比，以万民之数诏司寇，司寇及孟冬祀司民之日，献其数于王，王拜受之，登于天府。”《周礼·地官·乡大夫》称：“以岁时登其夫家之众寡，辨其可任者。国中自七尺以及六十，野自六尺以及六十有五，皆征之。其舍者，国中有贵者、贤者、能者、服公事者、老者、疾者，皆舍。”这些记载已足以说明，在西周时期已经有了经常性、制度性的户口调查和登记。

春秋战国时期，各诸侯国均有各自的户口调查登记办法。秦国自商鞅变法以后，更加强了户口调查登记制度，地方官员每年都要将载有人口数字的“计籍”送中央汇总。《商君书·境内》载：“四境之内，丈夫女子，皆有名于上，生者著，死者削。”可知户口登记的对象包括全国的男女人口，并视其生死而增删。并强调“强国知十三数”，《商君书·去强》载：“强国知十三数：竟（境）内仓、口之数，壮男、壮女之数，老、弱之数，官、士之数，以言说取食者之数，利民之数，马、牛、刍稿之数。”“十三数”的获取，只有严格的户籍制度才能确保。治国之首在于知民数，知民数，方可有效地征之以役，税之以赋，才可富国强兵。随着秦统一六国，这套户口登记、统计和上报制度也随之推行到了全国。据《史记·秦始皇本记》载：“十六年九月，……初令男子书年。”《秦简·编年记》载：“十六年七月丁巳，公终。自占年。”

① 宋昌斌：《中国古代户籍制度史稿》，三秦出版社1991年版，第35页。

所谓“令男子书年”或“自占年”，意即自己申报年龄等情况。从这里可以知晓，秦代的户口、土地的调查登记，是首先让本人或户主申报。申报之后，也还有官府审验等程序。秦代的户口调查登记已经包括了职业、居所、爵位、年龄（或身高）、财产等项内容。

汉承秦制而有所变革。汉代的户籍制度更为完善、更为严格，根据汉朝的法律，每人都必须登记户籍，脱籍是非法的，隐匿逃亡户籍的人户也是有罪的。当时的户口登记，县、里、爵、名、年庚，依次登录，前面还缀有现任身份，所以，汉代的户籍又叫作“名县爵里”。值得注意的是，一些边塞吏卒名籍对于被登录人的身高、肤色，都登录在案。如《居延汉简甲编》第38简：“河南郡荥阳桃邮里公乘庄盼，年廿八，长七尺二寸，黑色。”附第37简：“长安有利里宋买，年廿四，长七尺二寸，黑色。”这应当是为了严格控制，有利于脱逃后缉捕。现有研究表明：户籍登录的内容与时代变迁相关联。秦始皇时期，方颁布“初令男子书年”的法令，以扩大征役范围，而女子尚不必书年。西汉时期，户籍称“名数”、“县里爵名”，这应是成年男子登录的主要内容。不过，在西汉初，口赋、算赋设立之前，除男子要登录年龄外，其他人恐怕是只书县名数即可。随着口赋、算赋的征收，所有成员亦均需登录年庚。后来，由于赀算的征收，对家庭资产的登录也成为户籍登录的一项内容。至武帝时代，汉代户籍制度臻于成熟，所包括内容应有以下几点：

1. 户主：县、里、爵、姓名、年龄。
2. 家内所有成员：与户主关系、姓名、年龄。
3. 家庭财产及估价：奴婢、田宅、牲畜、生产工具。

另外，妻子的籍贯似也在登记内容中，一些重点掌握的人物，恐怕还要翔实地记录其身长、肤色等①。

可以说，我国自秦汉以来即已建立起全国规模的人口调查制度，而且“毫无疑问是资本主义时代以前世界各国中最先进的，

① 参见马新：《编户齐民与两汉王朝的人口控制》，《东岳论丛》1996年第5期。

甚至在某些方面的规定比之资本主义国家更完备严密得多”①。

秦汉以后的户籍制度大体上是一种固有模式的沿袭，但隋唐时期与明清时期的户籍制度也值得特别注意，如隋唐时期的“手实”与“貌阅”，明代的“户帖”、“黄册”、“鱼鳞册”，清代的“人丁编审”。

隋唐时期的“手实”与“貌阅”

所谓“手实”，是户主自己具状申报户内人口、田宅，类似于秦汉时期的“自占”或“自实”。至隋唐，“手实”成为户口调查登记的基本方法，每年年终，户主自己提出户口、田宅情况的手实，由里正汇集，送交县上缮写。它既是乡账、计账、户籍的基础，本身也是一种户籍形式。《新唐书·食货志》称：

> 凡里有手实，岁终具民之年与地之阔狭，为乡账。乡成于县，县成于州，州成于户部。又有计账，具来岁课役，以报度支。国有所领，先奏而敛。

由此可知“手实”是最基础的，由“手实”到“乡账”，由“乡账”到“计账”，逐级而行。“计账”是“具来岁课役，以报度支”，是户部的税收预算簿，也可见调查登记户口与税收有密切的关联。《新唐书·食货志》又说：“每一岁一造计账，三年一造户籍”。计账与户籍之间又有必然的联系。计账是编造户籍的基础，计账是一年编造一次，户籍是三年编造一次。根据手实、乡账、计编造的户籍，大体上是按人口、公课、土地三部分顺序登载。但因地域不同略有差异，因年代变化而不尽相同。其中变化明显的是公课的记载。从目前发现的唐代户籍残卷来看，大足元年（710 年）以前，一般记入布、麻、租。开元四年（716 年）籍中，只记入租。开元十年（722 年）籍中，有租户与无租

① 梁方仲：《中国历代户口、田地、田赋统计》，《总序》，上海人民出版社 1980 年版。

户并存。天宝以后的籍中，一切公课均未记入。这种户籍登载内容的变化，是与唐代特别是中唐以后均田制、租庸调制等经济制度的变化有关。

所谓“貌阅”，又称“团貌”、“貌定”，是官方审验户口的一种方法。《隋书·食货志》载：“是时山东尚承齐俗，机巧奸伪，避役惰游者十六七。四方疲人，或诈老诈小，规免租赋。高祖令州县大索、貌阅，户口不实者，正、长远配。”大索，即大搜查；貌阅，即对人口进行面验。若户口不实，乡正、里长遭到远配的处分。“貌阅”在隋代只是一种检括隐漏人口的临时措施，并非定制。到唐代，成为户口调查登记的常法。在唐初，貌阅一般是一年一举，开元以后是三年一次。貌阅的对象，主要是“五九”、“三疾”之人，“五九”指十九岁、四十九岁、五十九岁、七十九岁、八十九岁，“三疾”指残疾、废疾、笃疾。因为“五九”之人一转年，或入成丁，开始负担成丁的课役，或入优复年龄（50岁开始免除部分课役，60岁免役。80岁、90岁可以给侍丁），开始免除相应的课役或受到相应的优待，所以需要严格审验。“三疾”之人，也享受不同的优待，同样需要严格的审验。

上述之外，隋唐时期在户口的调查登记方面，又有法律方面的保障。隋代的《开皇律》中有《户婚律》，规定了对隐漏户口的惩罚办法。《唐律》中的《户婚律》，《唐令》中的《户令》，有关于户口调查登记方面的规定和相关处罚。如《唐律疏议·户婚律》中对脱户漏口的处罚：

> 诸脱户者，家长徒三年；无课役者，减二等；女户，又减三等。脱口及作增减年状以免课役者，一口徒一年，二口加一等，罪止徒三年。其增减，非免课役及漏无课役口者，四口为一口，罪止徒一年半；即不满四口，仗六十。

如果地方官员对脱户漏口失察，也有相应的处罚。这种法律方面的规定，要比前代完备得多。

明代的“户帖”、“黄册”、“鱼鳞册”

“户帖”并不是明代才有，宋代已经有“户帖”名目。北宋乾德元年（963 年）曾令全国“作版籍、户帖、户钞”①。其中版籍指官方的户籍、计账，户帖指发给人户保存的户籍类文书，户钞指完税凭证。但宋代户帖的具体情况已经不太详明。明政权建立之初，鉴于元末战争的动乱，版籍亡佚，户口制度残破，于洪武二年（1369 年）即着手整顿户籍，“令漏户、脱户之人许自赴官司立户，凡军民等诸户，各以原籍为定”，确定了以原籍立户的原则②。当时的整顿户籍，主要的是创立户帖。洪武三年（1370 年），朱元璋颁布诏书，在全国调查户口，正式推行户帖制度。史称：

> 洪武三年十一月，诏令户部籍天下户口，置户帖。谕省臣曰，民者，国之本也。今天下已定，而民数未核实，其令户部籍天下户口，每户给以户帖。于是，户部置户籍、户帖，各书户之乡贯、丁口、名、岁，以字号编为勘合，用半印钤记。籍藏于部，帖给于户，仍令有司岁计其户口之登耗以闻。著为令。③

由上可知，户帖填造用印后一分为二，保存于户部的称为“户籍”，存于民户的称为“户帖”。由于户帖实行的时间较短，到明代中期，户帖的实物已经“人罕得见”④。中国社会科学院历史研究所收藏有洪武四年（1371 年）徽州祁门县汪姓的一份户帖⑤：

> 一户汪寄佛，徽州府祁门县十四都居民，应当民差计家五口
> 男子三口

---

① 《九朝编年备要》卷 1。

② 参见刘敏：《试论明清时期户籍制度的变化》，《中国古代史论丛》第 2 辑，福建人民出版社 1981 年版。

③ 《续文献通考》卷 13，《户口考二》。参见《明会要》卷 50，《民政》。

④ 李诩：《戒庵老人漫笔》卷 1，《半印勘合户帖》。

⑤ 参见王毓铨：《明朝徭役审编与土地》，《历史研究》1988 年第 1 期。

成丁二口
　　本身年三十六岁
　　兄满年四十岁
不成丁一口
　　男祖寿年四岁
妇女二口
　妻阿李年三十三岁
　嫂阿王年三十三岁
事产
　田地，无
　房屋，瓦房三间
　孳畜，无
右户帖付汪寄佛收执，准此
洪武四年　月　日

由此可知，户帖登载的内容为户主姓名、籍贯、丁口、年龄、资产等项，特别是户口方面十分详细。或者可以说，户帖的登载是详于户口，略于事产。

在户帖的基础上，洪武十四年（1381年）又实行“黄册”制度①。傅维鳞《明书·赋役志》载：

（洪武）十四年诏天下府州县编赋役黄册，以一百一十户为里，推丁粮多者十户为长，余百户为十甲。甲十户，名全图。其不能十户者，或四五户若六七户，名半图。城中四坊，近城曰厢，乡都曰里。里各编一册，册首为总图。鳏寡孤独不任役者，则系于百十户之外，著之图尾，曰畸零管带。册成，上户部，而省、府、州若县各存其一以待会，皆十年。有司将

① 据学者研究，在实行黄册制度之前，在浙江的一些地区，曾经实行过“小黄册”。参见栾成显：《明代黄册研究》，中国社会科学出版社1998年版，第16～23页。

定式给坊、厢、里长，令人户诸丁口、田塘、山地、畜产，悉各以其实自占，上之州县。州县官查比先年册诸丁口，登下其死生。其事产、田塘、山地、贸易者，一开除，一新收，过割其税粮。

黄册把户口、田产和赋税三者合一，因而又称“赋役黄册”①。黄册是明代主要的户口册籍，十年一编造，登载有丁口、田地、房屋、牲畜、赋役等项，以及十年间的变化情况。更为重要的是，黄册制度还与当时的里甲制度相配合，以里甲控制编户，征派赋役，使里甲制度、户籍制度、赋役制度三位一体，达到对基层社会控制有序的目的。

鱼鳞册虽然也登载丁口，但主要是一种地籍，按照《明史·食货志》的解释，因其登载地亩的形状“状如鱼鳞，号曰鱼鳞图册”。黄册与鱼鳞册的区别，主要是黄册以登载丁口为主，以田地付之，鱼鳞册以登载田地为主，以丁口付之。换句话说，黄册与鱼鳞册各有侧重，黄册重在户口徭役，鱼鳞册重在土地田赋。明人一般将黄册称为经册，将鱼鳞册称为纬册，经纬交织而互补，以防弊端的产生。这一点，明人已经有说明：

盖经册是户册，即太祖黄册，以户为主而田从之。户有定额，而田每年有去来。纬册乃田册也，以田为主而户从之，田有定额而业主每岁有更革。田有定额，则粮有定数，每年只将

---

① 至于为什么叫“黄册”，一般有两种解释，一是《明史·食货志》所说，“册凡四，一上户部，其三则布政司、府、县各存一焉。上户部者，册面黄纸，故谓之黄册”。一是明人张萱《疑耀》卷2所说：“今制，丁口税粮，十岁一籍其数，曰黄册。自刘宋时已有之。……今世多不解黄字之意。余偶阅唐开元制，凡男女始生为黄，四岁为小，十六为中，二十有一为丁，六十为老。每岁一造计账，三年一造户籍，即今之黄册也。谓之曰黄，亦自男女之始生登籍而名之耳。”梁方仲先生认为前说可信，参见梁方仲：《明代黄册考》，《梁方仲经济史论文集》，中华书局1989年版。另可参见栾成显：《明代黄册研究》，中国社会科学出版社1998年版，第14~16页。

经册内各户平米总数合着纬册内田粮总数，照会计轻重派粮，则永无飞走隐匿之弊矣①。

也有把黄册称纬册，鱼鳞册称经册者，但意旨相同，即如《明史·食货志》所云：“鱼鳞册为经，土田之讼质焉；黄册为纬，赋役之法定焉。”

如上所述，由于里甲制度与户籍制度密切相关，《大明律》中也载有对脱户漏口失查的里长进行制裁的条款：“若里长失于取勘，致有脱户者，一户至五户笞五十，每五户加一等，罪止杖一百。漏口者，一口至十口笞三十，每十户加一等，罪止杖五十。”②

清代的“人丁编审”

清初的典章制度大多沿袭明代，户籍制度亦沿用明代的黄册，如《清史稿·食货一·户口》所说，“有黄册，岁计户口登耗”。大学士张玉书在《纪顺治间户口数目》中更明确指出：“我国家户口册，仍前明黄册之制，分旧管、新收、开除、实在四则，以田土从户口分豁上中下三等，立军、民、匠、灶等籍，而役之轻重准焉。”③ 但由于明末清初的战乱，地荒丁亡的现象十分突出，原有的黄册实际上失去意义，顺治三年（1646 年），结合《赋役全书》的编撰，诏令天下“编审人丁”④，顺治四年（1647 年），在浙东、福建平定后，又较为具体的颁诏：

丁银虽有定额，但生齿凋耗之后，年老残疾，尽苦追征，甚至包纳逃亡，赔累户族，殊堪悯恻，自今以后，各抚按官严行有司，细加编审，凡年老残疾并逃亡故绝者，悉与豁免⑤。

---

① 《四友斋丛说》卷 14。
② 《大明律》卷 4，《户律》。
③ 《皇朝经世文编》卷 30，《户政》。
④ 《清朝通志》卷 85，《食货五》。
⑤ 《清世祖实录》卷 30，顺治四年二月癸未。

这个编审令已经有了些具体的内容，但依然含混，仅仅指明了对“年老残疾”和“逃亡故绝者”予以豁免，至于如何“细加编审”，却没有从制度上作出规定。因而，“各地也大多没有真正执行”①。顺治五年（1648年），清廷再次下令：

> 三年编审一次，凡三年编审，责成州县印官察照旧例造册，以百有十户为里，推丁多者十人为长，余百户为十甲。城中曰坊，近城曰厢，在乡曰里，各有长。凡造册人户，各登其丁口之数而授之甲长，甲长授之坊、厢、里各长，坊、厢、里长上之州县，州县合而上之府，府别造一总册上之布政司。民年六十以上开除，十六以上增注。凡籍有四，曰军，曰民，曰匠，曰灶，各分上中下三等。丁有民丁、站丁、土军丁、卫丁、屯丁，总其丁之数而登黄册。督抚据布政（司）所上各属之册达之户部，户部受直省之册汇疏以闻②。

此令虽然仍是在里甲制的基础上进行，也仍称之为“黄册”，但对编审年限、人丁类别、人丁增注与开除年龄、编审方法、上报程序等都作了详细而具体的规定，值得注意。在此基础上，顺治十一年（1654年）又覆准，每届三年编审之期，“逐里逐甲，查审均平，详载原额、新增、开除、实在四柱，每名征银若干，造册报部”，如果在编审过程中有“隐匿捏报，依律治罪”。顺治十三年（1656年），又将三年编审一次改为五年编审一次③，基本上成为乾隆三十七年（1772年）下达停止编审令之前的惯例。

但是，清代的人丁编审在实际操作过程中远比上述政策规定复杂得多。笔者在拙文《也谈清初的人丁统计问题》中已经指出：“清初的所谓‘丁’，已经不是单纯意义上的十六岁至六十岁的男丁，‘丁’的含义，呈现出多样性与复杂性；编审在册的丁额并不代表十六岁至六十岁的实际男丁人数，而是承纳丁银（赋役）的

---

① 参见陈桦：《清代人丁编审制度初探》，载《清史研究集》第6辑，1988年。

② 《清朝文献通考》卷19，《户口一》。

③ 光绪《大清会典事例》卷157，《户部·户口·编审》。

人丁定额”。拙文在列举了民、卫、灶丁中普遍存在着的“半丁”、“分丁”现象后，得出三点结论：第一，清代的人丁编审，除优免人丁外，包括了十六岁至六十岁的民丁、屯丁、灶丁等，一人即为一丁，按理不应出现“半丁”或“分丁”。登录“半丁”、“分丁”的本身，已经说明其不是实际人丁数。第二，江西、福建、广东、浙江四省的人丁编审，因为编审女口，当然不能将其视为“丁数”；而女口亦有“半口”与“分口”，登录的女口，也不是实际的妇女人数。第三，在康熙五十二年（1713 年）宣布“滋生人丁永不加赋”之前，历次编审所审减或审增的丁额，也不是实际减少或增殖的丁额。如果按十六岁以上添注，六十岁以上开除的原则进行编审，显然不会有几分乃至几厘的人丁。那么，清代前期的人丁编审是按什么方法进行的呢？大致可以归结为三种类型：一是“丁随地派”。一些地区在整丁之外出现的“分丁”即缘于此。二是按户口和资产的多寡“摊丁”。三是在现有人丁的基础上进行折算编审，即“折丁”。三种类型的人丁编审，清楚地表明了清初编审在册的人丁并不是实有人丁数，编审的对象也不限于十六岁至六十岁的男丁，这仅是就编审方法而言，还没有涉及编审过程中出现的种种弊端。仅此，已经可以说明：一方面，具体的人丁编审与政策条例之间存在着相当大的差距；另一方面，人丁编审只具有“纳粮当差”的财政意义，无补于知悉实有人口数额①。

① 参见陈锋：《也谈清初的人丁统计问题》，载武汉大学历史系编：《史学文稿》第 4 集，《清代财经史专辑》，1984 年。又见《平准学刊》第 5 辑，光明日报出版社 1989 年版。成书于 1959 年的何柄棣的著作对清代的人丁编审进行了出色的研究，何氏的著作，由葛剑雄翻译，1989 年以《1368—1953 年中国人口研究》为名，在上海古籍出版社出版。2000 年又以《明初以降人口及其相关问题》为名，在三联书店出版。何氏的著作，在“丁的实质”、“1741—1775 年的人口数据”、“1776—1850 年的人口数据”等章中，对丁银及人丁编审等问题提出了他的看法，认为，“丁”是一个自明代后期开始形成的赋税单位，与人口没有关系。由于中外学术交流的阻隔，很长时间以来，何氏的观点不为国内学者所知。关于“丁”的讨论，近年曹树基作了细致的综述，见氏著《中国人口史》第 5 卷，《清时期》，复旦大学出版社 2001 年版，第 52 ~ 55 页。又见曹树基、刘仁团：《清代前期“丁”的实质》，《中国史研究》2000 年第 4 期。

有鉴于人丁编审不能反映实有人口数额，在康熙五十二年（1713 年）的“滋生人丁永不加赋”的诏谕中已经要求地方官员“将滋生实数奏闻”，透露出了帝王要求了解人口实数的意旨。雍正年间的“摊丁入地”，又为人丁编审与赋税征收的分离打下了基础。乾隆即位以后，又再三要求：“滋生户口，每逢五年，务须据实造报，实力奉行，不得视为具文，脱户漏口”；“直省督抚，于每岁十一月，将各府州县户口增减，缮写黄册具奏。”至乾隆三十七年（1772 年），终于下令停止了“无裨实政”的人丁编审，其谕称：

> 编审人丁旧例，原因生齿繁滋，恐有漏户避差之弊，是以每届五年查编造册，以备考核。今丁银既皆摊入地粮，而滋生人户，又钦遵康熙五十二年皇祖恩旨，永不加赋，则五年编审，不过沿袭虚文，无裨实政。况各省民谷细数，俱经该督抚于年底专折奏报，户部核实具奏，付之史馆记载，是户口之岁增繁盛，俱可按籍而稽，更无藉五年一次另行查办。嗣后编审之例，着永行停止。

停止编审之令下达以后，按照乾隆帝的意思，人口统计赖于各督抚的年底专折奏报，但是事隔三年之后的乾隆四十年（1775 年），乾隆帝即认为：“有司视为具文，大吏亦忽不加察，谷数尚有仓储可核，而民数则量为加增，所报之折及册，竟有不及实数什之二三者，其何以体朕周知天下民生本计之心乎！”于是又下令：

> 现今直省通查保甲，所在户口人数，俱稽考成编，无难按籍而计。嗣后各督抚饬所属，具实在民数，上之督抚，督抚汇折，上之于朝，朕以时披览，既可悉亿兆阜成之概。而直省编查保甲之尽心与否，即于此可察焉。其敬体而力行之，毋忽①。

---

① 道光《太康县志》卷 2,《田赋》。

至此，废除人丁编审之后的人口统计遂与“保甲编户”正式结合起来，以“弭盗安民”为要任的保甲法也从此为清查户口所倚重①。

以上概要叙述了中国传统社会中的户籍制度，从总体上看，户籍制度是一项人口调查登记制度，但并不是专一的人口调查登记，它的内容广泛，既与人口、土地、财产、赋税密切相关，又与一定的社会制度、政治制度、军事制度、法律制度、社会控制相联系，从中可以窥出诸多社会信息。

二

就户籍制度与人口税的关系而言，按户、按丁征收的人口税首先需要的是人口的调查与登记。换句话说，人口的调查与登记是人口税征收的基础。

人口税的起源，比力役与土地税要晚，战国以前是否征收人口税尚难以断定。战国时期，诸国多有“军赋”的改革，秦国的“军赋”改革在列国中是最晚的，《史记·秦本纪》载：“（孝公）十四年，初为赋。”这里的“初为赋”也就是初为军赋，当时正值

① 按：保甲法在清代开始实行于顺治元年八月。先是，顺治元年七月二十五日，山东巡抚方大猷上疏要求行保甲法，认为保甲“可以杜奸萌，可以清漏丁，可以成美俗”。八月八日，摄政王谕兵部曰：“自盗贼作乱，奸宄日生，息盗安民，莫如保甲为良法，尔部即行文各省地方府卫州县所属村镇庄屯，每十家立一甲长，百家立一甲总，稽察寇盗、奸细、并无籍奸棍、不法等事……”（见《明清档案》第1册，第35件，第90件。台湾联经出版事业公司1986年版）。可见，保甲的原始功能在于弭盗安民。雍正四年，直隶总督李绂在《请改编审行保甲疏》中认为，人丁编审弊端百出，况且，“编审之法五年一举，虽意在清查户口，尚未能稽察游民，不如保甲之法更为详密，既可稽察游民，且不必另查户口，自后请严饬奉行州县，于编排保甲时，逐户清查实在人丁……”（见《皇朝经世文编》卷30，《户政》）。户部由此重新议定保甲条例，这已标志着保甲职能的转变。随后，又不断对保甲条例进行充实和重申，到乾隆二十二年，再次详加议定保甲条例，保甲的清查人口职能更为明显（参见光绪《大清会典事例》卷158，《户部·户口·保甲》），也从而为停止人丁编审后的人口统计打下了基础。

商鞅变法，商鞅有令称："民有二男以上不分异者，倍其赋。"① 已经可以看出，秦国的军赋是与人户联系在一起的，或者说是按人按户征收的，因此，被学者解释为"口赋"，或人头税，如李剑农所说："考《史记·秦本纪》孝公十四年，有'初为赋'之语。此所谓初为赋之赋制如何，固不可臆断，然在分封制推行时期，农民除向领主供纳所谓'粟米之征'外，尚有一种现物供纳的所谓'布缕之征'，劳动的'力役之征'。商鞅辅佐孝公，毁弃分封制形式时，'粟米之征'循当时通行之名，易为'田租'，'力役之征'变为'更赋'，……孝公十四年所定之赋制，人口税之算赋口赋，似已包括其中。"② 又如林剑鸣所说："在'初租禾'之后，又出现了'初为赋'。从此，'田租'（土地税）和'口赋'（人头税）成为封建社会两种重要的赋税制度。"③ 再如黄今言所说："'初为赋'，当指初为'口赋'，即秦孝公十四年开始，实行按丁、口征赋。"④ 秦统一六国后，仍然征收口赋以供军费。

汉代的人口税大致有"口赋"、"算赋"、"更赋"、"户赋"四种⑤。各种不同的人口税种大多有秦朝的遗痕。

口赋亦称口钱，是向未成年人征收的人头税。《汉书·昭帝纪》：元凤四年（前77年）"赐中二千石以下及天下民爵。毋收四年、五年口赋"。如淳注引《汉仪注》曰："民年七岁至十四，出口赋钱，人二十三。二十钱以食天子，其三钱者，武帝加口钱，以补车骑马。"这说明，7～14岁的未成年者，每人纳口赋20钱供帝

① 《史记》卷68，《商君列传》。

② 李剑农：《中国古代经济史稿》第1卷，武汉大学出版社1991年校勘本，第243页。

③ 林剑鸣：《秦史稿》，上海人民出版社1981年版，第191页。参见郑学檬主编《中国赋役制度史》，厦门大学出版社1994年版，第22页。

④ 黄今言：《秦汉赋役制度研究》，江西教育出版社1988年版，第200页。

⑤ 按：相关著作所述人口税种略有不同，李剑农《中国古代经济史稿》述及算赋、口赋、更赋三种；钱剑夫《秦汉赋役制度考略》（湖北人民出版社1984年版）述及口钱、算赋两种，更赋另外叙述；黄今言《秦汉赋役制度研究》述及算赋、口赋、更赋三种，对户赋提出了质疑。

王所需，武帝另加3钱作为军费补充，口赋有时可以蠲免。口赋起征的年龄也不恒定，“有三岁起征者，有七岁起征者，在个别边远地区如零陵郡，也有一岁起征者。但七岁起征口钱，约为元帝以后的通制”①。

算赋基本上可以说是向成年人征收的人头税。《汉书·高帝纪》：四年（前203年）“八月，初为算赋”。如淳注引《汉仪注》曰：“民年十五以上至五十六，出赋钱，人百二十为一算，为治库兵车马。”这种120钱为一算的算赋，也带有供军的性质。如果女子不及时出嫁，也有算赋的征收，孝惠帝六年（前189年）就规定：“女子十五以上至三十不嫁，五算。”② 人出一算，一算120钱，是一种常制，但也有削减或增加的个例，如成帝建始二年（前31年），“减天下赋钱，算四十”，孟康注曰：“本算百二十，今减四十，为八十。”③

更赋是由“更役”的代役钱演变而来的人头税。李剑农说，“更赋为‘力役之征’，此甚明显。盖亦沿秦旧制，惟入汉以后，亦略有更改”④。按汉制，更卒可以“以钱代役”。《汉书·昭帝纪》载，元凤四年（前77年）诏：“三年以前逋更赋未入者，皆勿收。”对此，如淳注有一个较长的注解：“更有三品，有卒更，有践更，有过更。……一月一更，是为卒更也。贫者欲得雇更钱者，次直者出钱雇之，月二千，是为践更也。天下者皆直戍边三日，亦名为更，律所谓徭戍也。虽丞相子亦在戍边之调。不可人人自行三日戍，又行者当自戍三日，不可往便还，因便住，一岁一更。诸不行者，皆出钱三百入官，官以给戍者，是为过更也。”按照如淳的解释，可以纳钱代役的有两种，一是“践更”，可出钱二千以免除一年中一个月的“卒更”。二是“过更”，可出钱三百以

① 黄今言：《秦汉赋役制度研究》，江西教育出版社1988年版，第218页。

② 《汉书》卷2，《惠帝纪》。

③ 《汉书》卷10，《成帝纪》。

④ 李剑农：《中国古代经济史稿》第1卷，武汉大学出版社1991年校勘本，第243页。

免除一年中三天的戍边义务。对这种解释，学术界有不同的看法①，比较倾向于“更赋”是由“过更”演变而来的人头税，其税额为每年300钱②。

“户赋”顾名思义是按户征收的人头税。汉代文献和出土秦汉简牍中也确实有“户赋”一词，但由于记载的简略，学术界有不同的看法，有一些学者否认有单独的“户赋”税种的存在③。随着近年秦汉简牍的不断发现，以及最新的研究成果，可以认为，“户赋”确实是一个单独的税目，户赋按户征收，以征收饲草为主，主要供应本县之需，并不上缴郡国或中央府库，这与口钱、算赋在性质上是不同的。户赋每年交纳16钱和1石刍，按法定折算标准计算，总计每年交纳户赋31钱。并且，汉代的户赋是对秦制的承袭④。

汉代以后的人口税征收，历朝有所不同。就大的变革而言，从户调制到两税法，再到摊丁入亩，各有不同的特点。

汉魏之际，赋役制度发生重大变化，建安九年（204年），曹操颁布政令：“其收田租亩四升，户出绢二匹、绵二斤而已，他不得擅兴发。”⑤ 这个政令也就是所谓的“租调令”，其中的“户出绢二匹、绵二斤”，实际上是西晋以降“户调制”的肇端。根据学

---

① 黄今言列举了范文澜说、李剑农说、高敏说，倾向于高敏说：“更赋，是徭役的替代税，即代役钱。但是，它不是汉代所有徭役的替代税，而仅仅是每年每人戍边三日之役的替代税。”认为，“更赋”即“过更”的解释是较符合历史实际的。见黄今言：《秦汉赋役制度研究》，江西教育出版社1988年版，第220页。

② 参见郑学檬主编《中国赋役制度史》，厦门大学出版社1994年版，第48~50页。

③ 参见黄今言：《秦汉赋役制度研究》，江西教育出版社1988年版，第206页。

④ 于振波：《从简牍看汉代的户赋与刍稾税》，《故宫博物院院刊》2005年第2期。

⑤ 《三国志》卷1，《武帝纪》。

者的研究，西晋户调制的主要内容和特点大致有四①：

1. 调绵、绢虽按户征收，但仍计及丁中情况。丁男之户，绢三匹、绵四斤；丁女之户与次丁男之户，绢一匹二丈、绵一斤半；全无丁男、丁女、次丁男之户，免课。

2. 诸侯封户，户出绢一匹诸侯秩，绵则不给。所余调绢（户二匹）与全部应纳之调皆输入于官。诸侯食调绢三分之一，此属中央政权与诸侯封家财政分割范畴，基本上不影响民户的实际负担。

3. 绵、绢可用缣、布折纳，绵亦可以绢折纳。折纳有地域限制。

4. 户调的定额只是一种平均数，藉以计算各州郡县乡应纳户调总额。实际征收时则要根据各户户赀的多寡（亦即户等的高低）予以调整。

南北朝以迄隋唐时期，户调或丁调又有不断的调整。到唐朝后期安史之乱之后，国家财政危机加深，唐德宗接受宰相杨炎的建议，于建中元年（780 年）推行了两税法。两税法的主要内容包括几个方面：一是以户为征收单位，按各户土地财产的多少，来确定应纳税额的多少。即“户无主客，以见居为簿；人无丁中，以贫富为差”。这是户税。户税征钱或折征绢帛。二是以公元 799 年垦田数字为依据，按田地多少征收田亩税。这是地税。地税征粮。三是分夏秋两季征收，夏税不得过 6 月，秋税不得过 11 月。两税法不仅归并了税目，扩大了财源，明确了征收时间，更为重要的是，两税法改变了租庸调制“以丁身为本”的征税原则，“唯以资产为宗”，在很大程度上改变了重人头轻田赋的局面，“据地出税”的原则得以确立。

“两税法”改革在历史上影响深远。明代张居正推行的“一条鞭法”和清雍正时期推行的“摊丁入亩”都可以说是两税法的继续和发展。“一条鞭法”把各种徭役、田赋和各种杂费，并为田赋

---

① 参见郑学檬主编《中国赋役制度史》，厦门大学出版社 1994 年版，第 84 页。

一种，以田亩为对象，统一征收，征课的田赋一律折合成银两交纳。“摊丁入地”从根本上改变了过去地丁并行的税制，简化了征税手续，放松了国家对农民的人身控制。尽管田赋重了，但免去了人头税。一般认为，摊丁入地是明代一条鞭法的继续和深化，这从封建社会赋役制度的较大变更来看，当然是正确的。一条鞭法的主要内容之一是“总括一州县之赋役，量地计丁”，将力役改为代役的银差，丁银纳入田赋，赋与役合一。摊丁入地与一条鞭法在丁银（人头税）、田赋（土地税）合一上有其相同之处，但二者又有所不同。一条鞭法中的“丁银”主要是一种差役代征银，或如上面说的“代役的银差”，摊丁入地中的“丁银”虽然也带有差徭的遗迹，但它主要是一种固定化了的人丁税额①。

固定化了的人丁税额摊入地亩，必须有固定的人丁数额作为基础，康熙后期所宣布的“滋生人丁永不加赋”政策，正是推行摊丁入地的重要条件。据郭松义先生的研究，明代中后期，在河南、山东、湖南、陕西、浙江、广东的某些州县已有摊丁入地的个例，其对清代的摊丁入地有着深刻的影响。入清以后，要求摊丁入地的舆论加强，某些地区也继续进行着摊丁入地的实践，食盐钞银、匠班银的摊丁入地也大都先期进行②。这些实践活动，无疑对后来的摊丁入地提供了范式，但摊丁入地之所以没有在更广的范围内展开，正与当时丁额的未有定数有关。而“滋生人口概不加赋，则丁口亦有一定，可以派归田粮，永为成例”③。也正说明了“滋生人丁永不加赋”与摊丁入地广为推行之间的必然联系。广东是“滋生人丁永不加赋”诏谕颁布之后，最早实行摊丁入地的是省份，这也就是《石渠余纪·纪丁随地起》案语所称的“丁随地起见于明文者，自广东始”。其后，四川、直隶、福建、山东等省依

---

① 陈锋：《清代赋役制度的整顿改革与政策导向》，《人文论丛》1999 年卷。

② 参见郭松义：《论摊丁入地》，载《清史论丛》第 3 辑，1982 年。

③ 乾隆《海宁州志》卷 3，《田赋》。

次进行，各省摊丁入地的时间与摊征科则，概如下表所示：①

清代摊丁入地简表

省　区	摊丁入地时间	每地赋一两摊入丁银数
广　东	康熙五十五年	一钱六厘四毫
四　川	康熙末年	以粮载丁，每丁载粮不等
直　隶	雍正元年	二钱七厘
福　建	雍正二年	五分二厘七毫至三钱一分二厘
山　东	雍正三年	一钱一分五厘
河　南	雍正四年	一分一厘七毫至二钱七厘
浙　江	雍正四年	二钱四厘五毫
陕　西	雍正四年	一钱五分三厘
甘　肃	雍正四年	一分六毫至一钱五分九厘三毫
云　南	雍正四年	三厘六毫至七厘七毫
江　苏	雍正五年	一厘一毫至六分二厘九毫
安　徽	雍正五年	一厘一毫至六分二厘九毫
江　西	雍正五年	一钱五厘六毫
湖　南	雍正六年	每粮一石摊一毫至八钱六分一厘
广　西	雍正六年	一钱三分六厘
湖　北	雍正七年	一钱二分九厘六毫
山　西	乾隆十年	一钱四分七厘至三钱三分八厘
贵　州	乾隆四十二年	每亩摊丁银五厘四毫

① 此表主要据光绪《大清会典事例》卷157，《户部·户口·丁银摊征》，其他作为参考。上揭郭松义《论摊丁入地》一文中，有较详细的列表。又按：刘志伟《广东摊丁入地新论》对广东摊丁入地的时间及相关问题提出了新的看法，可以参看，文载《中国经济史研究》1989年第1期。

摊丁入地在某些地区虽然拖得时间很长，但它基本上集中在雍正年间。从上表也可看出，有关各省都规定了每田赋银一两均摊丁银若干的标准，这比之于原来各省各县丁银等则的复杂混乱，改善良多，进一步简化了赋税手续，赋与役的合并在新的意义上得以完成。同时，由于摊丁入地的基本原则是“因田起丁，计亩科算”，田多则征丁银多，田少则征丁银少，无田则不征丁银，这对田连阡陌的绅衿地主当然不利，但却减轻了无地贫民和自耕农的负担，从而也减少了编审、征敛过程中的许多弊端。

原载《江汉论坛》2007 年第 2 期

五、

论明清时期区域性商人集团的发展

一

明清时期的史迹和前此学者的研究已经表明，明清时期的商业与以往相比，有了长足的发展。发展的标志可以概括为四：其一，商业贸易的品种增多。其二，传统的自给自足的经济结构渐次解体，跨区域的国内市场形成，商品流通空前活跃。其三，商品贸易的触角已伸向海外，尤其是东南沿海一带，“人多务贾与时逐……南走澳门，至于红毛、日本、琉球、暹罗斛、吕宋，帆踔二洋，倏忽数千万里”①，“大率夷人入市中国，中国而商于夷，未有如今日之伙也”②。其四，传统市镇和新兴市镇在数量和规模上迅速增加和扩展，形成了商品流通的主体网络；另一方面，专业性的市镇也

① 屈大均：《广东新语》卷14，《食语》。

② 张燮：《东西洋考》卷7，《税饷考》。

应运而生。市镇的发展“意味着愈来愈多的人口同农业分离,”①这既是商品经济发展的结果，也是商业进一步发展的前提。

与此相一致，作为商业经营和催导者的商人也空前活跃起来，形成了带有明显区域色彩的商人集团。以区域而论，有所谓徽商、西商、粤商、闽商、浙商等；以资财而论，各拥资十万、百万、千万不等。

勿需赘述，明清时期商业的繁荣与区域性商人集团的兴起和发展显然是明摆着的事实。

“商人——专业商人——究竟是如何出现的呢？除非他有交易的东西，否则便不能经商”②。这种经济史的一般理论只是就初始的、个别的经商者而言。实际上，商业经济的繁荣与商人的兴起、发展，不但需要有相应的经济结构、商品生产、流通渠道、商品市场等作为依托，还需要有深层的历史条件和社会环境，如伦理道德观念、价值规范取向及消费习俗偏好等作为保障，在中国几千年的重农轻商或重本轻末的政策或行为准则下尤其如此。③

在明代之前，当然也曾出现过商业的繁荣和商人的集聚现象，但从来没有像明清时期商人集团的区域性崛起这样具有特色，形成时代的潮流，这种潮流基本上是以明代前中期为起始，波澜壮阔于明代中后期，除在明清鼎革之际因战乱稍受影响外，康熙以后又蔚成大观。对于这种现象，学者们已予以了足够的重视。

但是，学者们对商人集团兴起和发展的原因探讨与解释仍然限于地理环境和田亩赋税的加征等方面，其中尤以地理环境论——土地贫瘠、地少人多——为基调。这些观点，应该说是问题的原因之一或原因之二，但是否是问题的症结呢？

诚然，地理环境是社会发展的经常的和必要的条件之一，也不难找到土地贫瘠、地少人多或不堪重赋率而经商的例证，如徽商源

---

① 《列宁全集》第3卷，人民出版社1984年版，第19页。

② ［英］约翰·希克斯：《经济史理论》，商务印书馆1987年版，第26页。

③ 笔者以为，对所谓传统的重农抑商政策需要作具体的分析，“重农抑商”更多的是体现为一种意念或观念的东西，这里不加讨论。

地的徽州府，“本府万山中，不可舟车，田地少，户口多，土地微，贡赋薄”①，“郡邑处万山，如鼠在穴，土瘠田狭……其势不得不散而求衣食于四方，于是乎移民而出”②。若从另一个角度而言，经典作家亦曾提请人们注意“土壤自然肥力越大，气候越好，维持和再生产生产者所必需的劳动时间就越少。因而，生产者在为自己从事的劳动之外来为别人提供的剩余劳动就可以越多”，富庶的地区反而越有可能游离出经商的人群。③ 而且，笔者也注意到，重赋的地区不一定就是商人集团兴盛的地区，贫瘠的地区却多以农本持家，富庶之地率而为商也不是仅有的现象。如浙江龙游县，“其民庶饶，喜商贾”④；安徽庐、凤一带，“虽遇丰年，而百姓轻去其乡。求食于外，视为惯常”；江苏太湖，“本地居民擅田土之膏腴，半多外出贸易”。⑤ 凡此种种，是大有意味的，其足可以揭示问题的复杂性和旧说的不周。

二

渐次为人们认同的深层历史理论已经提醒治史的学者：社会历史的变化在许多情况下往往取决于历史深层的心理因素。换言之，某一时期社会上潜在的、流行的情绪集结、心理态势、伦理观念、价值取向、需求愿望等，往往规范、制约着历史的进程。这是一种支配个体与群体行为方式的内在的力量和要素。明清时期商人集团的兴起与发展在很大程度上正是由于区域心态的变化使然，这也可以说是问题的症结所在。

按照心理学的观点，随着社会经济乃至文化的发展变化，人们经常处于心理认识和心理反馈的基础上，不断地扬弃某些思想和观

① 弘治《徽州府志》卷2，《食货》。

② 康熙《徽州府志》卷8，《蠲赈》。

③ 《马克思恩格斯全集》第23卷，人民出版社1972年版，第560页。

④ 乾隆《龙游县志》卷2，《建置》。

⑤ 档案，乾隆十八年三月二十九日两江总督鄂容安奏：《为奏明事》。中国第一历史档案馆藏。

念，从而形成新的心理倾向或态势。

众所悉知，“农本持家”和“重义轻利”作为一种传统的思潮而根植于人们的观念之中。但自明代前中期起，出现了“不讳言利”、“无耻言富”、“工商亦为本业”的社会思潮。这种反传统的尚利思潮一方面是当时商品经济发展的反映，另一方面又导引、促进了世风的转变，为新的价值观念、心理趋向的凝结和形成作了舆论上的渲染。明清时期区域心态的转变也正是以价值观念的转变为内涵、以趋利性心态的呈现为表征的。兹简要引述如下史实为证：

山东——《山东通志》称：济宁州，“济当河漕要害之冲，江淮百货走集，多贾贩，民竞刀锥，趋末者众”；临清州，“服贾之民，恒居十之六七”。①《黄县志》称：“其商于外也，辽东为多，京师次之。地距辽东数千里，风帆便利，数日可至……常获厚利。大贾则自造舟贩鬻，获利尤厚，于是人相艳视，趋骛日众矣。”②

安徽——《徽州府志》称：“徽之山大抵居十之五，民鲜田畴，以货殖为恒产，春月持余资出贸什一之利……上贾之所入，当上家之产；中贾之所入，当中家之产；小贾之所入，当下家之产。……以故贾之所入视旁郡为厚。”③《休宁县志》称：“邑中土不给食，大都以货殖为恒产。……于是走吴、越、楚、蜀、闽、粤、燕、齐之郊，甚则逖而边陲，险而海岛，足迹几遍宇内。”④《黟县志》称：“徽商遍天下，而黟独事耕作”，“近（清初）始学远游，亦知权低昂时取予，岁收贾息。”⑤《太函集》称：“（歙县）业诗书礼乐修正业者什二三，大半以贾代耕，习心计。”⑥

山西——《五台新志》称：“晋俗以商贾为重……太原、汾州所称饶沃之数大县，及关北之忻州，皆服贾于京畿、三江、两湖、

① 《山东通志》卷40，《风俗》。
② 《黄县志》卷3，《风俗》。
③ 康熙《徽州府志》卷2，《风俗》。
④ 康熙《休宁县志》卷1，《风俗》。
⑤ 康熙《黟县志》卷1，《风俗》。
⑥ 汪道昆：《太函集》卷6。

岭表、东西北三口，致富者在数千里或数万里外，不资地力。”①

福建——《海澄县志》称：“饶心计者，视波涛为阡陌，视帆樯为耒耜，盖富家以财，贫人以驱，输中华之产，驰异域之邦，易其方物，利可十倍。故民乐轻生，鼓枻相续，谓生涯无逾此者。”②《天下郡国利病书》称：“海滨之民，惟利是视，走死地如鹜，往往至岛外瓯脱之地。”③

广东——《粤海关志》称：“土著民醵金造舟，装土产径往东西洋而去，与海岛诸夷相贸易。”④《潮州府志》称：“闽粤之人，驾双桅船，挟私货，百十为群，往来东西洋。”⑤《松窗梦语》称：广东诸郡之民，“逐番舶之利，不务本业”⑥。《西园闻见录》称：“粤人逐山海矿冶番舶之利，不务农田。”⑦《广东新语》称：“广州望县，人多务贾与时逐”，又称：“农者以拙业力苦利微，辄弃耒耜而从之。”⑧

“良贾近市利数倍，次倍之，最下无能者，逐什一之利。”⑨毋庸置疑，上述地区一般民众的弃农经商显然是受着商业利润的吸引。所谓“贾人皆重利致富，于是人多驰鹜奔走，竟习为商”，“人相艳视，趋鹜日众”，“海滨之民，惟利是视，走死地如鹜”，“农者以拙业力苦利微，辄弃耒耜而从之”等，正是这一情势的写照。对此，明清小说中也多有反映，内地之民，“看见别人经商图利的，时常获利几倍，便也思量做些生意”；沿海之民，“（看见）这边货物拿到那边，一倍就有三倍价。换了那边货物，带到中国也

① 《五台新志》卷2，《生计》。
② 民国《海澄县志》卷15，《风土》引明旧志。
③ 顾炎武：《天下郡国利病书》卷96，《福建》。
④ 梁廷枏：《粤海关志》卷4。
⑤ 乾隆《潮州府志》卷40，《艺文》。
⑥ 张瀚：《松窗梦语》卷4，《商贾记》。
⑦ 张萱：《西园闻见录》卷62。
⑧ 《广东新语》卷14，《食语》。
⑨ 张瀚：《松窗梦语》卷4，《商贾记》。

是如此。一往一回，却不便有八九倍利息！所以人都拼死这条路”。① 这种状况也正应验了一个论断：“商业适应着人类追求冒险与喜爱谋利的本性，因此，在本质上是具有传染性的。”② 正是这种“传染性”，或者用心理学的术语说，正是这种“社会刺激”，所以在上述地区才形成了趋利的共振心理，才有可能摒弃重农轻商的观念，从而“以商贾为重”，视商业为首业，视商人为首民。也只有在这一基点之上，弃农经商成为区域性的社会潮流。

同时，值得注意的是，与上述地区一般民众的弃农经商相一致，地主、官僚、士人的经商亦非常突出。

在明代之前，一般地主仍然固守田业，以田产地租为万世不移之本，但在商业利润的吸引下，自明代中叶以降，便出现了“富者缩资而趋末”③ 的现象。如安徽徽州：“商居民之末，徽俗殊不然，歙之业鹾于淮南北者，多缙绅巨族。”④ “新安……人庶仰贾而食，即阀阅家不惮为贾”⑤。“徽州人以商贾为业，（黟县）宏村名望族为贾于浙之杭、绍间者尤多。”⑥ 如陕西同州：“富者皆弃本逐末，各以服贾起其家。蜀卓宛孔之流，甲于通省。”⑦ 又如江南苏州：“吴中缙绅，多以货殖为急，若京师差官店，六部开兴债典，兴贩盐酤，其术倍刻于齐民。”⑧ 再如东南沿海：“成（化）、弘（治）之际，豪门巨室，间有乘巨舰贸易海外者。”⑨

官僚的经商在明初还十分少见，大约在嘉靖前后成为时尚。史称：“正（德）、嘉（靖）以前，仕之空囊而归者，闾里相慰劳，

---

① 《初刻拍案惊奇》卷1，《转运汉遇巧洞庭红》。

② ［比］亨利·皮郎：《中世纪欧洲经济社会史》，上海人民出版社1987年版，第24页。

③ 《明世宗实录》卷545，嘉庆四十四年四月丙戌。

④ 江依濂：《橙阳散志》末卷，《歙风俗礼教考》。

⑤ 唐顺之：《唐荆川文集》卷15，《程少君行状》。

⑥ 道光《黟县续志》卷15，《艺文》。

⑦ 乾隆《同州府志》卷21，《风俗》。

⑧ 道光《苏州府志》卷2，《风俗》。

⑨ 《东西洋考》卷7，《税饷考》。

啧啧高之；反之，则不相过。嘉、隆（庆）以后，仕之归也，不问人品，第问怀金多寡为重轻。相与姗笑为痴牧者，必其清白无长物者也。”① 何良俊亦说：“至正德间，诸公竟营产谋利。”② 这种汲汲求利、以资财论高低的现象正标示出世风的转变。到了明末清初之际，在广东地区已经是“民之贾十三，而官之贾十七，近而广之十郡，远而东西两洋，无不有也”③。尤其应该指出的是，官僚的经商谋利在清代发展到了处处钻营、触犯刑律的地步。如云南布政使张霖“假称奉旨，贩卖私盐，得银百六十余万两”④。陕甘总督年羹尧“遍置私人，私行盐茶”，同时“私占咸宁等盐窝十八处”。⑤ 广东“廉州知府刘梦正等悉皆借官行私（盐）”⑥。四川按察使程如丝、浙江温州知府刘煜等也均指使家人、家丁“自贩私盐”。甚至连八旗、绿营的将领也兴贩私盐以谋利。⑦

如果说地主、官僚的兼营商业在明代之前即不乏个例，只不过明清时期更为突出、更为普遍的话，那么，士人的兼营商业和弃儒经商在明清时期则成为空前的潮流。山西巡抚刘于义曾于雍正二年上疏言及西商渊源地山西的情况：“山右积习，重利之念，甚于重名。子弟俊秀者，多入贸易一途，其次宁为胥吏，至中材以下方使之读书应试。以故士风卑靡。”雍正帝硃批：“山右大约商贾居首，其次者犹肯力农，再次者谋入营伍，最下者方令读书，朕所悉知。”⑧ 徽商的渊源地安徽徽州也是如此。汪道昆称：“古者右儒而左贾，吾郡或右贾而左儒”；又云：“休、歙右贾左儒，直以九章

---

① 万历《新会县志》卷2，《风俗》。

② 何良俊：《四友斋丛说》卷34，《正俗》。

③ 《广东新语》卷9，《事语》。

④ 蒋良骐：《东华录》卷20，卷27。

⑤ 蒋良骐：《东华录》卷20，卷27。

⑥ 档案，雍正十一年三月十二日鄂弥达奏：《廉州盐务事宜》。

⑦ 参见拙著：《清代盐政与盐税》，中州古籍出版社1988年版，第187~193页。

⑧ 《雍正硃批谕旨》第47册，《刘于义奏疏》。

当六籍”；“吾乡左儒右贾，喜厚利而薄名高。”① 所以，“虽士大夫之家，皆以畜贾游四方”②。在徽州的谱牒中多可见弃儒经商的事例。③ 山西、徽州之外，江南苏松地区的士人经商也较突出。于慎行称：“吴人以织作为业，即士大夫家，多以纺织求利，其俗勤啬好殖，以故富庶。”④ 何良俊称：“由今日论之，吾松之士大夫工商不可谓不众矣。”⑤

中国历史上的地主、官僚、士人仅仅是在一定的程度上各自为一阶层，实际上则往往是兼三位于一体，他们代表着社会上的另外一群，既是治人者、卫道者，又是封建政治、传统政策的受惠者。他们兼营商业或弃本逐末、弃儒经商正标示出社会心态在另一个群体或层面的凝结和走向。同时，也是对几千年轻商观念的自觉或不自觉的荡涤和否定。

三

一般民众弃农经商和地主、官僚、士人兼营或专营商业显然是受着商业利润的导引。而明清时期凸现出来的商品经济的发展、商业市镇的兴起与扩展、国内市场的形成等时代特征，又为商业利润的取得提供了先决条件；徽商、西商、粤商、闽商等渊源地的一些“初始商人”的经商成功、获取厚利，又为习惯于面对黄土或跃跃欲试者提供了实实在在的范本，为讲求实利的中国人投下了希望的光环。应该说，“条件”与“范本”是一种有力的叠合，在一定的时空范围内诱惑力极强。这或许就是明清时期区域心态转变和区域性经商潮流涌现的一般原因。

诚然，社会心态的转变和商人集团的发展需要一定的过程，在

① 汪道昆：《太函集》卷54，卷77，卷18。
② 归有光：《震川先生文集》卷13，《白菴程翁八十寿序》。
③ 参见张海鹏、王廷元主编：《明清徽商资料选编》，黄山书社1985年版。
④ 于慎行：《谷山笔麈》卷4，《相鉴》。
⑤ 何良俊：《四友斋丛说》卷13，《史九》。

这一过程中，笔者以为尚有几个问题值得特别指出。

第一，一般民众的弃农经商，自然是社会心态变化的最直接显示，但众多的经商人群只是在量上促使了区域性商人集团的集聚和发展，壮大着中小商人队伍。由于他们的资本微薄，往往是“有利则趋，无利则避”，经不起激烈的商业竞争和意外的打击，经常呈现出小起小落或大起大落之势。明清之际业盐河东、长芦的西商和业盐两淮的徽商以及业盐其他地区的一般商人的遭际可以说明这一点。①

第二，地主、官僚等富足之家的“缩资而趋末”和“弃本逐末”，对商业资本的积聚和商人势力的发展有着不可忽视的作用。明清时期的一些所谓的“豪商大贾”大多是地主、官僚兼营商业者。这除了他们拥有丰厚的资本外，还拥有一般民众所缺少的权势，张瀚所言“茶、盐之利尤巨，非巨商贾不能任，第市法有禁”② 即是指此。前引所谓“歙之业鹾于淮南北者，多缙绅巨族”也是有力的说明。其余如清代康熙年间的刑部尚书徐乾学曾将银十万两交于盐商项景元贸易取利，大学士明珠的家仆安麓村亦挟资代为明珠谋利：“麓村已为明鬻盐于淮南，声势赫奕，督抚监司莫不与抗宾主礼矣。”③ 乾隆年间的河道总督白钟山将银十万两“寄顿于淮扬盐商之家，代为营运”④，等等。

第三，官商渗透，有助于商人地位的提高。一方面，兼营商业的官僚，“与盐商交结往来，以资财托其营运”；未兼营商业的官僚，亦窥视艳羡商人之资，“盖视商家为可啖之物，强索硬要，不厌不休”。⑤ 而商人欲取得官僚的庇护，亦往往以财物贿通，所谓“官以商之富也而朘之，商以官之可以护己也而豢之”⑥ 正反映出

---

① 参见拙作：《论清顺治朝的盐税政策》，《社会科学辑刊》，1987 年第 1 期。

② 张瀚：《松窗梦语》卷 4，《商贾记》。

③ 徐珂：《清稗类钞》第五册，《农商类》。

④ 《清高宗实录》卷 270，乾隆十一年。

⑤ 《李煦奏折》，中华书局 1976 年版，第 26 页。

⑥ 同治《两淮盐法志》卷 44，《人物》。

这种关系。以金钱为纽带，官商日益渗透融合，关系日益密切。正由于此，所以出现了商人“广挟金钱，依托势要”的普遍情势。另一方面，商人借助于雄厚的资财，往往对朝廷进行“急公报效”，以换得朝廷的特殊顾眷，商人的地位因之大大提高。如多次参与报效的徽商江春，“自赐宴加级外，拜恩优渥，不可殚述。……时谓以布衣上交天子”①。另一位盐商黄个园因捐输川楚军费，被赐盐运使衔，“当是时，上至盐政，下至商，一视君（黄个园）为动静。”② 因捐输巨款而被授官、赐衔、赐物、题匾、荫子等等大有人在。③ 此种情况使商人在政治上处于优越的地位。这正所谓：“商业经济的发展使与它进行贸易的那些人的财富增长起来；随着他们财富的增长，他们的权势也增长起来。”④

第四，士人的经营商业，对传统观念带来极大的冲击，商人的形象与地位也因之而改变。明嘉靖时人何良俊曾说：“吾松士大夫一中进士后，则于平日同堂之友，谢去恐不速。……日逐奔走于门下者，皆言利之徒也。或某处有庄田一所，岁可取利若干？或某人为某事求一覆庇，此无碍于法者，而可以坐收银若干？则欣欣喜见于面，而待之唯恐不谨。”⑤ 万历时人张瀚亦说：“财利之于人，甚矣哉！人情徇其利而蹈其害，而犹不忘夫利也！”⑥ 可见，“士好言利”在明中叶已成为时尚。因此，出现了“商与士异术而同心”、“良贾何负闳儒”的崭新观念，⑦ 认为“人在天地间，不立身扬名”，“即当庸绩商务，兴废补弊”。⑧ 商与士的地位似乎已经不相伯仲了。更有甚者，在清代还出现了“士不如商”的论断。清康熙时人归玄恭曾说：“士之子恒为士，商之子恒为商，严氏之先，

① 民国《歙县志》卷9，《人物》。

② 梅曾亮：《柏枧山房文集》卷9，《黄个园家传》。

③ 参见拙著：《清代盐政与盐税》，第225～240页。

④ ［英］约翰·希克斯：《经济史理论》，商务印书馆1987年版，第56页。

⑤ 何良俊：《四友斋丛说》卷34，《正俗》。

⑥ 张瀚：《松窗梦语》卷4，《商贾记》。

⑦ 汪道昆：《太函集》卷55。

⑧ 歙县《许氏世谱》，第5册，《明故青麓许公行实》。

则士商相杂，舜工（即浙江洞庭士人兼商人严舜工）又一人而兼之者也。然吾为舜工计，宜专力于商，而戒子孙勿为士。盖今之世，士之贱也，甚矣！”① 又有所谓“天下之士多出于商”，“天下之势偏重在商”之说。② 商人既可得财，又可得势，又可跻身缙绅仕宦，清贫负籍的莘莘学子则难以得伸。在金钱的诱惑、冲击下，“万般皆下品，唯有读书高”已经被撞得粉碎，“君子固穷”、“君子谋道不谋食”之类变得可笑起来，也可谓是斯文扫地了！

“夫利者，人情所同欲也。同欲而其趋之，如众流赴壑，来往相续。”③ 综上所述可以看出，明清时期在趋利性心态的驱使下，价值观念、伦理道德已发生了显著的变化，这一变化的影响所及促成了区域性的经商潮流，其社会意义不可小视，其对商人集团的发展所产生的直接促进作用也是显著的。当然，社会心态的转变历时性极强，若从另一个方面讲，传统的观念对商人的自身心理仍然有制约作用，仍然规范着成功商人的进一步取向和选择。

原载《社会科学辑刊》1990 年第 4 期

① 归玄恭：《归庄集》卷 6，《传砚斋记》。
② 沈垚：《落帆楼文集》卷 24，《费席山先生七十双寿序》。
③ 张瀚：《松窗梦语》卷 4，《商贾记》。

六、

明清时期的区域心理与商业性农业的发展①

所谓区域心理，是指一个地区的心理态势，它体现着某一地区社会心态的凝结和走向。由于中国地域的广阔以及历史上文化、经济发展的不平衡，再加上交通的不发达、信息的闭塞等诸多因素，自然形成了许多小的气候，许多以自然或行政区划为界线的特定心理环境或态势。这种特定的心理环境或态势对社会经济的发展或迟滞发散着不可低估的制约作用。

无疑，明清时期的历史地位是值得重视的，这不仅仅在于此一时期正处于东西方历史转换的交叉点，还在于中国社会经济在此时发生了许多前所未有的剧烈变动。以自给自足为特征、以单一农业经营为本体的传统农业经济结构的解体，商业性农业的兴起和发展，即是引人注目的变化之一。对于这种变化，前此学者已多有论述。但毋庸讳言，以往的研究总是囿于一个模式，单纯的从社会生产力发展的角度进行阐释，结果难如人意。本文拟从明清时代区域

① 本文发表于《湖北社会科学》，1988年第8期，发表时编辑将资料出处删去，留下诸多缺憾。现依据原稿予以恢复。

心理的变化这一角度着眼，探讨传统农业经济结构变化的契机和诱因，并对导致区域心理变化的制约因素加以初步分析。

一

历史文献及前此学者的研究都表明：明清时期农业经济结构的变化是十分明显的，农业生产已从传统的农作物种植渐次转变为经济作物种植，即由单一种植稻麦等主食作物转变为种植棉、桑、蔗、茶、烟等商品作物。稍加留意就会发现，这种农业经济结构的转换带有强烈的区域色彩，它既不是全方位性的，也不是一成不变的，明显呈现出时空辐射特征。大致说来，无论是从时间还是区域方面看，均以江南及东南沿海的转变为先，江西、两湖、四川等内陆省份次之，陕甘、云贵等边远省份又次之。

据文献记载，东南沿海的广东、福建等省在明清两代均出现了连绵不绝的大面积的经济作物种植区，如福建漳南一带，明代中期甘蔗的种植已是“田连百顷”①。广东的东莞、番禺、增城、阳春等县，“蔗田几与稻田等”，“连冈接阜，一望若芦苇”。② 顺德等县“多以种龙眼为业，弥望无际”③。鹤山等县则出现专业茶区，“毋论土著客民，多以茶为业”④。

江南的松江府属各县，以及苏州府属嘉定、太仓、昆山等县的大部分农田，从明代开始，即转向植棉，成为著名的产棉区。如松江府属约两百万亩耕地，“大半植棉，当不止百万亩”。⑤ 嘉定县“邑中种稻者三分之一，……农家多栽棉花”⑥。太仓州“郊原四望，遍地皆棉”⑦。浙江的湖州府和嘉兴府属各县则以植桑著称，

① 万历《闽大记》卷11。
② 屈大均：《广东新语》卷27。
③ 《广东新语》卷2。
④ 道光《鹤山县志》卷2。
⑤ 徐光启：《农政全书》卷35。
⑥ 光绪《嘉定县志》卷8。
⑦ 崇祯《太仓州志》卷14。

史称湖州府“桑麻万顷”，“蚕桑之利莫甚于湖”①；嘉兴府植桑“不可以株数计”②，“蚕柘遍野，无人不习蚕”③。

即使种植经济作物较缓的湖广，在清代前期亦出现了植棉热潮：“自荆州、安陆以下则为出产之大宗，汉、黄、德三府尤盛。”④

从以上简要的示例可以看出，明清东南、江南一带农村，经济作物的种植已经较为突出，率先突破了传统的农业经济结构。那么，导致这种经济结构变化的诱因是什么呢？

传统的看法认为，自给自足的农业向商业性农业的转变，是随着农业的发展、农业生产率的提高，随着粮食产量的增加、农村剩余产品的增多而出现的。这种看法从理论上说并没有什么不妥，可以说这是一种带有一般规律性的理论模式，只不过一些研究者过于僵守这种模式，并将其简单化、抽象化了，将其绳之于明清情势，多有与事实相悖之处。当然，明清时代的农业生产率的确有一定程度的发展，也不难找到单位面积产量较高的例证，如明代中后期，江浙闽粤等省，有的亩产量达到四石、五石，甚至七、八石之多，⑤ 清代前朝，江浙等省有的亩产量也曾达到六、七石之多。⑥ 但这仅仅是一种高产田个例，没有普遍意义。一般来说，明清时期的农业生产率还是不高的，单位面积产量也未曾明显突破宋元以来的水准。据唐启宇先生的研究，宋元时期，两浙一带的平均亩产量已徘徊在二石左右。⑦ 明清时期，江苏、浙江等地的亩产量也多在二石左右。⑧ 许涤新、吴承明先生在分别列表比较了宋代与明代江

① 徐献志：《吴兴掌故集》卷13。

② 光绪《嘉兴府志》卷32。

③ 天启：《海盐县图经》卷4。

④ 民国《湖北通志》卷24。

⑤ 参见顾炎武：《天下郡国利弊书》，江南、浙江、福建、广东各卷。

⑥ 张履祥：《补农书》，《杨园先生全集》卷50。

⑦ 唐启宇：《中国农史稿》，农业出版社1985年版，第651～652页，《宋元粮食亩产表》。

⑧ 吴量恺：《试论鸦片战争前农业资本主义萌芽缓慢发展的主要原因》，载《清史论丛》第3辑，1982年。

南亩产量后亦认为，明代“由于扩大复种，江南水田产量会比宋代增加，但增加幅度有限”。①

而且，我们注意到，越是商业性农业发展的地区，传统的农业越是受到遏制，农业生产率和单位面积产量都不容乐观。宋元时期所谓的“苏湖熟，天下足”，到明末清初让位于“湖广熟，天下足”，已是众所周知的事实。其蕴意不言自明。江南、广东、福建等商业性农业发展的地区，在明清时期已不得不仰食他省，所谓江苏、浙江“半仰食于江、楚、庐、安之粟”②，“东粤少谷，恒仰资于西粤”③，等等，即是这种状况的写照。以致于统治者不得不对这些地区的商业性农业加以限制，如明清时期禁止种烟，令将烟地改为谷地，但“法轻利重，民不奉诏”④。又如清初限制广东种植甘蔗等经济作物，以利民食，但“广东本处之人，惟知贪射重利”⑤，也未收到效果。

同时，我们还注意到，自明代以来，农业生产发展较快的地区，如江西、湖广、四川等省，经济作物的种植反而逊于江南、东南诸省。

由上不难看出，江南及东南沿海地区商业性农业的率先兴起和发展，似乎不决定于这些地区的农业生产率提高或单位亩产量的增加，更谈不上是由于农家剩余粮食的增多。

二

笔者以为，明清时期区域性农业结构的变化或商业性农业的兴起，在很大程度上是由于这些地区传统心态的变化，亦即由传统的以农为本、以农足食心态转变为“副业求生”或“贪射重利”。这

---

① 许涤新、吴承明：《中国资本主义的萌芽》第1卷，人民出版社1985年版，第42页。

② 吴应箕：《楼山堂集》卷10。

③ 《广东新语》卷14。

④ 王逋：《蚓庵琐语》。转引自前揭唐启宇：《中国农史稿》，第704页。

⑤ 《广东通志》卷1。

种由安于本业到追求利润的动机或心理的转变，是促成商业性农业兴起和发展的直接动因，也是值得注意和研究的现象。

商业性农业是以经济作物的种植为内涵的，而种植棉、桑、蔗、茶、烟等经济作物的利润一般大大高出于种植稻谷等农作物。即以江南松江一带种稻与植棉相比，樊树志的研究表明：松江一带每亩土地可收稻米二石左右，改种棉花，可收子花八十斤左右，清初每担（百斤）棉花的价格为银一两六钱，八十斤棉花价格为银一两二钱八分；米每石价格为银三钱左右，二石米价格为银六钱。两相比较，种棉花比种稻谷的收益高达一倍。① 这种估算大致不误，江南地方志中多有“种植木棉，利倍于粟”的记载。② 再以浙江嘉兴府、湖州府的种稻与植桑养蚕相比，清初人张履祥在《补农书》中说浙西一带若耕田种稻，十分费力，亩产稻一般为三石；若治地植桑，则费力较省，经济收益却高出种稻的二至十余倍，所以时人认为“多种田不如多治地”。

正是由于这种先驱者的示范以及高额利润的催化和诱导作用，所以才使得终日戳力稼穑的农人产生了心理的震颤，凝聚、呈现出趋利性动机，从而冲破和摒弃了传统型的农业经营，投身于经济作物的种植。对此，有关文献中多有记载，只是人为地被忽视了，试撮举如下：

示例之一：植棉的趋利性动机。江南松江府、太仓州、通州，“究其种花而不种稻之故，并非沙土不宜于稻。盖缘种花费力少而获利多，种稻工本重而获利轻。小民惟利是图，积染成风；官吏视以为常，亦皆习而不察。以现在各厅州县农田计之，每村庄知务本种稻者不过十分之二、三，图利种花者则有十分之七、八”③。

示例之二：植桑的趋利性动机。浙江湖州府，“湖民力本射

---

① 樊树志：《十一至十七世纪江南农业经济的发展》，载中国史研究编辑部编《中国封建社会经济结构研究》，中国社会科学出版社 1985 年版。

② 乾隆《上海县志》卷 5：嘉庆《松江府志》卷 6。

③ 高晋：《奏请海疆禾棉兼种疏》，《皇清奏议》卷 61。

利，计无不悉。尺寸之堤，必树之桑”①，“蚕桑之利，厚于稼穑，公私赖焉”②。江南苏州府，“初仅吴县属香山、光福等处有之。通商以来丝茶为出口大宗，人人皆知其利，长洲县所辖之西北境凡与无锡、金匮接壤者，遍地植桑治蚕”③。

示例之三：种烟的趋利性动机。福建“烟草之植，耗地十之六、七”，“田家种之连畛，颇获厚利”④。安徽怀宁县，“其值视他产为高，农民一亩烟之获利，厚于一亩田”⑤。江西赣县，“栽烟牟利，颇夺南亩之膏”⑥。新城县，“彼栽烟必择腴田，而风俗又惯效尤，一人栽烟，则人人栽烟”⑦。山西保德州，“凡河边淤土，不以之种禾、黍，而悉种烟草。……盖深怪习俗惟利是趋，而不以五谷为本计也”⑧。

示例之四：种蔗的趋利性动机。福建泉州，“地为稻利薄，蔗利厚，往往有改稻田种蔗者”⑨。永安县，“种蔗栽烟，利较谷倍”⑩。广东东莞县，“白、紫二蔗，动连千顷，随其土宜以为货，多致末富”⑪。江西南康县，“嘉道以来，种植繁多，埒于禾稼。……惟是利厚竞趋，种植日广”⑫。抚州府，“亩田种蔗五百余丛，每丛可发子蔗十一二株，一丛重二十余斤，轻亦十余斤，计亩田可得蔗万余斤。……其利奇厚，较之种稻不啻十倍”⑬。

示例之五：种植其他经济作物的趋利性动机。浙江南浔县，

---

① 同治《湖州府志》卷29。
② 张履祥：《补农书》，《杨园先生文集》卷50。
③ 民国《吴县志》卷52。
④ 郭起元：《论闽省务本节用疏》，《皇朝经世文编》卷36。
⑤ 民国《怀宁县志》卷6。
⑥ 同治《赣县志》卷8。
⑦ 同治《新城县志》卷1。
⑧ 陆耀：《烟谱》，《昭代丛书》卷46。
⑨ 陈懋仁：《泉南杂志》卷上。
⑩ 道光：《永安县续志》卷9。
⑪ 《广东新语》卷2。
⑫ 同治《南康县志》卷1。
⑬ 何刚德：《抚郡农产考略》卷下。

“前志所载田中起棱，播种菜麦，今皆无有。……近市之黠农，专务时鲜蔬瓜，逢时售食，利市三倍”①。广东番禺县，“自黄村至朱村一带，则多梅与香蕉、梨、栗、橄榄之属，……其富者以稻田利薄，每以花果取饶”②。新会、顺德、南海、东莞等县，“准知贪射重利，将地土多种龙眼、甘蔗、烟叶、青靛之属，以致民富而米少”③。

勿需再加赘引，相信上述资料所含有的意蕴是一目了然的。概言之，一些地区传统农业的衰微与商业性农业的兴起，改稻谷之田而种经济作物，与利润的逐趋始终保持着一致。按照心理学的观点，由于生存的需要，人们普遍具有潜在的趋利性动机。如同气候规律迫使人们采取防寒措施、营建房屋等，在社会经济方面，一俟时机成熟，这种动机就会适时勃兴，趋于表象化，并产生极强的向心力和冲击波，“利愈厚则逐末者愈多”④，以致形成一种带有辐射性的区域心态。

一种心态或心理的萌发，自然需要一定的耳濡目染过程，而其一旦形成，又很难用超经济的手段进行伐杀，上述明清统治者令烟地、蔗地归农而不果即是例证。反过来说，经济作物一旦失去利润，又会造成心态的倒置，如广东南海县，“旧多种蔗”，光绪末年，“因获利甚微，已有每下愈况之势”⑤。这也从另一个方面说明趋利性心态制约着经济作物的种植。

三

如上所述，明清时期区域性的商业性农业的兴起和发展，显然与趋利性心态的凝结、膨胀、扩散有着直接的联系。应该说，这种

① 民国《南浔志》卷30。
② 《广东新语》卷25。
③ 《广东通志》卷1。
④ 梁章巨：《退庵随笔》卷8。
⑤ 宣统《南海县志》卷4。

心态是与中国传统的重本轻末或重农轻利、贵义轻利相悖的。那么，导致区域心态变化的制约因素又有哪些呢？笔者以为，下述诸点是值得予以特别注意的。

第一，在意识形态方面，明清时期出现了引人注目的尚利思潮。

明中叶以来，以海瑞、张居正、黄宗羲、顾炎武、龚自珍、包世臣、魏源等为首的思想家都在一定程度上批判了传统的“重义轻利”观，提倡求富、尚利。海瑞认为，“有天下而讳言利，不可能也”，公开标榜“不讳言利”。① 黄宗羲则把儒家的不敢言利直接归咎于封建专利制度，认为帝王君主“以天下之利尽归于己”，所以“使天下之人不敢自私，不敢自利”。号召人们冲破这种束缚，以便达到“人各自私也，人各自利也”的境地。② 龚自珍更明确提出了“不讳私”、“无耻言富”的口号，甚至把自私趋利说成是人类异于禽兽的“本性”，极力赞扬对财富的取得和占有，认为“未富而耻言利，是谓迂图”，“富殖德……富又殖寿”。③ 包世臣则公然标榜自己“好言利”，说平生“所学大半在此”。④

应该说，这种反传统的尚利思潮一方面是当时商品经济发展的反映；另一方面又促进、激荡了世风的转变，为趋利心态的表象化作了舆论上的渲染。

第二，在地理环境上，东南和江南地区有着得天独厚的社会经济背景。

位居东南沿海的福建、广东等地，自明朝以来即受着西方经济势力的冲击，对外贸易十分发达，明人张燮曾说：“市舶之设，始于唐宋。大率夷人人市中国，中国而商于夷，未有如今日之伙也。”⑤ 对外贸易的发展，自然吸引了一批乐于逐利者。如福建，

① 《海瑞集·四书讲义·生财有大道》。
② 《明夷待访录·原君》。
③ 《龚自珍全集·明良论一·陆彦若所著书序》。
④ 《安吴四种》卷26。
⑤ 《东西洋考》卷7。

“饶心计者，视波涛为阡陌，视帆樯为耒耜，盖富家以财，贫人以驱，输中华之产，驰异域之邦，易其方物，利可十倍。故民乐轻生，鼓枻相续，谓生涯无逾此者”①。如广东，“望县人多务贾与时逐……南走澳门，至于红毛、日本、琉球、暹罗斛、吕宋，帆踔二洋，倏忽数千万里，以中国珍丽之物相贸易，获大赢利”②。

对外贸易的发展与农人（或官宦）的经商逐利，造成两种不可忽视的效应。一是给这些地区的人们提供了逐利求富的实实在在的范本，具有很大的感染性，从而形成趋利的共振心理。所谓“海滨之民，惟利是视”③，“沿海地方人趋重利”④ 等，即是这种情势的写照。二是直接促进了这些地区的经济作物的种植和商品生产的发展。据历史文献的记载来看，明清时期的对外贸易，以丝、茶、布、帛、香料、糖果等为大宗，利润都超出国内贸易的数倍。对外贸易的品种限制与高额利润的吸引，自然对经济作物的种植起着刺激作用。

江南历来是植棉和栽桑养蚕的传统地区，一方面，经济作物的种植有着“相沿成俗”的传统习惯；另一方面，自唐宋以来，这一地区已无可争辩地成为中国经济发展的枢纽地带，社会经济的发展水平明显高出其他地区，为明清时期商业性农业的发展奠定了良好的基础。有人说，中国社会经济的发展是“传统内变迁”，即由东南、江南地区向中原和边远地区扩展，这是切合实际的、毫不奇怪的。

第三，全国商品市场的形成和商品流通的活跃，为经济作物的种植和谋利提供了条件。

明清时期，全国性的商品市场已经形成，而且许多市镇都经历了“都市化”的过程，在这一过程之中，一方面，传统的市镇和新兴的市镇在数量和规模上都迅速增加和扩展，据台湾学者刘石吉

① 乾隆《海澄县志》卷15，引明旧志。

② 《广东新语》卷14。

③ 《天下郡国利弊书》卷56。

④ 《筹海图编》卷4。

先生在《明清时代江南市镇研究》一书中的统计，明清时期江南新兴的千户以上的市镇多达56个，形成了商品流通的主体网络，这是前此各代无法比拟的。另一方面，专业性的市镇也应运而生，像棉花市镇、蚕丝市镇、米粮市镇等，仅江南地区，明清时期的棉花和棉纺织业市镇就达52个，蚕桑和丝织市镇达25个，米粮市镇达13个。

经济作物的种植只有经过交换才能充分实现其价值和达到谋利的目的。毫无疑问，明清时期商业性市镇的增加，特别是专业化市镇的兴起，对活跃商品流通起着重要的作用，它刺激、规范着经济作物的种植和商业性农业的发展，“不能不对整个农村结构产生极深远的影响，不能不引起商业性农业和资本主义农业的发展”①。而反过来，商业性农业的发展，又促进了商业市场的发展和商品流通的活跃，从而使其走向良性循环的轨道。

第四，日益沉重的经济负担和陡长的人口压力，迫使人们寻找新的生存出路。

元明以来，江南苏松地区的重赋是有名的，已有许多文章进行了探讨。这种重赋所带来的后果，明人何良俊在《四友斋丛说摘抄记》中说得很清楚：

> 明初百姓十一在官，十九在田，盖因四民各有定业，百姓安于农亩，无有他志；官府并驱之就农，不加烦扰，故家给人足，乐于为农。自后赋税日增，徭役日重，民命不堪，遂皆迁业。大抵以十分百姓言之，已有七分去农矣。②

重赋的负担，已使经营传统农业无利可图，不得不转向利润高的其他行业。

同时，我们注意到，凡是商业性农业发展较速的地区，人口密度都较高，江南人口密度高居全国之首，这是没有疑问的，据20

① 《列宁全集》第3卷，人民出版社1984年版，第20页。

② 康熙《松江府志》卷5。

世纪初的统计，江苏省的平均人口密度，每平方公里为384人，其中常熟、吴县等地，每平方公里都在600人以上。广东、福建沿海地区，人口密度较高者每平方公里也达400人以上。较之其他地区，明显存在着人口压力。① 征之历史文献亦然，乾隆《吴县志》称："国家太平日久，人丁户口百倍于前。地无不耕之土，水无不网之波，山无不采之木石，而终不足以供人之用。为商为贾，奔走四方，又百工技术，吴人为众。"② 又如福建，明人郑杰称，"闽中有可耕之人，无可耕之地。……尝观漳郡力农者，散处七闽，深山穷谷，无处无之；而挟农具以入浙至温处亦时有焉"③。这些地区的人口与土地的矛盾，标示着生存危机的加重，而"明清两代，农具和排灌工具都绝少革新可言，农田水利亦不及唐宋之规模，水轮等利用反不如前代"④。这意味着，在当时的技术状况下，想在原有的生存圈内提高传统农产品的产量已是难乎其难。寻找新的生存之路，种植获利较高的经济性作物，便成为历史的必然。按照心理学的观点，这是在危机之下，人们寻求生存的本能，这种本能，"成为永久性的刺激，迫使人寻求新的方法和精良的技术"⑤。王永年依照湖北的实例也得出了类似的结论："湖北一些人口最稠密，人均耕地最少的地区，会成为以出卖为主的农民家庭手工棉纺织业最普遍的地区，成为自给性农业与商品性家庭手工业结合最紧密的地区，成为湖北商品棉和商品棉布生产的主要地区，就不是令人奇怪的事情了。"⑥

概括起来说，明清时期勃兴起来的尚利思潮对传统心态的改变起了催化作用，而全国性商品市场的形成和商品流通的活跃，又为

---

① 参见胡焕庸：《论中国人口之分布》有关各章。

② 民国《吴县志》卷52，引旧志。

③ 郑杰：《虔台倭纂》卷下。

④ 许涤新、吴承明：《中国资本主义的萌芽》第1卷，人民出版社1985年版，第8页。

⑤ ［美］马斯洛等：《人的潜能和价值》，华夏出版社1987年版，第46页。

⑥ 王永年：《明清湖北的植棉业与棉纺织业》，载《中南民族学院学报》，1987年第3期。

这种利润的追逐提供了舞台，东南沿海地区和江南地区所独具的社会经济条件、地理环境以及人口膨胀与土地资源紧缺的矛盾等，又促使了区域性心态的率先改变，促使了商业性农业的率先兴起和发展。这绝不是一种偶然的现象和巧合。

原载《湖北社会科学》1988 年第 8 期

七、

清初人丁统计之我见

近几年来，许多同志对清初的人丁统计问题作了较为深入的研究，成果可观。1980 年《复旦大学学报》发表的马小鹤的《清代前期人口数字勘误》和周源和的《清初人口统计析疑》等文，澄清了乾隆前后因丁口统计方法不同所造成的混乱，指出顺康雍三朝编审在册的人口仅仅是 16 岁至 60 岁的男丁，乾隆朝以后编审在册的人口男女老少并记，为实在的人口数。郭松义在《清初人口统计中的一些问题》中，更有进一步的论述①。但是，有些问题尚不得其解。本文所要阐述的是：清初的所谓“丁”，已经不是单纯意义上的 16 岁至 60 岁的男丁，“丁”的含义，呈现出多样性与复杂性；编审在册的丁额并不代表 16 岁至 60 岁的实际男丁人数，而是承纳丁银的人丁定额。

一

大家知道，清代的人口编审，基本沿袭明制，16 岁以上、60

① 见《清史研究集》第 2 辑，1982 年。

岁以下的男子为“丁”，16岁以下、60岁以上的老少男子与女子为“口”，每届编审之期，“（男）民年六十岁以上者开除，十六岁以上者增注”①。照此编审则例来看，编审在册的丁额当然是包罗了16岁至60岁的男子，16岁至60岁的“人”与“丁”同义，一人即为一丁。但问题没有这样简单，只要对现存史料稍加留心，就不难发现，编审则例是一回事，实际编审又是一回事。

我们不妨先看一看清初各地在人丁编审中所出现的一种特有现象，这就是“半丁”与“分丁”。对此，有关地方志多有记载：

河南彰德府：“原额民丁二十三万一千二百零四丁半”②，陈州府：“原额人丁十四万八千二百九十五丁八分六厘三毫三丝”③，南阳府：“原额人丁三十六万二千一百九十六丁半，逾额人丁一万一千六百二十二丁半”④，开封府：“原额人丁共六十五万三千五百六十四丁八分六厘三毫三丝。”⑤

江苏徐州府：“原额人丁十七万九千四百九十五丁五分”⑥，扬州府江都县：“原额人丁三万三千一百八十七丁，内除优免人丁三百四十三丁，原额当差人丁三万二千三百四十三丁半，不免杂丁五百丁半，共三万二千八百四十四丁。又历次审增人丁……康熙十五年（审增）一千四百七十二丁半……”⑦

浙江杭州府富阳县：“户口人丁八千九百二十一丁口五分，内市民一千九百十六丁口，乡民六千九百六十四丁五分，食盐钞丁八百六十一口。”⑧

---

① 嘉庆《大清会典事例》卷133，《户部·户口·编审》。
② 乾隆《彰德府志》卷11，《田赋》。
③ 乾隆《陈州府志》卷12，《赋役》。
④ 嘉庆《南阳府志》卷3，《赋役》。
⑤ 康熙《开封府志》卷13，《户口》。
⑥ 乾隆《徐州府志》卷5，《赋役》。
⑦ 乾隆《江都县志》卷6，《赋役》。
⑧ 光绪《杭州府志》卷57，《户口》。

安徽凤阳府凤阳县："常额当差人丁一万三千八百九十四丁半"①，广德直隶州："州县人丁大总六万九千七百九十三丁半"②，滁州直隶州："顺治三年奉旨清查丁一万一千四百八十一丁半。"③

福建全省："实征男子七十九万四千一百八十二丁五分。"④ 福州府连江县："人丁原额八千零十二丁五分"，罗元县："人丁原额四千四百丁五分"，泉州府同安县："人户丁口共一万三千二百六十丁口六分"，惠安县："人口丁口共一万四千二百二十六丁口五分"，建宁府建安县："人丁二万二千七百六十三丁五分"，政和县："人丁五千一百丁五分。"⑤

上引资料当然是很不完全的，但已经足以表明，在清初丁口的编审中，"半丁"与"分丁"的存在，是较为普遍的现象。

江西、福建、广东、浙江四省，由于向妇女"按口征派盐钞银"，所以在清初的丁口编审时亦计女口，而女口也有"半口"、"分口"的记载。如福建顺治十一年（1654年）载在《赋役全书》的妇女为809254口5分⑥。建宁府建安县："食盐课一万二千二百四十四口五分"，瓯宁县："食盐课一万八千零五十七口五分"，浦城县："食盐课一万一千五百八十七口五分。"⑦ 再如江西，《江西赋役全书》载：妇女860420口5分⑧。

在对各卫所丁口与各盐区灶丁的编审中，同样，也有"半丁"、"分丁"之记载。如江苏江都卫："原额黄、快、闲丁一百二十五丁，内除豁免故绝军丁六十五丁半，实在军丁五十九丁半。"⑨

① 光绪《凤阳府志》卷12，《食货》。

② 光绪《广德州志》卷18，《田赋》。

③ 光绪《滁州志》卷2，《食货》。

④ 钞档：《地丁题本·福建（二）》，顺治十一年福建巡抚佟国器题本。中国社会科学院经济所藏。

⑤ 同治《福建通志》卷48，《户口》。

⑥ 钞档：《地丁题本·福建（二）》，顺治十一年佟国器题本。

⑦ 同治《福建通志》卷48，《户口》。

⑧ 雍正《江西赋役全书》，《省总》。

⑨ 乾隆《江都县志》卷7，《赋役》。

安徽江宁后卫："原额军丁四百二十六丁半"；上元中卫："黄丁八十二丁半，窜丁七丁半"；江淮右卫："原额军丁一千零四十五丁半"；兴武卫："黄丁一百五十丁半，快丁四百七十六丁半"；上元前卫："原额快丁十六丁半"；鹰扬卫："原额快丁二丁半。"① 至于各盐区的灶丁，长芦、浙江、广东等盐区，均有"半丁"与"分丁"，为省篇幅，仅列浙江盐区各场原额灶丁如下表②：

场别	灶丁额	场别	灶丁额
许村场	3353 丁 5 分	穿山场	663 丁 9 分
三江场	2395 丁 3 分 8 厘	长山场	648 丁 7 分 5 厘
东江场	2073 丁 1 分 2 厘	大嵩场	496 丁 8 分
鸣鹤场	2215 丁 3 分	玉泉场	8875 丁 5 分
清泉场	3881 丁 5 分	双穗场	5523 丁 5 分
龙头场	1711 丁 5 分	永嘉场	

在没有"半丁"、"分丁"记载的州县，编审在册的"丁额"，也不一定是实际丁数。如陕西的方志中，在记载人丁时，就往往称：原额人丁三门九则不等，共折下下丁若干。湖南方志中有"化实计户"、"化实计丁"的记载，安徽省的方志中有"酌定成丁"的记载。这显然标志着所载人丁不是实际的人丁数。清代的人丁编审，顺治十三年（1656 年）之前为三年一举，十三年之后则改为五年一举。在顺治年间至康熙五十二年（1713 年）之前的历次编审中所审增的丁额，仍有"分丁"。安徽顺治十四年（1657 年）至康熙五十年（1711 年）历次审增丁额如下表③：

① 光绪《滁州志》卷 2，《食货》。
② 《皇朝政典类纂》卷 77，《盐法 · 井灶课》。
③ 光绪《安徽通志》卷 74，《食货》。

时间	审增丁额	时间	审增丁额
顺治十四年	46546 丁 5 分	康熙二十五年	27560 丁 3 分
康熙元年	39188 丁 7 分 5 厘	三十年	25471 丁 9 分
六年	31625 丁 7 分 5 厘	三十五年	10076 丁 5 分
十一年	22635 丁 7 分 5 厘	四十年	10963 丁 8 分
十六年	27053 丁	四十五年	10617 丁 1 分
二十一年	19733 丁 3 分	五十年	6687 丁 1 分

由于康熙五十二年（1713 年）实行了“滋生人丁永不加赋”的政策，“百姓之扰累尽蠲，户口之实数亦出”①。审增的丁额才为实际人丁增长数，所以康熙五十二年之后的历次审增滋生人丁，未见再有“分丁”，如安徽：

康熙五十五年审增　　102000 丁
康熙六十年审增　　6485 丁
雍正四年审增　　4471 丁
雍正九年审增　　7120 丁
……

综合上述，可以得出下面几点结论：

第一，清代的人丁编审，除优免人丁外，包括丁 16 岁至 60 岁的民丁、屯丁、灶丁等，一人即为一丁，按理不应出现“半丁”或“分丁”。登录“半丁”与“分丁”的本身，已经说明其不是实际的人丁数。

第二，江西、福建、广东、浙江四省的丁口统计中，因为编审女口，当然不能将其视为“丁数”；而女口亦有“半口”与“分口”，登录的女口也不是实际的妇女人数。

第三，在康熙五十二年宣布“滋生人丁永不加赋”之前，历

① 光绪《夏津县志》卷 4，《食货》。

次编审所审减或审增的丁额，也不是实际减少或增殖的丁额。如果按16岁以上添注，60岁以上开除的原则进行编审，显然不会有几分乃至几厘的人丁。

二

那么，清初的人丁编审，是按什么方法进行的呢？所谓“丁”的实际含义又是什么呢？根据所接触到的史料，可以分作几种类型。

第一，“丁随地派”，或称“摊丁入地”。

上面所录河南陈州府的人丁数，在整丁之外出现的“分丁”，盖缘于此。乾隆《陈州府志》卷一二，《赋役志》称：“（太康县）原额人丁二万六千一百六十七丁八分六厘三毫三丝，旧例丁随地派。”道光《太康县志》卷二，《田赋志》称：“万历初年，行一条鞭法……国朝赋税悉因万历初年旧额……康熙六年知县胡三祝奉旨清核原额人丁二万六千一百六十七丁八分六厘三毫三丝，丁随地派，并无另征丁银，地尽丁无，系照旧额每地三十三亩三分准人丁一丁。”这种情况，在其他一些地区也广泛存在。如中牟县：“（万历）二十三年，知县陈幼学条陈弊害，申允派入地亩银内，丁地一条编起征，不显人丁则例。”① 光山县：“万历十四年，知县牛应元奉行一条鞭法，以丁银摊入田粮。县户人丁不另派征，实自兹始。”② 江苏昆山县：“自明季丁随田办，（丁口）增减之数，尤忽焉不考。”③ 浙江钱塘县：“以人从田，有产则有丁。”④

四川的“以粮载丁”，福建、广西、湖南、山西等地的“以粮坐丁”，也属于丁随田派的范畴。如四川资州：“每粮一石七斗六升一合载丁一丁……原载人丁一千零五十二丁六分八厘二毫零”；

---

① 同治《中牟县志》卷4，《田赋》。
② 乾隆《光山县志》卷12，《户口》。
③ 乾隆《昆山新阳合志》卷6，《户口》。
④ 康熙《钱塘县志》卷6，《户口》。

资阳县："每粮九斗六升一合载丁一丁……原载人丁一千四百八十二丁八分七厘八毫零"；内江县："每粮一石五斗三升二合载丁一丁……原载人丁一千八百六十六丁五分四厘五毫零"等①。福建宁化等县："大清自丙戌（顺治三年）以来，四编审矣，或以粮八斗坐一丁，或以粮七斗坐一丁……其浮减出没，宁可究乎？"② 广西怀集等县："丁口无考，每一审增，从米加派。"③ 湖南湘潭等县："但征粮银，置丁不问。"④ 山西文水等县："自兵水灾荒后，人逃甲倒……康熙七年内庠生赵之鼎等具由控诉，公议合邑粮丁按七十七方都，每都拨粮七百余石，摊丁五百余人。"⑤

可见"丁随地派"是随着明中叶以来一条鞭法的实施而延续下来的人丁编审方法，按此编审的人丁额，从明中叶到清初基本没有变化。"丁随地派"的宗旨在于丁税合一，避免徭役不均。以此编审的丁额，或按田地若干亩折合一丁，或按税粮若干石折合一丁，这里所谓的"丁"，显然只是"承粮"对象，不能看成是实际人丁。在"丁随地派"之初，或许与实际人丁相去不远，但随着时间的推移，"承粮丁额"与实际人丁间的距离必然越拉越大。

第二，按户口的多寡或资产的多寡"摊丁"。

这种人丁的编审方法，在地方志中也多有所见，兹举安徽的情况为例。《宁国府志》称："宋元明以来，丁无定额，差丁即在户口内分派，以户口之多寡定差丁之增减。国初承明旧制，丁亦无额。"⑥ 这种按户口的多寡摊丁的编审方法，上溯到了宋代，当然是值得注意的。至于多少口摊一丁，怎么个摊法，史无明载，宁国府按户口摊丁县分的摊丁比如下表：

---

① 光绪《资州直隶州志》卷7，《食货》。
② 康熙《宁化县志》卷3，《户口》。
③ 同治《怀集县志》卷3，《赋役》。
④ 乾隆《湘潭县志》卷10，《赋役》。
⑤ 光绪《文水县志》卷5，《财赋》。
⑥ 嘉庆《宁国府志》卷18，《食货》。

县 别	户数	口数	丁数	户、丁之比	口、丁之比
宣城县	26405	178406	35151	0.75∶1	5∶1
泾 县	5320	56147	9558	0.56∶1	6∶1
宁国县	6872	30018	7087	0.97∶1	4∶1
旌德县	2747	19981	4662	0.59∶1	4∶1
太平县	2131	13795	3318	0.64∶1	4∶1

上列五县，就户与丁的比例来看，均是不足一户摊丁一丁，有的一户差不多摊两丁；就口与丁的比例来看，平均4口至6口摊一丁，其所摊丁额，虽然不代表实际人丁，但应该说较为接近实情。可是在另外一些县份，所摊丁额显得特别高，再列表比较如下①：

从下表中可见，婺源县、巢县的口数即是丁数，每口摊一丁，芜湖、青阳二县的丁数甚至超过了口数，其他各县则是平均1.5口至3口摊一丁。照此摊派出的丁额，显然要比实际人丁高得多。

县别	户数	口数	丁数	户、丁之比	口、丁之比
婺源县	19770	30805	30805	0.64∶1	1∶1
歙 县	39922	204000	72647	0.55∶1	2.8∶1
休宁县	43991	179719	63795	0.69∶1	2.8∶1
黟 县	4331	26450	10656	0.41∶1	2.5∶1
绩溪县	6026	30731	10269	0.59∶1	3∶1
祁门县	6941	46690	17701	0.39∶1	2.6∶1
芜湖县	7148	11988	15600	0.46∶1	0.8∶1
繁昌县	3341	8830	5519	0.61∶1	1.6∶1
当涂县	?	44867	29480	?	1.5∶1
巢 县	1861	27381	27381	0.07∶1	1∶1
青阳县	1946	5056	5133	0.38∶1	1∶1

① 据康熙《徽州府志》卷1；康熙《太平府志》卷9；光绪《续修庐州府志》卷14，以及各县志有关各卷编制。

按资产多寡的摊丁，既不管实有口数，也不顾实有丁数，一般是以拥有田亩的数额进行摊派。如安徽南陵："明嘉靖十六年，（实有）成丁一万一千五百七十五丁，三十一年计丁征银，酌定成丁七千五百二十七丁，四十一年，知县部永春申增七百五十三丁，共成八千零十（丁）。"明嘉靖三十一年（1552 年）的"酌定成丁"，与四十一年的审增丁额，均是照亩产摊派而得，其数少于实际丁额。万历十一年（1583 年），南陵知县沈尧中对这种摊丁曾有说明："照得户口丁三字，自家而言谓之户，自人而言谓之口，丁者言其力也。……有丁而家贫者，为贫难户，丁须有别，不得概科。本县原额八千零十丁，今当大造，除老幼废疾外，清出八万一千有奇，为此定议：有田百亩之丁仍算一丁，其下渐至无田与十亩上下之丁止算一分，仍合八千零十丁。"① 可见，这种摊丁是把一丁分作十份，把一百亩田产划成十份进行摊算的。入清以后的丁口编审沿袭了这种方法，南陵县顺治五年（1648 年）和顺治十二年（1655 年）的编审仍为 8010 丁，直到康熙二十一年（1682 年），随着荒地的垦辟升科，丁额才为 8463 丁，仍然不是实际人丁数。

值得指出的是，南陵县的"无田"之丁，与占田十亩上下的"有田"之丁一样，一丁算作 0.1 丁，这与其他地区稍微有别。如在浙江钱塘等县，无田之丁"俗名赤脚光丁"，一般不加编审②。

第三，在现有人丁的基础上进行折算编审，即"折丁"。

陕西省的绝大部分州县和直隶灵寿等县的人丁编审属于此类。《陕西赋役全书》称"原额人丁三门九则不等，共折下下丁二百六十七万五千零四十七丁"③，《陕西通志》称"原额屯丁共折下下丁十万四千零八丁"④，陆陇其在谈到直隶灵寿县的人丁编审时亦称"照得灵寿人丁旧额，顺治十四年赋役全书载，三等九则通折下下人丁一万

---

① 民国《南陵县志》卷 16，《食货》。

② 康熙《钱塘县志》卷 3，《户口》。

③ 雍正《陕西赋役全书》之一，《陕西省》。

④ 雍正《陕西通志》卷 37，《屯运》。

四千七百零一丁"①,这里所谈到的人丁明确指出是"折"过的。这种折丁,很可能是在原有16岁至60岁的丁额基础上进行折算。由于上中则人丁的课银额要比下则人丁的课银额为多,为了不致影响银额收入,所以在统一折成下下丁时,折算出的丁额会超出实际丁额数。同样的道理,在以后的编审中,所按下下丁审增的丁额,也会比实际增长的丁额为多。但是,也不能一概而论,也有把"小丁"折算成"大丁"的实例。如长芦盐区在编审灶丁时,为了免除"下户"的"夫役杂差之累",即把属于"下户"的丁额分别"三丁折算原额一大丁","四丁折算原额一大丁","五丁折算原额一大丁"②。照此折算出的丁额,当然少于实际的人丁。

我们说上述"折丁"是在原有丁额基础上进行折算,仅仅是一种猜测,还未见到更详的资料加以佐证。而据所见有关江西省的资料来看,江西省的折丁,就不全是在原有"丁额"上进行折算,而是包括了"不成丁"在内。江西省编审在册的人丁,一般称为"丁口"或"男妇丁口",明确标识出既编男丁又编女口。就男丁而言,分为"乡成丁"、"坊成丁"、"乡不成丁"、"坊不成丁"、"无粮单丁"(或"无产单丁"、"无地单丁")等,在编审时,"乡不成丁"、"坊不成丁"、"无粮单丁"并不如实编入,而是"折半定额",即是说,这三种"丁"(前两者实为"口"),一丁算作0.5丁。至于"乡成丁"、"坊成丁"是否经过折算则不甚清楚。这说明,江西省的男丁额既不是实在的男口数,也不是实在的"丁额"。③ 就女口而言,江西省与同时编审妇女的福建、广东、浙江等省一样,编审在册的女口也经过了折算,并不是实在女口数。这不但从编审在册的女口有"分口"中可以看出,在册的女口过少也反映了这一点。如浙江富阳县仅编审女口861口,占丁额的十

---

① 陆陇其:《编审详文》,见《皇朝经世文编》卷30。

② 雍正《新修长芦盐法志》卷6,《灶籍》。

③ 雍正《江西赋役全书》,《省总》。按:福建省在编审男丁时,也包括了"不成丁"、"幼丁"等,而且也经过了折算。参见乾隆《福建通志》卷12,《户役》。

分之一，昌化县则未编一口①，福建浦城县编女口11587口5分，与人丁24187丁相比，也显过少。②

上述三种类型的人丁编审，很清楚地表明了清初编审在册的人丁，并不是实有人丁数，编审的对象也不限于16岁至60岁的男丁。说到底，这里所谓的“丁额”，只是“承粮人丁”或“当差人丁”。这种人丁编审方法，除一些地区的“按户口摊丁”是沿自宋代外，其余地区一般是沿自明中期的赋役一条鞭改革。其目的在于纠正徭役不均和简化课税手续。我们在许多地方志中发现，凡是未按实际人丁进行编审的地区，一般都有：额定若干，一则起科，征银若干的记载。至少在一县之中，当差人丁的课银额是相同的，下表所示是安徽的情况。

地　区	每丁课银额	资 料 来 源
徽州府歙县	0.015两	民国《歙县志》卷三
徽州府祁门县	0.117两	道光《祁门县志》卷一三
太　平　府	0.200两	康熙《太平县志》卷九
宁国府南陵县	0.230两	嘉庆《宁国府志》卷一八
宁国府泾县	0.230两	同上
宁国府宁国县	0.230两	同上
宁国府旌德县	0.240两	同上
宁国府太平县	0.260两	同上
宁国府宜城县	0.115两	同上
庐州府合肥县	0.050两	嘉庆《合肥县志》卷六
凤阳府凤阳县	0.373两	光绪《凤阳府志》卷一二
凤阳府灵壁县	0.333两	同上
凤阳府怀远县	0.442两	同上
池州府青阳县	0.340两	光绪《青阳县志》卷二
池州府石埭县	0.355两	康熙《石埭县志》卷四

① 光绪《重修杭州府志》卷57，《户口》。

② 同治《福建通志》卷48，《户口》。

审丁和课银总是联系在一起的。“丁有贫富，不能概科”，按实际人丁编审出的丁额不可能统一则征，而统一则征丁银，正是“摊丁”、“折丁”后所显现的特征。

当然，除了上述三种类型的人丁编审外，也有相当一部分地区是按实有人丁进行编审的。这一般是在北方省份按“三门九则”进行编审的州县。如直隶东安县顺治十四（1657年）共有行差人丁2407丁，其等则和课银额分别为①：

上上则、上中则、上下则人丁无		
中上则人丁1丁	每丁征银	0.84两
中中则人丁2丁	每丁征银	0.74两
中下则人丁4丁	每丁征银	0.64两
下上则人丁20丁	每丁征银	0.54两
下中则人丁169丁	每丁征银	0.44两
下下则人丁2211丁	每丁征银	0.34两

东安县除未定上门三则人丁外，中下门六则分别递减一钱课银。这种“以丁定差”的编审，审丁与课银都详分门则，编审出的丁额一般是比较可信的。正如《嘉兴府志》所说：“至今大江以北以丁定差者，尚有真户籍。”②

但是，我们还应该注意到，即使“以丁定差”，按“三门九则”进行编审的州县，也有未把全部人丁加以编审的事例。如山西文水县在康熙七年（1668年）“按粮摊丁”之前，按三门九则编审人丁34725丁，征银8492两，此外，“又有实在人丁银五十六两五钱零，此旧志丁赋之大略”，对此，光绪《文水县志》的作者曾提出疑问：既按三门九则编审人丁，按丁课银，“何以又有实在

① 康熙《东安县志》卷4，《赋役》。按：也有超过“九则”的，如光绪《青河县志》卷7，《户口》称：“人丁则数，自九则起到朋则止，为则十有七。”

② 康熙《嘉兴府志》卷7，《户口》。

人丁银五十六两余之款？此事之不可解者”①。我们认为，文水县有“实在人丁银”之款，标志着有一部分人丁没有在额丁编审之列，这一部分人丁很可能是没有田产的“赤脚光丁”，这当然也是一个值得注意的现象。

以上我们对清初人丁编审问题提出了一些看法，这些看法仅限于人口编审常例，对实际编审中出现的种种弊端则没有涉及。

通过上述可以看出，清初的人丁编审是相当复杂的，各地差异甚大。考查清初的丁口，必须与明清赋税丁徭的变化以及各地的情势结合起来，这样才能得出较合乎实情的结论。如果不注意清初各地丁口编审方法的差异，不注意人丁编审的对象、来由，而笼统地强调“丁即是16岁至60岁的男子”或“丁与户同义”等等，显然是不够的。

原载武汉大学历史系《史学文稿》第4集，
《清代财经史专辑》1984年；
《平准学刊》第5辑，1989年。

① 光绪《文水县志》卷5，《财赋》。

八、

清代亩额初探

——对省区“折亩”的考察

一　问题的提出

据《清实录》、《大清会典》等书记载，清初的耕地面积大为减少，直到雍正年间，在经过七八十年的垦辟后，明清两代的亩额才大致相等。不少学者据此得出清初地方荒残、经济凋零的结论。诚然，明末清初的燎烧战火使社会经济蒙受了劫难，所谓“人民多遭惨杀，田土尽成丘墟”、“民无遗类，地尽抛荒”、“村落悉成丘墟，田畴尽为薮泽”之类的描述，俯拾即是。但是，这种夸张的叙述并不能标示历史的实况。由于清代田亩计量标准的繁杂，使亩额的计量比较失掉了科学的前提。戴逸先生主编的《简明清史》（第1册）中已指出其“存在着很多可疑之处”，可惜未说明疑在何处。近来，郭松义先生和美籍华裔何炳棣先生曾先后撰文指出清代亩额统计中的大亩、小亩、折亩等问题，使这一问题的研究向前推进了一步①。本文可以说是循着郭、何两位先生的思路继而为之。

在明代的土地计量中，已经“有以二百四十步为亩者，有以二百六十步为亩者，有以七百二十步为亩者”②。清初为了划一亩制，特颁布《丈量律制》：“凡丈地，五尺为弓，二百四十弓为亩。”③ 二百四十步为一亩即是清代钦定的标准亩制。但是，由于历史的原因和土地肥瘠的不同，在田亩的实际计量中，仍呈现出繁杂纷纭的现象。早在康熙二十六年（1687年），户科给事中刘国黼就曾指出：

> 臣办事户垣，见各省起科则例有大地、小地、上、中、下地之殊，有一二等至六七等、三四则至数十则之别。不但各省不同，即一省之中，各府、各州、各县亦多互异，盖地形有高下平坡，土地有沙卤肥瘠。古人则壤定赋，固不能强之使同也。……小地则一亩为一亩，大地则数亩折一亩；一亩为一亩则赋轻，数亩折一亩则赋重。而全书之内皆未经注明也。④

刘氏所言确是实际情形。如山东日照县原额成熟地8589顷99亩，皆是“大粮地”⑤。河南封邱县原额地10500顷45亩，分为上、中、下三等，清初一律折定为“上地”，实折8099顷82亩⑥。内黄县原有地亩分为六等，“以小亩二百四十步为则”，但在明嘉靖至万历年间即行折亩法，“以六等小地折算，一等庄淤地每亩折大地一分八厘，一等青沙地每亩折大地一分七厘，二等地每亩折大地

---

① 参见郭松义:《清代田土计量种种》,载《清史研究通讯》,1984年第1期;何炳棣:《南宋至今土地数字的考释和评价》下,载《中国社会科学》,1985年第3期。

② 顾炎武:《日知录·地亩》。

③ 光绪《大清会典》卷17,《户部》。

④ 乾隆《江南通志》卷68,《食货志·田赋》。

⑤ 康熙《日照县志》卷3,《地亩》。

⑥ 康熙《封邱县志》卷4,《赋税》。

一分三厘，三等地每亩折大地七厘，四等地每亩折大地三厘，五等地每亩折大地一厘”，当时共折大地1418顷45亩，“国朝顺治以来，实征大地一千四百三十二顷七十五亩”，起赋的亩额并不比明代减少。① 江苏的许多府县也都实行折亩，如江都县：“分别等则，折算输赋，最饶自二则半起科，以田二亩半折算一亩。其次，田渐薄，则数渐增，最瘠山岗递至二十则，以二十亩折田一亩。”② 显然，即使同行折亩法，情景亦各异。

在未行折亩法的府县，亦显现出复杂性，如山西太原县原额民田共地5265顷25亩，清初实在熟地5215顷5亩，分为“上稻地”、“上中改粟地”、“上下平地”、“中上坡地”、“中下沙地”、“下下山岗地”等名色。又如榆次县原额民田共地8655顷86亩，清初实在熟地8543顷29亩，分为“上水地”、“中平地”、“下坡地”、“沙瘠地”等名色，明清亩额亦相差不大。③ 文水县的情景也与上述基本相同。④ 而河南济源县原额民地5434顷17亩，顺治二年（1645年）清丈，荒芜地达1770顷17亩，荒芜率为1/3。⑤

由于亩额的计量标准不同，势必带来一系列问题。就实行折亩的府县而言，如果该地明代未行折亩，清初行之，清初的亩额显然要比明代减少，这种减少不一定标示着地方荒残。就大地、小地而言，其亩产量、赋税额亦多寡不等，一如前揭刘国黼举例说明的那样：“即以扬属而论，江都之田一万七千余顷，额征银五万余两，全书已注明折数矣。若高邮田二万五千余顷，额征银四万一千余两；泰州田九千余顷，额征银四万四千余两。非泰州之田仅高邮三分之一，非泰州之赋重于高邮三倍也。盖泰州大地而高邮小地也。又如兴化田二万四千余顷，额征银二万八千余两：宝应田二千余顷，额征银二万余两。非宝应之田仅兴化十分之一也，非宝应之赋

① 乾隆《内黄县志》卷9，《赋役》。
② 乾隆《江都县志》卷9，《赋役》。
③ 雍正《山西赋役全书》第2册，《太原县》，《榆次县》。
④ 光绪《文水县志》卷5，《财赋志》。
⑤ 乾隆《济源县志》卷7，《赋役》。

重于兴化十倍也。盖宝应大地而兴化小地也。”这就是所谓的“一亩为一亩则赋轻，数亩折一亩则赋重”。大地、小地之间显然是不可简单类比的。就历朝的土地开垦而言，在未行折亩的州县，一般是开垦一亩就上报升科一亩；而在实行折亩的州县，则往往是开垦数亩或十数亩方“折实”一亩上报升科。这显然亦不可简单统计而言垦辟之功效。如此等等。

当然，概略地举例说明上述问题并不太难。在尽可能地浏览方志、分类梳理资料后，我觉得要想弄清清代田亩计量问题，需要下一番工夫，诸省诸区分别进行。下面即就安徽的情景作一初步考察。

二 折亩府县与折亩时间

安徽省共有8府5州，下辖60个州县。普遍实行折亩的有以下府州：徽州府、宁国府、池州府、太平府、凤阳府、和州、广德州、六安州①。这5府3州辖有35州县，全部实行折亩制。

部分实行折亩的如下表所示：

府、州	折亩州县	未折亩州县
庐州府	庐江、无为、巢县	合肥、舒城
颍州府	亳州、涡阳、太和、蒙城、霍邱	阜阳、颍上
滁　州	滁　　州	全椒、来安

对上表需要作一点说明。据《安徽通志》记载，颍州府所属亳州、蒙城、霍邱三州县，均属未实行折亩的州县。而据府县志记载，却是实行了折亩。如霍邱县，乾隆《颍州府志》卷三称：“原额小亩三万四千六百顷七亩，各折不等，除开除水冲沙压外，实该

① 前揭郭松义先生《清代田土计量种种》云：“安徽流行大亩制的地区是庐州、泗州、和州、滁州和凤阳等府州。”似乎不太准确。

大亩二千六十二顷九十七亩。”再如亳州，光绪《亳州志》卷六称：“旧志载民赋田地二万六千七十三顷五十三亩，分高下六则，一则地一亩八分九厘折地一亩，二则地二亩二分一厘折地一亩，三则地二亩七分折地一亩，四则地三亩四分五厘折地一亩，五则地五亩八分九厘折地一亩，六则地九亩三分六厘折地一亩，共折实在册完粮地五千七百三十二顷十五亩。”又如蒙城，民国《重修蒙城县志》卷四称：“万历九年知县吴一鸾丈量田地，清正疆界，立为上中下三则，共得官民田地八千四百三十四顷四十九亩。以淤地科为上则，每地一顷实算一顷。以坡地为中则，每地二顷折算一顷。以湖荒地为下则，每地六顷折算一顷。”上述明言折亩，且有折亩则例，可见是省志记载舛错。

那么，全部实行折亩的州县则为 44 个，占安徽总州县数的 73%。

在实施折亩的州县中，其折亩的时间也很不一致，即使同属一府，亦不尽相同。就接触到的史料而言，安徽较早实行折亩的是池州府的石埭县，时间在嘉靖四十三年（1564 年）。康熙《石埭县志》称：“本县田地山塘起科，有金中、金上、没官、高阜、低洼、官民等则，共计三十六则，故零星轻重不一，遇推收有挪移之弊。嘉靖四十三年，诸民奏告丈量……不论高低，均为官民一则起科征税。至万历九年奉文复量，仍照前例。至本朝顺治九年（应为八年）奉旨丈量，悉照前例。”① 这里，虽未明言嘉靖四十三年实行折亩，但“均为官民一则起科征税”一语，则含有折亩的意蕴。况且，万历九年和顺治八年的丈量，均是“照前例”。而顺治八年的丈量明言：“除田不折外，其地、山、塘、池塘，照原赋轻重折为实田起科……总共实田六百十八顷二十三亩，一则起科。”顺治八年的折田，显然是嘉靖四十三年的沿袭。此前，尚未见到折亩的实例。在嘉靖中叶撰修的《池州府志》中，石埭、贵池、青阳、铜陵、建德、东流诸县的田亩，均是田、地、山、塘分记，分

① 康熙《石埭县志》卷 4，《赋役志》。

则起科。① 其他如徽州、宁国、宿州等府州亦然。②

较晚实行折亩的则在康熙年间。如滁州："康熙三年刊定全书，计小亩田地三十七万五千六百十五亩六分，康熙十二年，蒙安徽抚院靳谘询利弊，檄行所属，凡小亩未折，愿改大亩者，听。将州田核实大亩九万二千六百八十三亩。"③

大部分州县的折亩时间则在万历初年和顺治初年。如太平府属3县和宁国府属6县均在万历九年清丈时折亩。④ 其他州县的折亩时间，一般都集中在顺治五年至顺治十二年间。

三 实行折亩的几个问题

1. 折亩动因。明清两代的地亩计量，均有大地、小地之别。实行折亩，不在于将小地折成大地，或将大地折成小地，以期使田亩的计量划一。这一点应该首先明了（关于折亩则例见后述）。

折亩的直接动因在于赋税的繁杂。换句话说，折亩是为了使赋税划一，将计量亩折成纳税亩。

我们注意到，在实行折亩前，统计在册的田、地、山、塘诸类土地的起赋科则各不相同，即使同属田则，起赋时又往往分为上田、中田、下田、次下田等，其余的地、山、塘等亦然。甚至在一县之中，同是上田、中田，各乡的科则亦不一致，试表列徽州府歙县之例，以窥其概：⑤

---

① 嘉靖《池州府志》卷4，《田赋篇·田地山塘》。

② 参见弘治《徽州府志》卷2，《食货一》；嘉靖《宁国府志》卷2，《制置记》；嘉靖《宿州志》卷2，《食货志·田土》。

③ 光绪《滁州志》卷2，《食货志·田赋》。

④ 康熙《太平府志》卷12，《田赋下》；嘉庆《宁国府志》卷17，《食货志·田赋中》及嘉庆《泾县志》卷5，《田赋》；嘉庆《旌德县志》卷5，《食货志》等。

⑤ 弘治《徽州府志》卷3，《食货二》。

乡　名	上田征秋粮数	中田征秋粮数
民德乡	七升五合	六升四合
登瀛乡	七升三合	五升六合
仁礼乡	七升五合	六升
德政乡	七升二合	五升九合
通德乡	六升八合	五升二合
孝女乡	六升九合	五升三合

这种繁杂的科则，不但造成了官府征课的难度，而且导致“因科则重繁，小民难以易知”。①

通过折亩，令人缭乱的赋税科则得以划一。如歙县折亩后，“一则起科”，每折实田一亩，共科折色银、颜料时价银、摊带人丁银等一钱一分二厘零。②

凡是实行折亩的州县，至少是在一县之内，每一纳税亩的科则是相同的。就是在邻县之间也相去不远，为省篇幅见，仅据有关方志举3府6县之例列表示之：

府别	县别	每亩征银	每亩征米	每亩征豆
徽州府	休宁县	0.09两	1.3升	0.07升
	黟　县	0.093两	1.6升	0.08升
宁国府	南陵县	0.071两	1.6升	0.31升
	宁国县	0.073两	1.8升	0.32升
池州府	贵池县	0.126两	7.3升	0.91升
	铜陵县	0.116两	7.9升	0.97升

折亩后的一则起科，应该说是得到了普遍的欢迎。《黟县志》称：“黟在万山之中，其地故非沃壤，然山地皆折田，无偏苦之

---

① 康熙《石埭县志》卷4，《赋役志》。

② 民国《歙县志》卷3，《食货志·赋役》。

弊。"①《祁门县志》称："顺治八年操抚李自芃较订赋役全书，以地、山赋役有轻重，科则繁杂，照宁国府之例，与田折为一……赋税均平。"②《宁国府志》称："万历初，知县李日文均田，凡田地山荡陂折实田三十四万一千三百五十二亩……由是版籍明而上有定征，疆土别而下有定输。"③《青阳县志》称："因科则繁重，小民难知，本朝顺治年酌照太平府事例，除田不折外，其地、山、塘、基，照原纳赋轻重折为一则，实田起科，士民易知输纳。"④ 显而易见，将繁杂的赋税科则划一起征，是折亩的意义之所在。⑤

我们还发现，在未实行折亩的地区有两种较为普遍的现象：一是地亩未分等则。如安庆府属6县，除桐城县地亩记为"实在成熟并溢额田塘"外，其余5县均记为"实在成熟并溢额田"，田与塘之间一般差别不大，所以其赋税均是"一则起科"。⑥ 二是地亩虽然分为田、地、山、塘诸项，但纳赋时亦是"一则起科"。合肥、舒城、来安等县均属此例。⑦ 这同样从另一个角度说明折亩是为了赋税的划一。

2. 折亩则例。上述已指出，折亩不是为了统一地亩的计量，而是为了赋税的划一。在这个基点上，折亩即以负载税率较高的"上田"为尺度。所以，"上田"尽管是以240步为标准亩的小地，仍维持原状，其他田地虽是以360步、720步等为统计亩的大地，仍再加以折算，呈现出了小地愈小、大地愈大的景象。如徽州府祁门县在折亩前田、塘俱以244步8厘为1亩，平地以256步9分为1亩，高地以400步为1亩，山地以山的"四角为一亩"，顺治八年(1651年)实行

---

① 道光《增修黔县志》卷9，《政事·田地》。

② 道光《祁门县志》卷13，《食货志·田赋》。

③ 嘉庆《宁国府志》卷17，《食货志·田赋》。

④ 光绪《青阳县志》卷2，《赋役志》。

⑤ 当然，在个别地区，折亩后的纳税仍出现蒙混影射的弊端，这一点也是应该注意的。参见张佩芳：《详明造正征册案》，民国《歙县志》卷3。

⑥ 光绪《安徽通志》卷70，《食货志·田赋二》。

⑦ 嘉庆《合肥县志》卷6，《田赋志·田亩》；光绪《续修庐州府志》卷14，《田赋志》；光绪《安徽通志》卷72，《食货志·田赋四》。

折亩,规定:以田为准则,除"塘赋旧同田,不折"外,高地、平地每亩折田6分2厘7毫,山地每亩折田2分2厘2毫。①

至此应该指出，在安徽省的土地计量中出现的大地、小地，一般以此为特征：越是上等田地，亩额越小；越是下等田地，亩额越大。上举祁门县之例已可见一斑。其他省份似乎亦准此。如河南武陟县，田地以240步为1亩，平沙地、堆沙地则分别以480步、720步为1亩②。这种现象恐怕已经蕴含着在土地丈量时尽量缩小肥瘠田地赋税差额的意旨。折亩则是在此基础上更进了一步。

以上等田地为基准进行折亩是毋庸置疑的，但由于各地的情况不同，具体折则亦互异。大致说来有两种折法：一是塘、地、山1亩折田若干，一是塘、地、山若干折田1亩。其均呈现出越是瘠地折田越少的迹象。兹据有关府县志各举几例分列两表示之：

府别	县别	塘一亩折田	地一亩折田	山一亩折田
徽州府	休宁	一　亩	七分三厘零	二分二厘零
	黟县	六分四厘	五分四厘	一分三厘
	绩溪	一亩一厘零	五分八厘零	二　　分
池州府	青阳	六　分	四分五厘零	二　分
	石埭	五　分	三分三厘零	一　分
	东流	二分六厘零	三分三厘零	五　厘

府别	县别	塘折则	地折则	山折则
宁国府	南陵	四亩折田一亩	二亩折田一亩	四亩折田一亩
	旌德	二亩折田一亩	二亩折田一亩	九亩折田一亩
和　州	和州	二亩折田一亩	三亩折田一亩	四亩折田一亩
	含山	三亩折田一亩	一亩折田一亩	六亩折田一亩

① 道光《祁门县志》卷13,《食货志·赋税》。

② 道光《武陟县志》卷13,《田赋志·田赋》。

仅据以上两表所列，已可见折则是因县而异，不存在普遍性的折率，这也可以说是因地制宜吧。

在探讨折则的同时，尚有两种特殊的情况应引起注意。

第一，重复折田。即将原来的小地折成大地后，再进行折算。这种情况仅见于宁国府旌德县和池州府铜陵县。如顺治十一年（1654 年）清丈旌德县田为 2457 顷 48 亩，比万历九年（1581 年）田额 1523 顷 64 亩多出近千顷，结果将每田 1 亩折算 6 分 2 厘，以合万历年间之数。① 铜陵县在顺治三年（1646 年）丈量时，田、地、基、山、塘均比万历之额为多，结果 5 则土地分别折算成明代之额（即所谓将"弓田"折"册田"），再在此基础上进行折田（即所谓将"册田"折"实田"）。② 这当是地方官固守"万历则例"所致。

第二，荒芜土地亦进行折亩起科。太平府属 3 县、凤阳府怀远县、颍州府蒙城县、广德州建平县有此种现象。荒芜土地的起科，显然有悖于蠲荒的宗旨。不过，此事例系沿自明代，似乎与清初的所谓抛荒无涉。如《蒙城县志》称：万历九年（1581 年）丈田，"以湖荒地为下则，每地六顷折算一顷"③。《太平府志》更详列有明清的荒地折则。明代万历、天启间太平府有荒田 513 顷 14 亩，每亩折田 3 分 7 厘，有荒地 90 顷 67 亩，每亩折田 2 分 4 厘，有湖荡荒田 42 顷 66 亩，每亩折田 1 分 2 厘；清初顺康之际则有荒田 203 顷 80 亩，荒地 78 顷 29 亩，湖荡荒田 16 顷 69 亩，各类荒地的折则一如明代。④ 而相比之下，清初的荒地反而比明代为少。

3. 折亩前后的亩额比较。以上阐述了安徽的折亩时间与范围，以及折亩则例等。下面则着重探讨折亩表象背后的蕴意。

众所悉知，清初的安徽亩额与明代相比大为减少，有人认为，

---

① 嘉庆《旌德县志》卷 5，《食货志 · 田土》。

② 乾隆《铜陵县志》卷 4，《田赋》。

③ 民国《重修蒙城县志》卷 4，《食货志》。

④ 康熙《太平府志》卷 10，卷 12，《田赋》。

这种减少是由于清初的大面积抛荒。笔者与此立异。

我们先来看清初折亩地区的情况。徽州府属6县在顺治中期实行折亩，其亩额变动如下表①：

县别	嘉靖间亩数	万历间亩数	顺治间亩数	顺治间折亩数
歙县	5506.85	不详	6040.37	4904.53
休宁	5174.66	5692.66	6040.37	4802.96
婺源	5691.07	5737.87	6259.17	5030.38
祁门	2182.65	2518.01	2518.41	2145.90
黟县	3488.93	3494.98	3494.98	1640.49
绩溪	3404.95	3508.26	3508.26	2038.50

从上表可见，顺治年间的亩数并未比明代减少，有几个县反而略多于明代。只是由于在顺治年间实行了折亩，才使亩额较大幅度地减少了。据上表合计，顺治年间的原额为27861顷56亩，折亩后为20562顷76亩，缺额达7000余顷，缺额率为26%。由于一般典籍只记折亩后的数额，而将原额阙如，省志即记为20562顷78亩②，这也就难免使人产生误会了。

清初其他折亩地区的情形大致与徽州府相同。如池州府青阳县明代嘉靖四十年（1561年）丈量田、地、基地、山、塘共计1840顷75亩，顺治十二年（1655年）丈量为1841顷76亩，略与明代相符，但折亩后为1636顷90亩，遂缺额200余顷，缺额率为11%。③ 铜陵县嘉靖四十二年（1563年）丈量诸则土地为1701顷79亩，万历九年（1581年）为1706顷11亩，顺治三年（1646年）用部颁弓尺丈量为2605顷18亩，比明额多了900顷，顺治八

① 康熙《徽州府志》卷1，《厢隅乡都》。

② 光绪《安徽通志》卷70，《食货志》。

③ 光绪《青阳县志》卷2，《赋役志》。

年（1651 年）又将“弓田”改“册田”为 1709 顷 73 亩，亦略与明代相符，但该年又在此基础上折实田 1385 顷 14 亩，遂缺额 300 余顷，缺额率为 19%。① 庐州府巢县顺治五年（1648 年）亩额为 7793 顷 86 亩，与明代隆庆五年（1571 年）丈量之额相同，也是由于折亩，亩额才减少为 7491 顷 40 亩。② 余不备述。

在明代实行折亩的地区，清代仍然沿袭。清初亩额的减少，依然是折亩所致。兹表列宁国府的亩额变动如下：③

县别	嘉靖亩数	清初亩数	清初折亩数	缺额率
宣城	16642.14	17303.34	12249.07	29%
南陵	6498.71	6503.76	5567.39	14%
泾县	5590.00	5541.25	3363.91	39%
宁国	5992.01	5970.89	2747.17	54%
旌德	4602.10	4606.85	2175.37	53%
太平	4223.42	4234.41	1451.54	66%

表中反映的明清亩额变动已十分明了。清初亩额的大幅度减少亦系折亩使然。

下面再将太平府属 3 县的亩额变动列表示之：④

① 嘉靖《铜陵县志》卷 4，《田赋》；乾隆《铜陵县志》卷 4，《田赋》。

② 道光《巢县志》卷 6，《食货志·田赋》。

③ 嘉靖《宁国府志》卷 2，《制置记》；嘉庆《宁国府志》卷 17，《食货志》。按：嘉靖亩数系嘉靖十五年之數，清初亩数系康熙五年丈量之数。宁国府曾在顺治六年至顺治十一年进行过土地丈量，丈量之数基本与康熙五年相同，一如嘉庆《泾县志》卷 5 所云：“康熙五年清丈田地山荡悉如前数。”所以清初亩数亦可视为顺治年间之数。

④ 康熙《太平府志》卷 10，卷 12，《田赋》。按：表中所列清初折田总数系据各项统计而得。

土地类别	万历间亩额	折田额	清初亩数	折田额
熟田	12907.05	同左	13312.53	同左
熟地	1508.15	1293.23	1254.69	984.42
滩田	118.74	90.01	90.40	68.52
滩地	76.27	28.04	103.09	37.91
荒田	531.14	198.18	203.80	76.04
荒地	90.67	22.57	78.29	19.47
湖荡荒田	42.66	5.43	16.69	2.12
山	713.81	83.65	735.09	59.64
塘	489.26	90.70	633.08	55.02
地荡	64.19	5.59	102.44	8.93
合计	16541.94	14724.45	16530.10	14624.60

上表亦可见明清两代的亩额基本没有多大变化，纳税亩的减少同样来自折亩。其他如广德、建平、石埭、蒙城、亳州等州县的情景亦悉如上举①。

至此，由上述可以得出这样的结论：安徽清初亩额的锐减在很大程度上是由于普遍实行了折亩，而这种折亩是建立在明代原有亩额、原有赋税的基点之上，所以表面上的亩额减少，不但不影响清廷的赋税收入，反而避免了因科则繁杂而导致的种种弊端，方便了赋税的征收。

当然，得出上述结论并不等于说安徽的土地在明末清初丝毫没有荒芜。我们在梳理资料时，同样注意到了因战乱而使土地抛荒的这一层面。大致说来，安徽清初田亩的抛荒在亩额减少的整体结构中占极小的地位，其呈现出两个特征：一是土地抛荒的州县不多，

① 参见光绪《广德州志》卷18，《田赋志》；康熙《石埭县志》卷4，《赋役志》；民国《重修蒙城县志》卷4，《食货志》；光绪《亳州志》卷6，《食货志·田赋》。

二是土地抛荒的时间短暂，在有抛荒田地的州县中，基本在顺治至康熙中期就得到了垦复。如庐州府合肥县清初“无主荒田、塘、地一千九百三十五顷三十七亩……顺治十二年至康熙十六年历次垦田一千八百六十二顷六亩”①。舒城县抛荒2957顷，至康熙三十一年垦复。庐州卫抛荒797顷84亩，至康熙十一年垦复。② 也有个别州县荒残严重，如安庆府太湖县：“邑自明季寇扰，户口流亡，田地荒芜殆尽。”太湖县原额田地为4196顷84亩，清初荒芜达3096顷84亩，但仅康熙八九两年就开垦“新旧荒田二千四百七十三顷三亩”③。

四 余 论

在结束本文前，还想申明一点：凡实行折亩的地区，开垦土地的上报升科亦经过折亩，登记在册的垦辟额少于实际垦辟额。如宁国府宣城、南陵等县的“升科溢额田”均记为“折实田”。④ 庐州府巢县亦是“康熙十六年至雍正九年止，共开垦溢额田地折田三十七顷三十一亩”。⑤ 安徽的这种现象，是与何炳棣先生依据直隶实例所得出的结论相符的。⑥

原载《武汉大学学报》1987年第5期

① 嘉庆《合肥县志》卷6，《田赋志·田亩》。
② 光绪《续修庐州府志》卷14，《田赋志》。
③ 同治《太湖县志》卷8，《食货志·田赋》。
④ 嘉庆《宁国府志》卷17，《食货志·田赋》。
⑤ 道光《巢县志》卷6，《食货志·田赋》。
⑥ 何炳棣：《南宋至今土地数字的考释和评价》下，载《中国社会科学》1985年第3期。

九、

清初的招民与垦荒政策

一

不管从哪个意义上说，人口的多寡与土地的荒熟，总是衡量社会经济水准的两个标尺。众所周知，明末清初的战争与社会动荡，造成了人口的锐减和土地的抛荒，这种状况的表征是社会经济的凋敝，其深层意义则是维持统治者“生活源泉”的枯竭：“无地则无民，无民则无赋，惟正供有亏，根本之伤。”① 这在财政捉襟见肘、军费筹措孔急的情势下显得尤为突出，明显标示着当时财政问题的严重性和招徕流民垦辟荒地的迫切性。因此，清廷也就把招徕流民、鼓励垦荒作为一项重要政策提上议事日程。

就当时的背景而言，招徕流民与鼓励垦荒政策的出台，事实上有双重含义：一方面是着眼于恢复以农业生产为主的社会经济，以保证封建统治的长治久安；另一方面则是为了增加赋税收入，以尽

① 卫周胤：《请陈治平三大要疏》，见《皇清奏议》卷2。

量维持财政收支的平衡。着眼于农业生产与着眼于财政收入来推行这项政策，在一定程度上有可能殊途同归，但其底蕴并不相同，并将由此而导致不同的后果，这是应该首先明了的。

而就招徕流民政策而言，还有另外一层意义。前已指出，由于明末清初的战乱，清初人口大幅度减少，除了饿死、疫死、兵死之外，就是社会上存在着大量为避战乱、徭役，离开本土、脱离户籍的流民群，这些流民流离失所，生计无着，往往相从为盗为乱，对清王朝的统治造成潜在的威胁，弭盗安民的最好办法仍是新旧王朝交替之际屡试不爽的“驱民归农”，即如徐旭龄所云：“流民安则转盗为民，流民散则转民为盗。”① 这也是招徕流民政策实施的主旨所在。

较早提出招徕流民建议的是户科给事中郝杰等人。顺治元年（1644年）七月，郝杰“条陈四事”，其中有两条是：“劝农桑，以植根本”；“招逃亡，以实户口。”② 但尚未言及具体办法。接着，山东巡抚方大猷上《开荒劝耕兵民两便疏》，提出以现有无主荒地，“分给流民及官兵屯种”，招民、垦荒并举。③ 户部议覆认为：“辟土地而聚人民，诚国家富强之本。……如能确实奏行，则弭盗安民，裕国足饷，何难立致！合行该抚按严饬有司，躬亲逐处清查，务令尺地不遗，册报臣部。除给民之外，有多余尽以给军，按亩分种，不必先限亩数，致后不能继。其布种征收之法，悉应如抚臣议，惟期民不扰而功效速，当在该抚加意焉耳。致失业之民，自外来归，察系真正本主，仍应以旧业付之，不得听人朦占，则飞鸿渐得还集，人有乐土之安矣。”硃批：“是。”④ 以无主荒地分给流民垦种，可以“弭盗安民，裕国足饷”，这当是顺治初年招徕流民的主要措施。但值得注意的是，当时的招民重点，似仍局限在原

① 徐旭龄：《安流民以弭盗疏》，见《皇朝经世文编》卷34。

② 《清世祖实录》卷6，顺治元年七月己亥。

③ 《清世祖实录》卷7，顺治元年八月乙亥。

④ 档案，顺治元年八月二十日户部尚书英古代题本。见《历史档案》1981年第2期。

先占有土地的“有业之主”这一层面上，即使是别人开垦耕种，“察系真正本主，仍应以旧业付之，不得听人朦占”，这不但会引起日后产权的纠纷，也会挫伤大多数无业流民归复土地的积极性，效果不会显著。

所以，在顺治六年（1649年）的殿试中，以招民安民为中心询问“天下贡士”，并告知他们“直陈无隐，务期要言可行，不用四六旧套，朕将亲览”，制策曰：“民为邦本，食为民天，自兵兴以来，地荒民逃，赋税不充，今欲休养生息，使之复业力农，民足国裕，何道而可？迩来顽民梗化，不轨时逞，若徒加以兵，恐波累无辜，大伤好生之意，若不加以兵，则荼毒良民，孰是底定之期！今欲使之革心向化，盗息民安，一定永定，又何道而可？”① 明确反映出统治者的焦虑心情以及招民乏术。我们不清楚饱学之士如何回答殿试的试题，也不清楚顺治帝在多大程度上采纳了他们的建议，但在随后颁布的上谕中确实有了许多具体的内容：

> 自兵兴以来，地多荒芜，民多逃亡，流离无告，深可悯恻。著户部、都察院传谕各抚按，转行道府州县有司：凡各处逃亡民人，不论原籍、别籍，必广加招徕，编入保甲，俾之安居乐业。察本地方无主荒田，州县官给以印信执照，开垦耕种，永准为业。俟六年之后，有司官亲察成熟亩数，抚按勘实，奏请奉旨，方议征收钱粮。其六年以前，不许开征，不许分毫佥派差徭。如纵容衙官衙役、乡约甲长借端科害，州县印官无所辞罪。务使逃民复业，田地开辟渐多。各州县以招民劝耕之多寡为优劣，道府以责成催督之勤惰为殿最。每岁终，抚按分别具奏，载入考成。该部院速颁示遵行②。

此谕最值得注意的要义有三点：一是“各处逃亡民人，不论原籍、别籍，必广加招徕，编入保甲”，准许流民、特别是准许别籍流民

① 《清世祖实录》卷43，顺治六年四月庚子。

② 《清世祖实录》卷43，顺治六年四月壬子。

随地落籍；并且宣称州县官“以招民劝耕之多寡为优劣”，道府官“以责成催督之勤惰为殿最”，将招民、劝垦载入官员的考成，以此评判政绩的好坏。二是承认垦民的土地所有权，由“州县官给以印信执照”，一旦开垦耕种，“永准为业”。三是放宽起科年限，并严禁佥派差徭及借端科害。这些规定，显示出清廷对招民垦荒的重视，并对流民的归复起着相当重要的作用。

随后，卢宏在《屯田议》中又针对招徕流民考成、除荒蠲课等提出具体的建议，其考成建议云：“一岁之中，流民归复者几何人？荒芜之开垦者几何亩？劝民牛种相贷相周者几何家？蠲其杂税、量输亩谷，一岁储而积者几何石？春作秋成，每一造报，一切胥吏禁勿骚扰。专责有司，岁终定为考成，其民之归、地之垦而粟之积，分数多者定上考而优异之，否则列下考而惩罚之。如此则有司知其关系之重，而务尽心；小民无复烦苦之忧，而务尽力；当事者并省其经营督责之烦，而坐收其成。则不数年之间，流移渐复，荒芜渐垦，国课渐裕，益上益下莫便于斯也。”其除荒蠲课建议云：“郡县人丁之逃亡，土地之荒芜，虽申报已久，而蠲免卒未邀恩。则逃亡之人已无，而名未去籍也；荒芜之地全虚，而课仍入则也。彼死者无论矣，如逃者欲归，而数年之逋并责，族党之负并累；如荒者欲开，而前此之荒粮未除，后此之屯积重纳。彼小民其能支此数困哉！此愚议必除荒而后荒可开，必免逃而后逃可复，此尤招抚开垦之一大机权。”① 卢氏的建议不但将招民劝垦考成引向细密化，而且也揭示出招徕流民或开垦荒地问题还相当复杂，此一问题与当时普遍存在的“包荒代赔”缠绕在一起，如若不“除荒蠲课”，招抚开垦仍有许多阻碍。鉴于此，工科给事中魏裔介条奏《拯救兵民八事》中，亦指出二款：一为“流民既弃其乡，所遗户丁差徭，即行豁免”；二为“查荒不许过一月，其已蠲者，有司造册呈报，使民沾实惠”②。

同时，在顺治九、十年间（1651—1652 年），中国北部地区水

① 卢宏：《屯田议》，见《皇朝经世文编》卷34。

② 《清世祖实录》卷78，顺治十年十月庚寅。

旱灾害频仍，又出现了新的流民潮，而此时恰遇苛严的“逃人法”频颁，一些地方官畏惧“逃人法”，拒收流民，流民又因逃人法而加重困境。即如吏科给事中王祯所奏：“迩者淫雨为灾，河水泛滥，沿河一带城廓庐舍漂没殆尽，直隶被水诸处，万民流离，扶老携幼就食山东，但逃人法严，不敢收留，饥民啼号转徙。”① 在这种情况下，魏裔介再次条陈：“连岁水灾频仍，直隶、河北、山东饥民逃亡甚众，请敕督抚严饬有司：凡流民所至，不行收恤者题参斥革；若能设法抚绥，即分别多寡，准以优等保荐。”得旨：“著所司速议以闻。”② 其他官员的条陈亦再四再三。

针对上述种种情况，顺治帝在此一时期频频颁谕，一方面指责“地方官不加抚绥，以致流离载道”，一方面令发帑开仓赈济，又令蠲免钱粮，“不许仍行混征，徒饱贪腹”，等等。并在顺治十一年（1654 年）颁布了一条长谕，包括：赈济贫民，“须赈济如法，及时拯救，毋论土著、流移，但系饥民，一体赈济，务使均沾实惠，不许任凭胥吏人等侵克冒支”。蠲免钱粮，“查照该部题定则例，逐一明白开列，示谕小民，无使奸猾吏胥及粮长、土豪通同作弊；承行各官实心任事，有益荒政者，会同督抚优与奖荐，其贪残纵役、怠忽民生者，即行劾奏”。流民归土，“已去复归者，倍与赈济银两，俾得复业；其他境移来者，既与赈济，加意安插，使之得所”。并特意指出：“敕内开载未尽事宜，听尔等斟酌奏请施行。”③

在此基础上，顺治十二年（1655 年）又制定了统一的招徕流民奖叙条例：“州县官安插流民千名至五千名者，准予记录，督抚总计通省名数议叙。”④ 顺治十四年（1657 年），又结合户口的编

① 《清世祖实录》卷 77，顺治十年七月壬寅。

② 《清世祖实录》卷 81，顺治十一年二月癸酉。

③ 《清世祖实录》卷 82，顺治十一年三月丙申。

④ 光绪《大清会典事例》卷 158，《户部·户口·安集流民》。按：此前，顺治十年曾制定“辽东招民条例”，其例为：“招民一百名者，文授知县，武授守备：百名以下、六十名以上者，文授州同、州判，武授千总；五十名以下者，文授县丞、主簿，武授把总。若数外多招，每百名加一级。”见刘献廷：《广阳杂记》卷 3，中华书局 1957 年版，第 123 页。

审，规定“增丁至二千名以上，各予记录”①。

总之，顺治一朝的招徕流民，是在恢复农业生产、弭盗安民、裕国足饷的思想指导下实施的一项综合性政策，虽然从严格的意义上说它尚缺乏系统性，但由于其将招民与垦荒结合起来，并承认垦民的所有权，对流民归土力农是有吸引力的，同时适当地进行赈济、蠲免赋税、免除杂徭，对新归复的流民有所实惠，而将招民劝垦列入考成，并对招民做出成绩的官吏加以议叙，也加强了地方官的责任和进取心。尽管顺治一朝招徕流民所取得的实效不是很显著，但也应该说，列在《实录》中的人丁增长，以及亩额（包括田、地、山、荡，另有洼地）、田赋丁银（包括折色银与本色粮）的增长，仍与招徕流民政策的实施有着密切的关系，可以参看下表所示:②

顺治朝人丁、亩额、田赋统计

时间	人丁	亩额（顷）	折色银（两）	本色粮（石）
顺治八年	10633326	2908584	21100142	5739424
九年	14483858	4033925	21261383	5628711
十年	13916598	3887926	21287288	5672299
十一年	14057205	3896935	21685534	5775189
十二年	14033900	3877719	22005954	5768713
十三年	15412776	4781860	22089696	5812060
十四年	18611996	4960398	24366365	5835940
十五年	18632881	4988640	24584526	6018132
十六年	19008913	5142022	25585823	6201720
十七年	19087572	5194038	25664223	6017679
十八年	19137652	5265028	25724124	6107558

① 光绪《大清会典事例》卷157，《户部·户口·编审》。

② 此表据《清世祖实录》卷61至卷143，《清圣祖实录》卷5所提供的数据编制。当然，人丁、亩额的统计仍存在着许多问题，这里仅仅是作为一种概示。

二

从上述已可以看出，招徕流民与鼓励垦荒有一定的联系，但二者在政策导向上各有侧重。纵观清初的土地开垦政策①，除上述招民劝垦外，在三个方面尤为突出：一是议定、改进起科年限，二是加强对地方官员的劝垦考成，三是鼓励绅衿地主垦荒。

1. 起科年限的议定与改进。所谓的“起科”，即开始征收田赋钱粮。起科年限的长短，不仅关乎清廷的财政收入，而且直接影响到垦民的经济利益及垦荒的积极性。起科年限太短，政府虽可迅急征收田赋，但垦民无利可图，未必就垦；起科年限太长，垦民虽然乐垦，但又不符合政府以垦田增加财政收入的初衷。所以，对起科年限的规定，是各方面首先关注的问题。在上揭顺治元年（1644年）山东巡抚方大猷的条陈中，首次涉及了垦荒的起科年限问题，但是，由于典籍记载的简略，出现了一些误解，需要稍加辨析。《清世祖实录》载：

> 户部议覆山东巡抚方大猷条陈，州县卫所荒地无主者，分给流民及官兵屯种，有主无力者官给牛种，三年起科。应如所请，仍敕抚按率属实力奉行。报可②。

这当是大多数论者认为顺治元年定开垦荒地“三年起科”的来由。其实，据现存档案，方大猷原奏为：“初年全免科征，次年起科三分，三年之后始一例照征钱粮之额。”所全免起科的年限

---

① 在这方面，学者们已有较为深入的研究，其中有代表性的研究成果，请参见郭松义：《清初封建国家垦荒政策分析》，载《清史论丛》1980年第2辑。彭雨新：《清代土地开垦史》，农业出版社1990年版。

② 《清世祖实录》卷7，顺治元年八月乙亥。《清朝文献通考》卷1，《田赋一》；《清朝通典》卷1，《食货一》；光绪《大清会典事例》卷166，《户部·田赋·开垦一》等所记略同。

仅仅是一年。

顺治二年（1645年）又补充规定："准新垦荒地免租一年。又定原荒之田三年后起科，原熟而抛荒之田一年后供赋。"① 这也就是《清朝文献通考》按语所称的："向来熟粮令一年后供赋。盖三年起科者，原荒之田；一年后供赋者，原熟而抛荒之田也。"② 三年起科被限定在未经耕种的"原荒之田"范围内，而当时大部分招民开垦的土地是"原熟而抛荒之田"，所以，一年后起科仍是一般所遵循的政策。

顺治六年（1649年），鉴于起科年限太迫、垦荒效果不著，又谕令新垦地六年后起科，"其六年以前，不许开征，不许分毫佥派差徭"。已如前揭。但这道堂而皇之的政令，实则并不曾遵行。因此，《清朝通典》等书对此条政令缺而未记，这恐怕并非疏忽。有意思的是，《清朝文献通考·田赋一》将此条政令改记为："开垦荒田，给以印信执照，永准为业，三年后有司新察成熟亩数，抚按勘实，奏请征粮，不得预征私派。"这里所谓的"三年后"起科供赋，也恐怕并非是误记或刊误。笔者认为，顺治六年（1649年）后所遵行的起科年限是三年而不是六年。这从其他史料中也可印证，如《清朝文献通考·田赋一》载："（顺治）九年，令八旗壮丁退出坰地，并首告清出地及各省驻防遗下地，照垦荒例招垦，三年起科。"又如顺治十年（1653年）河南巡抚吴景道题本引户部咨文称：无主荒地，多方招民开垦，俱于三年之后起科。如有主荒田原主不能开垦，地方官另行招人耕种，给与印照，永远承业，原主不得妄争。"③ 再如顺治十三年（1656年）户部尚书戴明说题称：新垦荒地，"准其三年正供杂差一概豁免，三年之后方许起科"④。

可以说，从顺治六年（1649年）起，终顺治一朝，大部分地

① 《清朝通典》卷1，《食货一》，第2023页。

② 《清朝文献通考》卷1，《田赋一》，第4858页。

③ 档案，顺治十年十月十七日吴景道题：《为开封等府开垦无主荒地，地方官应准与纪录事》。中国第一历史档案馆藏。

④ 《明清史料》丙编，第10本，顺治十三年二月二十八日戴明说题本。

区遵循三年起科之令。其间，只有四川省的情况较为特殊，顺治十三年（1656年），四川巡抚高民瞻鉴于“复业垦荒者犹是寥寥，未有成效可观”，“仰祈皇上转念蜀民困苦已极，大破成格，以示宽恤，凡其复业者，暂准五年之后当差；开荒者，暂准五年之后起科”。得到批准。①

当然，我们所说的在顺治六年（1649年）之前一般是一年后起科，顺治六年之后一般是三年后供赋，这主要是政策法令的规定，在具体执行中仍有许多偏差。由于军费的紧急，财政的困窘，在顺治初年已存在着“急于开征”，新垦荒地当年起科的现象。顺治中期以后又存在着“私征之弊”、“虚冒蒙混之弊”，“功令三年之后起征，而贪吏见年起征”等种种问题。②

2. 劝垦考成。“劝垦考成”就是对负有督垦之责的地方官分别优劣进行考核。据《清朝文献通考·田赋一》记载，顺治六年（1649年），清廷“始定州县以上官以劝垦为考成”。其考成办法，见于该年四月的上谕：“各州县以招民劝垦之多寡为优劣，道府以责或催督之勤惰为殿最。每岁终，抚按分别具奏，载入考成。”已如上揭。这里只是指明了考成的对象是州县、道府两级官员，按说应该有具体的考成则例，但典籍未载，档案中也未能得见。顺治七年（1650年）所覆准的河南地方官员劝垦考成为：“州县官垦地一百顷以上者，记录一次。若州县与道府全无开垦者，各罚俸三月。”③ 此当是当时的通行定例。

顺治十四年（1657年）四月，户部因着户科给事中粘本盛的疏奏，议准了新的《垦荒劝惩则例》：

> 督抚按一年内垦至二千顷以上者，纪录；六千顷以上者，加升一级。道府垦至一千顷以上者，纪录；二千顷以上者，加

① 钞档：《地丁题本·四川（二）》，顺治十三年六月七日高民赡题本。中国社会科学院经济所藏。

② 参见顺治十年正月四日噶达洪题本，见《历史档案》1981年第2期。

③ 康熙《大清会典》卷20，《户部·田土一·开垦》。

> 升一级。州县垦至一百顷以上者，记录；三百顷以上者，加升一级。卫所官员垦至五十顷以上者，记录；一百顷以上者，加升一级。……若开垦不实及开过复荒，新旧官员，俱分别治罪。①

这个垦荒劝惩则例，显然要比此前的劝垦考成详细得多，它不但将卫所、州县、道府、督抚与诸级的劝垦实绩结合起来，分别按一定的开垦亩额进行记录、升级的奖叙，从而使各级地方官员利益分沾，以鼓励他们劝垦的积极性。而且值得注意的是，在这个则例中删除了“全无开垦者”予以处罚的规定，新加了“开垦不实及开过复荒，新旧官员俱分别治罪”的条款，从中亦反映出当时的开垦已有一定效果，全无开垦的地方极少，而地方官报垦不实的弊端已开始显露。

顺治十五年（1658年），又再次规定：“各省荒地，督抚一年内开垦二千顷至八千顷以上，道府开垦一千顷至六千顷以上，州县开垦一百顷至六百顷以上，卫所开垦五十顷至二百顷以上，分别予叙。不准以二三年垦数合算。”② 在这里，除了议叙的标准比前有所变动外，主要是强调了赖以议叙的亩额“不准以二三年垦数合算”，仍是政策法令中对有关弊端的防微杜渐的体现。

没有疑问，终顺治一朝数次颁定的劝垦考成则例，曾经刺激了各级地方官员的督垦，加快了荒地的垦复，这是实施考成的意义所在，但由此也导致了“有司捏垦，妄希议叙”，“不惜民命，报垦邀功”的弊端，最为突出的事例是山东、河南二省巡抚妄报垦地增赋，致使百姓赔熟受困，如朱之弼上疏所说：“山东抚臣耿焞、河南抚臣贾汉复，以垦荒蒙赏，而百姓以赔熟受困，岁增数十万之赋税，大约多得之于鞭笞敲剥、呼天抢地之孑遗，而非额内乐输之

---

① 《清世祖实录》卷109，顺治十四年四月壬午。

② 光绪《大清会典事例》卷166，《户部·田赋·开垦一》．又见《清朝文献通考》卷1，《田赋一》。按：郭松义先生在前揭文中认为此定例与顺治十四年所颁是同一定例。

赋税。"① 前揭彭雨新、郭松义二先生的论著也已举出许多实例予以说明，此不赘。

3. 鼓励绅衿地主垦荒。这是在顺治后期实行的一项重要政策。据现存档案记载，顺治十三年（1656年）二月，五省经略标前营副将王永祚针对当时兴屯不利，曾提出仿效"辽东招民例"鼓励绅衿开垦的建议：

南方正在用兵，需用粮草不赀，必得广开地亩，多有收获，然后可以供兵养马。今我国家新兴屯利，法非不善，而未尽收屯田之利者，良由官府之耳目有限，而贫民之支饰多端，纳税则有其名，开地则无其实，终鲜成效。诚能仿时下辽东招民之法，及直隶捐赈之方，令有司官著落本地绅衿之有身家者，分领其事。盖以绅衿久居本土，与穷民甚相亲，窃穷民必为信从，即可量力以认田地开垦，不虞差派等项。而绅衿又知穷民来历，放心借给屯本，不虞拐逃他弊。此正以民引民，则民自广，而田自辟。仰祈朝廷预颁规例，凡招民开田若干，即作何分别赏赉鼓劝，则好义急功者，必自争先效力，此又足食足兵，开拓地方根本矣。

户部遵旨议覆认为"楚省地方，与辽东不同，若以开垦之事责令本地绅衿分领，恐致多事"，否定了王永祚的意见。朱批"依议行"②。王氏的意见虽一时被否定，但却是此一政策更张的先声，该年七月的诏书即称："各省屯田荒地，已行归并有司，即照三年起科事例，广行招垦，如有殷实人户，能开至二千亩以上者，照辽阳招民事例量为录用。"③ 显然，这是在各省兴屯废止后，为加速荒地垦辟而采取的补救措施。

---

① 《碑传集》卷8，《朱之弼墓志铭》。

② 档案，顺治十三年三月二十五日戴明说题：《为谨遵上谕事》。

③ 《清世祖实录》卷102，顺治十三年七月癸丑。按：《清朝文献通考》卷1，《田赋一》将此系在顺治十四年下，误。

辽东招民事例（或称“辽阳招民事例”，其条款见前注揭）的主旨是按招民多寡，进行议叙授官，与垦田多寡毕竟不同，所以在顺治十四年（1657年）的《垦荒劝惩则例》中又作了新的规定：

> 文武乡绅垦五十顷以上者，现任者记录，致仕者给匾旌奖。其贡监生民人有主荒地，仍准本主开垦，如本主不能开垦者，该地方官招民给与印照开垦，永为己业。①

此后，又不断有人提出“加等议叙”、“破格将擢”的建议。因之，顺治十七年（1660年）再次规定：

> 垦地百顷以上，考试文义优通者以知县用，疏浅者以守备用；垦地二十顷以上，文义优通者以县丞用，疏浅者以百总（即把总）用。②

由于绅衿地主有一定的经济实力以及其他有利条件，以优厚的政策鼓励绅衿地主放手开垦，无疑会加快荒地垦复的速度。

概观顺治一朝的土地开垦，由于实施了上述政策，取得了一定的实效，这从上列表中亩额的增长可略作体味，另据前揭郭松义先生《清初封建国家垦荒政策分析》一文的统计，顺治朝的垦田情况如下：

---

① 《清世祖实录》109，顺治十四年四月壬午。

② 康熙《大清会典》卷8，《吏部·汉缺选法》。按：此后还曾多次申令类似的政策，如康熙十年重申了顺治十七年的规定。又如，雍正五年规定：“云南、贵州二省广行开垦，凡地方招募开垦及官生捐垦者，按户数多寡议叙。”再如，乾隆三十年规定：“本省文武官员，捐给牛种招垦荒地十顷、捐银一百两者，准其记录一次；四十顷、捐银四百两者，准随带加一级。多捐者计算增加。”等等。参见《清朝文献通考》卷11、卷12，《田赋考》；光绪《大清会典事例》卷77，《吏部·除授·官员捐垦荒地议叙》。

顺治朝土地开垦统计

时间	垦田数（顷）	时间	垦田数（顷）
顺治六年	1000	顺治十四年	11375
十年	31330	十五年	98259
十一年	13780	十七年	2250
十二年	483	十八年	5786

以上合计为164263顷。尽管这种统计由于各种原因难以精确，但仅就此反映的垦田数，其意义亦不可小视。

荒地的开垦过程，也就是流民与土地重新结合的过程。清初的土地开垦，是在人口逃亡严重、战乱相继的背景下展开，这加重了垦田的难度。而清廷为推行垦政所颁布的一系列政策法令，首先强调的是垦田增赋，着眼于财政收入而推行垦政的意旨不待掩饰，这在战争相继、军费支绌、财政困窘的情势下并不奇怪。客观地说，清廷着眼于财政收入以推行垦政，也就同时促进了荒地的垦辟和农业经济的恢复。但是，着眼于财政收入与着眼于农业经济的恢复，二者毕竟不同。着眼于财政收入，则对新垦的土地急于开征、急于重课，农民未获垦种的丰收，先已受到催征的追迫，必然使垦政受阻，顺治初年之所以垦荒效果不著，与清廷的急于起科密切相关。至于在"垦荒劝惩则例"的刺激下，地方官不惜民命虚捏报垦邀功的现象，以及对绅衿地主垦荒的鼓励，则一方面标示着吏治的腐败、人民负担的加重；另一方面又标示着清廷对绅衿地主的依赖，以及土地在所有权重新分配过程中的再度集中。

原载《经济评论》1997年第4期

十、

清代的北部移民

一　向西北的人口迁移

一般所说的向西北的移民，是与新疆的屯田联系在一起的。

但是，西北作为一个大经济区，在新疆屯田之前，事实上已有着向陕西、甘肃（在清代，宁夏府、西宁府亦属甘肃所辖）的鼓励移民政策和人口流动；并且，后来的向新疆的移民，大体上也是沿河西走廊向西北扩展的。

如果把向陕西、甘肃的移民作为向新疆移民的前奏，那么，我们就可以看出，向新疆的移民是一种阶梯式的渐进性移民。

自康熙中期起，对向陕西西部西安府、凤翔府的移民，已采取了非常明显的鼓励性措施，凡招徕流民，“每户给牛一头，并犁具银共五两，谷种银三两，雇觅人工银二两，布政司照数支给。该抚将所招民数册报，不论旗、民，照奉天招民例议叙”①。此时，“奉

① 《清朝文献通考》卷2，《田赋二》；光绪《大清会典事例》卷166，《户部·田赋·开垦一》。

天招民议叙例”（即“辽东招民条例”，初制定于顺治十年，康熙七年四川仿行，见前述）早已停止，独准陕西西部旧例重拾，已可体味政策的特别优惠及其背后的用意。到康熙末年，随着以策妄阿拉布坦为首的准噶尔部势力的再度崛起以及对西北的用兵，向甘肃的移民与屯田被提上议程。这是很值得注意的，特先作示例：

康熙五十三年（1714 年），议准了甘肃“安插失业穷民六款”；其一为“无依穷民，宜加意安插，无致失所”；其二为“荒弃地亩，招民开垦，将荒地查出，置立房屋，每户二间，无业之民，给予口粮、籽种、牛具，令其开垦”，凡新垦土地，“即给予本人永远为业，照例六年后起科”；其三为“甘肃水利，亟宜兴行，令地方官相度地势，有可以开渠引水者，募夫开浚，可以用水车者，雇匠制车，可以穿井造窖者，即行穿造”；其四为“牛羊牧畜，令民孳生”，凡甘肃不能开垦耕种的山场，一概牧畜牛羊，并令督抚查明无业穷民，“每户给羊种十只，每二户给牛种一只，俟六年之后，将孳生羊羔十只、牛犊一只交官变价”；其五为“督理官员，宜加遴选”，令督抚“选才具优长贤能之员，具题调补，俟历俸五年，有果能招徕开垦、兴行水利、孳畜牛羊、教导百姓者，令督抚保题，照五年俸满即升之例，即行升用”；其六为“倒塌城垣，亟宜修理，于明年春和之时修筑，令穷民佣工，得以养赡”①。这六条措施，可谓是照顾到了方方面面。其中，给予无业穷民以房屋、口粮、籽种、牛具，以及羊种、牛种，无疑具有吸引力；而对水利的讲求，在西北干燥之区，尤是打下日后生产的基础。此后的有关政策，也多注重于此。

康熙五十五年（1716 年），吏部尚书富宁安疏称：“军需莫要于粮米，臣复细访，自嘉峪关至达里图，可垦之地尚多，肃州之北、口外金塔寺地方，亦可耕种。请于八月间，臣亲往遍行踏勘，会同巡抚绰奇招民耕种外，再令甘肃、陕西文武大臣及地方官捐输耕种。无论官民，有原以己力耕种者，亦令前往耕种。俟收获之后，人民渐集，请设立卫所，于边疆大有裨益。”在踏勘查明的基

---

①《清圣祖实录》卷 260，康熙五十三年十月壬申。

础上，议准：“动正项钱粮，派官招民耕种。”①

康熙六十一年（1722年），因甘肃西部的瓜州、沙州、敦煌等处“田土广阔，宜于牧放马畜，兼有河水”（有党河、疏勒河），又是传统的屯田区，控扼地方，诸处遣用，“俱属有益”，议准“派往官兵造城屯田”②。

雍正元年（1723年），又议准：“布隆吉尔驻扎官兵，俸饷由内地转输，多费不便，前者赤金卫、柳沟所（赤金、柳沟二地均在嘉峪关外，今玉门市西北，其地有赤金河、疏勒河，疏勒河又名“苏赖河”、“布隆吉尔河”）等处，常募人种地，今于每营拨余丁二名，每丁官给牛二头、籽种四石，口粮三石，次年给半，三年但给籽种之半，嗣后毋给。其田即为耕者恒产。无论米麦青稞，计收三石，以为兵丁月饷。布隆吉尔增设一卫守备，沙州增设一千总，令专管种地事务。”③ 这是在募民垦种的基础上，重兴兵屯。

雍正二年（1724年），因“西宁、布隆吉尔地方遥远，愿往垦地者少”，所以“议将直隶、山西、河南、山东、陕西五省军流人犯，连家口发遣之人有能种地者，令其前往开垦。初到之时，地方官拨给地亩，动支正项钱粮采买籽种、牛只分给之。其应征粮草，照例于三年起料”④。这是带有强制性的、又兼有一定优惠条件的罪犯迁移（遣屯）之一例。

雍正六年（1728年）议准：“宁夏所属插汉托辉地募民垦种。宁夏东北插汉托辉地南北延袤百有余里，东西广四五十里、二三十里不等，东界黄河，西至西河，其地平衍，可垦为田，遣大臣会同督抚浚治河渠，召民垦种，官借建房、牛具、籽种之资。凡陕西各属无业民户原往者，计程途远近给予路费。每户按百亩，以为世业。”⑤ 同时谕令文武官员、缙绅“身先倡率”，“均当踊跃从事，

---

① 《清圣祖实录》卷269，康熙五十五年七月丁亥；卷270，康熙五十五年十月丁酉。

② 《清圣祖实录》卷297，康熙六十一年四月戊午。

③ 光绪《大清会典事例》卷179，《户部·屯田·西路屯田》。

④ 《清朝文献通考》卷3，《田赋三》，第4872页。

⑤ 《清朝文献通考》卷3，《田赋三》，第4876页。

争先垦种，不可观望因循，躭延善举”①。

随后，又于雍正七年（1729年）议准了安西州所属沙州垦民“牛骡倒毙、给银买补”条例；雍正八年（1730年）议准了沙州新垦地“宽限起科”条例；雍正十年（1732年）议准了安西州所属瓜州“筑堡造房，给予口粮牛种”，“就近招民屯种”条例，以及“边地屯田事宜”；雍正十二年（1734年）议准了凉州府镇番县所属柳林湖“招民开垦、兴办屯田”条例；乾隆元年（1736年）议准了瓜州回民“宽限偿还籽种、口粮、银两”条例（乾隆三年又议准免还），等等②。

综上，可以看出，向甘肃的移民，就其移民方式而言，是一般移民和遣屯、民屯、兵屯的结合；就其移民区域而言，尤其注重甘肃北部、西部、西北部诸沿边区域，这些地区除了军事意义外，也大多具有较好的水利和自然经济条件，特别是形成了沿河西走廊由东向西伸展的点线结合的移民屯垦格局；就其移民优惠措施而言，则包括了建立房屋住处，给予路费盘缠、口粮、籽种、牛具、牛羊骡、皮衣皮帽等物品以及相应银两，承认土地所有权，颁给关防印信，宽限起科，宽限偿还甚至免除所借粮、银等方面。

应该说，康熙后期以来向西北地区（主要是甘肃）的移民与兴屯，具有重要的意义，它不但在西北用兵之时，填实了边区，做到了屯、战结合，而且新垦地的粮食作物收获，解决了一部分军粮所需，减少了远道转输军粮的劳费③。同时，在移民政策、移民兴屯方式等方面，也为向新疆的移民提供了经验。

向新疆的移民与屯田，在康熙后期也已经开始，如康熙五十四

① 《清世宗实录》卷76，雍正六年十二月丁亥。

② 参见《清朝文献通考》卷3，《田赋三》；卷4，《田赋四》；卷10，《田赋十》。光绪《大清会典事例》卷179，《户部·屯田·西路屯田》及《实录》有关年份。

③ 关于甘肃的屯垦亩数及粮食作物收获情况，彭雨新先生已作过示例，参见《清代土地开垦史》，农业出版社1990年版，第202～204页。关于西北的用兵情况、军费及转输军粮费用，参见陈锋：《清代军费研究》，武汉大学出版社1992年版，第252～258页。

年（1715年）议准；“哈密地方，可以耕种，令将军席柱、尚书富宁安将西吉木、布隆吉尔等处勘明具奏。”康熙五十五年（1716年）议准：“勘明哈密所属布鲁尔、图古里克接壤之处，并巴里坤、都尔博勒金、喀喇乌苏及西吉木、达里图、布隆吉尔附近之上浦、下浦等处，俱可耕种，应各令人耕种，给予口粮、牛种。再，兵丁有原耕种者，亦令耕种，俟收成后，以米数奏请议叙。”康熙六十年（1721年）上谕：“吐鲁番现驻官兵，其可种之地甚多，总督鄂海、按察司永泰，著往吐鲁番地方种地效力。”① 康熙六十一年（1722年），议政大臣等遵旨会议：“见今吐鲁番驻兵种地，多积米粮，甚属紧要。蒙圣恩赏给吐鲁番种地人等牛羊，又令哈密回人等一并垦种，于军务愈有裨益。”② 雍正八年（1730年）上谕：“吐鲁番回目额敏和卓屯田种地，恭顺效力，甚属可嘉。……额敏和卓赏缎二十匹，其种地效力之回民，赏银二千两。”③ 乾隆元年（1736年）议准：“哈密回人，每年官给籽种五百石，收获时纳米四千石，每石赏银一两。现今大兵既撤，哈密止驻兵五千，从前运到米，尚存二十万石有零。自今年为始，免令回人纳粮。”④ 乾隆七年（1741年），又议准哈密所属蔡巴什湖地区“回民屯田章程九条”，将原兵屯地亩，“租于回民耕种”，并拨给牛骡马匹籽种⑤。

康、雍年间以迄乾隆初年，对新疆的移民与屯田，均有一定的优惠措施。但是，当时西北局势不靖，移民数量很少（包括甘肃人民的外迁和回民的内迁），主要是当地驻军的兵屯，屯田地区也限于邻近甘肃的巴里坤、哈密、吐鲁番地区，在一定程度上，只是同一时期甘肃移民与屯田的外延⑥。

---

① 以上诸条均见光绪《大清会典事例》卷179，《户部·屯田·西路屯田》。

② 《清圣祖实录》卷296，康熙六十一年二月己卯。

③ 《清世宗实录》卷99，雍正八年十月辛丑。

④ 光绪《大清会典事例》卷179，《户部·屯田·西路屯田》。

⑤ 《清高宗实录》卷165，乾隆七年四月戊申。

⑥ 光绪《大清会典事例》的有关记载也均列在“西路屯田”目下，而未在“新疆屯田”目下记述。

新疆的大规模移民与屯田，是在乾隆年间“平准战争”结束、统一新疆之后（乾隆二十年基本平定北疆，乾隆二十四年平定南疆）。

乾隆二十年（1755年），清军进军伊犁、统一北疆之后，天山北路的屯田随之展开。乾隆二十一年（1756年）奏准：

> 巴里坤至济尔玛台、济木萨、乌鲁木齐、罗克伦、玛纳斯、安济哈雅、精（晶）河等处，俱有地亩可资耕种。伊犁附近地方，约有万人耕种地亩，空格斯、珠勒都斯等处，可耕之地亦多。现在伊犁有回人三千余名，令巴里坤办事大臣及甘肃抚臣，派出绿旗兵一百名，委员酌带籽种、农具、耕牛，于明年正月内前来，分别按地酌给耕种。俟试看一年，再行办理。①

上揭资料提到的地名难免生疏，但对照清代的新疆地图，可以清晰地看出，这是沿天山北路，东起东疆门户巴里坤，沿传统的“西大路”，中经木垒、古城、济木萨、阜康、乌鲁木齐、昌吉、呼图壁、玛纳斯、乌苏、晶河，直至伊犁的由东向西伸展的屯垦规划格局。

天山南路（南疆）的屯田也渐次展开。乾隆二十三年（1758年）奏准：

> 辟展、鲁克察克、吐鲁番，除官兵及回人屯种外，因水乏无可开垦。吐鲁番西百余里，通哈喇沙尔（即“喀喇沙尔”）托克逊城，水颇充足。再，哈喇沙尔通库车、阿克苏大路，旧系额鲁特回人垦种，海都河水甚足，乌鲁木齐水亦足用。现于哈喇沙尔派兵二千四百名，乌鲁木齐原派兵五百名，增派五百名，托克逊与辟展、鲁克察克相近，量增兵五百名，辟展仍派

---

① 光绪《大清会典事例》卷178，《户部·屯田·新疆屯田》。参见《清高宗实录》卷520，乾隆二十一年九月己巳。

兵四百名，共需兵四千三百名……①

这里有关天山南路的屯田规划，也是由东向西伸展，东起哈密，由三间房、十三间房进入吐鲁番盆地，中经辟展、鲁克察克、吐克逊，进入喀喇沙尔地区，再向西经库车、阿克苏，直至乌什，正好与北路遥相对应。

由这种天山南北路的屯田规划格局，逐布形成了巴里坤、古城、乌鲁木齐、伊犁、哈密、吐鲁番、喀喇沙尔、乌什等几个大的屯垦区②。

关于新疆屯田的形式，彭雨新先生在其所著《清代土地开垦史》一书中，列举了兵屯（附“遣屯”）、回屯、户屯、旗屯四种，冯锡时在《清代新疆的屯田》一文中，列举了兵屯、遣屯、户屯、回屯、旗屯五种③，约略相同。这五种形式的屯田，似可进一步归结为三种，即：兵屯、民屯、遣屯。

就移民的角度而言，不同形式的屯田，与移民的关系也不尽相同。

兵屯在最初实行的是绿营、八旗士兵的轮番屯田，一般地说，这种屯田与移民没有多大的关系。但是，乾隆年间议准的“携眷屯田”制度，就与移民有关联了。经检索《清高宗实录》，最早谕令兵丁携眷屯田的时间是乾隆二十三年（1758 年）三月，上谕称，乌鲁木齐、鲁克察克屯田，令索伦兵丁前往，“来年再将伊等眷属移去，料伊等自必情愿，至拣选兵丁时，若户口多者，恐其亲属相离，毋庸派往，惟小户单丁为善”④。十月，上谕又称：“现在派往乌鲁木齐屯田兵丁，已至一万数千，所垦地亩，亦必广阔。目今军

① 光绪《大清会典事例》卷 178，《户部 · 屯田 · 新疆屯田》。参见《清高宗实录》卷 555，乾隆二十三年正月壬子。

② 参见彭雨新：《清代土地开垦史》，农业出版社 1990 年版，第 205 ~ 209 页。

③ 见马汝珩、马大正编：《清代边疆开发研究》，中国社会科学出版社 1990 年版。

④ 《清高宗实录》卷 558，乾隆二十三年三月己亥。

营事务俱有就绪，此项屯田，如有情愿携带家口者，即行准其带往。伊等既有家口，则分地垦种，各安其业，而生聚畜牧，渐与内地村庄无异。其不愿携带者，亦不必抑勒勉强，听其自便可耳。如何酌给盘费，俾兵丁不致拮据，著传谕该督黄廷桂酌量妥协。"①这里已经指出了携眷屯田可以安业生聚的优越性，并令酌量筹给迁移眷属的盘费。

乾隆二十六年（1761 年），议准屯田乌鲁木齐的绿营官兵"移家居住"，除加给屯田兵丁的"盐菜口粮"外，所有迁移眷属，"按其程途远近，给予车辆口粮"②。

乾隆二十七年（1762 年），谕令察哈尔、厄鲁特兵丁携眷前往伊犁屯田，并"编设佐领，给与孳息牲只，仍先给口粮，以资接济"③。

乾隆二十八年（1763 年），先是谕令凉州、庄浪等处官兵"携眷迁移"伊犁屯田，并称："官兵三四千名，合之家口，不下万人，所有营房粮饷，俱当豫为备办。"④ 接着，又议准在呼图壁地区的携眷屯田，筹盖房屋 6000 间，并备足所需农具、籽种、口粮⑤。同时，还议准了"索伦、察哈尔兵挈眷移驻伊犁事宜"，包括"每户派给羊二十五只，二三户合给牛一只"，"盐菜银一年内准支，开垦赏籽种，收获前准给口粮，大口日八合三勺，小口半之"等条款⑥。

乾隆三十二年（1767 年），因"伊犁地方辽阔"，又议准"陆续添派驻防满州、锡伯、索伦、察哈尔、厄鲁特携眷官兵，及屯田回民，将及二万户"⑦。

---

① 《清高宗实录》卷 572，乾隆二十三年十月甲子。

② 《清高宗实录》卷 642，乾隆二十六年八月壬申；《清朝文献通考》卷 11，《田赋十一》，第 4953 页。

③ 《清高宗实录》卷 670，乾隆二十七年九月己巳。

④ 《清高宗实录》卷 678，乾隆二十八年正月辛酉。

⑤ 《清高宗实录》卷 695，乾隆二十八年九月癸未。

⑥ 《清高宗实录》卷 683，乾隆二十八年三月丁丑。

⑦ 《清高宗实录》卷 791，乾隆三十二年闰七月戊申。

乾隆四十三年（1778 年），又再次重申了各屯区的“携眷屯田”制度：

> 伊犁屯田兵丁三千名，俱系陕甘两省各绿营兵丁内戍守，五年一次更换（按：有些屯区系三年一换），给予收使银两，每月复给盐菜银，甚属烦费。哈密、巴尔库勒、乌鲁木齐至玛纳斯各处屯田绿营兵丁，已俱改为携眷驻防，甚为妥便。今伊犁屯田绿营兵丁，亦应仿照哈密等处携眷兵丁之例办理，以期一劳永逸。……伊等既得携眷永居，不但有裨屯田实效，将来子弟繁多，添设土户，亦复有益边疆。而各项费用，可归节省。应即移咨陕甘总督，酌量分别移扎。再，库尔喀喇乌苏屯田绿营兵丁，现在亦系五年一次更换，俟伊犁驻防兵丁办竣后，再行酌照新定章程一并办理。①

至此，在新疆各大屯区，官兵携眷屯田已成为常例。

从上揭史料也可看出，为了携眷屯田的实行，曾陆续制定了官费搬眷，建造房屋，分地垦种，给予牲畜、口粮、农具、籽种等优惠措施。这些措施的实行，不但安定了边疆地区屯田官兵之心，而且有利于屯田官兵眷属的移往。从各地新移入的屯田官兵眷属，也成为乾隆年间新疆地区移民的主要来源之一。同时，“携眷常驻”制度，既在一定时间内稳定了兵屯制，又与后来兵屯向民屯转化有着内在的联系。也正是由于携眷屯田的实行，至乾隆末年停止“官为搬眷之例”时，“凡移来兵丁眷口，及携眷出口户民、佥妻发配之遣犯人等”，已是“习俗相安”，“互为婚姻，地广生繁”②。

遣屯，或称“犯屯”，也是传统的向边疆地区的移民措施之一。

乾隆帝认为，在内地“生齿渐繁，食货渐贵”，在新疆又“边陲式廓，地利方兴”之时，遣犯人前往新疆屯垦，是“以新辟之土疆，佐中原之耕凿，而又化凶顽之败类为务本之良民，所谓一举

---

① 光绪《大清会典事例》卷 178，《户部 · 屯田 · 新疆屯田》。

② 《清高宗实录》卷 1430，乾隆五十八年六月甲子。

而数善备”①。基于此，乾隆年间以来，曾不断地将犯人遣往新疆，其值得注意的措施有如下数端：

一是鼓励犯人家口一同前往。如乾隆三十一年（1766 年），针对原有定例“发遣应携眷属者，准给官车、口粮，不应携眷而自愿携眷者不给”，军机大臣等重新议准：“乌鲁木齐地属边陲极远，该犯有例不携眷而情愿携眷者，若非官为料理，势必无力携往，请照阿桂所奏，不分例应携眷与否，凡携眷者，一并给予口粮、车辆。”至于原先遣犯未携家口，而现在又情愿搬移家口前往者，“即行该省督抚，将伊等家眷，照送遣犯例，办给口粮，车辆”②。

二是分给遣犯地亩、口粮、籽种、农具等。如乾隆二十七年（1762 年），上谕军机大臣等：“旌额理奏称，‘发往乌鲁木齐屯田遣犯等，请先给屯地十二亩，与兵丁一体计亩纳粮。伊等亦有携眷者，酌给地五亩，自行开垦，其未收获以前，官为养赡家口’等语。著照所请行。”③ 乾隆三十一年（1766 年），陕甘总督吴达善上奏疏称，在巴里坤屯田的遣犯，“每名额地二十二亩”，“现在种植有效，宜广为添垦”，请将甘肃沙州的遣犯，“就近拨赴巴里坤，随兵耕作。所需籽种、口粮、农具、牲畜等项，悉照现在该屯遣犯之例，一体办给”。得旨“好”④。

三是将勤于耕种、有所贡献的遣犯与屯田兵丁一例奖赏。乾隆三十三年（1768 年），上谕称：“伊犁、乌鲁木齐等处种地兵丁，收获粮石已至应行议叙赏赉分数，经朕俱施恩将官员议叙、兵丁奖赏。其乌鲁木齐种地之民人及遣犯，虽非屯田官兵可比，该管官员并无分别，理应一体议叙。至种地之民人、遣犯等如果竭力耕种，所收粮石至分数者，亦应于多收粮石内量加奖赏。嗣后，新疆各处种地民人、遣犯所收米石，如及应赏分数，俱照此办理。”⑤ 随后，

---

① 《清高宗实录》卷 599，乾隆二十四年十月丁酉。

② 《清高宗实录》卷 759，乾隆三十一年四月庚申。

③ 《清高宗实录》卷 653，乾隆二十七年正月丙辰。

④ 《清高宗实录》卷 775，乾隆三十一年十二月乙丑。

⑤ 《清朝文献通考》卷 11，《田赋十一》，第 4956 页。

又议定了不同屯区、不同身份（兵丁、遣犯及管理官员）收获粮石的议叙、奖赏及惩处标准①。从其奖赏标准来看，遣犯反而比兵丁更易于受到奖励（参见下表）。

兵丁与遣犯奖赏标准比较

屯　区	兵丁奖赏标准	遣犯奖赏标准
伊犁、古城、乌什等处	每人每年收粮 18 石，赏给一月盐菜银两；至 28 石，加倍奖赏。	每人每年收粮 9 石，每日赏给白面半斤；至 12 石，加倍奖赏
乌鲁木齐、巴里坤、哈喇沙尔等处	每人每年收粮 15 石，赏给一月盐菜银两；至 25 石，加倍奖赏。	每人每年收粮 6 石 6 斗，每日赏给白面半斤；至 10 石，加倍奖赏。

四是准许遣犯在一定年限内转入民籍。如乾隆三十一年（1766 年），经军机大臣等议准："其能改过者，拟定年限，给予地亩，准入民籍。"② 次年又议准，编入民籍的遣户，"照内地户民之例，编立保甲"③。乾隆三十五年（1770 年），又补充规定，单身遣犯，若能"悔过迁善，尽心屯种"，亦可"照前定年限，与有眷者一体为民"④。仅乌鲁木齐一地，乾隆三十七年（1772 年），即"拨入民籍之遣犯一百三十二户"⑤。

凡此遣犯移民措施，多有其独到之处。尽管遣犯在服刑期内受到严厉的管束⑥，但是由于上述措施的贯彻，还是能够鼓励遣犯屯田的积极性，遣犯携眷和遣犯改入民籍，又使移民数量不断增多。

---

① 参见光绪《大清会典事例》卷 178，《户部·屯田·新疆屯田》。

② 《清高宗实录》卷 759，乾隆三十一年四月庚申。

③ 《清高宗实录》卷 791，乾隆三十二年闰七月辛酉。

④ 《清高宗实录》卷 851，乾隆三十五年正月甲辰。

⑤ 《清朝文献通考》卷 11，《田赋十一》，第 4956 页。

⑥ 如乾隆二十七年上谕："伊等俱系免死减等之犯，理宜严加管束。果能知罪守分，尽力耕作，尚可姑容；若生事脱逃，自当于本处正法。即寻常斗殴等事，亦不可照内地之例办理。"见《清高宗实录》卷 653，乾隆二十七年正月丙辰。

民屯，也就是迁移人民进行屯田，与上述兵屯、遣屯相比，它更是一种完全意义上的移民。

在乾隆初次平准之役结束之时，乾隆帝已经谕令："伊犁等处，可种之地既多，酌量遣派内地兵民前往屯粮，照安西地方之例办理。"① 此后，有关谕令和政策频颁，各处回民和内地人民也不断移往。

迁移回民屯田，大致在乾隆二十五年（1760年）走向正规，该年，参赞大臣舒赫德奏称："伊犁屯田，初次遣回人三百名，……来年自应多为遣往。……现因各城伯克来阿克苏之便，会议派出回人五百户，计阿克苏一百六十一户，乌什一百二十户，赛哩木十三户，拜城十三户，库车三十户，沙雅尔十三户，多伦一百九十户，于来年二月，办给籽种、器具，携眷前往。其行走口粮及收获以前食用，按期接济。"② 乾隆二十六年（1761年），上谕称："伊犁再增回人千余，生齿更觉繁盛，亦于伊犁生计有益。且裁减绿旗兵丁，既省内地之力，而回人田作，亦较胜旗兵。"③ 乾隆二十七年（1762年），参赞大臣阿桂奏称："叶尔羌等城回人，续请移居伊犁者二百十四户，现交阿奇木伯克茂萨等安插。年力精壮者，给籽种、牛具，令往屯田。"④ 乾隆二十八年（1763年），伊犁将军明瑞奏称："应派各城种地回人一千五百户，派出阿克苏二百七十户，乌什二百户，喀什噶兵三百户，叶尔羌、和阗四百户、赛哩木、拜城一百三十户，库车、沙雅尔一百五十户，哈喇沙尔、多伦五十户。"⑤ 乾隆二十九年（1764年），明瑞又奏："臣等将迁来伊犁回人三千二十户，交阿奇木公茂萨派往各处屯田，……嗣后即再添一二千户，亦可自容。"⑥ 同年，上谕称，所有迁移回民的

① 《清高宗实录》卷523，乾隆二十一年闰九月戊午。

② 《清高宗实录》卷615，乾隆二十五年六月丙申。

③ 《清高宗实录》卷634，乾隆二十六年四月戊寅。

④ 《清高宗实录》卷658，乾隆二十七年四月甲戌。

⑤ 《清高宗实录》卷699，乾隆二十八年十一月己巳。

⑥ 《清高宗实录》卷709，乾隆二十九年四月庚子。

衣服、路费，亦“概从官办”①。乾隆三十年（1765 年），明瑞又奏：“各域迁移屯田回人，共一千七百九十六户，俱陆续到齐。所需口粮，除五月以前照原奏给发外，尚需一月口粮，除五月以前照原奏给发外，尚需一月口粮，交吐鲁番公茂萨通融办理。其回人所带牲只，即为屯田之用，不足，再为拨补。”②

短短几年，迁移回民屯田已形成高潮。仅据上揭，迁移回民已达数千户③，对迁移的回民，除整装费、路费外，也同样分拨土地，给予口粮、籽种、农具、牲畜等。

至于内地人民迁移新疆，大致在乾隆二十六年（1761 年）开始实施。乾隆帝认为，如果“令腹地愿往无业流民量为迁移，则垦辟愈广”，于是，“传谕杨应琚，令其将如何招募前往，俾垦种日就展拓，兵民渐次蕃庶，及作何令其分起派往之处，详悉妥议具奏”④。陕甘总督杨应琚遂遵旨办理，据称：“肃州、安西二处，招募贫民二百户，定于本年十月料理前往。又高台县招民十六户，肃州招民四十四户，此外河西一带尚有数百户情愿挈眷前往。又山西临晋县民卢文忠一户情愿自备资斧前往，颇知急公，仰恳赏给监生顶戴，以示鼓励。”⑤ 乾隆二十七年（1762 年），又从张掖、山丹、东乐等县招民 200 余户，除“指给地亩开垦”外，并每户给马一匹，折价给银 8 两，“同前奏明赏给盖房银，折交米面一石，分年完纳”⑥。

乾隆二十九年（1764 年），据杨应琚奏称，“若照前办送之例，

---

① 《清高宗实录》卷 716，乾隆二十九年八月癸巳。

② 《清高宗实录》卷 729，乾隆三十年二月丁酉。

③ 另据《新疆识略》卷 6，《屯务》记载，自乾隆二十七年至三十二年，由各地陆续迁移至伊犁的回民为 6000 户。

④ 《清高宗实录》卷 642，乾隆二十六年八月辛未。

⑤ 《清朝文献通考》卷 11，《田赋十一》，第 4953 页。按：据后来杨应琚的奏报，该年实际从甘州、肃州、安西招民 400 余户、1500 余口前往乌鲁木齐垦种立业。见《清高宗实录》卷 716，乾隆二十九年八月辛巳。

⑥ 《清高宗实录》卷 653，乾隆二十七年正月丙辰；卷 655，同年二月庚寅。

给予车辆、口食，则河西一带附近新疆之安西、肃州、甘（州）、凉（州）等处，大概招募一二千户，可以不劳而集。……不特迁移户口，谋生有路，且可使河东无业贫民以次迁移佃种，诚为两便”①。同年，杨应琚还奏称，在筹划巴里坤北山一带募民耕种之时，先期修治渠道、筑建土堡，“户民陆续齐至巴里坤，因见有堡可居，有渠可灌，倍加欣喜。从此闻风接踵而至”②。兴修水利可能对移民具有较大的吸引力，正是由于巴里坤地区不断修治旧渠、开挖新渠，引黑沟之水灌垦，杨应琚在乾隆三十年（1765年）再次奏称：“认垦者闻风趋赴，自二十六年至今，共垦地三万八千余亩。”③

乾隆三十年（1765年），“肃州申报招民八百余户，高台县四百余户”，新招民户，分别“在呼图壁、宁边城、昌吉、罗克伦等处，查明余地，给予车辆口粮，送往安插”④。

乾隆三十一年（1766年），巴里坤总兵德昌上奏“筹办穆垒（即“木垒”）屯田事宜”（共五款），其一称：“穆垒迤西一带，水泽有大有小，兹就水泽易周处，自吉尔玛泰至特纳格尔，计可垦田八万余亩，安插民人二千六七百户。本议以本年屯田粮石，建盖房间，止备明岁招募二百户之用，未免规模狭小，请于戊子年（乾隆三十三年）起，每岁招移三百户。俟积贮有余，随时广为招徕。”其二称：“现在招徕户民，每户有兵盖土房二间，无庸给修房银。其每户给农具一副、马一匹，令巴里坤同知豫办。但该处马匹无多，请改办牛只。”⑤ 同时，陕甘总督吴达善也上奏“穆垒安户章程”，主要包括在移民中编立里甲，移民计户认垦（每户30亩），设立文官管理户民等内容。均经议准⑥。

上述可以看出，从内地（主要是邻近的甘肃）迁移无业贫民

① 《清高宗实录》卷716，乾隆二十九年八月辛巳。

② 《清高宗实录》卷723，乾隆二十九年十一月丁丑。

③ 《清高宗实录》卷748，乾隆三十年十一月乙亥。

④ 《清高宗实录》卷742，乾隆三十年八月戊申。

⑤ 《清高宗实录》卷770，乾隆三十一年十月戊申。

⑥ 《清高宗实录》卷775，乾隆三十一年十二月乙丑。

到新疆垦田耕地，也包括了诸多优惠措施，正像移民所呈称的那样："我等俱系内地无业贫民，蒙恩赏给口粮，移居乌鲁木齐，所有农器、籽种及种地马匹，俱系官办，准分年完项。"① 另外还有兴修水利、给予盘费、划拨土地、安置住房等。这些都与迁移兵丁眷属、迁移回民大致类同。不过，应该指出的是，有些粮石及经费的拨给，是在动用前此兵屯的积累，这也标示着在民屯渐次兴起之时，兵屯已取得相当成效。

优惠的移民政策，使移民接踵而至，荒田渐辟②，上述已有所揭示，另据徐伯夫的统计，至乾隆四十年（1775 年），乌鲁木齐、宜禾、昌吉、伊犁、阜康、奇台、玛纳斯等地，民屯土地已达 278257 亩，移民人数达 72023 人③。

也正是由于移民和屯垦，使新疆渐改景观。还在乾隆二十九年（1764 年），参赞大臣绰克托在描述乌鲁木齐的情景时已说：

> 民人等移居以来，伐木采煤，养育鸡豚，竟成村落，与内地无异。④

到乾隆三十七年（1772 年），据陕甘总督文绶的亲身所历，巴里坤至乌鲁木齐一线，更是一派繁庶景象：

> 于八月十五日出嘉峪关，由安西至哈密。九月二十六日，过南山口，由东达巴、松树塘、奎苏、石人子，而抵巴里坤。时当秋成之后，城州禾稼盈畴，天时、地利、人和、大有等渠，屯田甚广，颇为丰美；城关内外，烟户铺面，比栉而居，商贾毕集，晋民尤多。臣留心谘访，其商贾中之有资本者，已多认地开垦；其艺业佣工穷民，因乏生理资本，未经呈垦。而

---

① 《清高宗实录》卷 725，乾隆二十九年十二月癸卯。
② 按：有些是前此兵屯退出的屯田。
③ 徐伯夫：《清代前期新疆地区的民屯》，《中国史研究》1985 年第 2 期。
④ 《清高宗实录》卷 725，乾隆二十九年十二月癸卯。

该处地广粮贱，谋生甚易，故各处民人，相率而来，日益辏集。

……又西行，即木垒河、东西吉尔玛泰、奇台、东西格根、吉布库、更格尔等处。南面一带，山如屏障，自春入夏，积雪消融，近山各处，渠水充足，向设八屯。自乾隆三十二年以来，据民垦出良田三万四千余亩。又木垒一带、英格布喇及东中西泉等处，商民种地数千余亩。又奇台、东格根、吉布库，官兵屯田万有余亩，内地商贾、艺业民人，俱前往趁食，聚集不少。而该地屯田民人，生齿繁衍，扶老携幼，景象恬熙。此巴里坤所属地方民户蕃庶情形也。

又西行，即吉木萨地方，隶于乌鲁木齐，所属三台、紫泥泉子、特纳格尔，而抵乌鲁木齐，天气和暖，地土肥美，营屯地亩日以开辟。兵民众多，商贾辐辏，比之巴里坤城内，更为殷繁。

又西行，即昌吉、瑚（呼）图壁、玛纳斯等处，其地肥水绕，商贾众多，计与乌鲁木齐相似。

约计乌鲁木齐所属，连年在外招募户民，及内地送往户民，共垦有营屯田地三十余万亩，颇为殷足。年来往彼贸易之民，日益众多，是以乌鲁木齐、特纳格尔等处，商民请移眷来屯，业经乌鲁木齐大臣巴彦弼等奏明，于上冬搬移在案。……此外，在彼乐业垦田，及佣工艺业之人，连年生聚，日益众多。即在彼为民遣犯，亦无不各安耕凿，积蓄成家。此乌鲁木齐所属地方饶裕情形也。

臣往来新疆，时遇负担之民出外趁工佣食，询之，据称新疆地广粮贱，佣工一月，可得银一二两，积蓄稍多，自请移家。诚如圣谕，关外屯政日丰，所在皆成乐土，小民知利之所在，无不争先往赴，久而相安成习，邀朋携侣，熙攘往来，各自适其谋生之乐。圣主筹虑边氓生计，烛照无遗，洵有如臣途次往来所见者①。

---

① 文绶：《陈嘉峪关外情形疏》，见《皇朝经世文编》卷81，《兵政》。

之所以不厌其烦地引述文绶的上疏，是因为其确能说明问题。细心阅读，还可以进一步看出，由移民就垦带来繁庶之后，商人、雇工、手艺人等也纷纷奔赴新疆，这些“流动人口”一旦“积蓄稍多”，又“自请移家”，成为新的移民。这正是连锁式的移民开发效应。

当然，新疆作为处女地的开发，土地还可进一步开垦，水利还可进一步兴修，移民还可进一步招募，上述措施与成效也远未臻完善，一如文绶所说：“屯田虽已广辟，而余地犹未尽垦；泉流虽已疏浚，而沟洫犹未尽开。欲期地无弃壤，民无遗利，必须于内外各处并行招募。”基于此，文绶在上揭奏疏中又提出了数条措施：

第一，“新疆各屯，商贾、佣工、艺业民人甚多，应请就近招徕垦种”。这包括三个方面的内容：一是富有者可以出资雇工，尽力承垦，垦熟土地即为己业；二是贫穷者每户给地30亩，并给农具、籽种，接济口粮，酌借马、房银两；三是呈垦土地，六年后升科，每亩纳粮八升，先前借给口粮、房马价银等，分年扣还。

第二，“新疆可耕地亩，应指明地名，广为晓示，以便农民往垦”。这是因为，新疆地域广阔、地名复杂，何处有可垦之地，何处有待垦之地，何处可容纳多少民户等，一般民众不易知晓，应逐一查明，并令各地方官广行晓谕，“如此则民知趋向，呈垦亦为便易”。

第三，“嘉峪关本属内地，应请每日晨开酉闭，以便农民商贾前往关外，广辟田畴”。内地人民奔赴安西、新疆等地，嘉峪关是其必经重要关口，原先，“关吏循照旧例，仍行常闭，凡有经过者，俱查验年貌、询明姓名注册，方得开关放行，不免守候稽延之累。在关外立业垦田者，既愿招致亲朋，内地无田可种者，亦颇相携出门，乃皆阻于一关”。此后，每天大开关门，除“进关者仍行盘诘”外，“出关者听其前往，不得阻遏农民”。

第四，“乌鲁木齐大路数处，应请修治宽阔”。凡“石壁夹峙甚狭、行车颇艰”之处，一概出资加以拓宽整治，以使农民往来顺达。

从上数条措施，均经军机大臣等议准①。

此后，仍不断“设法劝导”内地人民移往新疆，“愿往新疆种地者”也为数不少，如乾隆四十一年（1776 年）有 642 户②，乾隆四十二年（1777 年）有 1540 户③，乾隆四十三年（1778 年），有张掖、武威、平番、镇番、肃州、靖远等州县“无业贫民”若干户④，乾隆四十四年（1779 年），有 1887 户⑤；等等。这一方面是进一步实施招民政策的结果，另一方面也与清廷削减兵屯、发展民屯的总体规划相吻合。从下表所列兵屯、民屯亩数的沿革变化也可反观移民趋势⑥：

乾嘉年间新疆兵屯、民屯比较

时　间	兵屯亩数	民屯亩数
乾隆四十二年（1777 年）	288108	297578
嘉庆二十一年（1816 年）	171270	750009

截至嘉庆以前，新疆的移民以及兵屯、民屯的重点，主要在北疆地区。道光年间平定张格尔叛乱之后，南疆地区又在原有屯田的基础上大规模地发展民屯并实行招民措施，在南疆由东至西的辟展、鲁克察克、吐鲁番、伊拉里克、喀喇沙尔、库车、阿克苏、乌什、巴尔楚克、喀什噶尔、叶尔羌、和田等地，“开地益多，招垦愈众，不惟屯粮可供兵糈，且于边防有裨”⑦。屯田得到相当程度的发展，军粮的远途转输得到缓解，清廷的财政压力有所减轻。至于南疆招民的一些优惠办法，基本上仍是原有政策的重拾。

---

① 《清高宗实录》卷 909，乾隆三十七年五月戊午。
② 《清高宗实录》卷 1019，乾隆四十一年十月壬戌。
③ 《清高宗实录》卷 1025，乾隆四十二年正月甲午。
④ 《清高宗实录》卷 1061，乾隆四十三年闰六月壬午。
⑤ 《清高宗实录》卷 1083，乾隆四十四年五月壬子。
⑥ 参见上揭冯锡时文。
⑦ 光绪《大清会典事例》卷 178，《户部·屯田·新疆屯田》。

二 向内蒙、东北的人口迁移

内蒙古和东北地区，在清代均是特殊的区域，清政府对这两个地区实行的人口流动政策也约略相同，大体经历了封禁、弛禁、开放的不同阶段。

《清史稿·食货一》称，“自顺治时，令各边口内旷地听兵治田，不得往垦口外牧地”。这是对口外蒙古地区实行封禁的初次笼统规定。其后，有关政策频颁，内容也更加具体，概括说来，有以下数端：

第一，限制或禁止内地民人流入蒙古地区。康熙五十五年（1716年）曾经规定，内地人民进入喀喇沁三旗地区，“每年由户部给予印票八百张，逐年换给”，不许额外多发①。乾隆三十七年（1772年）又规定：“口内居住旗民人等，不准出边在蒙古地方开垦地亩，违者照例治罪。”②

第二，蒙古地方不许容留内地民人。乾隆十四年（1749年）议准，“喀喇沁、土默特、敖汉、翁牛特等旗，除现存民人外，嗣后毋许再行容留民人多垦地亩，及将地亩典给民人”，如果“容留民人开垦地亩，及将地亩典与民人者，照隐匿逃人例罚俸一年。管旗章京、副章京罚三九；佐领、骁骑校皆革职，罚三九；领雇、什长等鞭一百。其容留居住开垦地亩、典地之人，亦鞭一百、罚三九”③。此后，嘉庆五年（1800年）、嘉庆十一年（1806年）、嘉庆十二年（1807年）、嘉庆十六年（1811年）又屡屡重申，“不准多开一亩，增居一民”，“如蒙古隐匿不报，民人私行耕种者，照私租私垦之例，严行治罪”④。

---

① 《清圣祖实录》卷269，康熙五十五年六月丁亥。参见光绪《大清会典事例》卷978，《理藩院·户丁·稽查种地民人》。

② 光绪《大清会典事例》卷979，《理藩院·耕牧·耕种地亩》。

③ 光绪《大清会典事例》卷979，《理藩院·耕牧·耕种地亩》。参见《清高宗实录》卷348，乾隆十四年九月丁未。

④ 光绪《大清会典事例》卷979，《理藩院·耕牧·耕种地亩》。

第三，禁止流入蒙古地区的内地民人娶蒙古妇女为妻。康熙二十二年（1683 年）规定："凡内地民人出口，于蒙古地方贸易耕种，不得娶蒙古妇女为妻。倘私相嫁娶，查出，将所嫁之妇离异，给还母家，私娶之民照地方例治罪，知情主婚及说合之蒙古人等，各罚牲畜一九。"① 这一规定主要是为了防止内地民人在蒙古落户。与此规定相适应，还同时申令，内地民人"不准带领妻子前往"，"俟秋收之后，约令入口，每年种地之时，再行出口耕种"②。即使出口，也不许长期在蒙地居住，只能候鸟式的春去秋回。

第四，设立保甲，严密稽查流入蒙古地区的内地民人。乾隆八年（1743 年）奏准："山西、陕西边外蒙古地方，种地民人甚多。设立牌头总甲，令其稽查。"③ 乾隆十三年（1748 年）议准："蒙古地方，民人寄居者日益繁多，贤愚难辨，应责成该处驻札司员及该同知、通判，各将所属民人逐一稽考数目，择其善良者立为乡长、总甲、牌头，专司稽查。遇有踪迹可疑之人，报官究治，递回原籍。"④ 乾隆二十二年（1757 年），再次议准："蒙古地方种地民人，设立牌头、总甲及十家长等，凡系窃匪逃人，责令查报；通同徇隐，一并治罪。"⑤

以上几类禁令，是清廷对内蒙实行"封禁政策"的主要内涵，但是，就禁令中所表现出来的"给予印票"、"毋许再行容留民人"、"不得娶蒙古妇女为妻"、"不准带领妻子前往"、"设立牌头总甲"等来看，已经透露出封而不禁或禁而不止的信息，所谓的"封禁政策"是有限度的。

向东北地区的移民，清初顺治年间曾一度采取鼓励的措施，这就是顺治十年（1653 年）颁布的著名的"辽东招民条例"。康熙

① 光绪《大清会典事例》卷 978，《理藩院·户丁·婚姻》。按：乾隆五十二年，曾一度废止此例。但，嘉庆六年，又再次重申禁令，已娶蒙古妇女者，若两家情愿，可以带回原籍。

② 乾隆《口北三厅志》卷 1，《地舆》。

③ 光绪《大清会典事例》卷 158，《户部·户口·流寓异地》。

④ 光绪《大清会典事例》卷 978，《理藩院·户丁·稽查种地民人》。

⑤ 光绪《在清会典事例》卷 158，《户部·户口·保甲》。

七年（1668 年），招民例停止，此后，陆续采取限制民人出关的措施，凡汉人或旗人出关，需事先领得照票，然后记档放行，守关者往往借此索勒钱文，一如刑部右侍郎韩光基所奏："山海关旗人出入，在守关章京处报名记档放行。惟民人领临榆县印票，赴守关章京处放行。每票一纸，只身者索钱三十文，有车辆者五六十文、百十文不等。其钱系城守都司、兵役与揽头、店主、保人分肥。且出关皆各省人，彼此不识，何从悉其根由，但得钱文，即为出保，该县据保给票。"① 可见，虽有起票记档的限制，又有索勒钱文的弊端，仍不能完全阻碍民人出关。

至乾隆五年（1740 年），王大臣等议准了兵部左侍郎舒赫德上奏的封禁东北条例，被认为是全面封禁东北的肇始，不妨概要引述如下：

> 一、山海关出入之人，必宜严禁。向例在奉天贸易及孤身佣工者，由山海关官员给予照票，始行放出，其携眷者概不放行，是以奉天集聚之人尚少。嗣因直省数州县歉收，附近居民有愿携眷移出者，由直隶总督处交地方官将所到之人验收，因此他省民人携眷移居者渐众，粮价日益增，风俗日益颓。……嗣后，凡携眷移居者，无论远近，仍照旧例不准放出。若实系贸易之人，交山海关官员将出口人数目姓名，并所居地名，现往奉天何处贸易，一一盘问清楚，给予照票，再行放出。……其在山海关附近三百里以内居住及出口耕田者，亦应一体给票，俟入口时缴销。……若山海关官员于出口之人并不给票，即行放出，而奉天官员将此无票散行之人隐匿容留者，照失察出口逃人律议处……
>
> 一、严禁商船携载多人。查奉天所属地方海口，因通浙江、福建、山东、天津等处海界，其商船原无禁约，该地方官给予船票，经过各海口，照例查验，钤加印记，始准开行。此内山东、天津之船，载人无数，每次回空，必携载多人。若不

① 《清高宗实录》卷 102，乾隆四年十月丙戌。

> 禁止，则人知旱路难行，必致经由水路。应请交直隶、山东各督抚，转饬州县，嗣后遇有前往奉天贸易商船，令其将正商、船户人数并所载货物数目，逐一写入照票，俟到海口，该地方官先将照票查明，再令卸载。若票载之外携带多人，即讯明申报府尹，解回本地。若地方官明知隐匿，照失察漕船隐匿逃人律议处……
>
> 一、奉天空闲田地，宜专令旗人垦种。……数年来生齿日繁，又因游民聚集甚多，将旷园熟土，大半占种。……请将奉天旗地、民地交各地方官清查，……若仍有余田，俱归旗人，百姓人等禁其开垦。
>
> 一、严禁凿山，以余地利……
>
> 一、重治偷挖人参，以清积弊……①

该条例的议定，当然是出于对东北满族的考虑，是为了保证旗人在东北的利益，在陆路和水路都加强了对流入东北民人的稽查。但贸易商人和单身民人尚可凭照出入。同时，又议准，先前流入东北的民人，情愿在东北入籍定居者，"准令取保入籍，其不情愿入籍者，定限十年，令其陆续回籍"。虽说是"全面封禁"，仍表现出一定的灵活性。乾隆十五年（1750 年），"定限十年"期满，又重新议准："流民归籍一案，今已满十年。其不愿入籍而未经饬令回籍者，令地方官确查实数，速行办理。……并令奉天沿海地方官，多拨官兵稽查，不许内地流民再行偷越出口。并行山东、江浙、闽广五省督抚，严禁商船，不得夹带闲人。再，山海关、喜峰口及九处边门，皆令守边旗员、沿边州县，严行禁阻。庶此后流民出口，可以杜绝。"② 此后，终乾隆一朝以至嘉、道时期，有关禁令仍屡屡重申。

但是，尽管有上述禁令，进入内蒙、东北地区的移民仍然源源不断，如康熙五十一年（1712 年）上谕："山东民人往来口外垦地

① 《清高宗实录》卷 115，乾隆五年四月甲午。

② 光绪《大清会典事例》卷 158，《户部·户口·流寓异地》。

者，多至十万余。”① 乾隆十二年（1747 年）军机大臣等议奏：“蒙古牧场，原不应听他处民人开垦，乃贫户络绎奔赴，垦地居住，至二三十万之多。”② 乾隆四十一年（1776 年）上谕：“山东无业贫民，出口往八沟、喇嘛庙等处佣耕度日者，难以数计。”③ 嘉庆十五年（1810 年）上谕：“内地民人生齿日繁，出口谋生者益复增加。”④

之所以如此，除了众所周知的关内人口压力增大，必然导致人口流徙的一般性原因外，其主要因素有四：

一是内蒙、东北地区在尚未开发的情况下，土地肥沃，地广人稀，先期流入开垦荒地的内地民人又提供着“成家业”、“谋厚利”的示范效应。一如乾隆帝、嘉庆帝上谕所指：“盖由此等流寓民人，在彼耕作得利，藉以成家业者甚多，远近传闻，趋之若鹜，皆不惮数千里挈眷而往。”⑤ “出关民人，或系只身，或携带眷属，纷纷前往佣工贸易。缘关外地方佣趁工价比内地较多，若遇偏灾年份，山东、直隶无业贫民，均赴该处种地为生，渐次搭盖草房居住，是以愈聚愈众。”⑥

二是有关官员执行政策不彻底，稽查不力。乾隆十一年（1746 年），军机大臣等曾为此专门议奏：“遵旨查办奉天流寓民人一案，前奉恩旨，令情愿入籍之民取保入籍，不愿者，定限十年陆续回籍。迄今五年有余，该府尹霍备莅任数载，其各州县流寓民人，并未取保入籍，亦未令其回籍，漫无稽查。而定议后，出关人数续添四万七千余口，聚集益众，……实属怠玩。”⑦ 乾隆十五年（1750 年），上谕云：“今据将军阿兰泰等折奏，流民内，竟有置有产业，不欲回籍，而又不愿编入奉籍者，该将军等请以附籍之名，曲徇其

---

① 《清圣祖实录》卷 250，康熙五十一年五月壬寅。
② 《清高宗实录》卷 304，乾隆十二年十二月己未。
③ 《清高宗实录》卷 1009，乾隆四十一年五月甲午。
④ 《清仁宗实录》卷 226，嘉庆十五年二月己酉。
⑤ 《清高宗实录》卷 1009，乾隆四十一年五月甲午。
⑥ 《清仁宗实录》卷 111，嘉庆八年四月丙子。
⑦ 《清高宗实录》卷 257，乾隆十一年正月戊子。

意，办理甚为不合。”① 乾隆四十年（1775 年），又针对有关官员的怠玩，制定了《失察流民处分例》，将失察流民的官员，分别予以罚俸、降级的处罚②。但依旧是“日久奉行不力，遂至有名无实”③，“查办流民一节，竟成具文”④。

三是在自然灾害期间，特准灾民出关。如乾隆八年(1743 年)上谕:“本年天津、河间等处较旱，闻得两府所属失业流民，闻知口外雨水调匀，均各前往就食，出喜峰口、古北口、山海关者颇多，各关口官弁等若仍照向例拦阻，不准出口，伊等既在原籍失业离家，边口又不准放出，恐贫苦小民愈致狼狈。著行文密谕边口官弁等，如有贫民出口者，门上不必拦阻，即时放出。”⑤次年，山东、河南、天津等处灾民出关，也依旧照准，并形成以后灾民特准出关的惯例。

四是政策的不确定性。如果说允许灾民出关，尚可被看成是灾荒之时的变通措施，在总体上还不一定与封禁政策相悖。那么，在其他情况下颁布的一些谕旨，则表现出了统治者的矛盾心态。如康熙五十五年（1716 年）上谕：“今太平已久，生齿甚繁，而田土未增，……或有言开垦者，不知内地实无闲处。今在口外种地度日者甚多，朕意养民之道，亦在相地区处而已。”⑥ 从这里看不出封禁的痕迹，相反还有鼓励移民之意。即使在封禁转严或“全面封禁”之后，仍有类似的谕旨。乾隆七年（1742 年）大学士等议准：“户部尚书陈应华奏称，近闻民人踵至山海关者，皆讪然而返，或该关地方官有意留难，不行给票，或管关官员故为指勒。请行令直隶总督饬地方官遵例，查系近关三百里内居民，出关种地者，即给印票。并行令该关副都统，转饬管口官验明印票，立即放出。从之。”⑦ 这是在封禁严厉的情况下，有条件出关的事例。乾隆二十

① 《清高宗实录》卷 371，乾隆十五年八月甲午。
② 《清高宗实录》卷 996，乾隆四十年十一月丙戌。
③ 《清仁宗实录》卷 86，嘉庆六年八月甲寅。
④ 《清仁宗实录》卷 236，嘉庆十五年十一月壬子。
⑤ 《清高宗实录》卷 195，乾隆八年六月丁丑。
⑥ 《清圣实录》卷 268，康熙五十五年闰三月壬午。
⑦ 《清高宗实录》卷 165，乾隆七年四月辛亥。

五年（1760 年），乾隆帝针对周人骥限制移民的奏折，谕称：“国家承平日久，生齿繁庶，小民自量本籍生计难以自资，不得不就他处营生糊口，此乃情理之常，岂有自舍其乡里田庐而乐为远徙者？地方官本无庸强为限制。……即如现在古北口外，内地民人前往耕种者，不下数十万户，此孰非去其故土者。然口外种地者，依食渐多饶裕，固难执一而论也。……若如周人骥所奏，有司设法禁止，不但有拂人性，且恐转滋事端。否则徒为增设科条，而日久又成故事。封疆大吏当通达大体，顺民情所便安，随宜体察。”① 这是令地方大臣“相机处事”的典型谕旨。事实上，与封禁政策相矛盾，是政策不确定性的又一标示。另外，康熙、雍正、乾隆、嘉庆各朝在口外移民集中之地设置地方官予以管理②，并被后继帝王赞为“圣虑周详，抚民怀远”③，也意味着承认移民的合法性。

凡此，可以说明，在封禁期间，有大量的内地移民出关，不但在政策执行上存在着有令不行、令行不止的偏差，而且，政策本身也充满着矛盾。因此，清廷对内蒙、东北地区的封禁十分有限，所谓的“全面封禁”，实属勉强，或许可以称之为“半封禁”，这也就是笔者已经指出的：“东北和内蒙地区，迄至清代中后期，基本上处于半封禁状态。”④

在内地移民不断出关，封禁政策又难以完全执行的情况下，虽然封禁令没有解除，但是自嘉庆年间以来，事实上已经“弛禁”。这从有关上谕中可以知晓。如嘉庆八年（1803 年），面对“内地民人前往山海关守候出关者，尚复不少”的情况，嘉庆帝一面谕令以后“断不得携眷出口，致干例禁”，一面又令守关官员“查点欲

---

① 《清高宗实录》卷 604，乾隆二十五年正月庚申。

② 如嘉庆十五年上谕称：“口外沿边地方，自康熙年间，已有内地民人在彼耕种居住，百余年来，流寓渐多，生齿日众。雍正元年以后，节次添设官员。现在吉林、盛京、直隶、山西口外毗连一带，共设有一府一州五县十二厅……”见《清仁宗实录》卷 228，嘉庆十五年四月庚子。

③ 《清世宗实录》卷 53，雍正五年二月庚辰。

④ 参见陈锋：《清代的土地开垦与社会经济》，《中国经济史研究》1991 年第 1 期。

行出口之户，现有若干，逐一放行”①。嘉庆十一年（1806年），内地民人出口至内蒙垦荒者，“动辄以千万计”，嘉庆帝也只是谕令“边门章京留心稽查，遇农民相率出口者，查系何州县人户，详细造册”，以便对原籍官员加以议处，并未对流民出口禁阻②。嘉庆十九年（1814年），嘉庆帝又进而指出，各省流民出关，“势难一概禁止”，边关禁阻，“其绕道偷越者，仍所不免，既于民生有碍，亦于关政无益”③。弛禁的意旨更加明显。

至咸丰年间，已由弛禁走向局部开放，光绪末年，更实行大规模的“放垦”。这一时期的移民引人注目，已有不少论著涉及了移民过程及其对内蒙、东北的开发，这里不加赘述。

“开放”与“弛禁”是两个不同的概念，开放意味着原有禁令的废止，意味着在政策上允许内地人民移往关外。从政策的转变动因来看，一方面是原有弛禁的必然继续，另一方面则是时局变化、财政困窘使然。在咸丰十年（1860年），割地辱国的中俄《北京条约》签订之后，咸丰帝即谕称：“吉林、黑龙江与俄国接壤，现虽换约，仍应严密防范，未可稍涉大意。”令吉林、黑龙江两处将军勤加练兵，多方筹划，“应需经费，俱先行设法捐办”，并将筹画之策上奏④。这一上谕与地方大员的上奏及移民招垦政策的变化，应该说有着直接的联系。当稍后吉林将军景淳等在《开荒济用折》中要求招民开垦荒地30余万晌，以筹经费时，咸丰帝即称：“吉林荒地，既可援案招垦，别无违碍，于经费不无裨益，著即按照所奏办理。仍照旧章先取押租，俟五年后升课（科）。惟事属经始，务必办理妥协。”其“押租钱”20余万吊的一部分及以后升科后的钱文，“抵充该省官兵俸饷”⑤。同年，黑龙江将军特普钦亦“以地方困苦，官兵俸饷不继”，奏请“仿照吉林章程”，“招民试垦闲

① 《清仁宗实录》卷115，嘉庆八年六月辛卯。
② 《清仁宗实录》卷164，嘉庆十一年七月己未。
③ 《清仁宗实录》卷290，嘉庆十九年五月癸巳。
④ 《清文宗实录》卷338，咸丰十年十二月癸酉。
⑤ 《清文宗实录》卷339，咸丰十年二十月壬午。

荒，藉裕度支，兼防窥伺。得如所请。是为江省放荒之始”①。特普钦为此所上的奏折很能说明政策转变之缘由，引述如下：

> 黑龙江省地处极边，官兵困苦，皆指俸饷过度，即城乡一切生计，亦皆赖俸饷周转，而历来俸饷均仰赖内省拨解。近年以来，经费支绌，虽迭奉恩旨饬部催办，而拨解寥寥，续领未至，积欠已增，每每不敷支放。……臣等反复熟商，通盘筹计，地方既属拮据，私垦之民一时又难驱逐，与其拘泥照前封禁，致有用之地抛弃如遗，而仍不免于偷种，莫若据实陈明，招民试种，得一分租赋，即可裕一分度支。且旷地既有居民，预防俄人窥伺，并可借资抵御，亦免临时周章②。

所谓“迭奉恩旨饬部催办，而拨解寥寥，续领未至，积欠已增”，标示着晚清财政的困窘以及地方大员专顾本省的情势日甚一日；所谓“得一分租赋，即可裕一分度支”，“旷地既有居民，预防俄人窥伺”，也明白无误地表明“筹饷”与“实边”，是清末东北大放垦格局形成的政策导向。也正是在这一政策导向之下，有关鼓励移民垦荒的种种措施接连出台③。基本上与东北同一步调的内蒙古地区的清末大放垦，也同样是在大致相同的情势下，清政府“筹饷”与“实边”政策导向的结果④。

原载《人文论丛》2005 年卷

---

① 民国《呼兰府志》卷 3，《财赋》。

② 民国《黑龙江志稿》卷 8，《经政》。

③ 请参见彭雨新：《清代土地开垦史》，农业出版社 1990 年版，第 260～267 页。许淑明：《清末黑龙江移民与农业开发》，《清代东北地区土地开垦述略》，分载《清史研究》1991 年第 2 期，《清代边疆开发研究》，中国社会科学出版社 1990 年版。另，有关招垦章程见李文治编：《中国近代农业史资料》第 1 辑，三联书店 1957 年版，第 800～808 页。

④ 参见黄时鉴：《论清末清政府对内蒙的移民实边政策》，《内蒙古大学学报》1964 年第 2 期；上揭彭雨新：《清代土地开垦史》第 269～278 页。

十一、

清代长江上游的移民
——四川与西南的移民政策与移民考察

人口问题，既是一个社会问题，又是一个经济问题。在传统社会中，招徕、增加人口被看作是恢复社会经济、增加财政收入的重要手段，甚至是衡量社会经济水准的一个标尺。人口迁移的动因、性质、类型及其结果，也与社会经济多有关联。本文重点讨论清代长江上游的移民政策与移民问题。

一 向四川的移民政策

如所周知，经过明末清初的战乱、疫疠，四川地荒丁亡的情况十分突出，据《四川通志》称，明末兵燹之余，死亡逃徙，“丁户稀若晨星”①。如温江县，“自献逆屠剿，人类几灭，劫灰之余，仅存者范氏、陈氏、蒋氏、鄢氏、胡氏数姓而已。顺治十六年清查户口，尚仅三十二户，男三十一丁，女二十三口，榛榛莽莽，如天地

---

① 雍正《四川通志》卷5，《户口》。

初辟”①。如金堂县，“自献贼乱蜀，本境遭祸尤惨。兵燹之余，居民靡有孑遗”②。如安县，“当明末乱后，尽成荒土，鲜有居民”③。如苍溪县，“自献贼乱后，土著几空”④。顺治八年（1651 年），湖广道御史郝浴奉命巡按四川⑤，当时清政府在四川所能控制的地区为保宁、顺庆、潼川、龙州三府一州，据郝浴“由豫入秦，由秦入蜀”的亲身经历，感到“痛此一方，民刈于穷凶，噬于猛兽”，其中，“保、顺两府，遍于贼邻，一二孑遗，鸟惊鱼溃”，“保、顺、潼、龙所得县分，凡二十九处，焚屠之后，一望丘墟，各属开荒册籍汇算，所垦熟田止二百三十五顷，不及别省中县十分之一”，而册籍所载人口，“三府一州二十九州县，共得九千三百五十余口，数不及别省半县”。此情此景，连他自己也感叹是“有名无实之官”⑥。至康熙三年（1664 年），新任四川巡抚张德地在“由顺庆、重庆以达泸州，溯游而上”，沿江观风问俗的过程中，仍感到“舟行竟日，寂无人声，仅存空山远麓、深林密箐而已”，依然感叹四川的“寥寥孑遗，俨同空谷”，实在是“有川之名，无川之实”⑦。

面对四川的特别凋敝，为了促进四川的经济恢复，清廷所实行的移民就垦政策也就有异于他省⑧。

顺治年间，除一般性的招徕流民政策也适用四川外，顺治十年（1653 年）还特别题准：“四川荒地，官给牛种，听兵民开垦，酌

① 民国《温江县志》卷 3，《民政·户口》。

② 民国《金堂县续志》卷 3，《食货·户口》。

③ 民国《安县志》卷 26，《食货·户口》。

④ 民国《苍溪县志》卷 9，《食货·户口》，参见鲁子健编：《清代四川财政史料》上册，四川社会科学院出版社 1984 年版，第 8～16 页。

⑤《清史列传》卷 7，《郝浴传》。

⑥《碑传集》卷 64，《郝浴行状》。

⑦ 康熙《四川总志》卷 10，《贡赋》。

⑧ 按：孙晓芬：《清代前期的移民填四川》，四川大学出版社 1997 年版；曹树基：《中国移民史》第 6 卷，福建人民出版社 1997 年版；彭朝贵、王炎主编：《清代四川农村社会经济史》，天地出版社 2001 年版，对移民政策也有涉及，可以参看。

量补还价值。”① 试图用给以耕牛籽种的优待招民就垦。虽然当时局势未靖，但也多少取得一些效果，顺治十七年（1660 年），吏部在议复四川巡按张所志的上疏时即称：“四川遂宁县向因地荒民稀，归并蓬溪，今百姓既渐来归，且系行盐之地，应如按臣所请，复设县令。”② 从“百姓既渐来归”、“复设县令”之语，略可体察流民的归复。

康熙以降，移民政策走向多样化、实质化，以时间为序，其政策演变历程如下所述。

康熙三年（1664 年），四川巡抚张德地在上疏中指出，“（川民）流移之众，秦中最多，楚、滇、黔亦有，或阻于关隘之盘诘，或苦于途费之艰难，欲归不得者当不下数万人。此辈身处异乡，徒作飘零”，若归之蜀中，则成为经营阡陌的版籍户口，因而提出了招徕川省流民回川，“以川民而实川户”的建议③。在这份上疏中，张德地还请求清廷颁布敕谕，令“各省督抚于各属郡邑逐一挨查，凡有蜀民在彼，尽将姓名、家口造册咨送”，流民如有能力自行回川，即“给予引照，促令起程”，如果“贫乏缺费，注明册内，俟臣捐借口粮，另发舟车，差官搬取”，表现出招民归川的急切之心。同年，张德地在另一份上疏中又指出：“伏念四民之中，翘楚一方者莫若士绅，而士绅举动，实系民情，资足以披榛剪棘，望足以萃旧联新。”士绅作为一方的“翘楚”，如果回归，不但有能力、有资财开发荒地，而且还可以起到示范作用，带动新旧流民，这也就是张德地所期望的“士绅归而流移小民亦将向风而至，崖边凋瘵，何难于数年而起色之也”。

康熙六年（1667 年），张德地再次上疏重申招徕士绅。他认为，自上任以来，“先经入告及咨移各省，以及捐费、差员，频频

① 《清朝文献通考》卷 1，《田赋一》，第 4858 页。

② 《清世祖实录》卷 142，顺治十七年十一月辛巳。

③ 康熙《四川总志》卷 10，《贡赋》。按：早在顺治十二年，川北道薛良朋就提出过“查发川省流民以归川”的建议，户部议复认为：“蜀民流寓各处，皆缘地方未靖，若故里宁谧，自欣然乐归。其查发事宜，应俟地方平靖之日再议。”

搬取，而归鸿仍然寥寥”的原因，主要是由于：“巨室大族，皆地方所倚重者，川省自变乱之后，贵显豪富之家，皆避乱于他者，盖亦时势使然。今平宁日久，而犹弃祖宗之坟墓不归培植，舍父母之乡井不归复业者，无非恋彼处之繁华，厌本土之凄凉也。此等势力之家，官长与彼结交，保约不敢仰视，行止自由，孰敢强其归里？计其一家之中，弟男子侄、童僮人等，多者五七十人以至百人，少者亦不下二三十人，尚有亲朋之依附寄居者又不可胜纪也。若得彼一家归里，则其附会之众咸亦随之，可抵贫民数十家。况贫民归里，必须安插住址，措给牛种；绅官回籍，则资斧自饶，乡邻俱得通融称贷。”因之，要求“请旨发遣回籍，敢有抗拒不归者，即以违旨悖祖论；地方官仍敢隐匿容留者，亦以违旨例处分。如是，则外省不敢姑留，将见旋里者恐后，而从之者亦如归市矣”①。这里已经带有强制移民的成分，但是效果并不明显，不得不改弦更张。

康熙七年（1668 年），张德地又提出招徕外省人民入川及其对招徕之官进行议叙奖励的具体办法，其疏云：

> 查川省现在孑遗，祖籍多系湖广人氏，及访问乡老，俱言川中自昔每遭劫难，亦必致有土无人，无奈，迁移外省人民填实地方，所以见存之民，祖籍湖广麻城者更多，然无可稽考，亦不敢仿此妄请。惟亟宜审时度势、吁请变通者也。若拘泥部例（即先前招徕本省士绅），不但目下招徕无术可致，即将来生聚终无可望。臣鳃鳃过虑，于无可招集之中，勉求一招集之法，为我皇上陈之：臣愚以为无论各省州县人民，虽册籍有名而家无恒产、出外佣工度日之人，至于册籍无名而又无家业、流落于彼游手游食之人，准令彼地方查出，汇造册籍，呈报本省督抚，移咨到臣，臣即措处盘费，差官接来安插。此等游手游食之人，既无恒产，自无恒心，在他省无地可耕，久则势必放辟邪侈之事无所不为。一至蜀土，无产而有产，自为良民；在于蜀省，无人而有人，渐填实而增赋税，一举两得，无逾于

① 康熙《四川总志》卷 10，《贡赋》。

此。……臣更有请者，无论本省、外省文武各官，有能招民三十家入川安插成都各州县者，量与记录一次；有能招六十家者，量与记录二次；或者百家者，不论俸满，即准升转①。

从这长篇上疏中可以看出，在前朝即已存在着“湖广填四川”的先例，此时若招徕外省人民填实四川，不但可以使游民变为良民，使社会安定，而且又可使川省得以垦辟增赋，一举两得。对招徕人民的文武官员给予适当的议叙，无疑也是对官员的鼓励。当时，四川总督刘兆麒也有类似的疏请。户部议复称：“查招民授职之例，已经停止，但蜀省寇氛之后，民少地荒，与他省不同，其见任文武各官招抚流民，准量其多寡，加级、记录有差。”② 这一有别于他省的招民政策得到了认可。

康熙十年（1671 年），湖广、四川总督蔡毓荣又进一步提出了现任官员、候补官员、士绅招民奖叙办法，以及放宽新垦土地升科年限的建议。他说：

蜀省有可耕之田，而无耕田之民，招民开垦，洵属急务。……臣谓非广其招徕之途，减其开垦之数，宽其起科年限，必不能有济。请敕部准开招民之例，如候选州同、州判、县丞等，及举、贡、监生、生员人等，有力招民者，授以署职之衔，使之招民，不限年数，不拘蜀民流落在外及各省愿垦荒地之人，统以三百户为率，俟三百户民尽皆开垦，取有地方甘结，方准给俸，实授本县知县。其本省现任文武各官，有能如数招民开垦者，准不论俸满即升。又蜀省随征投诚各官，俟立有军功、咨部补用者，能如数招民开垦，照立功之例，即准咨

① 《明清史料》丙编，第 10 册，康熙七年九月二日“户部题本”。

② 《清圣祖实录》卷 27，康熙七年十一月戊午。按：据光绪《大清会典事例》卷 158，《户部·户口·安集流民》所载，其具体标准是：“现任文武大小各官，有能捐资迁移四川流民归籍，每百家以上者，记录一次；四百家以上者，加一级；五百家以上者，加二级；六百家以上者，加三级；七百家以上者，不论俸满即升。”

部补用。其开垦地亩，准令五年起科。如此，则人易为力，而从事者多，残疆庶可望生聚矣①。

这种“广其招徕之途”的招民政策，显然比以前更加进了一步，而且值得注意的是，这里明确地将招民与垦荒结合了起来，待招徕人户“尽皆开垦”，并取得“地方甘结”后，才将议叙奖励政策兑现，无疑更有利于地方经济的恢复。至于新垦地亩“准令五年起科”，与当时各省通行“三年起科”相比，也显得特别优惠。这些政策，均令“吏、户、兵三部会同议行”。有关官员也确实因招民有方而得到议叙②。同时，该年还议准：“各省贫民携带妻子入蜀开垦者，准其入籍。”③ 这是在法律上对流民落籍四川的认可。

上述招民政策，因三藩之乱期间的战乱格局而遭到阻碍。在三藩之乱即将结束之时的康熙十九年（1680 年），户部题称：“四川久为贼据（指吴三桂叛军），苛虐横征，小民相率流亡。请敕督抚急行招徕抚绥，以副皇上爱民至意。”得旨：“总督杨茂勋等速赴任，督理军饷，并招徕流民，俾安生业，毋误农时。”④ 三藩之乱对于稍现恢复之机的四川是一个大的打击，在几年的时间，中断了四川移民、恢复的进程。三藩之乱结束之际及三藩之乱结束以后的一段时间内，其招民政策基本上是原有政策的重拾。

至康熙二十九年（1690 年），招民政策又有了进一步的内容。该年议准了两个条例，一是“蜀省流寓之民，有开垦田土、纳粮当差者，应准其子弟在川一体考试，着为例”⑤；一是“川省荒地甚多，流寓之人，情愿在川居住垦荒者，将地亩永给为业”⑥。前

① 《清圣祖实录》卷 36，康熙十年六月乙未。按：是时，湖广、四川设一总督，至康熙十三年二月，分设四川总督，蔡毓荣始专督湖广。参见《清史列传》卷 7，《蔡毓荣传》。

② 康熙《四川总表》卷 10，《贡赋》。

③ 光绪《大清会典事例》卷 158，《户部·户口·流寓异地》。

④ 《清圣祖实录》卷 88，康熙十九年二月辛酉。

⑤ 《清圣祖实录》卷 149，康熙二十九年十一月甲午。

⑥ 光绪《大清会典事例》卷 166，《户部·田赋·开垦一》。

者是将入川定居的“客户”一体视为本地土著“主户”的政治性措施，移民子弟“在川一体考试”，走科举仕途，表明他们不会受到任何歧视；后者则在法律上认定移民新垦土地的所有权，以免日后的产权聚讼。均是为了免除移民的后顾之忧。

康熙五十一年（1712 年），因“湖广民往四川垦地者甚多”，其赴四川之时，“将原籍房产地亩悉行变卖”，待新垦地“满五年起征之时”，又复回湖广，“将原卖房产地亩争告者”也甚多，因而谕令：“嗣后湖广民人有往四川种地者，该抚将往种地民人年貌、姓名、籍贯，查明造册，称送四川巡抚，令其查明；其自四川复回湖广者，四川巡抚亦照此造册，移造湖广巡抚。两相照应查验，则民人不得任意往返，而事亦得清厘，争讼可以止息。”① 这一方面在于防止无谓的争讼，另一方面，则在于稳定移民队伍，不至于移民时去时返，影响到赋税的起征。

康熙五十二年（1713 年），上谕称：“今四川之荒田开垦甚多，果按田起课，则四川省一年内可得钱粮三十余万，朕意国用已足，不事加征。”② 这里已体现出清廷对四川新垦土地簿征田赋、给移民以实惠的基本精神。事实上，四川的田赋与他省相比是很轻的，彭雨新先生认为，这种“轻赋”，是“招民政策和轻税政策的结合”，并且“带来了此后多年的小康之治”③。

雍正五年（1727 年），又议准了三个较为重要的条例：第一，因为湖广、福建、江西、广东、广西等省人民，流入四川者甚多，有的“竟无执照可验”，而“穷民挈眷迁移，若勒令回籍，必致流离失所；任其接踵而来，又恐奸良混杂”。因此议准：“凡入川穷民，务令各该地方官给以印照，到日验明安插。……其应准入籍者，即编入保甲，加意抚绥，毋使失所。”④ 实施这一政策的本身

---

① 《清圣祖实录》卷 250，康熙五十一年五月壬寅。

② 《清圣祖实录》卷 256，康熙五十二年十月丙子。

③ 彭雨新：《四川清初招徕人口和轻赋政策》，见《中国社会经济史研究》1984 年第 2 期。

④ 《清世宗实录》卷 58，雍正五年六月戊子。

即意味着移民入川的民众日趋增多，验照、入籍的移民程序走向规范化。第二，也是由于入川穷民的增多，川陕总督岳钟琪要求“给穷民牛具籽种，令其开垦荒地”，雍正帝令拨银10万两，“解川应用，倘有不敷，该督抚再为奏请”，同时要求四川地方官清查新入川的流民，以免“良奸莫辨”①。这既表明新形势下接纳移民仍给以实惠，又表明统治者在移民增多的情势下对清理户籍，以及地方安宁的重视。第三，为了解决土、客之间，以及移民之间围绕着土地所有权的“争讼”，户部奏准：“于各部司官内拣选四人，命往川省，又于候补、候选州县内拣选十六人，令其带往，会同松茂、建昌、川东、永宁四道，将丈量事宜，秉公妥酌，分委带往人员逐处清厘。所到地方，令州县官拨户书、弓手，跟随勘丈，事竣计算来川民户，按亩拨给。新垦田分别水旱，照例升科，备造清册，报部稽核。如有奸民胁众阻挠公事，照聚众至四五十人之例治罪；地方官不善抚绥，以致聚众著，指名题参，从重议处。”② 由于当初流民入川垦荒，“止计块段插占管业”，可以任意占有土地，确实使其“从无产到有产”，但乱占土地也种下了异日争讼的根苗。从户部议准的具体丈量规定，也得以看出问题的严重性以及清廷对这一问题的重视。

雍正六年（1728年），经四川巡抚宪德疏请，户部议准了移民的给田标准及牛具籽种的归还办法。即：“入川人民众多，酌量安插。以一夫一妇为一户，给水田三十亩，或旱地五十亩；如有兄弟子侄之成丁者，每丁增给水田十五亩，或旱地二十五亩；若一户之内老小丁多、不敷养赡者，临时酌增。俱给以印票，令其管业。至应给牛种口粮，请照滇省之例，每户给银十二两，仍令五户环保。……所领牛种价银，统于原籍地方官追赔，免其在川扣还。”③

---

① 《清世宗实录》卷61，雍正五年九月己卯。

② 光绪《大清会典事例》卷165，《户部·田赋·丈量》。按：这里所述雍正五年的三项措施，是据有关资料综合言之。雍正六年正月，四川巡抚宪德“条奏安插入川人户事宜”，共列出六条，基本上是对这三个问题的重申。请参见《清世宗实录》卷65，雍正六年正月乙亥。

③ 《清世宗实录》卷67，雍正六年三月丁丑。

这一政策，是对新到移民而言，先前的移民是“止计块段插占管业”，并无具体标准。一户给于水田 30 亩或旱地 50 亩以及变通给田，一方面标示着给田标准的优厚，另一方面也说明此时的四川已不是漫漫荒野，可以任意插标占地，只能“酌量安插”。每户给牛种价银 12 两，是对前拨银 10 万两的具体分配，“免其在川扣还”，也是一种优待；至于所谓的“统于原籍地方官追赔”，则是对流民移出地区官员的惩戒，因为在雍正五年（1727 年）下拨牛具籽种银、招抚流民时，雍正帝已经有言在先：“各省大小官员，于地方歉收，即当题请设法抚恤，况各省皆有耗羡备用银两，即当以此为赈恤贫民之用，何得坐视百姓之窘迫，不加赈恤，而令其逃亡他省乎？……地方官吏，坐视百姓之远徙异乡，而不知轸念，断不可不加惩戒！”① 从这里还可体会到，在四川已有一定的恢复后，清廷对招民入川已经不是那么急迫，已在“杜流移之患于将来”。

雍正七年（1729 年），四川的招民政策发生了变化。该年，经四川巡抚宪德疏请，户部议准：“各省入川民户，向经一面造册呈报，一面咨查原籍在案。但愚民风闻给资招垦，往往轻于转徙。况川省田地多经业主承丈自首，将来余荒多寡，尚未可知，不可不定以长策。请嗣后各省续到流民，自雍正七年为始，停其造册咨查。行令各省，将实在无业穷民愿往川省开垦者，给予印照，与先经查验覆到之各户一体安插；如无照之人，除在川各有生业准其编入保甲外，所有游手之民，著即查明，令回原籍。”② 这说明，在四川移民日多、荒地日少的情况下，对移民的入川，已经有了相当程度的限制，被接纳者只是那些有“印照”、有“生业”之人，无印照、无生业的“游民”已不再受欢迎。这一转变了的政策，在一段时间内被延续下来。当新任四川巡抚硕色在乾隆三年（1738 年）试图重扯招民就垦的大旗邀功时，就受到乾隆帝的斥责：“川省向多奸匪，汝到任一日，即为汝之责矣。嗣后务须弭盗安民，以靖地

① 《清世宗实录》卷 61，雍正五年九月己卯。

② 《清世宗实录》卷 79，雍正七年三月壬子。

方，至招垦一事，须妥协办理，则实为有益之事也。”①

乾隆四年（1739 年），又覆准：“贫民入川垦地者，……该督抚将姓名、籍贯开造，移询各原籍，限文到三月内，备造清册，回复川省，核实稽察。其素非良善者逐回，如实系安分贫民，无力佃种者，酌拨地亩，……其散住各府州县佃种者，责令佃主出结；贸易者，市邻出结；依附亲故者，亲故出结；寄宿寺庙者，留宿地出结。仍与土著同编入保甲，互相觉察。如有生事可疑之人，许原出结人呈报，并许乡保、邻佑人等首报，仍令该地方官不时稽察。如有失察者，参处。”② 对流民入川定居，必须核实稽查，或驱或留，均有一定之规；“出结”担保，编入保甲的户籍制度也越来越严密。

乾隆八年（1743 年），开始限制外省人民来川。该年，四川巡抚纪山奏称：“湖广等省外来之人，皆因误听从前川省地广人稀之说，群思赴川报恳，不知川省已无荒土可辟，嗣后除有亲族可依、来川帮工为活者，令各省地方官给与印照，使彼此均有稽查。其无本籍印照者，各该管关隘沿途阻回，毋使积聚多人滋事。”得旨：“所见甚是，妥协为之。”③ 在前，“无照”流民还只是被查明，令其返回原籍；此时已是“无本籍印照者，各该管关隘沿途阻回”，不许进入四川，这标示着移民政策的进一步变化。

乾隆十年（1745 年），军机大臣等又进一步议覆：“凡赴川之人，本省给照，无照阻回。后仍有捏造姓名，指称依傍，两月之内，来川者多至三千余名。请嗣后搬眷入川之人，由川省查覆，实有亲属产业，方许本地给照。”④ 这是对前引条例的补充规定。

不过，面对日趋转严的移民政策，以及地方大吏的屡请严禁流民入川，乾隆十五年（1750 年）后又有所宽缓，对不法之徒与一般流民，分别对待。该年，上谕军机大臣等：“搬移入川民人，其

① 《清高宗实录》卷 63，乾隆三年二月壬子。

② 光绪《大清会典事例》卷 158，《户部·户口·流寓异地》。

③ 《清高宗实录》卷 203，乾隆八年十月己卯。

④ 《清高宗实录》卷 251，乾隆十年十月戊午。

不法奸徒及往为啯噜子之类，固应尽法究治，并饬一切卡隘加意稽查。至于贫民远图之计，亦不可持之太峻，盖伊本籍如有产业，必不肯轻去其乡，何用阻截。若因亲族可依，就食他处，必尽行逐回，转绝其谋生之路。即如山东流民，往来各处种地者甚多，亦难概行禁止。惟在地方大吏善于督率稽查，不至滋生事端，方为妥协。”① 可谓是宽严相济。

乾隆三十二年（1767年）的上谕，也表达了基本相同的意旨：

> 据阿尔泰覆奏禁止各省民人赴川一折，内称：“川省荒地，业经认垦无余。嗣后各省民人藉词赴川垦地者，不必给票，并转饬沿途关津，查无照票者，即行阻回”等语。所奏尚于事理未协。……此等无业贫民，转徙往来，不过以川省地广粮多，为自求口食之计。使该省果无余田可耕，难以自赡，势将不禁而自止。若该处粮价平减，力作有资，则生计所趋，又岂能概行阻绝！且邻近该地之湖广、江西等省，均属朝廷子民，抚绥本无异视。即如口外各处，向来直隶、山东等属贫民前往垦荒糊口者，亦难尽行驱逐，又何论蜀中腹地耶！倘此等民人，入川或有滋事为匪，致为乡里之害，即按律严惩，以儆其余，亦督抚等分所应办，又何事鳃鳃过虑。立定章程，转使胥吏等乘间苛求，徒滋纷扰，否则有名无实耶。阿尔泰奏定关隘查盘、给票验放，及咨移各省晓示人民之处，不必行。将此传谕该督及各该督抚知之②。

乾隆帝的这一上谕应该说是明智的，他把移民政策的重心放在川省无余田可耕、“将不禁自止”上，也符合移民的规律。随着川省荒地的垦辟以及社会经济的全面恢复，事实上，此后不久，大规模向四川移民的运动也宣告停止。当然，在嘉庆初年白莲教起义之

① 《清高宗实录》卷367，乾隆十五年六月戊子。另参见同书卷604，乾隆二十五年正月庚申的上谕。

② 《清高宗实录》卷784，乾隆三十二年五月壬申。

后，又有外省流民的移入，如乐至县："嘉庆初，妖匪扰境，户口稍替，复有自秦、自楚汉族入籍孳息。"① 但其规模、范围远非清代前期可比，政策导向也不明显。

综观上述，概而言之：就移民的对象而言，有"以川民实川户"（一般民户与绅衿户）和招徕外省流民两个层面。就移民政策的内容而言，则包括了官给牛种、捐借口粮盘费、差官搬取、招民议叙、招民授官、放宽新垦地起科纳赋年限、流民入籍、移民子弟在川科举考试、承认移民的占地产权、优厚给田、减轻赋税、平息争讼、验照入籍、辨别良莠、编查保甲等诸多内容。就移民政策的时段划分而言，又可划分为五个阶段：一是顺治中期到康熙初年（三藩之乱前），这一阶段移民初步展开，以急于招民、招民议叙为标示；二是三藩之乱期间（康熙十二——二十年），这一阶段因叛军占据湖广、四川等地而使移民无从谈起；三是三藩之乱结束之际到雍正六年（1728 年），这一阶段移民进入高潮，以诸多优惠的政策内容吸引流民为标示②；四是雍正七年（1729 年）到乾隆十四年（1749 年），这一阶段移民仍不断涌入，但清廷出于社会安定的考虑，以及移民在川人数的增多和川地社会经济的恢复，移民政策转严，以停止优惠招民的条例及限制流民入川为标示；五是乾隆十五年（1750 年）到乾隆三十二年（1767 年）以后，政策又走向宽缓，有点自流放任的意味，仍有移民的迁入，但大规模的移民运动渐次结束。

事实上，向四川的移民进程也正是伴随着有关政策和时段而展开，政策效应得到了较为充分的体现。

在顺治中期到康熙初年的初始招民阶段，已是"渐次招徕，人迹所至，烟户递增"③。某些地区还取得比较突出的成效，如苍

---

① 光绪《乐至县乡土志·户口》，转见鲁子健编：《清代四川财政史料》上册，四川省社会科学院出版社 1984 年版，第 17 页。

② 当然，在个别年份、个别情况下，也有对徙川之民的限制，除参看上揭康熙五十一年谕外，另参见《康熙朝汉文朱批奏折汇编》第 5 册，档案出版社 1985 年版，第 337 ~338 页。

③ 民国《温江县志》卷3，《民政·户口》。

溪县，“自献贼乱后，土著几空”，而“清初招徕流亡”，土著归复者达“十之四五”①。眉州，“遭明末献贼之乱，城被屠戮，仅有遗黎”，清初“异省迁居，频频招集”，至康熙二年（1663年），已有2094户②。泸州，“献贼乱后，人口耗散。顺治十五年始设州牧，土著居民渐次复业，外来客户渐就招徕”③。云阳，“清初始移民吴楚，渐辟蒿莱”④。

三藩之乱结束以后，随着社会的安定和新的优惠政策的出台，流民不断入川垦荒定居，移民渐次进入高潮。据四川提督岳升龙在康熙三十六年（1697年）奏称，是时，除了川北仍“见其人少地荒”外，“川西、成都所属与川南、邛、雅一带，田野渐辟，人户颇繁”，川东各处，亦是“旱涝无虑，丰瘠相均”，“全蜀郡县，俱庆秋成”⑤。据湖广提督俞益谟在康熙四十七年（1708年）奏称，仅“湖南衡、永、宝三府百姓，数年来携男挈女，日不下数百名口，纷纷尽赴四川垦荒”⑥。沿长江水路入川的湖广流民，则是“日以千计”⑦。康熙五十一年（1712年）上谕也称：“湖广民往四川垦地者甚多。”⑧康熙五十二年（1713年）上谕又称：“湖广、陕西，人多地少，故百姓皆往四川开垦。”⑨又据该年候补知县朱尔介的奏报，“楚南徙川百姓，自康熙三十六年以迄今日，即就零陵一县而论，已不下十余万众”⑩，而“楚省宝庆、武冈、沔阳等处人民，或以罪逃，或以欠粮惧比，托名开荒携家入蜀者，不下数

---

① 民国《苍溪县志》卷9，《食货·户口》。

② 民国《眉山县志》卷3，《食货·户口》。

③ 民国《泸县志》卷3，《食货·户口》。

④ 民国《云阳县志》卷9，《财赋》。按：嘉庆《四川通志》卷115，《职官·政绩》中也多有类似的记载。

⑤ 《康熙朝汉文朱批奏折汇编》第1册，档案出版社1984年版，第23页。

⑥ 《康熙朝汉文朱批奏折汇编》第1册，第923页。

⑦ 道光《夔州府志》卷34，《政绩》。

⑧ 《清圣祖实录》卷250，康熙五十一年五月壬寅。

⑨ 《清圣祖实录》卷256，康熙五十二年十月丙子。

⑩ 《康熙朝汉文朱批奏折汇编》第5册，第336页。

十万”①。再据康熙五十九年（1720年）四川总督年羹尧的奏报，陕西流民，“自去冬至今，有挈其妻子，随带驴骡，数十成群，来川就食”②。雍正九年（1727年），据四川巡抚马会伯奏报，“湖广、福建、江西、广东民人来川者较前更多，且有游手好闲、不安本分之人，甚难稽查”③。同年，川陕总督岳钟琪也奏报：“湖广、江西、广东、广西等省之民，逃荒入川，不下数万户。”④ 雍正六年（1728年），四川巡抚宪德奏称：“入川人户众多，奸良不一。”⑤ 同年，上谕又指出：“上年闻湖广、广东、江西等省之民，因本地歉收米贵，相率而迁移四川者，不下数万人。”⑥

雍正七年（1729年）以后，虽然停止了有目的地带有优惠措施的招民，同时也有了许多移民限制条例，但移民潮依然波涌不止。如乾隆六年（1741年）两广总督马尔泰奏：“广东惠、潮、嘉二府一州，所属无业贫民，携眷入川。”⑦ 乾隆八年（1743年），四川巡抚纪山奏：“湖广等省外来之人，……群思赴川报垦。”⑧ 乾隆九年（1744年），御史柴潮生奏：“近年以来，四方流民多入川觅食，始则力田就佃，无异土居，后则累百盈千，浸成游手。”⑨ 乾隆十三年（1748年），云贵总督张允随奏：“查贵州旧案，自乾隆八年至今，广东、湖南二省人民，由黔赴川就食者，共二十四万三千余口；其自陕西、湖北往者，更不知凡几。国家定蜀百余年，户口之增，不下数十百万。”⑩ 乾隆二十五年（1760年），仍然是

① 黄廷桂：《楚民寓蜀疏》，见雍正《四川通志》卷47，《艺文》。

② 《康熙朝汉文朱批奏折汇编》第8册，档案出版社1985年版，第671页。

③ 《雍正朱批谕旨》，雍正五年四月十八日马会伯奏折。

④ 《清世宗实录》卷61，雍正五年九月己卯。

⑤ 《清世宗实录》卷65，雍正六年正月乙亥。

⑥ 《清世宗实录》卷66，雍正六年二月甲辰。

⑦ 《清高宗实录》卷138，乾隆六年三月戊寅。

⑧ 《清高宗实录》卷203，乾隆八年十月己卯。

⑨ 军机处录副奏折，见《康雍乾时期城乡人民反抗斗争资料》下册，中华书局1979年版，第634页。

⑩ 《清高宗实录》卷311，乾隆十三年三月癸丑。

"各省流寓民人入川者甚多"①。

这些零散的史料只能大致反映出某一个阶段的移民趋势，据此统计各个阶段的移民数字则相当困难。据郭松义的估计，四川"顺康时期的外省移民，当在五十万到百万之间"，而"雍乾两朝入川的客民，不但不会少于顺康两代，而且还要超过很多"②。据王笛的估计，从清初至嘉庆年间，四川人户中的移民及其后裔，至少占当时川省人口 2070.9 万中的 85%③。凡此，都可以作为参考。不管怎么说，延续百年的各省向四川的移民运动，使川省人口大为增加，是无疑的；川省人口中绝大多数为外来移民，也是无疑的。从下述川省的人口（移民）构成中还可再从中体会。

湖北、湖南地近四川，在地理区位上，具有向四川移民的优势，上引资料也反复揭示了"湖广"向四川的移民④。在地理区位的优势下，湖广向四川的移民，大要是在时间上占先、在人数上占多，即所谓："蜀中自明季兵灾后，土著几无孑遗。迨国朝定鼎，悉由外省占籍。楚蜀接壤，转徙最便，故楚省较它省尤多。"⑤ 即所谓："明之黄、麻籍最早，而武昌、通城之籍次之。康熙之永、零籍最盛，而衡州、宝庆、沅州、常德、长沙之籍次之。……谚曰：'湖广填四川'，犹信。"⑥ 这也正是"湖广填四川"之俗语的注解。其他各省如陕西、江西、广东、福建也有较大数量的移民，另外还有山东、山西、河南、浙江、广西等省人数不等的移民。

---

① 《清高宗实录》卷 604，乾隆二十五年正月庚申。

② 郭松义：《清初四川外来移民和经济发展》，见《中国经济史研究》1988 年第 4 期。

③ 王笛：《清代四川人口耕地及粮食问题》，见《四川大学学报》1989 年第 3、4 期。

④ 另外，如四川方志所载：新宁，"邑多楚人"（同治《新宁县志》卷 3，《风俗》）；灌县，"楚籍最多"（民国《灌县志》卷 16，《礼俗》）；什邡，"占籍惟楚省人最多"（民国《重修什邡县志》卷 7，《礼俗》）；仪陇，"邑中湖南、湖北最多"（同治《仪陇县志》卷 3，《食货》）；叙永，"土著者少，寄籍者多，而以鄂省为最"（民国《叙永县志》卷 4，《礼俗》）。

⑤ 民国《达县志》卷 10，《礼俗》。

⑥ 光绪《广安州新志》卷 2，《户口》。

四川各个不同的地区所吸纳的外省移民在比例上各不相同，但从总体上看，湖广籍所占比例最大，据简阳县的统计，外省籍移民多至11个省，以全县222个家族而论，外省籍为213个，湖广人即达133个，占外省籍移民比例的62.4%①。据金堂县的统计，土著“为数寥寥”，外省移民“似不下十余省，然以楚籍为占多数”，其中湖广籍约占37%，广东籍约占28%，福建籍约占15%，其余各省籍约占20%②。据广安州的统计，湖广籍占59.9%，江西籍占13.3%，浙江、福建籍占6.7%，山东、山西、河南籍占6.7%，广东籍占6.7%，本省外县籍也占6.7%③。另据郭松义对合州、简州、井研、南溪等州县部分迁入户的统计，湖广籍占57.3%，广东籍占14%，福建籍占3.2%，江西籍占2.6%，陕西籍占0.9%，贵州籍占3.6%，本省籍占3%，其他占3.4%，不详占1.1%④。

在清廷移民政策的导引下，大量移民进入四川，必然对四川的社会经济等各个方面带来重大影响。郭松义先生认为，影响主要有三：一是加速了荒田垦复，使四川的经济得到了较快的发展。除了荒田的垦复外，移民在生产技术上也传送了不少有益的经验，还带来了一些新的农作物品种。农业之外，移民在其他生产部门特别是对井盐业也多有贡献。农村经济的恢复发展，又促进了城市的繁荣、市场的活跃。二是在清初的移民垦荒中，四川出现了一大批自耕农民。这与川省存在着许多待垦荒地，以及农民起义彻底扫荡了该地的王侯亲贵和世家大族有重要关系，同时也与清廷的给田、薄赋政策相关联。大量自耕农的出现，又使四川的社会经济得以较快

① 民国《简阳县志》卷17至卷18，《氏族表》。

② 民国《金堂县续志》卷3，《食货·户口》。

③ 光绪《广安州新志》卷2，《户口》。按：这里作了换算，原文为：“大率黄、麻籍四之，永、零籍五之，豫章籍二之，浙、闽籍一，齐鲁、晋汴籍一，粤籍一，蜀人迁籍一”。另外，也有“秦、陇、滇、黔之人”，但“占户籍者绝少”。

④ 郭松义：《清初四川外来移民和经济发展》，见《中国经济史研究》1988年第4期。

地复苏和发展。三是在自耕农发展的基础上分化出一批中小地主。他们的土地积累，虽然不排除有巧取豪夺的做法，但更多的是艰苦创业、通过经济手段取得的，这种情况，与其他地区有别①。

上述之外，笔者认为还有几个问题值得注意：

第一，由于不同省份、不同地区的大量移民，使四川出现了多元文化并存、多元文化相互渗透的现象。这在语言、宗教、衣食住行等方面都有反映。如安县，“各省客民占籍，声音多从其本俗，同一意义至俗语，各处发音不同”②。大竹县，“平时家人聚谈或同籍互话，曰‘打乡谈’，粤人操粤音，楚人操楚语”；“举凡婚丧时祭诸事，率祖原籍通行者而自为风气”③。乐至县，“豫章、楚、闽、粤、黔杂处，或多行其故，俗不能尽同”④。铜梁县，“四方人居处杂厝，风气不古，好机心而务诈顽，与土人绝异”⑤。富顺县，“蜀民多侨籍，久犹怀其故土，往往醵为公产建立庙会，各祀其乡之神望”⑥。广安州，“凡楚人居其大半，著籍既久，立家庙，修会馆，冠昏丧祭，衣服、饮食、语言、日用，皆循原籍之旧，虽十数世不迁也”⑦。这都是保留原有文化的例子。在一个移民社会中，随着时间的推移，比之于文化的渗透和融合，维系原有文化往往更为困难。入籍四川的移民大多是以聚族而居、形成家族集团，乡民依托、形成同乡村落，建立会馆、形成更大范围的省区集合为手段来维系各自的文化特征⑧。

第二，由于移民的垦田力作，使四川的垦熟田亩和赋税额不断增加，不但有利于川省的经济恢复，也有裨于清朝财政。四川在顺

① 参见上揭郭松义文。
② 民国《安县志》卷56，《礼俗》。
③ 民国《大竹县志》卷3，《风俗》。
④ 道光《乐至县志》卷3，《风俗》。
⑤ 光绪《铜梁县志》卷1，《风俗》。
⑥ 民国《富顺县志》卷4，《坛庙》。
⑦ 光绪《广安州新志》卷2，《户口》。
⑧ 蓝勇对清代四川的移民会馆与分布曾有统计，可以参考。见《清代四川土著和移民分布的地理特征》，载《中国历史地理论丛》1995年第2辑。

治十八年（1661 年），仅有熟田 11883 顷 50 亩，征税银 27094 两。至雍正二年（1724 年），由额为 214456 顷 16 亩，税银为 225535 两，但是“隐田漏赋”严重，经过雍正年间的清丈，至雍正七年（1729 年），田额已达 459027 顷 83 亩，税银已达 656426 两。虽然税银比明代万历额 1616600 两要低许多，但熟田额却大大高出明代万历额 134827 顷 67 亩①。田额比明代的增多，标志着四川经济的恢复和发展；税银比明代的减少，正是四川实行轻赋政策的结果。而且也正是由于清代前期四川的轻赋，既给农业经济的发展提供了保障，又使四川田赋按年征足。

第三，随着四川外来移民的增多，土民与客民之间、客民与客民之间的矛盾也日益突出。还在康熙五十二年（1713 年），上谕就曾指出：“湖广、陕西，人多地少，故百姓皆往四川开垦。闻陕西入川之人，各自耕种，安分营生；湖广入川之人，每每与四川人争讼，所以四川人深怨湖广之人。”② 湖广入川之人最多，形成一定的势力，难免跋扈，遭到川民或其他移民的怨恨，当在情理之中。据黄廷桂《楚民寓蜀疏》称，“有占人已熟田地者，掘人祖宗坟墓者，纠伙为盗肆虐行劫者，结党凶殴，倚强健讼；又有私立会馆，凡一家之事，率楚中群凶横行无忌，此告彼诬，挟制官府者。凡此，臣皆得之传闻，未敢入告”③。土、客之间的矛盾虽然涉及许多方面，但为地权的争讼则是其焦点。雍正五年（1727 年）户部在所上奏折中即已指出：“四川昔日荒芜田地，渐皆垦辟，从来并未丈勘，止计块段插占管业。又土著与流民各居其半，田土不知顷亩，边界均属混淆，此争彼占，争讼繁兴。”④ 雍正六年（1728 年）的上谕也说，当地“民俗好为争竞，当其未垦之时，则置之不问，及至既垦之后，则群起相争”⑤。四川巡抚宪德更是一语中

① 雍正《四川通志》卷 5，《田赋》。参见《清朝文献通考》卷 1、卷 3，《田赋一》、《田赋三》。

② 《清圣祖实录》卷 256，康熙五十二年十月丙子。

③ 雍正：《四川通志》卷 47，《艺文》。

④ 光绪《大清会典事例》卷 165，《户部 · 田赋 · 丈量》。

⑤ 《清世宗实录》卷 66，雍正六年二月甲辰。

的："川省词讼，为田土者十居七八，大率为界址不清。"①

第四，清代向四川的移民，在不同的阶段，还有其他不同的结果。当清初"流民遍野"之时，流民至川，可以从"无产而有产"，可以使游手游食之人，变为"良民"，减少社会的不安定因素；同时又可使川省"无人而有人，渐填实而增赋税"②。康雍乾之际，不少省区的人口压力加重，向四川的移民，又缓冲了人口迁出地的社会矛盾，有利于不同省区社会经济的平衡发展。不过，雍乾以降，由于向四川的大量移民，四川的社会问题也变得突出起来，"盗贼滋炽"，"奸匪"增多③。上揭雍正年间以来对流入四川人户的限制，从某种程度上说正是基于这一考虑。即如引人注目的秘密社会组织"嘓噜子"，就是流民集合的结果，这在乾隆八年（1743 年）四川巡抚纪山的奏折中已指出过："川省数年来，有湖广、江西、陕西、广东等省外来无业之人，学习拳棒，并能符水架刑，勾引本省不肖奸棍，三五成群，身佩凶刀，肆行乡镇，号曰嘓噜子。"④ 川陕总督庆复在乾隆十年（1745 年）也说："四川嘓噜子多系福建、广东、湖广、陕西等省流棍入川。"⑤ 而"嘓噜子"与后来的各种"会匪"、"邪教"，又多有渊源关系，成为有清一代四川的一个重要的社会问题。

二 西南的移民问题

这里所说的"西南"，是指云南、贵州、广西三省。据美籍华人李中清教授的研究，西南地区是传统的移民区，在历史上，除了

---

① 《清史列传》卷 15，《宪德传》。

② 《明清史料》丙编，第 10 册，康熙七年九月二日"户部题本"。

③ 《清高宗实录》卷 63，乾隆三年二月壬子。

④ 《清高宗实录》卷 203，乾隆八年十月己卯。

⑤ 《清高宗实录》卷 251，乾隆十年十月戊午。邱仰文：《论蜀嘓噜状》、《再论嘓噜状》可以参看。见《皇朝经世文编》卷 75，《兵政》。另外还可以参考彭朝贵、王炎主编《清代四川农村社会经济史》的有关论述，天地出版社 2001 年版。

影响较为短暂的汉晋、唐宋时期的移民外，元代以降共有两个阶段的大规模移民：第一阶段发生在元、明之间，主要是一种强制性的移民；第二阶段在清代，主要是一种自发性移民，但移民的规模和数量都超过了前代。正是这种移民使中国南部边疆汉化①。

清代向西南的移民大多是“自发性”移民，意味着这种移民不是移民政策的产物，因此，我们也就很难系统地勾勒出移民政策的变化轨迹。当然，这并不等于说向西南的移民不受有关政策的影响。

顺治后期，随着西南地区的平定，清廷一方面重申“凡各处逃亡人民，不论原籍、别籍，必广加招徕”，“务使逃民复业”的既定政策②，一方面又以给予牛具、籽种等条件鼓励招民垦荒定居。顺治十三年（1656年），“以广西卫所久废，令州县招垦荒屯，无力者官给牛具”③。顺治十六年（1659年），云贵甫定，因“民间遭兵火残毁，饥饿载道，死无虚日”，经五省经略洪承畴疏请，在当时国家财政十分困难的情况下，清廷拨银15万两“赈济两省穷民”，以期穷民安居，流民归复④。同年，“发饷银二万两，借给苗民牛种”⑤，表现出了对少数民族的安抚之意。顺治十七年（1660年），云贵总督赵廷臣又上疏请求“招民开垦”⑥，寻经户部议准：“滇黔田土荒芜，当亟开垦，将有主荒田令本主开垦，无主荒田招民垦种，俱三年起科，该州县给以印票，永为己业。其滇省衝路残黎，如杨林、永昌等处，请将顺治

① 参见李中清：《1250年—1850年西南移民史》，载《社会科学战线》1983年第1期；《明清时期中国西南的经济发展和人口增长》，载《清史论丛》第5辑，1984年。按：李中清所指的“西南”，包括云南、贵州，以及四川西昌地区和凉山彝族自治州。

② 嘉庆《广西通志》卷1，《训典一》。

③ 《清朝文献通考》卷10，《田赋十》，第4941页。

④ 《清史列传》卷78，《洪承畴传》。

⑤ 乾隆《贵州通志》卷15，《食货·蠲恤》。

⑥ 李元度：《国朝先正事略》卷4，《赵清献公事略》。

十七年本省秋粮，借贷为春种之需。"① 这种招民垦荒政策，基本上与全国一致，还未见得特别优惠，因而，贵州巡抚罗绘锦于康熙四年（1665年）进一步提出："黔省以新造之地，哀鸿初集，田多荒废，粮无由办，请不立年限，尽民力次第开垦，酌量起科。"招民开垦荒地而"不立年限"、"酌量起科"，当然是一种特别优惠的政策，但格于其他省区未有此先例，仅仅是"下户部议"，未获批准②。

可以想见，清初未加区别的招垦政策，对贫瘠的西南边区而言，不会具有招徕流民的吸引力。三藩之乱期间，西南诸省作为战乱的重灾之区，"所在驿骚，肆骋痈毒"，"军民荼苦，如在水火"③。三藩之乱平定之后，清廷便着眼于战后社会经济的恢复，颁布了善后事宜44条，以"荡涤烦苛，维新庶政，大沛宽和之泽"为指导思想，禁止额外横征，并屡屡蠲免钱粮④。康熙二十一年（1682年），新任云贵总督蔡毓荣又上奏《筹滇十疏》，其中，"蠲荒赋"、"理财源"、"敦实政"、"举废坠"诸疏，也具有同样的意旨⑤。在《筹滇第一疏·请蠲免》中，蔡毓荣还针对"变乱之后，抛荒田地，死徙人丁，在在有之，目下开垦乏人，牛种未备，逃亡无勾补之法，生聚非旦夕之功"的实际情况，再次提出了"陆续招徕开垦"的建议，以期"田畴渐辟，户口渐充"，清廷下令允行。在此基础上，康熙二十九年（1690年），云南巡抚王继

① 《清圣祖实录》卷1，顺治十八年二月乙未。

② 《清圣祖实录》卷15，康熙四年四月戊辰。

③ 乾隆《贵州通志》卷15，《食货·蠲恤》；嘉庆《广西通志》卷1，《训典一》。

④ 参见拙著：《清代军费研究》，武汉大学出版社1992年版，第363～364页，第369～370页。

⑤ 《清史列传》卷7，《蔡毓荣传》。按：乾隆《云南通志》卷29，《艺文四·奏疏》载有《筹滇十疏》全文，其篇目分别为：《筹滇第一疏·请蠲免》、《筹滇第二疏·制土人》、《筹滇第三疏·靖逋逃》、《筹滇第四疏·议理财》、《筹滇第五疏·酌安插》、《筹滇第六疏·收军器》、《筹滇第七疏·议捐输》、《筹滇第八疏·弭野盗》、《筹滇第九疏·敦实政》、《筹滇第十疏·举废坠》。

文上疏请求云南荒地“减则起科”，“仍令地方官量借牛种及出陈米石，务使力耕有成”，并承认承垦荒地者的土地所有权①。康熙三十二年（1693年），“以滇省明代勋庄田地，照老荒田地之例，招民开垦，免其纳价”；次年，又“以贵州兵燹荒废，正当招徕，劝垦徐议，编审暂停”②。

要之，在三藩之乱平定以后的一段时间内，清廷以禁止横征、蠲免钱粮、减则起科、借贷牛种口粮、宽限编审等优惠措施鼓励流民的归复和招徕内地移民。

西南地区是少数民族居住区，元、明以来所实行的土司制度，往往体现着土司的意志，时有与中央政权的对抗，“云、贵、川、广恒视土司为治乱”③。并且，土司对所属人民任意苛派赋税，土司之间又相互仇杀，“汉民被其摧残，夷人受其荼毒”，成为西南边疆的“大害”④。雍正帝在上谕中曾对此反复谕及，如雍正二年（1724年）五月谕：“各处土司，鲜知法纪，所属土民每年科派，较之有司征收正供不啻倍蓰，甚至取其牛马，夺其子女，生杀任情。”雍正五年（1727年）十二月上谕：“向来云、贵、川、广以及楚省各土司，僻在边隅，肆为不法，扰害地方，剽掠行旅，且彼此互相仇杀，争夺不休，而于所辖苗蛮，尤复任意残害，草菅民命，罪恶多端，不可悉数。”⑤ 因此，“欲安民，必先制夷；欲制夷，必改土归流”⑥。应该说，雍正年间西南少数民族地区“改土归流”的实行，保证了中央有关政策的贯彻，在客观上也有利于

---

① 王继文：《筹请屯荒减则占垦疏》，见乾隆《云南通志》卷29，《艺文四》。按：原疏未注明日期，据倪蜕：《云南事略》（见王崧编《云南备征志》卷17），此疏上奏日期为康熙二十九年十月。又按：贵州巡抚王燕在《劝民开垦荒田疏》中，也提出过大致相同的请求。见乾隆《贵州通志》卷35，《艺文·疏》。

② 《清朝文献通考》卷2，《田赋二》，第4867页。

③ 魏源：《圣武记》卷7，《雍正西南夷改流记上》。

④ 《雍正朱批谕旨》，雍正四年九月十九日鄂尔泰奏折。

⑤ 乾隆《云南通志》卷29，《艺文一》；嘉庆《广西通志》卷1，《训典一》。

⑥ 魏源：《圣武记》卷7，《雍正西南夷改流记上》。

移民的迁入。

在改土归流的同时，清廷对向西南的移民采取了更加明显的鼓励政策，这包括了如下数点①：

第一，按招民数额和开垦荒地数额对地方官员进行议叙或惩处。如雍正四年（1726年）覆准："滇、黔二省广行开垦，并定开垦事例：凡官员招募佃户、资送开垦者，按户数多寡议叙；军民自备工本者，按亩多寡议叙。"雍正五年覆准："滇、黔二省招民开垦，委员及地方官将所领工本招募良民，开垦数多、田皆成熟者，三年之内，准其议叙。倘虚应故事，召募匪类，领银潜逃，或开荒草率，不能种植报粮者，照才力不及例指参；所费工本，著落该员赔补。"

第二，针对移民新垦田地，一旦垦熟，"则群起相争，甚至伙众抢割，结讼不休"的情况，明确垦民的土地所有权。如雍正二年（1724年）议准广西例："可垦之荒，立标招认，定限两月后开垦，即有豪强，不得再行争认。"雍正四年（1726年）议准云、贵例："地方官招民开垦及官生捐垦者，将垦熟田地归于开垦佃户。"雍正七年（1729年）又规定了云南部分地区"每户不得超过二顷之外"的占田标准。

第三，针对边远之区"有田者不肯远种，无力者不能自种"的实情，适当资助牛具、籽种、口粮、盘费、居室。如广西在雍正二年（1724年）议准，将常平仓谷"量借贫民为牛种、饭食、置农器、盖茅庐之资，分作二年补还"；雍正五年（1727年），又动用常平仓谷赈济因灾由广东省流入广西的灾民，并"查明姓名、籍贯及男女大小人口数目"，在梧州府、郁林州所属各县"设法安插"。云、贵两省在雍正四年（1726年）议准的招民开垦事例中，已经有给予"开垦工本"的规定，雍正五年（1727年）在具体议行云南东川府的招民措施时，"买水牛一百头，盖房六百间，招民

① 参见光绪《大清会典事例》卷166，《户部·田赋·土地开垦一》；《皇朝经世文编》卷34，《户政九·屯垦》；《雍正朱批谕旨》有关年份的鄂尔泰奏折；《宫中档雍正朝奏折》第7辑。

开垦，酌给牛种房屋，复给以现银为半年食米之费。其自外州县来者，又给以盘费为搬运行李之资”。另外如云南丽江府、贵州威宁州等地土寒簿的“极边夷郡”，也仿此办理。为了解决“法制犹易，而经费为难”的问题，还同时鼓励官绅捐款，“务使经费有出”。

乾隆以降，随着内地人口压力的加剧，向西南地区的移民更加引人注目，但从政策上考察，则鲜见鼓励性措施，相反，还有一些禁令，如乾隆六年（1741年）的编查保甲，“苗寨大者，十户为一牌，牌有头；十牌为一甲，甲有长；寨立长一二人。小者，随户口多寡编定，寨立长一人”。若有“汉奸及外来苗瑶在寨居住，一人容隐，九家连坐”①。又如乾隆十五年（1750年）议准的《经理苗疆事宜》规定，如果“汉人在旧疆苗地住久，置有房产，秦行良善者，饬土司、土目等于年底查造烟户民数时，附造入册，仍毋许招留册外之人。其归化未久与新疆一带各苗寨，令地方官稽查，不得听汉人置产，亦不许潜处其地”②。之所以有这些禁令（“新辟苗疆”比“旧管苗疆”要严厉），是为了避免“苗民争竞之端”③。当然，有关禁令的效果十分有限，往往是“禁而不能止”④。乾隆以后的移民大多是“亲故援引，依附而来”⑤，构成自愿移民的示范效应。

由于乾隆以前缺少系统的人口统计数字，我们不清楚到底有多少人口移入西南，但在有关政策的鼓励下，西南地区有不间断的移民则是无疑的，后来的有关记载以及移民数字统计，也应该是前此移民的结果。并且，三藩之乱以后，西南地区的经济恢复与人口增

① 《清高宗实录》卷139，乾隆六年三月丙戌。按：其他年份议准的事例请参见光绪《大清会典事例》卷158，《户部·户口·保甲》。

② 《清高宗实录》卷363，乾隆十五年四月。

③ 罗绕典：《黔南职方纪略》卷6，《镇远府》。

④ 贺长龄：《复奏汉苗土司各情形折》，见《耐庵奏议存稿》卷5。

⑤ 罗绕典：《黔南职方纪略》卷2，《兴义府》。

加，也与移民有着不可割裂的关系①。

乾隆以后的有关移民记载就很多了。据乾隆十三年（1748 年）贵州按察使介锡周奏称，“黔省虽节年首报开垦，而山坡箐林，尚多荒土，每多外来游民，往赴力垦”，其“银、铜、黑白铅厂，上下游十有余处，每厂约聚万人、数千人不等，游民日聚”②。据《黔南职方纪略》记载，雍正、乾隆以来，“江广川楚客民源源而至者，日盛月增，兵燹以前（指乾隆末年至嘉庆初年湘黔苗民起义），汉、苗之夹杂混淆，早已不能判然有别”，湘黔苗民起义之后以迄道光年间，“比年以来，下游各郡以及川播贫民偶值岁有不登，携老挈幼，担负而来，或入滇，或入粤，由郡经过因而逗留者，每岁冬春日以数百计”，以至“客多主少”。又称，“客民之贸易者、手艺者，邻省、邻府接踵而来，此客民所以多也”③。据《檐曝杂记》记载，由内地移入贵州、广西的客民多黠，“在其地贸易，稍以子母钱质其产，蚕食之”，到乾隆中期，“膏腴地皆为（客民）所占，苗、倮渐移入深山，而凡附城郭、通驿路之处，变为客民世业”④。乾隆以来向云南的移民，郭松义在其论著中已举出过不少典型事例，可以参看⑤，不再赘述。

另据乾隆以后西南三省的人口统计，也可以体会人口增加与移民的关系，兹选出有关年份列表示之：⑥

---

① 美籍华人李中清教授认为，西南地区直到康熙二十年平定了三藩之乱以后才开始从明清之际的破坏中恢复过来，至康熙三十九年，西南已恢复到了 16 世纪的人口数。见《明清时期中国西南的经济发展和人口增长》，文载《清史论丛》第 5 辑，1984 年。又据乾隆《贵州通志》卷 11，《食货·户口》记载，明万历六年贵州登录户为 43405 户，至雍正十年，已登录户 272689 户，增加了数倍。

② 《清高宗实录》卷 311，乾隆十三年三月癸丑。

③ 罗绕典：《黔南职方纪略》卷 2，《兴义府》；卷 6，《黎平府》。

④ 赵翼：《檐曝杂记》卷 4，第 68 页，中华书局 1982 年重刊本。

⑤ 参见郭松义：《清代人口流动与边疆开发》，见《清代边疆开发研究》，中国社会科学出版社 1990 年版。

⑥ 乾隆四十八年之前的数据见《清朝文献通考》卷 19，《户口一》。后面的数据见严中平等编：《中国近代经济史统计资料选辑》附录，科学出版社 1955 年版。

西南地区乾隆以后人口统计

单位：万人；年增长率:‰

时　间	广西	增长率	云南	增长率	贵州	增长率
乾隆十四年（1749 年）	368		194		307	
二十二年（1757 年）	385	5.77	201	4.51	335	11.40
三十二年（1767 年）	470	22.08	214	6.47	344	2.69
四十一年（1776 年）	538	16.08	310	49.84	500	50.39
四十八年（1783 年）	603	17.26	329	8.76	511	3.14
五十六年（1791 年）	664	12.65	368	14.82	518	1.71
嘉庆二十四年（1819 年）	741	4.14	600	22.52	534	1.10
道光十年（1830 年）	751	1.52	655	8.33	537	0.51
二十年（1840 年）	763	1.60	701	7.02	541	0.75
三十年（1850 年）	782	2.49	737	5.14	543	0.37

乾隆十四年（1749 年），广西、云南、贵州三省的人口统计数，已经超过了明代万历年间的人口数额，这一方面标示着西南地区的社会经济发展，另一方面恐怕也说明此前已经吸纳了不少的外来移民。如果再往前推数年，以有较为可信的乾隆六年（1741 年）的统计为基点比较，云南从 91 万余口，增加至乾隆十四年（1749 年）的 194 万余口，八年间增加了 103 万余口，平均年增长率为 141.48‰；贵州从 241 万余口，增加至乾隆十四年（1749 年）的 307 万余口，八年间增加了 66 万余口，平均年增长率为 34.23‰。这种非常高的人口增长率，固然与乾隆六年（1741 年）初始的人口统计不完整有关，但也不能说与移民的增加没有牵涉。

即使以乾隆十四年（1749 年）较高的人口数额为基点，如上表所示，乾隆一朝西南三省的人口增长率仍然是很高的，其中云南一直到道光年间还保持着超过全国的平均年增长率（当时全国的年增长率大致在 7‰左右）。边远地区人口的高速增长，一般地说，不是自然增值的结果，而是移民的结果。

当然，上表的统计不可能区别“土著”与“移民”，对移民的增加趋势仅仅是建立在分析之上的一种推测。幸运的是，在史籍中还存在着一些移民数字，兹将道光年间对贵州“客民”的清查数额列表于下，作为参照：①

道光年间贵州客民统计

地　区	客民数（户）	地　区	客民数（户）
贵阳府	9251	平越州	994
安顺府	3684	黎平府	7502
兴义府	25632	镇远府	2062
普安厅	1326	思南府	18
大定府	10048	铜仁府	86
都匀府	11032	松桃厅	857

上表总计户数为 72492 户，若以口计，当在 30 万人以上。仅此，已是相当可观。

对上表尚需加以说明的问题有三：第一，清代之前的“江广楚蜀客民”，在贵州“置产成家者，今日（道光间）皆成土著”，所以，这里的“客民”并不包括以前的移民，仅是清代的移入者。第二，这次清查的缘由是因着钦奉谕旨“饬禁汉奸私入苗寨，勾引滋扰”，清出的“客民”户数，是此前尚未编入人口册籍的移民，已经编入人口册者，不在此次清查之列，因此，也就不是清代的全部移民数。而且，还同时规定：“自此编查之后，如再有勾引

---

① 据罗绕典：《黔南职方纪略》卷 1 至卷 6 统计。按：上揭郭松义文也引用了这一史料，但安顺府的数字有误（当是印刷之误）。又按：另据爱必达：《黔南识略》卷 1，《总叙》记载，道光六年清查，客民户共 71499 户，其中，买当苗人田土客民 37865 户，佃种苗人田土客户 13190 户，贸易、手艺、佣工客户 20444 户。

流民擅入苗寨，续增户口、买当田土者，将流民递籍，并将勾引之客民立时驱逐出境，田产给还苗人，追价入官，仍照违制律治罪。”这既可以看出当时的大量移民已成为当地的社会问题，又可以看出对移民的限制措施。第三，上表的统计也不全面，缺少遵义府、仁怀厅、思州府、石阡府的客民数字，这并不等于说此三府一厅没有客民，实际情况可能恰恰相反，要么是客户超过了土著数，要么是土、客相安，不必要清查（这与上述清查意旨是相吻合的），如遵义府，据称，“通属汉户十之六七，苗户十之三四，然苗、汉无猜”，“皆一律编入里甲”。又如仁怀厅，据称：“无苗民，惟土著与客户，相安日久，无事区分也。”不管是哪种情况，均能说明向西南的移民规模。

根据上述，笔者的拙见认为，乾隆以前，清廷对向西南的移民采取了鼓励性政策，尽管有关移民的记载较少，又鲜见移民数字统计，但移民的不断增多应该是没有疑问的，乾隆初年有系统的人口统计之时，所显现的人口数字的增多，即包含着移民因素在内，这在一定程度上标示着政策与实际的吻合。乾隆以后，清廷对向西南的移民采取了限制性措施，而是时有关移民的记载反而增多，这一方面说明确实存在着相当规模的移民潮，另一方面也说明了政策与实际的背反，而且也可能正是由于这种“背反”，移民现象更受重视，有关记载也就随之而增多。这也是我们在凭藉史籍分析历史问题时，应该加以注意的。

原载陈锋主编《明清以来长江流域社会发展史论》，
武汉大学出版社2006年版

十二、

清代的土地开垦与社会经济

——《清代土地开垦史》述评

在中国历史上，伴随着皇室易姓、朝代更迭所显现的治乱兴衰特征，似乎亦与人口的流亡与归复、土地的抛荒与垦辟相吻合。在这个意义上，历代的土地开垦也就与社会经济的恢复与发展联结在了一起。换句话说，透过土地开垦的表征，不仅可以窥察统治阶级的有关政策、国家的财政收入以及土地所有权的重新分配与劳动力的调动等问题，而且可以体会农业经济乃至社会经济在跌落之后艰难复苏的意蕴。新近出版的彭雨新先生的力著《清代土地开垦史》（农业出版社 1990 年出版，以下称《开垦史》），在这方面，具有开创之功。本文试图从以下几个方面加以述评，若有不妥，望读者教正。

一　纵向考察之一：土地开垦阶段论

《开垦史》除“前言”和“结束语”所引论与归结的问题外，共分为四章，即：清顺治朝的土地开垦；康雍时期的垦政和各地开垦情况；乾嘉时期的垦政及开垦情况；清代晚期的土地开垦。全书以史缕析、纵向考察的主旨是十分明确的。在充分考虑各种因素的基础上，《开垦史》实际上把清代的土地开垦划分为三个大的阶段，从而将土地开垦与财政、经济、人口、社会诸问题有机地结合起来。

第一个阶段是顺治至康熙时期。

众所周知，明末清初的战争与社会动荡，造成了人口的锐减和土地的荒芜。《开垦史》根据地方大员的上疏及方志的记载，列举了各省区的人亡地荒实例，揭示了某些地区人亡地荒的比率，如据顺治四年（1647 年）陕西、四川总督王来用的奏报，陕西省西安府山阳县丁额仅为原额的 6.6%，荒地则占原额的 88.9%，等等（第 2 页）①。这种揭示具有典型意义。当然，清初的人丁统计与田亩计量十分复杂，许多学者已作了深入的研究，笔者亦有专文参与讨论。② 人丁统计与田亩计量的混乱与复杂，意味着清初人口减少与土地荒芜的比例在总量上的失准，关系到清初社会经济破坏程度的衡量与评价，尚需进一步探讨。但这并不影响个例的列举和大体的概说。正是考虑到这些情况，本书作者在一般性列举人亡地荒事例的同时，进一步考察了清初的查荒和蠲荒。据《开垦史》所标举的陕西、江南、江西的查荒结果及山东、河南的蠲荒征熟实例来看，尽管各省区的荒地面积（包括有主荒地和无主荒地）各不相同，但顺治初期在迭遭兵祸之后的土地抛荒现象还是相当严重的（第 5 页至第 10 页）。

在查荒过程中，地方官员奏报的蠲荒征熟数额，由于直接关系着赋税的征纳和豁除，应该说比较接近这些地区的实情。蠲荒率高，亦即征熟率低，亦即田赋征收的困难，这在军费筹措孔急的情势下显得更为突出，明显标示着当时财政问题的严重性和荒地开垦的迫切性。

清初的土地开垦正是在这一前提下展开。从恢复农业生产，巩

① 本文引文未注出处仅注页码者，均出自《清代土地开垦史》。

② 参见拙作：《清代亩额初探》、《也谈清初的人丁统计问题》，分载《武汉大学学报》1987 年第 5 期，《平准学刊》总第 5 辑，1989 年。

固封建统治着眼，清廷当然要倡导荒地的垦辟，但在当时财政困难、军费支出急不可缓的情势下，清廷的垦政首先重视的是财政收入而不是农业生产。这是此一时期垦政推行的主要特点。

客观地说，清廷着眼于财政收入以推行垦政，也就同时促进了农业生产的恢复。但是，正如作者指出的："首重财政与首重生产，两者毕竟不同。首重财政，则政府对农民开荒，只图急于开征，急于重课，农民未获垦种的丰收，先已受到催征的追迫……垦政便难以顺利进行。"（第279页）事实也正是如此。顺治元年（1644年）清廷就曾议定了开荒劝垦办法，顺治六年（1649年）又续颁种种规定，但垦荒效果不著，其中的原因固然很多，但与急于起科密切相关。顺治中期以后各省屯垦的兴办，同样也由于急科重赋而归于失败。康熙初年，在总结顺治朝垦政得失的基础上，曾在各方面有所整顿，特别是康熙十年（1670年）将新垦地的起科年限由3年改为4年，十一年（1671年）又将4年起科改为6年起科，十二年（1672年）再改为10年起科。这种起科年限的放宽，对荒地的垦辟起了刺激作用，一时显现出踊跃垦荒的景观。但到了康熙十五年（1676年），由于三藩之乱，筹饷紧迫，又将10年起科改为3年起科，遂使垦政再受挫折。至此，也可以看出，新垦土地起科年限的屡屡变更，主要是以增加财政收入为意旨。这虽然也在一定程度上缓解了财政困难，但对抛荒土地的迅速开垦却十分有害。如果不是急于起科，康熙二十年（1681年）之前土地开垦的步伐当会加快。同时，此一时期各地官员的报垦以及欺隐土地的自首与清查，亦无一不是"筹饷期于有济"的结果，从而产生捏报私征的弊端。

三藩之乱平定以后，安定之局形成，财政亦趋于好转，新垦土地的起科年限又由3年改为6年，土地开垦随之出现高潮，据统计，自康熙二十六年迄于康熙五十六年（1687—1717年），各省的报垦额高达184948顷（70页统计表）。可以看出，康熙中期以后的土地开垦，已由首重财政转而顾及垦民的利益，这与此前是有所区别的。

第二个阶段是雍正至嘉庆时期。

经过顺康两朝，特别是康熙中期以后的土地开垦，大部分省区的抛荒土地以及易垦土地已得到垦辟，随着人口的增加，人口与土地的矛盾已经显现，雍正帝在雍正元年（1723 年）颁发的关于垦政的上谕指出："国家承平日久，生齿殷繁，土地所出，仅可赡给，偶遇荒歉，民食维艰，将来户口日滋，何以为业！惟开垦一事，于百姓最有裨益。"① 这表明统治者已把土地开垦作为减缓人口压力的一种手段，如书中所指出："关于人口增加的隐忧，康熙后期以来在上谕和大臣们的奏折中已是多次提到了；雍正帝将垦政与民食联系起来，说明过去以财政收入为目的的垦政，现在已转到以人口问题为重要前提。"（第 71 页）

我们注意到，在雍正前期，开垦土地补救民食的办法主要是革除开垦中的种种陋规、重申开垦议叙条例、展限旱田起科时间等。其中展限旱田起科时间，将旱田定为 10 年起科，有利于旱地、山区的开垦。雍正末年又不断有人提出"凡有硗瘠难垦之地，俱准照斥卤轻则起科"的建议②，这标示着在土地开垦已接近饱和而人口压力又与日俱增的情势下，雍正朝已着眼并导向于山区或贫瘠土地的开垦。乾隆朝以降，这一趋势更为明显，尤其是乾隆五年（1740 年）鉴于"各省生齿日繁，地不加广，穷民资生无策"的实际情况，颁布了山头地角零星土地"免其升科"的谕令，此后，乾隆十一年（1746 年）、乾隆三十一年（1766 年）又屡申零星土地"永免升科"、"永为世业"之令，③ 遂促成了乾嘉时期对山头地角、水滨河尾的开垦狂潮。

作者认为，此一时期对山头地角、水滨河尾的土地开垦，具有以下几点积极意义：第一，从总体上说，由于大幅度的深入垦辟，减缓了人口与土地的矛盾；同时，由于山区吸收了大量流民，在一定时期内，也缓和了社会危机。第二，各省山区的广泛开垦，特别是云、贵、川、陕、赣、浙山区的土地开垦，促进了这些地区的经

① 《清世宗实录》卷 6，雍正元年四月乙亥。

② 《皇朝经世文编》卷 34，《户政·屯垦》。

③ 光绪《大清会典事例》卷 164，《户部·田赋·免科田地》。

济开发，不仅劣等土地得以开垦，而且有利于包谷、番薯等作物的种植与推广。包谷、番薯以及其他耐旱杂粮的广种之区，多是山区新辟之土。杂粮的种植又在一定程度上抑制了粮价的上涨，并且起到救荒作用。第三，沿海地区沙田的垦辟，同时促进了海塘等防灾设施的修筑；内陆江湖地区，特别是两湖地区的“与水争地”，也同时促进了独具特色的堤垸农田的发展。第四，零星土地的免科与永为世业，对于贫苦农民特别是偏僻山区农民的生活维持，具有重要意义。

问题的另一个方面是，由于过度开垦，特别是山区、水域的滥垦，也严重破坏了自然生态平衡，带来诸多弊害。对此，《开垦史》从山区、沿海、江湖几个方面作了示例说明。其中对东南沿海与两湖地区的滥垦论述深刻。例如，在述及珠江三角洲沿海沙地的垦辟时，既根据档案分析了南海、番禺、顺德诸县围筑桩坝、阻碍水势的个例，又考察了乾隆八年之前水患少有，之后“水患业已连年，而私筑犹复未已”的实情，揭示了海滩争辟与水流阻碍、水患加剧的内在联系。又如，在述及两湖地区的围垦时，既注意到了筑滩围湖造成的弊害，又注意到了山区滥垦与水区垦辟二者之间的相互影响，从而导致了乾嘉以后的水患加剧（第三章）。凡此，都有利于历史经验教训的总结。

不过，就笔者看来，对滥垦带来的弊害，尚可进一步认识：第一，长江中上游山区的开垦应予以充分注意，如川东地区的“以人稠用广，斧斤频施，尽成童山”①。如鄂西南地区的“开垦过多，山渐为童，一经淋雨，浮石冲动，划然下流，沙石交淤，溪涧填溢，水无所归，旁啮平田”②。种种后果，魏源在《湖广水利论》中曾作过综合论述，可以参看。③ 第二，浙西山区的开垦也危及良田和加重了太湖流域的水患。许多方志中都指出了类似的情况：

---

① 光绪《大宁县志》卷3，《食货》。

② 同治《房县志》卷4，《赋役》。

③ 《古微堂文集》卷6。另参看罗尔纲：《清道光年间长江水患的原因》，《江海学刊》1961年第9期。

"拢松土脉，一经骤雨，砂石随水下注，壅塞溪流，渐至没田地，坏庐墓，国课民生交受其害。"① 包世臣在分析嘉庆年间的江浙水患时，亦指出了由于上游山区开垦而导致太湖水系"半就垦"、"半就塞"的实情。② 第三，安徽新安江上游山区的土地开垦后果同样严重。如徽州府属祁门县："其临溪河田亩，近年山垦，卸沙成壑，有不堪耕种而虚供赋税者"；"山既尽，童田尤受其害，雨集则沙石并陨，雨止则水源立竭，不可复耕者，所在皆有。渐至壅塞大溪，旱弗能蓄，潦不得泄，原田多被涨没，一邑之患，莫甚于此。"③ 黟县："垦山之弊，必须拔其根株，抉其源委……山既被垦，为害滋多。……石山戴土，一经垦松，适遇暴雨，砂石滚下，其势猛悍，山下成熟田亩多被冲压，以致失业。邑境内现有虚粮或因此故。其为农田害一也。山坡流水，由涧达溪，垦后夹沙带石，壅滞滩河，舟楫难行，竹簰亦碍，其为水道害二也。"④ 其他山区大率如此。山区多属江河溪涧的上游，山区的过度垦辟，不但破坏了山区植被，而且直接危及山下良田和下游河道，弊害往往是连锁性的。另外，新疆的屯垦，内蒙的放垦，对草原的破坏也是值得注意的。

第三个阶段是清代晚期。

清代晚期的土地开垦呈现出两个特征：一是边疆地区如东北、内蒙等地的大放垦，这种放垦的本身符合由内陆到边区的土地垦辟规律，同时亦与缓冲人口压力、进行劳动力的重新调配的政策有关，后面再专门讨论。二是江、浙、皖等省的重新垦复。这是新形势下的一种特殊垦辟。本来，这些地区的土地开垦至嘉庆时期已进入尾声，但由于咸丰初年至同治后期的太平天国革命以及清军的镇压屠戮，又使许多地区特别是江南繁庶之区再次出现人口减少、土

---

① 光绪《分水县志》卷1《风俗》。另参看刘敏：《论清代棚民的户籍问题》，《中国社会经济史研究》1983年第1期。

② 《安吴四种》卷7，《江苏水利略说代陈玉生承宣》。

③ 道光《祁门县志》卷16，《食货》；同治《祁门县志》卷12，《水利》。

④ 道光《增修黟县志》卷11，《政事》。

地荒芜的情况。对此，《开垦史》分别作了示例。比如人口的减少，在江苏省各县中战后保留原额51%～63%的有5县，其余7县则仅存11%～37%（第237页）①。我们注意到，有些地区的情况甚至还要严重，如安徽广德州，道光三十年（1850年）有户58971，人口309008，到同治八年（1869年）仅存户3222，人口14720，户与人口竟分别减少94.5%和95.3%。泗虹、颍上等县的人口约减少60%～80%②。所谓的“兵燹后，闾井萧条，民数耗散”③，即是其大概情景。战后，清廷在急于恢复全面统治并保证这些地区财赋收入的要求下，曾采取设立垦务专局、招徕客民垦荒以及勘查荒地还给原主等措施，并取得一定成效，许多地区客户的增加和荒地的垦复表明了这一点。但是值得注意的是，同光年间的土地开垦，由于军粮紧迫、财政困难等问题亟待解决，清廷采取了急科重赋的办法，不仅于第一年或第二年即开始征赋，而且赋外所征之租递年加重。同时，大量客民涌入垦区，他们急于争取土地所有权，与当地地主以至当地农民产生纠纷，土客矛盾相当突出，再加上农民起义被镇压之后地主阶级的乘机反攻倒算、吏治腐败等原因，都使得土地开垦的成效甚缓，这成为江浙地区经济凋敝难以恢复的重要原因之一（第244页）。

不难看出，《开垦史》由对清代土地开垦的宏观把握出发，所作的阶段划分及其论断，相当准确、明晰地概括了土地开垦的历史特征及其发展轨迹。

二　纵向考察之二：土地开垦政策分析

政策导向对土地开垦起着至关重要的甚至是决定性的作用。有鉴于此，《开垦史》在各章中以较多的篇幅具体研究了土地开垦政策的颁布、实施及其影响。其中包括议定与改进起科年限，以驱动

① 光绪《广德州志》卷16，《田赋·人口》。

② 光绪《泗虹合志》卷5，《食货》；光绪《颍上县志》卷3，《食货》。

③ 民国《歙县志》卷3，《食货》。

垦政的顺利进展；加强对各级地方官的考成，以鞭策官员的招垦、督垦；颁布清查隐漏条例，以增加田赋收入、巩固开垦成果，等等。

一个突出的印象是，《开垦史》在描述分析各项开垦政策时，十分注重政策的前后变化与比较。比如在列表比较顺治年间与康熙年间的开垦考成则例后即指出：就考成奖叙方面而言，康熙朝的规定要比顺治朝优厚具体；就考成惩戒方面而言，顺治朝的规定，极为简略，而康熙朝的规定，则极为严密详尽，“督抚、道府、州县及卫所三级官员因开垦不力或垦后复荒而同受处分；道府所受处分重于督抚，州县及卫所官所受处分又重于道府”（第45页）。不同的考成会带来不同的后果，《开垦史》由此进一步揭示出康熙初年各省报垦高潮的形成正是由于新的奖惩则例使然；同时，捏报垦额的弊端也是由于地方官希冀奖叙所致。又比如隐漏田地的清查，顺治、康熙、雍正、乾隆诸朝都屡屡实行，但又有各种不同的背景和做法。顺治朝对隐地的清查，主要是通过清丈土地以加强赋籍整理和增收赋税。康熙朝三藩之乱时期对新垦土地的清查则是在“筹饷期于有济”的命令下，垦民自首与官府清丈相结合，目的在于筹措巨额军费，各省在督促垦民自行首报隐地和清出隐地增加赋额方面均有一定成效。① 康熙中期以后对隐匿地亩的清查主要采取限期令民自首的办法，但缺少相应的具体措施，所以效果不著。雍正朝沿袭了康熙中后期限期令民自首隐漏垦地的政策，但增加了“逾期不首，复经查出，在官在民从重治罪”的规定，这从雍正五年（1727年）颁布的《限年首报令》中可以明了。《开垦史》在比较康、雍之令后指出：雍正五年的限年首报令，“与康熙二十八年自首宽宥令，内容是相同的，但增添了定限一年自首，逾限不首

① 对此，书中曾列举了河南、安徽等省的事例，见《清代土地开垦史》第62页。另外省份亦大致如此。如山西省康熙十六年曾清出隐漏各色田地4130顷77亩，征本色粮2441石7斗，征折色银9331两，康熙十七年清出7561顷87亩，征本色粮60石7斗，征折色银30265两。见雍正《山西赋役全书》，第一册，《省总》。

从重治罪的严厉规定，加强了强制的作用……这就是雍正一朝短短13年间各省开垦和首报隐田所以不曾停歇的原因”（第72页）。乾隆初年，大学士朱轼基于清地扰民的弊端，曾建议停止自首隐地，但实际上乾隆六年（1741年）颁布的政令更为严苛，“新垦地及熟地隐匿一亩以上至一顷以上者，分别议处……所隐田地入官，所隐钱粮按年行追”①。对于当时各省的清查情况，《开垦史》依据现存档案作了详细的列举说明，从中可以体味到雍乾年间土地开垦额与全国在册田地数额的增加，与限期首报隐地有密切关系，换句话说，雍乾年间各省的报垦田地数额并不一定是新垦土地，有相当一部分是在前隐漏未报的已垦田地。

无疑，对有清一代各项具体的土地开垦政策加以比较研究是十分必要的，它有助于我们了解土地开垦政策的承袭和变化。但应该指出的是，在许多情况下，政策的颁布是一回事，政策的实施又是一回事，官僚政治影响社会经济的一个显著特点就是政策在逐级执行过程中的变异，尤其是一种似是而非的带有缺陷的政策，各级官僚最后执行的结果可能恰恰就是对缺陷的逐级放大，从而导致统治者始料不及的种种弊端。在这种认识的基点上，对任何政策的研究，决不应止于政策的本身，更为重要的是揭示出政策执行过程中的种种问题和症结。有感于此，作者围绕着有关政令颁布之后地方官的捏报浮夸与清廷的纠偏进行了探讨。细读《开垦史》，我们可以得出两点清晰的认识：第一，清代的地方官僚在执行各种土地开垦政策时，确实存在着任情矫饰，捏报浮夸的现象；第二，清代的帝王有时会主动纠偏治弊，更多的情况则是继位帝王纠前主之非。兹据《开垦史》在这一层次上的思路扼要加以说明：

顺治年间，在《垦荒劝惩则例》的刺激下，各地的开垦虽有所成绩，但亦同时出现地方官不惜民命报垦邀功的现象，最为突出的事例是山东、河南二省巡抚的妄报垦地和增赋，致使百姓赔熟受困，清廷不但未加纠正，报垦大员反受有功之赏，如朱之弼上疏所说：“山东巡抚耿焞、河南巡抚贾汉复以垦荒蒙赏，两省百姓即以

---

① 光绪《大清会典事例》卷166，《户部·田赋·开垦》。

赔熟受困，岁增数十万赋税，多得之于鞭笞敲剥、呼天抢地之刁遗，怨苦之气，积为诊厉。"① 康熙即位之后，首次对此加以重视，康熙元年（1662 年）在重订开垦考成办法时，曾规定"虚谎报者将原报督抚降二级，罚俸一年，道府降四级调用，州县卫所官革职"。以后又有所重申。事实上在垦荒增赋的鼓噪下，对捏报者却鲜有惩处，依然存在着"州县官利其升叙，多捏报累民"的现象。② 正如书中所指出的："尽管有这些对捏报虚报的处分办法，但由于地方官争以报垦为功的风气一经形成，同时，捏报的实情一时又难以查出，所以作弊现象日益严重。"（第 52 页）雍正朝上下相欺的现象更为突出，《开垦史》已专列"雍正时期报垦中的浮夸风"一节予以考察，指出报垦与清查多虚捏不实，"惊人的数字包含着惊人的欺骗，地方官特别是历届巡抚不能辞其责"，并进而点明此正是"王朝急功好利与封建官僚主义相结合的产物"。直到雍正末年，雍正帝才认识到浮夸的危害，于雍正十二年（1734 年）采纳内阁学士凌如焕的条奏，规定："各省州县官册报开垦，督抚务委隔属贤员丈勘，所垦之数与所报之数果属相符，取结送部，准其议叙；倘有不符，即将原报之官题参。如委官蒙混，一并处分。"③ 这一规定虽然从理论上加重了地方官报垦的责任，有防弊于未然的意蕴，但在当时仍属一纸空文，未见具体行动。雍正帝一死，大学士朱轼即上疏抨击垦政中的浮夸虚假之风，要求豁除虚报垦额，得到新即位的乾隆帝的首肯。户部亦随即奉旨发出咨文，要求各省将"现在捏垦之田，逐一详确查明，如系虚捏，即行题请开除，无得护过之饰"。据《开垦史》提供的数字，在乾隆初年，豁除湖北、湖南、山东、山西、甘肃、陕西等省雍正年间的虚报垦地达 38000 余顷，虚粮浮银亦同时豁除（第 119～124 页）。这是对雍正朝垦政上的浮夸风一次较为彻底的纠正，具有重要意义。从这些叙述中，可以看出政策的颁布与实施之间存在着相当大的距离，

---

① 《碑传集》卷 8，《朱之弼墓志铭》卷 12，《徐元文行状》。

② 《碑传集》卷 8，《朱之弼墓志铭》卷 12，《徐元文行状》。

③ 光绪《大清会典事例》卷 166，《户部 · 田赋 · 开垦》。

这种现象有时是由于政策导向的偏差，有时则是由于地方官出于本身的利益任意舞弊所致，是吏治腐败的反映。清廷对有关政策的调整，一方面标志着政策的逐步完善，另一方面也反映出肃整吏治的历程。

以往的有关经济史论著往往忽略了经济政策的考察，《开垦史》对土地开垦政策的叙述和探讨，虽未列专章，但浓笔重彩，实际上已构成独自的系列，与各个阶段土地开垦的历史实迹相互映衬，更具完整性和说服力。

三　区域土地开垦与劳动力调动

以清朝幅员之辽阔，经济发展之不平衡，各个地区的土地开垦亦各具特征。而且，各个地区的土地抛荒与垦辟以及经济恢复与发展，又与人口的招抚流动、增殖膨胀密切相关。在历代土地开垦史上，封建政权为了促进地旷人稀地区的发展，曾经实行移民政策以期调节人口密度与地区发展的关系，为清代的垦政提供了先例。从总体上说，清初由于政权未臻巩固，没有实行有计划的地区人口调整，但在招徕流民政策中，事实上已有人口的移动；清代中后期，在内陆地区人口加速上涨、边区又待开发的情况下，有计划的移民招垦成为重要的手段。更确切地说，富于特色的区域土地开垦始终与人口的迁徙交织在一起。《开垦史》围绕着这一历史事实，在纵向考察各个时期土地开垦的同时，对区域土地开垦与劳动力的调动作了细致的分析，其中，清前期四川的开垦，中期新疆的开垦以及晚期东北、内蒙等地的开垦是三个不同的示例。

示例之一：四川的土地开垦与劳动力调动。

如所周知，经过明末清初的战乱、疫疠，四川地荒丁亡的情况十分突出，为了促进四川的经济恢复，从顺治中后期起，清廷曾采取了招徕人丁和土地开垦的种种宽缓政策。在招徕人丁政策方面，有招徕川省流民归川，招徕外省流民移川以及颁定地方文武官员招民奖叙的条例；在土地开垦的宽缓政策方面，有占垦土地不受面积限制、垦地升科期限延缓、田赋征收从轻等办法。这些政策虽然名目各异，但其实质是相同于他省，比如，康熙七年（1668 年）与康熙十年（1671 年）四川制定的官员招垦条例，并不像顺治十四年（1657 年）和康熙元年（1662 年）制定的全国垦荒劝惩则例那样以土地开垦的面积多少为据，而是以招民户数的多少而定，若招民达到一定数量，分别予以记录、升级、授官。又比如，“垦地的起征年限，清顺治年间至康熙九年一直是实行 3 年起科……而四川，则因残破太甚，从顺治十三年起即已奏请为 5 年起科。……在各省通行 3 年起科之下，川省独行 5 年起科，这显然是特别宽缓”（第 107 ~ 108 页）。

也正是由于这些特殊的因地制宜的政策，推进了外省人民入川落户开垦的高潮。同时，外省游民的入川，使他们从无产变为有产，从游民变为良民，对社会的安定也十分有益，如四川巡抚张德地疏称：“此等游手游食之人，既无恒产，自无恒心，在他省无地可耕，久则势必邪侈之事，无所不为。一至蜀土，无产而有产，自为良民；在于蜀省，无人而有人，渐填实而增赋税，一举两得，无逾于此。”①

示例之二：新疆的土地开垦与劳动力调动。

在康雍乾三朝对西北用兵时期，为了减省远道转输军粮的劳费，曾经在驻军地区兴办屯田，乾隆二十四年（1759 年）西北用兵大功告成后，在伊犁等地设置驻防，所需军粮，仍赖屯田。

新疆的屯垦原以兵屯为重点，但兵屯受兵额的限制，更番换屯亦有许多阻碍，很难使屯垦进一步发展。新疆作为处女地的开发，垦地的扩大与经济发展，有赖于大量劳动力的调动。乾隆中期以后，清廷以扩展民垦为政策方向，在新疆开垦的招民政策方面有许多成功的经验，《开垦史》分四个方面作了说明：第一，招近邻。主要是招徕河西走廊以及甘肃北部的农民。“从瘠薄的肃北地区移到肥沃的新疆乐土，这在发展农业生产上以及适应农民的愿望上都有积极的意义。特别是肃北居民多系回民，移往新疆，易与当地维吾尔族相融洽，这就无须强制，也不致发生客主纠纷。”第二，妥

① 《明清史料》丙编第 10 册，《户部题本》。

安排。这包括几方面的内容：修整道路，改善交通条件，以便行旅；嘉峪关等关口每日开关放行，不得阻碍农民；广为告示，指明新疆各地的可垦地亩及通行道路，以便农民往垦。第三，资盘程。即对前往新疆的民户，给予旅程中所需口食、车价、皮衣、铁锅等资助。第四，给土地。凡招往新疆的民户，一般每户可分得30亩左右的份地，并赏给农具籽种，借给房价、马价等，使无业贫民在领借生产资料之下成为自耕农。“在上述招徕措施之下，来新疆的民户日益增加，开垦土地面积随之增大。”（第224～230页）

示例之三：东北、内蒙的土地开垦与劳动力调动。

东北和内蒙地区，迄至清代中后期，基本上处于半封禁状态，至清末则实行大规模放垦。

东北地区一直被视为满族的根本重地，自康熙至嘉庆年间清廷曾屡申封禁之令，但实际上仍不断有流民深入东北各地私自开荒，道光朝以来，在山东、直隶、河南等地的流民不断增多的情势下，禁垦之令逐渐放宽，吉林、黑龙江、奉天的许多地方陆续奏准开垦，直至光绪末年，遂形成大放垦的格局。清末东三省的大放垦，除了调节关内人口与土地的矛盾外，作者认为尚有两点重要原因：一是与当时东北的危急形势有着密切关系。“从庚子八国联军时期沙俄侵略军在东北各地的蹂躏以至1904年日俄战争之后俄日在东北势力范围的确定，东三省已处于特别险恶的境地，清王朝对这种局势不能熟视无睹，东北地方官更感实边实土的紧迫，于是东三省以前所未有的步调进入到大放垦的时刻。”二是为了增加财政收入的需要。“从甲午到庚子以后，清廷财政危机日益严重，巨额对外赔款和外债欠款必须按期偿付，练兵、新政等各项支出，成倍增加，朝廷责之疆吏，疆吏责之有司，下纷纷，唯筹款为最急之务。这时候，东三省还处于开发阶段，除了放荒以外，别无其他筹款途径，因此，放垦的面积愈宽愈好，时间愈快愈妙，作为垦政的放荒，勿宁说是点金之术。”（第263、265页）

东北的大放垦，导致了东北人口的激增。据统计，“从光绪三年至二十三年，在二十年之中，奉天人口增加100余万，吉林增加了40余万。这一增加趋势与当时初步放垦有密切关系。而从光绪二十三年至宣统三年的十四年中，奉天增加了 600 万，吉林增加了 470 万”。（第 269 页）同时，放垦也为清廷带来了巨额收入，并且促进了东北经济的发展。

内蒙地区的大放垦，与东北地区基本上同一步调。《开垦史》在对绥远地区、察哈尔地区、热河地区等分别加以考察后得出了综合性的结论：“内蒙地区清末的放垦是随着东北放垦的浪潮而兴起的。以贻谷为首的放垦大员，为了大规模的搜刮，竟然扬起清王朝一面即将倒下的破龙旗，统收了蒙地，又统收了渠道，终于使他们施展手段实现了以重租收入为目的的大放垦。但是，放垦毕竟是封闭局面的打破，新来的劳动人民既然在新垦区扎下根来，就必然使这里的农业生产呈现出新的面貌，虽然不像东三省在大放荒之后那样影响巨大，但这里的一步前进，也就是对广阔前途的开辟。”（第 278 页）

在上述之外，《开垦史》还对有特色的区域性垦辟，如台湾地区、江苏崇明岛、广东珠江三角洲、浙江沿海等地的土地开垦的效益及问题一一作了考察，也是值得注意的。

四　理论与方法：四个特色

最后，笔者想结合《开垦史》体现出来的理论与方法方面的特色谈点粗浅的看法。

在占有和鉴别大量历史资料的基础上归结出恰当的结论是该书的特色之一。

“从既有事实出发”，是马克思主义史学观的一个基本特征。在经典作家的有关论述中可以看到，他们一再强调研究历史科学或自然科学必须充分占有资料，一再反对任意抽取个别事实和玩弄事例作为研究的基础。可以说，一部严谨的学术著作，资料的丰富和可靠是首要的必须的条件。这本来都是十分浅显明了的道理，但有些史学工作者在高扬“理论”旗帜的幌子下对此忘却了，不愿意作艰苦的史料搜集工作，确实存在着或满足于摭取二手资料，作泛泛之论；或信手寻章摘句，以偏概全；或追逐时尚，故作惊人之语等种种不良学风。相比之下，老一辈学者的治学态度很值得提倡。

《开垦史》在资料的搜集、考订、缕析等方面所体现出来的严谨学风也正反映了彭先生的一贯治学态度。稍加浏览一下该书，就会发现，其资料来源是极其广泛的，举凡历朝实录、政书、各省有关方志以及清人文集等，无不在比较鉴别之下加以征引。更难能可贵的是运用了大量的现存原始档案资料（主要是中国社科院经济所所藏抄档），约占全书征引资料的一半以上。彭先生从1980年起就开始抄录档案，仅抄录的土地开垦史资料就达数十万言，从中择取关键资料引入该书，清代土地开垦史上的一些模糊不清的悬而未决的问题也因之得以解决。这也正如蔡元培先生说的那样："信史是要从档案中考核出来的。"①

当然，史料作为史学研究的基础，其价值和作用的显现，需要作者的主观能动，需要在搜集、钩沉、排比史料和撰写、描述历史事实时注入作者的意念与思想，使零散的历史变成系统的历史，使逝去的历史变成"活着的"历史，以期探寻历史事实本身的内在规律和联系，以期达到历史与现实的相互体验和照察。否则，任何历史事实就将只剩下一具没有灵魂的躯壳，就难免"剪刀加浆糊"的讥讽。② 我们说《开垦史》是在占有大量史料的基础上写成的，但是又绝不流于罗列史实，对许多土地开垦史上的重要问题都提出了自己的看法，而且注意到了历史的经验教训对现实的借鉴作用。

注重计量分析是该书的特色之二。

毋庸讳言的是，过去长期以来，在历史研究中，定性研究有余，定量研究不足，从而导致许多缺乏研究基础的概念之争。中国经济史是量化程度较强的学科，更决定了计量分析在其研究过程中的重要地位。近年来，愈来愈多的研究者认识到计量分析的必要性，并付诸实施。毫无疑问，这是促使中国经济史研究向纵深发展，提高研究水平的重要途径。③ 然而，问题在于，现存史料中往

---

① 见《明清史料》序。

② 参见拙作：《时代变革与史学选择》，载《湖北社会科学》，1989年第4期。

③ 参见陈锋、张建民：《灰色系统理论与中国经济史研究》，载《武汉大学学报》，1986年第6期。

往缺乏系统完整的数据，即使有一些，也大多零零散散，笼统模糊，甚至错讹虚假，这无疑给计量分析带来困惑，也是计量分析窒碍难行的原因之一。《开垦史》在多方面搜集资料的基础上，进行了艰苦细致的爬梳、辨析、整理工作，编制出有关统计表近40个，这些表格，大多完整系统，具有很高的学术参考价值，和该书文字部分相互参照，使有关结论更加准确明晰。在有些地方，由于资料受限，即使是未以表格形式进行完整系统的统计，也多有统计数字的利用与比较，可以说是最大限度地利用了现有数据。

另外，应该指出的是，由于作者的审慎，《开垦史》对未明数据或有疑问的数据只是予以提示和说明，一般不进行重新估计，有时难以得出更完整的结论或印象。在笔者看来，恰当的估计还是需要的，可以补以现有数据之不足，在某些情况下，正确的估计也许比官方统计数字更为接近实情。当然，这涉及治学方法及一些具体的计量方法与理论问题，恐怕仍会见仁见智。

注重时段性和区域性，从纵横两个方面对清代土地开垦的轨迹进行细致的考察，是该书的特色之三。

历史进程表明，尽管某种制度、政策在相同的质的规定下具有相对的稳定性，但在各种因素的驱动下，事物的变化是绝对的，在不同的时段，会显现不同的特征，从“长时段”的角度着眼，这种特征也就愈加明显。在纵向考察上，《开垦史》主张分阶段研究清代的土地开垦，认为“历史的车轮有时重蹈旧辙，但不可能前后一样”（第234页）。以此为认识基点，既注意到清代垦政的代代承袭，又注意到历朝垦政的变化。事实上，也只有具体分析各个阶段的垦政特征及其制约因素，才能从总体上认识、评价清代土地开垦的变迁。

在空间单位上，美国学者施坚雅曾将区域体系理论引入中国史研究，其名著《中国城市与地方系统的等级》从“大规模经济区域”着眼，将清代的中国划分为东北、华北、西北、长江上游、长江中游、长江下游、东南沿海、岭南和云南九个区域。这种划分应该说对区域经济研究有借鉴意义。近年，国内学者也已致力于区域经济与文化的研究，并取得一些成果，只是尚缺乏系统的识见。《开垦史》没有拘泥于施氏的划分，而是依据清代土地开垦的实际情况进行了分区的考察，着墨较多的是四川、东南沿海及台湾、新疆、内蒙、东北等地。充分注意到了各个地区的差异以及区域开垦特征。

无疑，从方法论上说，注重时间与空间，纵横研究的角度是可取的，但实际上则很难把握。笔者以为，《开垦史》较好地处理了二者之间的关系，使得土地开垦的阶段性考察与区域性分析有机地结合在了一起。

微观研究与宏观研究结合是该书的特色之四。

历史研究的对象，只能是具体的历史事实。围绕着清代土地开垦史上的若干问题，作者比较注意利用大量的史料与数据寻求历史的真实，探讨其缘起、发展、变化，“把历史的内容还给历史”。可以看出，《开垦史》主要采取了微观研究的方法。在这里，我们可以领略到传统史学的诸多特点。不过，我们亦应认识到，如果把精力过多地放在“求真”与“求实”上，仅注重历史的源流，而不注重古今的关系；仅注重历史的摹写，而不注重现实的投影；仅注重一时一事的考辨，而不注重规律的总结，也难免从另一个角度带来弊端。一如梁启超在《中国历史研究法》中所议论的：“纪事纵极精善，犹是得肉遗血，得骨遗髓也”。亦如黑格尔在《历史哲学》中所说：“在中国人中间，历史仅仅包含纯粹确定的事实，并不对事实表示任何意见或理解”。这是一个问题的两个方面，应该引起注意，不可偏废。

彭先生一向认为，微观研究是宏观研究的基础，如果没有细致的微观研究，所谓的宏观研究只能是一些朦胧的甚至歪斜的影像。通读《开垦史》，可以看出作者在致力于微观研究的同时，十分注意宏观结论的总结，也不难发现作者的观点与识见，而且有关结论的归纳与抽象都相当准确，这也许正是作者功力的显现以及方法运用得当的结果吧。

原载《中国经济史研究》1991 年第 1 期

十三、

清代绿营“名粮”制度述论

清代绿营的“名粮”制度，不仅直接关系着清军的军政和绿营的战斗力，而且亦与绿营饷制、清朝财政密切相关。所谓“名粮”，可以释意为“空额粮饷”，是绿营将领通过营兵空额以领取、侵蚀钱粮，或将此钱粮移作它用的一种手段和制度。就名粮的类别区分，主要有“亲丁名粮”和“公费名粮”两种，在个别地区，还另有“陛见名粮”、“家人名粮”等名目。就名粮的演变来看，可以大致划分为三个阶段：一是顺治初年至康熙四十二年（1777年），其表征是名粮的任意虚冒；二是康熙四十二年至乾隆四十六年（1777—1781年），名粮由任意虚冒转向制度规范；三是乾隆四十六年以后，名粮改为支发武职养廉和公费银。本文将分别以史缕述。

一

如所周知，绿营（文献上最初称作“绿旗”）是清廷入关后收编明军、起义军、晚明军及招募汉人陆续组建而成。据《清世祖实录》，直隶、山东、山西，于顺治元年（1644年）定绿营官兵经制；陕甘、江南，于顺治二年（1645年）定绿营官兵经制；河南、江西、湖广于顺治三年（1646年）定官兵经制；四川于顺治四年（1647年）定官兵经制；浙江于顺治五年（1648年）定官兵经制；福建于顺治七年（1650年）定官兵经制；广东、广西于顺治八年（1651年）定官兵经制；贵州、云南于顺治十六年（1659年）定官兵经制。① 就像绿营营制脱胎于明代镇戍制一样，前朝军政上的一些积弊也依旧为清军所承袭。但或许是由于在绿营初建之时的特定背景下，将领们不敢太张狂，抑或是史料记载不周，故在清入关后最初几年，绿营兵额的虚冒尚未遭物议。顺治十年（1653年）之后始议论纷纭，这在现存档案及有关史籍中均有反映。如顺治十一年（1654年）监察御史高尔位称："夫一兵有一兵之饷，须择年力富强、披坚执锐者，一遇交锋，战无不克，攻无不胜，所以振军威而壮士气也。今日各省总兵而下至将领等官，随从各役，影占甚多，名为'入班'。自字识而至于旗牌、伴当、夜役、军牢、鼓手、轿夫、戏子等项，如一营设兵一千，除占役外，求精锐者尚不能得一半之用。"② 顺治十二年（1655年）刑科给事中李宝秀称："有虚名无实额，然又有跟班，有军牢、夜不收，以及家人厮卒、架鹰走狗之类，俱顶名食粮。有疾病死亡者，常缺而不补，兵之不足，大率由此。"③ 顺治十六年（1659年）户科给事中林起龙亦云："今绿营兵几六十万，而地方有事，即请满洲大兵，虽多仍不足用。推其原故，总缘将官赴任，召募家丁，随营开粮，军牢、伴当、吹手、轿夫，皆充兵数。甚有地方铺户子侄，充兵免徭，其月饷则归之本营。"④

---

① 笔者所考各地定绿营官兵经制的时间，与罗尔纲先生在《绿营兵志》中所述有所不同。因不属本文论述范畴，说从略。

② 档案，顺治十一年四月二十八日高尔位题：《为养兵务在足伍事》。中国第一历史档案馆藏。

③ 档案，顺治十二年二月九日李宝秀题：《为兵民疾苦多端，敬抒管见事》。

④ 《清史稿》卷244，《林起龙传》。参见《清世祖实录》卷127，顺治十六年八月庚戌。

兵额影占虚冒的结果，必然是额兵不足，战斗力减弱。但是，应该指出，顺治朝的兵额“虚冒”就其表现形式，主要是杂役充兵影占和“逃亡缺额老弱冒占”，与后来专食“空粮”的虚冒尚有区别。清廷为此采取的措施也主要是围绕着清影占、汰老弱进行，“如有以老弱充数，虚糜粮饷者，指名题参，从重议罪”①。同时申令：“国家蓄养兵马，贵有实济，岂容虚冒，贻误地方，应敕各该督、抚、按，严查隐占。……自十七年秋季为始，令兵部请旨差满洲官员分往各方阅视，永为定例，每三年一次举行。”② 但是，除了裁汰老弱之兵有一定成效外，清查将领的各色从役和亲丁的隐占，效果不显，由于绿营将领的俸薪标准较低，仍然允许“镇将军官随带亲丁赴任者，量准带领开粮”，从而为各级将领借亲丁名粮之名，任意虚冒兵额，网开一面，所以在屡经整饬后，“三藩之乱”期间，绿营依然是“临阵十不得七”③。

“三藩之乱”被平定以后，特别是康熙中期朔漠战争后，随着绿营军功的卓著，绿营将领的虚冒影占之弊又趋严重，上谕曾每每言及。如康熙二十一年（1682 年）五月谕称：“每见武弁额兵有名无实，虚冒钱粮。又徇情将年老有疾者存留，强壮者反行裁去，则老弱徒然充伍，虚糜兵饷。”④ 又如康熙三十八年（1699 年）七月谕称，“近闻直隶各省经制额兵，虚冒钱粮者甚多，殊干法纪，嗣后须痛加省改，严行禁止”⑤，等等。但虽有上谕一再申斥，积弊总难清厘，在这种情况下，清廷不得不另立规条。

二

鉴于各省绿营将领的“任意虚冒，多寡不等”，康熙四十二年

---

① 档案，顺治十六年五月十七日伊图题：《为敷陈兵饷等事》。
② 《清世祖实录》卷 129，顺治十六年十月乙卯。
③ 《平定三逆方略》卷 39，康熙十七年七月。
④ 《清圣祖实录》卷 102，康熙二十一年五月辛亥。
⑤ 《清圣祖实录》卷 194，康熙三十八年七月戊辰。

(1703 年)，首先在湖广省试行“亲丁名粮”制度。当时规定：提督给名粮 80 名，总兵 60 名，副将 30 名，参将 20 名，游击 15 名，都司 10 名，守备 8 名，千总 5 名，把总 4 名，“均按名给予粮饷”，同时申令：“此外有将使令家人混充兵额者，严参议处。”① 试图把兵额的虚冒限制在一定的范围之内。

亲丁名粮的多寡，直接影响到绿营经制额兵的虚实，多一分名粮，即少一名实在兵丁，此历来为清廷所重视，历来又难以清厘。康熙四十二年所定湖广之例，目的是在于限定亲丁名粮数额，但事实上其他省份不曾遵行，各地规制混乱，据文献资料称：“至于他省，当时未曾议定，大约各该处授受相沿，遂成规额。”② 各省绿营将领的亲丁名粮数额各不相同。据《康熙朝汉文朱批奏折汇编》所录档案略作示例：

直隶定额为：提督、总兵不详，副将 30 名，参将 20 名，游击 14 名，都司 10 名，守备 8 名，千总 5 名，把总 4 名。

广东定额为：提督 60 名，总兵 50 名，副将 25 名，参将 20 名，游击 18 名，都司 14 名，守备 10 名，千总 4 名，把总 3 名。

贵州定额为：提督 60 名，总兵 40 名，副将 20 名，参将 16 名，游击 15 名，都司 10 名，守备 10 名，千总 6 名，把总 5 名。

以上所录定额一般比湖广之例为低。但也有比湖广之例高出许多者，江南的名粮比较突出，据康熙五十八年（1719 年）十二月新任江南提督赵珀奏称：“坐粮一项……查得前提督张云翼有一千余名，嗣后提督师懿德、穆廷柱、杜呈泗等俱于标下五营、城守一营共有随丁马粮一百八十名，步粮一百八十名，又有步粮一百二十名，共有名粮四百八十名，每月饷银九百七十两有零。又节礼每年一千二百两有零。此系营伍相沿，前任各提督如此。”③ 江南提督的亲丁名粮高达数百名至千余名，委实惊人。

此外，绿营将领在亲丁名粮之外的“公费名粮”数额亦相当

---

① 嘉庆《大清会典事例》卷 497，《兵部·绿营处分例》。

② 嘉庆《大清会典事例》卷 203，《户部·俸饷·各省兵饷一》。

③ 《康熙朝汉文朱批奏折汇编》第 8 册，档案出版社 1985 年版，第413 页。

多。据康熙五十二年（1713 年）十月甘肃提督江琦奏称：“查甘肃历来提督俱留有公费空粮，以为交际……但其多寡不等，至殷泰为提督时，刻意减省，止存有一百五十分（名），奴才接任于康熙四十九年……历年以来亦刻意减省，宁少无余，止是一百五十分，不敢外增一分，以负圣主。……至于奴才所属凉州、宁夏、西宁、肃州四镇总兵亦各量其所费繁简，留有公费空粮不等。”① 继任甘肃提督师懿德则称：“奴才自抵任后清查兵数，乃有殷泰题定亲丁八十分，遵守养家，仅可度用；外有前任孙思克、殷泰、江琦历传公费名粮，奴才见有三百分之数。”② 又据康熙六十年（1721 年）八月江南提督高其位奏称：“到任之时，据标下六营官弁呈送兵粮一百八十分，坐粮一百二十分，云系历来提督所带家人亲丁所食。此外尚有公费守粮二百四十分，云系修造盔甲旗帜巡船炮位、春秋二季操演赏兵各项支销。”③ 同时，有些省份又在亲丁名粮、公费名粮之外，另设名目以饱私囊。如年羹尧所奏：“四州提督衙门例有亲丁坐粮八十分，坐马二十匹……而每年添补军资、一切公事，原有公费粮一百分，向系马粮三十名，步粮七十名，收贮公所，各营公支公用。……前提臣康泰增改马粮七十六分，步粮四十八分，总为提督衙门私用，而公费另派各营。又于亲丁坐粮之外有家人马步粮六十二分。及陛见回川，复有马兵空粮三十分。经制额兵未便空悬如许，致使镇协效尤。”④

另一方面，在名粮定额之外，各地绿营将领任意侵蚀空粮的现象依然严重，并不曾因有名粮定例而使此风稍刹。如康熙四十九年（1710 年）谕称：“各省皆有食空粮者……若浙省兵千名，

---

① 《康熙朝汉文朱批奏折汇编》第 5 册，档案出版社 1985 年版，第 218 页。

② 档案，康熙五十三年十一月九日师懿德奏：《为请旨事》。

③ 《康熙朝汉文朱批奏折汇编》，第 8 册，档案出版社 1985 年版，第 831 页。

④ 年羹尧：《奏定提督坐粮坐马公费折》（康熙五十七年四月三日奏），见《年羹尧奏折》。

食空粮则有五百名。"① 康熙五十七年（1718 年）谕称："各省兵丁空粮甚多……不独远省为然，即直隶近处，空粮亦不胜数。"康熙帝并把这种甚为普遍的武官侵蚀空粮，比之为"文官的摊派加耗"，无处不有。② 时人亦认为"营中积弊，莫要于虚冒扣尅"③；"营伍不成营伍，塘汛不成塘汛，总由虚冒扣尅积致，废弛不堪"④。雍正帝曾自豪地把清军喻作长城，但他同时指出，绿营将领"虚名冒饷，侵渔扣尅，视为故常，以致朝廷恤兵养士之典，止供将吏肥家之计"，结果是"师旅有枵腹之忧"，"营伍有空虚之患"，必致"自坏长城"。⑤ 广西巡抚金鉷亦云，绿营将领"于定额名粮之外，或仍有坐粮数十分至一二百分不等，因而将、备递有私留……"⑥

正是由于各地绿营名粮的混乱规制，以及绿营将领的任意侵蚀空粮。同时，各地的名粮在定例之内有的食"马粮"（马兵之粮饷），有的食"步粮"（步兵之粮饷），有的食"守粮（守兵之粮饷），待遇不一，互相攀比。因此，雍正八年（1730 年），应河道总督、雍正宠臣田文镜之请，对各省的亲丁名粮重新更定，以求划一。

雍正八年所规定的各省统一的亲丁名粮数额与康熙四十二年（1703 年）所定湖广之额相同，所不同的是规定了各级将领所食亲丁名粮额数内的马粮、步粮比例，同时增定了外委千把总的名粮。先前，绿营将领的亲丁名粮多以食步粮为主，这一更定，事实上在一定程度上提高了绿营将领的待遇。可参看下表。⑦

---

① 《康熙朝东华录》卷 17，康熙四十九年四月壬寅。

② 《康熙朝东华录》卷 20，康熙五十七年十一月戊戌。

③ 档案，康熙五十一年六月十二日王文雄奏：《为仰祈睿鉴事》。

④ 档案，康熙六十年八月一日高其位奏：《为奏闻请旨事》。

⑤ 《雍正朝东华录》卷 1，雍正元年正月辛巳。

⑥ 《皇朝经世文编》卷 70，《兵政一》。

⑦ 嘉庆《大清会典事例》卷 203，《户部・俸饷》；《清朝文献通考》卷 42，《国用四》。

类　别	名粮数额（人）	马步比例	年支银额（两）
提　　督	80	马步各半	1440
总　　兵	60	马步各半	1080
副　　将	30	马步各半	540
参　　将	20	马步各半	360
游　　击	15	马七步八	264
都　　司	10	马步各半	180
守　　备	8	马步各半	144
千　　总	5	马一步四	72
把　　总	4	马一步三	60
外委千把总	1	步　　粮	12

此表是雍正八年议定的各地绿营将领亲丁名粮的统一定例。但应该指出的是，有些地区在马、步比例方面仍有不同的个例。如安徽宁国营参将名粮20分，仅食马粮5分，步粮为15分（其中战粮11分，守粮4分），并非是“马步各半”。千总与把总也未按“马一步四”或“马一步三”之例，而均为步粮，未食马粮。① 又如福建，雍正十二年（1734年）正月核准：“陆路各营守备以上，均给与马四步六，千总马一步四，把总马一步三；台湾并水师各营，全给步饷。”除陆路各营千总、把总官合例外，余则与统一定例迥异。② 再如陕甘，情况更有所不同，“提督标下大小各官亲丁俱照马七步三之数食粮”，各镇标除凉州镇标亦按“马七步三之数食粮”外，余则参差不齐，肃州镇标为“马八步二”，宁夏镇标、西宁镇标、安西镇标为“马六步四”，大通镇标为“马步各半”等。之所以如此，据陕甘提督宋可进奏称，是由于在统一定例后又奉有谕旨：

① 嘉庆《宁国府志》卷20，《武备志·营汛》。
② 《明清史料》戊编，中华书局，影印本，第28页。

提督等官亲丁名粮，前降旨准其马步各半，各省通行者，乃朕体恤武弁，俾得养赡从容之意，令览魏经国所奏（按：魏氏当时为直隶古北口提督），有不得不因地制宜之势，其言甚为明晰。着将此奏通行直省，令该督抚提镇各就本地营伍情形，悉心妥议具奏①。

可以认为，凡是各地定例与上表不同者，均是另外奏请酌改使然。

尽管各地有马、步比例的差别，但亲丁名粮数额却归于统一。通过上表也可以知道，绿营各级将领的亲丁名粮银额已大大超过了其岁支俸薪银额，从而成为绿营将领在俸薪之外的主要经济来源。

三

但是，亲丁名粮毕竟是一种为限制将领任意虚冒兵额而采取的临时应付措施，它的积极方面是在国家财政支出不增加的情况下，借“名粮”以提高绿营将领的经济待遇，遏制绿营将领的虚冒扣赳之弊。所以，早在康熙五十三年（1714 年）陕甘提督师懿德提出“刻意减省名粮”的意见后，康熙帝即朱批：“此项自然照前例方是。”② 康熙六十年（1721 年）八月江南提督高其位奏请“空粮召募补伍”，也未获批准，康熙帝朱批云：“凡武官不可责之过于清，如陈瑸之清，留祸于后官，以致台湾之反，其来有自。”③ 又如雍正五年（1727 年）十二月江西巡抚布兰泰在议及裁汰公费名粮时，雍正帝夹批：“此项公费名粮万万不可裁去，朕意但当察访其用之公与不公，不必斤斤较论其数之多寡。”在议及裁汰亲丁名粮时，雍正帝夹批：“为数无多，不必尽裁，武弁之空粮，犹之文员之耗羡，其所以养廉者，只此些许……虚占太多，则断不可，若

① 《明清档案》第 44 册，第 90 件，雍正八年七月十二日宋可进奏折。

② 档案，康熙五十三年十一月九日师懿德奏：《为请旨事》。

③ 《康熙朝汉文朱批奏折汇编》第 8 册，第 831 页。

似此过刻，朕亦不取也。”① 从这里也可体会到，名粮的难以议裁，一方面是为“养廉”的需要，另一方面也受着清廷财政支出限额的制约。

而名粮的消极方面，是承认和保留了绿营的数万名虚额。当时，各省的名粮数额为65143名，“俱于步兵缺内顶补”②，造成经制兵额的不足。在国家财政好转的情况下，乾隆帝意识到名粮之弊，于乾隆四十六年（1781年）谕称：“国家经费，原当量入为出。而足兵卫民，又不得稍存靳惜之见。……见在户部银库尚存七千余万两，何必于此鳃鳃过计”；“向来各省提镇，下至将弁，皆有分扣兵丁名粮，作为得项。……虚额空粮之弊，不可不彻底清查。著传谕各督抚，将提镇以下分扣名粮实数查明，据实具奏。”③ 于是，诏令废除名粮制度，将名粮虚额“挑补实兵”。同时，议照文职养廉以及八旗武职养廉成例，支给绿营武职养廉，以养廉银额代替亲丁名粮银额。绿营的公费名粮也同时取消，另外支发公费银。

绿营的武职养廉银额，各省的定例为：提督2000两，总兵1500两，副将800两，参将500两，游击400两，都司260两，守备200两，千总120两，把总90两，外委千把总18两。④ 绿营支发的武职养廉银岁额显然亦考虑到了此前的亲丁名粮岁额，在名粮的基础上养廉银略有提高。

在边疆省份的某些营镇，养廉岁额略高于各省通例，如乌鲁木齐提督为2800两，伊犁总兵、巴里坤总兵为2100两，玛纳斯、哈密等营副将为1200两，参将为800两，游击为600两，都司为380两，守备为320两，千总为180两，把总为120两，外委千把总为28两。云南腾越镇总兵为1600两，副将为900两，游击为450两，

---

① 《雍正朱批谕旨》第10册，布兰泰奏折。

② 钞档：《俸饷》2，《薪俸养廉（二）》。中国社会科学院经济所藏。

③ 参见王庆云：《石渠余纪》卷2，《纪列朝各省兵数》。

④ 嘉庆《大清会典事例》卷208至209，《户部·俸饷》。按：京师巡捕营议定武职养廉的时间是乾隆四十九年，要比各省晚，养廉银额也有所不同，参见《皇朝政典类纂》卷177，《国用·俸饷》。

都司为300两，守备为220两，千总为140两，把总为100两，外委千把总为22两。四川崇化五营游击为520两，都司为340两，守备为260两，千总为160两，把总为120两，外委千把总为28两。另外，云南提督加赏银500两，云南总兵及福建台湾总兵加赏银200两。① 这可以视作是对边远地区绿营将领的一种优赏。

我们还注意到，在实行养廉后，仍有亲丁名粮的个例，如安徽宁国营："外委千总一员，仍食战粮一分，外加养廉银十八两。"②不过，这种现象并不多见。

绿营的公费名粮，于乾隆四十六年（1781年）一并取消，挑补实兵，其公费需款诏令自乾隆四十七年（1782年）为始"作正项核实报销"，从而成为所谓的"公费银"。

绿营公费银的用途据《清朝续文献通考》所说，是"修制军械"，有所疏忽。实际上与原来的公费名粮用途相同，一是用于修制器械，二是用于上下交际，三是用于办理公务。而"办理公务"才是其主要用途。

绿营公费银自乾隆四十七年作正开销后，除江苏、江西二省岁无定额，实报实销外，其余各省每年均有一定的额设银数，直隶等省合计为273499两③。若再加上江苏、江西之额以及另款造销的湖北提标、郧阳、竹山等镇协营的岁支公费银数，绿营的年公费银总额约为30万两④。其经费来源一般指称为"于地丁项下动拨报销"，实则是动用各省藩库的地丁耗羡银。

至于绿营武职养廉的经费来源，在乾隆四十六年议定绿营武职养廉时即有明确的规定："武职养廉银两，在于耗羡盈余及一切闲散款银内尽数动支，如有不敷，或许动用正项，奏明请旨。"⑤ 即是说武职养廉的支出主要动用耗羡等银，基本不在正项钱粮内动

---

① 嘉庆《大清会典事例》卷209，《户部·俸饷》；乾隆《钦定八旗通志》卷36，《兵制志·恩恤》。

② 嘉庆《宁国府志》卷20，《武备志·营汛》。

③ 据嘉庆《大清会典》卷12，《户部》所载各省之数合计而得。

④ 参见同治《钦定户部则例》卷77，《廪禄五》。

⑤ 嘉庆《大清会典事例》卷210，《户部·俸饷》。

支。嘉庆《大清会典·户部》亦明确记载：“绿营武职及驻防官兵养廉、红白事例银，在耗羡、匣费及盐规、杂税银内动支。”但是后来一切有名之款和无名之款都在地方财政中开支，地方财政紧张，“因耗羡无存，遂致动用地丁正项”①。我们也注意到，在清代中后期，许多省份动用了正项钱粮，但有些省份仍在耗羡、杂税银内动支。

那么，从财政角度着眼，不难得出结论：绿营的亲丁名粮改为武职养廉，公费名粮改为公费银后，除挑补实兵增加了中央的财政支出外，在很大程度上是加重了地方的财政负担。

而且，取消名粮、挑补实兵的“足兵卫民”、“廉洁将弁心志”的初衷，随着清代军政的日趋腐败，其实际效用值得怀疑。所谓“各省营伍积弊相沿，仍属有名无实，于武备亦未能大有裨益”②；所谓“武官役使兵丁，势所不免……裁撤之后，未必能禁止天下武官不复役使兵丁”③；所谓“未收增兵之益，徒受增饷之害”④等，即是这种情势的再揭示。

综合上述，有必要对以下几个问题加以提要阐明。

第一，在康熙四十二年（1703年）湖广试行亲丁名粮制度之前，事实上已经存在着绿营将领以从役、家丁名目顶替兵额开粮以及任意虚冒兵额、侵蚀空粮的名粮现象，而且相当严重，成为经制兵额不足的重要原因和臣僚屡加议论的焦点。康熙四十二年试行名粮制度，只不过是对以前各级将领名粮数额的承认和在一定程度上予以限制。而且在相当一段时间内依然保留、完善着这种名粮制度。其所以如此，除了军政上的腐败因素外，主要是由于绿营将领的俸薪标准较低，难以养家糊口，而清廷又受着兵额和财力的双向制约，既不可能“裁兵裕饷”，又难以增加财政开支、提高将领的俸薪标准。在此基点上，也就一如前揭乾隆帝所

① 《清朝续文献通考》卷69，《国用七》。

② 《嘉庆朝东华录》卷12，嘉庆十九年闰二月丁亥。

③ 《清朝续文献通考》卷69，《国用七》。

④ 《咸丰朝东华录》卷14，咸丰二年三月己亥。

谕："各省提镇，下至将弁，皆有分扣兵丁名粮，作为得项。"这正是默认、允许亲丁名粮的根由。至于以"公费名粮"等形式出现的名粮制度，也大多根源于公务经费无着，而修制器械、上下交际、办理公务又处处需款，不得不然。所以尽管上至皇帝下至臣僚都意识到名粮导致了经制兵额的不足以及将领借端侵蚀的弊端，但又难以厘剔。

第二，名粮制度的实行，意味着清代绿营60万名左右的经制额兵中至少有6万余名是虚额，虚额约占额兵的十分之一，这就是时人指称的"册上有兵，伍内无兵；纸上有饷，军内无饷"①。但事实上，由于同时存在着将领名粮限额之外的空粮侵蚀，绿营经制额兵中的虚额还要多，所谓"临阵十不得七"、"求精锐者不得一半之用"等，即是大致标示。所以我们便看到，在诸如三藩之役、平准之役、金川之役等战争中，清廷不得不重新募兵以增实力。战争时期的募兵虽然受制于战争态势的各种因素，但不能不说与绿营经制额兵不足有关。这种募兵不但增加了清廷的战时军费支出，而且又使清廷陷入战时募兵、战后裁兵的周期循环，一些相关问题也同时发生。

第三，从本质上讲，乾隆四十六年（1781年）的裁撤名粮——以武职养廉代替亲丁名粮、以公费银代替公费名粮，对填充绿营的经制缺额、整肃军政以及理顺财政与军政的关系有着重要意义，但由此也增加了清廷的财政负担。在改弦易辙之初，乾隆帝因有7000余万两户部存银可恃，财大气粗，宣称"官员既无拮据，而各省又增兵力，于行伍大有裨益"，但此后由于清廷财政困窘，不免受到继位者的指责，前揭"未收增兵之益，徒受增饷之害"云云，即是指此。这种指责虽不一定公允，但同时也标示出在绿营战斗力日减、军政日趋腐败的情况下，裁撤名粮作用的式微以及对清代财政特别是地方财政造成的重负。

第四，名粮制度不独实行于绿营，八旗军队中的"随甲银"、

---

① 赵申乔：《核兵额以杜冒饷疏》，见《皇清奏议》卷9。

“丁粮马乾”等实际上也是一种名粮制度。① 所不同的是，八旗在实行武职养廉的同时，并不曾将这种“名粮”取消，依旧享受着养廉银之外的名粮待遇。这种差异虽然与八旗制度的特点有关，但也反映了清廷对八旗恩养政策的贯彻以及八旗与绿营间的畛域。

原载《社会科学辑刊》1992 年第 6 期

---

① 参见拙文:《八旗饷制与八旗的盛衰》，载《武汉大学学报》，1991 年第 2 期。

十四、

三藩之乱与清廷的经济政策

可以认为：清代二百数十年的历史，有两个转折点：一是康熙年间历时八年的三藩之乱，一是嘉庆年间历时九年的白莲教起义，前者标志着清王朝的由乱到治，后者标志着清王朝的由盛转衰。本文拟对三藩之乱期间清廷的经济政策作初步探研，借以管窥在非常时期清王朝如何度过难关，如何实现由乱到治。

一

康熙十二年（1673 年）十二月，以“撤藩令”为导火线，吴三桂首先在云南扯起反旗，并以迅雷不及掩耳之势，挺进湖南，占据常德、衡州、长沙、岳州诸战略要地。其后，耿精忠据福建叛，尚可喜之子尚之信据广东叛。吴三桂的边将部旧也趁机纷纷叛乱。长江以南半个中国，复为戎马之区。这就是波及十余省、历时八年的三藩之乱的大体情况。

战争，当然不只是血与火的交织，它的更大意蕴是社会经济的凋残和财力物力的消耗。

因此，八年之战造成两种并行不悖而又互相激化的结果：一是政府原有收入的锐减，一是政府原有支出的激增。

据《清圣祖实录》记载，三藩之乱爆发以后，清廷最主要的岁入——田赋收入从2600余万两减少到2000余万两；原有的盐税收入也由270余万两减少到220余万两。正可谓是“三藩乱起，年失数百万之入”①。

战争期间的支出，除每年一千数百万两的正常兵饷外，有下列诸项，兹分别述之：

出征行粮之费——清制规定：凡出征将士，除原支月饷照领外，另外支给“行粮”。据刘献廷《广阳杂记》卷一所载，八旗官兵所支行粮则例如下：

类　别	年俸饷银	月支行粮（银）	月支行粮（米）
甲喇章京	130两	6两	八合三勺
牛录章京	105两	6两	八合三勺
分得拨什库	60两	4两	——
小拨什库	48两	2两	八合三勺
马　甲	36两	2两	八合三勺

如上，则出征行粮占原官兵俸饷银的一半以上。如甲喇章京年俸银为130两，年支行粮银一项为72两，约占十分之六；马甲年饷银为36两，年支行粮银一项为24两，约占十分之七。

三藩之乱期间，清廷先后动用“旗、绿兵至四十万”②，其行粮的开销，为数惊人。

官兵赏恤之费——“赏”，指克敌破城、凯旋回归将士的赏赐；“恤”，指战争中阵亡、伤残将士的抚恤。此二项在《大清会典事例》中均有明确的规定。值得注意的是：在赏赐方面，清廷

① 《平定三逆方略》卷1。

② 《清史稿》卷131，《兵志》。

为了鼓励将士拼命，往往打破成规，加倍赏银。三藩战争伊始，康熙帝就下令："出征将士及匠役等各加倍赏银。"① 在抚恤方面，贪劣将官也往往借兵丁阵亡、伤残之例，捏报名额，从中取利。这无疑都加大了军费的支出。

制造兵器之费——这包括兵丁随身所用兵器的制新修旧，火炮、船舰的制造等。兵丁所用兵器，有一部分属其自备，除此外，皆由公用钱粮中支销。由于"兴师日久，满洲、蒙古、汉军兵丁器械朽坏"②，兵器的制新修旧是经常性的，所费亦巨。火炮、船舰的制造，在三藩之乱期间具有突出的地位。据《清史稿·兵志六》所载，为取岳州，一次即"造鸟船百艘，沙船四百三十八艘"，动支银20万两。

采买军粮之费——清廷赋税所入多为折色，战争时期的军粮成为迫切的问题。军粮所需除一部分靠鼓励官员、商民捐助外，大多由户部支银采买。我们从康熙十三年浙江军费中，可窥采买所费之巨。该年，驻防浙江、进讨耿精忠的满汉大军共用银20002800两，采买米豆等所需即达1217809两③，占总额200余万两的一半有余。在采买过程中，军队将领又和地方官员狼狈为奸，浮冒开销，贪污中饱，致使军粮的采买成为一笔糊涂账。康熙十五、十七年(1676、1678年)清廷虽多次颁定"文武官市买军需浮冒开销处分"④，但多无补于实际。

新募兵之费——战争爆发后，军队调拨连年，将士死伤频仍，兵力严重不足。就连边远地区也不例外。吴振臣《宁古塔纪略》曾记述宁古塔情景说："后因吴三桂造逆，调兵一空。"在这种情况下，清廷不得不进行募兵。据《平定三逆方略》各卷统计，三藩之乱期间各省募兵多达67800名。虽然在募兵中康熙多次强调"招募有资力者"，但有兵就有饷，新募兵的大量增加，势必加大

① 《平定三逆方略》卷1。
② 《平定三逆方略》卷38。
③ 档案：《兵马钱粮册》第1906号。中国第一历史档案馆藏。
④ 《平定三逆方略》卷35。

财政支出。

转输之费——三藩之乱爆发后,由于参战省份需饷的浩繁,临时性的协饷十分突出。以湖北为例,在康熙十七年(1678年)秋天之前(吴三桂病死之前),受协银额是颇为巨大的。康熙十三年(1674年)一年中,各省与户部拨充湖北军费额即达350万两。① 协饷的长途运输,所耗可想而知。在转输之费中,军粮的运送亦十分突出。据《陆路运送军粮脚价》规定:"运送军粮,口内口外,以百里为一站,口内每石给车价银一钱五分,口外给车价银四钱。"

三藩之乱时期的军费支出,头绪纷杂,典籍缺记,实在难以得出一个准确的数字。在战争之初,康熙虽有旨令"拨饷一次即造册奏销一次,以杜不肖官役借端牵混、挪移侵欺并贱价作贵等弊"②,但现存康熙朝"奏销册"也记载不全。兹就档案所见,列举湖北一省军费支出如下:③

时　间	军费额(两)
十三年元月至七月	2663666
十四年四月至闰五月	337897
十六年正月至二月	424137
十七年六月至九月	701745

以上所列四个年份共16个月,军费支出中合计为4127445两。若按月均分的话,每月支银约25万余两。年约支银300万两。这个数额仅是兵饷,豆草所支,不包括粮米等其他费用的支销,也不包括武昌驻军的支销。④ 因此,实际军费当远比此为多。

① 档案:《兵马钱粮册》第2077号。

② 档案:《兵马钱粮册》第2077号。

③ 档案:《兵马钱粮册》第1613号、1646号、1659号、2077号。

④ 据档案称:湖北武昌驻军的军费单列,另册奏销,但未能查见当时的奏销册。

康熙二十年（1681 年），江宁巡抚慕天颜谈到了三藩之乱期间的军需情况。他说："逆贼吴三桂反叛之后，王师出征，军需取给于江南不下三千万两。"① 江南系清廷所依赖的财赋重区，约占清廷年收入的十分之一。若照此估算，三藩之乱期间的军费额则高达三亿两。

二

战争期间各项支出顿增，饷需殷繁，这造成了清廷的财政危机。鉴于此，清廷采取了一系列以筹措军费为目的的经济政策，兹拣其要者分述如次：

1. 裁"存"为"起"

清初沿袭明制，所入地丁钱粮分为两部分：一部分留作地方经费，称为"存留；一部分解送中央，或听候户部指拨，称为"起运"。两者的比例并无一定之规，"顺治初年，钱粮起、存相半"，"后因兵饷急迫，起解数多"。② 康熙元年（1662 年），为了充实国库、改变钱粮拖欠现状，又题准"州县钱粮，先尽起运之数全完，方准存留"③，致使各地挪用存留以充起运的事情屡屡发生。这样，留作地方经费之用的"存留"之额越来越少了。到康熙七年（1668 年），存留一项只剩 338.7 万余两。与顺治初年的"起、存相半"比较，已是少得可怜。然而，清廷为了改变财政窘迫之状，该年又"裁（存留）银一百七十四万四千三百六十九两零，止实在存留银一百六十四万三千二百三十七两零"④。

存留一项本是作为地方经费开支之用，清廷一再削减存留为起运，对充实国库不无小补，但地方经费却因此而紧张。地方官自然

---

① 同治《苏州府志》卷 12，《田赋一》。
② 同治《苏州府志》卷 12，《田赋一》。
③ 嘉庆《大清会典事例》卷 170，《户部 · 田赋》。
④ 蒋良骐：《东华录》卷 9。

不会掏腰包填补经费开支的亏空，势必想出各种名目取之民间。刑部尚书朱之弼曾言真意切地指出："生民疾苦大事莫过于康熙七年酌省存留钱粮一案。夫存留钱粮原留为地方之用，载一分则少一分，地方官事不容已，不得不又派之民间，且不肖有司因以为利，是又重增无限之苦累矣！"玄烨在大臣们的疏谏下，同意将"康熙七年所裁各款自九年为始，复其存留"①。也就是说存留仍为338.7余万两。

三藩乱起，"各处用兵，禁旅征剿，供应浩繁"②。因此，清廷决定：从康熙十四年（1675年）起，"存留钱粮，尽裁充兵饷"③。这样，清廷国库之入年净增300多万两。

2. 举办"捐纳"

清朝的捐纳，自顺治年间始，是通过直接出卖官位或通过加级、议叙、旌奖的办法以增加财政收入的措施。为了加以区别，我们把前者（直接出卖官位）称为"捐官"，把后者称为"捐助"。

顺治年间规定，按出资捐纳定额，现任官员可以加级，商民可以得到旌奖，士子可以入监读书，但均不能直接得到官位，属于"捐助"的性质，所得捐款有限。康熙时捐官、捐助皆有，所入甚丰。据《清史稿·选举志》载："文官捐（按：捐官又分为"文官捐"和"武职捐"。"武职捐"始自雍正初）始康熙十三年，以用兵三藩，军需孔亟，暂开事例。"从康熙十三年到十六年（1674—1677年）三年的时间，捐纳的知县官达500多人，捐款收入200余万两。除了捐款所入外，捐纳的粮草也蔚为可观。单是江南十六年份"大兵进剿长沙等事"和"长沙大兵粮饷等事"两案内，就收捐纳米（分为"捐纳知县"、"捐纳先用"、"捐纳遇缺即选"等项）143990石，收捐纳草4922400束④。

① 蒋良骐：《东华录》卷9。

② 《平定三逆方略》卷36。

③ 同治《苏州府志》卷12，《田赋一》。

④ 档案：《各项钱粮收放数目文册》第972号。

这种捐纳虽然大大增加了清廷国库收入，但由于是直接捐补实授官职，所以弊端丛生。云南道监察御史陆柞蕃在康熙十七年（1678年）曾评论道："因军兴旁午，需饷浩繁，暂开加纳一途，原属权宜不得已之计，但事例既行，人皆奔走于功名，不得鉴衡流品。或生长富贵，未识诗书；或年力未强，不娴民社。一旦膺百里之任，不免措置乖方，有伤治道。更有虑者，捐重资以邀禄仕，非必尽出于有余；既拮据于一时，势必取偿于百姓……"①

鉴于此，清廷作了一些相应的规定："康熙十八年，定捐纳官到任三年称职者，具题升转，不称职者题参。"② 即是用三年的察看期来评优劣、防贪残。此用意无疑是好的。

作为辅助措施，同时实行了"捐助"，包括"官绅捐助粮米"、"士子捐银"、"生童捐读书资格"、"地方官捐助制造兵器"、"外藩捐马"五项。

此种捐助，收入亦颇可观。据《兵部奏销册》所记，康熙十七年江苏八府三十四州县，只"生童捐读书资格"一项，就收银九万一千八百余两③。其他各省若按此推算再加上其他捐助所入，数目当不会小。

与上述捐官相比，捐助堪称良法。既增加了国库收入，应付了困局，又避免了一些弊病。工科给事中甘文焕在康熙十七年（1678年）的一份奏章中曾说："……唯有鼓励捐助一法，弊端不生，事获有济……"④《履园丛话》的作者钱泳在谈到生童捐银读书时，也曾议论道："康熙十七年戊午，有旨令该各直省童生每名捐银一百两，准于入泮，一科一岁，后不为例。其岁科两试之原额，仍照旧办理，其法良善。盖秀才无额，不碍仕途，一也；随处捐纳，国帑丰盈，二也；所取甚廉，不伤百姓，三也；不开悻进，多造人

① 陆祚蕃：《请停止捐纳知县疏》，见《皇清奏议》卷20。

② 《清史稿》卷112《选举志》。

③ 钞档：《兵部兵马类》（1），《兵马钱粮·江南》。中国社会科学院经济研究所藏。

④ 档案：《奏章文册》第2809号。

才，四也。亦协济之一法也。”①

3. 裁俸与汰费

清代的官俸制度，初定于顺治元年（1644年）。分为九品十八级，从正一品俸、薪银359.5两，到从九品俸、薪银31.5两，各不等。

顺治年间，因国用不足故，曾有裁俸之举，但裁减有限。三藩之乱爆发后，“军需孔亟，凡内外大小臣工，各减月俸，以佐兵饷”②。

康熙十四年（1675年）正月正式开始裁减，战争结束后的康熙二十一年（1682年）陆续复俸。兹以江苏为例，作一说明。下表是江苏省城官员此一时期的裁俸情况③。

年　份	俸银原额（两）	裁减额	实支额
十四年	4288.7	1696	2592.7
十五年	4270	2376	1894
十九年	3820	3459	361
二十一年	3815	2597	1218

上表基本上可反映战争期间的裁俸概貌。在康熙十四年（1675年）时，还只是裁减官俸正额（全裁）④，心红纸张等银未见裁减，所以实支俸银尚有半数以上。随着战争时日的拖延，裁减越来越多，到康熙十九年（1680年），实支俸银已是寥寥无几了，只占原俸额的十分之一弱。

---

① 钱泳：《履园丛话》卷4，《协济》。

② 《皇清奏议》卷21。

③ 档案：《文武官员俸银数目册》第1469号、1470号、1473号、1474号。

④ 在某些部门，裁俸情况有所不同。据现存档案《江宁织造府官员钱粮支销册》记载，康熙十六年，织造官律银130两，裁俸65两；物林达俸银60两，裁俸24两，裁减额为50%左右。

除地方官员的裁俸外，八旗军官的俸银也于“康熙十四年三月十六日奉文裁减”，固山额真月裁5两（原20两），甲喇章京月裁2两（原7两），牛录章京月裁1两（原5两），笔帖式月裁0.5（两）（原3两）。① 绿营军官未见到裁俸的记载，这可能与其当时没有“坐支空额”的待遇有关。

战争期间实行的汰冗费措施，据康熙朝档案所记，包括“可缓等事案内裁款”、“合计天下财用案内裁款”、“酌议捐省等事案内裁款”、“请旨裁袍船水脚银”、“奉上谕裁祗应、库斗等银”、“请旨酌量事案内裁款”等项，并把裁减所得全部移作军费。以江南为例，康熙十六年江宁、常州两府（共九县）“可缓等事案内”裁银2571两，“合计天下财用案内”裁银5927两，“酌议捐省等事案内”裁银10602两。这些银额全部改充京口二路四营兵饷。② 达到了在现有财力下减少不必要的财政支出，集中应付军费的目的。对冗费的裁减，尚涉及中央财政和地方财政之调整，这里不作讨论。

4. 对绅衿地主隐占田亩的清查及其他

绅衿地主包括官户、儒户、乡绅大族，是地主阶级的上层。他们在政治、经济上一向具有特殊的地位，这使其不但能优免本身丁徭，而且能给亲族提供逃避国家赋役的庇护所。顺治末、康熙初，绅衿隐占田亩的现象非常普遍，“亲族人等冒借名户，希图幸免，以致绅衿名下之田半皆影冒”③。这势必影响清廷的财政收入，因而也就导致了封建政权与绅衿地主之间在经济利益上的矛盾。有名的“江南奏销案”，就是这个矛盾的产物。

顺治十八年（1661年）的“江南奏销案”无疑是对绅衿地主的一次打击，但有很大局限性。打击所限，只是对绅衿地主的欠赋

① 钞档：《兵部兵马类》（1），《兵马钱粮·江南》，中国社会科学院经济研究所藏。

② 钞档：《兵部兵马类》（1），《兵马钱粮·江南》。

③ 同治《苏州府志》卷13，《田赋二》。

抗粮进行惩罚，而对绅衿的隐占田亩并不曾认真过问。

在筹饷紧迫的情况下，清廷于康熙十三年（1674 年）“特令通计该州县田地总额与里甲之数，均分办粮当差，不许多占隐匿，苦累小民”。康熙十五年（1676 年），又进而颁布了“隐田罪例”。其制规定：“该管官能查出隐田者，按地多募，分别议叙。凡举首他人隐地十顷以上者，即以其地与之；妄告者罪。凡从前隐匿之地，限文到八个月自首免罪。”① 这一措施，对增加国库收入并借以支付军费，无疑是有益的；对为所欲为的绅衿进行必要的打击，对稳定、发展社会经济，也多有好处。

在对绅衿地主隐占田亩进行清查的同时，康熙还采取了另外两项措施，即“改追优免人丁”与“绅衿加征地亩银”。

所谓“改追优免人丁”，就是对原来应优免的绅衿进行重新追征。其银“解部充饷”。据档案记载：康熙十六年江南京口二路四营的兵饷来源中，有一部分即是来自康熙十年优免丁银的改追。②

“绅衿加征地亩银”，是对官宦所属田地进行额外加征。据《上海县志》记载：“康熙十五年以军需，加征官宦田地每亩三钱，每石三斗。”③ 加征的比例还是不小的。康熙十七年江南京口二路四营兵饷项下有两笔数额是来源于此：一是康熙十六年对官宦地亩的加征，共银 5793 两，来自江南 16 州县；一是康熙十七年对官宦地亩的加征，共银 3859 两，来自江南 14 县。④

在封建社会，大部分土地为官僚地主所占有。“绅衿加征地亩银”的实施，为清廷开了一个充足的财源，堪称精明之举。

5. 盐课的加征

清初的盐课，基本上是按明万历年间的旧额按引征课。“顺治元年，行盐 719550 引，征课银 158973 两有奇”，“其后统一区夏，

① 《清朝文献通考》卷 2.《田赋》。
② 钞档：《兵部兵马类》（1），《兵马钱粮·江南》。
③ 同治《上海县志》卷 6，《田赋》。
④ 钞档：《兵部兵马类》（1），《兵马钱粮·江南》。

引日加而课亦日盛”。到康熙元年（1662 年），盐课已达 2733578 两，与顺治元年（1644 年）相比，增加了 17 倍多，成为清廷的大宗收入。

三藩之乱爆发后，在盐课方面实行了各种名目的加征政策：

第一，加征五分银。如上所述，清初的盐课，是按引而征。加征五分银，即是在原定额的基础上多征之银。《清盐法志》卷二三载：“康熙十四年户部题准量增盐课，以济军需。每引增银五分。”康熙二十五年（1686 年）加征停止。

第二，加斤增课银。清初定制：“凡引有大引，沿于明，多者二千数百斤。小引者，就明所行引剖一为二，或至十。”① 一句话，每引盐的重量均有一定之数。所谓“加斤增课”，就是在原引定量的基础上加码加征。据乾隆《江南通志》卷八七所记，加斤增课始于康熙十六年（1677 年），“每引加盐二十五斤，带课银二钱五分”。但各省虽然加斤数相同，增课额却不一样，如长芦、河东增课额是七分，山东是四分，浙江是三分等。净增银每年当在 20 万两以上。

第三，遇闰加课银。康熙十七年（1678 年）五月，给事中余国柱疏言：“天下盐课定额，不下三百余万，止陕西省遇闰加银，应令各省一例，又可增银二十余万，于军需不无小补。”② 这一建议，很快得到户部议准，“（康熙）十七年、十九年有闰月，遵例征解”③。如是，清廷则又增加 40 万两的收入。

第四，计丁加引。虽然“自滇黔告变，所在揭竿蜂起，盐无行销地，商皆裹足不前；至亦榛墟弥望，无所得售”④，但清廷为了增加收入，仍于康熙十七年（1678 年）陆续采取了“计丁加引”的办法。

除以上四种具有普遍性质的加征外，在个别盐区、个别年份还

---

① 《清史稿》卷 123，《食货志》。

② 《清史列传》卷 8，《余国柱传》。

③ 光绪《浙江通志》卷 83，《盐法志上》。

④ 《清史稿》卷 123，《食货志》。

有临时性的加征。总而言之，在三藩之乱期间，通过各种名目加征的盐课数额是很大的。现存康熙朝档案也反映了这一点。下面以浙江为例加以比较①：

康熙十年	盐课额 369672 两
康熙十三年	盐课额 370131 两
康熙十八年	盐课额 474909 两
康熙二十年	盐课额 495089 两

据上列，可清楚地看出：到战争结束时的康熙二十年（1681年），浙江一省的盐课额比战前的康熙十年（1671 年）增加了十几万两；康熙十二年（1673 年）战争虽已爆发，但康熙十三年（1674 年）和康熙十年（1671 年）的盐课额基本相同，其后数额的猛增，是来自康熙十四年（1675 年）始的各种加征。

三藩之乱期间，清廷所收盐课由各产盐区直接递解用兵处所。从康熙十八年（1679 年）四月至康熙十九年（1680 年）五月一时期内，单是两淮解充湖广等地的银额即达 135 万余两②，一时解了清廷的燃眉之急。

6. 关税及其他杂税的征收

清初的关税即“常关”税。顺治初年曾废除明末的加增税额，“定各省关税”；康熙四年（1665 年）又“罢抽税溢额议叙之例”。这些措施无外乎是想剔除横征暴敛之弊，振兴商业，以期达到稳步增加收入的目的。到了康熙十四年（1675 年），清廷急于筹饷，除了严申关差考成之制外（前定：欠税不足半分者罚俸；半分至四分，分别降调。此时定：欠不及半分者降一级留任），又重新实施“溢额议叙”法。规定：“全完者记录一次。溢额每千两者，加一级；至五千两以上者，以应升缺先用。”康熙十六年（1677 年）又进一步规定：“各关税额二万两以下者，仍照前议叙。二万两以上者，额税全完记录一次，溢额半分以上加一级，一分以上加二级，

① 档案：《盐课银两数目册》第 1141 号、1142 号、1145 号、1147 号。

② 档案：《盐课银两数目册》第 1143 号。

一分半以上加三级，二分以上加四级，三分以上以应升缺先用。数多者递准加级。"① 此政策的实施，使关税之额骤增。

其他杂税包括牙税、田房契税、落地税、当税、茶矿鱼课等名目。康熙十三年后，各项杂税多有加征②，但由于史料的缺乏，我们无法弄清加征的比例和数额。就现存《康熙十九年江苏等八府杂税奏销册》来看，牙税等杂税的加征似分为"加增"、"议增"、"新增"诸项。其牙税、田房契税、落地税征收情况如下表③：

税　项	旧额加增议增等银（两）	已完银	未完银
牙　税	9190	7648	1542
田房契税	19299	15257	4042
落地税	3017	2593	424

从上表可以看出，各项杂税均未全数征完，这恐怕不是地方官催征无方所致，当与加征过苛有关。

三

归结上述六个方面的筹饷措施，可见其分属经济政策中的四个范畴：调整中央财政与地方财政，将地方财力集中上调以应急需，即"裁存为起"者，此其一也。充分调动富有阶层的财力，以报效于国家，即"举办捐纳"、"清查绅衿"者，此其二也。紧缩开支，节细流以救燃眉，即"裁俸汰费"者，此其三也。酌情度势调整税制，以达多聚敛而不伤其本，即"盐课加征"、"关税、杂税加征"者，此其四也。

---

① 《清朝文献通考》卷26，《征榷》。

② 参见光绪《浙江通志》卷76，《蠲恤》；《清朝通典》卷8，《食货》。

③ 档案：《黄册·正杂钱粮文册》，第1384号。

如上，则得出下面的结论：清廷在三藩之乱期间的经济政策颇费苦心。它摒弃了明末在筹措军费时竭泽而渔的愚蠢办法，避免了直接的田赋加征，而多行盐课、关税等间接的加征，而且注意把沉重的军费负担摊派于社会各阶层，“贫者少费，富者多劳”，如此等等。这当是战争未使社会经济严重凋敝的主要原因。

战后，国内一统，军费顿减。清廷又立即着手解决因筹饷而出现的一些弊端，调整各种财政关系与税制，如存留迅速还归地方，停止捐纳，归复官吏俸禄，以及豁免盐税等项的加征、蠲免钱粮等，这当是三藩之乱后社会经济迅速恢复发展的重要前提。

原载《武汉大学社会科学论丛》1987 年第 1 辑

十五、

清代户部的盐政职能

户部“掌天下户口土田之籍，一切经费出入悉统理”①，是国家的财政经济中枢。清代户部运作的特点，是分司治事，按省区之名分成14个清吏司，分别掌管和兼管某一省区、某一门类的财政事务。② 盐政事务是由山东清吏司兼管的，即所谓：“职掌盐法而分其任于各省盐政，自运司、盐道以下皆受成焉。”“凡盐法，籍灶与商于官，令出盐行盐，量天下食盐之户而均布之。凡盐，有海盐，有池盐，有井盐，有土盐，有口盐，皆视其产之多寡与其运之远近以配引，而各行于口岸。其课，则别以灶课、引课、税课、包课，而榷之。”③ 光绪末年，户部改称度支部，军机处在《会奏度支部职掌章程》第八款中议定：“管榷司掌各直省盐法。”于是，

① 《清朝文献通考》卷81，《职官五》。

② 参见张德泽：《清代国家机关考略》，中国人民大学出版社1981年版，第44～45页。另参见郭松义等：《清朝典制》，吉林文史出版社1993年版，第386～387页。

③ 《清盐法志》卷5，《职官门·官制》；光绪《大清会典》卷20，《户部·山东清吏司》。

兼管盐政事务的山东清吏司为管榷司代而替之。宣统二年（1910年）正月，奏定《督办盐政处章程》，又变管榷司为督办盐政处，下设盐务总厅（掌筹议改良盐法、审定各项章程、考核盐务官吏等）、奉直盐务厅（掌奉天、长芦及吉林、黑龙江、河南、察哈尔、热河、绥远城等地方盐务）、潞东盐务厅（掌山东、河东及陕甘、豫、苏、皖等地方盐务）、两淮盐务厅（掌淮南北及鄂、湘、赣、皖、豫等地方盐务）、两浙盐务厅（掌浙东西及苏、皖、赣等地方盐务）、闽粤盐务厅（掌福建、广东及赣、桂、湘、黔等地方盐务）、庶务厅（掌钤用关防、收发文件、会计等一切庶务）等八厅分治其事。宣统三年（1911年）八月，又议将督办盐政处改为盐政院，分设总务、南盐、北盐三厅，在各产盐行盐之地则设盐务监督、副监督。未及实行，清亡。① 以上所述，是一般性的体制沿革。

从一般典籍的记载来看，在相当长的时间内，职掌盐政事务的是山东清吏司。但是，需要稍加注意的是，山东清吏司作为户部的属司，其盐务职责所及，多半属于日常事务，并没有行政决策之权，所谓“职掌盐法”、“掌盐课之政令”的权柄仍操之于户部，许多重要的盐业政策都是由户部长官直接议定的，并藉盐业政策的制定与变更来控制食盐的产运销全过程。本文主要从盐引的颁发、引岸的划分、税课的征收三个方面来窥察户部的盐政职能。

一

盐引是盐商的运盐凭证。“官商运盐，领引为先，盐无引而出场或有引而数不合，法必随之。”② 在食盐专卖制度之下，盐商只有取得盐引，才能进场配盐、按引销盐。

周庆云《盐法通志》称：“盐引之制，肇于宋，具体于元，详

---

① 《清盐法志》卷5，《职官门·官制》。

② 周庆云：《盐法通志》卷43，《引目一》。

于明，迄清而大备。印造刊发，权操于上。领新缴残，不厌精详。”① 所谓“印造刊发，权操于上”，即是操之于户部。所谓“领新缴残”，即是领取新引，缴销残引。

在印造刊发盐引方面，清廷入关伊始的顺治元年（1644 年）就曾议定：“宝泉局刊铸铜板，刷印盐引。每引纳纸朱银三厘，附同正课交都转盐运使司，按年解部，以供刷印。”② 尽管由宝泉局刊铸铜版，刷印盐引，又规定“每引纳纸朱银三厘”，有刷印经费的保证，但在新旧王朝鼎革之际，新刊发的盐引并不能及时达于盐商手中，据顺治二年（1645 年）凤阳巡抚赵福星疏称，当是时，“各商所行，皆故明旧引，其中不无混冒，请速给新引，以裕国课”。“疏入，如所请行”。③

赵氏疏入后，加快了盐引的刊发进程，一方面，于顺治三年（1646 年）“差官督理淮浙引务，加户部侍郎衔，驻扎扬州”。另一方面，为了防止盐引的混冒，又于顺治六年（1649 年）首次“铸户部盐引印，以钤盐引”。其后，康熙十一年（1672 年），“铸户部盐、茶银印二颗，钤盐、茶各引”。康熙三十年（1691 年）“铸户部、山东司盐引之印二颗，钤各盐引”④。起初的铸户部盐引印，在盐引上钤印颁行，正标示出户部的权力，而康熙三十年的分铸户部与山东清吏司之盐引印，似乎是明晰了户部与山东清吏司的职责，这正如《盐法通志》按称的：“天下盐法，统归户部；领引、缴引俱以山东司为政。户部铸造铜版，刷引目，上钤户部堂印、下钤山东司印，然后颁发到司，钤运司之印。给商。领办销完后，仍汇解山东司查销。”⑤

刷印盐引的铜版，亦管理甚严，各区均有一定的模式和数额，“盐引铜版，长芦十有一块，山东六块，河东六块，两淮十有四

---

① 周庆云：《盐法通志》卷 52，《引目十》。

② 光绪《大清会典事例》卷 231，《户部 · 盐法 · 引目由单》。按：宝泉局隶属户部，主掌监收铜铅及铸钱之事。

③ 《清朝文献通考》卷 28，《征榷三》。

④ 光绪《大清会典事例》卷 231，《户部 · 盐法 · 引目由单》。

⑤ 周庆云：《盐法通志》卷 50，《引目十》。

块，花马大池一块，小池三块，汉中府西和漳县二块，两浙八块，四川一块，福建四块，两广八块”。如旧版稍有模糊，即由宝泉局销毁旧版，换铸新版。①

盐引的关领，顺治二年（1645 年）曾议准：“盐臣于户部领引。”② 其后，则不限于一例，即可由盐臣或督抚委员赴部关领，也可以由新任盐臣携至盐区。如新任四川巡按兼管盐法监察御史赵班玺在赴任之前的顺治四年（1647 年）奉上谕“预请户部给发引目”③。又如顺治十三年（1656 年）议准：“巡盐御史先领二季盐引赴任，其二季仍委官赴领。”康熙十二年（1673 年）议准：“长芦、山东、河东、两淮、两浙每年四季盐引，预支户部银刷印，交新差御史带往，俟解到纸朱银补库。”乾隆十三年（1748 年）议准：“各省盐引，每于岁终各该督抚、盐政差委官役赴部请领，部按其请领之数，刷印发给。”④ 这种关领盐引程序的变化，主要是由初期巡盐御史的一年瓜代制以及随后的督抚代理盐政以及各区盐引的增减变化使然，以不误盐商的食盐运销为原则。

值得注意的是户科对领引或销引的稽查。乾隆三年（1738 年），户科曾移会户部：“《大清会典》内开：一应领引、销引，该运司起具批文投报，诚以额颁盐引一项，所以流通官盐，杜绝私贩。而按年额课之完欠与该员督销之考成，全凭引目稽查，是以定例不论领、销，俱应报明本科查核，兼令具批，以防遗漏。近查各省盐政衙门领引，并未具批赴科验发，有违成例。且领引为销引之本，若无领引数目预行报明，则所缴残引果否与原数相符以及有无完欠之数，凭何核算！嗣后盐政衙门领引，务令照例具批赴投本科验发，违者参处。并将何州县卫应领若干与已销若干，分析造报。”⑤ 从这里可以看出，即使是在关领盐引这一看似简单的程序

① 光绪《大清会典事例》卷 231，《户部·盐法·引目由单》。
② 《清朝文献通考》卷 28，《征榷三》。
③ 《顺治六年整饬盐务课税题本》，见《历史档案》，1984 年第 1 期。
④ 光绪《大清会典事例》卷 231，《户部·盐法·引目由单》。
⑤ 周庆云：《盐法通志》卷 52，《引目十》。

中，也存在着部、司、科之间的相互协调制约以及有关管理制度的松弛与肃整。

另外，关领盐引，还有一个“先引后课”或“先课后引”的问题。前此学者认为清制是“先引后课”，实则不尽然。如河东、顺治二年（1645年），户部议覆河东巡盐御史刘今尹疏言：“其给发盐引之法，河东地远，势不能先纳银而后领引，应先解纸价（笔者按：即纸朱银），后按引纳课。”① 这是河东先引后课的一例，但其中已透露出他区有先课后引之例的信息。又如长芦，“长芦盐引于顺治十六年照淮浙例，先发引而后纳课，其纸朱银按季预熙户部，以备印造。十七年因逋欠逾多，复先纳课后给引。康熙六年，以与淮浙成例不符，仍发运司转给，后解课银”。“甲年领引，丙年交课。光绪二十九年改为先课后盐，随引交纳”。② 可见，这其中既有各区的不同，也有前后的变化。

在缴销残引方面，顺治元年（1644年）已定有缴销残引之例，并将缴销残引与缴销“水程”③ 同时进行。其例云：“商人不许滥委杂役，行盐水程，填明卖盐地方，完日同引缴查，不得告改。”④ 同时，还规定有缴销残引的时限以及违例的处罚：“凡客商兴贩盐货，不许盐、引相离，违者同私盐追断。如卖盐毕，十日内不缴退引者，笞四十。将旧引影射盐货，同私盐论罪。伪造盐引者处斩。”⑤

---

① 《清朝文献通考》卷28，《征榷三》。

② 周庆云：《盐法通志》卷52，《引目十》；卷77，《征榷九》。

③ 按：“水程”之名，沿于明制。正德十四年（1519年），御史陈克宅奏称：“盐非引不行，引非商无用，盐、引不可以相离者也。老奸商贾卖盐已毕，退引不行销缴，往来赍执，以为影射，致官盐不行，新引壅滞，人不乐于报中。为今之计，凡遇商人告掣时，必查追先次掣过旧引入官，方与呈请掣放，给予新引水程。”清朝定制，“商人运卖官盐，本商先具呈巡盐御史衙门挂号，钤盖半印，给发水程验单，运司开填引数、商名，盖印付商运、付引地盐包。到日，该州县将引目水程验单查对，数目号名相同，方许发卖”。见周庆云：《盐法通志》卷52，《引目十》。

④ 光绪《大清会典事例》卷231，《户部·盐法·禁例》。

⑤ 光绪《大清会典事例》卷231，《户部·盐法·引目由单》。

缴销残引的目的当然是在于防止盐商借旧引重复贩运。但是，一般性的缴销残引或与水程一并缴销，仍难免弊端的产生，于是，户部乃借鉴前朝的经验，实行盐引“截角”之法。明朝的盐引截角之法，据称系始自正德二年（1507年）：

武宗之初，以盐法日坏，令大臣王琼、张宪等分道清理，而庆云侯周寿、寿宁侯张鹤龄各令家人奏买长芦、两淮盐引。户部尚书韩文执不可，中旨许之。……权要开中既多，又许买余盐，一引有用至十余年者。正德二年始申截旧引角之令，立限追缴。①

户部于乾隆五十五年（1790年）题定的则例为：

各省商人领引卖盐后，各该管盐督抚、盐政将盐引截角于本年奏销后解部缴销。如缴引迟延，除将经销州县送部议处外，并将督催运司、盐道各职名一并查参，分别议处。②

至于如何截角，如何缴销，也有细密的规定：“各商领引赴批验所，截去右边第二角，封固，具申运司，运司又截去右边第一角、左边第二角，印盖付商支运。运司又给支单，给商入场支盐。行文场官，稽查买盐数目、出场日期；行文批验所，稽查入坨数目。依限筑运。……引盐卖完，该管官司即将引目拆封，截去左边第一角，封固，同水程申缴运司，发贮架阁库，俟一年残引催齐，运司俱批，差役缴部掣批，附卷存案。”③ 真可谓是“不厌精详”。

上述印造刊发盐引以及缴销残引，当然不是户部在盐引管理方面的全部内容。盐引的定额及其变动更值得注意。

盐税中的主要部分是“引课”，盐税的多寡，与盐引额数息息

① 《明史》卷80，《食货四》。
② 周庆云：《盐法通志》卷22，《法令二》。
③ 周庆云：《盐法通志》卷52，《引目十》。

相关。清初户部对各盐区的盐引定额，是沿自明代，但应该说明，同是赋税征收，清初田赋依据的所谓“明代旧额”是众所周知的“万历则例”，而清初的盐引定额却远在万历引额之上，如下表所示①：

类别 盐区	万历引额（大引）	清初所据明引额（大引）	清初引额（小引）	备注
长芦	63100	239850	719550	系就明大引剖一为三
山东	96100	154579	463737	系就明大引剖一为三
两淮	352000	705180	1410360	系就明大引剖一为二
两浙	220400	444769	667153	系就明大引剖一为三
福建	104200	104340	208680	系就明大引剖一为二
河东	292000	584000（小引）	409933	比明代引额减少

除四川、两广等区清初情况特殊未定引额外，就表中所列，只有河东一区的引额略有减少，福建两额略等，其余各区清初所据的明代引额与万历引额相比，长芦高出3.8倍，山东高出1.6倍，两淮、两浙各高1倍。可见清初的盐引额数是据明末的最高数额而定，而未拘泥于万历引额。

“盐乃计口授食之物”②，盐引的增减本应以人口的增减为依据，清初人口比明代减少，而盐引定额反比明代增加，这虽说是出于清廷多颁盐引、多征盐课以济要需的考虑，但事实上已经昭示着盐引的必然壅滞。

当然，户部在颁定引额后，也曾考虑到地方荒残、人口未复、招商困难等因素，采取过“量力行盐”的政策，“许以见盐上课，

① 参见拙文：《〈清史稿·盐法〉补正》，载《文献》，1990年第4期。

② 档案，顺治九年七月二十三日车克题：《为贡途壅滞宜疏，荒残商引宜减事》。

行盐若干能即征课若干”，并非完全按额定引数销盐征课。但在局势渐次安定、招商办引取得一定成效后①，户部又“频催关领（顺治）二、三两年未行引目”，以便按引征课。② 到顺治中后期，随着军费的增加、财政的困难③，户部又采取了“因兵饷不敷”而加增盐引的措施。据《大清会典事例》，顺治中后期主要盐区的盐引加增如下：两淮，顺治九年至十六年（1652—1659 年）加增 516795 引。长芦，顺治十二、十三年（1655、1656 年）加增 165000 引。山东，顺治十一年（1654 年）减 233737 引；十二、十三年（1655、1656 年）加增 95000 引。两浙，顺治十年（1653 年）加增 117455 引。河东，顺治十三年（1656 年）加增 100000 引④。

上列各区，除山东增引少于减引外，其他盐区的增引幅度都很大。与原颁额引相较（参见上列表），长芦、河东约增加 1/4，两淮约增加 1/3，两浙约增加 1/6。这种大幅度的增引，与当时一些地区丁口尚未归复原额的情势形成显明的对比，一如顺治十七年（1660 年）河南地方官所奏：

> 昔日以十丁销一引，而今日以两丁销一引；昔日丁额已缺四分之三，而今日之引额反加四分之一。⑤

增引难销，乃势所必然，在各盐区的吁请下，不得已，户部又同意实行“减引带课”之法，如河东：“顺治十三年，因兵饷不敷，增引十万。十六年，以所增十万新引减去，应征课银加于旧额

① 参见拙著：《清代盐政与盐税》，中州古籍出版社 1988 年版，第 22 ~ 26 页。

② 档案，顺治四年八月二十五日英峨岱题：《为虚悬引额难敷，残商困苦已极事》。

③ 参见拙著：《清代军费研究》，武汉大学出版社 1992 年版，第240 ~ 242 页。

④ 光绪《大清会典事例》卷 221 至 229。

⑤ 钞档：《盐课》14，《一般（三）158》，顺治十七年正月十九日祖重光揭。

引价之中。"① 其他盐区大致类是。两淮巡盐御史李赞元在顺治十七年（1660 年）所上的奏疏中也说得甚为清楚：

> 盐政壅弊，一在引目日增。查明季两淮额引七十五万一百八十引。我朝定制，剖一为二，行盐一百四十一万三百六十引。……统计自壬辰年起，至已亥年止（顺治九年至十六年），加增之引至二百七十余万（这里指的是历年累积数），今两淮壅积亦近三十余万。载在纲册者，逃亡消乏之人不下六十余万引。若不设法疏通，即日事桁杨，究竟无益。请将两淮（加增）引盐，自庚子（顺治十七年）为始，……其课银即派入旧引之中，照长芦、河东、两浙加课不加引之例②。

康熙朝三藩之乱期间，由于战时军费陡增，财政再次紧张，户部仍然踵行加引征课之法，加上"自滇黔告变，所在揭竿蜂起，盐无行销地，商皆裹足不前，至亦榛墟弥望，无所得售"，更加导致了"积引难销"。③

康熙末年以后，情况为之一变。特别是雍正、乾隆两朝，引额的加增十分显著。这时的引额加增，一般不是加增正引，而是以"余引"或"额外余引"的形式出现，形成此一时期的一个重要特色。余引和额外余引的增加，在一定程度上标示着当时人口繁庶，食盐需求以及盐产旺盛。但值得注意的是，在此一情势下，盐官往往为显示政绩而盲目请引，"司盐政者以增引增课为能，不计商人之能销于否"④。地方官担心疏销困难又反对增引。户部则从增加税收着眼，支持增引的主张，认为增颁余引"于商民均有裨益"⑤。甚至在清代后期盐引滞销严重的情况下，仍然颁发余引，即使不领

① 雍正《山西通志》卷 45，《盐法》。

② 嘉庆《两淮盐法志》卷 7，《转运二》。

③ 《清史稿》卷 123，《食货四》；《清圣祖实录》卷 143，康熙二十八年十二月丙寅。

④ 档案，乾隆二年正月二十六日法敏题：《为敬陈管见事》。

⑤ 档案，乾隆十九年十月七日普福奏：《为再领余引事》。

余引，也要把余引的课额如数交足，这就是户部所要求的："所有余引应纳课银，即于商输等补款内按数提补，随同奏销造报，仍俟积引销竣，照案请领余引，以符旧制。"①本来，在添配余引之初曾经规定：余引尽销尽报，不强求销足，存剩余引，仍缴户部。这一规定，是为了避免余引的强行派销，不致造成引额的积压，但事实上，余引一经配定，领销经年，就形成了"定制"，难以减撤。凡此均表明，户部对盐引的颁发更张，一直是从增加财政岁入考虑的。

二

户部在颁布盐引时已经申令："凡将有引官盐，不拘于该行盐地发卖，转于别境犯界货卖者，杖一百。知而买食者，杖六十，不知者不坐，其盐入官。"② 清代食盐专卖的重要特点就是划界行销，各按一定的额销引额在规定的区域内销售，若违制贩卖，卖者买者同属违法，这也就是大学士朱轼所指称的："商人行盐，各有地方，州县销引，原有定额，是以旧例不许越界买卖。"③

清代盐销区的划分，亦系沿自明代旧轨。明清两代盐产区与盐销区的关系略如下表所示④：

盐产区	明代盐销区	清代盐销区
长芦	北直隶、河南	直隶、河南
山东	山东、河南、南直隶	山东、河南、江苏、安徽
两淮	南直隶、江西、湖广、河南	江苏、安徽、江西、湖北、湖南、河南
浙江	浙江、南直隶、江西	浙江、江苏、安徽、江西

① 档案，道光二十八年二月二十九日梁宝常题：《为遵旨议奏事》。

② 周庆云：《盐法通志》卷21，《法令一》。

③ 朱轼：《请定盐法疏》，见《皇朝经世文编》卷50。

④ 据《明史》卷80，《食货四》；《清史稿》卷123，《食货四》。

续表

盐产区	明代盐销区	清代盐销区
广东	广东、广西、湖广	广东、广西、福建、江西、湖南、云南、贵州
福建	福建	福建、浙江
河东	山西、陕西、河南	山西、陕西、河南
陕甘	陕西、甘肃	陕西、甘肃
四川	四川	四川、湖南、湖北、贵州、云南、甘肃、西藏
云南	云南	云南
奉天	——	奉天、吉林、黑龙江

由上可见，除奉天产销区为清代新添外，广东、四川盐的销区有所扩大，余则大致相同。上表只是一个大的梗概，稍微具体一点，“有一省而各府所食之盐地方不同者，有一府而各州县所食之盐地方不同者”①。

盐销区的划分，本应以产与销距离较近、运输较便以及产销供求的平衡为依据。在划界之初，对这些问题也许有所考虑，但同时由于地势、缉私等原因，最初的划界也难免有不合理之处，特别是盐销区最广阔的两淮，问题尤多。两淮销区，除河南、江苏、安徽等省区离淮盐产地较近外，其余江西、湖北、湖南等省的大部分地区离淮甚远。而食盐的运销，“系按道里分别加增运费”，运盐程站越远，运费也就越高，如淮盐运至江西南昌省城，再由南昌分运各府州县，每过一地，“（每包）各加运费四、五、六、七厘不等”②。又如淮盐运至汉口，再由汉口转运湖北、湖南各府州县，

① 《皇朝经世文编》卷50，《户政》。

② 嘉庆《两淮盐法志》卷14，《转运九》。

运费、脚价等项加费更多："湖北各处其离汉口百里内外者，每包于店价外，约加平色、运费、脚价、利息等项共银一分五六厘，其离汉口二千余里者，每包约共加银四分五六厘。"① 其归结在盐价上，必然是愈远愈贵。江南总督孙士毅在谈到江西建昌府的盐价时说："淮商运盐至建昌，道路遥远，水脚盘费，用途较多，盐价自必昂贵。"② 四川夔关监督佛保在谈到湖北归州、巴东等处的情景时说："归州、巴东例食淮盐，因淮盐从长江至汉口，由彝陵州入南津关抵归、巴等处，川江峡口，滩高水险，逆流而上，运载艰难，每不能随时接济，且盘脚重大，价至三四分一斤不等。穷民度日不给，无力买盐，致多淡食。"③ 由此，在盐销区的边远引地造成了所谓的"难销之区"，盐商往往不愿涉足，"即使设法督销，减价敌私，淮商方以亏本为虑，小民犹以价贵为嫌"。④ 另一方面，与此相关联，邻区之盐又借机浸灌，导致"邻私"的严重化，"浙、闽、川、粤及长芦之商乃于淮盐接界地僻人稀之处广开盐店，或五六座、十余座至数十余座不等，多积盐斤，暗结枭徒，勾通兴贩"⑤。"私载盐包，雇觅熟识水性之人，乘夜逸去者有之。或由山崖曲径，巡查不及之处，背负偷越者亦有之。"⑥

在上述情势下，有关地方大僚多次呼吁适当变更盐销区，户部也试图有所更新。于是，在户部的支持下，确有少数引界得以重新划分，如康熙三年（1664 年），江西总督张朝璘疏言，"吉安府向食粤盐，但距粤千余里，更有十八滩之险，商贾裹足，民多淡食。

---

① 嘉庆《两淮盐法志》卷 23，《课程七》。

② 嘉庆《两淮盐法志》卷 6，《转运一》。

③ 档案，雍正十一年四月十三日佛保奏：《归州巴东盐引请改拨川省行销疏》。

④ 嘉庆《两淮盐法志》卷 6，《转运一》。

⑤ 档案，雍正十三年十一月六日三保题：《为敬陈盐政要务，恭请圣训事》。

⑥ 档案，雍正十二年正月十七日黄廷桂奏：《为楚省兴山等处请改行川盐事》。

请以康熙三年为始，改食淮盐，仍照粤额完课”，得到户部同意。①又如康熙二十六年（1687 年），河南巡抚章钦文疏言，河南陈州、项城等六州县“均于明季改食淮盐，各属距淮穹远，脚费既多，盐价腾贵，额引难以完销”，而“长芦距豫道路平坦，挽运甚易，引课不难完销，将六属额引九千一百张改增于长芦”，亦得到户部同意。② 再如河南怀庆府河内、济源等六州县，因距河东“路途辽远，兼池多积水，无盐可买，官民交困”，先后经河南巡抚王日藻和河东巡盐御史李时谦疏请，于康熙二十四年（1685 年）改食芦盐。③

尽管如此，引界的重新划分还是被限定在极小的范围内，大多数矛盾尖锐、长期争议不休的地区仍得不到调整，川楚交界处的宜昌府属归州、巴东等县，从康熙年间起，历经雍正、乾隆、嘉庆等朝，大小臣僚屡屡奏请改食川盐而不果，就是明显的例证。

为了改变盐销区划分不合理的局面，乾隆元年（1736 年），大学士朱轼专上《请定盐法疏》，提出“行盐地方宜酌量变通”的意见，指出：“以国家视之，食盐无非赤子，完课总归正供，此疆彼界，有何区别？徒以商引销积之不均，致使小民法网之不免。自应令该督抚会同盐臣斟酌变通。……俱应就盐地之远近，逐一查明，尽为改易。则一变通间，于国家既毫无所损，而民之受福不少矣！”④

于是，户部遵旨令各地清查。但就当时各省区为此所上题本看，只是空走了一遍公文旅行的形式。如乾隆二年（1737 年），甘肃巡抚德沛称：“行盐地方宜酌量变通一条，查甘省盐斤就近发销，商民两便，毋庸更议。”⑤ 山西巡抚石麟称：“行盐地方宜酌量变通一款，查晋省河东盐池坐落解州属之运城……领运销售。向来

① 《清圣祖实录》卷 13，康熙三年十一月辛丑。
② 《清朝文献通考》卷 28，《征榷三》。
③ 《清盐法志》卷 14，《长芦 · 运销门》。
④ 《皇朝经世文编》卷 50，《户政》。
⑤ 档案，乾隆二年七月二十四日德沛题：《为遵旨议奏事》。

商民称便，应请仍照旧例，不必另议变通。”① 至于争端最多的两淮引地，屡经讨论，最终也是“所有两淮纲地，应请仍循旧制行销”②。

盐销区之所以难以变更，并不是像上揭所称的“商民两便”或“商民称便”，而另有其原因，其关键在于下述三端：

一是如果“舍此久定之界，听其就便行销，则平原地面毫无阻隔，邻盐逐渐侵入，必致无所底止”，而且“无知小民，惟利是图，得尺则尺，得寸则寸”③，仍然会发生新的引界争端和新的缉私问题，所以不如干脆维持积重难返的现状。

二是“各省行盐纲地，其初原按场灶产盐多寡酌派行销，并就各处地方形势划界分守，以严侵越。其中有舍近销远，未能概从民便者，实限于地势使然”④。仍然强调销区划分之初的根据及“合理”性。

三是淮盐税重课多，邻盐税轻课少，一旦变更引界，两淮广阔销区有被冲垮之虞，难免影响清廷的盐课收入。早在雍正十二年(1734年)，大学士鄂尔泰就曾比较过川楚引界的利害关系：“倘走漏川私，堕误淮课，关系甚巨。盖湖广行销淮盐十分之七，每年额课约一百余万两。现在惟恐川盐侵入楚境，设立隘口，分路巡查，尚有私枭乘间透漏。若竟听楚属之兴、归等处民人买食川盐，则此禁既弛，将来川私势必蔓延全楚，而淮纲引盐断难销售。”故而引界变更，“均以事关课帑，恐有阻碍，未经准行”。⑤

在食盐专卖的前提下，盐销区的最初划分，既有其合理之处，也有不顾客观实际的硬性规定，随着时间的推移，一方面，藉以划分盐销区的各种条件会有所变化，另一方面，销场引界的不合理成分亦日益显现。所以，盐销区的争夺以及邻私的严重

---

① 档案，乾隆二年五月二十日石麟题：《为遵旨议奏事》。

② 档案，乾隆二年六月十一日张廷玉题：《为遵旨议奏事》。

③ 《清朝续文献通考》卷34，《征榷六》。

④ 档案，乾隆二年十一月二十三日尹会一题：《为遵旨密议具奏事》。

⑤ 档案，雍正十二年二月二十六日鄂尔泰奏：《为遵旨议奏事》。

化，便难以避免。按说，适当的变更盐销区，应在情理之中。户部虽操盐销区的划定与变更之权，但在种种因素的制约下，事实上处于既想调整又顾虑重重的两难境地，难有所为。特别是“两淮纲地居腹心之中，邻盐交错，如河南则有长芦、河东之盐，江南则有芦、浙之盐，湖广则有川、粤之盐，江西则有闽、浙、广东之盐，其接壤处所，淮盐路远而价贵，邻私路近而价贱，势难画一”①。盐销区的变更，必然会影响到“动关国计”的两淮巨额课税，而其他盐区的课税与两淮盐区相比则要少得多②。确保盐税收入是户部的首要考虑，至于盐商的舍近销远以及人民的舍贱买贵也就难以顾及。

三

不论是盐引的颁发，还是盐销区的划分，最终都归结于财政上的盐税征收。

清廷入关之初，针对明末的盐税加征，曾有蠲免新饷、练饷及杂项加派之谕，“止照旧额按引征收”③。当是时，大部分盐区将明代大引“剖一为二”或“剖一为三”，每引载盐 200 斤，各按不同的标准征收引课。就户部尚书车克的题本看，在顺治初年的一段时间内确曾遵谕蠲免过明末的加征，如长芦盐区：“将一大引剖为三小引，每小引行盐二百五斤，包索二十斤，共行盐二百二十五斤……每一小引征银二钱六分五厘七毫，三小引合算，共征银七钱九分七厘零，较明（代）额少征银六分者，原因裁去浮课四分，宁饷二分。……已经奉旨遵行在案。”④ 但是，由于当时“戎衣初

---

① 档案，乾隆二年十一月二十三日尹会一题：《为遵旨密议具奏事》。

② 参见拙著：《清代盐政与盐税》第 74 页“清代中期两淮与邻区税课比较表”。

③ 《清世祖实录》卷 9，顺治元年十月甲子；《清盐法志》卷三，《通例 · 征榷门》。

④ 档案，顺治十三年四月一日车克题：《为盐课经制之外应征款项事》。

定，滇黔闽粤，未尽削平，所需兵饷，半资盐课”①，在户部的遵旨会议下，从顺治十年（1653 年）起，各区便陆续恢复“宁饷”、“滴珠”、“练饷”等银的加征，“经制之内毫无遗漏，经制之外悉皆搜剔”②，标志着清廷的盐税征收正在重蹈明末苛政的旧辙。同时，如前所述，从顺治九年（1652 年）起，户部曾采取过“因兵饷不敷”而加增各区盐引的措施，由于增引难销，又改行“减引带课”之法，事实上是一种变相的盐税加征。据统计，因“增引”而加征的盐税分别为：两淮，246720 两；长芦，45067 两；两浙，45518 两；河东，32000 两等。其中有的盐区的增税额几乎达到原额正课的半数，如两浙原额正课银为 111852 两，增税率为 40.7%。③

康熙年间的盐税加征，主要是在三藩之乱期间。当时，由于饷需紧迫，户部于康熙十四年（1675 年）在《量增盐课以济军需事案》中题定：“因需用钱粮之际，每引加征五分。”仅两淮一区，每年的加征银额即达 83027 两④。随后，户部又于康熙十六年（1677 年）在《加斤增课事案》内题定：“每引加盐二十五斤。”各加课额不等，两淮盐区的“加斤增课银”高达 415133 两，两浙则为 65911 两。⑤ 另外，还有“计丁加引增课银”、“遇闰加征银”等。种种加征，或由户部直接题定，或由其他官员疏请，再由户部议准实行，使得当时的盐课岁入大幅度提高。⑥

在清代前期，可以说，正是由于户部的各种名目的加征，导致了引课税率的不断变动。以长芦为例：顺治初期，每引征正课银二钱六分五厘零；康熙中期，每引征银已达四钱六分；乾嘉时期，更

---

① 金镇：《盐法考》，见《皇朝经世文编》卷 50。

② 档案，顺治十三年闰五月二十日孙廷铨题：《为河东盐课经制等事》。

③ 参见拙文：《论清顺治朝的盐税政策》，载《社会科学辑刊》，1987 年第 6 期。

④ 档案，康熙十九年八月二十七日布哈呈：《两淮运司正杂钱粮文册》。

⑤ 档案，《盐课奏销黄册》第 1141 号、1147 号。

⑥ 参见拙文：《清代三藩之乱期间盐课岁入辨析》，载《历史档案》，1989 年第 3 期。

增至六钱三分三厘。① 前后增加近两倍。当然，每引的载盐量历朝有所变化，不能单纯以引课论税率增长，如果把引斤和课额的变化加以综合考察，那么，长芦盐区的引课加征情况则如下表所示：

时 期	每引载盐 数	每引正课 额	每百斤正课额	课 额加增率
顺治初期	200 斤	0.265	0.133	100%
康熙中期	250 斤	0.460	0.184	138.9%
乾嘉时期	300 斤	0.633	0.211	159.2%

清代中后期，盐税的加征主要是“盐斤加价”和“盐厘”二项。

“盐斤加价”以嘉庆十四年（1809 年）为界，分为前后两个阶段：之前，因银、钱比价失调，“钱贱银贵，商人易银完课多亏成本”②，因而用盐斤加价的手段对商人进行补贴，属于“补贴加价”的性质，基本上与财政无涉；之后，因“用项迭增，入不敷出”，借盐斤加价“以资经费”③，属于“因公加价”的性质，对财政的补偿作用十分明显。

最早实行的因公加价，是嘉庆十四年（1809 年）的“南河大工加价”，各盐区共收银 400 余万两④。此后，“堰工加价”、“海防加价”等接踵而至，成为户部增加财政收入、弥补财力不足的重要手段。由于各盐区的情况有所区别，难以备述，仅列出长芦一区的“因公加价”，以资参考：⑤

① 档案，顺治十三年四月一日车克题：《为盐课经制之外应征款项事》。《清盐法志》卷 14，《长芦·运销门》；卷 24，《长芦·征榷门》。

② 《清盐法志》卷 21，《长芦·运销门》。

③ 《清朝续文献通考》卷 37，《征榷九》。

④ 《清盐法志》卷 3，《通例·征榷门》。

⑤ 《清盐法志》卷 3，《通例·征榷门》；卷 21，《长芦·运销门》；卷 23，卷 24，《长芦·征榷门》。

加价起始时间	每斤加价	征收银额（两）	备注
嘉庆十四年（1809年）	二文	560000	河工加价
道光五年（1825年）	二文	560000	堰工加价
道光二十二年（1842年）	二文	342000	海防加价
咸丰八年（1858年）	二文	200000	海防加价
同治五年（1866年）	二文	120000	河防加价（豫岸）
同治十三年（1874年）	二文	210000	归公加价（直岸）
光绪二十一年（1895年）	二文	120000	海防加价（豫岸）
光绪二十一年（1895年）	一文	100000	饷需加价（直岸）
光绪二十七年（1901年）	四文	700000	赔款加价
光绪三十二年（1906年）	一文	60000	练军加价（豫岸）
光绪三十四年（1908年）	四文	810000	抵补土税加价
光绪三十四年（1908年）	四文	450000	铁路加价（豫岸）
宣统元年（1909年）	四文	500000	铁路加价（直岸）

长芦的正课额入，每年在20万两左右，上表所列各种名目的加价，征收课银之多委实惊人，这正是所谓的“加价法兴，于是盐税所入与田赋国税相埒”的来由。① 但是，另一方面，“增此巨款，商力竭蹶，不问可知”。②

“咸丰军兴，复创盐厘。”③ 据户部条奏《总核度支整顿财用》折云：“军兴以来，道阻销滞，课款几同虚设。……以抽厘为济饷之举。当开办之初，淮南厘银一年约收三百数十万两，浙江厘数约

① 《清史稿》卷123，《食货四》。

② 《清朝续文献通考》卷37，《征榷九》。

③ 《清史稿》卷123，《食货四》。

合银六十余万两，福建厘银约四十余万两，至川厘，为鄂饷大宗。"① 就盐厘的征收时间来看，最早征收盐厘的盐区是两淮，时在咸丰四年（1854 年）四月，此后，各区陆续征收。就盐厘的征收情况来看，极为复杂，笔者已将盐厘归纳为"引厘"、"关卡厘"、"包厘"、"私盐厘"、"正课厘"五种类型进行过较详细的探讨。② 这里需要特别指出的是，盐厘一经征收，便成为晚清各路军队饷需的重要来源，在咸丰十一年（1861 年），骆秉章即说："此近五六年，湖北、湖南饷源稍裕，实收蜀省盐厘之利。"③ 同治二年（1863 年），曾国藩称："近年各路军营皆赖抽厘济饷，如扬州大营、镇江大营、金陵大营、皖江南北水陆各营，所设之卡，皆以盐厘为大宗。"④ 同治五年（1866 年），李鸿章亦云："盐厘一项，专为接济军饷而设。……此时所需巨款，惟赖各岸盐厘之入，为诸军养命之源。"⑤

正是由于当时"添兵募勇，费用不赀"，"筹饷之法，舍捐输厘金外，另无长策"⑥，所以，一方面，初设的盐厘项目有不断加重的趋势，另一方面，又在原有的盐厘项目基础上加抽新的盐厘税种。如四川，咸丰五年（1855 年）初征"引厘"时规定：犍为、乐山、富顺、荣县、射洪等井厂，"凡配引盐，每斤榷银一厘"，至咸丰十一年（1861 年），巴盐每斤加征一厘五毫，每引计征引厘 19.5 两；花盐每斤加征一厘，每引计征引厘 25 两。⑦ 此后，又有"渝厘"、"黔税厘"、"滇加厘"等名目出现。兹将四川光绪年间按

---

① 《清盐法志》卷 3，《通例·征榷门》。

② 参见拙著：《清代盐政与盐税》，第 143～154 页。

③ 骆秉章：《休察全局情形疏》，见《骆文忠公奏稿》卷 2。

④ 曾国藩：《淮盐运楚章程》，见同治《淮南盐法纪略》卷 3。

⑤ 李鸿章：《淮盐减厘加课以供京饷折》，见《李文忠公全集·奏稿》卷 10。

⑥ 骆秉章：《川省举办厘捐已著成效疏》，见《骆文忠公奏稿》卷 7。

⑦ 光绪《四川盐法志》卷 24，《征榷五》；卷 25，《征榷六》。

引征收的引厘及各种加厘综为一表，以见其概①：

盐厘名目	开征时间	滇黔官运每引课厘		计岸官运每引课厘	
		巴盐（两）	花盐（两）	巴盐（两）	花盐（两）
引　厘	咸丰五年	19.5	18	18	18
渝　厘	咸丰十年	2	2	2	2
黔税厘	光绪三年	10.4	10.4	—	—
滇加厘	光绪九年	0.6	0.6	—	—
加　厘	光绪二十一年	10	12.5	10	12.5
新加厘	光绪二十五年	10	12.5	10	12.5
外筹加厘	光绪二十七年	15	18.7	15	18.7
滇团厘	光绪二十八年	1	1	—	—
黔加厘	光绪二十九年	9	9	—	—
新军加厘	光绪三十二年	10	12.5	10	12.5
土税加厘	光绪三十四年	19.3	18.7	15	18.7
合　计		106.8	115.9	80	94.9

同时，晚清的盐厘征收，除户部议准者外，地方大员以及领兵大员擅自设立局卡抽收盐厘的现象亦屡见不鲜，使制度更加混乱，“户部之权日轻，疆臣之权日重”②，是导致晚清财权下移的重要原因之一。

原载《盐业史研究》1998 年第 2 期

① 据《清盐法志》卷263，《四川·征榷门》。按：表中所列以富、荣井厂的巴盐、花盐课厘为准。

② 《曾国藩全集·奏稿七》，岳麓书社 1991 年版，第 3997 页。

十六、

清代盐法考成述论

清代食盐运销的主要形式是官督商销，其特点是政府控制食盐专卖，额定盐产、招商认引、划界行销，并形成了以盐政衙门为主，以地方有司、盐商组织为辅的管理系统，从而对灶户的食盐生产以及盐商的纳课、领引、配盐、运销进行管理稽查。有清一代，管理机构的设置与运作，管理制度的制定与完善，各种政策和措施的颁布与实施，共同构成盐业管理的总体框架，并对食盐的产、运、销起着重要作用。本文将对清代的产盐考成、征课考成、疏引考成、缉私考成作较为系统的梳理，相关问题亦间有旁及。

一

一定数量的食盐生产，是保证食盐运销、征纳盐课的重要前提，因此，清初曾对各食盐产区的场灶采取过一系列重要措施，使大部分盐区的食盐生产得到迅速的恢复。① 但是，与其他考成相

① 参见拙著:《清代盐政与盐税》,中州古籍出版社 1988 年版,第 18～22 页。

比，产盐考成制定比较晚，并未得到相应的重视，这也许是由于清初大部分盐区的食盐产量足敷配运的缘故。

产盐考成的对象是场官（场大使、提举大使等）。清初对场官的考成，一般是与场课（灶课）的经征联系起来，如顺治十三年（1656 年）户部尚书车克所说，“该臣等看得，各场大使向无考成之例，今盐臣牟云龙题参山东运司所辖各场十二年分未完灶课职名前来，相应题定运司欠课罚例，一体考成”，并按照新议定的则例对未完场课二分至六分以上的新镇场、永利场、信阳场、富国场、高家港场、官台场、王家岗场诸场大使进行降职一级至三级的处分，朱批“依议”。①

对欠征场课的场大使进行处分，与盐产的是否足额有一定关联，但严格地说，这是对场官的征课考成，还不能视作产盐考成。所以，《清盐法志》在谈论盐法考成时云，“盐法之有考成，曰征课，曰销引，曰缉私”②，并未叙及产盐考成。

根据已经掌握到的资料，最先议定产盐考成的盐区是云南。乾隆十六年（1751 年）议准，云南管井提举大使等官，专司督煎，“如按年督煎足额，照课款全完五万两以下议叙之例，纪录一次。若盐井被水，以致堕误，数至十万斤以下者，限半年趱补，逾限不完，将原煎之数计作十分，按未完分数查参，照盐课未完分数例议处。若井非被灾，偶因雨浸卤淡，煎办不敷，分别多寡，勒限趱补，如为数无多，限两月之内报完，其三万斤以上至十万斤者，勒限一年，逾限不完，著落井官赔缴课款，灶户追缴薪本，如课项延缓不缴，即行指参，照官员本身杂项钱粮不完例议处。至于无故堕煎者，虽数止十万斤以内，令该抚咨参到日，将该员照行盐无术例，罚俸一年；至二三十万斤以上，则废弛盐务，应即行题参，照溺职例革职，著赔银两、追缴薪本。若隐匿堕煎，不按月造报者，照规避例报参”③。照此产盐考成来看，虽是“议叙”与“议处”

① 档案，顺治十三年十二月五日车克题：《为遵旨会议奏销钱粮事》。

② 《清盐法志》卷 6，《职官门 · 考成》。

③ 光绪《大清会典事例》卷 105，《吏部 · 处分例》。

并举，但其主要意旨则是在于对督煎不能如额官员的处罚，并显现出议处标准的层次性和严厉性。在此基础上，乾隆三十七年（1772年）又进一步议准："若数至二三十万斤以上者，虽因雨浸卤淡堕误有故，亦应将该井员比照无故堕煎十万斤以内行盐无术例议处，仍勒限一年，责令官赔课款，灶追薪本。"① 这种产盐考成的进一步严厉化，是与当时云南煎盐工本提高、盐产不足联系在一起的。

在海盐产区，盐场濒临海边，食盐的生产受自然条件的限制较大，一遇自然灾害，盐产即告歉收，若遇夏秋晴多雨少，卤气旺盛，各场产盐又特别丰足，所以，各盐场虽然规定有额定产盐数，但在种种因素的制约下，实际产盐量往往与"额产"不符。在清代前期的一段时间内，清政府所采取的措施一般是鼓励超产食盐，以备歉收。超产的食盐，被称作"余盐"，除适时颁发"余引"，令盐商尽量收买运销外，将余盐的一部分收贮积存，以备歉产之时配运。这种一般性的情况，反映在产盐考成上，就显现出以议叙为主、议处为辅的倾向。如广东产区，我们从档案中查出的产盐考成，系乾隆十九年（1754年）六月经吏、户两部议复两广总督班弟题奏时议定，其考成为：

> 场员收盐，每年按额分作十分。额外收足一二分者，记功示奖；三分以上者，照一官全完一年课引之例，准其纪录一次。其协办效力委员，能于额外收足三分以上者，准其遇缺题补。至额内少收各员，责令知府确查，如系纵容售私，以致缺额，即不论分数，严参究审。或因本年积雨连阴，实较往年为甚，三分以下姑准记过，若至四分以上，即行咨斥。②

---

① 光绪《大清会典事例》卷230，《户部·盐法》。

② 档案，道光五年十一月二十日英和题：《为恭陈等事》。按：班弟于乾隆十八年正月任两广总督，乾隆十九年七月授兵部尚书，见《清史列传》卷19，《班弟传》。光绪《大清会典事例》卷105，《吏部·处分例》将此产盐考成系于乾隆四十年；同书卷230，《户部·盐法》又将此系于乾隆四十一年，均误。

显而易见,此考成主要是在于鼓励场官收盐,至于收盐不足的处罚规定,则是为了防止当时已十分猖獗的灶私。广东盐区优厚的考成则例对收买余盐以及防止“奸灶留余(盐)卖私之弊”,确实起到了很好的作用。但与此同时,由于议叙的吸引,“法久弊生”,导致了场官“虚报收盐,妄请议叙”的后果。对此,乾隆五十四年(1789年)十一月,户部又根据两广总督福康安的题奏,进一步议定:

> 凡场栅额收盐斤,俱已业经配运开行者,方准作为收数入于旬月报之内,每半年由运司会核一次,如实较定额多配盐若干,即予记功奖赏,实较定额少配盐若干,即查照分数参处,庶考成即归确实,而场员不敢仍前虚报,致留走私地步。①

此后,福建、两淮等盐区也相继议定产盐考成。其中,两淮盐区的情况特别值得注意。嘉庆九年(1804年),吏、户两部议复两淮盐政佶山条奏称:“产盐额数一款,据该盐政奏,通、泰、海三分司所属二十三场从前产盐本有二百余万引,近来所报产盐之数仅止一百五六十万引。现查各路私盐辗转兴贩,以致官引滞销,必须明定场员处分,总以一年牵算,如能溢额即予议叙,倘有缺额即予议处。”于是,在嘉庆以来所报产盐量屡屡减少的情况下,重新规定了各盐场的应产食盐额数,产盐最少的场分为石港场、余西场、庙湾场,分别额产食盐1966引5分(每一引分作十分)、4230引、8856引,产盐最多的场分为伍祐场、掘港场、安丰场,分别额产食盐262927引5分、213294引、212278引,其他各场在1万至10余万引之间,总产盐量额定为2001161.8引。② 按每引400斤计③,当时两淮应额产食盐8亿斤。两淮盐区的额定产盐数确定之后,于同年八月十八日,吏、户两部核准,“照此数定额,统以十分计算

---

① 档案,道光五年十一月二十五日英和题:《为恭陈等事》。

② 嘉庆《两淮盐法志》卷39,《律令三》。

③ 按:当时按规定每引载盐364斤,但产盐额引重量不能依此计算。一般是两桶配一引,每桶盐200斤,故以400斤计。

收盐，溢缺分数分别议叙议处”，其考成例为：

> 如该场员缺额不及一分者，罚俸六个月；一分以上者，罚俸一年；二分三分者，降一级留任；四分五分者，降一级调用；六分以上者，降二级调用；七分者，降三级调用；七分以上者，革职。如该场员于正额之外溢额一分以上者，纪录一次；二分以上者，纪录二次；三分以上者，纪录三次；四分以上者，加一级；五分以上者，加二级。遇有数多者，以次递加。①

上引档案材料清楚地表明了两淮产盐考成议处的严厉和议叙的优厚。收盐缺额不及一分即遭处罚，这在其他盐区是没有的；溢额一分即纪录一次，也比其他盐区优渥。这标志着在额定产盐不足，而“各路私盐辗转兴贩，以致官引滞销”的情势下，清廷对两淮盐区的特别重视。此产盐考成制定以后，两淮盐区各场的产盐情况有所好转。但是，嘉庆以降，实际产盐量仍是多不足额，通过已经查到的档案材料，可以列制下表以观之②：

两淮嘉庆道光年间产盐额 单位：引

时　间	额产盐数	实产盐数	缺产盐数
嘉庆二十五年（1820年）	2021904	1884026	137878
道光三年（1823年）	2167860	1861100	306760
道光四年（1824年）	2021904	1819764	202140
道光九年（1829年）	2167860	1997612	170248
道光十二年（1832年）	2167860	1450589	717271

① 档案，道光四年十一月二十一日曾燠题：《为查议具奏事》。

② 按：每年额产盐数的变动，是由于添置或闲废煎鳖所致，如嘉庆二十五年额产盐数比前揭嘉庆九年为多，系“于嘉庆十二、十三、十四、十六、十八、二十等年添置煎鳖，均经详咨增额”。见档案，道光元年五月二十九日英和题：《为查议等事》。

虽然表中所列数字在时间上有间断，但有其代表性，每年的实产盐数尽管大多超过了前揭嘉庆初年之数，但实际产量与额定产量之间仍有差距。这种差距的存在，有的属于自然灾害使然，道光十二年（1832 年）缺产盐数的特别巨大即缘于此，如陶澍所说：“自（道光）十一年来，江广迭遭水患……场灶更有缺产。”① 有的则并不一定就是生产能力的下降，而是由于吏治的腐败和场区私盐的泛滥。这也表明，产盐考成虽能起到一定的作用，但同时又受到各种因素的制约。

二

征课与销引是相辅相成的，课额不足，直接影响着政府的财政收入，而额引滞销，又势必影响课额的征收，这也就是时人说的“盐课为军国急需，销引乃疏盐要务”②。清廷对征课考成和销引考成特别重视，两种考成则例的制定与沿革往往联系在一起，我们也一并叙述。

早在顺治六年（1649 年）十二月，河东巡盐御史梁应龙在一份题本中就对征课考成和销引考成提出了自己的意见：

> 该臣看得，州县额定引课，例当节年考成。如引课完足，则官盐自通；如引课缺欠，则官盐自阻。官盐阻，而私贩之充斥、盐法之废堕不问可知矣。迩来有司各官怠误已极，若不摘参，则终事为膜外之事，畴肯著实督销而留心焉？臣于三省各县择其拖欠五年分引课最甚者，为我皇上、皇父摄政王陈之。计开：山西五台县知县吴宗，引、课十分未完。陕西麟游县知县刘玉瓒，引未完十分，课未完七分五厘；汉阴县知县杨六

① 陶澍：《复奏淮盐奏销难复原限折子》，见《陶文毅公全集》卷 15。

② 档案，顺治八年五月二十日波洛题：《为岁课经征怠玩，请旨严定考成之法以重国计事》。

> 德，引未完十分。河南郏县知县张笃行，引未完九分。此四官者藐玩盐法，相应议处，伏乞敕部覆议，将吴宗等照例处分。①

皇父摄政王多尔衮在这份题本上朱批："著酌议。该部知道。"这是现存档案中我们查见的有关征课考成和销引考成的一份最早的题本。而有关典籍只笼统记载："顺治初年定直省盐课，每年巡盐御史及兼理盐法巡抚开列属官职名、分数具奏，其州县原额并完欠细数，运使及管盐法司道，汇造清册，送部察核。"② 似可断定，河东是实行征课考成和销引考成最早的盐区，并且通过考成取得了显著成效，这可与河东盐区在顺治六年（1649 年）后引课的疏销经征大有改观的局面相印证，如河东盐区盐课岁额为 130155 两，在实行考成的当年，溢额银达 23000 两③，顺治七、八、九年（1650、1651、1652 年），溢额银均在 30000 两以上④。

至于全国各盐区统一的引课考成则例，则由两浙巡盐御史裴希度题请，户部参照明代崇祯八年（1635 年）则例，于顺治八年（1651 年）制定。据裴希度称："迩来各县经征之官视盐课为缓局，任催檄如雨，漫不介意，节年拖欠累累，习以为常。……经征怠玩之由，实出于向无考成之法，故有司无所凛惕，而玩者益玩。若不请旨严饬，恐将来压欠年复一年，岁额必至亏缩，且不肖官吏以考成所不及，挪移侵蚀，弊窦丛生，又何所不至也！"户部尚书巴哈纳等议覆称："今据该巡盐御史请立考成前来，备将明时考核各官分数一并开明送阅，应否照例等因，案呈到部。该臣等看得，盐法考成向未举行，以致运司疏引办课多不及额，州县销引数少，甚有终年不缴一引者。两浙盐臣裴希度疏请严定考成，臣等查，明季曾经臣部会

---

① 档案，顺治六年十二月二十七日梁应龙题：《为申明疏销引目以定考成事》。

② 光绪《大清会典事例》卷 230，《户部 · 盐法》。

③ 档案，顺治六年五月二十九日刘达题：《为起解溢额银两事》。

④ 档案，顺治九年六月二十七日赵如瑾题：《为解过钱粮以备考核事》。

同都察院酌议盐课未完罚例，不止行盐州县，并运司、提举以及巡盐御史皆在考成之列，其法甚严，应否照旧举行或另加参定，应敕都察院会同臣部稽考旧章，参酌时宜，请旨定夺。”朱批：“依议行。”①经过户部与都察院会议，该年制定的考成则例如下：

> 盐课欠不及一分者，巡盐御史罚俸一年；欠一分以上者，降俸二级；欠二分以上者，降职一级；欠三分以上者，降职二级。皆留任。欠四分以上者，降三级；欠五分以上者，降四级；欠六分以上者，降五级。皆调用。欠七分以上者，革职。②

可见，尽管当时在“引旷课亏”的情势下，有全面制定考成之法的吁请，实际制定的仅仅是对巡盐御史的征课考成，条例较为粗疏。直到康熙三年（1664年），才进一步补充，臻于完备。该年制定的征课考成，涉及对管理通省粮饷的巡抚的考成，对专管盐课官员的运司、提举司、分司大使等官的考成，对兼管盐务的知县、知州、知府、道员、布政使等官的考成，以及各官限内经征不完、戴罪催征考成等。同时，该年又制定了州县卫所官员的销引考成，随后又制定了有关官员疏销盐引的戴罪督销考成例等。③

从以上征课考成和销引考成的制定来看，有两点值得特别注意。

第一，尽管户部在议定考成时称明代考成“其法甚严”，“明时立法最严”，但清代参酌制定的考成之法更严于明代。如对巡盐御史、运提分司大使的征课考成，明制规定：未完不足一分，免予处分，未完六分、七分，降职三级。清代分别对待：巡盐御史未完不足一分，罚俸一年，未完六分以上，降五级调用，未完七分以

---

① 档案，顺治八年正月四日巴哈纳题：《为岁课经征怠玩，请旨严定考成之法以重国计事》。

② 《清盐法志》卷6，《职官门·考成》。

③ 参见光绪《大清会典事例》卷105，《吏部·处分例》；卷二三〇，《户部·盐法》。《清盐法志》卷六，《职官门·考成》。

上，革职；运提分司大使未完不足一分，罚俸半年，停止升迁，未完四分即降职三级，未完达到六分就要革职。又如对州县官的销引考成，明制规定：未完二分以下，免议，未完六分以上，降职二级；清制规定：未完一分，停其升转，未完二分，降俸一级，未完五分者即降职二级。这种严厉的考成，其用意正如多罗郡王波洛所说，“若考成之法不严，人情怠玩，未免盐课缺额”，“在事诸臣殚力奉行，庶法立而积弊除”。①

第二，比之于销引考成，清廷更注意于征课考成，这不但表现在顺治八年（1651 年）制定的统一考成则例仅限于征课考成，而且，康熙三年（1664 年）补充制定的考成则例，在征课考成方面也更为细密。不同级别的盐政官员因盐课经征不完，同受处分，处分轻重有所不同，对运司、提举司、分司大使的处分要重于巡盐御史，如同是欠六分以上，前者革职，巡盐御史则降五级。同时，又将盐务专官与兼管盐务的地方官区别对待，对盐务专官的考成又重于地方官，如巡盐御史盐课未完成不及一分，罚俸一年，巡抚则为罚俸三个月，布政使、知府等不罚俸，只停其升转。这种种区别，显现出清廷的良苦用心和征课考成的合理性，目的在于更好地促使有关官员疏引完课和首重催征盐课。

实行考成后，一方面，清廷对销引不利和拖欠课额的官员，多有议处参革，起到了整肃吏治的作用。另一方面，销引和征课都有了起色，特别是在征课方面，效果尤为明显。如两浙盐区，顺治八年（1651 年）之前，盐课总是积欠，“节年拖欠累累，习以为常”，实行考成后，顺治九年（1652 年）即征收盐课 385057 两，比岁额 300669 两，溢额多达 84388 两②。再如两淮盐区，顺治十年（1653 年）额征正课银 952590 两，实征 1000876 两，溢额 48286 两，其他杂课银两也都征足或有溢额。③

---

① 档案，顺治八年五月二十日波洛题：《为岁课经征怠玩，请旨严定考成之法以重国计事》。

② 档案，顺治九年十二月二十三日噶洪达题：《为直陈经解盐课以明职业事》。

③ 档案，顺治十一年二月二十七日梁凤鸣呈：《两淮正杂盐课数目文册》。

当然，在严厉的考成之下，同时也出现了许多弊端。就销引考成和征课考成来说，主要是食盐的强行派销。在清初地方荒残的情势下，这种情况比较普遍，“如直隶、山东之商所认各州县额引，在场盐运行州县，例有销引考成，不得不督责民间买食”①。如两广，“计口授盐，于是各府州县俱有定额。……县官既畏考成之获罪，又与商多有交，于是任商开价，按丁发盐，追呼遍及鸡豚，敲扑尽于闾里”②。又如云南，“承销州县，盐有定额，课有定限。欲顾考成，不得不分派里甲，勒令领销”③。凡此弊端，清廷是明令禁止的，如康熙十二年（1673 年）即题准：

> 如行盐地方各官，有私派户口勒买销引者，州县官革职。未经察报之司道府等官，各降三级调用，巡盐御史及兼理盐法巡抚不行查参者，将御史降一级调用，巡抚降一级留任。④

处分不可谓不严，但比之于销引考成和征课考成，这种处分只是官样文章，官员顾及的是考成，清廷关心的是销引完课，所以强行派销之弊实难避免。

如上所述，至康熙十二年（1673 年），有关征课考成和销引考成的条例已大致完备，后来只是踵行其例而略有变通。但随着时势的变化，还有两个方面的问题值得论述，一是三藩之乱期间的特别考成，二是清代中后期考成的松弛和变异。

康熙十二年（1673 年）底，三藩之乱爆发，“自滇黔告变，所在揭竿蜂起，盐无行销地，商皆裹足不前，至亦榛墟弥望，无所得售”⑤。在这种情况下，盐引销售与盐课征收之难是不言而喻的，更

① 徐文弼：《缉私盐疏》，《皇朝经世文编》卷 50。

② 高熊征：《粤西行盐议》，《皇朝政典类纂》卷 75。

③ 屠述廉：《请改云南盐法议》，《皇朝政典类纂》卷 76。

④ 光绪《大清会典事例》卷 105，《吏部·处分例》。按：该年还题准了“私自挪拨盐引”以应付考成的处分例，也值得注意。

⑤ 《清史稿》卷 123，《食货四》。

何况还有因军需而实行的额外加征①。为了应付销引难、征课急的局面，户部于康熙十四年（1675 年）十二月重新议定了征收盐课的特别考成。特别考成要比常例考成严厉得多，目的在于督促有关官员勒催盐课，以济军需。特别考成，诸书不载，我们从档案中查得，先将对巡盐御史的特别考成处分例与常例考成列表比较如下：②

三藩之乱期间巡盐御史征收盐课特别考成与战前常例考成比较

盐课欠征分数	常例考成处分	特别考成处分
一分以下	罚俸一年	降职一级留用
一分以上	降俸二级	降职二级留用
二分以上	降职一级留用	降职二级调用
三分以上	降职二级留用	降职三级调用
四分以上	降职三级调用	降职四级调用
五分以上	降职四级调用	革职
六分以上	降职五级调用	
七分以上	革职	

通过此表，特别考成之严厉已很清楚，无需解释。对巡盐御史之外的其他官员的考成，也同样如此。如盐运使，原规定欠课不及一分者，“停其升转，罚俸半年”，欠六分以上者革职；特别考成则改为“欠不及一分者，降职一级”，欠五分以上者革职。再如兼管盐法的各省巡抚，原规定欠课不及一分者，罚俸三个月，欠十分者，降职四级；特别考成则改为：欠不及一分者，罚俸六个月，欠九分即降职四级，等等。同时，还制定了特别考成的优叙例：

一年内正杂课额及带征银两全完，（巡盐）御史准加一

① 康熙十四年，户部在《量增盐课以济军需事案》中题准，“因需用钱粮之际，每引加征银五分”。

② 档案，康熙十九年八月二十七日布哈呈：《两淮运司正杂钱粮文册》。

级；运司、提举司一年内全完，准纪录二次，一连两年全完，准加一级。……巡抚一年全完，准其纪录一次，两年全完，纪录二次，一连三年全完，准加一级。①

这种盐课考成的优叙例，此前是没有的，目的在于用纪录、加级的优叙方法，鼓励有关官员征足当年的盐课和带征以前的积欠。

客观地说，特别考成过分注重于惩处与优叙，在当时战乱情势下，难免给盐政带来不好的后果，“计臣以军需所恃，督饷之檄，急如星火，商于是大困”②。但作为短时期内弥足财力的一种应急手段，又有着不可忽视的作用。是时的盐课征收反而出奇地好转，可以将最大的盐区两淮的征课沿革情况列表如下，以见其概③：

两淮盐区三藩之乱前后盐课征收情况比较

时　间	正、杂课额征银（两）	加积欠应征银（两）	实征银（两）
顺治十年（1653 年）	1191325	1481872	1197090
十四年（1657 年）	1303971	1568955	1360602
十五年（1658 年）	1300633	1590078	787975
康熙三年（1664 年）	1691645	1901769	1768791
十二年（1673 年）	1446552	不详	不详
十八年（1679 年）	2193525	2193525	2193525
二十二年（1683 年）	2193525	2193525	2193525

① 档案，康熙十九年八月二十七日布哈呈：《两淮运司正杂钱粮文册》。

② 《清史稿》卷 123，《食货四》。

③ 据档案：《盐课奏销黄册》第 40 号、111 号、127 号、1137 号、1143 号、1150 号所列各项细数统计而得。按：康熙三年的额征银数之所以比前后的顺治十五年和康熙十二年多出数十万两，是因为该年有“倒追顺治五年至十五年各商多带盐斤”一款，计银 254303 两，如果将此剔除，该年的额征银应为 1437342 两。

从表中可见，三藩之乱爆发后，盐课额有大幅度的增加，从战前的144万余两增加至战后的219万余两，是时不但按额征足，而且已无积欠额，这标志着康熙十八年（1679年）前已将高额盐课递年征足且将历年积欠带征完毕，这在战乱之秋确实不易，此种结果不能不说与实施重奖重惩的特别考成密切相关。其他盐区的情况也大率如此，再将两浙盐区列表示之①：

两浙盐区三藩之乱前后盐课征收情况比较

时　间	额征银（两）	指数	实征银（两）	指数
康熙十年（1671年）	369672	100	368797	100
十三年（1674年）	370131	100.1	370131	100.4
十八年（1679年）	474909	128.5	610360	165.5
二十年（1681年）	495089	133.9	495089	134.2

与上述三藩之乱时期的特别考成相比，清代中后期，随着吏治的腐败和盐务的疲敝，征课考成和销引考成又有所松弛和变异。

第一，考成"展限"。所谓"展限"，就是延缓考成。乾隆之前，由于种种原因，有时虽也延缓考成，但只是个别现象。② 嘉庆以后，盐引壅滞严重，课额积欠累累，随着奏销的推迟，考成的展限就习以为常了，少则展限二年三年，多则展限五年六年不等。如王守基在谈到两广的情景时说："当初奏销原系甲运乙报，自嘉庆二十三年因省河捐款过多，奏请展限，省河、潮桥遂分为两届奏销。至道光二十四年后，潮桥疲滞甚于省河，因而迭次请展。现在同治七年，省河报至同治三年，潮桥报至同治元年……似此递年推展，伊于胡底？"③ 两淮盐区嘉庆年间的考成展限时间，更长达十

---

① 据档案：《盐课奏销黄册》第1141号、1142号、1145号、1147号编制。

② 如乾隆二年两淮因"挑浚淮扬运河，盐船不能行走"，奏销和考成分别展限半年左右，但声明"后不为例"。见《清高宗实录》卷四一，乾隆二年四月丙子。

③ 王守基：《广东盐法议略》，《皇朝政典类纂》卷75。

年之久①。在考成展限的背后，有关考成的处罚，实际上形同虚文。

第二，将考成的处分转嫁给商人。还在雍正六年（1728年），长芦巡盐御史郑禅宝就曾奏称："因奏销未完，在经督各官均按分数处分，而欠课商人从未有处分之例，是以长芦各商固结陋习，延挨观望……所以疲顽商人视欠课为泛常。"因而议定了对欠课商人的处分则例：

> 本年应完课项内，欠不及一分者，责二十板；欠一分者，枷号一月，责二十板；欠二分者，枷号一个半月，责二十五板；欠三分者，枷号两个月，责三十板；欠四分者，枷号两个半月，责三十五板；欠五分者，枷号三个月，责四十板。以上欠课各商题参之日，扣限一个月内全完者免处，仍逾限不完，即照此例枷责。如能于枷限照数全完，立时释放，免责。如枷限满日，仍照所欠全不完纳，除杖责外，即将该商咨参革退，并带征等项俱以引窝变抵。欠及六分者，应将该商杖六十，徒一年，所欠课项限四个月全完；欠七分者，杖七十，徒一年半，限六个月全完；欠八分者，杖八十，徒二年，限八个月全完；欠九分者，杖九十，徒二年半，限十个月全完；欠十分者，杖一百，徒三年，限一年全完。以上自六分至十分，均将该商即行锁禁，严查家产。如能限内完全，除革退不许充商（外），免其杖徒之罪；倘逾限不完，除将该商发配外，其名下所欠新课、带征等项，均著落引窝、家产变抵。②

由上看来，对欠课商人的处罚还是相当严厉的。道光二十八年（1848年），因涉及对有关官员的销引考成，钦差大臣在《会议长

① 档案，嘉庆八年十月三十日佶山呈：《两淮壬戌纲征解一切钱粮事迹文册》。

② 档案，雍正六年×月×日杨永斌题：《为请定商人欠课之处分、急公之奖励等事》。按：该件题本尾残，失其月日。

芦盐务章程》中又称："商人之领运，州县之督销，各有专责。如商人年运年额，存盐莫售，则咎在州县，自当照例参处；如但因销数未完，不论引目是否领齐，盐斤是否运到，置商人于不问，转将州县开参，是使误运商人置身事外，无辜州县枉罗处分。"因而，又制定了对误运商人的处分则例：

> 按照岸额，以十分为率，欠运一分者笞四十，二分者笞五十，三分者杖六十，四分者杖七十，五分者杖八十，六分者杖九十，七分者杖一百，八分者参革究追。其欠运一分至四分者，勒限三个月运完，欠运五分至七分者，勒限六个月运完。逾限不完，参革究办。罪既坐商，其无盐督销州县，请免考核。①

应该说，对盐商的欠课处罚和欠运处罚均有其一定的合理性，但问题的关键在于，盐商往往无法与官府争辩是非，难免充当替罪羊的角色。特别是"罪既坐商，其无盐督销州县，请免考核"的规定，给有关官员提供了藉口，对有关官员的考成更成具文。

三

由于终清一代私盐的泛滥，清廷对缉拿私盐非常重视，曾采取过许多具体的措施缉捕防阻私盐。一方面，在产盐之地实行保甲制和火伏制，在各行盐口岸设立缉私卡巡；另一方面，又颁布了诸如"灶丁售私律"、"获私求源律"、"夹带私盐律"、"买食私盐律"、"豪强盐徒贩私律"、"兵丁贩私律"、"巡盐兵役贩私律"、"旗人贩私律"等一系列严厉的刑律。与此相一致，又屡颁缉私考成，以督促有关官员对私盐的缉拿。

缉私考成条例繁多，除户部、吏部、兵部各定有考成则例外，各省区又分别定有条例，而且前后也多有变化。大致说，从考成类

① 档案，道光二十九年六月十五日崇纶题：《为遵旨会议奏销钱粮事》。

别来分，缉私考成可分为缉拿武装贩私考成、缉拿小伙贩私考成、缉拿邻私考成、缉拿场私考成等。从考成的前后变化趋势看，初定考成时，条例粗疏，且较注重于惩罚的一面，后来则渐趋严密，并注重于奖叙的一面。如缉拿场私考成，康熙十八年（1679 年）规定："如有奸灶违禁私卖，立行提解究惩；倘官役疏忽透漏，察出，除玩灶律拟外，团保照知而不举之律与本犯同科，分司场员照失察私盐之例特参处分。"① 而乾隆三十年（1765 年）之例已非常详明，且将失察或知情的运使、运同、运判、盐场大使等分别对待。②

在名目繁多的缉私考成中，清廷对缉拿武装贩私考成最为重视，兹以此为典型作考察。

康熙十五年（1676 年），首次制定了武装贩私考成则例，其例称：

> 凡旗人、兵民聚众十人以上、带有军器兴贩私盐，失于觉察者，将失事地方专管官革职，兼辖官降二级，皆留任，限一年缉拿，获一半以上者，复还官级，若不获者，照此例革职、降级。该督抚、巡盐御史如有失察官员，徇庇不行题参，照徇庇例议处。专管官一年内拿获十人以上，带有军器大伙私贩一次者，纪录一次；二次者，纪录二次，三次者，加一级；四次者，加二级；五次者，不论俸满即升。兼辖官一年内拿获三次者，纪录一次；六次者，纪录二次；九次者，加一级。拿获次数多者，均照此数纪录、加级。③

这种对"专管官"和"兼辖官"分别对待的考成，惩罚非常严厉，奖叙也很优厚。如果与缉拿小伙贩私考成加以比较，更显而易见。康熙四十四年（1705 年）题准的小伙贩私考成则例称："小伙兴贩

---

① 档案，康熙十八年六月二十日卫执蒲呈：《奏缴事迹文册》。

② 光绪《大清会典事例》卷 105，《吏部·处分例》。

③ 《清盐法志》卷 6，《职官门·考成》。

私盐，该管吏目、典史、知州、知县等官，失察一次者，降职二级；失察二次者，降职四级，皆留任，戴罪缉拿。一年限满无获，罚俸一年，各带原降之级缉拿。如又年限已满不获，仍罚俸一年，各带所降之级缉拿，拿获私盐之日，皆准其开复。失察三次者，革职。道府、直隶州知州等官，失察一次者，降职一级；失察二次者，降职二级；失察三次者，降职三级，皆留任，戴罪缉拿。一年限满无获，罚俸六月，各带原降之级缉拿。拿获私盐之日，皆准其开复。失察四次者，降三级调用。"① 缉拿小伙贩私考成的处罚显然要比缉拿武装贩私考成轻得多，另外，缉拿小伙贩私考成也没有奖叙的规定。之所以如此，除了考虑到二者发生的频率不同和缉拿难度不同外，其目的也在于鼓励鞭策官兵巡役首先缉拿大伙私枭。"向来匪类，大半出于盐枭"②，盐枭的武装走私，不仅影响着食盐的运销和征课，也对清廷的封建统治产生着威胁，这是不言而喻的。

康熙三十年（1691 年）后，清廷曾多次对缉拿武装贩私考成作过修改，从中可以看出缉私考成的总体变化趋势。

我们先来看考成中惩罚规定的变化。康熙十五年（1676 年）初定缉拿武装贩私考成时，处罚特别严厉，只要是对贩私"失于觉察"，专管官要受到革职留任的处分，兼辖官要受到降二级留任的处分。这种严厉的考成，造成了"官吏畏考成之法……私盐盛行，尽为盗贼，地方官员明知并不查拿"的后果③。基于此，康熙三十年（1691 年）覆准："十人以上带有军器兴贩私盐，失察各官，系本处拿获一半者，免其处分外，其本处虽未拿获，被别处全获者，亦免其处分。"康熙三十九年（1700 年）又议准："私枭党众，官兵不能拿获，或止获一二名，及兵丁被杀伤者，专管官、兼辖官皆免其处分。限一年缉拿，如不获，仍照旧例处分。"这里，有关处罚显然比前为轻，特别强调了官兵只要尽力缉拿盐枭，就可

① 光绪《大清会典事例》卷 105，《吏部·处分例》。
② 《清朝续文献通考》卷 35，《征榷七》。
③ 嘉庆《两淮盐法志》卷 13，《转运·缉私》。

免除处分或暂免处分，以便使官吏督责兵丁巡役在限期内继续缉查。这种处罚的减轻，应该说更合乎情理。嘉庆五年（1800年），对官吏的处罚又进一步减轻，该年议准："枭徒贩私，聚众十人以上，带有军器，拒捕杀伤人者，州县印捕官降二级留任，道员府州，罚俸一年，俱限一年缉拿。限满不获，专管官照所降之级调用，兼辖官降一级留任。"①

其次，再来看考成中奖叙的变化。与考成中惩罚的逐步减等相反，奖叙在逐步升级。如道光二十五年（1845年）议准："专管官一年内拿获大伙私贩一次者，纪录一次；二次者，纪录二次；三次者，加一级；四次者，加二级；五次者，不论俸满即升。应请改为拿获二次者，优叙加级；三次者，不论俸满即升。"这一规定，把康熙十五年（1676年）的拿获大伙私贩二次者纪录二次，改为优叙加级，拿获三次者加一级，改为不论俸满即升。赏格的升级是明显的。到同治年间，赏格又再次升级，据同治十二年（1873年）吏、户两部议定的考成则例称："专管官一年内能拿获大伙私盐一起者，加一级；二起者，加二级；三起者，不论俸满即升。兼辖官一年内统计所属，拿获大伙私盐一起者，纪录二次；二起者，加一级；三起者，加二级。每案一起，照此递加。"②

与赏格的升级相一致，对缉私兵丁巡役也大加赏赐。如乾隆元年（1736年）议准的两浙盐区条例："嗣后巡盐兵役能拿获大号海船，人、盐并获者，将盐船入官，私盐变价，即于变价银内赏给十分之四。"③ 又如乾隆五十六年（1791年）议准的两淮盐区条例："行销淮盐之江西、湖广、江南、河南各省，无论巡役兵民，但能拿获枭贩者，将拿获盐货车船头匹，全行赏给。"④ 再如道光二十六年（1846年）议准的长芦盐区条例："嗣后弁兵、县役、场巡、

① 光绪《大清会典事例》卷105，《吏部·处分例》。

② 《清盐法志》卷6，《职官门·考成》；光绪《大清会典事例》卷105，《吏部·处分例》。

③ 《清盐法志》卷181，《两浙·缉私门》。

④ 《清朝续文献通考》卷34，《征榷六》。

商巡捕获盐匪，除罪止杖枷各犯，仍照向例将所获私盐、器具、牲畜变价充赏外，如罪应似徒者，每名赏银十两，罪应军流者，每名赏银二十两，罪应斩绞者，每名赏银一百两，按名递加。擒获大伙巨枭，兵役、商巡破格重赏，文武官员从优议叙，以示鼓励。”①

上述缉私考成中处罚的减等与奖叙的升格，事实上从另一个方面反映出私盐的日益泛滥。

另外值得注意的是，尽管有缉私考成，还是多有虚应故事的现象，“怠玩成风，上下徇庇，以致国法不申，枭徒无忌”②。更为重要的是，缉私官兵为了应付考成，往往置真正的枭贩于不顾，对“不在禁约之列”的贩盐贫民却大肆缉拿，如两淮康熙十七年（1678 年）“株连百余人”的盐枭案，就是肩挑背负的“失业之民”③。对此，清廷亦有所觉察，并于康熙五十年（1711 年）议准：“如有不肖官员贪图纪录，将贫难军民、肩挑背负易米度日之人，及外省来贸易之平民，滥作私贩查拿，私用非刑，害人致死者，将该员照诬良为盗例革职。如未经致死者，将该员降一级调用。”④ 这当然是很好的对缉私考成的补充，但实际情况却又不尽人意，一如乾隆帝所谕：“官捕业已繁多，而商人又添私雇之盐捕，水路又添巡盐之船只。州县毗连之界，四路密布。此种无赖之徒，藐法生事，何所不为！凡遇奸商夹带、大枭私贩，公然受贿纵放，而穷民担负无几，辄行抱执，或乡民市买食盐一二十斤者，并以售私拿获，有司即具文通详，照拟杖徒。又因此互相攀染，牵连贻害。此弊直省皆然。”⑤ 这也正反映出缉私中存在的问题及其相关联的吏治腐败。

原载《盐业史研究》1996 年第 1 期

---

① 《清盐法志》卷 27，《长芦·缉私门》。

② 档案，康熙十八年六月二十日卫执蒲呈：《奏缴事迹文册》。

③ 嘉庆《两淮盐法志》卷 44，《人物》。

④ 光绪《大清会典事例》卷 105，《吏部·处分例》。

⑤ 档案，乾隆元年七月二十八日张廷玉题：《为钦奉上谕事》。

十七、

清代三藩之乱期间盐课岁入辨析

一

康熙十二年（1673 年）十二月，以“撤藩令”为导火线，吴三桂首先在云南扯起反旗，随之，耿精忠据福建叛，尚可喜之子尚之信据广东叛，长江以南半个中国，复为戎马之区。直至康熙二十年（1681 年），三藩之乱才告平定。

长达八年的战乱，造成两种并行不悖而又互相激化的结果：一是政府原有支出的激增，一是政府原有收入的锐减。① 历来认为，在三藩之乱期间，政府的田赋、盐课收入等都有不同程度的减少，有所谓“三藩乱起，年失数百万之人”之说②。《清实录》中关于三藩之乱前后的行盐数与盐课收入额的记载，亦与之相符。详见

---

① 参见拙作：《三藩之乱与清廷的经济政策》，载《武汉大学社会科学论丛》第 1 辑，1987 年。

② 《平定三逆方略》卷 1。

下表。

时　间	销盐数（引）	征课额（两）	资料来源
康熙十一年	4326250	2753345	《清圣祖实录》卷四〇
十二年	4441274	2792705	《清圣祖实录》卷四四
十三年	4069385	2487572	《清圣祖实录》卷五一
十四年	3756837	2293583	《清圣祖实录》卷五八
十五年	3565423	2250972	《清圣祖实录》卷六四
十六年	3598760	2262366	《清圣祖实录》卷七〇
十七年	3932630	2395676	《清圣祖实录》卷七八
十八年	3957283	2399468	《清圣祖实录》卷八七
十九年	3983072	2399468	《清圣祖实录》卷九三
二十年	3983072	2399468	《清圣祖实录》卷九九
二十一年	4356150	2761258	《清圣祖实录》卷一〇六

根据上表，三藩之乱期间销引征课是急骤下降的。其与前后相较，形成一个明显的马鞍形。

三藩之乱期间销引与征课的减少，乍看起来，好像是在情理之中。但是，实际上，三藩之乱期间盐课征收额减少的说法，值得怀疑。据笔者所见档案资料，由于这一期间清廷在盐课征收方面实行了一系列的加征政策，盐课的实际征收额反而空前增加。

二

三藩之乱期间所实行的盐课加征主要有四项：一是“加征五分银”，二是“加斤增课银”，三是“计丁加引增课银”，四是“遇闰加征银”。

加征五分银是在军需浩繁、财政竭蹶情况下的直接增课。据档案记载，户部于康熙十四年（1675 年）十二月十一日在“量增盐课以济军需事案”中题明：“因需用钱粮之际，每引加征五分。”①这一加征，普遍实行于各盐区，两淮盐区的加征银额即为83027两②。若按当时的销盐引数估算，加征总额约20万两。

加斤增课银即是在原引定量的基础上加码加征。按户部康熙十六年（1677年）九月七日“加斤增课事案”内题定，每引加盐25斤。其加课额，据《清史稿·食货志》等记载，“每引加二十五斤，加课二钱五分”。实际上，据档案记载，此次加斤增课，虽然各区的加斤数相同，加课额并不一致，只有两淮盐区是加二钱五分之课，其他盐区如长芦、河东加课额是七分，山东是四分，两浙是三分等。因此，各区的实际增课银数较为悬殊，如两淮盐区的加斤增课银高达415133两③，两浙盐区的加斤增课银则为65911两④。

计丁加引增课银从康熙十七年（1678年）始陆续在各区实行，具体加引与增课数额见下表⑤：

时间	盐区	加引数	增课额
康熙十七年	长芦	86962	43647
十七年	两淮	50000	47300
十七年	河东	44761	“照额征课”
十八年	山东	31181	“照额征课”
十八年	两浙	37593	45517
十九年	陕甘	20660	9142
二十年	两广	3224	“照额征课”

① 档案：《盐课奏销黄册》第1143号。康熙十九年八月二十七日布哈呈。中国第一历史档案馆藏。

② 档案：《盐课奏销黄册》第1143号。康熙十九年八月二十七日布哈呈。中国第一历史档案馆藏。

③ 档案：《盐课奏销黄册》第1143号。康熙十九年八月二十七日布哈呈。中国第一历史档案馆藏。

④ 档案：《盐课奏销黄册》第1145号。康熙十九年三月二十七日孙必振呈。

⑤ 据光绪《大清会典事例》卷221至卷229及有关档案统计。

值得指出的是，这种所谓的“计丁加引”，表面上看来是因丁口的增长而加，顺理成章。但实际上也是一种因军需紧急而进行的硬性摊派。康熙十八年（1679 年）两淮巡盐御史郝浴说得很清楚：“照丁加引之例，原旧例所不载，察四省分派口岸数目，或多或少，其初皆照易销难销之实情而定，不尽以丁也。其内有一丁数引者，必其地冲民富，地方附住之人众，丁虽少，而易销也；有数十丁一引者，必其地僻民穷，人多佣食他方，丁虽多，而难销也。节据各属申详，概有苦累难加之请。臣以军需孔急，不得不于万难议增之日勉强酌增。”① 康熙二十八年（1689 年）直隶巡抚于成龙在谈到长芦盐区的计丁加引时亦称：“长芦新增盐引，原因军兴需饷，暂议加增。数年以来，积引难销，请赐豁免。”②

遇闰加课银肇自康熙十七年（1678 年）五月户科给事中余国柱的疏请：“天下盐课定额，不下三百余万，止陕西省遇闰加银，应令各省一例，又可增银二十余万，于军需不无小补。”③ 这一建议，迅即得到户部议准：“（康熙）十七年、十九年有闰月，遵例征解。”④

除以上四种具有普遍性质的加征外，在个别盐区、个别年份，还有一些临时性的加征，不再备述。

显然，各种加征归结在盐课岁入上，当会使盐课征收额有较大幅度的增加。因此，《清实录》所载盐课岁入额尽管有种种合理之处，仍难免令人生疑。

我们首先注意到了最大的盐区两淮的盐课岁入。据档案《盐课奏销黄册》记载，康熙十八年（1679 年）两淮盐课岁入为 2193525 两⑤，这一数额与《清实录》所载的全国盐课岁入（康熙

① 李澄：《淮鹾备要》卷 10。

② 《清圣祖实录》卷 143，康熙二十八年十二月丙寅。

③ 《清史列传》卷 8，《余国柱传》。

④ 光绪《浙江通志》卷 83，《盐法》。

⑤ 档案；《盐课奏销黄册》第 1143 号。

十八年）2399468两几乎相等。这明显标示出《清实录》记载不实。

由于现存档案亦不完整，所以很难将两淮的历年岁入列出。不过，可以大致将三藩之乱前后的岁入略作比较如下表①：

时间	应征银数	历年积欠银数	实征银数
顺治十年	1191325	1481872	1197090
十四年	1303971	1568955	1360602
十五年	1300633	1590078	787975
康熙三年	1691645	1901769	1768791
十二年	1446552	不详	不详
十八年	2193525	无积欠	2193525
二十二年	2193525	无积欠	2193525

由上表可知，康熙十二年（1673年）之后的盐课岁入增加幅度较大，这种增加显然是由于康熙十四年（1675年）之后的各种加征。而且，康熙十二年之前历年均有"积欠"，康熙十八、二十二等年（1679年、1683年），不但照额征足，且已无积欠额，这意味着康熙十八年之前几年中的盐课亦是递年按额征足，同时亦将以往一百数十万两的巨额积欠一并带征完毕（其中原因，我们将在后面加以说明）。

为了进一步说明问题，下面再据档案将三藩之乱前后两浙盐区

① 据档案：《盐课奏销黄册》第40、111、127、1137、1143、1150号编制。按：康熙三年的额征银数之所以比前后的顺治十五年和康熙十二年多出数十万两，是因为该年有"倒追顺治五年至顺治十五年各商多带盐斤"一款，计银254303两。确切地说，该年的额征银数不是正常的岁入额。如果将"倒追各商多带盐斤"一款剔除，那么，该年的额征银数应为1437342两。

的盐课岁入列表示之①：

时　间	额征银数	指　数	实征银数	指　　数
康熙十年	369672	100	368797	100
十三年	370131	100.1	370131	100.4
十八年	474909	128.5	610360	165.5
二十年	495089	133.9	495089	134.2

可见两浙盐区的盐课岁入情况与两淮基本一致。战争期间的额征银数与战前相比，增加幅度亦很大，这种增加，同样是加征使然。而且，亦均能按额征足，康熙十八年（1679 年）的实征银数还有许多“溢额”。

我们还注意到了福建盐区的情况，据档案记载，福建盐区在康熙十七、十八、十九等年（1678、1679、1680 年）除正课银 43708 两均按额征足外，额外征银 13714 两，也如数征完。②

两淮、两浙与福建盐区的引地，在三藩之乱期间正是战火燎烧或波及之区，其征课尚且如此，至于非战乱区域的长芦、山东、陕甘、河东等盐区在当时的征课情况当可想见。如河东盐区，在顺治初期“将明季浮加概行裁汰，岁征课银 131178 两有奇。顺治十三年（1656 年）增课 32000 两，共计 163178 两。康熙十五年（1676 年）以后，递加课银，共成 235559 两。康熙二十八年（1689 年）仍复旧额”③。很明显，河东盐区的战时课入 235559 两，比战前的 163178 两增加了 72381 两。增加幅度亦相当大。

上述可以看出，三藩之乱期间的盐课岁入大大超出《清实录》所记之数，这是没有问题的。

那么，三藩之乱期间全国的盐课岁入额应是多少呢？由于典籍

① 据档案：《盐课奏销黄册》第 1141、1142、1145、1147 号编制。
② 档案：《盐课奏销黄册》第 1144、1146 号。
③ 光绪《增修河东盐法备览》卷 3，《课额门》。

疏缺，档案不全，在新的资料发现之前，很难准确地予以统计，只能进行大概估计。我们认为，是时的盐课岁入约在400万两左右。依据有三：

第一，据以上所举两淮、两浙、福建、河东四区三藩之乱时期的盐课岁入，已达三百余万两，撇开战乱最烈之区云南、两广等盐区的岁入不计，只再加上长芦、山东、陕甘、奉天、四川等区的盐课，大致总在400万两以上。

第二，两淮盐区的岁征银额约占全国盐课岁入总额的半数，所谓“两淮岁课当天下租庸之半”①，“两淮盐课实居天下盐课之半”②，即是言其大概。笔者曾统计了顺治十年至嘉庆八年（1653—1813年）间两淮的盐课岁入与全国的盐课岁入之比，结果发现，两淮岁入额占全国岁入额的49.2%，足证时人所说不误。三藩之乱期间两淮岁入接近220万两，据此推算，全国盐课岁入额应为440万两左右。

第三，两淮、两浙等盐区三藩之乱期间的盐课征收数与后来乾嘉各朝的盐课征收数相差不大，如两淮盐区康熙十八年（1679年）盐课岁入为2193525两，乾隆八年（1743年）为2568348两，乾隆三十五年（1770年）为2155021两，嘉庆八年（1803年）为2308197两。又如两浙盐区，康熙十八年（1679年）盐课岁入为610360两，康熙二十年（1681年）为495089两，康熙三十一年（1692年）为451554两，康熙六十一年（1722年）为425005两，乾隆八年（1743年）为412278两，乾隆三十年（1765年）为412562两等③。而乾嘉时期的盐课岁入总额已达500余万两，如乾隆十八年（1753年）额课收入为5560540两，盈余银为1454401两；嘉庆五年（1800年）额课收入为5652575两，盈余银为

① 李发元：《盐院题名碑记》，见嘉庆《两淮盐法志》卷55，《杂记·碑刻》。

② 胡文学：《疏稿》，见《清史资料》第3辑，中华书局1982年版，第144页。

③ 参见档案：《盐课奏销黄册》第1143、1145、1147、1151、1161、4497、4498、4541、4542、4694号。

428942两。① 据此也可推知三藩之乱期间的盐课岁入不低于400万两，甚或达到500万两之数。

当然，三藩之乱期间的盐课岁入有一个逐步增加的过程，这一是因为盐课的最初加征始自康熙十四年（1675年），以后的加征是渐次实行的；二是因为战乱区域逐渐缩小，行盐区域亦相应逐步扩大。

至此，可以得出简短的结论：三藩之乱期间的盐课岁入，在康熙十四年实行“加征五分银”后即有了明显的增加，是时的盐课岁入当不低于300万两，前引康熙十七年五月余国柱之疏亦称：“天下盐课定额，不下三百余万。”在康熙十六年九月实行“加斤增课银”，以及随之实行的“计丁加引”、“遇闰加银”后，盐课岁入有了进一步的增加，同时，也由于当时的战乱区域缩小，局势明显好转，所以在三藩之乱后期，盐课岁入额当在400万两至500万两之间。

至于《清实录》所记三藩之乱期间的盐课岁入数，笔者认为是以往额定岁入的实征银数，而没有把三藩之乱期间的各项加征所征收的银额统计在内。之所以如此，可能是因为在康熙十四年“量增盐课以济军需”时，清廷曾声明此系“盐课暂增”，并非经制。② 实际上，据当时的《盐课奏销黄册》来看，各项加征所收银额，都曾分款予以了特别注明，或称“加增盐课银”，或称“遵奉新例银”等。

三

“盐乃计口授食之物”。食盐的运销征课与社会经济的恢复、安定息息相关。如上所述，三藩之乱期间的盐课岁入有许多名目的加征，加征额不但历年如数征完，而且亦将乱前历年的积欠一并带征完毕，有时还征有“溢额”银，这在战乱之秋确实不易。这种

① 光绪《大清会典事例》卷221，《户部·盐法·盐课总额》。
② 档案：《盐课奏销黄册》第1143号。

盐课征收的空前好转，是富有戏剧性的，耐人寻味。

之所以如此，笔者认为有两点值得注意。

其一，是由于采取了“厘革陋规”的措施。陋规或称“浮费陋规”，是在产、运、销各个环节盐官、盐吏、总商、纲头的需索之款。在顺治中后期以至三藩乱前，陋规已十分严重。当时，在产盐之区有所谓“科派陋规，几浮正额”之称①；在运司是：“库官、库吏、胥役侵吞需索，则更浮于官之所入。是盐之利也不归正供，而为此辈所侵用。”② 如此等等。这种陋规为盐官们所中饱，直接影响着盐商的行盐成本以及国家的财政收入。所以从顺治中期始就再三下令禁止，如顺治八年（1651 年）规定：“一切无名派费，尽行禁革，以苏商困。”③ 但由于当时战争频繁，财政混乱，这种所谓禁革几同空文。

三藩乱起，清廷面临着商困和需款的矛盾，三令五申禁革陋规，令“管盐巡抚、巡盐御史洁己执法，通行厘革，务使商不致困，踊跃急公”④。这一措施，当时收到一定成效，实际上是将官吏中饱之款纳入国家收入之轨。

其二，是由于对征课官员采取了重奖重惩的考成之法。盐课考成初定于顺治八年，当时以“盐课为军国急需，销引乃疏盐要务”为由，曾制定了较明代为严的“十分考成”办法。⑤

康熙十四年（1675 年）十二月，在加征盐课的同时，为了应付当时销引难、征课急的局面，吏、户、二部又参照顺治八年之成例制定了更为严厉的特别考成法，以督促官吏勒催盐课。加盐运使，原考成规定：欠课不及一分者，“停其升转，罚俸半年”，欠六分以上者，革职；特别考成则改为“欠不及一分者，降职一级”，欠五分以上者，革职。同时，与此相适应，还制定了特别考

① 档案，康熙十八年六月二十日卫执蒲呈：《奏缴事迹文册》。

② 《清盐法志》卷 228，《征榷门》。

③ 雍正《新修长芦盐法志》卷 11，《奏疏》。

④ 档案：《盐课奏销黄册》第 1143 号。

⑤ 参见拙作：《论清顺治朝的盐税政策》，载《社会科学辑刊》，1987 年第 6 期。

成的优叙例："一年内正杂额课及带征银两全完，御史准加一级。运司、提举司一年内全完，准纪录二次，一连两年全完，准加一级。……巡抚一年全完，准其纪录一次，两年全完，纪录二次，一连三年全完，准加一级。"①

也许正是由于这种重奖重惩的特别考成，才导致了《清史稿·食货志》说的："计臣以军需所恃，督饷之檄，急如星火。"这既是为国家计，也是为身家计。直到三藩之乱平定，这种特别考成才予以废止。

综上所述，不难意识到清廷在三藩之乱期间所采取的两项措施，尤其是特别考成所起的作用。在当时的情势下，它对盐课的征收以及积欠的带征是不可或缺的。

当然，特别考成的实行以及高额盐课岁入的取得，在很大程度上是以牺牲商民的利益为前提的，这无疑是商大困、盐价日高的根源。同时，我们也应注意到：加征也好，特别考成也好，作为短时期内弥补财力的一种应急手段，又有着不可忽视的作用。

原载《历史档案》1989 年第 3 期

① 档案：《盐课奏销黄册》第 1143 号。

十八、

清代两湖市场与四川盐业的盛衰

清代以官督商销为主要特征的食盐专卖，沿袭着前代的专商引岸制，其内容为：签商认引，划界运销，按引征课。划界运销是系结产地与销场的主要之环节，它不但影响着盐商的兴替、盐课的征纳，而且直接制约着盐业的发展。

本来，为了食盐的销售而划分盐销区，应该考虑到各地的产量和销量，以及各地的运输距离与盐价等诸方面的因素，使食盐在运销环节中符合经济原则，以便达到通商便民的目的。但是在专商引岸制下的某些盐销区划分，则在很大程度上没有顾及上述因素，而是从保障政府的盐课收入和专商的销售特权出发，用超经济的手段强行划界运销。盐销区一旦划定，产区和销区之间就形成了一种固定的关系，盐商们只能在规定的产地买盐配运，然后在规定的引地销售，严格限制越界行销，稍一越界，便被视为“邻私”，遭到缉私员弁的缉拿。因此，便出现了食盐运销中“舍近求远”、“舍贱买贵”，以及岸界犬牙交错的怪现象，生出许多弊端。

两湖与四川界连，而距两淮穹远，但只有湖北计岸八州县专销川盐，广袤的两湖市场向被淮盐占领。据《两淮盐法志》记载，淮盐自仪征进入长江，上溯汉口，运程已达1600里。再由汉口转运湖北和湖南各府州县，里程少者为一千数百里，多者两千余里，再加上仪征至汉口的长江航途，则有三四千里之遥。

食盐的运销，“系按道里分别加增运费”①，里程越远，运费越高：“湖北各处离汉口百里内外者，每包于店价外，约加平色、运费、脚价、利息等项，共银一分五六厘；其离汉口二千余里者，每包约共加银四分五六厘。”② 这自然导致了边区盐价的昂贵。四川夔关监督佛保在谈到川楚交界处的归州、巴东等处的情景时说：“湖北省直隶归州、巴东县两处，食盐有烦难之处……归州、巴东例食淮盐，淮盐从长江至汉口，入南津关抵归、巴等处，川江峡口，滩高水险，逆流而上，运载艰难，每不能随时接济，且盘脚重大，价至三四分一斤不等。贫民度日不给，无力买盐，致多淡食。”③ 户部尚书史贻直在谈到川湘交界处的永顺、永绥等府厅的情景时说：“新辟各苗土地方，淮盐既以路远而价贵，川盐又以贩私而阻禁，该地食盐现今每斤价值几至四分。”④ 而毗邻的四川夔州府等地的盐价，“每斤价止四五厘”，两相比较，盐价几差十倍⑤。这清楚地表明，由于盐销区划分的不合理，造成了民众本可避免的重负。

同时，川盐不能下销两湖，造成了川盐的滞销。一如佛保所云：“夔州府云阳、大宁二县，素产食盐……下至一二百里即是湖北地方，又不敢越境贩卖，所以盐斤现在壅积。”⑥ 四川总督黄廷桂亦称：“夔州一府户口既不能销此多盐，若逆水而上，运至重庆

---

① 嘉庆《两淮盐法志》卷14，《转运》；卷20，《课程》。

② 嘉庆《两淮盐法志》卷14，《转运》；卷20，《课程》。

③ 档案，雍正十一年四月十三日佛保奏：《为归州、巴东盐引请改拨川省行销事》。

④ 档案，乾隆二年八月七日史贻直题：《为再行查奏等事》。

⑤ 档案，雍正十一年四月十三日佛保奏：《为归州、巴东盐引请改拨川省行销事》。

⑥ 档案，雍正十一年四月十三日佛保奏：《为归州、巴东盐引请改拨川省行销事》。

等处行销，不惟费广价昂，且沿江上流之射洪、富顺、荣县等处所产盐斤，颇为有余，由顺水而运至各州县发卖，其势既便，其价亦轻，无资夔盐。故夔盐日益堆集，引目日益壅滞。……实因限于地势。”①

有鉴于此，从康熙年间起，历经雍、乾、嘉各朝，大小臣僚曾屡屡奏请将川楚、川湘界连之地改食川盐，但终归不果。乾隆元年（1736 年），大学士朱轼还曾特上《请定盐法疏》，呼吁“行盐地方宜酌量变通”。他情真意切地指出：“以国家视之，食盐无非赤子完课，总归正供，此疆彼界，有何区别？徒以商引销积不均，致使小民法网之不免，自应令该督抚会同盐臣斟酌变通。……应就盐地之远近，逐一查明，尽为改易。”但议复的结果却是：“所有两淮纲地，应请循旧制行销，勿庸改易。”②

销盐引岸难以改变的原因当然是多方面的，但最主要的是淮盐税重课多，川盐税轻课少。早在雍正十一年（1733 年），湖广总督迈柱在遵旨讨论川楚引界时就曾作过比较：“查川淮税银，轻重悬殊。归、兴、巴三州县，每年额设淮引共一千七百六十引，每引销盐三百四十四斤，课征银一两一钱一分一厘，共课征银一千九百五十五两零；而四川每引销盐四百六十斤，课征银二钱七分二厘。以三州县款盐合算，川盐仅改拨引一千三百一十六引，征课银三百五十六两零，是现缺淮税一千五百九十九两零。”③ 大学士鄂尔泰更云：“倘走漏川私，堕误淮课，关系甚巨。盖湖广行销淮盐十分之七，每年额课约一百余万两。现在惟恐川盐侵入楚境，设立隘口，分路巡查，尚有私枭乘间透漏，若竟听楚属之兴、归等处民人买食川盐，则此禁既弛，将来川私势必蔓延全楚，而淮纲引盐断难销售。是以前经岳钟琪、曹源那等屡次条奏……均以事关课帑，恐有

① 档案，雍正十二年正月十七日黄廷桂奏：《为楚省兴山等处请改行川盐事》。

② 档案，乾隆二年十一月二十三日尹会一题：《为遵旨密议具奏事》。

③ 档案，雍正十一年九月十六日迈柱奏：《照旧淮销淮盐疏》。

阻碍，未经准行，各在案。”①

产业的发展与迟滞，视商品的流通为转移，即“生产天然指望交换”。上述情况导致了四川盐业的危机。据《清史稿·盐法》记载，道光初年，四川汉州、茂州等31个产盐州县，因“卤衰、销滞，商倒岸悬”。至道光“三十年，全纲颓废……积欠羡截银共二十三万七千余两，未缴残引二十二万八千五百八十一张”。

在从1851年到1864年的太平天国革命进程中，太平军与清军在长江中下游地区展开了拉锯战，长江航运不能正常进行，淮盐沿江各省的销区一时宣告瓦解，清王朝的盐课收入因而受到影响；同时，原销淮盐的沿江人民也因此而陷入绝盐之境。在这种情况下，咸丰三年（1853年）五月户部议准：“川粤盐斤入楚，无论商民，均许自行贩鬻……惟择楚省堵私隘口，专驻道府大员，设关抽税。一税之后，给照放行。”② 这样，引岸疆界彻底打破，使得川盐源源不断地运销两湖市场，“约计入楚之盐，以旺月计算，约合川省水引九百余张，一千万斤上下”，从而形成两湖市场“尽被川盐侵占”的局面。③ 这即是所谓的“川盐济楚”。

川盐济楚，促使四川盐业从危机中一转而盛。关于这一点，可以从两个方面加以考察。

第一个方面是四川盐课额的大幅度增加。川盐济楚以前，四川盐课额有限，正课只有14万余两，正杂课加在一起也不过30余万两④，不但无法与两淮比拟，即对长芦、浙江、河东等盐区也只能退居下位。这时川盐趋赴湘楚销场，帆樯如云，顺流东下，解除了三楚人民缺盐的痛苦，也使清王朝盐课急剧增长：“川盐自济楚后，（盐课）比嘉道间骤增十余倍，近（指光绪年间）几及二十倍。各省无此发达之速且巨。”⑤ 据王守基《四川盐法议略》所

---

① 档案，雍正十二年二月二十六日鄂尔泰题：《为遵旨议奏事》。

② 《清盐法志》卷123，《两淮·运销门》。

③ 胡林冀：《奏陈楚省盐法，乞酌拨引张疏》，见《皇朝经世文续编》卷43。

④ 王守基：《四川盐法议略》，见《皇朝政典类纂》卷76。

⑤ 孙树楠：《中国古今法制表》卷5。

记，咸丰年间川盐在征收“关厘”、“厂厘”、“局厘”以后，每年课入达到200余万两。但据咸丰、同治、光绪各朝四川协拨外省的款项考查，川盐课额收入，最高时可能达到四五百万两。①

四川由于明末清初迭遭战祸，经济惨遭破坏，直至雍乾时期，川省财政支出的一部分尚赖外省协济，可是“咸同军兴而后，京师及各省乃转而取济于蜀”②。同治三年（1864年），骆秉章奏称：“四川本系协济省份。自军兴以来，协饷不至，而本省筹防筹剿，已经拨解京外各饷，用数已逾千万。”③ 同治八年（1869年），李鸿章在《川盐分成派销折》中亦称；“川盐课费其指款坐拨者，每年荆州满营二十一万两有奇，户部十万，内务府五万，固本京饷六万，荆宜留防水师二万数千两，皆丝毫不容短缺。此外，甘省协饷、本省军饷大半取给。”④

当然，川盐济楚以后川盐课额的大幅度增加，以及协拨各地的巨额饷项，与清政府不择手段的盐厘征收有关，但也间接地反映出了四川井盐业的发展。王守基曾说：“蜀盐办课，正杂不过三十一万两，常有缺产之虞；今则加至二百数十万两，仍有余盐。”⑤ 其意已明。

第二个方面是四川井盐业规模的扩展。此约可归结为三：

其一，产盐州县比前扩大。四川有的州县向不产盐，有的州县虽原来产盐，但由于各种原因，盐井“日久淤塞”。在川盐济楚的刺激下，这些州县迈入产盐区的行列，并达到一定的水准。如奉节县久不产盐，“于云阳县买盐运至本县行销”，但到“咸丰初年，乡民淘井试煎，产盐极旺，于是每岁水落之时编茅砌灶，比屋鳞次，蒸气成云，熬波出雪……”⑥。

---

① 吴炜等：《四川盐政史》卷1，《通论》更云：“税款由数十万而增至六百三十余万。”

② 光绪《四川盐法志》卷26，《征榷》。

③ 骆秉章：《川省举办厘捐已著成效疏》，见《骆文忠公奏稿》卷7。

④ 李鸿章：《李文忠公全书·奏稿》卷15。

⑤ 王守基：《四川盐法议略》，见《皇朝政典类纂》卷76。

⑥ 光绪《奉节县志》卷16，《盐茶》。

其二，原产盐州县适时发展。这种情况比较普遍。如著名的富、荣井场，“历雍、乾、嘉、道，鹾政尚无裨于国计。咸同军兴，井灶日增”①。据统计，咸同年间富、荣两地的井数达到728眼，灶锅达到7917口，而咸丰以前井不过400余眼，锅不过千余口。井眼增加近一倍，锅口增加近八倍，这正标志着井场规模的扩大和产量的增长。再如犍为井场，犍为是清代前期井盐业发展较快的州县之一，康熙年间，犍为有井529眼，锅594口，到嘉庆年间，井增至1206眼，锅增至1654口②。但直到川盐济楚前，再无发展，且有一定程度的倒歇。川盐济楚以后，井达到两千余眼，锅也达到近两千口③。射洪井场亦然，雍正八年（1730年）有井两千余眼，“乾隆时增为三千余井，其后（指川盐济楚后）复增至万余井”④。至于一些中等的州县井场，其发展也不容忽视。如资州井场，康熙元年（1662年）还只开淘了左脚、顺塘二井，但到光绪年间已有盐井237眼⑤。资（中）、内（江）井场，在前“课井枯老”，此时亦“逐渐加凿……远胜于昔”⑥。乐至井场更有惊人的发展，据民国初年的调查，该县有井25657眼，绝大部分为咸同年间增开。⑦

其三，私井大量开凿。报部纳课注册者为法定盐井，此外则称之为“私井”。咸丰以前，私井的开凿受到严格的限制，加上盐商资本的微薄，销路的狭窄，私井难以发展。川盐济楚以后，情景为之一变。同治元年（1862年）上谕称：“自咸丰年间，各灶户私开井灶，遂将私盐到处洒卖。”⑧ 在川盐销场扩展中，私井的开凿日

---

① 民国《富顺县志》卷5，《食货》。

② 嘉庆《犍为县志》卷4，《食货》。

③ 光绪《四川盐法志》卷5，《井场》。

④ 吴炜等：《四川盐政史》卷2，《场产》；光绪《四川盐法志》卷5，《井场》。

⑤ 光绪《资州直隶州志》卷8，《盐政》。

⑥ 民国《资州志》卷3，《盐法》。

⑦ 吴炜等：《四川盐政史》卷2，《场产》。

⑧ 《清朝续文献通考》卷37，《征榷九》。

益广泛，据光绪《四川盐法志》卷二四云："私井日开，近年则几无处不有，殆不知井之为私井，盐之为私盐矣。"

同时，我们还必须注意此一时期的另外几种现象。即：凿井技术的进步和盐井的加深；盐商资本的积聚和转移；近代意义上的手工工场的出现、井场内部管理系统的完备、专业分工的细致以及资本主义萌芽的出现和发展等。

在川盐济楚之前，四川盐业的规模据严如熤等人的记载来看，已具一定水准："犍、富等县，灶户、佣作、商贩各项，每厂之人以数十万计，而沿边之大宁、开县等厂，众亦以万计。"盐井的深度也"自百数十丈至三四百丈"①。这些资料曾反复被有关学者引用，并由此得出乾嘉时代四川井盐业规模宏大，资本主义萌芽出现并发展等结论。但是，考虑到川盐济楚之前四川井盐业的衰败，盐场的规模不会很大，直接从事盐业生产的工人更不会很多，严如熤所谓的犍富等厂，"每厂之人以数十万计"，显然是包括了众多的业盐商贩和挑水、挑盐等临时搬运工人在内。这一点是要特别予以注意的。考虑到凿井，特别是穿凿深井，废本巨大②，而四川土著井场灶户资本微薄，实在难以开凿深井，虽然雍正以后"陕西大贾习鹾业者，入蜀转运行销"，③ 并逐步将商业资本转向产业资本，但川省盐商（主要是西商）在嘉道间已有衰败的趋势，如王守基所言："盐商习尚奢靡，加以官吏陋规日增月益，不数十年，大半家赀荡然。"④ 而且，据各种史料记载来看，西商向井场的投资，在咸丰之前为数不多。因此，像严如熤所说的达到三四百丈的深井只能是极少数。

四川井场规模的扩大，是在川盐济楚以后，盐商资本踊跃转向

---

① 严如熤：《三省边防备览》卷10，《山货》。

② "凿井之工费，浅井以千计，深井以万记，有费至三四万而不见功者（按：凿及咸水，谓之'见功'）"。"辟一井，工以数年记，费以数万计，非强有力者弗能为。"参见李榕：《自流井记》，《十三峰书屋文稿》卷1及前揭王守基：《四川盐法议略》。

③ 王守基：《四川盐法议略》，见《皇朝政典类纂》卷76。

④ 王守基：《四川盐法议略》，见《皇朝政典类纂》卷76。

井场，亦在此时："川民以济楚而增辟井灶，费本不赀；商人以运楚而经营其业，投资甚巨。"① 到同治初年，"川省各厂井灶"的盐业资本，已是"秦人十居七八，蜀人十居二三"②。

随着商业资本的加速投向盐业生产，凿井技术日趋完善，深井在在皆有，有的甚至达到五六百丈③，从而出现含盐量极富的黑水井和火势极旺的火气井。李榕云："国朝道光初年见微火，时烧盐者率以柴炭，引井火者，十之一耳！至咸丰七八年而盛，至同治初年而大盛。"④ 李榕的这段话可以与上述咸丰以前深井极少相印证。

著名的王三畏堂和李四友堂也在此时大锉新井、深井。如李四友堂在道光年间只有盐、火井数眼，井深一般也只有几十丈、一百余丈，"川盐济楚之后，先后不断大锉新井多眼，广辟卤源，新锉和新佃的井眼共一百余口，日产卤水几千担"⑤。

随着四川盐业的发展，不但出现了像王三畏堂和李四友堂这样一些集井、灶、枧、号于一身的盐商资本集团⑥，而且也出现了以富荣井场为中心的近代手工业工场。在这样的工场中，担水夫因体力繁重，"日值可得千钱"；盐船夫和担盐夫因付出的体力较少，工资也少一些；盐匠、山匠、灶头因有技艺，是较复杂的劳动，所以工资就高得多。⑦ 在这里我们已经看到了以分工为基础的手工业工场的协作形式，以及"劳动力本身也成了商品"⑧ 的情景。

在这一时期，井场内部的管理系统也趋于完备，"盐厂之管事

---

① 吴炜等：《四川盐政史》卷1，《通论》。

② 《清朝续文献通考》卷37，《征榷九》。

③ 光绪《四川盐法志》卷12，《济楚》。

④ 李榕：《自流井记》，见《十三峰书屋文稿》卷1。

⑤ 黄植青等：《自流井李四友堂由发轫到衰亡》，见《四川文史资料选辑》，第4辑，1979年。

⑥ 罗筱元：《自流井王三畏堂兴亡纪要》，见《四川文史资料选辑》第7辑，1980年。

⑦ 李榕：《自流井记》，见《十三峰书屋文稿》卷1。

⑧ 列宁：《论所谓市场问题》，《列宁全集》第1卷，人民出版社1984年版，第77页。

有四：规画形式，督工匠以凿井者，为井之管事。综核水火，计成数以烧盐者，为灶之管事。安置竹笕，由近及远以达咸水者，为笕之管事。储盐运盐，行水陆以权交易者，为号之管事”，“凡计议官私厂务者，谓之档首。商酌买卖盐斤与时为低昂者，谓之经纪。驱使杂佣接待宾客者，谓之外场”。① 这里的所谓井、灶、笕、号诸“管事”，以及“档首”、“经纪”、“外场”等，显然是马克思所说的那种“特殊的工资劳动者”，其职能是在于“直接地、不断地监视个别劳动者和各组劳动者”②。

太平天国革命失败之后，曾国藩即以“淮纲之兴替，全视楚岸之畅滞”为由，开始筹划“收复楚岸”。因当时的两湖市场“被占十有余年，行之即以为常，禁之未便太骤”，所以实行了“重抽厘金”、“以征为禁”的政策③，规定：沙市盐局对入楚川盐每斤加抽厘钱三文，宜昌盐局每斤加抽二文。④ 但经过这样的“以征为禁”后，淮盐仍不能打进两湖市场，“而川盐之畅销如故”。⑤ 曾国藩为此曾抱怨说，淮盐难以占据两湖，并非因为他“不多方补救”，而是因为“川贩巧于迁避，百计漏厘”以及宜昌、沙市等盐局不尽力抽税，“以致川贩成本太轻”所致。⑥ 曾氏的抱怨当然是有道理的，但除此之外，还有一个重要的原因，这就是两湖和四川大僚基于本地利益对川盐实行了庇护政策。是时，不但四川、两湖军饷以及地方支出“以川厘为大宗”，就是尚处于战乱中的西北、西南的巨额军费，也多靠川厘协济。川盐的盛衰和川盐课厘的损益，对这些地区来说至关重要，所以就形成了以湖广总督和四川总督等地方大僚为首的“保川派”。

到了同治十年（1871 年），曾国藩以“将应得厘银，多拨数成或全数归鄂”为条件，要求划地分销，将湖北的武昌、汉阳、黄

① 李榕：《自流井记》，见《十三峰书屋文稿》卷 1。
② 马克思：《资本论》第 1 卷，人民出版社 1975 年版，第 397 页。
③ 曾国藩：《请收回淮南引地疏》，见《皇朝经世文续编》卷 44。
④ 王守基：《四川盐法议略》，见《皇朝政典类纂》卷 76。
⑤ 王守基：《四川盐法议略》，见《皇朝政典类纂》卷 76。
⑥ 曾国藩：《请收回淮南引地疏》，见《皇朝经世文续编》卷 44。

州、德安四府，湖南的岳州、常德二府划归淮南行销，其余地区行销川盐。经户部议准实行。到了光绪二年（1876年），又经户部议准，两湖引地全部复归两淮。①

在井场方面，“楚运停后，厂盐无处销售……井灶因之歇业”。加上根据户部整顿盐务章程，对咸丰以来的一些私井，进行了封禁，并制定“十户一盐牌，五十户一灶首，百户一盐甲”的保甲制度，加强稽查管制，使井场灶户遭到重创②，出现了“川省数十万贫民托此为业者，生机顿绝”的局面。③

在盐商方面，“自淮盐上运，楚岸划分以来，川盐销路甚窄，销数日滞，商人观望不前”④。许多商人走向破产，“歇业者日见其多”⑤。曾在川盐济楚以后暴发起来的著名的王三畏堂和李四友堂也在此时走向了末路。

原载《四川大学学报》1988年第3期

① 《清史稿》卷123，《盐法》。
② 光绪《四川盐法志》卷32，《缉私》。
③ 丁宝桢：《奏覆川省复增盐厘片》，见《光绪财政通纂》卷6。
④ 丁宝桢：《奏覆川省复增盐厘片》，见《光绪财政通纂》卷6。
⑤ 奎俊：《覆陈川盐难再议加疏》，见《皇朝道咸同光奏议》卷35。

十九、

《清史稿·盐法》补正

《清史稿·盐法》舛误与不妥之处甚多，拙著《清代盐政与盐税》虽有所论列，但限于体例，不可能分析条缕①，有必要另撰专文。兹据中华书局的标点本，顺其页次，结合现存档案和有关典籍，笺证如下。

一 关于清初的盐引与盐课

《清史稿·盐法》3607 页：

> 顺治二年，谕各运司，盐自六月一日起，俱照前朝会计录原额征收。旋蠲免明末新饷、练饷及杂项加派等银。

这里有两个问题：其一，所谓的“前朝会计录原额”是否万历年间额数？其二，是否蠲免了明末的加征？

① 参见陈锋：《清代盐政与盐税》，中州古籍出版社 1988 年版。

按照清初赋税征收惯例及学者们的研究，所谓的前朝会计录原额系指万历会计录原额。但是，清初的盐引分配所依据的明代旧额却远在万历额之上，有如下表所示。①

盐区	万历引额（大引）	清初所据明引额（大引）	清初引额（小引）	备注
两淮	352000	705180	1410360	系就明大引剖一为二
长芦	63100	239850	719550	系就明大引剖一为三
山东	96100	154579	463737	系就明大引剖一为三
两浙	220400	444769	667153	系就明大引剖二为三
福建	104200	104340	208680	系就明大引剖一为二
河东	292000	584000（小引）	409933	比明引额减少

表中所谓的“大引”与“小引”，是指每引盐的载盐数，明代各盐区大引的盐斤数，有400斤与600斤两种。如两淮每大引为400斤（淮南每引并包索为430斤，淮北每引并包索为450斤），长芦的大引为600余斤（正盐205斤，余盐265斤，割没盐80斤，宁饷盐10斤，酬商盐60斤，包索30斤，共重650斤）。清初“以盐包斤数太重，则称掣为艰，而易于滋弊”为由，将每引盐的重量统一规定为200斤，所以有“剖一为二”、“剖一为三”等办法。②

上列引额表，除河东盐区因明末盐池遭受水灾，盐产减少，清初引额比明代略有减少外，福建两额略等，两淮、两浙则各高1

① 万历引额，据《明史·食货志·盐法》。清初引额，据中国第一历史档案馆所藏档案（下引“档案”，均为该馆所藏）：顺治八年五月二十八日波洛题：《为淮北商困当苏，谨陈因革之宜事》；顺治八年九月二十六日扬义题：《为东省荒残之后，照户口更定引额事》，顺治十年六月二日车克题：《为详陈闽中盐法事》；顺治十三年四月一日车克题：《为盐课经制之外应征款项事》。

② 档案，顺治十三年四月一日车克题：《为盐课经制之外应征款项事》。

倍，长芦高 3.8 倍，山东高 1.6 倍。可见，清初的盐引分配是据明末的最高数额而定，而未拘泥于万历引额。盐乃计引纳课，盐引增加，课额亦随之增高。

由于盐课是一种间接税，多颁盐引与多征盐课，比田赋加征要隐蔽得多，所以清廷才蒙混颁引征课，《清史稿》亦蒙混记之，此不可不察。

还应指出，“盐乃计口授食之物”，盐引的增减应以人口的增减为依据，清初人口比明代减少，引额反比明代增加，这已蕴含着盐引壅滞的弊端，但顺治中期以后，巨额的军费支出造成了财政的支绌，为了多征盐课以济军需，清廷在原有引额的基础上又频繁加引，终于造成了盐引的滞销和课额的重新摊纳。①

至于清初是否蠲免了明末的加征，据文献资料和现存档案来看，顺治十年（1753 年）以前，在盐课的征收中，确实废除了明末的加征，与既定政策相吻合。但是，顺治十年以后，随着军费的增加，财政的困难，各项加征又重新开始。

首先是复征“宁饷”和“滴珠”。“宁饷”系明代万历年间因宁夏用兵所加，故名“宁饷”。“滴珠”即火耗。此二项清初均在禁征之列。两淮盐区在顺治十年十一月开始复征“宁饷”和“滴珠”，为了掩人耳目，当时采取的办法是“行盐带课”。《盐课奏销黄册》载：“宁饷带盐并滴珠引课，行盐九万二千六百七十九引，每引征银六钱七分五厘零，共该征银六万二千六百十两顺治十年十一月二十六日开征。”② 长芦等盐区“宁饷”等银的征解，则始于顺治十三年（1656 年），其经过见于户部尚书车克的题本：“每小引征银二钱六分五厘七毫，三小引合算共征银七钱九分七厘零，较明额（明代之额）少征银六分者，原因裁去浮课四分，宁饷二分。……已经奉旨遵行在案……自元年起至十二年止，

① 参见陈锋：《论清顺治朝的盐税政策》，载《社会科学辑刊》，1987 年第 6 期。

② 档案，顺治十一年二月二十七日梁凤鸣呈：《顺治十年分征解过正杂盐课钱粮数目文册》。

未经征收。以往钱粮系经部覆所定，非商人不纳，且新旧各商更换不一，今若找征，恐滋苦累，似应免其找征，惟自十三年为始，议定经制，添入课额征解。硃批：依议。”①

其次是明确表示复征“新饷”、“助工”、“练饷”等项。这可以从户部尚书孙廷铨在顺治十三年所上题本中知晓：“今据河东盐臣朱题报，河东盐课……经制之内，毫无遗漏；经制之外，悉皆搜剔。惟天启、崇祯年间有加增新饷、助工、练饷等项，应否另定经制等因，题请前来。臣等覆查，河东每岁输纳正课银十三万零一百五十五两，并赈济盐丁等五款杂项共银六千五百八十四两，俱照万历年间之例征收。其余天启、崇祯年间助工、练饷等项，亦应量加。今因军饷不足，前经臣部题增盐行十万引，盐课三万二千两，奉有谕旨，钦遵在案。当遵照速征解部，以助兵饷。硃批：依议。”②

这表明，所谓废除明末的加征，在顺治中后期已成为一纸空文，真可谓“经制之内，毫无遗漏；经制之外，悉皆搜剔”了。

二 “割没”的废除与“加斤增课”

《清史稿·盐法》3607页：

> （康熙）十六年，用户科给事中余国柱言，命将商盐掣验每引加二十五斤，加课二钱五分，永远革除，著为例。

此段记载易引起误解，照字面理解似是永远革除“每引加二十五斤，加课二钱五分”之例。其实，“永远革除”之下脱字，应改为“永远革除割没之名”。《清盐法志》卷三《通例·征榷门》载：“康熙十六年议定：各省割没，所报不等，若照此征收，奸商借割没之名，反多加带；称掣之官，或行派累。应将割没之名停止，其银两均摊入正引内作正额征收。每引加盐二十五斤，其课银

① 档案，顺治十三年四月一日车克题：《为盐课经制之外应征款项事》。

② 档案，顺治十三年闰五月二十日孙廷铨题：《为盐课经制等事》。

照摊入之数加征。”《清盐法志》记载不误，现存有关档案，可以互证：“遵奉新例，每引应加盐二十五斤，加银二钱五分，征收银两（始）于康熙十六年九月初七日。……户科给事中余国柱题前事，部覆，嗣后应将割没溢斤公罪等银俱于盐引内均行摊入，作正额征收，此等名色永行停止。”①

关于“割没”之沿革，两浙巡盐御史姜图南曾有扼要说明，“过所（掣验所）额外称出多盐一斤，纳银一分，谓之割没。……割没之法始于故明成化年间，掣割余盐，通行开报，差官变卖给边及支放旧南京各衙门食盐之用。嘉靖四十五年题准：若多余盐，以一分一斤割没。按《盐法考》刊载，余课有额，而割没无额。原其立法初意，不过临掣登报，以杜奸商夹带之弊，期至无可割无可没，使正盐疏通而已。本朝掣盐，例报割没……”②。显然，“割没”的原意是在惩治盐商的夹带。清初一直沿用明制，但此项所征银两，无定额，即“多斤则割没示罚，无斤则无可吹求”。而且，在顺治十七年（1660 年）之前，各区呈报户部的《盐课奏销册》中，此项亦不列入正常奏销，只作为“额外奏销之款”存藩库。顺治十七年始将“割没”一款正式列入奏销报部，每年多寡不等。两淮巡盐御史赵玉堂称：“于顺治十七年正月二十一日奉都察院札付准户部咨内开：割没银两亦系钱粮，自应查明某年某款项，造入奏销册内，以凭核销等因，遵行在案。”③

康熙十六年(1677 年)废除“割没”名色,改为“增斤加课”,实际上是为了“三藩之乱”期间筹措军费的需要,把“无定额”的收入,作为“常额”收入。这样一改,使清廷的收入大为增加,如康熙三年(1664 年)两淮盐区的割没银为 80808 两,改为“加斤增课银”后,每年的收入则为 415133 两,收入增加了五倍。④

---

① 档案,康熙十九年八月二十七日布哈呈:《康熙十八年分正杂钱粮文册》。

② 档案，顺治十三年闰五月十三日姜图南题：《为请明割没银两事》。

③ 档案，康熙四年三月二十七日赵玉堂呈：《康熙三年分征收过正杂钱粮文册》。

④ 分别参见档案,康熙三年、十八年、二十二年的《正杂钱粮文册》,呈报人是赵玉堂,布哈,张志栋等。

三　关于两淮的“火伏制”

两浙巡盐御史卫执蒲说：“场舍为产盐之所，灶户乃煎办之人，除此而外，盐无他出，故官引之配销不足，枭徒之肆横行私，皆场灶多煎偷卖之所致。”① 在场灶产盐之区实施“火伏制”，目的即在于根杜“贩私之源”。可见意义重大。

《清史稿·盐法》3610页：

> （雍正）六年，江南总督范时绎言：“两淮灶户烧盐，应令商人举干练者数人，并设灶长巡役，查核盐数，输入商垣，以杜私卖。”

这里，引范氏之疏以记“火伏制”，似显粗略，且令人觉得“火伏制”的实行是在雍正六年（1728年），或是其后。据嘉庆《两淮盐法志》等书记载，“火伏制”的实行是在雍正五年（1727年），而道光时人李澄言之尤详：“火伏者，自子至亥，谓之一火伏……语见嘉靖《盐法志》，是火伏之名，其来已久。而办理章程，则在雍正五年巡盐御史噶尔泰之请，而法始备。其法：于通、泰所属各场，按灶地亭傲之繁简，酌设灶长、灶头、巡商、巡役、磨对、走役，又委扬商（即集于扬州的两淮运商）督率稽查。凡灶户名下盘几角鏾几口（煎盐用具，分别以‘角’、‘口’计），以煎烧一昼夜为一火伏，每一火伏得盐若干为定额，造册立案。每户给印牌一面，于同灶中选举数人为灶头，分管各户；又于数灶中选举一人为灶长，统辖各灶头……”②

---

①　档案，康熙十八年六月二十日卫执蒲呈：《奏缴事迹文册》。

②　李澄：《淮鹾备要》卷2。按：关于“火伏制”之章程，是书记载完备，可以参见。

四 允许贫民少量贩盐的规定始于顺治朝

《清史稿·盐法》3612 页：

> 初，世宗从宏恩言，命给贫民循环号筹，听于四十斤内负贩度日。至乾隆初元，户部题准六十岁以上、十五岁以下及少壮有残疾、妇女老而无依者，许于本县报明，给印烙腰牌木筹，日赴场买盐一次。

如是，允许贫民在四十斤以内贩盐度日始于雍正朝，具体时间不详。对此，王方中先生亦感困惑，他说："现在还不清楚这道命令最早颁布于何时，雍正七年的上谕中已经提及人民在利用这道命令进行贩私斗争，实际颁布的时间应该更早一些。"①

据查，此项政令最早颁布于顺治十七年（1660 年），雍正二年（1724 年）作了补充，乾隆元年（1736 年）又作了具体的规定，成为完整的律例。可惜前两次的详细内容未在档案中查见，好在《清盐法志》卷四，《通例·缉私门》作了转录："顺治十七年议准：贫民食盐四十斤以下者，免税；四十斤以上者，仍令纳课。"又，"雍正二年议准：贫难男妇藉盐资生，肩挑背负易米度日者，照例免罪，毋许官弁兵役生事扰民。如有积枭藉称贫难男妇，将私盐潜行窝顿、兴贩贸易者，令地方官弁及盐政衙门一体稽查，照例从重治罪"。顺治十七年之令虽较笼统，但其意已明。顺治十七年十月，四川巡抚张所志在上疏中亦称："敕书内开载：凡贫穷小民，负盐贸食者，不许苛求搜索，但恐奸民积棍乘机兴贩，改包射利，反亏国课，应定六十斤以下者准作易食零盐，免其纳课；六十斤以上者，即作票盐，仍令纳课。"② 此条史料可以与上引史料互

① 王方中：《清代前期的盐法、盐商和盐业生产》，《清史论丛》总第四辑，1982 年。

② 《清世祖实录》卷 141，顺治十七年十月丙申。

证。而雍正二年之令显然是前例的补充。

关于乾隆元年之令，我们从档案中查得，可以弥补《清史稿》等书的简略："接准部咨；六十岁以上、十五岁以下，至少壮之有残疾，及妇女之老年孤独无依者，许其负盐四十斤易米度日。如不合例之人，概不许借端兴贩。至稽查之法，于本县报名验实注册，给以印烙腰牌木筹，每日卯辰二时赴场买盐挑卖，一日止许一次，不许船装。倘越境成群结队，并一日数次，积少成多，窝囤转贩者，分别禁止。硃批：依议。"① 应该指出，这类命令虽经反复申明，但并没有得到认真执行。如江苏巡抚赵士麟在康熙二十五年（1686 年）的奏疏中称："向来奉旨，凡系肩挑手提食盐，不许巡获。岂料盐商买出营舡，管舡者名曰巡盐都司，更有至恶无赖之人，驾列多舡，附会勾引，不独卖者受其荼毒，即买食三斤二斤者，盐巡撞见，必拿到舡上，极刑吊打，还要连累地方，必婪诈满壑而后已。"② 又如后来被逼成为枭贩的杨三亦称："沂水、蒙阴二县盐商郭东兴，于各处盐店多设巡役，四路巡防，凡遇穷民挑背私盐赴集售卖，那巡役们不论盐斤多寡，一概送官严究，倘若不服拘拿，巡役们就用鸟枪击打，不肯丝毫放松……"③ 就连乾隆帝也指出："官捕业已繁多，而商人又添私雇之盐捕，水路又添巡盐之船只。……凡遇奸商夹带、大枭私贩，公然受贿纵放。而穷民担负无几，辄行抱执。或乡民市买食盐一二十斤者，并以售私拿获。……此弊直省皆然，而江浙尤甚。"④

五　盐商军需报效的肇始时间及数额

《清史稿·盐法》3613 页：

或遇军需，各商报效之例，肇于雍正年，芦商捐银十万

---

① 档案，乾隆元年七月十一日张廷玉题：《为遵旨议奏事》。

② 姚廷遴：《历年记》下，康熙二十五年。

③ 档案，乾隆二十七年杨三供：《口供清单》。

④ 档案，乾隆元年七月二十八日张廷玉题：《为钦奉上谕事》。

两。嗣乾隆中金川两次用兵，西域荡平，伊犁屯田，平定台匪，后藏用兵，及嘉庆初川、楚之乱，淮、浙、芦、东各商所捐，自数十万、百万以至八百万，通计不下三千万。

如此，清代盐商军需报效始于雍正年间。《清盐法志》所记各区的军需报效，最早的一次也是在雍正年间，如长芦盐区是雍正十年（1732 年）十一月，该年商人公捐银十万两，以备西北军需。《清史稿》所述当是指此。两淮盐区是雍正十一年（1733 年），捐银也是十万两。其他盐区的军需报效均在雍正以后。①

尽管如此，在披阅有关资料后，发现《清史稿》等书记载有误。最早的一次盐商报效，当属顺治二年（1645 年）徽商汪文德的“犒师”：“顺治二年，豫王南征，文德偕弟文健，括家财三十万金犒师，请于王曰：‘愿王下令勿杀百姓。’王义之，欲授之官，辞以无才。乃给一木符放还。”②

如果说顺治初年的盐商报效只是个别现象，不成定例。那么，三藩之乱时期的报效则是沿以为制了。据徽商《程量人传》载：“量入，字上慎，歙人。……长子之额，字象六，嗣为商总二十年。康熙十三四年间，军兴旁午，商人捐资助饷，悉取办于之韺。三藩平，御史郝浴上其事，优叙者三十余人，之韺特赐五品服，为诸商冠。”③ 这段史料大可注意。从“优叙者三十余人，之韺模特赐五品服”来看，参与报效的盐商是广泛的，报效的银额也不在少数。此后，康熙十七年（1678 年）六月，淮商陈光祖等人又再次报效军需银 135000 两。④

三藩之乱期间的盐商军需报效，现存档案中亦有记载。而且，报效的盐商不限于两淮盐区，如康熙十七年两浙盐区的商人报效军需银 12000 两⑤。三藩之乱以后，盐商的军需报效也一直延续未

① 参见《清盐法志》卷 33,《长芦·杂记门》;卷 153,《两淮·杂记门》等。

② 道光《祁门县志》卷 30，《人物·义行》。

③ 嘉庆《两淮盐法志》卷 44，《人物·程量人传》。

④ 嘉庆《两淮盐法志》卷 42，《捐输》。

⑤ 档案，康熙十八年六月二十日卫执蒲呈：《奏缴事迹文册》。

断，如康熙六十年（1721 年）长芦盐区的商人王廷扬因西藏用兵，一次报效银 200000 两，接着又报效银 80000 两，另一位芦商王太来也报效银 100000 两。①

上述情况表明，入康熙朝以后，在军需紧急的情况下，盐商的报效已是一种较为普遍的现象，而且在报效之后也可以得到清廷的奖叙，这与雍正年间甚至乾、嘉年间的报效事例是基本一致的。因此，退一步说，把盐商军需报效的肇始时间定在三藩之乱爆发之后是没有疑问的。

有清一代的盐商报效共有五种类型，一是军需报效，二是水利报效，三是备公报效，四是赈济报效，五是杂项报效，五种报效的总额高达 8000 余万两。其中，报效银额最高的是军需报效，《清史稿》称“通计不下三千万”，据笔者统计则为 47694070 两，我已在拙著《清代盐政与盐税》中列有“历朝报效数额的统计与说明”专节，可以参考，此不赘。

六 关于“帑本”与“帑息”

《清史稿·盐法》3613 页：

> （盐商）或有缓急，内府亦尝贷出数百万以资周转。帑本外更取息银，谓之帑利，年或百数十万、数十万、十数万不等。商力因之疲乏，两淮、河东尤甚。

此段记载不妥之处有五：

其一，清廷贷帑本于盐商，在很大程度上不是为了盐商“以资周转”，而是为了“借本取息”，一如李鸿章所言：“以每年所入之利，供京中办公之需，谓之帑利。”②而且年利高达一分至一分五厘。③

① 《永宪录》卷 2 下。

② 李鸿章：《帑利现未启征，筹款解应要需折》，见《李文忠公全书·奏稿》卷 9。

③ 参见《李煦奏折》，中华书局 1976 年版，第 219 页，嘉庆《两淮盐法志》卷 17，《转运·借帑》。

其二，借本取息者不独是内务府，而是包括了在京各衙门和地方各衙门，诸衙门都想从这一名目中一沾余润。如山东盐区有：拨船帑本、加赏帑本、黄运两河帑本、豫省料价帑本、直隶水利帑本等。浙江盐区有：海塘岁修帑本、缉匪帑本、同安船帑本、旗营马价帑本、敷文书院帑本等。福建盐区有：军标帑本、巡洋帑本、关税帑本、修船帑本、旗营盘费帑本、钦工帑本等。

其三，亦有清廷不借帑本而取“无本之息”之例。如乾隆十三年（1748 年）两淮盐政（乾隆后一般称“巡盐御史”为“盐政”）吉庆奏称：“众商情愿每年公捐银十万两，公领生息，以五年为率，连每年息银归入本内，一并营运。年满之后，遵照王大臣原议留银六十万两，永作本银生息，余息解交内库。”① 在这里，连本带息，均是取自两淮盐商。

其四，亦有借帑不取帑息的事例，如福建“晒盐帑本十三万两”，即“不征息银”。② 这对福建食盐的生产有资助意义，但此种情况仅此一例。

其五，清代各衙门贷出帑本达数百万两，帑息每年亦有固定之入，据统计，清代中后期每年的固定帑息银为 1426000 余两，如下列：

盐　区	帑本（两）	帑息（本）	资料来源
两淮	?	500000	王守基:《两淮盐法议略》
长芦	?	288985	王守基:《长芦盐法议略》
山东	1990000	210000	王守基:《山东盐法议略》
两浙	1888100	227200	王守基;《浙江盐法议略》
福建	930000	90000	王守基;《福建盐法议略》
广东	700000	80000	王守基:《广东盐法议略》
河东	284000	30080	王庆云:《河东盐法篇》

① 嘉庆《两淮盐法志》卷 17，《转运·借帑》。

② 王守基:《福建盐法议略》,见《皇朝政典类纂》卷 74。

即便是在清代后期盐商“倒歇更替”的情况下，帑息也得到保证，其办法是把帑息摊入盐引成本中，由办盐商贩共同承担，如李鸿章在谈到两淮的帑息时称：“……厥后鹾纲疲坏，承领帑利之商类皆倒歇，人亡产绝，无可著追，不得已而改为按引摊征。”①其他盐区亦然，如长芦盐区每引摊征帑息银达四钱五分②。

至于“商力因之疲乏”，则是实在情形。如王守基在谈到山东的景况时说：“至嘉庆初年以后，帑利与河工递增，而商力始形匮乏矣。”③ 在谈到福建的景况时说：“每年征息银九万余两，以闽盐三十六万两正杂课银，帑息几至十万，商之疲乏多缘于此。”④ 这显然亦有悖于所谓贷帑于商，“以资周转”。

七　关于河东《课归地丁章程》

乾隆五十七年（1792 年）开始的河东盐区“课归地丁”改革，在清代中期是一桩突出的事件。通过这次改革，挽救了河东“商倒课悬”、“商民两病”的颓局，出现了“贸易之人，俱各争先贩运”⑤，以及“盐价日减，商民俱获利益”⑥ 的盛况。关于《课归地丁章程》，《清史稿·盐法》记为“议章程十”，并分列十款，据查，系转录王庆云《石渠余纪·纪河东盐法篇》，殊不知王氏所记只是撮其要而言之。

《河东盐法备览》、《清盐法志》诸书均记为十六款，这是正确的。议定该章程者是大学士阿桂与山西巡抚冯光熊、陕西巡抚秦承恩、河南巡抚穆和蔺，由阿桂领衔具奏。按查到的原奏与原章程，十六款分别为：

---

① 李鸿章：《帑利现未启征，筹款解应要需折》，见《李文忠公全书·奏稿》卷 9。

② 《清盐法志》卷 24，《长芦·征榷门》。

③ 王守基：《山东盐法议略》，见《皇朝政典类纂》卷 71。

④ 王守基：《福建盐法议略》，见《皇朝政典类纂》卷 74。

⑤ 档案，乾隆五十七年三月十五日秦承恩题：《为陕省办理盐务情形事》。

⑥ 《清朝续文献通考》卷 34，《征榷》。

1. 课银年清年款，各解本省藩库报拨，虽遇蠲免地丁之年，盐课不在蠲免之例。经征各厅州县如按年征解全完，照例议叙，如催征不力，致缺定额，应令赔完。

2. 归公节省等项银两，分省征解，照旧各解内务府。

3. 宁夏将军等处养廉银，照旧征解关支。

4. 行盐引张宜停。课归地丁，无需商运，行盐部引毋需再领，纸张银两应免解纳。

5. 私盐之禁宜弛，盐料听便运卖。课归粮输，盐听人运，不特河东之盐人人可以贩运，即兼有就近买食土盐、花马池盐、蒙古盐之类，亦不许禁阻，并不许私收税钱。

6. 司盐各官宜裁。盐政各官原为经理盐务而设，今课归地丁，撤去运商，盐听人运，已无专司之事，所有盐政、运司、运同、经历、知事、库大使，并三场大使一概请裁，酌留书吏二名，责令经管，照旧给予工食，余皆裁汰。

7. 运城宜移驻道员。运司向驻运城，人烟辐辏，每岁浇晒之时，工作人夫盈千累万。且畦主供给人夫，携有粮食钱文；收起盐斤堆积，并须酌平价值；盐池卑下，虑有水患，亦需防护。非得大员弹压经理，难期一切妥善，应将河东道移驻运司衙门，管理诸务，免致废弛。

8. 巡检三员宜留。盐池等处向系三场大使经管，今大使议裁，即令原设巡检三员分管三场事务，并将原设巡役、斗级、弓兵等役照旧存留，各司其事。

9. 运学应裁。设立运司，始有运学，今运使及行盐之运商已经议裁，则运学之名可除，应将嗣后商籍童生即在安邑县应试，仍于卷册内注明商籍，由解州录送学政，按照原额录取。

10. 盐池宜保护。畦地系属坐商事业，保护盐池即所以保护畦地。所有岁修渠堰银五千两应令山西巡抚转饬各坐商照数交纳河东道库，以备岁修之用，毋庸动支公项。如经理不善，该管官参赔治罪。

11. 三门盐秤、四关牙行应存。官秤牙行原以平市价而通商贩，应照旧式另制官秤三杆，由河东道印烙给发三场斗级收执。并仍旧点充盐牙，照应商贩交易。

12. 运盐道路、过渡船只应仍其旧。三省运盐道路如有市井棍徒拦阻者，各饬地方官实力稽查，有犯必惩，毋得宽纵。茅津、陌底二渡口系河南行盐必由之路，向系运商自置渡船，今议以现存商船即给各船户收管，嗣后船有损坏，应令山西巡抚转饬河东道委员查验，责令船户自行修补。

13. 积余、并余等银分别摊免。商完课项内有积余、并余等银，现在课归地丁，并无零积，自应除免。至赃罚一款亦毋庸解交内务府充公。

14. 芦苇变价应裁。芦苇变价公用银两，向系运商捐办，今运商已裁，捐项应免。

15. 运阜、运储二仓谷麦应分别归并存借。二仓于春初出借坐商，秋冬免息还仓，应准其照例出借，以资浇晒。

16. 盐务公用应酌存。前项公用银两除岁修渠堰银五千两毋庸议外，其余酌留银两，另行核议。①

八　关于河东课归地丁的摊银数

《清史稿·盐法》3614 页：

> 光熊言："河东盐务积疲，惟有课归地丁，听民自运。既无官课杂费，又无兵役盘诘及关津阻留，未有不前者。请自乾隆五十七年始，凡山西、陕西、河南课额，在于三省引地百七十二属地丁项下摊征。"于是山西摊 281102 两，陕西摊 146037 两，河南摊 86633 两各有奇。

首先，上述山西的摊银数 281102 两，刊误，应是 281012 两。其次，三省的分摊银数有一调整过程，上述三省的分摊银数并不是山西巡抚冯光熊所定方案。乾隆五十六年（1791 年）八月，新任

① 光绪《河东盐法备览》卷 5，《奏疏门》。

山西巡抚冯光熊专疏提出了课归地丁的第一个方案，在这个方案中，把河东的正杂课银513682两，摊入山西、陕西、河南行盐172厅州县地丁内。但是，“三省中，山、陕地丁多而课银少，河南地丁少而课银多”，而且“河南省每年正赋之外，尚有奏明河工岁料帮价及抢险之年加征银数，均系按粮摊征，较之他省稍觉繁重”。乾隆五十七年（1792年）正月，河南巡抚穆和蔺上疏予以申明。于是，经过三省巡抚的会商，略微减轻了河南的负担，山西省代摊河南盐课银98500两，陕西代摊河南盐课银14580两。三省的前后摊银数有如下表所列。①

省　例	原定摊银数	实摊银数	地丁一两摊银数
山西（88州县）	182412两	281012两	9分9厘
陕西（52厅州县）	131451两	146037两	9分9厘
河南（32州县）	199819两	86633两	1钱3分

由于进行了上述调整，各省课归地丁后的负担臻于合理，三省巡抚从而接受了这种摊征。

原载《文献》1990年第4期

① 参见光绪《河东盐法备览》卷3，《课额门》。

二十、近百年来清代盐政研究述评

清代盐政既是一个非常重要的专史，又涉及财政、经济、社会诸多方面的问题，所以一直受到学界的注意，相关研究成果也比较多。笔者撰写的《20世纪的清代财政史研究》、《20世纪的晚清财政史研究》①，何亚莉撰写的《二十世纪中国古代盐业史研究综述》②，以及吴海波《近十五年来清代私盐史研究综述》③，已有涉及，可以参考阅读。本文试图在视野所及的范围内，尽可能全面地综述迄今为止的清代盐政研究成果，并作出相应的评论。本文分作三个部分，一是对研究著作的综述，二是对研究论文的综述，三是对研究特色和存在的问题的评论以及以后的研究展望。

一

在研究著作方面，早在1905年，东亚同文书院的日野勉经过

① 见《史学月刊》2004年第1期，《近代史研究》2004年第1期。

② 见《盐业史研究》2004年第2期。

③ 见《盐业史研究》2001年第3期。

在中国的实地调查，撰写了《清国盐政考》一书，该书是第一部运用现代的史学方法研究清代盐政的著作，分为盐政、各盐区概况、盐商三章。从总体上看，该书只是一般性的介绍，但对某些问题的叙述，仍有参考价值，如各地盐课、盐厘征收数额、长芦的盐产、盐商，以及长芦、淮南等地的盐商利润的计算等。该书认为，光绪年间，清代的盐课、盐厘为1300余万两，其中盐课700余万两，盐厘600余万两，并列出了各地盐课、盐厘的统计表①。对长芦的盐业生产和引斤的变化，也叙述较详，按照日野勉的介绍，长芦在晚清已经全部采用晒盐法，由小沟导海水入盐田（盐池），先导入盐田的最高层，经晒后再依次导入第二层、第三层，“凡盐田有五六层或七八层之分”，待盐水导入末层之时，味已浓厚，大约再晒一至三天，水分完全蒸发，即可成结晶盐。关于官方所定的引斤的变化以及实际的引盐载盐数，则有如下记述：“在明代，每引650斤，至清顺治元年，每引改为250斤，至康熙十六年，又加25斤，至雍正元年又加50斤，合计每引达到300斤。现今更增加到567斤7两，然而实际上还要增加190斤左右。”② 其所列示的长芦行销直隶、河南各州县的销引额及拥有专卖权的“盐商店”名也很细致，列出了晋有孚、晋源永、永裕、晋和源、留和源、中兴善、绍复昌、德裕、庆祥厚、复昌德、复昌裕等131家盐商店名称以及各自的销盐州县和引额③。这里所谓的“盐商店”实际上就是国内学者所说的“纲商”，比其他的记载要详细得多。通过该书的介绍，还可以知晓，承担衡水、深泽、平乡、曲周等县所谓“悬岸”引地食盐销售的“盐商店”还有万聚魁、义德、信昌、诒德、义泰公、扬成源、和丰、晋益衡等。另外，作者计算盐商利润的方法也值得注意。作者采取了两种计算方法，一是抛去成本的简单计算，如长芦盐运往直隶行销，盐价、搬运费、帑利银、慈善事业费等，每包（引）合计银六两五钱，在销地卖价为十二两五钱，以

① ［日］日野勉：《清国盐政考》，东京，东亚同文会1905年版，第16页。
② ［日］日野勉：《清国盐政考》，第22～23页。
③ ［日］日野勉：《清国盐政考》，第24～32页。

此计算，利润为五两九钱，利润率高达 90%。二是考虑到各种因素的综合计算，以 10000 引为计算单位，其利润为 5800 两，但还要扣除盐店的营业费、大小官吏的节礼银（规例银）、各种应酬费用等，其纯利为 14%①。这种分析方法在当时已是难得。

佐伯富《清代盐政之研究》，是早期研究清代盐政的重要著作。佐伯富认为："中国有'盐糊涂'的谚语，之所以有这样的谚语，并不是对盐政研究者的嘲讽，而是由于盐政至为复杂，无论怎样研究也难以彻底弄清楚。"② 因此，研究清代盐政需要花大的力气。《清代盐政之研究》分为序说、盐场问题、盐销区问题、私盐问题、官盐价格的昂贵、运商的没落与盐政的败坏、两淮盐政改革、结语诸章。如书名所标示的，该书主要研究清代的"盐政"问题，不以研究盐税为宗旨。而且，也主要以研究两淮盐区的盐政为主，这在该书第一章"序说"中有说明："两淮盐在销量和盐课上，在清代盐政中占有重要位置。而且，清代盐政中的许多问题也是以两淮盐务为中心，其他盐区中的问题，不少也与淮盐有着直接或间接的关联。由于两淮盐的兴衰对清朝财政的命运有直接的重大影响，所以，清代的盐政政策中，也把淮盐作为最重要的问题，放在议事日程之中。……基于此，本书在研究清代盐政时，就以淮盐的兴衰为中心进行考察，从生产、转运、贩卖、消费等诸方面，对两淮盐业崩溃的原因进行分析，并围绕着陶澍的改革，特别是淮北的盐政改革问题，加以论述。盐政中的诸多问题，因各地都有其特殊情况而多少有些差别，但问题的焦点却大同小异。淮北盐政中的问题基本上可以反映出一般盐政中的问题。"③ 在第五章"官盐价格的昂贵"中，虽专节探讨过"盐课的递增"，但也只是探讨了两淮的盐课。在佐伯氏的这部著作中，有些问题的论述较为系统。如第二章"盐场问题"，依次论述了两淮盐场与职官、盐池与盐锅、

① ［日］日野勉：《清国盐政考》，第 56～57 页。

② ［日］佐伯富：《清代盐政之研究》，京都，东洋史研究会 1956 年版，第 1 页。

③ ［日］佐伯富：《清代盐政之研究》，第 19～20、23～24 页。

火伏法、草荡、盐价与场私、灶户的分化与场私，基本上涵盖了两淮盐场中的主要问题，为后来的研究开启了门径。特别是“灶户的分化与场私”一节论述细致，他认为，明代的灶户分化在嘉靖初期已很明显，“贫灶”与“富灶”判若分明①，清代的灶户分化更加明显，中小灶户生活的日益贫困化，是场私盛行和难以杜绝的重要原因。在第四章“私盐问题”中，归结了私盐的种类，并对漕私、船私、枭私、商私四种类型的私盐进行了专节讨论②，在此基础上，分析了私盐形成的原因，推算了私盐的数量。佐伯认为，私盐之所以盛行，其原因有八：一是私盐价格比官盐价格便宜；二是私盐的质量要比官盐好；三是私盐比官盐买食方便，私盐十两半斤即可购买，官盐要论包买，拆包困难；四是私盐可以赊欠，并可以以物易物，官盐必须现钱；五是私盐近村邻舍，早晚可以买食，官盐在城镇才有；六是缉私效果不好，对私盐不能彻底稽查；七是由于盐政的败坏，场商不能收买余盐，私盐大量从场灶透出；八是作为消费者的一般民众对私盐的欢迎。至于私盐的数量，他说：“道光时期的中国人口为4亿，每人每年的食盐消费量大致10至15斤，若以每人每年12斤计算，4亿人每年的消费量是48亿斤，……（而道光末年官盐的额行盐斤数量是二十六亿六千四百万斤有余），大体上说，清代人民的食盐消费，至少半数依赖于私盐。”③

佐伯富《中国盐政史的研究》是一部盐政通史性著作，出版以后颇受注目。收录在《中国盐政史的研究》中的“清代盐政”一章，大体上是《清代盐政之研究》的改写，篇目也基本一样。当然，在有些方面有所调整，在有些方面有进一步的探讨。如在

① 按：陈诗启在《明代的灶户和盐的生产》中已指出，在明代弘治年间，沿海灶户已有“饶给之家”和“贫薄之人”的显著分化。见氏著《明代官手工业的研究》，湖北人民出版社1958年版，第177页。

② 按：在《清代盐政之研究》第二章“盐场问题”，第三章“盐销区问题”中，曾涉及场私和邻私，探讨了两淮盐价与场私、灶户的分化与场私，以及盐销区的固定化与私盐、两淮盐销区的邻私、两淮盐销区邻私盛行的原因。

③ ［日］佐伯富：《清代盐政之研究》，第205~206页。

“盐场问题”中，取消了“盐价与场私”、“灶户的分化与场私”两部分，代之以“商灶的发展”①。在“两淮盐政的改革”中，增写了陆建瀛的淮南盐政改革和清末的淮南盐政两部分内容②。尤其是对清末的淮南盐政论述比较细致，涉及长江运路的梗阻与票盐法的崩坏、邻盐的借运、盐厘的征收、就场征课法、设厂抽税法、总局的设置与大商的招徕、官运的倡行、淮南行盐引地的争夺、循环转运法等内容③。香坂昌纪的书评也认为：《中国盐政史的研究》之清代部分是《清代盐政之研究》的改写，“而其最大的不同，是前书写到陶澍的改革为止，本书对陶澍改革之后多有描述”④。

徐泓《清代两淮盐场的研究》(台湾嘉新水泥公司文化基金会1972年版)，除对两淮盐场的行政组织进行了研究外，还涉及盐商组织、私盐流通、盐政改革等问题。

1988年由中州古籍出版社出版的陈锋《清代盐政与盐税》主要依据清代档案写成，系统研究了有清一代的盐政与盐税。该书共分为六章：第一章，清初盐业的恢复与盐务的行政管理；第二章，盐销区问题；第三章，盐课的征收及其在财政中的地位；第四章，私盐的泛滥与巡缉；第五章，盐商的报效；第六章，盐政的改革及其效应。在“盐课的征收”一章中，集中探讨了场课、引课、杂项、浮费、加价、盐厘等问题，并对盐课岁入额进行了辨析。其他各章也有可观之处。从总体上看，该书有三个特点：一是首次主要依据现存档案材料，对清代盐政进行考察，得出了一些新的结论。

---

① ［日］佐伯富：《中国盐政史的研究》，京都，法律文化社1987年版，第556～566页。

② ［日］佐伯富：《中国盐政史的研究》，第757～790页。

③ 增写的两部分内容，主要来源于佐伯富的三篇论文，即：《清代道光朝的淮南盐政改革》，《东方学论集》3，1955年。氏著：《中国史研究》第2卷收录，京都，东洋史研究会1971年版。《清代咸丰朝的淮南盐政》，《东洋史研究》第16卷3号，1955年。《清代淮南引岸的争夺》，《史林》第39卷4、5号，1956年。《中国史研究》第1卷收录，京都，东洋史研究会1969年版。

④ ［日］香坂昌纪：《佐伯富〈中国盐政史的研究〉》，《东洋史研究》第47卷1号，1988年。

二是线索、脉络较为清晰，尽可能把复杂的盐政问题简明化。三是从财政问题着眼，对盐税的论述较为细致，对盐税与清代财政的关系，也有专门的论述。该书的不足之处，是对清代的盐业生产着墨不多。另外，作者于20世纪80年代初写作《清代盐政与盐税》时，大学刚刚毕业，未能见到前揭佐伯富与徐泓的大作。这些不足，在作者撰写的《中国盐业史·清代》(人民出版社1997年版)中作了弥补。“清代盐业”作为《中国盐业史》的一章，大概有13万字，除了概述清代盐业外，有意识地对清代的盐业管理和盐业生产加重了分量。如在“清代的盐业生产”一节中，分为“盐产区分布与生产管理”、“制盐工本与灶户状况”、“海盐、池盐、井盐的品种与生产技术的进步”、“食盐产量”等问题，相关考察已较为细致。

张小也《清代私盐问题研究》(社会科学文献出版社2001年版)，梳理了私盐运销活动及发展情况，并探讨了各地区的私盐活动及其特点。该书系在其博士论文基础上，经反复修改而成。全书利用了大量清代档案及文献资料，内容丰富翔实。由于作者有经济学和历史学的学习背景，在经济学理论和历史学理论方面均有素养，使得该书视野开阔，研究方法有其独到之处。也可以说，从经济学的供求、价格等市场规律以及生产力发展着眼，探求私盐活动产生及存在的因由，是该书的一大特色。徐安琨《清代大运河盐枭研究》(台北，文史哲出版社1998年版)，是专门研究大运河盐枭的专著，分为绪论、盐枭的兴起、盐枭的扩展、盐枭的组织结构、盐枭的分布与活动、结论诸章。该书的一个主要特点是将漕运、地方社会与盐枭问题加以综合系统的论述。

对四川井盐的研究，有一批著作出版，可以将其归结为三个方面：一是一般盐业史研究专著和论集，如张学君、冉光荣《明清四川井盐史稿》(四川人民出版社1984年版)，彭久松、陈然《四川井盐史论丛》(四川省社会科学院出版社1985年版)，宋良曦、钟长永《川盐史论》(四川人民出版社1990年版)，吴天颖《井盐史探微》(四川人民出版社1992年版)，自贡市政协文史资料委员会编《自流井盐业世家》(四川人民出版社1995年版）等。二是对井盐钻探技术的研究，如林元雄等《中国井盐科技史》(四川科技出版社 1987 年版)，刘德林、周志征《中国古代井盐工具研究》(山东科学技术出版社 1990 年版)，刘广志《中国钻探科学技术史》(地质出版社 1998 年版) 等。三是资料汇编，如自贡市档案馆、北京经济学院、四川大学合编的《自贡盐业契约档案选辑》(中国社会科学出版社 1985 年版)。张学君、冉光荣、彭久松、陈然、宋良曦、钟长永、吴天颖等学者对四川盐史的研究，当然也有井盐技术史方面的探讨，但研究的范围非常广泛，涉及盐业生产和运销的各个方面，且大多重视历史的长时段研究，对清代以前的四川井盐业发展也有很好的论述。林元雄等学者对井盐钻探技术史的研究，相当专门，对钻凿工具的改进，以及补腔、打捞等一整套修治盐井技术的形成，有独到的研究，对汲卤、采气、输卤、输气等程序的描述，也很清晰，值得历史研究者参考借鉴。《自贡盐业契约档案选辑》收集了凿井、买卖、租佃、借贷、合伙、分关、诉讼等方面的相关契约文书，也有很高的参考价值。

其他方面的研究著作，如牧寒《内蒙古盐业史》(内蒙古人民出版社 1987 年版)，黄培林、钟长永《滇盐史论》(四川人民出版社 1997 年版)，是对内蒙古、云南盐业发展史的考察。张海鹏、王廷元等《徽商研究》(安徽人民出版社 1995 年版)，王振忠《明清徽商与淮扬社会变迁》(三联书店 1996 年版)，如各自的书名所标示的，是对徽商及其关联问题的研究。

上述之外，一些相关著作也值得注意。在专门性通史著作中，如曾仰丰《中国盐政史》(商务印书馆 1937 年版) 分为盐制、盐产、盐官、盐禁四章，在各章中，都对清代盐政给予了较多的关注。吴兆莘《中国税制史》(商务印书馆 1937 年版)，在“清代的税制”一章中，专列“盐税”一节，对清代的盐场、运销制度、盐课、盐厘、缉私、盐务行政进行了简要的叙述。盐务署主持编撰的《中国盐政沿革史》，分盐区进行叙述，1914 年出版《长芦》分册，1915 年出版《奉天》分册。笔者最近在东京大学东洋文化研究所图书馆仅见到这两册。就这两册来看，所谓的“中国盐政沿革史”，主要的仍是叙述清代。在商业史的研究著作中，如张海鹏、张海瀛《中国十大商帮》(黄山书社1993年版)、唐力行《商人与近世中国社会》(浙江人民出版社1994年版)、张正明《晋商兴衰史》(山西古籍出版社1995年版)、李纲《陕西商帮史》(西北大学出版社1997年版)、黄鉴晖《明清山西商人研究》(山西经济出版社2002年版)、刘建生等《晋商研究》(山西人民出版社2002年版)诸书，对清代盐商有不同程度的论述。另外，许涤新、吴承明主编《中国资本主义的萌芽》(人民出版社1985年版)，清代盐业部分由方行撰写，对清代的盐业生产和运销有比较深入的描述和分析。张德泽《清代国家机关考略》，分作“中央机关”、“地方机关”、“清季国家机关之改革”三编，在“中央机关”编中，对“掌户籍与财政、经济的户部及有关机关”、“管理宫廷事务的内务府”作了重点介绍；在“地方机关”编中，除了介绍各省督、抚、司、道衙门，各省府、厅、州、县衙门的行政职能和财政职能外，对与财政事务密切相关的盐务衙门也有叙述；在“清季国家机关之改革”编中，重点介绍了光绪庚子后的改革官制、光绪三年成立责任内阁及各衙门的改设和增设。刘子扬《清代地方官制考》，在涉及地方财政的管理问题时，特别是对“管理盐务之地方官制”、“地方税务官制”等专题讨论，都较为细致。郭松义等《清朝典制》，也是一部值得注意的著作，在“国家机关制度”、“职官管理制度”、“财政、监察和法律制度”、“军事制度”诸章中，都涉及盐政和财政管理问题。而郭松义等《中国政治制度史·清代卷》，则专列“财政管理制度”一章，对清代的财政管理体制作了较有特点的论述。这些著作都值得注意和参考。

二

有关清代盐政的研究论文较多，就研究范围而言，主要集中在以下几个方面：

一是对清代盐政进行整体研究。姚永朴《清代盐法考略》上、下(《安徽大学月刊》第1卷6期、第2卷1期，1934年)，是一篇较早的全面研究清代盐政的论文，对清代盐政的方方面面都有所涉及，但以现在的眼光看，其研究还比较初始。佐伯富《清代食盐专卖制度》(《历史教育》第5卷11、12号，1957年)，并不是如文题所示的那样对清代食盐专卖制度的系统探讨，而是叙述了两淮盐商的没落和陶澍的盐政改革，以及太平天国革命失败后两湖引岸的争夺。换句话说，重在以两淮为个案探究专卖制度的变革。萧国亮《论清代纲盐制度》(《历史研究》1988年第5期）和《清代盐业制度论》(《盐业史研究》1989年第1、2期)，对清代的纲盐制、引岸制的内容、特点及运行过程，引岸的起源及其性质、盐引的管理等问题，有比较系统的论述。李三谋《清代食盐贸易中的引岸制度》(《盐业史研究》1992年第1期)，鲁子健《清代食盐专卖制度》(《盐业史研究》1991年第1期）和《清代食盐专卖新探》(《中国经济史研究》1992年第3期）对专商引岸制也进行了探讨。同时，萧国亮、李三谋、鲁子健的论文对盐商也给予了一定的注意。陈锋《清代盐法考成述论》(《盐业史研究》1996年第1期)、《清代户部的盐政职能》(《盐业史研究》1998年第2期)，主要在于论述清代的盐业管理。前文是对考成制度的专门讨论，涉及产盐考成、征课考成、销引考成、缉私考成以及正常时期和非常时期的考成变更。后文探讨了户部以及户部山东清吏司在盐引颁发、盐课征收、盐政管理等方面的职能。李克毅《清代的盐官与盐政》(《中国社会经济史研究》1990年第4期)，也是一篇有特点的论述盐业管理和盐业制度的论文。姜道章《论清代中国的盐业贸易》(《盐业史研究》1989年第2期)，论述了清代盐业的国家控制、贸易网络、运输手段与市场区域的空间结构。姜道章的另一篇论文《清代的盐税》(《食货月刊》第6卷第7期，1976年）对清代盐税制度和盐税政策进行探讨。张岩《清代盐义仓》(《盐业史研究》1993年第3期)，既论述了有关盐区盐义仓的设置及功能，也注意到了不同历史时期的发展变化。

二是对某一特定时期的盐政以及引人注目的问题进行研究。林永匡连续发表的几篇论文，如《清初的长芦运司盐政》(《河北学刊》1983年第3期)、《清初的两浙运司盐政》(《浙江学刊》1984年第1期)、《清初的山东运司盐政》(《山东师范大学学报》1984

年第 4 期)、《清初的两广运司盐政》(《华南师范大学学报》1984 年第 4 期)、《清初的两淮运司盐政》(《安徽史学》1986 年第 3 期)等，虽然具有分区研究的色彩，但主要的特点还是在于考察清初盐政的沿革和盐业制度的确立。陈锋《论清顺治朝的盐税政策》(《社会科学辑刊》1987 年第 6 期)、《清代三藩之乱期间盐课岁入辨析》(《历史档案》1989 年第 3 期)，分别考察了清初盐税政策的变化和三藩之乱期间盐课的具体征收。陈锋的另一篇文章《〈清史稿·盐法〉补正》(《文献》1990 年第 4 期)，也主要是在于结合正史的记载辨析清初和道咸时期的盐法变制。张小也《李卫与清代前期的盐政》(《历史档案》1999 年第 3 期)，主要论述了雍正年间李卫在云南、浙江实行的盐政措施和改革。张笃勤《林则徐在两湖的盐政改革》(《盐业史研究》1989 年第 3 期)，论述了清中叶林则徐在两湖的盐政措施。钟长永《试论晚清四川盐业中推行的官运商销制》(《井盐史通讯》1985 年第 2 期)，张莉红《丁宝桢与川盐官运》(《盐业史研究》1988 年第 2 期)，鲁子健《试论丁宝桢的盐政改革》(《盐业史研究》2000 年第 2 期）论述了晚清时期丁宝桢的川盐改制和官运商销体制的确立。刘佛丁《清末列强各国侵犯我国盐政主权的活动》(《盐业史研究》1986 年第 1 期)，刘海军《善后大借款与中国盐务》(《盐业史研究》1989 年第 2 期)，以及朱宗宙《外国资本主义势力对清代盐政主权的侵犯》(《盐业史研究》1992 年第 3 期)，鲁子健《近代外债与中国盐政》(《盐业史研究》2001 年第 3 期)，也是有特点的论文，主要涉及晚清盐政、盐税受制于外国列强的有关问题。对盐业中的资本主义萌芽问题，也引起了学者的注意，彭泽益通过对雍正年间灶户种类的分析，认为“从生产资料所有制来看，都在一定程度上具有资本主义的性质”，而到了乾隆年间（按：原作注明是“十八世纪中叶前后”)，则是“四川井盐业中生产力和生产关系的新的发展”时期①。张学君、冉光荣通过对富荣、犍乐等场在清代前期生产规模的扩大、生产技

① 彭泽益：《清代四川井盐工场手工业的兴起和发展》，《中国经济史研究》1986 年第 3 期。

术分工的细密、雇佣劳动的普遍存在以及盐场投资方式、盐场土地性质的变化等方面的考察，认为“清代四川井盐业资本主义萌芽主要是在富荣、犍乐等生产较为发达的盐场中开始出现，时间约是乾、嘉时期”①。许涤新、吴承明主编的《中国资本主义的萌芽》也认为“清乾隆以后，四川井盐业中存在着工场手工业形式的资本主义萌芽，应当是无可怀疑的。鸦片战争后，它有了进一步的发展，并形成较大规模的经营”②。陈锋则认为，四川井盐业中资本主义萌芽的发展，近代意义上的手工业工场的出现，井场内部管理系统的完备，专业分工的细密以及盐商资本踊跃转向井场，是在“川盐济楚”以后③。另外，张正明、柴继光对河东盐池资本主义萌芽的探讨，简锐对盐业资本主义萌芽的总体探讨，均可以参考④。

三是对盐商进行研究。佐伯富《清代盐业资本》(《东洋史研究》第11卷1、2号，1950年、1951年）是一篇分量较重的论文，除对各地盐商的一般性叙述外，主要在于讨论两淮的盐商，认为：“清代的两大财阀，是山西的票商和扬州的盐商。扬州的盐商是从事淮南盐贩卖的商人，在另外的地方，如长芦、山东、河东、两浙、福建、两广、云南、四川、陕甘、东三省等盐场，也不能说没有盐商的存在，然而，从淮盐在国家财政中所占的比重，以及从扬

---

① 张学君、冉光荣：《明清四川井盐史稿》，四川人民出版社1984年版，第156~197页。另参见冉光荣、张学君：《四川井盐业资本主义萌芽问题研究》，见南京大学编《明清资本主义萌芽研究论文集》，1981年版。

② 许涤新、吴承明主编：《中国资本主义的萌芽》，人民出版社1985年版，第625页。

③ 陈锋：《清代两湖市场与四川盐业的盛衰》，《四川大学学报》1988年第3期。另外，还可以参见王昭贤：《四川井盐业经济的繁荣和资本主义生产关系的萌芽》，《盐业史研究》1992年第3期。

④ 张正明：《河东池盐业中的资本主义萌芽问题》，见《中国盐业史论丛》，中国社会科学出版社1987年版。柴继光：《运城盐池资本主义萌芽初探》，《盐业史研究》1988年第1期。简锐：《清代中期中国盐业的资本主义萌芽》，《盐业史研究》1992年第1期。

州盐商的地位来看，毫无疑问地说，其他地区的盐商也只能步扬州盐商的后尘。大体上说，清代食盐的专卖收益，约占国家岁入的四分之一甚至一半（按：所谓占财政岁入的“一半”，原文如此，并注明依据是魏源《圣武纪》卷十一《武事余纪》），其中，淮南盐（原按：淮北盐少量）约占四成。仅从盐利（“盐税”、“盐课”）这一点，扬州盐商的势力也是可以想象的。而关于清代的盐业资本，扬州盐商就具有更重要的意义。”因此，这篇论文，“主要是通过从事贩运的盐商特别是以扬州盐商为中心，考察清代盐业资本的形态及变迁”。该文分为七个问题展开论述，即：扬州盐商的发展、扬州盐商的资本、扬州盐商的没落、票法的实施、咸丰以后的淮南盐商资本、淮南以外的盐商资本、盐业资本的特性。“扬州盐商的发展”主要是对明代的叙述。认为，随着明代“开中法”的实行，成化年间至弘治年间拥有较大资本的盐商大部分从北边向江浙移住，盐商活动的中心也由北边向江浙转移，徽州人也向扬州移住；扬州盐商主要包括了安徽、山西、陕西三省，而徽州出身的占有相当的比例，虽然不能说徽州出身者占绝大多数，但从资本上看，却是占有压倒的地位。“扬州盐商的资本”认为，随着明末清初的更替和社会的安定，盐商资本急剧扩充，并出现了盐商的合资经营形态①。康熙、乾隆对盐商采取了许多优遇政策，盐商的报效也很突出。同时，这一时期，扬州多彩的学问、艺术、文学的发展，实际上也以盐商的资助为背景展开。“扬州盐商的没落”、“票法的实施”、“咸丰以后的淮南盐商资本”三部分，主要叙述总商与散商的关系，以及道光以降扬州盐商的衰败和盐法的变制。“淮南以外

---

① 按：佐伯富认为，山西商人的企业形态是合伙制亦即合资经营，在明清时代得到普及，扬州盐商的合资经营者很多，“据《扬州画舫录》卷十二记载，徽州出身的黄氏寓居扬州，兄弟四人业盐起家，有‘四元宝’之称，兄弟四人合资经营盐业是没有疑问的。……与这种合资经营形态同样值得注意的是官僚资本的导入。近世以来，禁止官僚的商业行为，但是，官僚以不同的形式投资商业者也不少，最便利的方法，是与商人勾结，以商人的名义经营商业。扬州盐商中就有这样的事例”。

的盐商资本”是依次对长芦、山东、两浙、福建、两广、四川、河东盐商的简单叙述。“盐业资本的特性”事实上是探讨盐商资本的流向，主要是分析康乾时期扬州盐商的资本流向。认为盐商资本除投向盐场、药铺、贩米业等外，向其他企业的投资基本没有，也就是说没有将商业资本转化为产业资本。而扬州盐商的生活奢侈恐怕在世界历史上也罕见。另一方面，盐商又憧憬士大夫的生活，并有种种表现形式①。王思治、金成基《清代前期两淮盐商的盛衰》(《中国史研究》1981 年第 2 期)，也是探讨两淮盐商的一篇重要论文，涉及两淮盐商业盐及其活动的方方面面，并对总商的设置作了较细致的探讨。前揭佐伯富《清代盐业资本》虽涉及总商与散商以及总商的职能，但关于总商的设置时间并不清楚。该文首次提出两淮总商的设置时间是康熙十六年，应该说是一个贡献。在这个基础上，前揭拙著《清代盐政与盐税》又有进一步的讨论，根据史料的梳理，认为在顺治年间，两淮即有总商的设置。萧国亮《清代两淮盐商的奢侈性消费及其经济影响》(《历史研究》1982 年第 4 期)，以两淮盐商的奢侈性消费为出发点，对盐商资本的流向以及盐商的盛衰进行了分析。刘淼《徽商鲍志道及其家世考述》(《江淮论坛》1983 年第 3 期)，是对淮商个案的研究，探讨相当细致。王振忠《明清淮安河下徽州盐商研究》(《江淮论坛》1994 年第 5 期)，则对学者注意较少的业盐淮北地区的商人进行了研究。前此学者对两淮盐商的研究，虽然大多以“两淮”为题，实际上主要是对淮南盐商的研究，对淮北地区的盐商几乎没有注意，从这一点上说，王振忠的研究是一个贡献。王方中《清代前期的盐法、盐商与盐业生产》(《清史论丛》第 4 辑，1982 年)，虽然是一篇综合性的文章，但对清代的盐商，特别是对两淮盐商的论述也颇具功力。汪士信《乾隆时期徽商在两淮盐业经营中的应得、实得利润与流向分析》(《中国经济史研究》1989 年第 3 期)，也是一篇值得

---

① 参见佐伯富：《盐与中国社会》，《东亚人文学报》第 3 卷 1 号，1943 年。

注意的有特点的论文。对盐商利润以及盐商资本流向问题，在一些著作和论文中都有所涉及，包括前揭日野勉《清国盐政考》对长芦、两淮盐商利润的计算等，但专门的研究不多①。该文对两淮（主要是对淮南）场商、窝商、运商的利润进行了细致分析。佐伯富《清代的盐务案》(《东方学》第32号，1966年)，滝野正二郎《清代乾隆年间的官僚与盐商——以两淮盐引案为中心》一、二(《东洋史论集》第15号，第22号，1986年，1994年)，对乾隆年间引人注目的两淮“提引案”进行了细致的研究。前者对两淮提引案的发生、发展、处理过程叙述较详，后者更注意透过提引案的本身考察盐商与地方大僚的关系。另外，探讨两淮盐商的文章还有叶显恩《徽商的衰落及其历史作用》(《江淮论坛》1982年第3期)，陈忠平《明清徽商在江南市镇的活动》(《江淮论坛》1985年第5期)，唐力行《论徽商与封建宗族势力》(《历史研究》1986年第2期)，王振忠《明清扬州盐商社区文化及其影响》(《中国史研究》1992年第2期)，于海根、陈健梅《试析明清徽州盐商独特的文化人格现象》(《盐业史研究》1994年第2期)，王振忠《明清两淮盐业与扬州城市人口数的再认识》(《盐业史研究》1994年第3期)、《两淮盐业与明清扬州城市文化》(《盐业史研究》1995年第3期)，朱宗宙《明清时期扬州盐商与封建政府关系》(《盐业史研究》1998年第4期)、《清代扬州盐商与戏曲》(《盐业史研究》1999年第2期)，范金民《清代徽州商帮的慈善设施》(《中国史研究》1999年第4期)，周晓光《清代徽商与茶叶贸易》(《安徽师大学报》2000年第3期)，王伟康《两淮盐商与扬州文化》(《扬州大学学报》2001年第2期)，汪雷《明清时期徽商集团拓展壮大原因探析》(《学术月刊》2001年第6期）等。这些文章的讨论，在一

---

① 还可参考汪崇篔:《乾隆朝徽商在淮盐业经营中的获利估算》,《盐业史研究》2000年第1期。以及《明清两淮盐利个案两则》,《中国社会经济史研究》2000年第3期;《清嘉道时期淮盐经营成本的估算和讨论》《盐业史研究》2002年第1期;《清代徽州盐商江仲馨获利案例试析》,《清史研究》2002年第2期。

定程度上已经超出了盐商与盐业本身，研究的视野有所拓展①。

商鸿运《清代皇商介休范家》(《中华文史论丛》1981 年第 2 期)，韦庆远、吴奇衍《清代著名皇商范氏的兴衰》(《历史研究》1981 年第 3 期)，对主要从事长芦食盐运销的范氏家族进行了个案研究。芮和林《浅析乾隆时期长芦盐商走向衰落的原因》(《盐业史研究》1994 年第 4 期)，赖惠敏《乾隆朝内务府的当铺与发商生息》(《中央研究院近代史研究所集刊》第 28 期，1997 年)，对乾隆前后的长芦盐商的经营活动进行了叙述和分析。尤其是赖惠敏的论文，对长芦盐商与内务府的关系以及“帑息”问题，分析细致而深入。王小荷《清代两广盐商及其特点》(《盐业史研究》1986 年第 1 期)，黄国信《藩王时期的两广盐商》(《盐业史研究》1999 年第 1 期)、《明清两广盐区的食盐专卖与盐商》(《盐业史研究》1999 年第 4 期)，是对广东盐商的专门讨论。佐伯富《清朝的兴起与山西商人》(《社会文化史学》第 1 号，1966 年)，张正明《明清时期的山西盐商》(《晋阳学刊》1991 年第 2 期)，是对明清时期山西盐商的考察。佐伯富的论文洋洋数万言，虽然不单纯探讨盐商，但对山西商人（日本学者所说的“山西商人”，也包括了陕西商人在内，也许称之为“西商”更为确切）的业盐活动给予了充分的注意。该文除缕述了明代西商在两淮的业盐活动及崛起为与“徽商”并称的两大商人集团外，对清代前期的“政商”（即国内学者所谓的“皇商”）范氏、山西商人与盐业、山西商人与铜斤脚价、山西商人与内帑生息银两等，都作了专节讨论。宋良曦《试论清代四川盐商的发轫》(《井盐史通讯》1984 年第 1 期)，对清代前期西商在四川的经营，有较为全面的叙述。两淮地区以外盐商的研究

① 其他探讨两淮盐商的文章如张连生：《清代扬州盐商衰败原因综述》，《盐业史研究》1986 年第 1 期。周志初：《晚清的两淮盐商》，《盐业史研究》1988 年第 3 期。周志初：《两淮盐商“帑利”述略》，《盐业史研究》1991 年第 3 期。朱宗宙：《略论清代两淮盐商江春》，《盐业史研究》1991 年第 3 期。王振忠：《清代汉口盐商研究》，《盐业史研究》1993 年第 3 期。王振忠：《两淮“商籍”何以无徽商》，《盐业史研究》1994 年第 1 期。朱宗宙：《扬州盐商的地域结构》，《盐业史研究》1996 年第 2 期等。

比较薄弱，因此，这几篇文章也值得特别注意。

另外,从总体上探讨清代盐商的文章,如薛宗正《清代前期的盐商》(《清史论丛》第4辑，1982年)，左步青《清代盐商的盛衰述略》(《故宫博物院院刊》1986年第1期)，李克毅《清代盐商与帑银》(《中国社会经济史研究》1989年第2期)，朱文成《清中叶盐商没落的原因及影响》(《盐业史研究》1991年第1期)，刘德仁、薛培《略论清政府对盐商的控制与利用》(《盐业史研究》1998年第2期)，宋良曦《清代中国盐商的社会定位》(《盐业史研究》1998年第4期）等，也各有特点。

四是各分区盐政的研究。除早期的论文如王叔涵《两淮盐务与钱庄》(《经济学季刊》2卷3期，1931年)，刘隽《清代云南的盐务》(《中国近代经济史研究集刊》1卷2期，1933年)，吴雨苍《清代两淮盐政》(《国专月刊》3卷5期，1936年)，戴裔煊《清代盐课归丁史源试探》(《现代史学》5卷1期，1942年）等外，对各分区盐政的研究主要集中在两淮，而且对两淮盐政变革的讨论比较集中。

关于两淮盐政的变革，刘隽《道光朝两淮废引改票始末》(《中国近代经济史研究集刊》2卷2期，1933年）和《咸丰以后两淮之票法》(《中国近代经济史研究集刊》1卷2期，1933年)，是两篇早期的重要论文，也可以说是第一次对道光以降两淮的历次改革进行系统的论说，具有开启之功，已为国内学者所熟知。佐伯富在20世纪50年代发表的几篇论文也值得注意。《清代道光朝的淮南盐政改革》(《东方学论集》第3号，1955年)，分为三部分，一是陶澍的淮南盐政改革，二是陶澍淮南盐政改革后淮南盐政的弊坏，三是陆建瀛的盐政改革。一般认为，陶澍的盐政改革主要是淮北的废引改票，该文认为，陶澍在实施淮北票盐法之前的一年，也就是道光十年的十二月，上两淮盐务章程十五条，确立了两淮盐政改革的根本方针，淮北的盐政改革只是一种试验，根据其试验的成果，然后渐渐地推及淮南。在陶澍就任两江总督兼两淮盐政之前，道光元年至道光十年，淮南盐十纲中仅办运五纲七分，欠课达到一千九百八十余万两。陶澍就任以后，淮南盐渐有起色，从道光十一年辛卯纲至道光十七年丁酉纲，七纲中奏销六纲，无论是征纳正课还是杂课，以及带完积欠，都大有成效。这正显示出陶澍淮南盐政改革的成功。陶澍的淮南盐政改革主要是裁减浮费、核减成本、降低盐价。这种探讨，应该说是该文最值得注意的地方。佐伯富《清代咸丰朝的淮南盐政》(《东洋史研究》第16卷3号，1955年。《中国史研究》第1卷收录）一文，主要探讨了长江运路的梗阻与票盐法的崩坏、邻盐的借运、盐厘的征收、就场征课、官运的倡行等五个问题。作者认为，“淮南盐政自从陶澍、陆建瀛实行改革，明代以来的盐政积弊尽洗，但陆建瀛实行淮南盐政改革的同年，也就是道光三十年，发生广西洪秀全起义，其势力如燎原之火蔓延，不过数年即席卷数省，咸丰三年江宁陷落，扬子江沿岸的主要城市汉口、武昌、安庆、九江、芜湖、扬州、镇江等也陷落，江路梗阻，淮南盐政的根基崩坏。这就是《请盐法志》卷一一四说的‘咸丰军兴，岸悬商散。北则军队林立，饷盐充斥；南则江路梗阻，片引不行。票法于是乎大坏’”①。也正是在这种前提下，不得不实行“川盐借销”(川盐济楚）等措施。同时，作者也认为，盐厘的征收也直接与借销邻盐有关：“随着邻盐的借销，邻地的私盐也源源不断的流入行盐地，盐利尽被私盐贩卖者独占，政府不得不承认这种既定的事实，设卡从私盐中抽税，以盐厘的收入补充盐课的不足。”② 佐伯富《清代淮南引岸的争夺》(《史林》第39卷4、5号，1951年）一文，主要探讨太平天国革命失败后，淮盐与川盐对两湖引岸的争夺，也就是所谓的楚岸归复两淮。文中详细叙述了四川总督的立场、湖广总督的立场，两江总督的立场，以及引岸归复过程中，曾国藩的邻盐加税、川淮配销、川淮分界方案等。陈锋《清代两湖市场与四川盐业的盛衰》(《四川大学学报》1988年第3期)，则从另一个角度论述了咸丰以后的“川盐济楚”以及淮南引岸的变更，对四川井盐业的影响，认为，“川盐济楚”导致了四川井盐业的快速发展和近代意义上的手工业工场的出现。而太平天国

---

① ［日］佐伯富:《中国史研究》第1卷，第291页。

② ［日］佐伯富:《中国史研究》第1卷，第300页。

革命失败后，又有新的政策调整，从加重川盐税厘，到两湖市场的划地分销，直至川盐被清廷以强制手段挤出两湖市场，川盐逐步失去赖以发展的宽广销场，一步一步地走向衰落。在这期间，不论是井场，还是盐商，无不遭受到了沉重的打击。另外涉及两淮盐政变革的论文还有罗庆康《浅论陶澍整顿两淮盐政》(《盐业史研究》1988 年第 2 期)、孙晋浩《清代盐政专商制的危机与改革》(《晋阳学刊》1989 年第 3 期)、方一清《陶澍与两淮盐政改革》(《盐业史研究》1989 年第 1 期)、陶用舒《论陶澍对两淮盐政的整顿和改革》(《盐业史研究》1991 年第 4 期)、朱宗宙《试论曾国藩对两淮盐法的整顿》(《盐业史研究》1992 年第 2 期)、徐凯希《略论晚清川盐破岸行楚》(《江汉论坛》1992 年第 9 期)、盛茂才《包世臣与两淮盐政改革》(《盐业史研究》1994 年第 4 期)、刘洪石《略论清代的票盐改革》(《盐业史研究》1995 年第 4 期)、陶用舒《陶澍盐课商办述评》(《盐业史研究》1996 年第 2 期)、方裕谨《论道光十二年淮北票盐之制的实行》(《盐业史研究》1996 年第 3 期) 等，可以参考①。

上述之外，对河东盐课归丁改革的讨论，也值得注意，前揭戴裔煊《清代盐课归丁史源试探》是这方面一篇较早的文章。其后有代表性的文章如张正明《清代河东盐课摊归地丁试析》(《山西师范学院学报》1982 年第 3 期)，林永匡《乾隆时期河东盐课归丁改革》(《历史档案》1982 年第 3 期)，刘素芬《乾嘉时期河东盐法之变革及其财政效果之检讨》(《史源》第 16 期，1987 年)。这几篇文章的讨论都比较细致，也有各自的特点，张文更多地利用了地方文献，林文更多的利用了档案文献，刘文更注意相关问题的分析，可以相互参考。山本进《清代河东盐政的变迁》(《东洋史论集》第

① 另外，对淮盐引地食盐运销进行研究的论文也还有一些，参见朱宗宙：《两淮盐运史上的几次灾难事故》，《盐业史研究》1997 年第 3 期；田强《清代长江三峡地区食盐问题分析》，《盐业史研究》2001 年第 2 期；陈东有：《雍正初年湖广盐价风波议》，《江西财经大学学报》2001 年第 3 期；方志远：《明清湘鄂赣地区食盐的输入与运销》，《中国社会经济史研究》2001 年第 4 期等。

27 号，1999 年），也叙述了河东的盐课归丁改革。另外，对四川和云南井盐区的研究，也有较高质量的论文，如彭泽益《清代四川井盐工场手工业的兴起和发展》（《中国经济史研究》1986 年第 3 期），何珍如《康熙时期的云南盐政》（《中国盐业史论丛》，中国社会科学出版社 1987 年版），陈然《试论清初对自流井盐的开发》（《历史档案》1992 年第 3 期）等。其他相关盐区的研究，下述还会谈到。

五是对食盐生产的研究。在海盐、井盐、池盐各个制盐区域，均有论文进行探讨。在海盐方面，波多野善夫《清代两淮制盐业的生产组织》（《东洋史研究》第 11 卷第 1 号，1950 年），从两淮盐场的制盐技术和生产组织两个方面对重要的两淮盐场进行了较为系统的研究。该文认为，“虽然通称为两淮，淮南和淮北的制盐方法互异。淮北是‘天日制盐’，也就是所谓的晒盐，淮南则是煎盐”。并由此叙述了淮北从头道到九道的晒盐盐池和淮南的荡地、亭池和煎灶。在对两淮盐业生产组织的叙述中，分别对灶户的变化、灶丁与煎丁的区别（进行摊灰淋卤的称为灶丁，进行煎盐的称为煎丁）、商亭与灶亭问题以及盐场的管理组织作了探讨。该文的着力点是对生产组织的探讨，在制盐技术方面，只是一般的缕述，没有涉及清代两淮制盐方法的变化。徐泓《清代两淮的场商》（《史源》第 1 期，1970 年），朱冠登《淮南商灶业荡权之争与亭荡产权关系的变化》（《盐业史研究》1990 年第 4 期），对淮南场商与灶户的关系，场商与运商的关系，场商与灶户的荡产、停产等问题，也有细致的讨论。渡边惇《板晒法的兴起及其影响》（《东洋史研究》第 21 卷第 1 号，1963 年），主要是对浙江盐区新的晒盐方法的探讨，考证了浙江的板晒法始于嘉庆年间，并探讨了板晒法兴起以后的私盐问题。渡边惇的另一篇论文《清末沿海诸盐场制盐技术的转变及其意义》（《山崎先生退休纪念东洋史论集》，东京教育大学文学部东洋史学研究室 1967 年版），其副标题是“以从煎法到晒法的转变为中心”，认为在盐海诸制盐区域，大多有“改煎为晒”的发展趋势，福建在道光年间，16 个盐场，实行晒盐的有 13 个盐场，煎盐的只有 3 个盐场。两广在同一时期，31 个盐场中，晒盐场为

19个，煎盐场为12个。而到了晚清，实行煎盐法的已所剩无几。华北的山东、长芦盐区亦然："在山东，《清盐法志》称，据旧志，三场行煎法，三场行晒法，四场煎晒并举。其后二场废止，存留八场全部变成晒场。而长芦的情况，《支那最近全国盐场录·长芦》载：'长芦的盐场，原来海丰、严镇二场实行天日晒盐，济民、石碑、归化三场实行煎盐，丰财、芦台、越支三场煎晒相半。前清道光年间，大体上均由煎盐改为晒盐'。"由此，渡边认为，"道光年间，是由煎法到晒法的转换期"。该文还考察了淮南盐场和浙江盐场，认为，"淮南盐场和浙江盐场，在沿海诸盐场中，是顽强固守煎盐法的盐场"。即使如此，浙江盐场在嘉庆年间也有实行晒法的盐场，并有板晒法的出现。朱去非《盐板晒盐考》(《盐业史研究》1990年第3期）以及前揭笔者《中国盐业史·清代》，对板晒也进行了考察，认可渡边惇的研究成果。郑志章《板晒海盐技术的发明与传播》(《中国社会经济史研究》1984年第3期)，也是一篇值得注意的论文，该文认为，在明代，福建盐场已经首创了板晒法，康熙中期后，板晒法由闽南移民传入江浙，逐渐推广到浙江各盐场。上述之外，探讨沿海盐业生产的还有冼剑民《清代广东的制盐业》(《盐业史研究》1990年第3期)、蒋兆成《从顺治到乾隆两浙地区的盐业》(《盐业史研究》1990年第3期)、王佩环《清代前期盛京地区官盐生产供销概述》(《盐业史研究》1988年第3期)、温春来《清代广东盐场的灶户和灶丁》(《盐业史研究》1997年第3期)、李三谋《清代灶户、场商及其相互关系》(《盐业史研究》2000年第2期）等。由于盐业生产的专门化和历史传承性，对清代以前盐业生产研究的论文也是应该注意和了解的，如陈诗启《明代的灶户和盐的生产》(《明代官手工业的研究》，湖北人民出版社1958年版)，刘淼《明代海盐制法考》(《盐业史研究》1988年第4期)，白广美《中国古代海盐生产考》(《盐业史研究》1988年第1期）等，就值得一读。

对井盐生产的探讨，除前揭彭泽益《清代四川井盐工场手工业的兴起和发展》，陈然《试论清初对自流井盐的开发》，何珍如《康熙时期的云南盐政》外，森纪子《清代四川的盐业资本》（小野和子编《明清时代的政治与社会》，京都大学人文科学研究所1983年版）、钟长永《富荣盐场的机车采卤》(《井盐史通讯》1981年第1期），冉光荣、吴天颖《四川盐业井灶租佃形式及其特点》(《井盐史通讯》1984年第1期），宋良曦《论井盐输卤技术的发展》(《盐业史研究》1988年第2期），曾进平《清代自贡盐场的经营管理组织》(《盐业史研究》1988年第2期），蔡文钦、曾凡英《王三畏堂与罗筱元的经营管理》(《盐业史研究》1988年第3期），罗筱元《自流井三畏堂兴亡纪要》(《四川文史资料选集》第8辑），杨笃行、罗筱元等《自贡盐场蒸汽机车汲卤概述》(《自贡文史资料选辑》第3辑），也是值得注意的。森纪子《清代四川的盐业资本》，对富荣地区盐业资本形成的历史条件，以及盐井经营中的凿井契约、盐业大资本的形成、盐业生产中的劳动力问题等均有系统的论述。其他文章主要叙述了晚清四川盐业生产的变化以及盐业的近代化过程。对河东池盐生产的研究，则有张正明《古代河东盐池天日晒盐法的形成及发展》(《盐业史研究》1986年第1期），吉成名《运城池盐生产技术初探》(《盐业史研究》1989年第4期），柴继光《关于运城盐池制盐系列池及其生产工艺技术形成时期的探讨》(《盐业史研究》1993年第1期）等。在笔者撰写的《清代盐业史·清代》中，针对河东盐池的“分段浇晒法”问题，对张、柴二文已有评论，特别指出了柴文所谓的“运城盐池制盐池系列和生产工艺技术形成时期应是在宋代”。似乎仍缺乏可靠的证据，可以参考。房建昌《西藏盐业及盐政史略》(《西南民族学院学报》1993年第1期），对很少有研究的西藏盐产种类和分布以及历史沿革作了开拓性研究。方裕瑾《嘉庆中期商办吉兰泰盐务述论》(《历史档案》1991年第2期），对内蒙古吉兰泰盐池的生产与运销进行了探讨。

六是对私盐的研究。私盐问题一直受到学者的关注，如上所述，佐伯富在《清代盐政之研究》第四章“私盐问题”中，归结了私盐的种类，并对漕私、船私、枭私、商私四种类型的私盐进行了专节讨论，并分析了私盐形成的原因，推算了私盐的数量。陈锋《清代盐政与盐税》第四章“私盐的泛滥与巡缉”中，考察了场私、军私、官私、邻私、船私、商私、枭私等七种类型的私盐，并对各种贩私处罚的规定以及缉私卡巡的设置进行了探讨。张小也

《清代私盐问题研究》则是研究私盐问题的专著。应该说，对这一问题的研究已经相当深入。在相关论文中，比较注意地区性私盐的研究，如鲁子健《清代四川的盐榷与盐枭》(《盐业史研究》1986年第1期)，宋良曦《川盐缉私略论》(《盐业史研究》1986年第1期)，除讨论四川的专商引岸制和其他运销制度外，对四川的私盐问题，特别是四川盐枭的活动进行了探讨。王小荷《清代两广盐区私盐初探》(《历史档案》1986年第4期)，对私盐的来源、私盐流通、贩私人员构成等均有描述，并特别注意了私盐与吏治、经济、社会生活的关系。黄启臣、黄国信《清代两广盐区私盐贩运方式及其特点》(《盐业史研究》1994年第1期)、黄国信《清代两广私盐盛行现象初探》(《盐业史研究》1995年第2期)，是另两篇探讨两广私盐问题的论文，重在叙述私盐现象和分析私盐猖獗的原因。渡边惇《清末时期长江下游的青帮、私盐集团活动——以与私盐流通的关系为中心》(《盐业史研究》1990年第2期)，探讨了晚清长江下游、江浙地区的私盐流通，并特别注意了私盐集团与帮会、会党之间的联系。方裕谨《道光初年清政府遏制两淮私盐之对策》(《郑天挺先生百年诞辰纪念文集》，中华书局2000年版)，吕一郡《清代湖广私盐浅议》(《华中师范大学学报》1991年第4期)，吴海波、杨勇《清中叶江西官私食盐的运输途径与流通方式》(《盐业史研究》2002年第3期) 等对同属于两淮引地的两湖、江西地区的私盐也进行了描述和分析。当然也还有对私盐进行专题研究的论文，如彭云鹤《明清两淮盐私和漕运》(《盐业史研究》1991年第4期)，分析了漕运与私盐的关系。黄国信《清代雍正到道光初年的盐枭走私》(《盐业史研究》1996年第1期)，以及《食盐专卖与盐枭略论》(《历史教学问题》2001年第5期)，对引人注目的枭私进行了探讨。黄国信《清代私盐问题研究》(《盐业史研究》1999年第4期)，张小也《清代盐政中的缉私问题》(《清史研究》2000年第1期)，则带有总论的性质。

以上所区分的几个研究专题，只是为了评述的方便与清晰，实际上在许多文章中，对各个问题或各方面的研究是兼而有之的，希望读者注意。另外，因为研究专题的区分或视野所限，也可能遗漏了有价值的论文，希望作者谅解。

三

从总体上看，清代盐政的研究已有较好的基础，取得了丰硕的成果。其值得注意者主要有三：

第一，已有日野勉《清国盐政考》，佐伯富《清代盐政之研究》，陈锋《清代盐政与盐税》三种断代盐史著作先后出版，专题性或区域性的专著和论集则有张小也《清代私盐问题研究》，徐泓《清代两淮盐场的研究》，张学君、冉光荣《明清四川井盐史稿》，宋良曦、钟长永《川盐史论》，吴天颖《井盐史探微》，林元雄等《中国井盐科技史》，刘德林、周志征《中国古代井盐工具研究》，黄培林、钟长永《滇盐史论》，牧寒《内蒙古盐业史》，张海鹏、王廷元等《徽商研究》，王振忠《明清徽商与淮扬社会变迁》等十数种之多。这些著作的研究方法和研究深度虽然不一，但毕竟各有所长，也为后续研究开启了多种门径。

第二，就研究论文而言，涉及的范围十分广泛，上述从六个方面进行了归结，论文的数量也很大。虽不能说清代盐政的研究已成为史学界的热点，但可以说，在断代盐史研究中，清代盐史的研究是最为活跃的，并日益引起清史学界、经济史学界和社会史学界的重视。这种局面的出现，正是清代盐史研究者辛苦劳作的结果。同时也与《盐业史研究》的创刊和大量发表清代盐史论文相关联。在各种专题研究中，有的研究也已经相当深入，比如对清代盐商的研究，甚至可以说，在对清代商人的研究中，以盐商的研究最为深入，也最具有特色。

第三，已经走出了“就盐而论盐”的研究模式，研究的视野更为开阔。前揭佐伯富《清代的盐务案》、龙野正二郎《清代乾隆年间的官僚与盐商》、朱宗宙《明清时期扬州盐商与封建政府关系》、宋良曦《清代中国盐商的社会定位》等，已经充分注意了盐商与政治制度和吏治的关系。前揭王振忠《明清扬州盐商社区文化及其影响》、王伟康《两淮盐商与扬州文化》等文，以及王振忠《明清徽商与淮扬社会变迁》也专门就盐商与文化、社会之间的关系展开了论述。前揭渡边惇《清末时期长江下游的青帮、私盐集团活动》，注意了私盐集团与青帮的关系，具有社会史研究的色彩。拙著《清代盐政与盐税》在论述枭私时，也举出了四川武装走私与会党之间的联系事例。张笃勤《明清武汉的淮盐市场与城市经济》(《盐业史研究》1999 年第 4 期)，也选取了一个新的角度，论述盐业运销与城市发展的关系。十多年前，笔者在审阅照内由纪子的博士论文《关于清末长芦商人的经营活动》时，也注意到她对食盐运销路线与城镇发展关系的论述。这些论题的提出和研究角度的选择，对后续研究者不无启迪。

当然，清代盐政的研究也存在着若干问题或不足。就其主要者而言，可以归结为如下四端：

首先,清代盐政的资料整理较为缺乏。应该指出,清末至民国年间对盐法志的编写,如《清盐法志》、周庆云《盐法通志》、吴炜等《四川盐政史》等,继承了先前盐法志书的编撰传统,集录、保存了大量的盐政资料,为后人的研究提供了方便。特别是民国年间吴炜等编撰的《四川盐政史》,除了按传统的门类进行撰写外,在首卷还增写了"通论",已略具现代史家的眼光。上述也已经谈到,有《自贡盐业契约档案选辑》以及《清代徽商资料》等资料的整理出版。但是,与其他专史相比,还显得远远不够,举凡实录、政书、盐法志、方志、文集、谱牒中的相关资料没有系统地整理过,就是已经整理出版的经济史资料或财政史资料,其中的盐政资料或者阙如,或者分量很轻。档案的整理亦然,虽然近十年来清代档案的整理出版取得了很大的成就,有综合性的,也有专题性的,但涉及清代盐政的可谓凤毛麟角,只有《历史档案》辑录了《顺治年间两淮盐务题本》等。这不能不影响到清代盐政的进一步深入。

其二，对有些问题的研究，或者欠缺，或者不够深入。即使是研究较为深入的盐商研究，也存在着问题，如对盐商组织的研究，各盐区的总商、纲总、纲首、纲头、甲商、值年等，以及盐商公所、盐商总局、商司、商厅等如何履行其职能和发挥作用，还不是太清楚。盐政衙门、盐商组织、地方有司之间的关系和相互协调或制约，也有进一步探讨的必要。又如官督商销之外的食盐运销形式，像官运商销、商运商销、商运民销、民运民销、官督民销等各种运销形式的研究，也相当薄弱。其他像灶户的研究、食盐生产技术的研究、杂费的研究、食盐转运的研究等，也可以再深究。

其三，在有些问题的研究方面，选题重复的现象十分严重。从本文所揭示的相关论文中，已不难看出某些论题的重复和接近，一个相同的问题，论文可达十数篇甚至数十篇之多，而新意却极少，甚至根本没有新意，不断地剪贴、重复别人的研究成果，制造学术垃圾。而更为严重的是，在这些论文中，对前人的成果不加注明，或点缀式的注引，而行抄袭之实。这种不尊重前人的研究成果和不规范的学术行为，近年虽略有好转，但仍然应该引起注意。

其四，对各盐区以及历史阶段的研究不够平衡。在盐区的研究上，我们不否认都取得过一些较优秀的成果，但从总体上说，只有淮盐和四川井盐的研究相对较为深入，其他盐区，如奉天、陕西花马池、山东、长芦、两浙、广东、福建、云南等的研究还相当初始或不够全面。在历史时段上，对清初或清代前期的研究较好，对道咸之际的盐政变革也有较好的基础，但对晚清食盐运销体制的变化、税制的变化等方面的研究则显得薄弱。这一方面受制于史料的不足或缺乏深入的挖掘，另一方面也由于近代史或近代经济史学者中对盐政进行研究的不多。

今后对清代盐政的研究，主要的应该是弥补上述的薄弱环节。除此之外，有些综合性的研究或扩展性的研究，也需要进一步加强。如杂费的征收，以及陋规、厘费的清理和地方财政和吏治的关系；盐商资本流向与文化发展与地方公共事业发展的关系；食盐转运路线、集散与市镇兴衰的关系；长江运道盐船回空与粮食运销、竹木运销，以及市场网络的形成；食盐价格的变动以及盐斤加价，对盐商与人民生活的影响；私盐兴贩，特别是武装走私与地方社会控制等。由于盐政问题本身的复杂和涉及范围的广泛，决定了对盐政的深入研究，必然会对财政、经济、吏治、社会、文化的研究都有促进。

原载台湾《汉学研究通讯》第25卷第2期，2006年5月

二十一、

清初“轻徭薄赋”政策考论

明末清初的连年战乱使社会经济遭到了严重的破坏。统治阶级为了满足王公贵族以及八旗官兵的需要又实行圈地政策，致使一些地区特别是畿辅地区的经济再度萧条。但是，在新旧王朝交替之际，统治者不可能不注意到政策的更张，不可能不将传统的藉以笼络人心的“轻徭薄赋”旗帜再度张扬起来，这也就是所谓的“收拾民心，莫过于‘轻徭薄赋’”①。对此，在顺治三年（1646 年）的上谕中曾作过明确的表白：

> 国计民生，首重财赋，明季私征滥派，民不聊生，朕救民水火，蠲者蠲，革者革，庶几轻徭薄赋，与民休息。而兵火之余，多借口方策无存，增减任意，此皆贪官猾胥，恶害去籍。将朝廷德意，何时下究？明季虫蠹，何时清理？今特遣大学士冯铨前往户部，与公英俄尔岱彻底查核，在京各衙门钱粮数目，原额若干？见今作何收支、销算？在外各直省钱粮，明季

① 朱鼎新：《请明纪纲定人心疏》，见《皇清奏议》卷 1。

加派三项，蠲免若干？见在田土，民间实种若干？应实征、起解、存留若干？在内责成各该管衙门，在外责成抚、按，严核详稽，拟定《赋役全书》，进朕亲览，颁行天下，务期积弊一清，民生永赖，称朕加惠元元至意①。

这里的所谓“轻徭薄赋，与民休息”，显然是以鉴前朝弊政、宣布新朝德政为出发点，并有一些具体的纠偏清查指令，当然是值得注意的。但是，轻徭薄赋政策在清初到底执行到何种程度？却更值得注意。

一 “轻徭”问题

一般地说，自从明代实行“一条鞭法”之后，赋与役合一，随地亩征收钱粮，“薄赋”也就意味着“轻徭”。但这大多只具有理论意义，征敛赋税与摊派徭役在很多情况下并不相同。由于清初战争相继、兵马过往不息，加上河工城防、土木工程，徭役非但不能轻减，滥加差役、派夫，反而成为突出的问题。时人称：“王师屡出，河工告急，派粮料、派梢草，转运数百里之外。其一二仅存之孑遗，困于征输，颠仆道路，憔悴家室者，不知其几何！”② 顺治八年（1651 年）闰二月上谕兵部时曾概称：

年来四方多故，兵马络绎，差遣繁多，驿递疲困，至今日已极。乃奉差官员全不知地方苦楚，勘合火牌之外，恣意苦索，驿夫不足，派及民夫，骚动里甲，甚而牵连妇女，系累生儒，鞭驿官如罪犯，辱州县等奴隶，以致夫逃马倒、罢市止

① 《顺治朝东华录》卷 2，顺治三年四月壬寅。参见《清世祖实录》卷 25。

② 罗国士：《急复驿递原额疏》，见《皇清奏议》卷 3。按：康熙《四川总志》卷 35，《筹边》所载四川巡抚张德地奏疏亦称：“搬移王眷，会剿逆贼，叠差烦累，日无休息。且蜀道险峻，行李等项俱系背送，皮骨俱穿……”

耕，上误公务，下害小民①。

顺治帝在这里已经指出了不按“勘合火牌”，滥征役夫的弊端，从而使本已繁重的徭役征发更趋繁重。同年，户部左侍郎王永吉也谈到，徭役的私派滥征，除了与地方有司不体恤下情有关外，如狼似虎的奉差满汉官员“亦不能辞其责”。王氏具体指出江南的情况：“每船一只，要夫五十名，如到十只，便派夫五百名。若到大差，则派夫一二千名、三四千名不等。关锁空院，伺候三五日，大寒大暑与中途逼打赶牵纤而死者不少。州县所以有民夫之派也。此外有陆路用马匹及水陆带长马者，勒抢草豆，稍不遂意，凌辱职官，吊拷衙役，无可奈何。何怪有司借口加派以殃民哉！职见江都县每年私派柴烛供应银六千两，预备马草银三千九百两，预备料豆（银）六千两，预备米银一千两。起派民夫，通县每月约起夫一千七八百名，一年约起夫二万余名，二城市门面夫犹不与焉。……由此推之江南各府，又推之闽浙、江广各省，其为扰费何可胜算哉。”②

顺治中期以后，随着湖广、云贵等地的用兵，“大兵屡出，百姓未获宁息”③，役夫频差，人民更困于转运之苦。顺治十二年（1655年），五省经略洪承畴称：“湖南贼氛未靖，官兵驻扎宝庆等处，需用米粮豆谷甚多，……即令长沙民人解运，乃水路由三塘街小河赴宝庆，计程七百余里，每船一只止可载米十四五石，中有五十三滩，如船遇滩险，即搬米上岸，过滩复载。若晴明二十日可到，倘或贼阻或阴雨及风不顺，必一月始得抵宝庆。又陆运先自长沙水路运至湘乡，自湘乡县陆路到宝庆计程三百余里，皆大山峻险，肩挑背负，一人有力者背米不过四五斗，又雇一人代负食米，往回必十二三日，较之水路更甚……民人安得不逃窜死亡？且驱而为盗！……若不早议苏豁，则皮骨俱尽，必至无民；若不早定转运

① 《顺治朝东华录》卷3，顺治八年闰二月丙寅。

② 《明清史料》丙编，第4本，顺治八年九月王永吉揭帖。

③ 《明清史料》甲编，第4本，顺治十年八月十五日洪承畴揭帖。

长法，则粮料中断，必致误兵。”① 次年，洪氏又叹称：“大兵久露于外，休息无期；民人供亿于内，疲困莫支。”② 顺治十五年（1658 年），江南道监察御史李粹然更形象地描述：“东连燕赵，西接秦川，官兵之往返，差役之来去，络绎如线。因而有行李，有眷属，其车牛之运行也必矣。初则载行李载眷属，多不过一二十辆而止，官兵差役奉旨牌票，皆系王事，孑民竭蹶应承，……稍不如意，辱有司，笞书役，鞭挞士民，毙牛坏车，无所不至其极。可温可饱有家毋论矣，穷而至于鳏寡孤独，亦不能免此征派。”③ 顺治十六年（1659 年），兵科给事中杨雍建又指出“弊政数大端”，其一云：“正赋之外，夫役、匠役有派，河船、马船有派，炮车、铅药、器具有派……，此滥派之害。”其二云：“里役不立良法，但轮流值月，上官交际，军旅供应，皆于是乎取之，一遇值月，遂至倾家，此里役无定例之害。”其三云：“用夫不据勘合火牌，凡往来馈送、土木工作，皆妄滥差役。甚有抑勒折价，此处即折，彼处仍复取夫，在在流毒，此用夫无限数之害。”④ 正所谓是：“陆有供应夫马之扰，水有轮派水手之累，寥寥孑遗，兽奔鸟散。”⑤ 关于此，在清初的有关诗词中也多有描述，可参看⑥。

清初的差役派夫之频之烈，通过上揭史料已可略见，这里当然谈不上徭役的轻减。不惟如此，清初对征发的夫役，又往往不给雇

---

① 《明清史料》甲编，第 6 本，顺治十二年二月二十三日洪承畴揭帖。

② 《明清史料》丙编，第 2 本，顺治十三年六月二十九日洪承畴揭帖。

③ 档案，顺治十五年九月二日李粹然题：《为陈晋地艰难等事》。

④ 《清世祖实录》卷 123，顺治十六年正月癸卯。

⑤ 《明清史料》丙编，第 10 本，顺治十七年四月一日张所志揭帖。

⑥ 陈锋：《清代军费研究》已经引述过清初著名词人陈维崧的《贺新郎·纤夫词》，陈维崧所言“尽累累，锁系空仓后”，颇类似上揭王永吉所言“关锁空院”。另外，吴伟业《遇南厢园叟感赋八十韵》诗云：“大军从北来，百姓闻惊皇。下令将入城，传箭需民房。……按籍缚富人，坐索千金装。……今日解马草，明日修官塘。诛求却到骨，皮肉俱生疮。”查慎行《麻阳运船行》诗云：“麻阳县西催转粟，人少山空闻鬼哭。一家丁壮尽从军，携稚扶幼出茅屋。朝行派米暮催船，里胥点名还索钱。……脂膏已尽正输租，皮骨仅存犹应役。君不见一军坐食万民劳，民气难苏士气骄。”

价，即使给少许雇价以资糊口，在国家财政困难的情势下，兵饷军费尚应接不暇，不得不让地方“设处”，即所谓：“搬运、车牛、人工之费，均有州县设处。”① 这种“设处”当然也是取自民间，也是私征滥派，所以连顺治帝也承认：“运送脚价及各项器用，所费不赀，悉系民间购办，最为苦累。”② 而且，令地方官设处的雇价、水脚，又因着各种情由成为画饼，一如湖广总督祖泽远所说：“前者湖南各属因用过水脚无抵，喋喋请扰，至今尚未结案。今复不加详议，恐运费仍无凑处。……湖南未靖，师旅繁兴，粮糈一项最为吃紧，缘永、宝、辰、常、沅、靖一带，水路俱多险阻，不特措办维艰，而解运更为不易也。职每鳃鳃虑之，节据州县申详，皆以解役苦累为词，亟思补救，殊无良策。”③

要之，顺治年间处于一种特殊的兵荒马乱时期，徭役的征发是普遍性的，所谓的“轻徭”根本无从谈起。非但如此，由于满族官兵以及奉差官员的蛮横，被派贫民的性命有同蝼蚁，即使是州县官以及一般官吏士绅也难免蒙辱，所以上揭史料有“鞭驿官如罪犯，辱州县等奴隶”，“辱有司，笞书役，鞭挞士民”等语。这里，既有征夫派役的刻不容缓，又反映出满族官兵以胜利者的姿态对被统治族人民的任意欺凌。

二 “薄赋”问题

相较于“轻徭”的无声无息、毫无实迹，“薄赋”政策可谓是政令屡下，大张旗鼓了。

---

① 档案，顺治十三年二月二十二日戴明说（户部尚书）题：《为救穷民当禁私派事》。

② 《清世祖实录》卷 88，顺治十二年正月辛亥。

③ 《明清史料》甲编，第 4 本，顺治十一年正月五日祖泽远揭帖。按：在该揭帖中，祖泽远曾引述了制定于顺治八年九月二十五日的运粮脚价银额及食米额定例，可以参看。但事实上难以执行，直到康熙中期，支发脚价雇资才走向正规。参见陈锋：《清代军费研究》，武汉大学出版社 1992 年版，第 214 ~ 215、232 ~ 235、351 页。

在田赋征收中废除明末的“三饷”加派，最为引人注目，据《清世祖实录》记载，最早的一次有关诏令是顺治元年（1644 年）七月以摄政王多尔衮的名义（时顺治帝尚未到北京）发布的，其文曰：

前朝弊政，厉民最甚者，莫如加派辽饷，以致民穷盗起，而复加剿饷，再为各边抽练，而复加练饷，惟此三饷，数倍正供，苦累小民，剔脂刮髓。远者二十余年，近者十余年，天下嗷嗷，朝不及夕。更有召买粮料，名为当官平市，实则计亩加征。……自顺治元年为始，凡正额之外一切加派，如辽饷、剿饷、练饷及召买米豆，尽行蠲免。各该抚、按即行所属各道府州县、军卫衙门，大张榜示，晓谕通知。如有官吏朦胧混征暗派者，察实纠参，必杀无赦①。

这次轻徭薄赋谕旨的重点，是在于革除招致民怨沸腾的明末“三饷”加派，也就是所谓的“我朝革命，首除三饷，与民休息”②。同年十月，顺治帝在北京登基后，颁即位诏于天下，又重申了上述政策：

地亩钱粮俱照前朝会计录原额，自顺治元年五月初一日起，按亩征解，凡加派辽饷、新饷、练饷、召买等项，悉行蠲免。其大兵经过地方，仍免正粮一半，归顺地方，不系大兵经过者，免三分之一③

此后，每当清军收复一地，即有类似的谕旨颁发。我们称之为“类似”，是因其并非完全相同，为了展示类似谕旨的频颁以及后

---

① 《清世祖实录》卷 6，顺治元年七月壬寅。该谕原件请参见《明清档案》第 1 册，第 15 件，顺治元年七月八日摄政王谕令。台湾联经出版事业有限公司 1986 年版。按：此前，天津总督骆养性曾疏请“豁免明季加派钱粮”。参见《清世祖实录》卷 6，顺治元年七月甲午。

② 王庆云：《石渠余纪》卷 3，《纪赋册粮票》。

③ 《清世祖实录》卷 9，顺治元年十月甲子。

文的分析，特将有关谕旨排列于下：

顺治二年（1645 年）四月，颁恩诏于陕西等处：

陕西通省地亩钱粮，自顺治二年正月为始，止征正额，凡加派辽饷、新饷、练饷、召买等项，悉行蠲免。其大兵经过地方，仍免正粮一半，归顺地方，不系大兵经过者，三分免一①。

顺治二年（1645 年）六月，以南京平定，颁诏：

河南、江北、江南等处人丁地亩钱粮及关津税银，各运司盐课，自顺治二年六月初一日起，照前朝会计录原额征解。官吏加耗、重收或分外科敛者，治以重罪。凡各派辽饷、剿饷、练饷、召买等项，永行蠲免。即正额钱粮以前拖欠在民者，亦尽行蠲免②。

顺治四年（1647 年）二月，以浙江、福建平定，颁诏：

浙江、福建人丁地亩钱粮，并卫所屯粮，除浙江杭、嘉、湖三府业经该总督题准照平南恩诏开征，今浙东八府并福建全省，俱自顺治四年正月初一日起，俱照前朝万历四十八年则例征收，天启、崇祯时加派，尽行蠲免③。

顺治四年（1647 年）七月，以广东平定，颁诏：

广东人丁地亩本折钱粮，并卫所屯粮，俱自顺治四年正月初一日起，通照前朝万历四十八年则例征收，天启、崇祯年间加派，尽行蠲免④。

---

① 《清世祖实录》卷 15，顺治二年四月丁卯。
② 《清世祖实录》卷 17，顺治二年六月己卯。
③ 《清世祖实录》卷 30，顺治四年二月癸未。
④ 《清世祖实录》卷 33，顺治四年七月甲子。

终顺治一朝，有关废除明末加派的谕旨多达十余次，足见清廷对此一问题的重视，并在一定范围内对明末的加征有所减免，因之，被视为是恢复社会经济的最为重要的措施①。但是，究其实际执行情况，有几个问题值得特别注意。

第一，受着清初赋役制度的混乱以及财政困难、军需紧急的双向制约，所谓废除明末的加征，在许多情况下只具有安抚的性质，有关谕令形同虚文，私征暗派十分严重。顺治元年（1644年），监察御使卫周胤曾说，“上有加派之严禁，而下有暗派之弊端”；“上有蠲免之深仁，而下无奉蠲之实事”②。顺治二年（1645年），兵科给事中李运长曾指出：“明季度支百出，正供之外乃有辽、练、剿饷种种加派。……我皇上子惠遗黎，恩诏蠲免。……今乃泽未下究，弊端渐复。窃闻省直州县易剿、练等税为草豆等名色，加征如故。询诸外来士民，大抵皆然，非止一处。”③ 前揭顺治三年（1646年）“轻徭薄赋谕”亦承认，“朕救民水火，蠲者蠲，革者革，庶几轻徭薄赋，与民休息，而兵火之余，多借口方策无存，增减任意”，朝廷的“德意”无法下究，明季的“虫蠹”也难以清理。顺治八年（1651年），刑科给事中魏象枢奏称：“有司派征钱粮，皆假吏胥里书之手，或蒙弊不知，或通同作弊，朝廷虽有浩荡之恩，而小民终未免剥削之苦。”④ 顺治十八年（1661年），户科给事中彭之凤题称：“百姓每地一亩额银若干如数征收，何难输纳。所难者贪婪官吏，正额之外，复有私派，正饷之内，复有加耗。即如兵马经过，借口急需，因公滥派者，不待言已。……应纳之正粮有限，上下之烦费无穷，民力几何，堪此重困乎。”⑤ 这也

---

① 参见戴逸主编：《简明清史》第1册，人民出版社1980年版，第192～193页。郭蕴静：《清代经济史简编》，河南人民出版社1984年版，第19页。李龙潜：《明清经济史》，广东高等教育出版社1988年版，第301～302页。周远廉：《顺治帝》，吉林文史出版社1993年版，第112～113页。

② 卫周胤：《痛陈民苦疏》，见《皇清奏议》卷1。

③ 李运长：《敬陈保邦富国要图疏》，见《皇清奏议》卷2。

④ 《清世祖实录》卷57，顺治八年六月辛酉。

⑤ 《清代档案史料丛编》第4辑，中华书局1979年版，第4页。

就是大学士张玉书所说的“方今民穷财尽，多因有司私派”①。终顺治一朝的私征暗派显然十分严重，在这种背景之下的废除加征也就打了许多折扣。

第二，在顺治元年（1644 年）曾经谕令废止的“三饷”之一的“辽饷”，不久又重新开征。辽饷的重新开征，是借口辽饷系万历旧例，而清初的钱粮征收又是依照“万历则例”，如江西巡抚朱延庆所云：“案查明季万历四十八年间，江西布政司奉文每田一亩加派辽饷银九厘，共该银三十六万一千三十六两一钱四分四厘，至崇祯年间又加练、新二饷。……至顺治三年归附之后，据布政司通行造册奏报，谓此三饷俱在蠲免之例矣。后奉部文通行直省内开：派征钱粮照万历年间则例，其天启、崇祯年加增尽行蠲免。盖以前项辽饷在万历年间加派，故复照旧派征耳。”② 朱延庆所说的“后奉部文”，即是指上揭顺治四年（1647 年）二月和七月之诏称的：“俱照前朝万历四十八年则例征收，天启、崇祯时加派尽行蠲免。”只是清代为避“辽饷”之恶名，一般改称“九厘银”、“九厘饷”或“九厘地亩”③。

---

① 张玉书：《请杜设法名色疏》，见《皇朝经世文编》卷 26。

② 档案，顺治六年七月十五日朱延庆题：《为民田半属抛荒、辽饷万难加派，恳请俯准蠲停事》。按：《清代档案史料丛编》第 1 辑公布的一件档案与笔者所查朱延庆的题本（分类为《顺治朝题本·粮饷类》）基本相同，但《丛编》标明是巡抚江西监察御史王志佐题。

③ 按：九厘银名称的来由，据上揭朱延庆题本所云，是每田一亩加派九厘，但事实上并非全部如此。如湖广总督祖泽远称：“陕西、湖广以照亩而改为照粮，总随土宜民便，盖有由焉。……至湖北多未照亩起派者，田地最为低薄，有三等九则，又有金、银、铜、锡、铁五则科粮，皆因土作贡，原非一例，有每亩纳赋几分以致几厘者，至于塘堰，多名水心，每亩更有纳赋几厘以及几毫者，若一概按亩九厘，是轻重不均，加派数倍于正赋。当初改为照粮，盖使上下得平，民无偏累，不知经几番拟议而后定也。且所获十一处之单，俱系照粮，其余概可推矣。”见档案，顺治十一年六月二十九日祖泽远题：《为请征辽饷明示以便遵行事》。在方志中亦可见有些州县由于地处山区，只是象征性地征收，如湖北郧西原额田地为 26506 顷 27 亩，仅征九厘银 179 两。见同治《郧西县志》卷 5，《赋役》。

至于九厘银（辽饷）重新开征的时间，笔者在拙著《清代军费研究》中指明是顺治四年（1647 年），陈支平在《清代赋役制度演变新探》中判定为顺治三年（1646 年），根据是《清史稿·食货志》和《石渠余纪·纪赋册粮票》中的两条间接史料，所言亦有据①。另外，笔者所查档案中亦有一条材料与此相符，即户部尚书巴哈纳题称的："该臣等看得，万历年间加增九厘，已于三年奉旨派征。今江西抚、按二臣以地方久罹兵荒，方脱汤火，百姓穷苦，输纳惟艰，请免六年以前加增银两，似应允从，以昭朝廷轸恤之仁。七年以后照例征解可也。"皇父摄政王旨："依议。"② 但仅发现此一条材料，大多数记载，则是顺治四年（1647 年）开始。上揭朱延庆题本亦称："臣查顺治四年间江西虽曾派征，然而有充兵饷，有系民欠，未及分晰销算。"再如户部尚书车克题称："明季末年加增辽饷一项，元年已奉诏免，顺四年复奉（诏）仍征之。"③ 地方志中的记载亦然，如《溧水县志》："清朝鼎兴，至顺治四年，因而复征如故，改为九厘地亩。"④ 又如《苏州府志》："（顺治）四年复征九厘地亩银。"⑤《青浦县志》："顺治四年复征九厘地亩银。"⑥《苏松历代财赋考》亦云："所谓九厘地亩，止苏州一府已加增三万三千六百六十三两六钱有零，忧为初年之所未有。此项顺治二年除之，顺治四年重复征之。"⑦ 最大的可能当是顺治三年奉旨派征，顺治四年开征。当然，由于清初许多地区还处在战乱之中，九厘银的开征也随之推迟，如江西省在顺治四年

---

① 另参见陈支平：《明末辽饷与清代九厘银沿革考实》，《文史》第 30 辑，1988 年。

② 档案，顺治六年十月十四日巴哈纳题：《为辽饷万难加派事》。按：《顺治朝东华录》卷 3，顺治六年十月已亥条载：免"江西六年以前明季加增辽饷"。参见《清世祖实录》卷 46。

③ 档案，顺治九年六月十六日车克题：《为请征辽饷明示以例遵行事》。

④ 顺治《溧水县志》卷 4《田赋志·税粮》。

⑤ 同治《苏州府志》卷 12，《田赋》。

⑥ 光绪《青浦县志》卷 7，《田赋》。

⑦ 佚名《苏松历代财赋考》，"万历中加增之赋，本朝尚未革除"篇。

(1647 年) 虽奉开征之令，但征收无几，复遭金声恒叛乱，又奉旨免征，规定“七年以后照例征解”①。如湖广，亦“应楚地反侧未靖，尚未开征”，直至顺治九年（1652 年），始“令藩司飞檄各属，每亩加增九厘，勒限征解，以济军需”②。如广西，顺治十年（1653 年）“奉旨准征”，“但十年、十一年陆续恢复桂、平、梧三府州县，有派征者，有不派征者。因粤西初复，寇氛未靖，土逆作祟，百姓观望者多，有司竭力招抚，一切正供银米，尚属缓缓劝输，此项银两，量地方稍有余饶，可以派者派之，至于荒残太甚，可以宽者宽之，是以有征、有不征之故”③。揭示出这种复杂的情况，意旨在于说明即使是统一的加征，实情亦各不相同。

至顺治十四年（1657 年），刊定《赋役全书》，谕令：“钱粮则例俱照万历年间，……至若九厘银，旧书未载者，今已增入。”④从此，九厘银除在个别地区、个别情况下有所减征外⑤，九厘银的加征一直延续了下来，直到清末，视同正项。

还应指出，九厘银的重新开征虽说是“照万历年间则例”，但事实上则是万历及以后加征的累积，以江西婺源县为例：万历四十七年（1619 年）加征辽饷额为 2004 两，天启元年（1621 年）的加征额为 5153 两，崇祯年间的加征额则为 5563 两，清初所沿袭的

---

① 前揭朱延庆题本、巴哈纳题本。

② 前揭车克题本。按：又据其他档案材料，之前未见到湖北征收九厘银的记载。顺治九年的钱粮奏销中，“除荆属归州、兴山、巴东三州县尚未恢复，无征外”，其他府州县已开征九厘银，但征收情况并不好。在顺治十一年的钱粮奏销中，已积欠九厘银 86869 两零。见档案，顺治十一年迟日益题：《为奏销顺治九年钱粮事》；顺治十三年二月二十七日林天擎题：《为奏销十一年钱粮事》。湖南的九厘银开征又比湖北为晚。

③ 档案，顺治十三年闰五月十四日孙廷铨题：《为清查征解钱粮以便具题销算事》。

④ 乾隆《江西赋役全书·省总·田产》。又见《清世祖实录》卷 112，顺治十四年十月丙子。

⑤ 如顺治八年顺治帝亲政，九厘银在该年准免三分之一。又如江苏青浦县九厘银，雍正三年奉旨减赋，“减存每亩六厘三忽有奇”。见光绪《青浦县志》卷 7，《田赋》。

九厘银额系明末的最高数额，而不是万历数额①。而且，在九厘银重新开征之前，即有“混征”的现象；在九厘银开征之后，又有“重复征收”的弊端。如河南安阳，“自明万历间添设辽饷二千余金，业经裁革，有司相沿肥己，名曰‘小粮’”②。又如顺治末年浙江巡抚秦世祯称：“本院翻阅纂到（赋役）全书，万历年间旧额共二百一十四万。后暂加九厘地亩饷银四十二万。今全书不为分别，纂入总征之数矣。查此外尚有新增银四十余万。本院不觉愕然！”③ 另外，清代的“更名田”亦新征九厘银，如湖北荆州府更名田征九厘银2199两④，襄阳府更名田征1799两⑤，湖南益阳县更名田征221两⑥，等等。新开垦的“额外”土地以及新丈出的“额外”土地也随着赋额的增加而起征九厘银。

第三，在军需紧急的情况下，打破赋税征收定例，进行田赋的预征⑦。本来，田赋的预征也是明末的一项弊政，清初依旧沿袭。顺治初年，户部尚书车克在谈及陕西的情况时说：“自故明崇祯年间，秦中军兴浩繁，需饷甚殷，持筹者计无所出，遂议于通省地方预征三分，以济燃眉。其初亦曰偶一行之。后遂相沿为例，以致延、庆诸郡民穷为盗，地荒而丁绝，竟不可问焉！迄今沿袭未革。”⑧ 之所以“沿袭未革”，是由于“秦中满汉兵马云集，本省

① 光绪《婺源县志》卷16，《食货志》。陈支平在《清代赋役制度演变新探》第28页也曾根据其他材料指出了这一点。可以相互印证。当然，有些地区的九厘银额因“除荒”，额征也有减少的情况，如荆州府原额九厘银为43913两，除荒外，实征31507两。见光绪《荆州府志》卷13，《经政志·田赋》。

② 乾隆《彰德府志》卷14，《人物志》。

③ 秦世祯：《抚浙檄草》，见《清史资料》第2辑。

④ 光绪《荆州府志》卷13，《经政志·田赋》。

⑤ 乾隆《襄阳府志》卷13，《田赋》。

⑥ 同治《益阳县志》卷5，《田赋志·赋役总目》。按：益阳县的九厘银明确区分为民赋九厘银、更名九厘银、屯田九厘银三项。

⑦ 参见陈锋：《顺治朝的军费支出与田赋预征》，载《中国社会经济史研究》1992年第1期。

⑧ 档案，顺治九年六月十六日车克题：《为预征相沿为例，秦民苦累难堪，请旨永禁，以固邦本事》。

钱粮不足，全望拨济者以充之，而协解多不如期，此预征之弊所由难返也”。在明末，还只是预征三分，至清初已是预征五分，并将预征“折色”改为预征“本色”，由于当时粮价飞涨，也就更加加重了人民的负担，如陕西巡抚雷兴所云：“因军需不敷，不得已而檄征（顺治）三年本色五分，接济兵食。然旧贮已空，新苗未布，见在市价升米四分，升豆三分，较征折色四倍其值。”① 而到了顺治七、八等年（1650 年、1651 年）则又预征来年的全部额赋，从而导致各地士民“纷纷称苦”。因此，户部尚书车克在上揭顺治九年（1652 年）的题本中认为“钱粮自应按年征解，预征委属病民”，要求“嗣后敢有预征滋扰者，即行指名特参，以苏民困”。朱批：“依议。”首次有了禁止预征的政策出台：“凡禁止预征，顺治九年覆准，直省钱粮，应按期征解，有预征滋扰者，听督抚按指参。”② 顺治十二年（1655 年）的上谕也曾指出，自今以后，各地方钱粮有“非时预征”者，“严行禁革，有违反者，该督抚即行纠参，以凭重处。如督抚徇情庇纵，部院科道官访实劾奏”③。但是，后来在粮饷不继的情况下仍有预征，并不曾被纠参，仍为清廷默认。当然，也仍有禁止预征的政策颁布，如康熙四年（1665 年）题准：“征收钱粮，定限四月完三分之二，八月内全完。有司不遵定限，预征累民，及不分别欠粮多寡，概行鞭扑者，该抚参处。”康熙十八年（1679 年）覆准：“州县官隔年预征钱粮，照私派例革职提问，司道府官，明知不报者，革职。若已经详报，督抚不题参者，降五级调用。”④

根据笔者所接触到的档案材料，除了陕西的田赋预征外，在湖北、湖南、广西、贵州等省也有田赋的预征。凡此预征，一般是经过地方官事先申详，或经略大臣具题，复经最高统治者应允实施的。除此之外，不“事先申详”、“不奉明旨”的私自预征或“擅

① 档案，顺治三年二月七日雷兴题：《为大兵云集，粮饷不敷事》。
② 康熙《大清会典》卷 24，《户部·赋役一·征收》。
③ 《清世祖实录》卷 88，顺治十二年正月甲辰。
④ 康熙《大清会典》卷 24，《户部·赋役一·征收》。

行预征”更为普遍，不备述。

第四，曾经被明令革除的“练饷”，亦因财政困难、军费不足而重新于顺治十八年（1661 年）开始加征。户部尚书阿思哈述其缘起云：

> 前以钱粮不敷，兵饷告匮，臣部具有兵饷缺额等事一疏，奉有议政王、贝勒、大臣、九卿、科道会同确议具奏之旨。遵此，随经公同会议，不敷钱粮应将明季所增练饷照旧例于顺治十八年为始加征。奉旨：依议。钦遵。随即行文各督抚，一面查照旧例作速派征，另为收贮，候拨兵饷，一面将旧例报部在案①。

阿思哈明确指出，练饷是“照旧例”征解，所谓的照旧例，亦即“照明例，每亩一分派征”。据户部当时依次公布的直隶、山东、河南、江南、山西、浙江、江西、湖广、广东、福建、陕西、广西、四川十三省区的亩额，合计共为 5721840 余顷，除东北地区不征练饷外，“以上各省每亩田地一分派征，共约计银五百余万两”，“限文到两个月内，尽数征完”，“至于云贵，系新辟地方，臣部无熟地亩可查，应敕云贵巡抚备查见征钱粮亩数，照此派征，仍将派征数目报部，其一切勒限禁约处分，俱照各省之例”②。

这里值得注意的是，户部所公布的派征练饷亩额，大大超过了一般典籍所记载的亩额，如《清圣祖实录》卷五载，顺治十八年全国田、地、山、荡、畦地合计共为 5265028 顷，仅上引直隶等十三省的亩额已超出是额 45.6 万余顷。怎样解释这一差额呢？笔者认为，除了大亩、小亩以及折亩带来的统计标准不一致外③，其中

① 档案，顺治十八年闰七月二十九日阿思哈题本。见《清代档案史料丛编》第 4 辑。该辑公布了有关练饷加征题本 40 件，以下所引，未注明题本名称者均源于此。

② 档案，顺治十八年八月六日阿思哈题本。

③ 参见陈锋：《清代亩额初探》，载《武汉大学学报》1987 年第 5 期。

一个主要的原因就是把部分荒地和报垦地统计了进来，如山西省，据山西巡抚白如梅题称只有熟地31.5万余顷，比户部题定之额少10万余顷，即属于“见荒并开恳不应起科之地”。这部分土地，“正粮与加增九厘银两，已奉皇恩蠲免，今练饷似当暂为除豁”①。按说应少征练饷银10万余两，但户部的重新议奏仍坚持原议：

> 查新增练饷，臣部明照见在田地，每亩加征银一分。山西省计见在田地共四十二万三千七百五十余顷，应增银四十二万三千七百五十余两。已经题奉旨派拨二分兵饷。今该抚题报之数，比臣部题定之数少银十万八千两，但所增练饷原充兵饷之用，难以缺额，应请敕下该抚，查照臣部题定数目征收可也②。

其他省份也有类似的情况，如湖广，户部题定的田地总额为65.7万余顷，应征练饷65.7万余两，实际上，湖广土地“总计实止五十八万六千七百二十二顷九十五亩零，共不敷饷七万一千七十七两零，无从派征”③。又如江西，户部题定的田地总额为44.9万余顷，但“及查全书，止共四十四万四千三百余顷”，不但与现存熟地不符，即与《赋役全书》相较亦有缺额，所以，“自派之后，本司禀遵督催，厉牌严檄，催征之法术已寡；面命耳提，追呼之焦劳倍至。虽念切急公，依限完解州县固多，其因民告艰，代请免山、免塘者亦复不少。纵有部议止有田地，其如足额，必合山塘，虽民困固当轸念，但额饷已奉派拨，何哉分毫难少”④。这说明，

① 档案，顺治十八年闰七月二十七日白如梅题本。

② 档案，顺治十八年八月二十六日阿思哈题本。另据笔者所抄录的一份档案，顺治十八年十一月二十七日阿思哈题:《为各省镇兵饷找拨届期，请动所征练饷以济军需事》称:“该本司左布政使王显祚查看得练饷银两，遵照部定，晋省应征银四十二万三千七百五十九两，已经申详本部院在案。本司竭力严催，各府州征解去后，节据各府州申报，俱于限内催征全完。”

③ 档案，顺治十八年十一月六日杨茂勋题本。

④ 档案，顺治十八年十一月十二日张朝嶙题：《为各省镇兵饷找拨届期，请动所征练饷以济军需事》。

为了多征练饷，户部所题定的亩额比当时起赋的亩额为多；同时，不论土地肥瘠，不管田地山塘的区别一概每亩征银一分，也标示着练饷加征“大为不均”①。

另外，在明季未加征练饷的卫所土地以及明代废藩土地，也“概加征收，以济军需”②。在某些地区，还有所谓“额外加增练饷银”③。

当时，练饷的加征一方面弥补了清廷的财政亏空，将加征所得拨充了兵饷；而另一方面又不可避免地带来许多弊端，在清初社会经济尚未复苏的情势下尤其如此。所以，新即位的康熙帝在顺治十八年（1661 年）十二月十六日发布上谕：“今思各省水旱、盗贼，民生未获苏息，正赋之外，复有加征，小民困苦。朕心殊为不忍。若不急停以舒民困，必至失所。除顺治十八年已派外，康熙元年通行停止。”④ 至此，大规模的练饷加征方告结束。

以上是对田赋征收中的有关政策进行的分析探讨。

如所周知，清初的三大收入是田赋、盐课与关税，对盐课与关税这两大税种也应该作相应的讨论，由于笔者在盐课方面已有专文和专著，可从参看⑤，兹从略。

在关税征收方面，明代末年同样有各种加派。

从某种程度上说，清初的关税征收，比之于田赋与盐课，更为繁重、混乱不堪。

在顺治元年（1644 年）十月的上谕中指出：“关津抽税，原寓讥察，非欲困商。顺治元年准通免一年，自二年正月初一日以后，方照故明初额起税，凡末年一切加增，尽行豁免。其直省州县零星

① 李鹏鸣：《停止加饷疏》，见《皇朝经世文编》卷 72。

② 档案，顺治十八年十一月二十日阿思哈题本；顺治十八年十二月十八日阿思哈题本。

③ 参见陈锋：《清代军费研究》，武汉大学出版社 1992 年版，第 298 ~ 300 页，表 7—1，表 7—2。

④ 档案，顺治十八年十二月十八日阿思哈题：《为恭缴上谕事》。

⑤ 参见陈锋：《论清顺治朝的盐税政策》，《社会科学辑刊》1987 年第 6 期。《〈清史稿·盐法〉补正》，《文献》1990 年第 4 期。

抽取落地税银名色，概行严禁。”① 是时，谕令仅具空名。稍后，顺治二年（1645 年）六月的上谕中也有涉及：“河南、江北、江南、浙江等处人丁地亩钱粮及关津税银、各运司盐课，自顺治二年六月初一日起，俱照前朝会计录原额征解，官吏加耗重收，或分外科敛者，治以重罪。凡加派辽饷、练饷、召买等项，永行蠲免。”②而专门把关税作为“恩诏”的一条再次予以颁布，是在顺治四年（1647 年）二月，诏云：

> 关津抽税，原寓讥察，非欲困商。明末迭增，数倍原额，已经户部题定，照万历年间原额及天启、崇祯递增额数一半征收。杭州南、北二关先已差官，其余自顺治四年正月初一日以后，俱照此例一体抽收③。

顺治五年（1648 年）十一月颁布的“大赦天下诏”，只有措辞的不同，意旨一样：

> 各关抽税，俱照万历年间旧例，其天启、崇祯年间加额除免一半，不得踵行明季陋规，分外多抽，及多设委官巡拦，以察税为名，肆行科扰④。

显而易见，仅此诏令上表现出来的政策导向，关税已是承袭了万历年间的全部及天启、崇祯年间加征的一半。而事实上，所谓的“天启、崇祯年间加额除免一半”，也不曾执行，已如陈支平所指出的，清初的市征税率比明代高得多，清初对明代关税的沿革，是明减暗增⑤。有关档案材料也揭示了这一点，顺治六年（1649

① 《清世祖实录》卷 9，顺治元年十月甲子。

② 乾隆《浙江通志》卷 76，《蠲恤二》。

③ 《清世祖实录》卷 30，顺治四年二月癸未。参见乾隆《浙江通志》卷 76，《蠲恤二》。“原寓讥察”中的“寓”字，《浙江通志》为“属”字。

④ 《清世祖实录》卷 41，顺治五年十一月辛未。

⑤ 陈支平：《清代赋役制度演变新探》，厦门大学出版社 1988 年版，第 39 页。

年)，户部尚书巴哈纳就曾称：“各关抽征税料，俱照明季旧例。”① 顺治十三年（1656 年），“因钱粮入不敷出，又经户部议奏，加增盐课、关税等项，以抵不敷兵饷”②。

我们只要对照乾隆《江南通志》卷七十九《食货志·关税》所载江南各关平料、加平料、补料、加补料新旧征收则例即可以看出明清的沿革：

明代万历年间江南关税（船钞）征收则例

船只尺寸	平料征收标准	加平料征收标准	补料征收标准	加补料征收标准
五尺	钞一十贯，该钱二十文，折银七分	——	钞二十贯，该钱四十文，折银一钱四分	——
六尺	钞二十贯，该钱四十文，折银一钱四分	钞三十贯，该钱六十文，折银二钱一分	钞四十贯，该钱八十文，折银二钱八分	钞六十贯，该钱一百二十文，折银四钱二分
七尺	钞三十贯，该钱六十文，折银二钱一分	钞四十五贯，该钱九十文，折银三钱一分五厘	钞六十贯，该钱一百二十文，折银四钱二分	钞八十贯，该钱一百八十文，折银六钱三分
八尺	钞三十五贯，该钱七十文，折银二钱四分五厘	钞六十贯，该钱一百二十文，折银四钱二分	钞七十贯，该钱一百四十文，折银四钱九分	钞一百二十贯，该钱二百四十文，折银八钱四分
九尺	钞五十贯，该钱一百文，折银三钱五分	钞七十五贯，该钱一百五十文，折银五钱二分五厘	钞一百贯，该钱二百文，折银七钱	钞一百五十贯，该钱三百文，折银一两零五分

① 档案，顺治六年十月十八日巴哈纳题本，见《历史档案》1982 年第 4 期。
② 档案，顺治十七年六月十二日车克题：《为酌拨十七年兵饷事》。

续表

船只尺寸	平料征收标准	加平料征收标准	补料征收标准	加补料征收标准
一丈	钞八十贯,该钱一百六十文,折银五钱六分	钞一百一十五贯,该钱二百三十文,折银八钱零五厘	钞一百六十贯,该钱三百二十文,折银一两一钱二分	钞二百三十贯,该钱四百六十文,折银一两六钱一分
一丈一尺	钞一百一十贯,该钱二百二十文,折银七钱七分	钞一百六十五贯,该钱三百三十文,折银一两一钱五分五厘	钞二百二十贯,该钱四百四十文,折银一两五钱四分	钞三百三十贯,该钱六百六十文,折银二两三钱一分
一丈二尺	钞一百四十贯,该钱二百八十文,折银九钱八分	钞一百九十五贯,该钱三百九十文,折银一两三钱六分五厘	钞二百五十贯,该钱五百六十文,折银一两九钱六分	钞三百九十贯,该钱七百八十文,折银二两七钱三分
一丈三尺	钞一百七十贯,该钱三百四十文,折银一两一钱九分	钞二百二十五贯,该钱四百五十文,折银一两五钱七分五厘	钞三百四十贯,该钱六百八十文,折银二两三钱八分	钞四百五十贯,该钱九百文,折银三两一钱五分
一丈四尺	钞二百贯,该钱四百文,折银一两四钱	钞二百五十五贯,该钱五百一十文,折银一两七钱八分五厘	钞四百贯,该钱八百文,折银二两八钱	钞五百一十贯,该钱一千零二十文,折银三两五钱七分

明代崇祯五年江南关税(船钞)征收则例

船只尺寸	平料征收标准	加平料征收标准	补料征收标准	加补料征收标准
七尺	银二钱一分	银三钱一分五厘	银四钱二分	银六钱三分
八尺	银二钱四分五厘	银四钱二分	银四钱九分	银八钱四分

续表

船只尺寸	平料征收标准	加平料征收标准	补料征收标准	加补料征收标准
九尺	银三钱五分	银二钱二分五厘	银七钱	银一两零五分
一丈	银五钱六分	银八钱零五厘	银一两一钱二分	银一两六钱一分
一丈一尺	银七钱七分	银一两一钱五分五厘	银一两五钱四分	银二两三钱一分
一丈二尺	银九钱八分	银一两三钱六分五厘	银一两九钱六分	银二两七钱三分
一丈三尺	银一两一钱九分	银一两五钱七分五厘	银二两三钱八分	银三两一钱五分
一丈四尺	银一两四钱	银一两七钱八分五厘	银二两八钱	银二两五钱七分
一丈五尺	银一两五钱四分	银一两九钱九分五厘	银三两零八分	银三两九钱九分
一丈六尺	银一两六钱八分	银二两二钱零五厘	银一两三钱六分	四两四钱一分
一丈七尺	银一两八钱二分	银二两四钱一分五厘	银三两六钱四分	银四两八钱三分
一丈八尺	银一两九钱六分	银二两六钱二分五厘	银三两九钱二分	银五两二钱五分

顺治十二年江南关税(船钞)征收则例

船只尺寸	平料税银	加平料税银	补料税银	加补料税银
七尺	四钱二分	六钱三分	八钱四分	一两二钱六分
八尺	四钱九分	八钱四分	九钱八分	一两六钱八分
九尺	七钱	一两零五分	一两四钱	二两一钱
一丈	一两一钱二分	一两六钱一分	二两二钱四分	三两二钱二分

续表

船只尺寸	平料税银	加平料税银	补料税银	加补料税银
一丈一尺	一两五钱四分	二两三钱一分	三两零八分	四两六钱二分
一丈二尺	一两九钱六分	二两七钱三分	三两九钱二分	五两四钱六分
一丈三尺	二两三钱八分	三两一钱五分	四两七钱六分	六两三钱
一丈四尺	二两八钱	三两五钱七分	五两六钱	七两一钱四分
一丈五尺	三两零八分	三两九钱九分	六两一钱六分	七两九钱八分
一丈六尺	三两三钱六分	四两四钱一分	六两七钱二分	八两八钱二分
一丈七尺	三两六钱四分	四两八钱三分	七两二钱八分	九两六钱八分
一丈八尺	三两七钱二分	五两二钱五分	七两八钱四分	十两五钱

康熙二十五年江南关税(船钞)征收则例

船只尺寸	平料税银	加平料税银	补料税银	加补料税银
七尺	一两七钱	八两一钱	九两一钱	十一两一钱
八尺	三两一钱	十一两二钱	十二两二钱	十六两二钱
九尺	四两二钱	十四两三钱	十五两三钱	二十四两三钱
一丈	五两三钱	十六两四钱	十七两四钱	二十九两四钱
一丈一尺	七两四钱	二十两五钱	二十一两五钱	三十四两五钱
一丈二尺	八两五钱	二十四两六钱	二十五两六钱	三十九两六钱
一丈三尺	九两六钱	二十八两七钱	二十九两七钱	四十四两七钱
一丈四尺	十两七钱	三十三两三钱	三十三两八钱	四十九两八钱
一丈五尺	十一两八钱	三十八两九钱	三十九两九钱	四十九两八钱
一丈六尺	十二两九钱	四十二两一钱	四十二两一钱	五十九两一钱
一丈七尺	十四两一钱	四十六两二钱	四十七两二钱	六十三两二钱
一丈八尺	十五两二钱	五十一两三钱	五十二两三钱	六十七两三钱

江南关税的征收，在明代宣德年间设置钞关后，曾经规定“量舟大小修广而差”，其额谓之船料。嘉靖年间又规定，“各钞关丈量船只，止以成尺为限，此外零数不许逐寸科取”。清初沿袭了明代的这种科征办法。上表清楚地表明，崇祯年间的科则与万历年间的科则约略相当，清初顺治年间以及康熙年间的则例与明代相比要高出许多。以船只的尺寸一丈为例，崇祯年间的则例为：平料征收五钱六分，加平料征收八钱零五厘，补料征收一两一钱二分，加补料征收一两六钱一分。顺治年间的则例为：平料征收一两一钱二分，加平料征收一两六钱一分，补料征收二两二钱四分，加补料征收三两二钱二分。康熙年间的则例为：平料征收五两三钱，加平料征收十六两四钱，补料征收十七两四钱，加补料征收二十九两四钱。如是，清初顺治年间比明末高出了一倍，康熙年间又比顺治年间高出了数倍。清初对关税的重科已是显而易见①。

不惟如此，顺治初年在局势动荡、商贾裹足、关税经常欠征的情况下，为了保证关税的足额，清廷还曾命户、工二部在原有汉官关差外，增派满洲关差②，这些满洲关差一经到任，为非作歹，“加倍需索，不顾商人贫苦”，“有余者自润，不足者横征”③。因此，顺治八年（1651 年）曾有旨令裁去满官，加以整顿：

> 榷关之设，国家藉以通商，非以苦商。关税原有定额，差一司官已足，何故滥差多人？忽而三员，忽而二员。每官一出，必市马数十匹，招募书吏数十人，绍兴棍徒谋充书吏，争竞钻营，未出都门，先行纳贿；户部又填给粮单，沿途骚扰，鞭打驿官，奴使村民，恶迹不可枚举。包揽经纪，任意需索，

---

① 当然，各省以及各关的情况也并不一致，这也是需要注意的，如山东临清关，“明季旧额七万六千二百七十一两零。顺治十三年，减五万一千九百七十一两零。至康熙二十五年，增五千三百八十四两”。清初的税额要比明末低很多。参见乾隆《山东通志》卷 12，《田赋志 · 杂税》。

② 《清世祖实录》卷 30，顺治四年二月丁丑。

③ 《清世祖实录》卷 48，顺治七年四月壬子；卷 54，顺治八年闰二月乙丑。

量船盘货，假公行私，沿河一带，公然与劫夺无异，商贾恐惧不前，百物腾贵。……朕灼知今日商民之苦，著仍旧每关设官一员，其添设者悉行裁去，以后不得滥差①。

此谕在指摘关差弊端的基点上，宣扬“朕通商爱民至意”，并要求有关部门“实心遵守”。若确如此，大可值得肯定，但随即户部出于弥足财力的考虑，又专上题本指出：“各处税课，前差满官之时，起解甚多。一从撤去满官之后，税课甚绌”，“关税各有定额，额外横征则病商，额内短少则病国”，因此要求“仍差满官，从今收税，不但税难漏脱，……而国课可充”。在这种呼吁之下，又得到顺治帝的认可②。财政上的考虑当然压过商民的利益。于是，前此弊端也就仍难避免。如康熙四年（1665 年）上谕所指称：“各省钞关之设，原期通商利民，以资国用，非欲其额外多征，扰害地方。近闻各处收税官员希图肥己，任用积蠹地棍，通同作弊，巧立名色，另设等秤，于定额之外恣意多索，或指称漏税，妄拿过往商民挎诈，或将民间日用细琐之物及衣帽等类原不抽税者，亦违例抽税，或商贾已经报税，不令过关口，故意迟延勒措，遂其贪心乃已。此等弊端甚多，难以枚举，违背国法，扰害商民，殊为可恶。”③

而且，在具体的关税征收中，又有着“关外之关”、“税外之税”等种种私征滥派及关政弊端。顺治八年（1651 年），礼科给事中李人龙曾指摘关税五弊：一为“单书之弊”，二为“盘货之弊”，三为“包揽之弊”，四为“关牙之弊”，五为“量船之弊”，即所谓“上单则高下其手，盘货则巧捏漏报，包揽则假公济私，寻税则搜及境外，量船则越例倍征”。江宁巡抚上官铉也指摘关税三弊：一为“保家之弊”，二为“巡兵之弊”，三为“委官之弊”，所谓

① 《清世祖实录》卷 54，顺治八年闰二月乙卯。
② 档案，顺治九年六月二十一日车克题：《为复差满洲官员事》。
③ 乾隆《江南通志》卷 79，《食货志 · 关税》。

“关政之害多端，而保家、巡兵、委官三者为甚”①。顺治十六年（1659年），兵科给事中杨雍建又奏称：“士官镇弁，创设私税，地不及二百里，抽者数处，以致商贾困匮。”② 关税征收中的这些弊端，除了关差选非其人、吏治不清外，亦与当时清廷倡立《抽税溢额议叙例》，鼓励关税经征者多抽关税以应军需有密切的联系，正如康熙四年（1665年）“罢抽税溢额议叙之例”时所谕称的：“各省设立关税，原期通商以裕国用，向因钱粮不敷，故定例将抽税溢额者加级、纪录，以示鼓励，遂使各差冀邀恩典，因而骚扰地方，困苦商民。”③ 而到了康熙十四年（1675年），由于军需紧急，一度被废除了的抽税溢额议叙之例又被再次捡拾，规定：征收关税，“至一年额税全完者，纪录一次，溢银一千两者加一级，溢银二千两者加二级，溢银三千两者加三级，溢银四千两者加四级，溢银五千两以上者以应升之缺先用”④。

田赋、盐课、关税是清初最主要的三个税种，不少论者认为顺治初年对明末加征的免除是恢复社会经济的有力措施，从而多加肯定。通过以上的考察，不难看出，在清初用兵连年、军需紧急、财政困难的情势下，明末的许多加征被沿袭了下来，提高科征标准与私征滥派也异常严重，清廷为收服人心所颁布的“豁免之谕”或“恩诏”，大多只具有安抚的性质和标榜的用意。当然，我们这样说，并不等于否认清廷对明末“厉政”的省思、明鉴，以及在省思、明鉴之下税收政策的调整。

原载《武汉大学学报》1999年第2期

---

① 见《历史档案》1982年第4期。按：“上官铉”刊作“上官铉”，当是刊误。见《清史列传》卷7，《上官铉传》，又参见《清朝文献通考》卷26，《征榷一》，第5076页。

② 《清世祖实录》卷123，顺治十六年正月癸卯。

③ 《清圣祖实录》卷14，康熙四年正月己亥。

④ 乾隆《江南通志》卷79，《食货志·关税》。

二十二、

顺治朝的军费支出与田赋预征

顺治朝的军费支出数额究竟是多少,学者们多以张玉书、魏源等人的记述为凭。但征之现存档案,则有重新辨析的必要;而关于顺治朝的田赋预征,还未见到有学者论及。军费支出的巨大与田赋预征的实施,实际上有着内在的联系,因此笔者合而论之,略述浅见。

一

顺治帝在位 18 年间，是清廷定鼎北京后的开国立业时期。终顺治一朝，清军南征北伐，东荡西除，战火不断。也即是在血与火的交织下，在各路大军的相继剿杀中，奠定了清王朝的一统帝业。顺治年间战争的连绵以及八旗军队数额的增加，以及随着明军、晚明军、起义军等各路军队的归降而建立起来的绿营军，造成了饷需的殷繁和军费的递长，正像时人描述的那样：“逆将归顺，兵马繁众，……兼之频年鞠旅陈师，饷繁粮浩。”①

---

① 档案，顺治四年高士俊题：《为急需接济，筹饷无术事》。该件题本残损，具体时间不详。中国第一历史档案馆藏。

顺治年间由于连年用兵，加上奏销制度及其他财政制度尚未上轨，军费支出最大的特点是常额军费与战时军费搅在一起，而且数额不定。张玉书、魏源等人曾经谈到顺治朝的军费支出及财政情况：

> 方顺治八九年间，岁入额赋仅千四百八十五万，而诸路兵饷岁需千三百余万，加以官俸各费二百余万，计岁出千五百七十三万四千，出浮出入者八十七万五千有奇。至十三年以后，增饷至二千万，嗣又增至二千四百万。除存留款项外，仅入额赋千九百六十万，缺饷额至四百万，而各项经费犹不入焉。①

张玉书、魏源等人的记述曾被许多著作引用，具有代表性。笔者认为，上揭顺治八、九年（1651 年、1652 年）间的军费额一千三百余万两，基本上是指当时的常额军费数额，大致可信；顺治十三年（1656 年）以后的军费数额二千余万两则包括了相当一部分战时军费在内，存在着一些问题。

我们查出一份户部顺治十一年（1654 年）的拨饷题本，可以大致明了当时的饷需情况，如表所示：②

拨饷地	拨饷额（两）	拨饷地	拨饷额（两）
通州镇	61107	广西省	200000
天津镇	93367	山东省	652859
山永镇	70700	河南省	267477
易州镇	432500	江南省	773013
蓟州镇	102079	湖广省	118000

① 参见《皇朝经世文编》卷 29，《户政·赋役》；《圣武记》卷 11，《武事余记·兵制兵饷》。

② 档案，顺治十一年正月二十四日车克题：《为拨给十一年兵饷事》。按：这是笔者见到的最早的一份较完整的拨饷题本。

续表

拨饷地	拨饷额（两）	拨饷地	拨饷额（两）
密云镇	74756	江西省	502380
昌平镇	125580	福建省	695600
宣府镇	210666	广东省	1766300
大同镇	170394	太原驻防	29985
山西省	508084	保定驻防	63910
陕西省	3110515	河间驻防	25300
浙江省	659085	沧州驻防	17212
四川省	86948	合计	10817817

以上合计拨饷为10817817两。由于广西、江南、湖广、福建四省的兵饷“尚无实在确数报部”，该四省的兵饷额在户部尚书车克的题本中已注明是“估拨”，后经各管官分别题报后，又进行了“找拨”，经找拨后，据现存档案统计，顺治十一年实拨兵饷银为13318400两。这个数额与上揭顺治八九年间的数额吻合。但应该指出的是，此只是有关省份的兵饷额，其中包括了平西王、平南王、靖南王及续顺公所属官兵俸饷马乾，而不包括禁旅八旗及东北驻防的饷额（其中一部分随征官兵的俸饷额已在各省数内），这是需要注意的。

据档案材料表明，顺治十一年（1654年）以后，每年的军费支出已有较大幅度的增加。户部尚书戴明说曾在一份题本中谈到顺治十二年（1655年）的情况，“顺治十二年，入数比出数缺额二百五十六万有奇”,① 估计该年各省的饷银等项支出已达一千五百万两以上。顺治十三年（1656年），由于“增添湖广等省祁阳等处兵马并浙江、福建大兵粮草等项”，军费又增，云南道监察御史王元曦曾约略谈到十三年的情况：“方今朝廷每岁所入一千八百余万，而兵饷所需，尚溢此数。竭天下之物力以养兵，犹苦不足。”② 由

① 档案，顺治十三年二十七日戴明说题：《为钱粮入不敷出事》。

② 档案，顺治十三年四月二十三日王元曦题：《为陈国用之大事》。

此可证顺治十三年及稍后的年军费额在二千万两左右。但在顺治十三年至十八年间，各省每年的最高军费额却又大大超出上揭二千四百万两之数。

顺治十六年（1659年），是军费陡然增加的一年，该年，由于“大兵进取滇黔”，年支出额已达三千万两①，顺治十七年（1660年），又超过此数，略如下表所示：②

类　　别	支出银额（两）
各省驻防与绿旗营镇（不包括东北驻防）	22597000
留滇八旗官兵	4026000
平西王吴三桂所属官兵	5007000
京城禁旅	4000000
合　　计	35630000

上表所列的数额已是十分惊人，但实际上还不止此数，该题本称：“尚有靖南大将军达素大兵、驻闽明安达里大兵、驻浙官兵需用粮饷，该督抚未经报部数目，尚未计算。”这一部分银额约有二百万两。也就是说，不包括京城禁旅及东北驻防的支出，各直省的费用已达三千三百万两左右。顺治十八年（1661年）的军费，与顺治十七年大致相同，据户部尚书阿思哈的题本计算，各直省为33415430两。③

二

顺治朝正常的财政收入有限，军费支出又频频增加，这必然导

① 档案，顺治十七年六月二十一日车克题：《为再恳皇恩请留金花银两以济急需事》。

② 档案，顺治十七年六月十二日车克题：《为酌拨十七年兵饷事》。

③ 参见档案，顺治十八年八月二十二日阿思哈题：《为找拨十八年二分兵饷事》。统计表从略。

致两个后果：一是国家财政入不敷出，各地兵饷难以及时支放，这在清初时局动荡的情势下，尤显紧要；二是在军需紧急的情况下，国家财政从传统的“量入为出”转向“量出制入”，各种加征、摊派、预征等筹饷措施也就由此生发。

关于清初各地的“欠饷”情况，地方臣僚的上疏可以说是连篇累牍：

如顺治六年（1649年）顺天巡抚杨兴国言及直隶的欠饷：“半载无饷，安能枵腹用命，此皆奉调客旅，嗷嗷饥苦，进退两难。微臣踌躇无计，咨报措发，更因外解不敷，日复一日，竟无救于燃眉，恐酿患于意外。”① 同年南赣巡抚刘武元言及江西的欠饷：“今以欠饷计之，旧欠尚未补完，新缺又经半载。以粮料计之，三年全欠，未见颗粒。今徒画饼望梅，枵腹难疗，支给绝望，人人自危。迩来两月之中，不独营兵日报巡窜，即千把等官，竟呼朋引友，相继潜遁。饷缺兵单，莫甚此时，……无怪乎官逃兵窜。”②

如顺治十三年（1656年）三边总督金砺所言陕西的欠饷：“秦省十二年兵饷，部拨不敷，外解未至。……盖秦边所在，俱为重地。官兵月饷均难久欠，且此荷戈之夫，不耕而食，所望以资生者惟此应得之月饷，当此米珠薪桂之时，而可不按月支给乎？……臣晓夜焦思，苦乏点金之术，万一致有他虞，臣一身不足惜，其如封疆大计何？不得不据实披陈。”③

如顺治十四年（1657年）四川巡抚李国英所言四川的欠饷：“蜀兵难窘之情形，堪为痛苦者也。……三军缺饷多月，兼值亢旱不雨，禾苗枯焦，人情日有汹汹之状。若此后夏秋冬等季，饷银再复如前延期，臣知各兵欲典卖而无物可典，欲揭借而无债可借，兵命固不可知，而兵心亦不可测。况处此寇邻风鹤之境，反掌呼吸，

---

① 档案，顺治六年五月四日杨兴国题：《为征调兵饷欠缺，饥苦难支事》。

② 档案，顺治六年六月二十四日刘武元题：《为粮饷缺乏已久事》。

③ 档案，顺治十三年二月二十日金砺题：《为秦省兵饷最为吃紧，部催外协屡催未至事》。

安危立判。疆场之事，有非臣之所忍言者矣。”① 等等。

凡此，恐怕不只是标示着财政的窘迫、兵饷的欠支和兵士的困苦，而且关系着清初人心难测向背之际的国运大势。从这一个层面上讲，清初的各项筹饷措施又有不得已之处。

前此学者对顺治朝的田赋加征、摊派等筹饷措施已有较为深入的研究，但对于田赋的预征，由于《清实录》等官修史书讳而不录，因此尚未引起学者们的注意。

通过已经查到的档案材料，我们知道顺治年间至少在陕西、湖广、广西、浙江等省区不同程度地实施了田赋的预征。

陕西省的田赋预征，据顺治九年（1652 年）户部尚书车克称系沿自明末：“自故明崇祯年间秦中军兴浩繁，需饷甚殷，持筹者计无所出，遂议于通省地方预征三分，以济燃眉。其初亦曰偶一行之，后遂相沿为例，以致延庆诸郡民穷为盗，地荒而丁绝，竟不可问焉！迄今沿袭未革。”② 而据顺治三年（1646 年）陕西巡抚雷兴的题本称，清初的田赋预征已由明末的预征三分增为预征五分，他说：“军需不敷，不得已而缴征三年本色五分，接济兵食。然旧贮已空，新苗未布，见在市价升米四分，升豆三分，较征折色四倍其值。”③ 这种预征显然已比明代为厉。而到了顺治七、八等年，则是预征来年的全部额赋。户部尚书车克在前揭顺治九年所上题本中言之甚详，兹移录于下：

巡按陕西监察御史王佐题前事内开：臣查律例所载，夏税五月开征，秋粮十月开征，各定以月而不言年者，盖恐预征以病民也。乃秦中则不然，本年（顺治八年）九月内，据布政司呈详，为兵繁饷急、协解不敷等事，概谓大兵将临，库仓无

① 档案，顺治十四年五月二十四日李国英题：《为蜀地万分荒苦，军饷解运延期事》。

② 档案，顺治九年六月十六日车克题：《为预征相沿为例，秦民苦累难堪事》。

③ 档案：顺治三年二月七日雷兴题：《为大兵云集，粮饷不敷事》。

储，议照上岁例，于西安所属先派征九年额赋预备兵饷。臣以兵饷急需也，额解已完，既乏点金之术，协济不敷，难为无米之炊。随批预征者，权宜之计也。倘客兵临省，需饷甚急，斟酌行之可耳。去后，及臣巡历蒲（城）、同（州）等处，单骑细访士民，纷纷称苦，而知预征之弊又不自上岁始也。……此兵火之余，正供尚难，而寅征卯年，雪上加霜……顺治八年十二月二十七日题，九年正月十八日奉旨：户部议奏，钦此。钦遵抄出到部……该臣等（车克等）看得，钱粮自应按年征解，预征委属病民。……嗣后敢有预征滋扰者，即行指名特参，以苏民困可也。

朱批：依议。

观此题本可知，顺治九年以前，陕西沿自明末而又比明代为厉的田赋预征，成为应急军需的特别手段，且为统治者默认、应允。顺治九年始被明令禁止。但是事实上仍是令行不止，在军需紧急的情况下，仍有预征事例，也并不曾被“指名特参”，这从顺治十三年（1656年）金砺的题本中可以知晓：

照得秦省十二年兵饷，部拨不敷，外解未至，前已具疏上请及咨部屡催，不啻恳切。今已岁越仲春，而部欠尚未拨发……见之驻汉大兵与各边官兵压欠之饷万分急迫，臣不得已开征十三年秦省额赋凑解矣。然秦省额赋除派征本色外，所余数亦有限，且当连岁冰雹旱灾，斗米价值二三钱不等，小民困苦已极……①

可以认为，终顺治一朝，陕西的田赋预征最为频繁。其他各省的田赋预征，当比陕西为轻，或偶尔行之，或预征部分钱粮。如湖南，“顺治四年分，各营于湖南就近府属预支过五年分饷银豆草价

① 档案，顺治十三年二月二十日金砺题：《为秦省兵饷最为吃紧，部拨外协屡催不至事》。

共银30981两"①。如湖北，顺治八年分预征过各营兵饷银21843两②。如广西，顺治十年，因“三军俟食嗷嗷，急不能待……本年之粮饷征输殆尽，其如兵多粮少，士卒之饥号如故，藩司点金无术，请开来年预征十分之三。然一杯之水，安足以救车薪之火哉！又闻大兵将到，仓无粒储，民无可征……”③ 等。

上述几省区的田赋预征，一般是经过地方官事先申详，复经统治者应允实施的。而在其他省区，又有私自预征的事例，顺治十一年（1654年）浙江巡抚秦世祯曾经揭明：“照得征输钱粮各有年额，本年者尚有夏税、秋粮之分，次年者岂容预征撮借！……此弊起自明末，然必部题明白，暂或举行。岂今各县不奉明旨，每借年（原文如此，“年” 应是 “军” 之误）需为名，擅行预征。”④ 这种“擅行预征” 属于私征暗派的范畴，在清初军需紧急、催饷势若风火的情况下也许更为普遍，正所谓“夫人千里而来为吏，谁肯以催科无术甘心废弃！一存顾惜功名之念，则辗转苟且之计必生”⑤。所以，尽管私自预征的史料不多，但从有关私征暗派的档案材料中还是可以窥知一二。如顺治十二年（1655年）刑科给事中李宝秀所云：“兵马络绎，公务纷纭，迟违则罪过难辞，措办则钱粮有限，是以不肖有司往往借名摊派，有加无已！……此无他，总由于钱粮不敷，以致官民俱受其困也。”⑥ 又如顺治十八年（1661年）户科给事中彭之凤所云：“百姓每地一亩额银若干如数征收，何难输纳？所难者贪梦官吏正额之外复有私派，正饷之内复有加耗。即

① 档案，顺治八年七月二十日迟日益题：《为奏销五年钱粮事》。

② 钞档：《地丁题本·湖北（二）》，顺治十一年正月十五日迟日益题本。中国社会科学院经济所藏。

③ 档案，顺治十年七月一日陈维新题：《为初复之残黎輓输已竭，三镇之兵士吞饥堪悯事》。

④ 秦世祯：《抚浙檄草》，见《清史资料》第2辑。

⑤ 汤斌：《请减苏松赋额疏》，见同治《苏州府志》卷8。

⑥ 档案，顺治十二年二月九日李宝秀题，《为兵民疾苦多端，敬抒管见事》。

如兵马经过，借口急需，因公滥派者，不待言已。”① 在这种情况下，私自预征实难避免。

三

最后，还想附带指出，在清初，田赋预征不只是顺治朝所独有，三藩之乱期间的田赋预征也较为普遍，笔者在研究三藩之乱期间的军需供支时已经注意到了这一现象。直到康熙十八年（1679年），才对“隔年预征”首次加以禁止，《大清会典则例》中保存有一条难得的资料：

> 康熙十八年覆准：州县官隔年预征钱粮，督抚察参，照私派例将州县等官革职拿问。司道府等县明知不报者，将司道府各官革职；详报督抚，不行题参者，将督抚降五级调用。其预征钱粮即准为次年正项钱粮。②

综合上述，可以得出以下认识或结论：

清廷入关后，原有的八旗军不但增加了兵额，而且适应新形势的需要，由原先“计丁授田”的单一的供军制度演变为计丁授田与按月季放饷并举③；各路降军的收编与绿营军队的建立，在编制和饷制上都沿袭着明代的旧规，从而使常额军费支出成为清廷的重负④。而清初战火的燎烧与“出征行粮”的支给，又使战时军费支出徒增。

在清初土地荒芜、人口减少，田赋、盐课、关税等收入有限的情况下，收入与支出间形成了难解的死结。事实上，巨额的军费支

① 《清代档案史料丛编》第4辑，中华书局1979年版，第4页。

② 乾隆《钦定大清会典则例》卷16，《吏部·考功清吏司·解支》。

③ 参见拙作：《八旗饷制与八旗的盛衰》，载《武汉大学学报》，1991年第2期。

④ 参见拙作：《绿营的低薪制与清军的腐败》，载《武汉大学学报》，1989年第2期。

出必然导致财政的入不敷出，清廷的各项供支也就显得捉襟见肘、窘迫万端。因此，一方面，欠饷严重，军心浮动，出征将士的军需得不到及时供给，“他们不得不像成群的蝗虫那样，扰害他们所占领的地区”①，强取硬索者有之，私征滥派者有之。另一方面，迫于形势的严峻，清廷也不会点金无术，九厘银的加征，练饷的加征以及田赋的预征等种种筹饷措施也就由此开始。

本来，清初的常额田赋征收，就未按明代万历年间的则例，存在着荒熟混收、包征包课的现象②，人民的负担已显沉重，赋额难以全完。在这基点之上的田赋预征，对穷苦民众来说更是雪上加霜，在地方有司的血比穷追、敲骨吸髓之下，鬻妻卖子、倾家荡产者又不知凡几，从中可以体味清初民众的特别困苦以及对社会经济复苏的窒碍。

原载《中国社会经济史研究》1992 年第 1 期

① 《马克思恩格斯全集》第 7 卷，人民出版社 1959 年版，第 557 页。

② 参见陈支平：《清代赋役制度演变新探》，厦门大学出版社 1988 年版，第 49 页。

二十三、

清代“康乾盛世”时期的田赋蠲免

田赋蠲免作为统治者实施的一项“恩政”，历朝皆有，但不同时期有不同的特色。顺治时期田赋蠲免的实际意义虽然不大，但当时实行的蠲免政策以及逐步完善的相关制度却为“康乾盛世”时期的田赋蠲免打下了基础。清初顺治年间的蠲免，主要有四种类型，即：“因兵蠲免”、“因荒蠲免”、“因灾蠲免”、“逋欠蠲免”。笔者在《清代军费研究》中，有“战时、战后的赈济与蠲免”专节，对清代前期的相关蠲免实例进行过分析，可以参看。笔者认为：“因战争进行的蠲免，虽统之曰‘恩蠲’，但就蠲免钱粮的范围来看，事实上有五种情况，一是对战争地区的蠲免，二是对战争相邻地区的蠲免，三是对供办军需地区的蠲免，四是对军队过往、供办差役地区的蠲免，五是战争结束、军队凯旋后较大范围的蠲免。这些蠲免已经充分考虑了战争对社会经济的破坏以及对人民的骚扰程度，并且体现着清廷的特别‘恩政’。而就蠲免钱粮的类型来分，又有五种类型，一是蠲免钱粮逋欠，二是蠲免缓征、带征等项，三是蠲免有关加征，四是蠲免本年钱粮，五是蠲免来年钱粮。……综观有清一代的战争蠲免，我们也可以发现：康熙二十年三藩之乱结束之前的蠲免，主要是蠲免逋欠；三藩之乱结束之后以迄乾隆中后期的蠲免，则是以蠲免加征及蠲免本年、来年钱粮为主；嘉、道以后的蠲免，又是以蠲免逋欠和蠲免缓征、带征为主。这种变化，一方面与国家的财政状况有关，另一方面也是与社会经济的兴盛与衰微相吻合的。这种吻合绝不是一种巧合。从这里我们也不难进一步窥察到，为什么单从蠲免次数来看，历朝不相上下，遇事'辄蠲其田赋'，而效果绝不相同的底蕴。"① 这种一般性的概说，应该说符合实际情况。

康乾时期的田赋蠲免引起了众多学者的关注，论著繁多，但仍有进一步探讨的必要。本文主要探讨的问题有二：一是漕粮与耗羡蠲免，二是蠲免佃户之租与蠲免制度的完善。

一 康乾时期的田赋蠲免概况与漕粮、耗羡蠲免

康乾时期的田赋蠲免有明显的特色，几乎涉及历史上曾经有过的各种类型的蠲免，各种文献也多有记载。据有关地方志的记载来看，在这一历史时期，几乎是年年蠲免，有时一年数蠲，如乾隆《江南通志》卷八四《食货志·蠲赈二》记载康熙三十八年（1699年）、四十六年（1707年）的蠲免事例：

> 三十八年，三月十三日谕户部恩旨：江苏安徽所属旧欠带征钱粮，除康熙三十三年恩诏内已经赦免外，其三十四五六年一应地丁米麦豆杂税，俱着豁免。三月二十二日谕户部恩旨：淮安府属海州、山阳、安东、盐城，扬州府属高邮、泰州、江都、兴化、宝应九州县，并淮安、大河二卫，康熙三十七年未完地丁漕项等银一十九万有奇，米麦一十一万石有奇，全奉蠲免。四月十六日谕户部恩旨：以凤阳府属去岁水灾，蠲免康熙三十七年该府属寿州等十一州县并泗州一卫未完地丁漕项银米。十一月初五日谕户部恩旨：海州、山阳、安东、盐城、大

① 陈锋：《清代军费研究》，武汉大学出版社1991年版，第366~367页。

河卫、高邮、泰州、江都、兴化、宝应，被灾各州县卫，康熙三十九年地丁银米等项及漕粮漕项银两尽奉蠲免。

四十六年，十月奉旨：四十三年以前江宁巡抚所属各府州县未完民欠漕项银两六十八万七千两有奇，米麦三十一万一千八百石有奇，着该抚一一察明，悉与蠲免。仍将本年所征漕粮，每州县或留八九万石，或留十万石，酌量赈给。十一月初二日谕户部恩旨：康熙四十七年江南通省人丁额征银两悉奉蠲免。其本年被灾安徽巡抚属七州县三卫，江宁巡抚属二十五州县三卫，应征地亩银共二百九十七万五千二百余两，粮三十九万二千余石，一概免征。所有旧欠带征银米并暂停追取。

蠲免体现出“盛世”时期的蠲免特征。这些蠲免主要是因灾蠲免，也就是所谓的“灾蠲”，另外也有蠲免逋欠以及缓征、带征和“普蠲”等，有关记载繁多，不一一引述。康乾时期的蠲免具有鲜明的特征，特别是大规模的蠲免活动，以及对本年、来年田赋的蠲免，对社会经济的发展不可能不产生重大影响。既是施惠于民的政策体现，同时也反映了这一时期国家财政的好转。嘉庆以降，由于财政状况大不如前，除了嘉庆元年（1796 年）实施的一次普蠲之外，再也没有全国性的普蠲之举。

引人注目的钱粮普蠲，在康乾时期非常突出。《石渠余纪》卷一《纪蠲免》称：“（康熙）二十四年免河南、湖北今年租及来年之半，又免直隶、江南今年秋冬明年春夏之应纳者。二十五年免直隶、四川、贵州、湖广、福建明年额赋及今年赋之未入者。次年，江苏、陕西亦如之。三载之内，布惠一周，后来普免之典，实肇于此。”这正是三藩之乱以后康熙帝采取的恢复社会经济的重要措施之一，也是后来实行全国性普免的先声。康熙四十九年（1710 年）奉旨蠲免全国地丁钱粮，此次普免，不但是蠲免地丁钱粮，也包括了蠲免历年旧欠，如康熙帝所谕称的：

朕宵旰孜孜，勤求民瘼，永惟惠下实政，无如除赋蠲租。除每岁直省报闻，偶有水旱灾伤，照轻重分数蠲免正供，仍加

> 振恤外。将天下地丁钱粮自康熙五十年为始，三年之内全免一周，使率土黎庶普被恩膏，除将直隶、奉天、浙江、福建、广东、广西、四川、云南、贵州及山西、河南、陕西、甘肃、湖北、湖南各直省康熙五十年、五十一年地丁钱粮一概蠲免，累年旧欠钱粮一并免征外，所有江苏、安徽、江西、山东各抚属除漕项外康熙五十二年应征地亩银共八百八十二万九千六百四十四两有奇，人丁银共一百三万五千三百二十五两有奇，悉予豁免，其累年旧欠银二百四十八万三千八百二十八两有奇，着一并免征。计三年之内总免过天下地亩人丁新征、旧欠共银三千八百有六万四千六百九十七两有奇。各该督抚务须实心奉行，体朕轸念民生至意。钦此①。

据孟昭信的统计，此次普蠲共蠲免银三千二百余万两②，而据康熙的上谕则达到三千八百余万两③。至于乾隆朝的数次普蠲地丁钱粮，已是众所周知。

除了全国性的普蠲地丁钱粮外，在康乾时期，同样也不乏针对一个省区的较大规模的蠲免活动。郭松义已经注意到了这一点④，除郭松义已经言及的外，这样的蠲免活动还有，如康熙二十六年（1687 年），“十一月二十六日谕户部恩旨，江苏所属各郡县二十七年应征地丁各项钱粮，俱蠲免”。康熙二十七年（1688 年），“安徽所属各郡县二十八年应征地丁各项钱粮，俱蠲免”。康熙三十七年（1698 年），“十一月二十五日谕户部恩旨：海州、山阳、安东、

---

① 乾隆《大清会典则例》卷 53，《户部 · 蠲恤一》。参见光绪《大清会典事例》卷 265，《户部 · 蠲恤 · 赐复一》。

② 孟昭信：《康熙大帝全传》，吉林文史出版社 1987 年版，第 422 页。

③ 按：孟昭信的统计数字，笔者做过核对，没有错误。这里出现了两种数据，值得注意。又据雍正《江西通志》卷首之二，《上谕》所载康熙五十一年上谕，“计三年之内，总免过天下地亩人丁新征、旧欠共银三千二百六万四千六百九十七两有奇”。亦言明是三千二百余万两。

④ 郭松义主编：《清代全史》第 3 卷，辽宁人民出版社 1995 年版，第 110 页。

盐城、高邮、泰州、江都、兴化、宝应、寿州、泗州、亳州、凤阳、临淮、怀远、五河、虹县、蒙城、盱眙、灵璧等州县并各卫所，康熙三十八年一切地丁银米等项，及漕粮尽奉蠲免”。康熙四十六年（1707 年），“十一月初二日谕户部恩旨：康熙四十七年江南通省人丁额征银两悉奉蠲免”。康熙四十七年（1708 年），“十月十六日谕户部恩旨：康熙四十八年除漕粮外，江南通省地丁银四百七十五万四百两有奇全奉蠲免”①。

在普蠲之外，针对学界的研究状况，康乾时期的田赋蠲免最值得注意的是漕粮蠲免和耗羡蠲免。

就漕粮的蠲免来看，可以分作几种类型：

一是因灾蠲免漕粮。李文治、江太新《清代漕运》是清代漕运研究的集成之作，该书称：“州县因遭受灾荒收成歉薄而免征漕粮的谓之蠲免。据光绪《漕运全书》：‘漕粮例不蠲缓。乾隆二年题准：倘有被灾地方，令由（有?）漕督抚确堪实在情形，或应分年带征，或按分数蠲缓，临时具题，请旨遵行’。”是否受了所谓的“漕粮例不蠲缓”之说的影响？该著所列的“各省州县漕粮蠲免表”，第一项列出的是康熙三十年（1691 年）河南一省的蠲免，并注明蠲免的原因是“连岁秋收歉丰”（笔者按：实际上是三十年奉旨，三十一年蠲免，原因是普蠲漕粮），第二项列出的是康熙三十九年（1700 年）江南淮安、扬州两府的蠲免，原因是“叠被水灾”（笔者按：实际上是三十八年奉旨，三十九年蠲免，淮安、扬州的蠲免方式也不同）。其后列示的都是乾隆二年（1737 年）以后的事例②。《清代漕运》所列“各省州县漕粮蠲免表”，虽然用了较大气力，但仍有所疏忽，也不全面。仅据乾隆《江南通志》卷八四《食货志·蠲赈二》记载的江南实例，康熙九年、十年、十二年、十三年、十四年、十七年、十八年、二十一年、二十八年、三十二年、三十八年、四十四年、四十六年等年，都有明确的因灾

① 乾隆《江南通志》卷 84，《食货志·蠲赈二》。

② 李文治、江太新：《清代漕运》，中华书局 1995 年版，第 128 ~ 130 页。

蠲免漕粮的记述①。事实上，因灾蠲免漕粮，在顺治年间就有先例，如顺治三年（1646 年），“以江西频年旱涝，其今年漕米之未兑运者罢免之”②。只不过康熙以前的蠲免漕粮事例较少，而在康乾时代，因灾蠲免漕粮十分普遍。并且，在康熙十七年（1678 年），还曾有过因灾蠲免漕粮分数的特别规定：“淮、凤、滁等属漕粮，被灾七分、八分者，准免十分之二；九分、十分者，准免十分之三。”③

二是蠲免漕粮逋欠。《清代漕运》称：“国家对粮户积欠漕粮及漕项银两有时也进行蠲免。雍正十三年豁免雍正十二年民欠未完漕项银两，这是免积欠的开始。”④ 这一定论也值得怀疑。据乾隆《江南通志》卷八四《食货志·蠲赈二》的记载，康熙二十八年（1689 年），谕户部恩旨：“蠲免邳州被水田亩应纳地丁漕项，历年逋欠尽奉豁除。”如是，既蠲免了应征，也蠲免了历年逋欠。康熙三十八年（1699 年），“三月二十二日谕户部恩旨：淮安府属海州、山阳、安东、盐城，扬州府属高邮、泰州、江都、兴化、宝应九州县，并淮安、大河二卫，康熙三十七年未完地丁漕项等银一十九万有奇，米麦一十一万石有奇，全奉蠲免。四月十六日谕户部恩旨：以凤阳府属去岁水灾，蠲免康熙三十七年该府属寿州等十一州县并泗州一卫未完地丁漕项银米”。也是蠲免了旧欠漕粮。康熙二十七年（1688 年）奉旨，“将十七年以前未完漕项银、米麦俱着蠲免”。康熙四十六年（1707 年），“十月奉旨：四十三年以前江宁巡抚所属各府州县未完民欠漕项银两六十八万七千两有奇，米麦三

① 按：乾隆《江南通志》卷 84，《食货志·蠲赈二》：乾隆三十六年，“正月二十二日谕大学士恩旨：扬、淮、徐等处被灾，钱粮尽行蠲免”。由于记载的简略，没有明确言及蠲免漕粮。另据光绪《大清会典事例》卷 278，《户部·蠲恤·蠲赋一》：康熙三十六年谕：“海州等十八州县三卫，被九分、十分重灾，本年应征地丁银米及此项田亩所有漕粮漕项，着通行蠲免。”是该年亦因灾蠲免了漕粮。

② 《清朝文献通考》卷 45，《国用考七·蠲贷下·灾蠲》。

③ 康熙《大清会典》卷 21，《户部五·田土二·荒政》。

④ 前揭李文治、江太新：《清代漕运》，第 131 页。

十一万一千八百石有奇，着该抚一一察明，悉与蠲免”。则是蠲免了历年的旧欠。在康熙朝，因灾蠲免漕项银两和漕粮逋欠的事例并不鲜见。

三是因灾缓征漕粮。《清代漕运》列有“各省州县历年缓征漕粮表”，可以参考①。惟其所列均为乾隆三十二年（1767年）以降的事例，此前则没有列示。而据乾隆《江南通志》卷八四《食货志·蠲赈二》的记载，康熙十八年、十九年、二十三年、四十九年等年，均有漕粮的缓征。这种缓征，既有本年应征漕粮的缓征，也有对历年积欠漕粮的缓征。而且，“于缓征米内半征漕米，半征漕麦，不拘米色，红白粳籼并纳”。这都是值得注意的。俞玉储在《清代前期漕粮蠲缓改折概论》中，也列示了雍正朝的漕粮缓征事例，并且指出，“清代前期各朝遇灾之年，均根据受灾轻重，缓征漕粮”②。这种见解，无疑是正确的。

四是漕粮的普免。漕粮的全国性普免，始于康熙三十年（1691年），该年“十二月初四日谕户部恩旨，各省岁运漕米向来未经议免，除河南省明岁漕粮已颁谕免征外，湖广、江西、浙江、江苏、安徽、山东应输漕米，自康熙三十一年始以次各蠲免一年”③。这条史料在其他典籍中也有记载。上揭俞玉储《清代前期漕粮蠲缓改折概论》说，“除河南省于康熙三十一年轮免外，其他各省的具体轮免时间，均未见档案记载”。但该年奉恩诏轮免各省漕粮应该是没有疑义的。据笔者搜集的资料，湖广也是康熙三十一年（1692年）蠲免漕粮④，山东省的蠲免时间是康熙三十六年（1697年）⑤。依据谕旨所说的湖广、江西、浙江、江苏、安徽、山东“依次”蠲免漕粮来看，这次轮蠲漕粮的时间应该是在康熙三十一年至康熙三十六年。乾隆年间的三次普免漕粮，上揭俞玉储文以及

① 李文治、江太新：《清代漕运》，第126～128页。
② 俞玉储：《清代前期漕粮蠲缓改折概论》，《历史档案》1990年第2期。
③ 乾隆《江南通志》卷84，《食货志·蠲赈二》。
④ 乾隆《大清会典则例》卷53，《户部·蠲恤一》。
⑤ 乾隆《山东通志》卷12，《田赋》。

其他论著已经叙述得很清楚，可以参考，不再赘述。在康乾时期，除了全国性的蠲免漕粮外，针对一个省区的普免也时有举行，如康熙二十三年（1684 年）恩诏："江南、浙江、江西、湖广省份自用兵以来供应繁苦，宜加恩恤。康熙二十四年所运漕粮着免三分之一。"① 涉及"南漕"各个省份。又如康熙二十七年（1688 年），"诏免江南安徽府属二十八年地丁、漕粮"。康熙四十二年（1703 年），"诏免河南全省康熙四十三年地丁、漕粮"②。

随着耗羡归公的实施，耗羡的蠲免也被提上日程。

雍正七年（1729 年），在蠲免甘肃、四川等处额征钱粮时，上谕内阁曰："若设官而不为计及养廉之资，则有司之贤者将窘迫而莫能支，不肖者又横取而无所检，是以酌定将钱粮耗羡均给各官，此揆情度理上下相安之道。但思加恩百姓，豁免正赋，若将耗羡一并蠲除，是民虽邀额外之恩，而官员转有拮据之苦，上司或因此稍有宽假，则必致巧取苛索于民，流弊种种转多于耗羡之数，于吏治民生均无裨益。着于庚戌年（雍正八年）为始，凡遇特恩蠲免钱粮者，其耗羡仍旧输纳，谅必民所乐从。若因水旱蠲免者，不得征收耗羡。将此永着为例。"③ 明确规定了"恩蠲"耗羡仍征，但"灾蠲"耗羡一起蠲免。

雍正十一年（1733 年），因河南耗羡存库银达到 70 万两，上谕称："豫省存贮耗羡既有七十万之多，而该省官员等所得养廉又已敷用，正当加惠闾阎，俾令邀恩格外，着将河南本年地丁钱粮蠲免四十万两，即以存贮之耗羡照数拨补还项。"④ 同年，山东耗羡存库银达到 75 万两，上谕亦称："今东省亦应一体加恩，着将雍正十一年地丁钱粮，照豫省之例，蠲免四十万两，即以存贮之耗羡照数拨补还项。该省督抚务饬有司实力奉行，俾闾阎均沾实惠。"⑤

① 乾隆《江南通志》卷 84，《食货志 · 蠲赈二》。
② 乾隆《大清会典则例》卷 53，《户部 · 蠲恤一》。
③ 《平定准噶尔方略》前编卷 19，雍正七年六月乙酉。
④ 《清世宗圣训》卷 29，《蠲赈二》。
⑤ 《清世宗上谕内阁》卷 134，雍正十一年八月初六日上谕。

这两次特旨蠲免正项钱粮，是用已存库耗羡银两拨补还项，事实上也等同于耗羡的蠲免。

此后，在“恩蠲”钱粮时，依然有耗羡的蠲免。如乾隆四年(1739年)上谕：“蠲免直隶本年钱粮九十万两，江苏百万两，安徽六十万两，并将所蠲正赋之耗羡一概免征。”① 乾隆二十五年(1760年)，命豁免甘省应征耗羡，上谕大学士：“甘省乾隆二十三、四两年耗羡，业经降旨缓征。其二十五、六两年应征耗羡，该抚吴达善奏请带征。朕念随征耗羡，遇蠲免正供例不应停缓，但甘肃自办理军务以来，小民急公趋事，诚朴可嘉，业已迭次加恩，凡属缓征、带征及一切正杂钱粮，无不破格豁除，以示抚绥。今军需告竣，幸遇旸雨应时，秋收可望，正宜益加惠养，俾蒙乐利，着将该省二十五、六两年，应征耗羡概行豁免。”② 雍正年间耗羡归公以后，耗羡银的用途大体说有三个方面，一是支发养廉，二是弥补亏空，三是地方公用，也就是说，耗羡银有其特定的用途，对耗羡的特旨蠲免，同样值得注意。

二　蠲免佃户之租与蠲免制度的完善

在具体的蠲免政策和制度方面，康乾时期，也有重大的变化或调整完善。

关于蠲免田赋时业主和佃户的不同蠲免待遇，郭松义、李新达说：“清朝统治者的蠲免政策，既包括政府蠲免业主的田赋，也包括业主蠲免佃户的地租。可是，长期以来，人们往往只重视对前者的研究，而忽略了后者，甚至误将两者混为一谈。”并且注意到，“至迟在元成宗时，政府规定业主蠲免佃户地租的政策就已经产生了”，在康乾时期成为定制③。这种认识无疑是十分重要的，但是，

① 乾隆《大清会典则例》卷53，《户部·蠲恤一》。

② 《平定准噶尔方略》续编卷3，乾隆二十五年六月乙亥。

③ 郭松义、李新达：《清代蠲免政策中有关减免佃户地租规定的探讨》，《清史论丛》第8辑，1991年。

国内学者可能没有注意到日本学者的研究成果，早在20世纪40年代，周藤吉之根据有关史料的记载，指出：在元代至元二十二年（1285年），已有减免佃户地租十分之二的规定，元成宗即位后的至元三十一年（1294年）十月，又有减免佃户地租十分之三的诏令。此后以至明代，又有数次规定。“清代袭承了元明两代的田赋减免政策，使得佃户的负担有所减轻，但是，这个政策与清代初期相比，清代中期有了相当大的变化”。并对康乾时期对佃户的田赋减免政策进行了分析论述①。经君健也没有注意到日本人的研究成果，但撰专文详细缕述了康乾时期的政策变化②。应该说，有关此一问题的研究已经相当深入。

据经君健的研究，康熙九年（1670年）首次有蠲免佃户（佃户减租）的约略规定，康熙二十九年（1690年）和四十九年（1710年）有了“业主蠲免七分，佃户蠲免三分”的明确规定。雍正十三年（1735年）十二月乾隆即位以后，发布上谕，改“限”业主减租为“劝”业主减租。对此，经君健认为，“雍正十三年十二月谕旨发出后，康、雍时期有关蠲免的各种规定全部自动失效。蠲额业七佃三的规定当然也就不复执行了”。并且指出，乾隆以降，这种“蠲赋减租政策的变化，反映了汉族缙绅、绅衿地主政治地位的上升”。前揭周藤吉之的论文也认为，清代中期（乾隆以降）由于佃户藉口减免田租的政策，迫使地主减免田租，佃户的抗租时有发生，鉴于此，不再有具体的蠲免田租的分数规定，而是劝谕地主减租。见解是一致的。对此，笔者有一些不同的看法。

笔者认为，康熙年间的有关蠲免规定主要是针对“灾蠲”而言，乾隆即位以后的有关蠲免规定主要是针对“恩蠲”而言。因蠲免事例不同，导致了蠲免规定的差异。

---

① 周藤吉之：《清代前期佃户的田赋减免政策》，原载《经济史研究》第30卷4号，1943年。见氏著《清代东亚史研究》，日本学术振兴会1972年版。

② 经君健：《论清代蠲免政策中减租规定的变化》，《中国经济史研究》1986年第1期。

康熙九年（1670年）的规定，明确说明是“遇灾蠲免田赋”，没有疑义。康熙《大清会典》卷二一《户部五·田土二·荒政》亦说得明白：“（康熙）九年覆准，灾伤蠲赋，或有穷民租种官绅富户地，其应纳租谷租银，亦令地主照分数免征。”康熙二十九年（1690年），户部等衙门议覆山东巡抚佛伦疏言：“东省康熙二十九年分地丁钱粮尽行蠲免，百姓莫不感戴，惟是无地小民尚未得均沾圣泽，臣仰体皇上一视同仁之心，传集司道府官员，劝谕绅衿富室，将其地租酌量减免一分至五分不等，应如所请。嗣后直隶各省遇有恩旨蠲免钱粮之处，七分蠲免业户，以三分蠲免佃种之民，俾得均沾恩泽。从之。”① 据佛伦的疏请，是在遇“恩蠲”时“劝谕”业户“酌量减免”佃户的地租，而户部的议覆，则是恩蠲钱粮之时，按“业七佃三”进行蠲免。这条定例除《清圣祖实录》的记载外，《康熙朝东华录》、《清朝通典》、《清朝文献通考》等书均没有记载，就是乾隆《山东通志》也没有记载②。在其他方志中，只查到雍正《广东通志》记为，康熙二十九年诏：“直省遇蠲钱粮，业户免七分，佃户免三分。”③ 未说明是恩蠲还是灾蠲。这条定例在此后是否得到遵行应该说是有疑问的，更像是一个特殊的个例④。至于康熙四十九年（1710年）的定例，经君健引述的是《清圣祖实录》的记载，并说：“这一例中没有指明是灾蠲抑或恩蠲，可以理解为兼二者言。”事实上这一定例在《康熙朝东华录》、

---

① 《清圣祖实录》卷147，康熙二十九年七月丁巳。

② 按：乾隆《山东通志》卷12，《田赋》有一条载：“（康熙）二十五年诏：山东省本年地丁钱粮尽行蠲免。并令地方官劝谕绅衿富室，将地租酌量减征，嗣后蠲免钱粮之省，将蠲免之数分作十分，以七分蠲免业户，以三分蠲免佃种之民。”似乎类似康熙二十九年之议。另在乾隆《山东通志》卷1，《典谟》的上谕中也没有记载。最早的一次是康熙四十二年八月的上谕。

③ 雍正《广东通志》卷7，《编年志》。

④ 王庆云：《石渠余纪》卷1，《纪蠲免》、《纪灾蠲》也未记载康熙二十九年之例。其《纪灾蠲》称：“（康熙）九年给事中莽佳言，遇灾蠲赋，令并免佃户之租。后又定业户免七，佃户免三之例（原按：四十九年户部议复给事中高遐昌条奏）。”也可以看出康熙四十九年之例是针对灾蠲。

《清圣祖圣训》等文献中均有记载，在《清朝通典》、《清朝文献通考》等书中均明确系在了“灾蠲”项下。《清朝通典》卷一七《食货十七·蠲赈下·灾蠲》：康熙四十九年，“定遇灾免之处，业户七分，佃户三分例”。《清朝文献通考》卷四五《国用考七·蠲贷下·灾蠲》：“（康熙四十九年）兵科给事中高遐昌奏言，岁遇免租，佃户田租亦请酌免，下户部议。定：业主蠲免七分，佃户蠲免三分。着为例。”

正因为有这种明确的遇灾蠲免条例，所以，才有像雍正二年（1724 年）江苏布政使鄂尔泰奏称的情况：“江苏恶习，但遇灾祲，即不被灾处，亦纷纷报灾，业主希图减课，佃户希图饶租，而包揽钱粮衿棍复从中耸驾，以为缓征之计。”① 同时，也再三申令违例处分，例如，康熙九年（1670 年）谕：“地方灾伤，已经察勘蠲免赋役者，有司不遵，仍行滥派，及但免有力之家，穷民不沾实惠者，事发决不饶恕。”② 又如，康熙三十六年（1697 年）谕：“地方灾伤，已经查勘蠲免赋役者，有司不遵，仍行滥派，及但免有力之家，致穷民不沾实惠者，事发决不饶恕。”③

雍正十三年（1735 年），乾隆帝即位后的有关劝谕业户酌量免租和特旨蠲免佃户漕粮，均是对恩蠲而言。而且《大清会典则例》、《大清会典事例》、《清朝通典》、《清朝文献通考》等文献中的有关上谕也均是系在“恩蠲”项下。

如乾隆《大清会典则例》卷五三《户部·蠲恤一》载雍正十三年十二月上谕：“蠲免之典大概业户邀恩者居多，彼无业贫民终岁勤动，按产输粮，未被国家之恩泽，尚非公溥之义。若欲照所蠲之数，履亩除租，绳以官法，则势有不能，徒滋纷扰。然业户受朕惠者苟十捐其五以分惠佃户，亦未为不可。近闻江南已有向义乐输之业户情愿蠲免佃户之租者，闾阎兴仁让之风，朕实嘉悦。其令所

① 《雍正朱批奏折》卷 125，雍正二年九月初四日江南江苏布政使鄂尔泰奏折。

② 乾隆《浙江通志》卷 76，《蠲恤二》。

③ 雍正《陕西通志》卷 83，《德音第一》。

在有司善为劝谕，各业户酌量宽减彼佃户之租，不必限定分数。”

《清朝通典》卷一六《食货·蠲赈上·赐复》载乾隆元年上谕：“输纳钱粮，多由业户，则蠲免大典，大概业户邀恩者居多，彼无业贫民终岁勤动，按产输粮，未被国家之恩泽，尚非公溥之义，业户受朕惠者苟十捐其五，以分惠佃户，亦未为不可。其令所在有司，善为劝谕各业户，酌量宽减。”同书同卷载乾隆十年上谕：“至于有田之家，既邀蠲赋之恩，其承佃田户亦应酌减租粮，着照雍正十三年十二月蠲免之例行。”

《清朝文献通考》卷四四《国用考六·蠲贷上·赐复》载乾隆三十二年上谕：“各省督抚，届轮蠲漕米年份，谕各业户亦令佃户免交一半。”

《八旬万寿盛典》卷六五《恩赉四·本年蠲赋一》载乾隆五十五年元月上谕：“今岁朕届八旬寿辰，敷锡兆民普天胪庆，特降恩旨，将乾隆五十五年各直省应征钱粮通行蠲免，农民等皆可均沾惠泽。因思绅衿富户田产较多之家，皆有佃户领种地亩，按岁交租，今业主概免征输，而佃户仍全交租息，贫民未免向隅。应令地方官出示晓谕，各就业主情愿，令其推朕爱民之心，自行酌量将佃户应交地租量予减收，亦不必定以限制，官为勉强抑勒，务使力作小民共享盈宁之乐，以副朕孚惠闾阎广宣湛闿至意。”

另外，乾隆十二年（1747 年），在普免安徽田赋时，还曾对归公田租进行了蠲免。该年上谕称：“朕普免天下钱粮，今岁系安徽省轮免之年。闻该省有马田稻租一项，系归公官田，不在蠲免之例，但念民佃终岁勤动，不得一体邀恩，未免向隅，着加恩将马稻租息蠲免十分之三，俾耕佃农民均沾实惠。”①

上述恩蠲之时的劝谕业户“酌量减免”佃户地租，或在加恩蠲免漕粮时“亦令佃户免交一半”，或特旨蠲免归公官田田租三成，并不意味着原有灾蠲例中佃户免租例的失效。实际上，乾隆十一年（1746 年），福建汀州府上杭县因蠲免钱粮而发生的佃户与业主的纠纷，也是因为“普免天下钱粮”时的恩蠲没有分数限定，

① 《清高宗实录》卷 286，乾隆十二年三月庚子。

不像灾蠲那样有例可循。据针对该事件的上谕称："汀州府上杭县，因蠲免钱粮，乡民欲将所纳业户田租四六均分，有土棍罗日光、罗日照等聚众械殴业主，及至地方官弁拨差兵役拘摄，复敢聚众拒捕……。朕普免天下钱粮，原期损上益下，与民休息，至佃户应交业主田租，惟令地方官劝谕有田之家，听其酌减，以敦任恤之谊。初未尝限以分数，使之宽减。即如朕之蠲租赐复，出自特恩，非民间所能自主。佃户之与业主，其减与不减，应听业主酌量，即功令亦难绳以定程也，岂有任佃户自减额数，抗不交租之理！……闽省刁民，聚党抗拒，而近日高斌亦奏报江南宿迁奸徒，欲报全灾，希图普赈。"① 这里所发生的纠纷，显然亦是恩蠲"未尝限以分数"。

至于灾蠲时"刁民"的抗租，则往往发生在不成灾而"捏灾"之时，如"崇明被灾地方，多有土棍捏灾为名，结党鼓众，不许还租"②。不成灾时的"捏灾"抗租，从另一方面也说明灾蠲时佃户的免租定例仍然在实行。而且从另一条史料反映的信息来看，因灾蠲免依旧是"业七佃三"。乾隆元年，曾经有旨蠲直隶七州县的赋税钱粮，该次蠲免是因为"民人供应差徭，急公可嘉"，属于"恩蠲"的范畴，"并晓谕业户等，酌免佃人租粮"，如何"酌免佃人租粮"？上谕指出"佃户租粮，照定例每一钱者宽免三分"③。这里的"定例"虽然没有指明是何定例，但理解为"业七佃三"的灾蠲定例应该是没有问题的。

当然，乾隆以降，也有因为地方臣僚的上奏，而调整或改变因灾蠲免的事例。

如乾隆四年（1739 年），两江总督那苏图奏称："上下两江，上年被旱，蠲免钱粮，向例计田派蠲，但蠲免原为贫民，请此次饬令各州县查明，凡额征银五钱以下，概准蠲免。五钱至五两者，计全免穷户之外，将所余之数均匀分数蠲免。其额征五两以上，毋庸

① 《清高宗实录》卷 273，乾隆十一年八月壬辰。
② 《清高宗实录》卷 153，乾隆六年十月。
③ 《清高宗实录》卷 31，乾隆元年十一月丁巳。

蠲免。至佃户纳租，向照免数量减，仍恐富户隐瞒取索，不若止免贫户钱粮，较减租得有实济。”得旨：“卿能如此悉心酌议，如此担当办理，实属可嘉之至。古云：有治人，无治法。尚当留心访查胥役，毋令因事滋扰，则全美之举也。”① 从“向例计田派蠲，但蠲免原为贫民”，“佃户纳租，向照免数量减”来看，因灾蠲免之例仍在执行，此次的临时更张，也是为了贫穷之户，并没有袒护绅衿地主的意思。

又如乾隆五年（1740年），河南巡抚雅尔图奏称：“豫省佃户，均系贫苦之人，而地主苛刻者甚多，宽厚者少，往往于被灾年份，照常征租，贫民无所出，有卖男鬻女以偿租者。请酌定章程，如被灾五分，则收成止五分，自应止收五分之租；被灾六分，则收四成之租。甚至被灾十分，租息自应全免。”得旨：“着照所请行。至各省可否照此办理之处，大学士会同九卿议奏。”② 从这条史料反映的情况看，尽管有因灾蠲免佃户的规定，业主往往不予执行，此次临时议准的“照被灾之分数免租”，事实上对佃户来说，更为优惠。

在上述遇蠲减免佃户地租的规定之外，康乾年间的相关制度性的完善，值得注意者有四：

第一，蠲免分数的变动。在顺治十年（1653年）曾经议定：被灾八、九、十分者，免十分之三；五、六、七分者，免十分之二；四分者免十分之一。康熙十七年（1678年）又议定：歉收地方，除五分以下不成灾外，六分者免十分之一，七分、八分者免十分之二，九分、十分者免十分之三。雍正六年（1728年）谕：“蠲免之例，着加增分数，以惠蒸黎。其被灾十分者，着免七分；九分者，着免六分；八分者，着免四分；七分者，着免二分；六分者，着免一分。将此通行各省知之”。乾隆元年（1736年）谕：“朕思田禾被灾，五分则收成仅得其半，输将国赋未免艰难，所当推广皇仁，使被灾较轻之地亩亦得均沾恩泽。嗣后着将被灾五分之处，亦

① 《清高宗实录》卷91，乾隆四年四月。
② 《清高宗实录》卷118，乾隆五年六月戊寅。

准报灾。地方官察勘明确，蠲免钱粮十分之一，永着为例”。① 康熙年间的规定比顺治年间的规定略有后退，这是因为三藩之乱期间国家财政的紧张。雍乾年间的重新更张，则说明在国家财政好转的情势下因灾蠲免政策更加实际可行。

第二，勘灾的规定及违例处分。地方遇灾，在蠲免之前，先要由地方官勘灾上报。顺治十六年（1659 年）已经规定：“报灾地方，抚按遴选廉明道府厅官，履亩踏勘，不得徒委州县。”② 因为没有具体的违例处分，所以没有得到切实地执行。因此，康熙十五年（1676 年）议准：“官员勘灾，不委厅官印官，仍委教官杂职察勘，或妄报饥荒，或地方有异灾不申报者，皆罚俸一年。若止报巡抚，不报总督，及报灾之时未缴印结，册内不分晰明白者，罚俸六月，督抚亦照此例处分。”同时议准：“官员将蠲免钱粮增减造册者，州县官降二级调用，该管司道府官罚俸一年，督抚罚俸六月。如被灾未经题免之先报册内填入蠲免者，州县官罚俸一年，该管上司皆罚俸六月。”③ 重新规定了勘灾的具体人选，以及勘灾、造册程序和违例处分。乾隆二年（1737 年）题准：“地方偶遇水旱灾伤，督抚一面题报情形，一面遴委大员，亲至被灾地方，董率属官酌量被灾情形，视其饥民多寡，先发仓廪及时赈济。仍于四十五日限内题明加赈。俟赈务告竣之日，将赈过户口需用米粮，造册题销。其被灾顷亩分数，即于勘灾之日核实保结，随疏声明。至应免

---

① 乾隆《大清会典则例》卷 55，《户部·蠲恤三》。按：据康熙《大清会典》卷 21，《户部五·田土二·荒政》记载，康熙七年议准：“淮扬二府属及真定府属，各被重灾，十分、九分者，本年正赋全免；八分、七分者，免十分之四”。这是一次个例。类似的个例在顺治年间也有。如顺治五年曾经议准：“陕西水旱蝗虫冰雹相继，被灾一等者蠲一年额赋，二等者免一年之半，三等者免三分之一”。

② 康熙《大清会典》卷 21，《户部五·田土二·荒政》。

③ 乾隆《大清会典则例》卷 19，《吏部·考功清吏司·灾振》。按：康熙七年还曾一度规定：“直省凡有水旱蝗蝻等灾，有司速申督抚，督抚减带人役，亲踏详看，确定分数，造册报部，酌令蠲免”。但“督抚亲勘”之令，次年即被废除。见康熙《大清会典》卷 21，《户部五·田土二·荒政》。

钱粮数目，于具题请赈之日起，再扣限两月造报。”① 乾隆三十年（1765年），又规定：“州县遇有报潦之处，令地方官亲历确勘被潦根由，据实通报。如有隐瞒不报，及将成灾报作不成灾者，俱题参革职，永不叙用。如不实心确勘，少报分数者，照溺职例革职。”② 越来越强调由上级官员和主要地方官员亲自勘灾，据实申报。并将勘灾、报灾、赈济有机地结合在一起。另外，康熙四年（1665年）的一条规定也值得注意，该年题准：“遇灾地方，督抚一面题报，一面行令州县，停征钱粮十分之三。如州县故将告示迟延，不即通行晓谕者，以违旨侵欺从重议罪，道府降三级调用，抚司降以级调用。”③ 未经勘灾，先已停征部分钱粮。

第三，报灾期限的规定及违例处分。在顺治十七年（1660年），已有“夏灾限六月下旬，秋灾限九月下旬”的约略规定，如果报灾逾限，州县官员按迟报时间的多少分别处分。对其他官员的处分则不具体。康熙四年（1665年）题准：“州县以报灾情形申报布政使，如布政使违限，亦照道府州县官例处分。”康熙十五年（1676年）议准：“被灾地方抚司道府州县官迟报情形及迟报分数，逾限半月以内者罚俸六月，一月以内者罚俸一年。一月以外者罚俸，仍照从前定例议处。”④ 这里的关键之点，是将州县官员及上级官员的处分结合起来。雍正六年（1728年）议准：“各省如有被灾者，其被灾分数，限四十五日察明造册题报，照例扣算程途，将已未违限月日，分晰声明。如不依限造册题报，州县、道府、布政使、巡抚各官，亦照前例议处。”⑤ 这里的关键之点，是将报灾造册的时间进一步明确化。

第四，蠲免钱粮与由单刊发相结合。在顺治八年（1651年），已有蠲免钱粮刊发“免单”的规定，即：“地方灾伤题蠲后，州县

① 光绪《大清会典事例》卷288，《户部·蠲恤·奏报之限》。
② 光绪《大清会典事例》卷110，《吏部·处分例·报灾逾限》。
③ 康熙《大清会典》卷21，《户部五·田土二·荒政》。
④ 光绪《大清会典事例》卷288，《户部·蠲恤·奏报之限》。
⑤ 乾隆《大清会典则例》卷19，《吏部·考功清吏司·灾振》。

以应免数目刊刻免单颁发，已征在官者，准抵次年正额，官胥不给单票者，以违旨计赃论罪。"① 所谓的"已征在官者，准抵次年正额"，被称为"流抵"。这种用意无疑是好的，但在具体执行过程中遇到困难。一如户科给事中姚文然在康熙六年（1667 年）的上疏中所言："蠲免灾荒，除本年应蠲钱粮即于本年扣免外，亦有本年纳户之钱粮收完在前，奉蠲在后，则以本年应蠲钱粮抵次年应纳正赋，名曰流抵。欲使人人均沾实惠，必须将流抵一项加载由单。但部题定例，次年由单于上年十一月颁发，计该州县磨算钱粮数目款项，造成式样，送布政司磨对，必须在上年九、十月间，而各抚题报灾伤，夏灾报在六月，秋灾报在九月，计题报到部又需月日，部中具覆行查被灾分数，必候该抚查回，部覆奏允，然后行咨该抚，又转行各地方官，虽至速已至本年十一月、十二月及次年正月、二月，久已在颁发由单之后矣，何从填入乎？然流抵不填由单，部中所取者，地方官印结耳。印结出于官吏之手，民未尽知也，奸胥贪官因此侵冒者不少。惟有于流抵之下年填入由单之一法。譬如康熙五年免灾钱粮，应流抵康熙六年者，自应于康熙六年抵免讫，即于康熙七年由单之首填入。一项内开：某府某县于康熙五年分蒙恩蠲免，重灾田若干亩，每亩免钱粮若干。或次灾田、轻灾田合县共该免银若干两，除本年已完若干两外，尚该流抵银若干两。俱于康熙六年分内，于原被灾本户名下额赋，各照分数流抵讫，并无官吏侵欺等情。此后刊入康熙七年分额丁额赋等项。如此，则应蠲之分数与抵免之银数，每户各执一单，一目了然，官吏自无所藉手矣。至于蠲免者，亦于蠲免之下年由单之首，照依此式，但改流抵字样为蠲而已。"② 姚文然此说的重点是在于"免单"的有名无实，欲想纠弊，必须将"流抵"钱粮数目刊入下年或下下年由单。对此，当年即议准："如本年蠲免者，填明次年由单之首；如流抵次年者，填明第三年由单之首。州县卫所官不开载确数者，议处。"同时规定："奉蠲地方官将应免钱粮，取每图见

① 乾隆《大清会典则例》卷 55，《户部 · 蠲恤三》。

② 《清朝文献通考》卷 2，《田赋考二 · 田赋之制》。

年里长结状，分送部科察核。如有已征在官，不行流抵次年，及不扣除应蠲分数，一概征比侵蚀，或经题定蠲免分数后，故将告示迟延，不即通行晓谕，或称止蠲起运，不蠲存留，或于由单内扣除不及蠲额者，州县卫所官皆以违旨侵欺论罪。上司不行详察，使灾民无告者，道府降三级调用，督抚布政使都司降一级调用。”① 康熙十八年（1679 年）又议准：“流抵钱粮，民苦无据，凡应蠲已征者，给与红票，次年按数抵免”；“蠲免钱粮，州县官侵蚀肥己者，照贪官例革职提问。督抚司道府官不行稽察，令州县任意侵蚀者，俱革职。”② 以使蠲免钱粮落到实处，并防止地方官员侵蚀作弊。

上述表明，在顺治年间有关蠲免政策、制度的基础上，康乾年间有了进一步的规范和完善。

当然，制度上的规定并不能完全杜绝弊端的发生，地方官员有灾不报或迟报，使蠲免无法进行的事例也不鲜见。康熙四十四年（1705 年），因山东、陕西等省区多次发生匿灾不报的现象，康熙就曾谕称：“朕曾以地方官匿灾不报之故，询之与民，据云：民一罹灾，朝廷即蠲赋，赋一蠲，则火耗无征，故地方官隐而不报也。”③ 乾隆五年（1740 年），乾隆上谕称：“朕前于五月间，闻得山东地方自郯城至蒙阴，俱成赤地。盖由上年被灾之处，该地方官不实心办理，民人逃往邻省者多，以致抛荒故土，未曾耕种，是以不能有收。且两月以来，硕色未将雨水情形奏闻。巡抚身任封疆，所应办理之事，孰有大于此者！硕色岂有不见及此乎？”之所以如此，乾隆认为是地方官有意“粉饰蒙蔽”所致④。不管是何种原因的匿灾，都是值得注意的。

同时，还有另一种现象也值得注意，这就是：虽然有成灾分数和蠲免分数的规定，但在一些特殊的情况下，或因为臣僚的奏请，或因为特旨加恩，并不按成灾分数进行蠲免。例如：

---

① 乾隆《大清会典则例》卷 55，《户部·蠲恤三》。
② 康熙《大清会典》卷 21，《户部五·田土二·荒政》。
③ 《清圣祖实录》卷 219，康熙四十四年二月庚寅。
④ 《清高宗实录》卷 118，乾隆五年六月癸酉。

康熙三十六年（1697 年）谕："海州等十八州县三卫，被九分十分重灾，本年应征地丁银米及此项田亩所有漕粮漕项，着通行蠲免。"① 这是在重灾情况下，全部蠲免漕粮的个例，按当时的规定，被灾"九分、十分者，免十分之三"。

康熙三十九年（1700 年），吏部尚书宋荦上疏称："海州、山阳、安东、盐城四州县，共被九、十分水灾民屯田地四万七千七百四十一顷七十七亩六分零，该州县康熙三十九年，应征地丁等项钱粮，先奉上谕，尽行蠲免外，至清河、桃源、宿迁、睢宁、沭阳、赣榆六县，被灾十分民田并山阳、盐城二县杂办项下被灾十分学田，共二万八千六百六十三顷六十八亩一分零，照例应蠲十分之三银一万七千五百五十七两九钱零，既据委员勘明，具有印甘各结，所当仰请皇仁照例蠲免。"② 这是既有特旨全部蠲免，又有按成灾分数蠲免的个例。

乾隆四年（1739 年），因甘肃遇灾，上谕："虽据该督抚奏称，此数州县中，被灾者不过村庄几处，即一村之内，亦轻重不等。但一州县中，既有被灾之所，则通州县内，料比不能十分丰收，米粮未必宽裕，必须格外加恩，闾阎始能乐业，着将凡被水雹之州县，不论成灾不成灾，所有乾隆四年应征地丁钱粮，悉行宽免。"③ 这是在遇灾情况下，不论成灾不成灾，全部蠲免的个例。

乾隆四年（1739 年）上谕："上年江苏被旱歉收，将乾隆二年江、常、镇、淮、扬、徐、海七府州属被水题明缓征停征银米等项，降旨豁免。今年淮、扬、徐、海等属，又复被水歉收，已谕该督抚加意抚恤，将所有应征钱粮分别缓征具奏。近闻海州、安东、萧、砀四州县连年被水，在淮、徐等府内，又属被灾独重之区，朕心深为轸念，着将此四州县所有雍正十三年、乾隆元年未完地漕等项悉行蠲免。"④ 这是在连续灾荒的情况下，除按成灾分数蠲免外，

① 光绪《大清会典事例》卷 278，《户部·蠲恤·蠲赋一》。
② 宋荦：《淮属夏灾请蠲疏》，见《西陂类稿》卷 36。
③ 《清高宗实录》卷九六，乾隆四年七月庚戌。
④ 《清高宗实录》卷一〇二，乾隆四年十月庚辰。

另外蠲免缓征和积欠的个例。

凡此说明，尽管有因灾蠲免的具体规定，但在实际的蠲免过程中，有各种不同的结果。也可以视为是“灾蠲”和“恩蠲”在一定意义上的结合。

还需要注意的是，在普蠲钱粮之年，地方存留也同时无收，地方俸禄及其他费用等从何处开支？很少看到记载，因着广东巡抚的上奏和乾隆帝的斥责，透露了一些信息。乾隆十二年（1747年），广东巡抚准泰奏：“粤省本年地丁钱粮轮免，各属俸食等银，由藩司拨款，其远处州县赴司领支，往返繁费，查各属有应征税契杂税等项，应准照数动支，出具批领，赴司划清抵兑，作正收支”。得旨：“此所为利析秋毫，而亦无当于实济者矣。以理言之，国家不惜数千万帑金，蠲租赐复，为臣工者，宜体此心，即俸工养廉，缺此一岁，不得满橐，亦所宜然，而况朕体恤备至，俸工养廉，皆许以别项支给。今复以路远支领为难，锱铢较利。在州县如此存心，必非良吏，而汝为之筹办，所见直与若辈等。朕为粤省官方惧，且为天下吏治惭。”① 从乾隆的斥责讥讽中可以体会，在普免钱粮之年，地方官员的俸禄由藩库拨支，基本可以保证，地方上的其他开支则受到制约。

原载《中国史研究》2008年第4期

① 《清高宗实录》卷二八七，乾隆十二年三月丁巳。

二十四、

论耗羡归公

雍正朝开始实行的耗羡归公，是清代财政史和政治史上的一个重要事件，引起了众多学者的关注，葛寒峰《清代田赋中之耗羡》和安部健夫《耗羡提解的研究》，是国内外学者研究耗羡归公最早的论文①。此后，这一方面的代表性论文有何本方《清代户部诸关耗羡归公的改革》，陈东林《试论雍正“提耗羡设养廉”的财政改革》，萧国亮《雍正帝与耗羡归公的财政改革》，庄吉发《清初火耗归公的探讨》，董建中《清代耗羡归公起始考》等②。由于耗羡归公与养廉银制度联系在一起，许多研究养廉银制度的论文，也一

① 葛寒峰：《清代田赋中之耗羡》，《农学月刊》1939年第5期。[日]安部健夫：《耗羡提解的研究》《东洋史研究》第16卷4号，1958年。《雍正时代研究》收录，京都同朋舍1986年版。

② 何本方：《清代户部诸关耗羡归公的改革》，《南开史学》1984年第2期；陈东林：《试论雍正“提耗羡设养廉”的财政改革》，《史学集刊》1984年第4期；萧国亮：《雍正帝与耗羡归公的财政改革》，《社会科学辑刊》1985年第3期；庄吉发：《清初火耗归公的探讨》，《大陆杂志》70卷5期，1985年；董建中《清代耗羡归公起始考》，《清史研究》1999年第1期。

并论述耗羡归公，日本学者岩见宏是较早对养廉银制度进行专门研究的学者之一，他在《关于养廉银制度的创设》一文中，分为养廉银制度创设的背景、各省养廉银实施的经过两个论题，将耗羡归公与养廉银的创设统一考察，分析了耗羡归公的财政意义，论述了养廉银制度在不同省区实施的异同①。美籍华人学者王业键1961年在台湾出版的《清雍正时期的财政改革》，是系统研究雍正朝财政改革的一部重要著作，对雍正朝的耗羡归公与养廉银制度也有较全面的论述②。日本学者佐伯富于20世纪70年代初在《东洋史研究》上连载长篇论文《清代雍正朝养廉银之研究》，除了论述耗羡归公与养廉银制度的关系，以及全面探讨养廉银制度外，认为养廉银制度的实行，有利于保障地方官员的生计和整肃官场，并使地方经费明确化、预算化③。庄吉发《清世宗与赋役制度的改革》，也是一部重要著作。该著在"提解耗羡与养廉银制度的确立"一章中，分别对养廉制度的起源、督抚藩臬及学政养廉银的比较、道府州县及佐贰养廉银的筹措等问题进行了研究。另外，冯尔康《雍正传》有"实行耗羡归公和养廉银制度"的专节讨论④。曾小平《州县官的银两》也涉及耗羡归公的研究⑤。其他专题研究论文如薛瑞录《清代养廉银制度实施时间考》、《清代养廉银制度简论》，陈东有《试论雍正"提耗羡设养廉"的财政改革》，黄乘矩《关于

---

① ［日］岩见宏：《关于养廉银制度的创设》，《东洋史研究》第22卷3号，1963年。

② 王业键：《清雍正时期的财政改革》，《"中央研究院"历史语言研究所集刊》，第32本，1960年。

③ ［日］佐伯富：《清代雍正朝养廉银之研究》，《东洋史研究》第29卷1号，1970年；第29卷2、3号，1970年；第30卷4号，1972年。氏著：《中国史研究》第3卷收录，同朋舍1977年版。后由郑梁生译成中文，以《清代雍正朝养廉银研究》为名，由台湾"商务印书馆"1976年出版。

④ 冯尔康：《雍正传》，人民出版社1985年版。

⑤ ［美］曾小平（MadeleineZelin）：《州县官的银两》（该书英文版1984年出版），董建中译，中国人民大学出版社2005年版。

雍正年间养廉银制度的若干问题》，冯元魁《论清朝的养廉银制度》①，也值得注意。本文在前此学者的研究基础上进行，试图全面系统地论述耗羡归公的起始与沿革，并对前此学者没有注意或注意较少的问题进行论述，对一些不太准确的问题进行辨析。全文分为作四个问题：一是耗羡的征收与耗羡归公的实行，二是耗羡归公以后耗羡银的用途，三是耗羡归公与养廉银的支发，四是雍正以后对耗羡的清查以及耗羡与存留的关系。

一　耗羡的征收与耗羡归公的实行

耗羡是正额钱粮之外的一种附加税。耗羡的起源甚早，钱陈群在《条陈耗羡疏》中曾述其沿革：

> 伏查正供之外有耗羡一项，昉于唐之中叶立羡余赏格，于是天下竞以无艺之求，为进阶之计，五代相沿滋甚。宋太祖乾德四年，从张全操之请，罢羡余赏格，宋史美之。然入于公者虽罢，而出于民者未必尽除。明代征收正赋之外，有倾销耗银，即耗羡也。有解费，有部费，有杂费，有免役费，种种名色，不可悉数，大率取之乡宦者少，取之编户齐民者居多，不特私派繁兴，亦且偏枯太甚。本朝定鼎后，耗羡一项，尚存其旧。康熙六十余年，州县官额征钱粮，大州上县，每正赋一两，收耗羡银一钱及一钱五分、二钱不等。其或偏州僻邑，赋额少至一二百两者。税轻耗重，数倍于正额者有之。不特州县官资为日用，自府厅以上，若道、若司、若督抚，按季收受节礼，所入视今之养廉倍之。其收受节礼之外别无需索者，上司

① 薛瑞录：《清代养廉银制度实施时间考》，《清史研究通信》1982 年第 2 期，《清代养廉银制度简论》，《清史论丛》第 5 辑，1984 年。陈东有：《试论雍正“提耗羡设养廉”的财政改革》，《史学集刊》1984 年第 4 期。黄乘矩：《关于雍正年间养廉银制度的若干问题》，《清史论丛》第 6 辑，1985 年。冯元魁：《论清朝的养廉银制度》，《复旦大学学报》1991 年第 2 期。

即为清官；其止征耗羡，不致苛派者，州县即为廉吏。间有操守清廉，如陆陇其之知嘉定，每两止收耗羡银四分，并不馈送节礼，上司亦或容之者，以通省所馈节礼尽足敷用，是清如陆陇其，亦未闻全去耗羡也。其贪得无厌、横征箕敛者，时干纠察。自节礼之说行，而操守多不可问，其势然也①

钱陈群在这篇上疏中既谈了耗羡的沿革，又谈了耗羡征收与“节礼”以及吏治的关系，很值得注意。

在明清时代，耗羡事实上包括了本色粮米征收中的雀耗、鼠耗以及折色银两中的火耗。明代中期以前，赋税的征收主要是本色粮米，所以那时的耗羡以雀耗、鼠耗为主。明代中期以后，开始征收折色银两，也就有了火耗之称②。

上揭钱陈群的上疏专门点明“明代征收正赋之外，有倾销耗银，即耗羡也”，这里所说的“耗羡”即是专指“火耗”。

王庆云更直接明白地指出“火耗起于前明”③。

《清朝文献通考》卷四《田赋考四》亦按称：“钱粮出于田亩之中，火耗加于钱粮之外，火耗之名，自明以来始有之。盖由本色变而折银，其取之于民也，多寡不一，其解之于部也，成色有定，此销镕之际，不无折耗，而州县催征之时，不得不稍取盈以补其折耗之数，亦犹粮米之有耗米也。”

清代由于是以征收折色银为主，所以清代的所谓耗羡主要是火耗。

征收本色粮米，需要晾晒，需要储运，在晾晒储运过程中，难免有雀吃鼠吃之耗；征收折色银两，需要将碎银熔铸成锭，然后上缴，在熔铸过程中，也难免有损耗。为了避免这些损耗，以保证正

① 《皇朝经世文编》卷27，《户政》。

② 按：这在明代的文献中有大量的记载。但元代在征收金课时，已有火耗之名，据《元史》卷104，《刑法志·刑法三·食货》记载：“诸产金之地，有司岁征金课，正官监视人户，自执权衡，两平收受，其有巧立名色，广取用钱及多称金数，刻除火耗，为民害者，从监察御史廉访司纠之。”

③ 王庆云：《石渠余纪》卷3，《纪耗羡归公》。

供的足额，在征收钱粮之时量加耗羡，应该是正常的。耗羡之所以成为一个议论纷纭的问题，关键在于耗羡征收的苛重以及耗羡的去向。

早在顺治年间，礼科给事中季开生已经奏称："天下火耗之重，每银一两有加至五六钱者。"① 也就是说耗羡加征率为50%。前揭钱陈群的上疏，更称"税轻耗重，数倍于正额者有之"。这都是极而言之。据一般记载来看，加二、加三耗，或加三、加四耗，是较为普遍的现象②。

耗羡征收的苛重，当然是官员贪婪、吏治腐败的反映，但也有其具体的原因。其主要原因有二：

第一，弥补俸禄不足及馈送上司所需。有清一代，官员的俸禄低微，正常的俸禄收入难以应付日常开支所需，加征耗羡也就成了关于弥补俸禄不足的手段。康熙四十八年（1709年），上谕就曾指出："所谓廉吏者，亦非一文不取之谓，若纤毫无所资给，则居常日用及家人胥役，何以为生？如州县官止取一分火耗，此外不取，便称好官。若一概纠摘，则属吏不胜参矣。"康熙六十一年（1722年），上谕又指出："火耗一项，特以州县各官供应差使。故于正项之外略加些微，以助常俸所不足，原是私事。"③ 至于馈送上司与征收火耗的关联，前揭钱陈群的上疏已有论列。雍正二年（1724年）的上谕也说得清楚："州县征收火耗，分送上司，各上司日用之资，皆取给于州县，以致耗羡之外，种种馈送名色繁多，故州县有所借口而肆其贪婪，上司有所瞻徇而不肯

---

① 《清世祖实录》卷85，顺治十一年七月壬子。

② 参见庄吉发：《清世宗与赋役制度的改革》，台湾学生书局1985年版，第111页。另外，冯尔康：《雍正传》，人民出版社1985年版，第147～148页。李龙潜：《明清经济史》，广东高等教育出版社1988年版，第400～401页也列举了一些事例，可以参看。［日］安部健夫：《耗羡提解的研究》（《东洋史研究》第16卷4号，1958年）对雍正之前的耗羡私征作过系统的考察。

③ 参见黄惠贤、陈锋：《中国俸禄制度史》，武汉大学出版社1996年版，第546页。

参奏，此从来之积弊所当剔除者也。”① 雍正六年（1728 年），田文镜的上疏亦称：“耗羡未归公之时，原系各州县所得，各上司因其得有耗羡，于馈送节礼之外，恣意勒索，藉名派捐，不但州县分文不得入己，往往所入不敷所出，遂至亏空正项，粜卖仓谷，无所不至，及至地方一有公务，仍派里民，小民受累，此耗羡未归公之情弊也。”②

第二，弥补财政亏空。康熙中期以后，从中央到地方，库银亏空的现象十分严重。康熙晚年曾经论及亏空的原因：“近见天下钱粮，各省皆有亏空，陕西尤甚。其所以至此者，皆有根源。盖自用兵以来，大并经行之处，督抚及地方官惟期过伊地方便可毕事，因资助马匹、盘费、衣服、食物甚多，仓促间无可设法，势必挪用库帑。及撤兵时，又给各兵丁马匹银两，即如自藏回来之将军以及兵丁沿途所得，反多于正项。是以各官费用动辄万金。人但知取用而已，此等银两出自何项，并无一人问及也。”③ 按照康熙帝的说法，各省库帑的亏空，主要在于用兵之时刻不容缓的挪用所致。所以康熙接着说：“用兵之地历年钱粮奏销，朕悉从宽缓，正为此也。”库帑亏空之后，虽然奏销宽缓，也不时“宽免”，同时又有亏空地方官员摊赔之例，但由于亏空数额巨大，仍不足以弥补缺项，加征耗羡以弥补亏空便成为地方官的惯用手段。这也就是前此学者已经指出的：“清圣祖在位期间，督抚奏请增加火耗，清圣祖俱不准所请。惟各省亏空累累，私征火耗以弥补亏空，相沿已久。……各州县火耗，每两有加二三钱者，有加四五钱者，除量留本官用度外，其余俱捐补通省亏空。”④

耗羡的滥征，不但加重了人民的负担，而且导致了财政的混乱和吏治的不清。

---

① 《清世宗上谕内阁》卷 22，雍正二年七月初六日上谕。

② 《朱批谕旨》卷 126，雍正六年七月十一日河东总督田文镜奏折。

③ 《康熙朝东华录》卷 21，康熙六十一年十月甲寅。

④ 庄吉发：《清世宗与赋役制度的改革》，台湾学生书局 1985 年版，第 107～108页。

从康熙后期起，就有臣僚上疏讨论将耗羡的私征改为公派①，也就是所谓的“耗羡归公”。“耗羡归公”，一部分银两可以弥补地方财政的亏空，一部分银两可以“量留本官用度”，但这样以来，无异于公开承认耗羡加征的合法化。晚年的康熙不愿意承担这个责任，宣称“加派之名，朕岂受乎”②!

雍正帝即位后，试图在整顿财政、吏治方面有所作为。虽然他在雍正元年（1723年）正月还谕称：“钱粮关系尤重，丝毫颗粒皆百姓之脂膏，增一分则民受一分之累，减一分则民沾一分之泽。前有请暂加火耗抵补亏空帑项者，皇考示谕在廷不允其请，尔诸臣共闻之矣。今州县火耗任意加增，视为成例，民何以堪乎！嗣后断宜禁止，或被上司察劾，或被科道纠参，必从重治罪，决不宽贷。”③但在臣僚上疏的基础上，以及弥补亏空的刻不容缓，迅速拉开了耗羡归公，以及用耗羡银弥补亏空及支出各官养廉银的序幕。对此，《清史稿·诺岷传》有概要的记述：

> 各直省征赋，正供外旧有耗羡，数多寡无定。州县以此供上官，给地方公用，而私其余。上官亦往往藉公用，檄州县提解，因以自私。康熙间，有议归公者，圣祖虑官俸薄，有司失耗羡，虐取于民，地方公用无从取办，寝其议不行。诺岷至山西，值岁屡欠，仓库多亏空。……二年，诺岷疏请将通省一岁所得耗银提存司库，以二十万两留补无着亏空，余分给各官养廉。各官俸外复有养廉自此始。

上揭《清史稿·诺岷传》及《清朝文献通考》卷九十《职官十四》，《石渠余纪》卷三《纪耗羡归公》等，均将耗羡归公、实行养廉银制度记作雍正二年。在雍正的有关上谕中，也有雍正二年

---

① 前揭［日］安部健夫：《耗羡提解的研究》曾缕述了康熙四十年后地方大僚的有关上疏。

② 《清圣祖实录》卷229，康熙六十一年九月戊子。

③ 《清世宗圣训》卷5，《圣治一》。

实行耗羡归公的字样。但已多有学者考证系始自雍正元年①。根据董建中的最新考证，诺岷具奏实施耗羡归公的时间是在雍正元年十一月，但就耗羡归公而言，山西征收耗羡则是从整个元年算起的②。

实行耗羡归公，在财政上的关键之点是：此前，耗羡征收“皆系州县入己”③，“官取之，官主之，不入于司农之会计”④；此后，将耗羡归于政府的正式财政收入，然后再用耗羡收入所得支发官员的养廉银等，以弥补官员正俸的不足和地方财政的亏空。这也就是雍正帝所宣称的：“州县征收火耗，分送上司，各上司日用之资，皆取给于州县，以致耗羡之外，种种馈送，名色繁多，故州县有所借口而肆其贪婪，上司有所瞻徇而曲为容隐，此从来之积弊所当剔除者也。与其州县存火耗以养上司，何如上司拨火耗以养州县。”⑤

自雍正元年（1723 年）耗羡归公在山西省开始实施后，各省亦陆续举行，概如表 1 所示⑥：

---

① 参见［日］安部健夫：《耗羡提解的研究》，《东洋史研究》第 16 卷 4 号，1958 年；［日］岩见宏：《养廉银制度的创设》，《东洋史研究》第 22 卷 3 号，1963 年；薛瑞录：《清代养廉银制度简论》，《清史论丛》第 5 辑，1984 年；黄乘矩：《关于雍正年间养廉银制度的若干问题》，《清史论丛》第 6 辑，1985 年；冯尔康：《雍正传》第 148 页；庄吉发：《清世宗与赋役制度的改革》第 112 页；等等。庄吉发并且指出，“直省臣工首先倡议耗羡归公的是山西大吏，康熙六十一年，德音在山西巡抚任内，即有提取耗羡以为公用之举”。

② 董建中：《清代耗羡归公起始考》，《清史研究》1999 年第 1 期。

③ 高成龄：《议覆提解耗羡疏》，《皇朝经世文编》卷 27。

④ 钱陈群：《条陈耗羡疏》，《皇朝经世文编》卷 27。

⑤ 《清世宗实录》卷 22，雍正二年七月丁未。《清世宗上谕内阁》卷 22，雍正二年七月初六日上谕。

⑥ 据前揭薛瑞录：《清代养廉银制度简论》列制。前揭冯尔康：《雍正传》、庄吉发：《清世宗与赋役制度的改革》、［日］安部健夫：《耗羡提解的研究》，以及王业键：《清雍正时期的财政改革》，《“中央研究院”历史语言研究所集刊》第 32 本，1960 年；［日］佐伯富：《清代雍正朝养廉银研究》三，《东洋史研究》第 30 卷 4 号，1972 年，也列有耗羡征收表，但多有出入，可以相互参看。

表1 雍正年间的耗羡征收

地 区	实施时间	征收率（%）	收入总额（两）
山 西	雍正元年（1723年）	20	500000
直 隶	雍正元年（1723年）	10	230271
河 南	雍正元年（1723年）	10	400000
山 东	雍正元年（1723年）	18	540000
湖 南	雍正元年（1723年）	10	117952
湖 北	雍正元年（1723年）	10	110000
浙 江	雍正二年（1724年）	2	64000
甘 肃	雍正三年（1725年）	15—20	40000
贵 州	雍正三年（1725年）	15	10792
四 川	雍正三年（1725年）	30	100455
陕 西	雍正四年（1726年）	20	—
广 东	雍正四年（1726年）	13	130000
云 南	雍正五年（1727年）	10	14756
江 西	雍正五年（1727年）	10	150000
江 苏	雍正六年（1728年）	10	341900
广 西	雍正六年（1728年）	2	6000
安 徽	雍正七年（1729年）	10	198273
福 建	雍正七年（1729年）	14	147000
奉 天	雍正七年（1729年）	10	3400

上表是薛瑞录依据《朱批谕旨》整理而得，已花过相当大的工夫，但肯定还存在着问题。对有疑问的省份，略述如次：

1. 山西。山西耗羡征收银50万两是一个整数，据山西地方官的奏报，雍正元年（1723年）应征495068两，实征430198两，雍正二年（1724年）应征495389两，实征459226两，雍正三年

(1725 年) 应征 495389 两，实征 467709 两①。到雍正三年 (1725 年) 下半年，因为山西弥补亏空完成，已有“酌减”耗羡的议论，如雍正三年 (1725 年) 八月，署山西巡抚伊都立奏称：“臣仰体皇恩意，自明年开征为始，将耗羡再行酌减，以广皇仁，务期有益民生，有裨国计。”② 又如雍正三年十月，山西布政使高成龄奏称：“(山西) 实止无着亏空银六十余万两，查通省耗羡自雍正元年起至三年止，每年扣存银二十万两，三年内共应扣存耗银六十万两，足可抵补。其作何弥补之法及遵奉上谕，亏空清理，火耗亦可渐减之处，应听抚臣酌议，奏请圣裁。”③ 随后，据山西按察使蒋泂奏称：“自雍正四年前督臣伊都立议减耗至加一三以来，通计每年收耗羡银三十七万一千余两。”④ 雍正四年 (1726 年) 的减耗，因为有过反复，山西总督伊都立曾受到上谕的斥责，他自己也有说明，据伊都立所上《为恭谢天恩并自陈罪状事》奏折：“雍正四年九月二十三日准户部咨内开，雍正四年九月十一日内阁交出谕旨，谕山西总督伊都立：前尔闻升云贵总督之命，将欲离任之时，将山西阖属耗羡饬令裁减，今闻得尔回任山西，以公用不敷，又将裁减之数，复行征收。大凡地方旧例之所有欲行裁减，必合前后计算而后举行，若既已裁减，而奉行不久，又复征取，则朝三暮四，有同儿戏，甚属不合。如此则何以取信地方官民，无知庸愚之极！谕旨到日，可速照原裁减之数仍行裁减，若少 (稍) 阳奉阴违，朕有所闻必治以重罪，特谕。……旧年所减火耗，以雍正四年为始，从前原不及加一三者，照旧征收，向来征耗加二者，一概减至加一三。”⑤ 雍正六年 (1728 年)，户科给事中宋筠又奏称：“钱粮耗

① 《朱批谕旨》卷 41，雍正三年二月初八日山西布政使高成龄奏折；《朱批谕旨》卷 5，雍正三年八月初十日署理山西巡抚伊都立奏折；雍正四年十月初四日山西巡抚伊都立奏折。

② 《朱批谕旨》卷 5，雍正三年八月初十日署理山西巡抚印务刑部左侍郎伊都立奏折。

③ 《朱批谕旨》卷 41，雍正三年十月初四日山西布政使高成龄奏折。

④ 《朱批谕旨》卷 77，山西按察使升任广东布政使蒋泂奏折 (时间不详)。

⑤ 《朱批谕旨》卷 5，雍正四年十月初四日总督管理山西巡抚事务伊都立奏折。

羡，定议加一有三，臣巡察所至之州县，有加一四五，加一七八以及加二者，虽于加一三之数较多，而民俱相安，并无怨声。惟稷山县王梦熊历任四年，一向耗羡竟至加二以外，颇干物议，及闻山西特设巡察之员即为减去，现今仍有加一七八。"① 宋筠是奉旨巡察，可见此前山西的耗羡征收率已由 20% 改为 13%。之所以"虽于加一三之数较多，而民俱相安，并无怨声"，恐怕是此前的征收率更高的缘故。又据山西巡抚石麟的奏报，山西雍正六年的耗羡应征额为 371396 两，实征为 365460 两②。

2. 直隶。直隶耗羡银 230271 两是最先议定的数字。而且，据直隶巡抚李维钧奏称："直省火耗，较他省为最轻，而顺天、永平、宣化三府，尤粮少耗减，应概免其提解。保定、正定、河间、顺德、广平、大名、赵州、深州、冀州、晋州、定州以上六府五直隶州所属钱粮，凡系五千两以下者，耗羡无几，应免其提解，留为地方官养廉之资，通省六府五直隶州所属额征粮银二百一十九万六千三百二十两有奇，其耗银共计二十三万二百七十一两有奇。"③ 也就是说，230271 两的耗羡额，并不包括顺天、永平、宣化三府以及其他府州耗羡银额在五千两以下者，不是耗羡银征收的全额。又据雍正五年（1727 年）署直隶总督宜兆熊的奏折，"共征收耗羡银二十六万九百五十四两零，内除起解内部及司府平饭并各官养廉银一十三万五千八百十三两零，实提解司库银一十二万五千一百四十一两，俱令存贮司库，遇有地方公事，奏明支用"④。已经有了变化。另据署直隶总督杨鲲奏报，雍正七年（1729 年），直隶的耗羡应征额又达到了 308137 两⑤。

3. 河南。雍正二年（1724 年），河南巡抚石文焯奏称："所有耗羡，各州县轻重不等，每两约一钱三分有零，通计全省额征地丁

① 《朱批谕旨》卷 139，雍正六年九月十三日巡察山西等处户科掌印给事中宋筠奏折。

② 《朱批谕旨》卷 217，雍正八年三月十七日山西巡抚石麟奏折。

③ 《朱批谕旨》卷 10，雍正二年八月初六日直隶巡抚李维钧奏折。

④ 《朱批谕旨》卷 44，雍正五年闰三月十二日署理直隶总督宜兆熊奏折。

⑤ 《朱批谕旨》卷 168，署理直隶总督杨鲲奏折（时间不详）。

银三百六万余两，约耗羡银四十万有零，除通省各官酌量给以养廉，及各项杂用公费悉于耗羡内支应，不复议捐外，每年约可余耗羡银十五六万两，解贮司库，弥补亏空，抵还借项及办公事之用。”① 又据河东总督田文镜谨奏折，“豫省州县自一钱一分起至一钱二三四五六七分不等，其一钱七分者，不及十处”②。显然，河南的耗羡征收率不是10%，是在11%～17%，即使通同计算也是13%。

4．山东。雍正七年（1729年），上揭河东总督田文镜的奏折已经谈到，山东耗羡银“每两概加耗银一钱八分”，是“以肥私囊”，“殊属未协”，应该“将钱粮耗羡酌减二分，概照一钱六分征收”。次年，山东布政使孙国玺奏称：“东省耗羡归公，从前每正银一两加耗一钱八分，于一八之内，各州县扣留公费银一分，又听出解费、运费、部饭、库饭等项名色共银三分外，实提解耗羡一钱四分。又于一四之内，分别州县大小，扣除养廉若干，外余银解司，归入耗羡项下。又于听出解费等项银三分之内，除偏僻州县实支脚费银三毫，冲繁州县实支脚费银三厘三毫外，余银另行解司，归入充公项下。……今年钦奉恩旨，蠲免耗羡二分，在各州县征收一六耗银，除养廉若干及公费脚费若干外，其余应总为耗羡一款，全数解贮司库，在司中亦不必另立耗羡、充公二项名色，除正项外，所收耗羡存贮一处，凡遇地方公事应行动支，详报督抚批准支给，岁底报销，如此则款项不繁，稽查亦易，而上下经胥亦无从舞弊矣。”③ 山东以雍正八年（1730年）为界，有两种不同的耗羡征收率，前者为18%，后者为16%。

5．浙江。雍正二年（1724年），署理浙江巡抚印务河南巡抚石文焯奏称：“浙省赋重耗轻，向来总不及加一，自黄叔琳到任，陋规已尽革除，复将火耗减至五六分，以致种种公事，皆属无米之炊，难以办理。因沽一己之清名，坐致公务难办，实大负皇上简用

① 《朱批谕旨》卷30，雍正二年正月二十二日河南巡抚石文焯奏折。
② 《朱批谕旨》卷126，雍正七年八月初三日河东总督田文镜奏折。
③ 《朱批谕旨》卷137，雍正八年四月十一日山东布政使孙国玺奏折。

之恩。……先于各州县现征钱粮内，每两量提火耗二分，以济公用。"① 据此可知，浙江最先议定的耗羡征收率是5% ~6%，因为黄叔琳，"沽一己之清名，坐致公务难办"，所以在原有耗羡的基础上暂加二分。所谓的2%，应该是对史料理解的错误。雍正五年（1727年），上谕又称："浙省地方各官养廉之资，更无别项，而耗羡则每两不过五六分，以通省额征之数计之，每年耗羡仅十四万两。自督抚、将军、副都统、学政及藩臬、道府、同知、通判、州县等官共一百二十员，凡用度公费皆取资于此。"② 是通省的耗羡为14万两，也不是表中所列的61000两。而据署浙江巡抚福敏的奏折，浙江的耗羡征收率还要高。福敏称："浙省火耗向与各省不同，各省有至加一加二者，惟浙江向例大县每两六分，小县八分，前署抚臣石文焯提解火耗银二分，有司各官遂有借名增加者。今细访各州县，虽名为八分、一钱，实则已在一钱之外，甚至有一钱三四分不等。"③

6. 贵州。据云贵总督高其倬奏称："黔省各属税羡一项每年共银三万四千一百七十四两零，又通省地丁钱粮耗羡一项每年共银一万七百九十二两零，又通省额征秋粮耗米一项共折银九千一百二十三两零，又黔省武员官庄并文员额征官庄学租以及额外官庄所收租米一项共折银一千四百七十九两零，又黔省文职俸工前因军需悬项除教杂等职不捐外，其余俱系捐补军需，今已补完，除教杂等职并各衙门各役工食，仍照数实给外，其府厅州县既经分给养廉，所有俸银共三千六百四十两，查黔省盈余不多，若将此项除出，则分给各员为数不敷，亦应坐存算入养廉数内，以上五项共银五万九千二百零八两。"④ 从这里可以看出，贵州接近6万两的"税羡"银，当然不只是地丁钱粮耗羡，但地丁钱粮耗羡也不是表中所列的

① 《朱批谕旨》卷30，雍正二年十月十五日署理浙江巡抚印务河南巡抚石文焯奏折。

② 《清世宗圣训》卷28，《蠲赈一》。

③ 《朱批谕旨》卷25，雍正三年九月二十日署理浙江巡抚印务吏部侍郎福敏奏折。

④ 《朱批谕旨》卷176，雍正三年九月初九日云贵总督高其倬奏折。

10792两，应该再加上额征秋粮耗米折银9123两。贵州的耗羡征收率也不是15%，而是10%～20%，而遵义由于是按四川例征收，更达到30%以上，这从贵州巡抚张广泗的奏折中可以知晓："遵属州县，向在川省输纳钱粮，火耗系按加三征收，起解归公，又于正耗之外有帮贴一项，每两自五分一钱以至二钱五分不等。黔省火耗每两自加一加一五以至加二而止，再无丝毫加派，是遵属较之黔例，每州县征收火耗帮贴核算，竟有加五五者，实为偏重。"①。

7. 陕西。陕西耗羡归公的时间据前揭庄吉发的研究是雍正三年（1725年），耗羡征收银额为303528两，上表未查出数据。

8. 广东。据雍正七年（1729年）的上谕称："广东火耗从前原加二有余，自杨宗仁在任时定为加一，今藩司提解七分，州县已将耗羡加至一七，其中尚有平头各项杂费，合计仍是加二。"② 可知最先议定的征收率是10%，随后定为17%，也不是13%的加征率。又据同年的上谕："广东耗羡仅十五万九千余两，除公用六万五千余两，所存九万余两，不敷大小各员养廉之用"③。耗羡银是159000两，也不是130000两。

9. 江苏。据署理苏州巡抚王玑奏折④，耗羡征收额如上表。雍正五年（1727年），苏州巡抚陈时夏的奏疏称："臣现在严行通饬，不论宦户民户，火耗一例以加一为率，严禁包收侵蚀、银匠尅估倾折之弊。与布政司张坦麟通盘合算，江苏额征地丁、杂办钱粮并带征旧欠银两，除正额外，每年共计加一火耗银四十一万五千二百五十两零"⑤。

10. 福建。雍正七年（1729年），福建巡抚刘世明奏称："查通省地丁钱粮每年共一百五万有零，百姓完粮，火耗止许内加一扣收，如正银一两完给串票九钱是也。以零星所收拆封归总弹兑，又

---

① 《朱批谕旨》卷189，雍正七年八月初六日贵州巡抚张广泗奏折。

② 《清世宗上谕内阁》卷89，雍正七年十二月初三日上谕。

③ 《清世宗上谕内阁》卷89，雍正七年十二月十七日上谕。

④ 《朱批谕旨》卷18，户部左侍郎署理苏州巡抚印务王玑奏折（时间不明）。

⑤ 《朱批谕旨》卷11，雍正五年十一月初六日苏州巡抚陈时夏奏折。

可多出二三厘，统计每两加一火耗连并戥共耗一钱四分。”① 议定的耗羡征收率是10%，所谓的14%，是包括了附加在内。

以上，笔者主要是依据《朱批谕旨》进行了一些考察。前此学者所出现的问题，可能有两个原因，一是对史料理解有误，或者统计标准不一；二是各省的耗羡征收前后有所变化。

还应该指出，即使各省有统一的火耗征收率，有关府县的征收率也是不同的。先看贵州所属府县的情况如表2所示②：

表2　**贵州有关府县火耗征收统计**

地　区	额征地丁银（两）	火耗征收率（%）	火耗银额（两）	备　注
贵阳府	460	12	55	不敷支用
定番州	2745	13	317	不敷支用
广顺州	1963	14	275	不敷支用
开　州	1003	16	160	不敷支用
贵筑县	1983	15	300	不敷支用
龙里县	1152	20	230	——
贵定县	3299	10—20	659	仅足支用
修文县	296	16	47	所余无几
安顺府	2318	20	463	——
镇宁州	2030	17	345	不敷支用
普安州	2480	17	422	——
永宁州	1689	17	287	——
普定县	709	15	106	支用无存

① 《朱批谕旨》卷43，雍正七年正月二十五日福建巡抚刘世明奏折。

② 参见庄吉发：《清世宗与赋役制度的改革》，台湾学生书局1985年版，第132～133页。

续表

地　区	额征地丁银（两）	火耗征收率（%）	火耗银额（两）	备　注
普安县	418	20	83	不敷支用
清净县	301	15	45	支用无余
安平县	316	15	47	不敷支用
安南县	199	17	33	——
平越府	1312	16	290	不敷支用
黄平州	2645	20	529	——
平越县	329	14	46	不敷支用
余庆县	1877	18	337	——
都匀府	2461	15	369	不敷支用
独山州	945	16	151	不敷支用
麻哈州	697	15	104	不敷支用
镇远府	1025	14	175	——
思南府	2871	20	774	——
思州府	3750	13	487	——
铜仁府	2639	18	475	不敷支用
威宁府	114	20	22	不敷支用

仅就以上所示列的贵州有关府州县的情况来看，火耗征收率已多有不同，大致浮动于10%～20%，这与上揭贵州巡抚张广泗的奏折所言是吻合的。而且，贵州地处偏远，原额地丁银的征收本来就很少，在地丁原额基础上按一定比例征收的火耗银就更加少之又少，所以大多不敷支用。

再来看河南的情况。河南彰德府，“自雍正二年耗羡归公”，而不是表1所示的雍正元年。而且彰德府所属各县的耗羡征收率也不相同，如表 3 所示①：

表 3　　河南彰德府火耗征收支解情况

县别	火耗征收率（%）	火耗银额（两）	支养廉银（两）	解司库银（两）
安阳	15	15815	2780	12852
汤阴	15	6446	1860	4458
临漳	14	7443	1480	5713
林县	14	5259	1480	3601
武安	12	4385	2080	2211
涉县	13	2349	1480	772
内黄	12	3354	1780	1443

据上表，河南彰德府的火耗征收率在 12% ~15%。由于彰德府的地丁原额较多，相应地，火耗银额也较多，达到 45051 两②。这些火耗银两“岁支各官养廉、公费”共银 11160 两，约占火耗银额的 1/4。“解司库耗银”为 31053 两，约占 3/4。支给各官养廉、公费银与解司库银合计为 42213 两，与实征火耗银 45051 两还有两千余两的差额，这些差额银两一般被作为解送银两的路费，按规定，“路费解正银一两，照除五厘支用”③。

上表所列河南彰德府的情况，也清楚地表明耗羡归公后，耗羡银的支发养廉与弥补亏空、解存司库的用途。笔者在《清代军费研究》中也曾指出过，清军的常备兵器“动支本地钱粮造给”，主要的是动用地方耗羡银④，也就是解存司库的那一部分耗羡银。

① 乾隆《彰德府志》卷 11，《田赋·耗羡》。

② 按：由于统计列表时，舍弃了两以下的尾数，所以表中的统计数字与实征略有出入，实征为 45052 两。

③ 乾隆《彰德府志》卷 11，《田赋·耗羡》。

④ 陈锋：《清代军费研究》，武汉大学出版社 1992 年版，第 207 ~209 页。

二　耗羡归公以后耗羡银的用途

耗羡归公以后，耗羡银的用途大体说有三个方面，一是支发养廉，二是弥补亏空，三是地方公用。用耗羡银支发养廉，后面将专门讨论。雍正年间用耗羡归公银弥补无着亏空，事实相当清楚①，仅引二段雍正关于山西耗羡归公的上谕作为例证。雍正四年（1726年）上谕："各属无着之亏空不能填补者，则将各官应得耗羡归之于公，以为酌补亏空之计。又恐各官无以养廉，以致苛索于百姓，故于耗羡中酌定数目，以为日用之资。诺岷此举亦以山西情形不得不如此办理。以官员之羡余，补官员之亏空，既可完帑，亦不累民，实权宜得中之善策也。诺岷在任二年，诸事渐渐就绪。伊都立接任，安享其成耳。前闻得伊都立将通省火耗应减者皆出示裁减，朕甚嘉之。"② 雍正五年（1727年），上谕户部："向来山西亏空甚多，国帑久虚，不能弥补。历任抚臣每请将亏空人员革职留任弥补，不但毫无益于国帑，此等劣员转将亏空为护符，无所不为，民生实受其害。诺岷莅任后，将亏空人员尽行参革，酌定以公完公之法，将州县之火耗重者严行裁汰，酌中量留耗羡抵补无着之亏空，不使累及民间，而官员亦免承追不力之参罚。又恐官员无以养廉，复酌拨以为日用之资，凡地方公务所需，亦皆取给于此，上不误公，下不累民，此实通权达变之良策也。"③

---

① 事实上，在康熙末年，陕西因为亏空严重，已经有用耗羡弥补亏空的个案。《清圣祖实录》卷299，康熙六十一年九月戊子条载："陕西巡抚噶什图奏称，陕西亏空甚多，若止于参革官员名下追补，究竟不能速完。查秦省州县火耗，每两有加二、三钱者，有加四、五钱者。臣与督臣商议，量留本官用度外，其余俱损补合省亏空，如此则亏空即可全完"。康熙虽称"此事大有关系，断不可行"，但又称"今陕西参出亏空太多，不得已而为此举，彼虽密奏，朕若批发，竟视为奏准之事。加派之名朕岂受乎。特谕尔等满汉诸臣共知之"。实际上等同于默许。

② 《清世宗上谕内阁》卷49，雍正四年十月十四日。

③ 《清世宗圣训》卷23，《理财》。

至于作为“地方公用”的耗羡银，其开支的项目有哪些呢？据山西省的情况，包括：各属解送纸张奏销造册杂费、各属解送钱粮脚价倾销耗费、御塘马匹料草、修理城垣衙属、修筑汾河堤岸、义学束脩、沙虎口马匹料草及倒毙马匹、各衙门心红纸张及书办工食、布政使库搬银工价、堤塘报资、修理学宫义学书院营房庙宇等费、刊刷诏书圣训上谕、通省志书工料纸张等①。陕西省有设立社仓、采买仓谷的事例，上谕称：“陕属设立社仓一事，于雍正四、五两年司库耗羡银内，发各州县十四万五千八百余两，共采买谷麦三十九万八千七百五十五石零。”② 直隶有“修理城堤、补葺营房、整顿营伍及种种随时之公费”③。河南省的“提塘报资，添设塘马工料，贴补解费，因公差遣盘费，州县起解钱粮路费等项，皆于耗羡内支用”④。江苏有修造战船、办解颜料锡蜡公用，以及应给各衙门胥役工食等项⑤，“通省公务，如督抚将军衙门廪工书工、炮药火器，数十余项，每年约需银二万二千二百余两，俱系于各属耗羡内均派”⑥。安徽则有总督衙门赍表路费银、总督衙门修理执事银、总督衙门奏清书银、将军总督阅操银、锦衣卫役工食银、巡抚衙门岁修执事银、江宁塘饷银、江宁养喇嘛银、藩库解饷银、藩司采办颜料锡蜡银、布政司衙门各节表笺银等⑦。各省的情况并不相同，但从这里可以看出耗羡归公在财政上特别是在地方财政上所具有的重要意义。

佐伯富曾经统计过公费银和养廉银在耗羡归公银中所占的比例，如表4所示⑧：

---

① 参见庄吉发：《清世宗与赋役制度的改革》，台湾学生书局1985年版，第129页。

② 《清世宗上谕内阁》卷82，雍正七年六月二十六日上谕。

③ 《朱批谕旨》卷10，雍正二年八月初六日直隶巡抚李维钧奏折。

④ 《朱批谕旨》卷30，雍正二年三月初三日河南巡抚石文焯奏折。

⑤ 《朱批谕旨》卷11，雍正五年十一月初六日苏州巡抚陈时夏奏折。

⑥ 《朱批谕旨》卷46，雍正五年五月二十六日苏州布政使张坦麟奏折。

⑦ 《朱批谕旨》卷149，雍正七年正月初十日安徽巡抚魏廷珍奏折。

⑧ ［日］佐伯富：《清代雍正朝养廉银研究》三，《东洋史研究》第30卷4号，1972年。

表4　　耗羡归公银中养廉银与公费银的比例

省　份	养廉银所占比例	公费银所占比例
江苏	20%	80%
山西	47%	53%
山东	59%	41%
直隶	70%	30%
湖广	70%	30%
江西	73%（70%）	27%（30%）
福建	56%	44%

佐伯仅统计了以上数省，可以作为参考。但由于他把弥补亏空银作为一种特殊的情况予以剔除，以及其他一些原因，这种比例的划分仍有问题。

如江苏，所谓养廉银占20%，公费银占80%，佐伯富依据的是苏州巡抚陈时夏的上奏："酌于各州县耗羡内，扣存二分，以为养廉，以八分解司公用。以通省之耗羡，办通省之公务。"而实际上，江苏的耗羡归公银除支发养廉和公费外，还有余剩银，如署苏州巡抚王玑所奏："窃照江苏所属每年正杂钱粮共三百七十一万九千余两，共该解司耗羡三十四万一千九百余两，内各官养廉需银一十八万四千三百两，通省备办公事需银一十二万一千三百余两，共养廉、公事二项计需银三十万五千六百余两。"① 每年的余剩银约为4万余两。如果按照苏州巡抚陈时夏奏定的耗羡归公银41万余两计算②，余剩银还要多。

又如山西，雍正三年（1725年），山西布政使高成龄奏称："今查雍正元年份按各州县收耗实数共银四十九万五千六十八两零，内除参革各官亏空未解耗银五万三千五百一十九两零，现在行

① 《朱批谕旨》卷18，户部左侍郎署理苏州巡抚印务王玑奏折（时间不详）。

② 《朱批谕旨》卷11，雍正五年十一月初六日苏州巡抚陈时夏奏折。

追民欠未完耗银一万四百五十两零外，实收耗银四十三万一千九十八两零，内扣存司库弥补亏空银二十万两，给发过各官养廉共银一十一万五百一十三两零，给发各州县杂项繁费并倾销脚费以及御塘马匹加增草料共银二万一千二百四十二两零，又通省公费共银七万一千一百两零，尚余剩银二万七千五百四十一两零。”① 这里的公费银仅为7万余两，约占耗羡归公银的14%；养廉银为11万余两，约占耗羡归公银的22%。除了弥补亏空银20万两外，还有2万余两的余剩银等项，这种“余剩银”是解交藩库的贮存银，既不能作为养廉，也不能作为公费。而且，在弥补亏空完成后，“余剩银”会更多。这从山西巡抚石麟的奏折中可以知晓：“雍正六年分额征耗羡银三十七万一千三百九十六两零，内已完银三十六万五千四百六十两零，支给各官养廉并各项公费共开除银二十九万三千六百五十九两零，实在现贮司库银七万一千八百一两零，民欠未完耗羡银五千九百三十六两零。”②

佐伯富没有统计的省份，当然也各有一定的比例，如河南，据雍正二年（1724年）河南巡抚石文焯的奏折称：“通盘合算，约计一年耗羡共四十万有奇。酌议学政养廉银四千两，布政使养廉并该衙门一切公费，共银二万四千两，按察使养廉并该衙门一切公费，共银一万两，开归道养廉并该衙门一切公费，共银一万两，管河道养廉银四千两，南汝道养廉银三千两，开封府养廉银四千两，归德等七府各养廉银三千两，……此外每年有本省公用，以及提塘报资，添设塘马工料，贴补颜料解费，因公差遣盘费，州县起解钱粮路费等项，皆于耗羡内支应，总计一年各官养廉、公用等项共约需银二十四五万，所余耗羡有十五六万。”③ 养廉银和公费银共为24万两左右，余剩银16万两左右。又如安徽，据雍正七年（1729年）安徽巡抚魏廷珍奏折称：“应提加一耗羡银一十九万八千二百七十三两零，通计阖省公务并各衙门养廉共需银一十七万八千八百

① 《朱批谕旨》卷41，雍正三年二月初八日山西布政使高成龄奏折。

② 《朱批谕旨》卷217，雍正八年三月十七日山西巡抚石麟奏折。

③ 《朱批谕旨》卷30，雍正二年三月初三日河南巡抚石文焯奏折。

两零，仍余存银一万九千四百七十一两零。”① 养廉银和公费银共为17万余两，余剩银2万两左右。

由于耗羡归公分为全提型、多提型、少提型、酌提型等多种形式，不同的形式有不同的耗羡提解方法和不同的养廉、公费支出方法②，所以算出精确的比例相当困难。

作为地方公用的耗羡开支，要有“余剩耗羡银两可动”③，归公耗羡银两不足养廉支发的省份当然谈不上。在这些所用银两的奏销上，也与正项钱粮不同，只是具折奏闻，“统俟奏销之时，逐一详开清折具奏。所有赢余银两存贮司库，另行奏闻”④。“凡属动用耗羡之处，布政司逐一详明督抚，照数支给，造册送核，统于岁底将一年提贮耗羡与支用之数开造清册，会核密折奏闻”⑤。没有正项钱粮奏销的繁杂程序。在雍正四年（1726年），河南巡抚田文镜题销耗羡银两制造盔甲时，雍正帝曾有上谕说明耗羡银两与正项钱粮奏销的不同：

> 前经该抚田文镜动支耗羡银两，制造河北镇各营盔甲，工完咨部，工部驳回，令其具题。田文镜遂照部议，具题前来。夫耗羡银两与营伍中数分公粮存贮公所，原为本省本营之中或有公事需用，或为各官养廉，使地方营伍备用有资，不致派累兵民，乃通权达变之法，其来久矣，并非正项钱粮之可比也。迩来督抚提镇中小心拘谨者，恐目前经手，将来无以自明，具折奏请咨部，以记出纳，原系见小之举。该部只应存案，此并非开销正项钱粮也。田文镜先曾折奏，朕批示甚明。今因制造

① 《朱批谕旨》卷149，雍正七年正月初十日江南安徽巡抚魏廷珍奏折。

② 参见［日］安部健夫：《耗羡提解的研究》，《东洋史研究》第16卷4号，1958年；［日］岩见宏：《养廉银制度的创设》，《东洋史研究》第22卷3号，1963年。

③ 《朱批谕旨》卷5，雍正三年九月初十日署理山西巡抚印务刑部左侍郎伊都立奏折。

④ 《朱批谕旨》卷30，雍正二年三月初三日河南巡抚石文焯奏折。

⑤ 《朱批谕旨》卷11，雍正五年十一月初六日苏州巡抚陈时夏奏折。

盔甲咨部，部中并不请旨，即驳回令其具题，工部堂官甚属错谬，不识大体。而田文镜不行详察，遂照部驳具题前来，甚属不合。此本着发还田文镜，着严行申饬，工部堂官着交部察议。此时若将耗羡银两俱比照正项具题报销，相沿日久，或有不肖官员指耗羡为正项，而于耗羡之外又事苛求，必至贻累小民，此风断不可长，倘他省再有似此具题者，内阁将本发还①。

我们也注意到，各省的耗羡归公银，有多少用于地方公费，有多少提解省库，有多少留存州县，并没有一定之规，各省的差异很大。

如山东省，“东省耗羡归公，从前每正银一两加耗一钱八分，于一八之内，各州县扣留公费银一分，又听出解费、运费、部饭库饭等项名色共银三分外，实提解耗羡一钱四分。又于一四之内，分别州县大小，扣除养廉若干外，余银解司，归入耗羡项下。又于听出解费等项银三分之内，除偏僻州县实支脚费银三毫，冲繁州县实支脚费银三厘三毫外，余银另行解司，归入充公项下”②。

江西省，“就各州县耗羡之多寡，定为五等提解，除额征一万两以下县分，所有耗羡留为养廉不提外，其额征二万两以下者，每两提耗羡银五分，留五分为养廉；额征三万两以下者，每两提耗羡银六分，留四分为养廉额；征四万两以下者，每两提耗羡银六分五厘，留三分五厘为养廉；额征五万两以下者，每两提耗羡银七分，留三分为养廉；额征五万两以上者，每两提耗羡银七分五厘，留二分五厘为养廉。统计各款，共提解司库耗羡银十二万八千六百五十余两”③。

福建省，“每两加一火耗，连并戥共耗一钱四分，即剖为一十四股，一股作批差解司盘缠及杂项费用，四股留存知县养廉并充该县公用，一股分给知府养廉。厅员有经征屯饷杂税，无庸另议养

---

① 《清世宗上谕内阁》卷43，雍正四年四月二十七日上谕。

② 《朱批谕旨》卷137，雍正八年四月十一日山东布政使孙国玺奏折。

③ 《朱批谕旨》卷64，江西布政使李兰奏折（时间不详）。

廉。尚余八股，尽归司库”①。

湖北省，“湖北额征钱粮通共一百一十一万一百三两零，照加一耗羡合算，共银十一万一千两零。自督臣杨宗仁酌量派分，于加一耗羡内，以二分作公用，以一分作起解部饷之费，统计三分共银三万二千两有零。尚有七万八千余两，以额解司饷内，每两之一分五厘，作布政司养廉，以合省钱粮内之六厘，作按察司养廉，以额解粮、驿二道银米内之一分五厘，作二该道养廉，以各道府所管州县钱粮内，按股均摊，为各道府养廉。留三分二厘作各州县办公养廉之用”②。

这在一定程度上也说明，在议定耗羡归公之时，缺乏统一的布置，确实有“权宜之策”的意味。

三 耗羡归公与养廉银支发

实行耗羡归公，用提解的火耗银支发养廉银，从这一点上说，耗羡归公的实施也就同时意味者养廉银制度的肇始。一如钱陈群所说：“世宗宪皇帝御极之初，见吏治日就侈靡，侵牟之习，骤难扫除，爰是宸衷独断，通计外吏大小员数，酌定养廉，而以所入耗羡，按季支领。”③ 雍正帝自己也说，耗羡归公后，“恐各官无以养廉，以致苛索于百姓，故于耗羡中酌定数目，以为日用之资”④。

事实上，在最早实行耗羡归公的山西省，雍正元年（1723年），山西新任巡抚诺岷在酌议裁减火耗，实行耗羡归公之时，已作了耗羡征收数目及其用度的大致统筹，据诺岷奏报，山西耗银加二征收，通省耗银约计50万两，其中20万两用以弥补无着亏空，30万两议给各官养廉及通省公用之费。雍正二年（1724年），山西布政使高成龄又再次上疏，要求将诺岷的奏折下发各省，将通省

① 《朱批谕旨》卷43，雍正七年正月二十五日福建巡抚刘世明奏折。

② 《朱批谕旨》卷96，雍正七年三月初八日湖北布政使徐鼎奏折。

③ 钱陈群：《条陈耗羡疏》，《皇朝经世文编》卷27。

④ 参见冯尔康：《雍正传》，人民出版社1985年版，第155页。

一年所得火耗银两，约计数目，先行奏明，俟年终之日，将支应公费若干，留补亏空若干，给发养廉若干，一一具折奏销，从而使耗羡归公以及火耗银支发养廉银公开化、合法化①。这也就是《清朝文献通考·职官十四》按语所概称的："养廉之设，自各省耗羡存公，以备公用，即其盈余定为各官养廉。雍正二年，山西巡抚诺岷始行之。嗣后各省大吏俱奏请仿效其法，蒙世宗宪皇帝次第允行。盖以外官事务较繁，故于俸薪常额之外，酌给养廉，明立规制，使不得需索以扰民。"

可以看出，雍正年间的耗羡归公与支发养廉银是相为表里的，议定养廉银的范围限于"外官"，即地方文职官员。

养廉银的议定标准，首先是考虑到了地方官的职位高低以及任所的事务繁简。除此之外，也还考虑到了其他因素，黄乘矩将这些因素归结为三：一是照顾到了官员以往收受陋规的情况，二是照顾到了官员在养廉银外是否还有其他经费来源，三是照顾到了官员所在地区的富庶与贫瘠②。佐伯富认为，官员管辖范围的大小、位置的冲僻繁简、官职的大小，是决定养廉银额标准的依据③。由于养廉是在耗羡归公的基础上实行，各地耗羡归公银两的多寡也是制定养廉银额标准的重要根据，上揭《清朝文献通考·职官十四》的按语"自各省耗羡存公，以备公用，即其盈余定为各官养廉"，也已经指明了这一点。

由于雍正年间的养廉银制度尚属创行阶段，各地官员的养廉银额不但差别很大，且多有变更。如云南巡抚的养廉银初定为17000两，随后又减为12000两，继而又减为10550两；四川巡抚的养廉银初定为12000两，继增为18864两，后又减为10000两；山东河南巡抚的养廉银则高达20000两以上，随后亦多有调整。其他如总督、布

① 参见庄吉发：《清世宗与赋役制度的改革》，台湾学生书局1985年版，第192～193页。

② 黄乘矩：《关于雍正年间养廉银制度的若干问题》，《清史论丛》第6辑，1985年。

③ ［日］佐伯富：《清代雍正朝养廉银研究》三，《东洋史研究》第30卷4号，1972年。

政使、按察使以至府州县官员的养廉银亦参差不齐、多有变化①。

事实上，各地的养廉银支发要复杂得多。湖南的情况，据湖南巡抚王国栋奏报：

> 湖南通省额征地丁钱粮加一耗羡，共银一十一万七千九百五十二两零，内除三分公用银三万五千三百八十五两，仍应留贮司库外，实耗羡银八万二千五百六十六两零，又常、辰二府报出带征商税盈余银七千五百两，又常宁、武冈等十一州县征收杂税项下，钦遵谕旨报出盈余并盐规银二千四十七两零，又巴陵等五县实征芦课耗羡银一百五两零，以上通共耗羡盈余银九万二千二百二十三两零。应按照职官大小，事务繁简，均给养廉。酌派布政司银九千两，按察司银七千两，驿粮道银四千两，衡永、岳常、辰沅三道各银一千七百两，长沙府银二千五百两，衡、岳二府各银一千九百两，永、宝、常、辰四府各银一千七百两，郴、靖二州各银一千三百两。长沙等八州县事繁地冲各银一千二百两，湘阴等十州县系属次繁，各银一千两，醴陵等十五州县，系少简之缺，各银九百两，安化等二十九州县，系最简之缺，各银六百两。以上司道府州县共分给养廉银九万一千三百两，尚余银九百二十三两零②。

如上，湖南的地丁耗羡银为117952两，除公用银35385两外，其他均支发养廉，但支发养廉银的银额还包括了杂税盈余银、盐规银、芦课耗羡银等项，不全是地丁耗羡银。这应该是所提耗羡不足养廉的情况下，另款拨补的一个事例③。

在浙江、广东、江西、福建等省也有这样的事例。

---

① 薛瑞录:《清代养廉银制度简论》,《清史论丛》第5辑,1984年。

② 《朱批谕旨》卷60，湖南巡抚王国栋奏折（时间不详）。

③ 佐伯富列举了贵州、云南等省用税羡、矿厂盈余等支发养廉的事例。参见［日］佐伯富：《清代雍正朝养廉银研究》二，《东洋史研究》第29卷2、3合号，1970年。

浙江省，雍正五年（1727 年），奉上谕："浙省地方各官养廉之资，更无别项，而耗羡则每两不过五六分，以通省额征之数计之，每年耗羡仅十四万两。自督抚、将军、副都统、学政及藩臬、道府、同知、通判、州县等官共一百二十员，凡用度公费皆取资于此，似不足支应，除嘉、湖二府钱粮已经减免外，着将杭州、宁波、绍兴、台州、金华、衢州、严州、温州、处州等九府额征银二百五万两，按十分之一内存半计算，得银十万两，赏给各官以为养廉，合之州县耗羡则有二十四万两。从雍正六年为始，俱着提解司库，令该抚酌量官职之大小，府州县地方之繁简，秉公派定数目奏闻，余银存为本省公事之用。"① 这是在耗羡银两不足以支应的情况下，将正额钱粮拨充了养廉。

广东省，雍正七年（1729 年），奉上谕："广东耗羡仅十五万九千余两，除公用六万五千余两，所存九万余两，不敷大小各员养廉之用。为之经画筹度，俾各员日用饶裕，俯仰有资，庶可专心办理政务，亦可勉其砥砺廉隅，是以将该省落地税羡一并赏给。今据王士俊折奏，督抚为通省大僚，每年费用浩繁，今仅各得养廉银八千两，不足供其经岁之需，而学政一员岁给养廉银一千五百两，为数已属无多等语。今又添设学政一员，则此数更不足济用，复有新设观风整俗使，亦应给与养廉银两。查广东落地耗羡之外，雍正六、七两年报有田房税契溢羡银四万四千三百余两，此系该省查出之羡余，应归于本省之公用，着于此项银两内将督抚等养廉银应给若干，着该督抚会同布政使王士俊斟酌定议，具折奏闻。"② 这也是在耗羡银两"不敷大小各员养廉之用"的情况下，将田房税契溢羡银拨充了养廉，并对此前督抚等官员养廉银太低进行调整，又新增加了添设的学政和观风整俗使的养廉。

江西省，雍正七年（1729 年），署理江西巡抚谢旻奏称："查各员养廉业于耗羡内支给，惟佐贰微员前因公费不敷，未经议及，今查通省自司府首领以及州县佐杂等官，除裁缺之外共二百五十九

① 《清世宗圣训》卷 28，《蠲赈一》。

② 《清世宗上谕内阁》卷 89，雍正七年十二月十七日上谕。

员，所有盐规除解部买谷等项并裁革生辰节礼外，止余银四千两，其二关平余银约三千五百余两，若尽此支给微员养廉，每员止可派给银二十九两，似属太少，今以每员酌给六十两计算，需银一万五千五百四十两，应再于司库公费内动支八千两凑给。”① 雍正十一年（1733 年），谢旻又奏称：“江西两关征收钱粮，有正税，有耗羡，每年遵照定额解部外，多者为盈余，解部转交内库，此外尚有平余银两，系正税盈余，两项归并弹兑，多出之数赣关向照司法征收，每年有平余银三百余两，九江关砝码向来稍重，每年约有银三四千两不等，经臣奏明解贮司库，同盐规银凑给微员养廉备用在案。”② 这是在议给佐杂官员养廉，而原有耗羡归公银又不敷支应的情况下，将盐规、关税平余银拨充的事例。

福建省也于雍正七年（1729 年）奉上谕，将税课盈余银、台湾官庄等项归公银拨充养廉银额，除酌量增加各官养廉银外，“县丞以下微员，亦令酌给银两，以为薪水之费”③。这是在将税课盈余等银拨充养廉的情况下，一方面酌增官员的养廉，另一方面又新增佐杂官员的养廉。

甘肃的情况，据甘肃巡抚石文焯谨奏称：

> 甘肃额征地丁银二十六万两有奇，粮四十九万石有奇，细查各州县卫所征收耗羡约共四万余两，内布政司有平规银四千六百二十八两，以为养廉，又奏销造册等费一千二百两，臬司养廉并公费银共二千四百两，臣衙门笔帖式三员，共银九百两，除有税规之道府等官，足资养廉，概不议给外，其余道府各给养廉银一千两，州县酌给银八百两至五百两不等，同知、通判各给银六百两，口内外卫所各给银四百两，以上道府厅州县卫所各官共给养廉银二万九千七百余两，又布政司库官、库吏等项银一千一百一十两，臣衙门书吏银九百两，布政司衙门

① 《朱批谕旨》卷 138，雍正七年十一月初九日署理江西巡抚谢旻奏折。
② 《朱批谕旨》卷 138，雍正十一年正月十八日江西巡抚谢旻奏折。
③ 《清世宗上谕内阁》卷 83，雍正七年七月二十八日上谕。

书役银一千二百两，连前通共需银四万二千三十八两。又河西各州县俱以耗粮为养廉。查甘肃应征粮石耗羡通共计六万三千余石，酌给各道府厅州县养廉及斗级书役工食折耗等项，共需粮三万五千四百八十石，每年约可余粮二万七千余石，存贮以备公用。再查布政司养廉，除收平规外，尚有西宁税规银一千一百两，杂税平规银六千余两。臬司养廉有西宁税规银五百五十两。至巡抚衙门养廉，向有西宁灵州税规银各一千一百两，又茶马内有规例银二万四千两，经前抚臣绰奇以二万两为军需之用，余四千两养廉。再查尚有随封等项共银一千九百二十两，又新增茶引六千道，有茶规银六千两，以上共银一万四千一百二十两，理合一并据实奏明①。

如上，可以看出，甘肃的耗羡归公银只有4万余两，养廉银的来源除了耗羡之外，还有杂税规银、茶规银等项，有些州县以耗粮为养廉，有些州县因有税规，不另支养廉。

湖北省的情况也很突出，雍正七年（1729年），湖北布政使徐鼎已有上疏谈及②。雍正九年（1731年），湖北巡抚王士俊的上疏又进行了指摘：

（湖北）各州县钱粮名为加一火耗，俱有坐平等项名色，核算实有加一四五不等。臣入境以来，沿途细加密访，众口如出一辞，所有司道府厅州县养廉，止照雍正元年前任督臣杨宗仁定议，于加一耗羡之内，以三分二厘扣为州县养廉，以三分解布政司为通省公用，以一分五厘为布政司养廉奏销之用。如臬司六厘，各道一分五厘，知府一分，同知四厘，令各州县自行分送，为各衙门之养廉。至管税、管粮之同知、通判，谓伊自有羡余，亦未定有若干数目，此盖一时权宜之计。其实大州县按额收耗，即扣留三分二厘，积算有多至二千两以外者，小

---

① 《朱批谕旨》卷30，雍正三年十月初一日甘肃巡抚石文焯奏折。

② 《朱批谕旨》卷96，雍正七年三月初八日湖北布政使徐鼎奏折。

州县即以加一之数全给，亦苦不足百金之数者，不均实甚。臣查司道府厅州县，除火耗养廉之外，尚有盐规、粮规、当商、杂税等项，历来各自收受，添补养廉，有数千金数百金之不等，均未据实报出，解至藩库，从公发给，偏枯更甚。夫司道府厅养廉，私相授受，不免开馈送需索之端。盐规各项，自行收用，不无额外勒取之弊。再如府州县之经历、县丞、杂职等官，均未议及养廉，伊等糊口无资，势必寡廉鲜耻，剥削殃民①。

这里的问题是，按察司、道员、知府的养廉银由州县分送，同知、通判有管关税者，有管粮管盐者，因另有羡余银收入，未议给养廉，从制度上带来了混乱。大州大县与小州小县的养廉银额差距过大，府、州、县之佐杂官员亦未议及养廉。

安徽的情况，据江南总督高其倬、安徽巡抚徐本联衔奏称：

安省州县以上各官，俱蒙圣恩准给养廉，俾得安心办公，惟佐杂各官向因耗羡尚未充裕，势难遍及，是以未给养廉，但此等佐杂日用不继，易致擅受民词，私取里下等弊，臣等伏查现存江广每年归公盐规、匣费银三万两，当日俱系大小衙门规礼，于雍正十年三月内，经臣其倬及前任浙江督臣李卫等议奏，大学士等复核，逐年收存司库，以备地方公用，奉旨依议，钦此，钦遵在案。似应推广皇仁，以公济公。查安省佐杂，除藩司库官、仓大使并粮道衙门库大使，已经议给饭食，及各驿丞均有职掌，毋庸置疑外，其藩臬两司首领官三员，各府首领官共一十一员，州县佐贰吏目、典史、巡检大使等官共一百五十员，除出远差照例酌给盘费外，每员议给养廉银五十两，通共需银八千二百两，相应仰恳圣恩，每年即于存司充公盐规内按数拨给，岁底汇册送部核销。再查下江各道，每年养廉银三千两，凤阳一道原定养廉仅二千两，该道辖属甚广，且

① 《朱批谕旨》卷73，雍正九年十二月初六日湖北巡抚王士俊奏折。

有管理公务重任，未免不敷，请照下江道员之例，并恳圣慈一体增给，以示鼓励①。

可见安徽在雍正十年后，除了增加道员的养廉银额外，对佐杂官员已经较为普遍的支发养廉，而这一部分养廉银的来源，并非地丁中的耗羡归公银，而是盐规、匣费银。关于盐规、匣费银在雍正年间的整理与归公，笔者在拙著《清代盐政与盐税》中已有专节论述，可以参见。

一省之内即已存在这么多问题，各省之间进行比较，问题就更多。在雍正朝，对存在的一些问题已有一些调整，但并未从根本上予以解决。对此，乾隆十二年（1747 年），上谕军机大臣曰："各省督抚养廉有二三万两者，有仅止数千两者，在督抚俱属办理公务，而养廉多寡悬殊，似属未均。着军机大臣等，酌量地方远近、事务繁简、用度多寡，量为衰益，定议具奏。"这里，乾隆帝要求先对督抚大员的养廉银进行调整，并提出有关调整要照"地方远近、事务繁简、用度多寡"三原则进行。于是，军机大臣等遵旨议定：

查各督抚养廉银，现在湖广总督一万五千两，两广一万五千两，江苏巡抚一万二千两，江西、浙江、湖南、湖北、四川各一万两，不甚悬殊，毋庸置疑外。直隶畿辅重地，事务繁多，总督养廉止一万二千两，较各省觉少，请增银三千两。山东、山西、河南三省，同属近地，事务用度，亦属相仿，且俱系兼管提督，而山东、山西二省各二万两，河南止一万二千两，请将山东、山西二省各减五千两，河南增三千两，各成一万五千两之数。广东巡抚一万五千两，广西止八千四百余两，虽广东用度稍多，然相去太远，请将广东减二千两，广西增一千六百两，以足一万两之数。再，川陕总督虽有节制边方、犒

① 《朱批谕旨》卷 144，江南总督高其倬、安徽巡抚徐本奏折。按：该奏折的时间不详，但上一份奏折中言及雍正十年之事，下一份奏折为雍正十一年，该奏折也言及雍正十年三月之事。

赏兵丁之费，然养廉三万两，较各省过多，而西安、甘肃二省巡抚，西安居腹里，甘肃为边地，乃西安二万两，甘肃止一万一千九百两，请将川陕总督减五千两，西安巡抚减八千两，甘肃巡抚增一百两，以足一万二千两之数。闽浙总督其道里远近、事务繁简与两广相仿，而养廉二万一千两，未免过多，请减三千两。福建巡抚养廉一万二千两，未免不敷，请增一千两。江苏巡抚养廉银一万二千两，安徽则止八千两，云南巡抚一万五百五十两，贵州则止八千五百两，亦属未均，请将安徽巡抚增二千两，贵州增一千五百两，以足一万两之数。至各省督抚养廉，间有奇零，乃从前据火耗之额定数，今既经定制，零数应删，请将两江总督养廉银一万八千二百两内去零银二百两，云贵总督、云南巡抚各去银五百五十两①。

这是一次重要的调整，基本上规范了督抚的养廉标准。在此基础上，乾隆二十五年（1760 年），又对各省布政使的养廉银额进行了调整：

遵旨议定：苏州政务较江宁为繁，应将苏州布政使养廉量减银一千两，岁支银九千两，其江宁布政使，除将苏州布政使裁银抵支外，加给银七千两。……直隶布政使事务与苏州省相等，原定银一万两，减银一千两，岁给银九千两。至山东、河南、福建、陕西、广东等省，事务较直隶、江苏二省稍简，山东等五省布政使养廉各裁减银二千两，山西省减银一千两，湖南省减银三百两，云南省减银四百两，各岁给银八千两。其江西布政使原定养廉银七千二百两，贵州四千五百两，广西五千五百二十两，较之各省额支之数过少，江西省增银八百两，岁给银八千两，贵州增银五百两，岁给银五千两，广西增银四百八十两，岁给银六千两。安徽、湖北、四川三省照旧支给②。

① 《清高宗实录》卷 290，乾隆十二年五月己亥。

② 光绪《大清会典事例》卷 262，《户部·俸饷·外官养廉二》。

通过乾隆二十五年（1760年）的调整，各省布政使的养廉银标准已经基本划一。其后，督抚、布政使等官员的养廉银额仍有所调整，据称是“节年更定，遂着有定额”①。兹将更定后成为“定额”的总督、巡抚、布政使、按察使、道员的养廉银标准，综为一表，以见其概②（见表5）：

表5　清代督抚布按等养廉银定例

省　区	总督（两）	巡抚（两）	布政使（两）	按察使（两）	道员（两）
直隶	15000	——	9000	8000	2000—4000
山东	——	15000	8000	6059	4000
山西	——	15000	8000	7000	4000
河南	——	15000	8000	8444	3893—4000
江苏	18000	12000	苏州 9000 江宁 8000	8000	3000—6000
安徽	——	10000	8000	6000	2000
江西	——	10000	8000	6000	2600—3800
福建	18000	13000	8000	6000	2000
台湾	——	12000	8000	——	2600
浙江	——	10000	7000	6000	2000—4500
湖北	15000	10000	8000	6000	2500—5000
湖南	——	10000	8000	6500	2000—4000
陕西	20000	12000	8000	5000	2000—2400
甘肃	——	12000	8000	5000	3000
新疆	——	12000	9000	3000	3700

① 《清朝文献通考》卷42，《国用四》。

② 此表主要依据光绪《大清会典事例》卷261，《户部·俸饷·外官养廉一》列制，以《清朝文献通考》卷42，《国用四》作为补充。

续表

省　区	总督（两）	巡抚（两）	布政使（两）	按察使（两）	道员（两）
四川	13000	——	8000	4000	2000—2500
广东	15000	13000	8000	6000	3000—3400
广西	——	10000	6000	4920	2360—2400
云南	20000	10000	8000	5000	3500—5900
贵州	——	10000	5000	3000	1500—2200

知府、知州、知县等官员的养廉银额也在乾隆年间经过多次更定，形成定例，如表6所示①：

表6　　清代府县等官员养廉银定例

省　区	知府（两）	知州（两）	知县（两）	同知（两）
直隶	1000—2600	600—1200	600—1200	700—1000
山东	3000—4000	1200—1400	1000—2000	800—1000
山西	3000—4000	800—1500	800—1000	1200
甘肃	2000	600—1200	600—1200	800—1400
江苏	2500—3000	1000—2000	1000—1500	600—1000
浙江	1200—2400	1400	500—1800	400—1500
湖北	1500—2600	800—1680	600—1680	600—1000
湖南	1600—2400	900—1300	600—1300	600—1000
四川	2000—2400	600—1200	600—1000	500—1000
广东	1500—2000	600—1600	600—1500	600—800
广西	1000—1780	825—1756	704—2259	400—700
云南	1200—2000	900—2000	800—1200	400—1600
贵州	1200—1500	500—800	400—800	500—900

① 光绪《大清会典事例》卷261《户部·俸饷·外官养廉一》。

佐杂官员的养廉银在雍正中期以后已经渐次支给①，如上面已经提及的雍正七年（1729 年）江西、福建省例，以及雍正十年（1732 年）的安徽省例。但并不普遍，也无一定之规。从而导致弊端的产生，如上揭湖北巡抚王士俊说的那样："府州县之经历、县丞、杂职等官，均未议及养廉，伊等糊口无资，势必寡廉鲜耻，剥削小民。"乾隆即位以后，将佐杂官员养廉银的支发制度化，"复增定佐杂各官养廉，其制尤大备"②。对佐杂官员养廉银支发的制度化，也包括了原支发养廉银省份的调整，如福建，上揭史料仅称"县丞以下微员，亦令酌给银两，以为薪水之费"，到"（乾隆）八年，增给福建省佐贰等官养廉。时福建一省每员只给银二十两。谕：从本年为始，将通省大使、佐杂等一百九十八员加倍赏给，以资养赡"③。经过乾隆朝对佐杂官员养廉银的"增定"，各省有了一定的标准，兹依据光绪《大清会典事例·户部·俸饷·外官养廉一》示列几个省的情况，以见其概：

直隶：布政司理问、经历，按察司经历各 120 两。承德府经历 71.5 两，其他各府经历各 40 两。府司狱、吏目、仓大使、库大使各 31.5 两。

江苏：布政司理问、经历、库大使，按察司经历、司狱各 60 两。府经历、知事、检校、照磨、司狱、各仓库大使、税课大使、县丞、吏目、主簿、巡检、典史各 60 两。

湖北：布政司经历、照磨、按察司经历各 80 两，按察司司狱 60 两。布政司库大使未设养廉。粮道库大使 80 两。宜昌、施南二府经历各 100 两，其他府经历各 80 两。府司狱 60 两。建始、长乐、恩施、利川县丞各 100 两，其他县丞各 80 两。县主簿 80 两。鹤峰州吏目 75 两，其他州吏目各 60 两。县巡检 60 两至 90

---

① 参见［日］佐伯富：《清代雍正朝养廉银研究》一，《东洋史研究》第 29 卷 1 号，1970 年。

② 《清朝文献通考》卷 90，《职官十四》。

③ 《清朝文献通考》卷 42，《国用四》。

两不等。

从总体上说，乾隆年间对养廉银的调整有两个突出的特点：一是在照顾到“地方远近、事务繁简、用度多寡”的前提下，尽量做到整齐划一；二是佐杂官员的养廉银也普遍关支。从而使养廉银的支发走向制度化、规范化，养廉银也成为各级官员最主要的经济来源。据我们的统计比较，总督的养廉银高出正俸的 83.87 ~ 129.03 倍，巡抚高出 64.52 ~ 96.77 倍，布政使高出 32.26 ~ 58.07 倍，按察使高出 23.08 ~ 64.95 倍，道员高出 14.29 ~ 67.14 倍，知府高出 9.52 ~ 38.09 倍，知州高出 6.25 ~ 25 倍，知县高出 8.89 ~ 50.2 倍，同知高出 5 ~ 20 倍。除了知县这种“亲民官”外，越是高品级的官员，养廉银越是优厚。即使佐杂官员的养廉银，与正俸相比，也高出一倍有余。以湖北为例，布政司经历一职，位居从六品，养廉银高出正俸 1.33 倍。按察司经历一职，位居正七品，养廉银高出正俸 1.78 倍。府经历一职，位居正八品，养廉银高出正俸 2 ~ 2.5 倍。县主簿一职，位居正九品，养廉银高出正俸 2.42 倍。高品级官员的养廉银之所以特别高，是因为除了作为正俸之外的个人用度外，还有其他的开支，如雍正八年（1730 年）浙江总督兼巡抚李卫所奏：“浙省恩赏各官养廉银两一案，原议督抚两衙门除养赡家口、本身用度、延幕办事外，尚有各项公务之需。”① 这里所说的督抚养廉银的用途，除自己所得外，也有一部分用于聘请幕僚和办公费。佐伯富认为，养廉银的用途大致有三端，一是日用薪水费，二是幕僚的工资，三是公务费②。也许正是在这个意义上，高品级官员的养廉在文献上有时也称作总督衙门养廉、巡抚衙门养廉、各衙门养廉。不过，因耗羡归公银中专门划拨了一部分为公费，高级官员的养廉银中到底有多少用于开支公务费，则没有一定之规。而州县一级“亲民官”的养廉银，相比较而言较低，公费、扣摊以及各种应付之费繁多，反而有捉襟见肘之感，如晚清广

① 《朱批谕旨》卷 174，雍正八年九月初六日浙江总督管巡抚事李卫奏折。

② ［日］佐伯富：《清代雍正朝养廉银研究》三，《东洋史研究》第 30 卷 4 号，1972 年。

东的情况："查州县官仰给于上者，曰俸银，曰养廉。然俸则例不得随时请领，廉则署缺只给半数，除扣摊各项，所余亦复无几。而州县任地方之大，因公之用款既多，循例之虚糜匪鲜，如幕友之薪脩，合署之伙食，即此两项，岁以千计。外此，道府衙门则幕友有节敬，书办有房费，并有家丁、门号，亦食干俸，甚或道府因公之用，亦摊派于州县。凡此皆循例之虚糜。"①

同时，除了地方文职官员的养廉银支发在乾隆年间走向制度化、规范化外，乾隆年间还实行了京官双俸制和武官养廉制。只不过京官双俸制和武官养廉制与耗羡归公基本上没有什么联系。笔者在《中国俸禄制度史》中有叙述，也可以参考。

四　雍正以后对耗羡的清查以及耗羡与存留的关系

耗羡归公以后，耗羡与存留的关系是一个重要的问题。业师彭雨新先生已经指出"耗羡归公是存留问题上的一大前进"，但未加具体的探讨②。

耗羡归公是雍正朝重要的财政改革，是毋庸置疑的，但经过一段时间之后，耗羡归公也导致了弊端的产生。特别是在耗羡的动用上，由于缺乏制度上的具体规定，弊端更加明显，雍正帝晚年已经有所觉察，雍正十三年（1735 年）上谕指出："朕留心体察，外省布政使中竟有庸劣无识之人，将此项银两视为无足轻重之物，而不念其为民脂民膏，或那补借支，或任意费用。前任含糊交代，后任不便深求，竟将有关国计民生之项渐成纸上空谈，而督抚亦不查察。"因而谕令："勒定限期，令造清册，送部查核。至于清查之法，应自该省议定公费养廉之年份起，至前任卸事之日止，将额征公费、完欠、杂支，同余剩未给各数目，按年归款。……嗣后，按

① 广东清理财政局：《广东财政说明书》卷 2，《岁入门 · 田赋上》。

② 彭雨新：《清代田赋起运存留制度的演进》，《中国经济史研究》1992 年第 4 期。

年分晰造册，随同奏销钱粮各册，咨送户部核销。”① 清查耗羡的用项以及规范耗羡的奏销，意旨十分明显，但由于雍正帝的去世，一时中断了耗羡的清查进程②。到乾隆五年（1740 年），清查耗羡的思路又重新拾起，该年上谕：

雍正十三年六月内曾奉皇考谕旨，将各省耗羡存公银两饬令清查，原属防微杜渐之至意。朕嗣位之初，念耗羡不同正项，从前原未定有章程，且历年已久，各省规条不一，官员更换亦多，况复恩诏屡颁，纵有挪欠，亦当在宽免之例，是以谕令暂行停止清查。今看各省情形，渐滋冒滥，若不早加整顿，立法防闲，必致挪移出纳，弊窦丛生。一经败露，国法难宽。揆之朕爱养教诲之心，固有所不忍，即经办各员，噬脐知悔，已属难追。是及今综核清理，亦豫为保全之道也。户部可行文各省督抚，将地方必需公费，分晰款项，立定章程，报部核明，汇奏存案。嗣后务将一年之内额征公费完欠杂支同余剩未给各数目，逐一归款。各官养廉，照依正署起止月日应得分数，并扣除空缺，详悉登记。其收数内有拖欠未完者，分别应否着追，其支数内有透动加增者，分别是否应给。有无挪移亏缺之处，俱于岁底将一切动存完欠各数，及扣存减半平余银两，造册咨送户部核销。如此年清年款，则民力输将，均归地方实用，而经理之员，亦免罹于参处矣③。

乾隆上谕的关键之点是：“行文各省督抚，将地方必需公费，分析款项，立定章程，报部核明。”王庆云《石渠余纪》卷三《纪耗羡归公》所云：“（乾隆）五年，以地方无关紧要之事，辄动耗羡，令督抚将各省必需公费分晰款项，报部核奏。自是以后，各省

① 《清世宗实录》卷 157，雍正十三年六月乙亥。

② 参见郑永昌：《从“地方之公”到“国家之公”——论乾隆初期对地方耗羡收支管控体制的确立》，《故宫学术季刊》第 20 卷第 3 期，2003 年。

③ 《清朝文献通考》卷 41，《国用三》，第 5233 ~ 5234 页。

耗羡掌于户部湖广司者，取之有定数，用之有定款。”即是指此。嘉庆《大清会典》在叙述户部湖广清吏司职掌时称：“凡耗羡之政掌焉。各省每年征收地丁耗羡银两，乾隆五年谕，各省督抚，将地方必需公费，分析款目，立定章程，由部核明，汇奏存案。每年动款，分别循例请销，有定款有定数者，有定款无定数者，以五年通融比较。无定款随时动用者，通融撙节，不得出范围之外。又常例之外，遇有兴作必需者，随时奏明动用。每年将收支动存各数造册送部。户部于年终查核汇奏。”①

在耗羡的清理整顿上，乾隆五年（1740年）肯定是一个重要的年份，但该年是否制定了《耗羡章程》，则较为模糊，按王庆云《石渠余纪》和嘉庆《大清会典》的记载，似乎该年已经制定，但据郑永昌称：“乾隆十三年（1748年）四月，户部将各省汇奏的耗羡经费各条，节经多次往返诘驳删减，最后将准销经费各项，正式颁定《耗羡章程》。”②

然而，据光绪《大清会典事例》记载：“各省耗羡章程，节次驳令删减，至乾隆十五年，始据各督抚陆续酌定，经部议覆。各省耗羡提解归公，原为各官养廉及地方公事之用，仅按各省岁收银两，通计节年报销之有定款项，权其多寡，酌量派拨，至无定款项，难以悬拟，其银存留本省以备公用。”③

又，乾隆十五年（1750年）“户部议覆前署江苏巡抚雅尔哈善疏称，江苏省罪囚口粮，在常平仓谷内动给，其盐菜钱文，于耗羡内每年留银二百二十二两零支销。第各属罪囚多寡不同，盐菜钱按日给发，每较原定之数不敷，嗣后应按年核计罪囚多寡，据实请销。应如所请，将罪囚不敷盐菜钱，列在有定款无定数项下，在存公银内动支”④。

---

① 嘉庆《大清会典》卷13，《户部》。

② 郑永昌：《从“地方之公”到“国家之公”——论乾隆初期对地方耗羡收支管控体制的确立》，《故宫学术季刊》第20卷第3期，2003年。

③ 光绪《大清会典事例》卷170，《户部·田赋·耗羡动支》。

④ 《清高宗实录》卷378，乾隆十五年十二月壬申。

乾隆十七年（1762 年）上谕："湖北巡抚恒文奏动耗羡一折内称，本年春拨解黔银两，共用水脚鞘银十二两零，于本年三月份耗羡内动给等语，此奏殊不知大体。各省《耗羡章程》，其有定款无定数之项，部议令随时奏明，固为慎重钱粮起见，但若仅十余金之事亦专折奏请，其琐屑细碎，殊非政体。嗣后此等动用之处，若在百两以下，应成总汇折奏闻，方为得体。可传谕各省督抚知之。"①

乾隆十八年（1763 年）奏准："江南河工经费，其有定款定数者，仍应照数支销，其有定款而无定数者，以乾隆五年报部之数为准。除见在协办河臣二人各分给五百两以资公用外，其河臣勘工、盘费及修理廨舍、工食、犒赏等项，准其动支银五千两，按月支给。河库道修理天平库署等项，准其动支银五百两，均听各该处自行通融办理。其无定款定数者，照《耗羡章程》，遇有动用之处，令河臣奏明办理。"②

乾隆二十三年（1758 年）上谕："户部汇奏耗羡银两内，安徽、浙江、山东、四川、西安（陕西）五省所交耗羡，除通用抵补外，尚多支银一万四千四百余两，请行令该督抚查明，承办各官分赔等语，《耗羡章程》原因每年动支数目多寡不同，是以定议五年合计汇办，以示节制。"③

嘉庆二十五年（1820 年）奏准："直省额征耗羡银两，随地粮编征，每年地亩升除不一，随征数目，多寡无定，其动用有定款、有定数者，共五百三十八款，按年尽数支给。其有定款、无定数者，共一百二十九款，每年共酌给银九万一千四百八十三两有奇。令督抚酌盈剂虚，通融撙节，实用实销，由部五年比较，通盘核算，不得出范围之外。倘有任意支销，以致不敷，即于滥动各官名下着落赔补。至常例之外，有兴作等项，随时动用各款，其数在五百两以上者，奏明动用，在三百两上下者，咨部办理。仍于年底汇折具奏，将一年内奏咨动用各案，分别行查准驳各若干件，另缮清

① 《清高宗实录》卷 423，乾隆十七年九月癸未。

② 乾隆《大清会典则例》卷 132，《工部 · 都水清吏司》。

③ 《清朝文献通考》卷 41，《国用考三》，第 5236 页。

单奏闻。"①

根据上述记载，笔者认为，乾隆五年（1740年）颁布上谕后，各省已经陆续制定《耗羡章程》，至乾隆十五年（1750年）"始据各省督抚陆续酌定，经部议覆"。而且此后也还有补充和变化。

乾隆年间耗羡的清理和《耗羡章程》的酌定，其意义，与起运、存留关系密切者，表现在三个方面。

一是规范了耗羡的奏销。无论是造册、考成，还是征解、支发，都有了各种具体的规定。这些规定，在乾隆《户部则例》中，散见《田赋·征解》、《田赋·耗羡》、《田赋·奏销考成》各卷中，而在同治《户部则例》中，则有集中的记载，兹据同治《户部则例》将有关规定示列如下：

> 各省额征各款耗羡，均随同正项钱粮统计分数，一疏具题，以定考成。如正、耗全完，方准议叙。
>
> 各项耗羡，除已完未完分数考成册造报外，仍一面将动存各款，声明有无侵挪亏空，专折奏报，一面分析造具四柱款册送部，户部于年终汇核具题。
>
> 征收耗羡，如止解正项，不解耗羡，即系官吏侵挪。藩司一面勒追，一面参究。若该司瞻徇容隐，经部查出，一并参处。各项着落分赔。仍将是否随正完解之处，该督抚于报部册内声明，以凭稽核。
>
> 各省额征耗羡银两，概同正项钱粮，随时征收，其应支各官养廉、吏役工食，准其在于征收银内坐支。其余仍随正项钱粮尽数解司。每届岁底，各省督抚查明，一年之内额征完欠及动用存留确数，并节年积存数目，年清年款，造册报部，由部汇奏②。

以上所谓"各款耗羡，均随同正项钱粮统计分数"，"征收耗

① 光绪《大清会典事例》卷170，《户部·田赋·耗羡动支》。

② 同治《户部则例》卷9，《田赋三·耗羡考成》。

羡，如止解正项，不解耗羡，即系官吏侵挪”，“各省额征耗羡银两，概同正项钱粮”等，都说明，乾隆初年以降，耗羡已与正项钱粮无异。

二是规定了耗羡作为地方存留，其银额以及支发的范围和类项。各省的耗羡存留数额以及有定款有定数者，根据嘉庆二十五年（1820年）奏准的《耗羡章程》示列如下：

直隶省额定耗羡章程，并晋省协解银，共三十万二千二百六十六两有奇，有定款、有定数者共十款。

奉天省额定耗羡章程，并中江、山海关税羡余等银，共九千二百七十八两有奇，有定款、有定数者共八款。

江苏省苏州布政司所属额定耗羡章程，并匣费等银，共三十五万七千四十八两有奇，有定款、有定数者共三十三款。江宁布政司所属额定耗羡章程，并盐规匣费，共银三十五万七千四十八两有奇，有定款、有定数者共二十八款。

安徽省额定耗羡章程，并匣费等银，共二十二万八千二百七十三两有奇，有定款、有定数者共二十九款。

江西省额定耗羡章程，并关税、火耗羡余等银，共二十三万三千三十二两有奇，有定款、有定数者共四十二款。

浙江省额定耗羡章程等银，共十六万二千三百六十二两有奇，有定款、有定数者共十七款。

福建省并台湾府额定耗羡章程，暨官庄关税盈余寺田租谷，共银二十二万六千六百九十七两有奇，有定款、有定数者共五十九款。

湖北省额定耗羡章程，并各税盈余等银，共二十八万五千九百八两有奇，有定款、有定数者共三十二款。

湖南省额定耗羡章程，共银十五万八千九百四十六两有奇，有定款、有定数，及增添祭祀一款共三十二款。

河南省额定耗羡章程，共银四十二万一千一百十七两有奇，有定款、有定数者共三十九款。

山东省额定耗羡章程，共银四十七万三千一百三十四两有奇，有定款、有定数者共二十二款。

山西省额定耗羡章程，共银三十六万九千二百五十四两有奇，有定款、有定数者共三十一款。

陕西省额定耗羡章程，共银二十三万七千一百七十八两有奇，有定款、有定数者共二十七款。

四川省额定耗羡章程，并盐茶羡余杂税盈余等项，共银二十九万二千九百两有奇，有定款、有定数者共二十五款。

广东省额定耗羡章程，并落地税羡银，共二十三万二千七百六十三两有奇，有定款、有定数者共三十七款。

广西省额定耗羡章程，并盐道拨解盐羡银，共四万三千一百七两有奇，有定款、有定数者共二十六款。

云南省额定耗羡章程，并公件铜价等银，共十八万一千一百二十四两有奇，有定款有定数者共五十六款。

贵州省额定耗羡章程，并秋粮耗米、官田荞米、军田租谷变价等银，共六万二千八百六十一两有奇，有定款、有定数者共三十款①。

《耗羡章程》所规定的有定款有定数者，照款照数支销，而有定款无定数者，无定款定数者，则另外奏明请旨。

《耗羡章程》所规定的有定款有定数者，每省都有具体的款目和数额，为了省篇幅没有照录，兹选取江西、湖北、山东三省作为具体示例：

江西省额定耗羡章程，并关税、火耗羡余等银，共二十三万三千三十二两有奇，有定款、有定数者共四十二款。内：总督吏役工食银一千三百一两二钱八分（原额银一千六百二十一两二钱八分），总督纸张银二百四十两（原额银三百两），总漕书吏工食银八十两，总漕路费银六百六十两，巡抚吏役工食银二千四百三十一两二钱（原额银二千九百三十一两二

① 光绪《大清会典事例》卷170，《户部·田赋·耗羡动支》。

钱），巡抚拜本包箱银一百十两（原额银一百三十两），布政司书役工食银九百二十九两（原额银一千一百二十两），按察司纸张银二百二十四两，书役工食银六百三十六两，盐道库丁更夫工食银三十两（原额银四十二两），仓场总漕书役饭食银八十八两，总漕衙门赍册盘费银一百十七两，塘兵饷银一百八十七两一钱，提塘廪给塘饷银二千二百五十六两（原额银二千七百二十六两四钱），地丁册籍盘费银一百七两九钱（原额银一百五十二两九钱），颜料水脚银一千一百六十五两二钱四分，各属祭祀共五款祭品银七百一两有奇，吏部饭银一千二百两，户部地丁奏销及投册饭银二千六百八十五两六钱，兵马奏销饭银一百二十两，户科饭银三百六十两，兵米奏销饭银四百七十两，茶引饭银八两，颜料苎布饭银六十两，颜料、缎匹、二库饭银三百四十七两一钱八分，兵部兵马奏销饭银一百二十两，驿站奏销饭银一千两，刑部饭银二千两，原解兵科改解刑部饭银三百两，义宁州有额无征茶课银六十七两三钱一分七厘，德化、建昌、二县渡夫工食银一百八两，按察司秋审饭银二百二十两（原额银三百三十八两），南昌、新建、丰城、三县岁修营房工料银十三两八钱，各官养廉银十八万三千三百二十一两，总督辕门火药银一百二十三两六钱二分七厘（原额银一百五十两），巡抚衙门纸张银三百九十九两五钱（原额银五百两），星子等四县救生船水手工食银一千五百四十五两四钱二分二厘（原额银二千四百八十八两八钱），岁修营房工料银四百二十六两。

湖北省额定耗羡章程，并各税盈余等银，共二十八万五千九百八两有奇，有定款、有定数者共三十二款。除裁汰藩臬两司庆贺表笺银四十一两七钱三分四厘，摆马渡船水手工食银二百八两八钱，看守万寿宫人役工食银十二两，总督、巡抚出郊赏赉银一百十两八钱八厘，共四款。其余二十八款，内：各官巡盐公费银七千六百四十八两（原额银一万三千九百六十四两），看守先农坛农夫口粮银八两，各属祭祀共二款祭品银四百九十七两有奇，总督、巡抚、衙门进本公费银五百十八两，黄河冰冻雇夫绕道递送部文工食银五十两，宜昌、施南二府有苗州县设立义馆廪饩银二百八两，户部兵马奏销饭银一百八十两，兵部饭银一千一百六十两，户部黄白蜡等项饭银五百七十两八钱七分五厘（原额银五百七十四两八钱七分五厘），吏部饭银一千两，刑部饭银二千两，总督、巡抚二衙门廪工纸札银四千两，藩司衙门攒造奏册工价银二百七十八两，藩臬二司书吏资费银一千两，臬司、粮道衙门奏册工价银二百四十两，户部地丁奏销饭银一千一百五两六钱，又南粮奏销饭银三百六十两，户科饭银三百四十两，兵科饭银二百两，总督、巡抚、将军各衙门书役工食银一千三十两，文职各官养廉银十七万一千九十两，各属救生船工食银二千二百三十三两七钱八分一厘（原额银三千六百八十五两二钱），协贴豫省塘站马夫工料银一千一百十四两八厘（原额银一千一百五十七两八厘），土千总俸银五十七两九分九厘（原额银六十九两八钱三分六厘），荆州将军并左右两翼心红纸张饭食等银一百五十六两（原额银三百二十八两），荆州硝磺水脚银三两，户部黑铅饭银三百两三钱七分三厘。

山东省额定耗羡章程，共银四十七万三千一百三十四两有奇，有定款、有定数者共二十二款。内：各官公费银三万二千三百三十三两，巡抚衙门书吏盐菜银一千四百四十两，布政司衙门书吏饭食银二千两（原额银二千五百三十四两），吏部饭银一千两，堤塘报资银六千八百六十一两，总河衙门公费银一千一百两八钱八厘，巡抚衙门军牢等役工食并炮药等银四百十六两四钱，泉夫工食银七千八百四十两，蒙阴等处祭祀银五百五十二两六分五厘，各官养廉银二十六万四千九百五十九两，泉夫器具银一百五十五两二钱，青州副都统衙门书吏工食银一百六两五钱（原额银一百五十六两），又心红银一百两（原额银一百四十两），户部兵马奏销饭食一百二十两，兵部饭银一百二十两，堤塘赍送兵马奏销册籍赢价银八十八两，户科饭银五百两，解部科饭银盘费银五十五两，地丁奏销并投册饭银一千八百八十一两六钱，堤塘赍送地丁投文挈批往返盘费银二百四十两，解送地丁奏销册籍赢价银六十三两（原额银七十两），德州南北两河千总养廉银九十两（原额银一百七十五两六钱）。

上引难免繁杂，但可以藉此知晓有关省份存留耗羡银支发的具体情况。

三是一部分耗羡划入起运项下，一部分耗羡划入存留项下，改变了原来耗羡基本为存留的模式。由此，起运也分为起运正银和起运耗银，存留分为存留正银和存留耗银，如表7所示①：

表7 各省起运正银、耗银与存留正银、耗银

省别	起运（两）		存留（两）	
	起运正银	起运耗银	存留正银	存留耗银
直隶	1708521	211856	662622	自嘉庆十六年改解司库
盛京	20319	——	9148	——
吉林	31957	3298	144	——
山东	2772630	228639	328171	45942
山西	2645504	272847	325074	86202
河南	2747240	244110	248773	36272
江苏江宁	875559	65201	166264	16618
江苏苏州	1355705	48030	124762	7497

① 光绪《大清会典事例》卷169，《户部·田赋·起运钱粮》；光绪《大清会典事例》卷170，《户部·田赋·存留钱粮》。

续表

省别	起运（两）		存留（两）	
	起运正银	起运耗银	存留正银	存留耗银
安徽	1220310	113998	250419	55370
江西	1781608	86652	215993	——
福建	1037993	130380	198763	4864
浙江	2121751	83584	239797	10731
湖北	961769	71263	98403	10923
湖南	936647	74936	234910	42220
陕西	1341362	66452	269402	173780
甘肃	214495	10536	69531	32378
四川	541502	44697	114210	54911
广东	864211	126260	192460	52665
广西	330846	12154	97157	26851
云南	147000	47642	66816	63802
贵州	65865	5044	29373	9702
小计	23731794	1947939	3942192	730728
合计	25679733		4672920	

表7的起运总额和存留总额都比康熙年间和乾隆年间少，当是征不足额所致，这也是清代中后期田赋征收的实情。从起运与存留的比例看，由于一部分耗羡列入了起运，所以总的起运比例达到84.64，存留比例则降至15.36。

五 结 语

耗羡归公，由于规定了各省的耗羡征收比例，耗羡的滥征在一定程度上受到遏制。同时，又由于耗羡归公的主旨是由官员的私自征收改为政府的正式收入，所以在整肃吏治方面和弥足财政方面有双重的作用。对此，雍乾时期的名臣孙嘉淦曾有论列：

世宗宪皇帝明烛无疆，谋成独断。以为与其暗取而多征，不若明定其数；与其营私中饱，不若责其办公。故就各省情形，酌定一分数厘之额，提其所入于藩库中，以大半给各官为养廉，而留其余以办地方之公务。嗣是以来，征收有定，官吏不敢多取。计其已定之数，较之未定以前之数，尚不及其少半，则是迹近加赋，而实减之。且养廉已足，上司不得需索属员；办公有资，州县亦不敢苛求百姓。馈送谢绝，而摊派无由。故曰：雍正年间无清官。非无清官也，夫人而能为清官也。是则耗羡归公，既无害于民生，复有补于吏治①。

其他臣僚对耗羡归公也多有赞誉。

赵青藜云："耗羡一项，轻其额而归之公，俾有司不得滥取以病民，上官不得苛求以病吏。养廉有资，公费有资，条分缕析，光明正大，固补救之权宜，实弛张之善道。"②

钱陈群云："初定耗羡，视从前听州县自征之数有减无增。奉行以来，吏治肃清，民亦安业。"③

田文镜云："查耗羡未归公之时，原系各州县所得，各上司因其得有耗羡，于馈送节礼之外，恣意勒索，藉名派捐，不但州县分文不得入己，往往所入不敷所出，遂至亏空正项，粜卖仓谷，无所

① 孙嘉淦：《办理耗羡疏》，《皇朝经世文编》卷27。
② 赵青藜：《耗羡仍请归公疏》，《皇朝经世文编》卷27。
③ 钱陈群：《条陈耗羡疏》，《皇朝经世文编》卷27。

不至，及至地方一有公务，仍派里民，小民受累，此耗羡未归公之情弊也。自耗羡归公之后，各上司俱得有足用养廉，不敢向州县勒索派捐，各州县亦俱得有足用养廉，反得实在归己，日用既足，又不至亏动正项钱粮仓谷。"①

上揭孙、赵、钱、田所言，虽难免有溢美之处，但基本上符合实情。《清朝文献通考·田赋三》也曾概而论之："自山西提解火耗之后，各直省次第举行，以给官吏养廉及他公用，钱粮少者或以税课盈余佐之。由是有司不得滥取于民，而公用亦无匮乏。行之数年，上下交以为便。……自提解火耗之法行，有司之养廉于此酌拨，地方之公用于此动支，百姓永无藉名苛派之累，而官吏得有洁己奉公之实。所加于民无多，所益于民者甚大。所谓上不误公，下不病民，达权通变，至公至善之计也"。除此之外，在耗羡的征收率上，雍正年间山西、山东等省已有所降低，乾隆年间，还有对江南地区耗羡的减征，一如乾隆元年（1735 年）的上谕："自乾隆元年起，一切新旧钱粮将科则最重之苏松太三府州遵减耗羡五分，计共减耗银七万七千三百八十三两零，科则次重之常镇二府，酌减耗羡三分，计共减耗银二万八千一百九十一两零，通共减耗银一十万五千五百七十四两零。"②

当然，在耗羡的具体征收时，实际上多有高出额定征收率的现象，就以上所引史料揭示的情况看，山西、浙江、福建、贵州等省都有这样的事例。其他各省也不能说没有，如湖北："其钱粮不及五千两者，即将耗羡尽行给予。至同知、通判有管关税者有管粮管盐者，相沿自有养廉，大半未经分给，其佐杂等官亦未议及。且州县钱粮有止三四百两者，加一耗羡虽全留不解，亦仅三四十两。至稍过五千两之处，便应照额起解耗羡，则所存亦复无几，臣细加体访，此种州县虽名为加一火耗，实有一分一二厘，合计尾数积零，至加一三者有之。又额征三四百两之州县，尚有民差、民当之说，

① 《朱批谕旨》卷 126，雍正六年七月十一日河东总督田文镜奏折。

② 乾隆《江南通志》卷 68，《食货志·田赋二》。

遇有公费，仍出民间。"① 越是耗羡不足养廉银支发或公费不足的场合，这种现象就越突出。并不能完全说耗羡归公后就没有苛索，这是问题的一个方面。另一方面，随着时间的推移，与其他制度与措施一样，耗羡归公也依然会产生弊端，这就是前此学者已经指出的："提解既久，耗羡渐同正项，州县贪员，重新征收，于耗羡之外又增耗羡，养廉之中又私取养廉。"② 这样的事例很多，在乾隆初年已显露端倪，如乾隆六年（1741 年）上谕："山西地方，自石麟为巡抚以来，因循旧习，吏治废弛，……各属浮收滥取之弊，更相习为固然，如征收地丁钱粮，每两例加耗羡一钱三分，今加至一钱七八分不等，更有加至二钱者。若如此征收，民何以堪？至乡村编氓，有以钱纳粮者，每两收大制钱一千三十文，就时价合算，计一两加重二钱有余。是耗外又加耗矣。"③ 这说明，即使是一项意义深远的改革，也不可能一劳永逸。

原载《清华大学学报》2009 年第 3 期

---

① 《朱批谕旨》卷 96，雍正七年三月初八日湖北布政使徐鼎奏折。

② 庄吉发：《清世宗与赋役制度的改革》，台湾学生书局 1985 年版，第 145 页。

③ 《清高宗实录》卷 143，乾隆六年五月辛卯。

二十五、

清代对财政亏空的清查

清查财政亏空，在雍正朝最为突出，为学者所乐道。但作为对财政的清理整顿，雍正以前已经存在，雍正以后也依然突出。换句话说，财政的亏空贯穿有清一代，对亏空的清查也一直是整顿财政的重点。本文分三个时期进行论述。

一　雍正以前对亏空的清查

清代的财政亏空及其清查，在康熙初年已有端绪。

起初，在顺治九年（1652 年），已经题准："钱粮征解支放，各有款项，若为公务移缓就急，谓之挪移；假公济私，谓之侵盗；军兴公用，不得已而借用，谓之透支；藉端开销，谓之冒破。令抚、按清查追抵。"① 这还是对库项亏空的一般性界定和释名，涉及"挪移"、"侵盗"、"透支"、"冒破"等名目，尚未用"亏空"一词，只是"令抚、按清查追抵"，未见到对"挪移"、"侵盗"、

① 光绪《大清会典事例》卷 175，《户部 · 田赋 · 究追亏空》。

“透支”、“冒破”者进行处分的具体则例。

到康熙初年，便有了具体的处分则例。康熙九年（1670 年）题准：“司道府州县等官，如钱粮米豆正杂等项擅自那（挪。“那”、“挪”在古文中相通，原文用“那”者，不再另注）移别用者，皆革职。如正杂钱粮米谷豆草不报明该抚，以紧急军需私自那用者，降一级留任，俟赔完之日听该督抚题请开复。如存留钱粮因公那用者，免议。”① 这是吏部的处分例，目的在于防止地方官员的挪移而导致亏空。

康熙十年（1671 年）题准：“承追侵那钱粮，初次限四月追完，逾限不完，降俸二级戴罪督催，再限一年全完。如仍不完，罚俸一年。”② 这是户部的处分例，目的在于补足欠项。

随后，由于三藩之乱的爆发，动用钱粮刻不容缓，地方藩库钱粮往往紧急动拨，康熙十七年（1678 年）题准：“各省有因军需动用钱粮，刻不容缓者，司道官申详督抚，一面咨题一面动用。若司道并未申详，擅自动用，督抚先未题咨，径为请销者，督抚降职二级，司道官降职五级，皆调用。若司道申详，督抚不咨题，擅令动用者，司道官免议，督抚降职五级调用，皆不准开销，责令赔还。”③ 应该说，这条政令虽有防范之意，但在客观上导致了钱粮的挪移和亏空。

三藩之乱结束以后，由于藩库的亏空凸显，清查亏空再次被提上议程。吴廷燮《清财政考略·康熙时之财政》已经指出：康熙二十三年（1684 年），以广西巡抚郝浴亏空库银十九万两，大学士、九卿等议准了防止亏空的几个条款：一、驻防绿骑官兵米豆草束，如有将价值浮折具题者，照例处分。二、定限一年，清查各省采买米豆浮多价值并追完。三、清查兵马钱粮数目舛错。四、各省奏销钱粮驳查者，俱令具题完结。其后，清查亏空之诏屡下，“而亏空之弊卒未禁绝，故末年有谓一省亏空皆至五六十万两者，此雍

① 乾隆《大清会典则例》卷 16，《吏部·考功清吏司·盘察》。
② 乾隆《大清会典则例》卷 37，《户部·田赋四》。
③ 乾隆《大清会典则例》卷 37，《户部·田赋四》。

正初年严办亏空官员之由来也”①。

吴廷燮所言不虚。从康熙中期起，有关亏空及其清查的上疏、上谕不断，并不断颁布新的措施。

康熙二十七年（1688 年）题准：“各省藩库交代钱粮，定限两月，如有侵欺亏欠等弊，将隐匿不参之该督抚革职。如督抚有侵欺入己之处，照侵欺例治罪。”② 又议准：“州县亏空，知府不行揭报，反逼新任官出结者，革职。”③

康熙二十八年（1689 年），户部疏称：“各处藩司库银，屡以亏空见告，虽定有藩司升任巡抚躬自盘查之例，然平时漫无稽核，至升任时始行盘查，未免已晚。……嗣后应令各省巡抚于每年奏销时，将司库钱粮亲身盘查，如无亏空，于奏销本内一并保题。倘保题之后仍有查出亏空者，将巡抚照康熙二十七年十二月内新定交盘例治罪。”④ 又题准：“粮、驿二道存库钱粮，责成藩司；各府存库钱粮，责成各道。令每年岁终亲往盘查，如无亏空，即具保结申送巡抚。倘保结之后，仍有查出亏空者，该抚题参。将藩司、各道皆照例革职分赔。”⑤

康熙三十九年（1700 年）上谕：“近见各省督抚等先以官员亏空仓库银米题参后，以家产尽绝保题者甚多，此等亏空银米，作何着落追还，着九卿、詹事、科道会议具奏，钦此。”遵旨议定：“嗣后仓库银米，如有亏空，审明是侵是那，着落亏空官追还，有实系家产尽绝不能完结者，着落岁终申报保题之各上司官名下追

① 吴廷燮：《清财政考略·康熙时之财政》，1914 年铅印本，第 3～4 页。康熙二十三年，“以各省督抚侵欺库帑，户部无凭查核，谕大学士、九卿详定条例”。见《清朝文献通考》卷 41，《国用三》，第 5230 页。

② 乾隆《大清会典则例》卷 16，《吏部·考功清吏司·清盘库项》。

③ 光绪《大清会典事例》卷 175，《户部·田赋·究追亏空》。

④ 钞档：《地丁题本·湖南（二）》，乾隆二年八月十九日张廷玉题本引前定例。雍正元年（1723 年），又进一步重申，并增加了“令总督监同巡抚亲身盘查”，“钱粮无缺，出具印结，于奏销本内一并保题”的内容。见档案，乾隆三十六年素尔讷题：《为奏销乾隆三十五年钱粮事》引前定例。

⑤ 光绪《大清会典事例》卷 174，《户部·田赋·盘查仓库》。

完。至起解银两及漕粮等项已经起程之后，如有亏空者，将解官运官审明追还。实系家产尽绝不能完纳者，亦着落差遣不慎之该管上司名下追完。如有藉端私派于民者，从重治罪。”① 又覆准：“升任官文凭到日，该督抚即委官署印，限两月内将事件交代明白，方准离任。如任内有经管未完钱粮，不于两月内交清，呈报上司，及署官、新官推诿不接者，各罚俸一年……其任内有侵盗、透冒、挪移、垫解，并拖欠未清等弊，署官、新官揭报，该抚题参，将本官照例处治。如署官、新官徇隐不报，交代后始揭报者，该抚核实题参，将亏空官革职治罪，接任官照徇隐亏空例议处。亏项照例追赔。若接官不受交代，通详上司，上司不揭报题参者，照徇庇例议处。”② 该年，直隶巡抚李光地题称：“目前因循积弊，未有甚于亏空者，不可不立法厘清宿弊。”并提出三条办法：“一、杂项钱粮，不入奏销案内者，应责成该管上司于监查正项时，一并照例盘查保结，则那移之弊杜矣。一、上司盘查属库，例责年终，嗣后应自该年十一月起，至次年奏销以前止，亲至查明，如有亏短，立行揭报，见存无亏，据实出结，则期限舒徐，可以逐项周察也。一、亏空那移，律例虽有正条，但法轻易犯，嗣后地方官如有那移银至五千两以上，或粮米至六千石以上者，无论已未革职，仍拟满流，不准折赎，即遇恩典，亦不准减免。庶人知畏法，而仓库加谨矣。”下部议行。③ 康熙四十年（1701 年）覆准：“凡亏空之案，专责藩司于部文到日，严督府州县各官务遵四月定限，将侵那审明招解，如逾限，将州县官揭参，迟延限后又满四月，再参迟延。将本管知府皆照易结不结例议处。藩司于限内不据实揭报，后以迟延揭报塞责者，亦照易结不结例处分。至各州县修理城池等项，虽系私捐，仍令通报。如亏空事发，各该抚藩司将私捐修理之项审作那移正项者，承审官照徇纵例议处。”④

---

① 乾隆《大清会典则例》卷 37，《户部·田赋四》。
② 光绪《大清会典事例》卷 174，《户部·田赋·钱粮交代》。
③ 《清圣祖实录》卷 197，康熙三十九年二月。
④ 乾隆《大清会典则例》卷 37，《户部·田赋四》。

康熙四十四年（1705年）上谕："官员荐举卓异，关系激劝大典，所列事迹，期有实济于地方百姓，开载虚文无益。嗣后荐举卓异，务期无加派、无滥刑、无盗案、无钱粮拖欠、无亏空仓库银米，境内民生得所，地方日有起色，方可膺卓异之选。"①

康熙四十四年（1705年）覆准："州县仓库钱粮，责成知府盘察，于每年奏销时，出具所管州县仓库实贮无亏印结，造册申详保题，仍令不时盘察，无论几时察出亏空，立即揭参，免其革职分赔。若州县亏空，知府有扶同徇隐情弊，别经发觉者，将知府参革，令知府独赔。如知府止系盘察不实，不行揭报，或别案发觉始行报出者，系那移，将知府革职，令知府分赔；系侵欺，知府照失察侵盗律议处，免其分赔"。②

康熙四十八（1709年），上谕："闻江南有催征蠲免钱粮，以偿己之亏空者，科道何以不行指参。"③

康熙四十九（1710年），上谕户部："陕西州县官有因地瘠民贫，并不亏空钱粮，故为亏空，被参解任后，即行填补，希图别处美缺者，朕知之甚确。着九卿议奏。寻议：嗣后直省州县官亏空钱粮，被参离任后，赔补已完，开复者，不准别省补用，仍以原缺补用，庶无规避之弊。从之。"④

康熙五十年（1711年）议准："亏空官，如有现任居官之子，情愿代父赔还者，即于其子任所按限扣追，完日免罪。"⑤

康熙五十一年（1712年）议准："州县亏空钱粮，知府止将本年揭报，其积年亏空直至题参之后始报，察出者，仍将通同隐匿之知府照例题参。"⑥

康熙五十三年（1714年）议准："凡追赔亏空赃罚银及分赔等项，悉于文到之日定限一年，其限内追完三百两以上之案者，承追

---

① 《清圣祖实录》卷221，康熙四十四年五月己卯。

② 乾隆《大清会典则例》卷16，《吏部·考功清吏司·盘察》。

③ 《清圣祖实录》卷239，康熙四十八年十月丙午。

④ 《清圣祖实录》卷243，康熙四十九年九月己未。

⑤ 光绪《大清会典事例》卷175，《户部·田赋·究追亏空》。

⑥ 乾隆《大清会典则例》卷37，《户部·田赋四》。

官每案记录一次，督催、知府、直隶州知州每三案记录一次，道员每五案记录一次，督抚布按每十案记录一次。若不完，将承追官罚俸一年督催，知府、直隶州知州各罚俸六月，司道督抚各罚俸三月，皆戴罪督催。再一年限内不完，将承追官降一级留任，督催知府、直隶州知州各罚俸一年，司道督抚各罚俸六月，再限一年督催，全完开复。若不完将承追官照所降之级调用，督催知府、直隶州知州各降一级留任，司道督抚各罚俸一年，其接任承追督催等官仍各照到任之日扣限。”又题准：“凡亏空之人，如果家产全无，本人身故，妻及未分家之子不能赔补者，该地方官取具印甘各结，申报督抚保题豁免结案。倘题后而本人别有田产、钱财、房屋、人口，发觉尽行入官，将承追出结官革职督催，知府、直隶州知州各降二级调用，司道降一级留任，督抚罚俸一年，其所欠赃银米谷，着落出结官赔补。如承追官员不着落本人之妻并未分家之子行追，借端将亲族滥行着落追赔者，将承追官革职。”①

康熙五十六年（1917 年）覆准：“嗣后亏空案内，如果系民欠，捏报全完，或私借仓粮，捏报无欠，除私借之员照律治罪，其捏报官，照虚出通关朱钞律，计所出之银数，并赃以监守自盗论。其实在民欠，着落原借之人完纳，其挪移有抵，即令接任官催征。若捏报私借之项，该员情愿一年内代民全完，准其开复。”②

康熙五十八年（1719 年），上谕九卿：“各省钱粮，亏空甚多……各省亏空钱粮，督抚等果能尽心竭力完补，又何至亏空乎？其作何完补之处，尔等会同详议具奏。”寻议：“应行令直隶各省督抚，将见今亏空各项钱粮数目，作速查明，何项亏空？作何完补？并嗣后作何立法，始可永无亏空之处，一并确行定议具题，到日再议。”从之③。

康熙五十九年（1720 年）议准：“嗣后州县官亏空钱粮，倘知府揭报，而布政使司不即转揭，或已揭而督抚不即题参者，许揭报

---

① 乾隆《大清会典则例》卷 19，《吏部·考功清吏司·承追》。

② 光绪《大清会典事例》卷 175，《户部·田赋·究追亏空》。

③ 《清圣祖实录》卷 283，康熙五十八年正月。

官径报部院，将徇庇之上司照例议处，仍令分赔。其卫所等官亏空屯卫等项钱粮，照亏空地丁例议处。"① 该年，又议准："州县亏空钱粮，知府从前果有扶同徇隐情弊，别经发觉者，将知府参革，其亏空钱粮，令知府独赔。"又覆准："州县官恃有上司分赔之例，将库银藏匿，假捏亏空者，审实，着落本犯名下独追还项，仍照例治罪。"又覆准："各省亏空钱粮，皆因夤缘馈送礼物所致，发觉之日，与、受，皆革职。严饬督抚，照例实心奉行。其有上司逼勒交盘，以致亏空者，许新任官据实直揭部院，科道衙门题参。审明，将逼勒各官照例议处；具揭之新官，令其赴部，调补别省。"又覆准："嗣后督抚不尽心防范于未亏空之前，竭力补苴于亏空发觉之后，将督抚照例议处。仍令分赔完补。"② 事实上，该年是康熙年间对亏空的清查最为着力的一年。据《清圣祖实录》记载，该年七月，上谕户部："直隶各省钱粮亏空甚多，应作何立法，使亏空之弊永远清理，着行文各该督抚，确议具奏。"③ 另据《清朝文献通考·国用三》记载，"五十九年，圣祖仁皇帝以直隶各省亏空甚多，欲立法清理，谕户部行文各督抚确议具奏"。户部根据各督抚的意见，共议定六条条例：

一、州县官征收钱粮，务令随征随解，如迟延不解，即令该督抚题报参处。如州县官批解钱粮，而布政司抵充杂派，扣批不发，许州县官申报督抚，并报部院衙门题参。

一、令该督抚确查亏空情由，或因知府扶同徇隐，以至亏空者，即行参革，令知府独赔。

一、州县官有捏报亏空，审明定拟，即于本犯名下独追还项。

一、亏空钱粮果系因公挪用者，将该员革职留任，勒限赔补，限内全完，准其开复。若至霉烂仓谷，现在参追者，着一

① 乾隆《大清会典则例》卷37，《户部·田赋四》。
② 光绪《大清会典事例》卷175，《户部·田赋·究追亏空》。
③ 《清圣祖实录》卷288，康熙五十九年七月庚午。

年内如数完补，亦准开复。

一、州县官亏空钱粮，如有知府揭报，而布政司不即揭报，或已揭而督抚不即题参者，应令该知府申报部院，将督抚、布政司等官照徇庇例议处，仍令分赔。

一、卫所官员亏空屯卫等项钱粮，亦照地丁之例处分①。

同时，该年还议定了追赔亏空的议叙与处分则例：

凡追赔亏空赃罚银等项及分赔等项，除不及千两之案仍照三年之例参处外，至五千两以上之案，以十分为率，勒限五年，每年追完二分，五年之内十分全完纪录一次，每年完不及二分者，初限不完降俸二级，二限不完罚俸一年，三限不完降一级，四限不完又降一级，皆留任戴罪承追。五年限满，能完至七分者，将所降之级准其开复，再行按年起限承追。如不完及七分者，照所降之二级调用。接任官以到任之日起限，有能于一年限内追完千两以上之案者，准加一级，五千两以上之案者准加二级，万两以上之案者准加三级，如能于一年限内追完一万五千两以上之案者准以应升之官即用。其督催五千两以上者，每案勒限五年分数催追，递年完至二分者，免其处分，递年完不及二分者，知府、直隶州知州每案初参降俸一级，二参罚俸六月，三参罚俸一年，四参降一级留任，皆令戴罪督催。五年限满，全完开复。如不完降二级留任，戴罪督催。督抚司道每案初参罚俸三月，二参罚俸六月，三参罚俸九月，四参罚俸一年。五年限满无完，各降一级留任，仍再行按年起限督催。全完开复。余款仍照不及千两之例行其督催。亏空粮米道员，责成粮道为督催。督催亏空盐课道员，责成盐道为督催。其非管理粮盐道员免其并参②。

---

① 《清朝文献通考》卷41，《国用三》，第5230~5231页。

② 乾隆《大清会典则例》卷19，《吏部·考功清吏司·承追》。

康熙六十一年（1722 年），上谕扈从大学士、尚书、侍郎、学士等曰："据陕西巡抚噶什图奏称，陕西亏空甚多，若止于参革官员名下追补，究竟不能速完。查秦省州县火耗，每两有加二、三钱者，有加四、五钱者。臣与督臣商议，量留本官用度外，其余俱损补合省亏空，如此则亏空即可全完等语。朕谓此事大有关系，断不可行。定例私派之罪甚重，火耗一项，特以州县官用度不敷，故于正项之外，量加些微，原是私事。朕曾谕陈瑸云，加一火耗，似尚可宽容。陈瑸奏云，此乃圣恩宽大，但不可明谕，许其加添。朕思其言，深为有理。今陕西参出亏空太多，不得已而为此举，彼虽密奏，朕若批发，竟视为奏准之事。加派之名朕岂受乎。特谕尔等满汉诸臣共知之。"①

据以上示例，可以看出，康熙中后期对亏空的清查和处分，主要涉及藩库钱粮的及时盘查，对地方藩库亏空的如实、及时上报，亏空钱粮的追赔，以耗羡弥补亏空，各级官员应负的责任等，并有相应的政策条例予以规范。尽管如此，清查亏空的效果仍然不显著。之所以如此，原因可能是多方面的，但在很大程度上与康熙对亏空原因的认识有关。康熙曾经多次谈及亏空的原因。如：

康熙四十八年（1709 年）上谕大学士等曰："凡言亏空者，或为官吏侵蚀，或为馈送上官，此固事所时有，然地方有清正之督抚，而所属官员亏空更多，则又何说？朕听政日久，历事甚多，于各州县亏空根源知之最悉，从前各省钱粮，除地丁正项外，杂项钱粮不解京者尚多，自三逆变乱以后，军兴浩繁，遂将一切存留项款尽数解部，其留地方者，惟俸工等项必不可省之经费，又经节次裁减，为数甚少，此外则一丝一粒无不陆续解送京师，虽有尾欠，部中亦必令起解，州县有司无纤毫余剩可以动支，因而有那移正项之事，此乃亏空之大根源也。"② 如是，亏空虽与官吏侵蚀有关，但主要的原因是由于三藩之乱以后中央财政与地方财政的调整而导致

① 《清圣祖实录》卷 299，康熙六十一年九月戊子。

② 《清圣祖圣训》卷 27，《理财》。

的地方财政的困难和紧张，地方财政不足，地方官员除另辟财源外，势必挪此就彼。

康熙四十九年（1710年）上谕大学士、九卿等曰："江南亏空钱粮，两次命张鹏翮察审，朕意地方虽有不肖之官侵蚀钱粮，未必多至数十万两。前朕南巡时曾有谕旨，凡沿途所用之物悉出内帑预备，未尝丝毫取诸官民，督抚等官不遵朕旨，肆意那用，以致亏空，朕若不言，内外诸臣谁敢言者。但彼任事之人离任者已多，若将因公那用，责之新任官赔补，朕心实不忍也。至俸工银两有限，即逐年扣补，亦难清理，且官无俸禄，役无工食，必致私派以累民。"① 这是专就江南的亏空而言，这种亏空，康熙认为与自己的数次南巡有关，亏空仍是"公务"所致，不便于追赔。

康熙六十一年（1722年）上谕："近见天下钱粮，各省皆有亏空，陕西尤甚。其所以致此者，必有根源，盖自用兵以来，大兵经行之处，督抚及地方官惟期过伊地方便可毕事，因资助马匹、盘费、衣服、食物甚多，仓卒间无可设法，势必那用库帑，及撤兵时，又给各兵丁马匹银两，即如自藏回来之将军以及兵丁沿途所得，反多于正项，动辄万金，人但知取用而已，此等银两出自何项，并无一人问及也。官之亏空钱粮者，俱已题参离任，其亏空银两追比不能，即得新任官又不代完，此项银两终无着落。……（陕西）巡抚噶什图密奏，欲加通省火耗以完亏空，此折朕若批发，便谓朕令加征，若不批发，又谓此事已曾奏明，竟自私派。定例私派之罪甚重，火耗一项，特以州县官供应甚多，故于正项之外略加些微，以助其不足，原属私事，若公然如其所请，听其加添，则必致与正项一例催征，将肆无忌惮矣。"② 这里所说的亏空，是由于用兵所致，也是难以追赔，所以便有了"加通省火耗以完亏空"的建议。

---

① 《清圣祖圣训》卷4，《圣德三》。

② 《清圣祖圣训》卷9，《圣治四》。

二 雍正朝对亏空的清查

康熙六十一年（1722 年）十二月，雍正帝即位后，发布了一长篇上谕：

> 自古惟正之供所以储军国之需，当治平无事之日必使仓库充足，斯可有备无患。皇考躬行节俭，裕国爱民，六十余年以来蠲租赐复，殆无虚日，休养生息之恩至矣。而近日各省道府州县亏空钱粮者正复不少，揆厥所由，或由上司勒索，或系本人侵渔，岂皆因公那用！皇考好生如天，不忍即正典刑，故此辈每恃宽容，毫无畏惧，恣意亏空，动辄盈千累万，督抚明知其弊，曲兼容隐。及至万难掩饰之时，又往往改侵盗为那移，勒限追补视为故事，究竟全完者绝少。新任之人，上司逼受前任交代，初畏大吏之势，虽有亏空，不得不受继启效尤之心，任意侵蚀，更藉此挟制上司，不得不为之隐讳。辗转相因，以致库藏全虚，一旦地方或有急需，不能支应，关系非浅。本应实时彻底清察，重加惩治，但念已成积习，姑从宽典，除陕西省外，限以三年，各省督抚严察所属，钱粮凡有亏空，无论已参未参，均于三年之内如数补足，毋得苛派民间，毋得藉端遮饰。如限满不完，定从重治罪。若三年补完之后，再有亏空，除被上司勒索及因公那移者分别处治外，其实在侵欺入己者，确审具奏，即行正法。倘仍徇私容隐，或经朕访实，或被科道纠参，将督抚一并从重治罪。即如山东藩库，亏空至数十万，虽以俸工补足，其实不能不取之民间，额外加派。山东如此，他省可知。以小民之膏血，为官司之补苴，地方安得不困乎！既亏国帑，复累民生，大负皇考爱养元元之至意。此朕断断不能姑容者。至于署印之官，尤须慎重简择。谚云：署印如行劫。皇考每言及此，未尝不恨署印之人。始而百计钻营，既而视如传舍，肆意贪婪，图饱欲壑，或取媚上官，供其索取，贻害小民，尤非浅鲜。其于前任亏空，视作泛常，接受交盘，复

转授新任，苟且因循，亏空愈甚。嗣后如察出此等情弊，必将委署之上司与署印之员一并加倍治罪，决不姑贷。钦此①。

雍正此谕非常重要，一方面认为乃父“好生如天，不忍即正典刑”，亏空“或由上司勒索，或系本人侵渔，岂皆因公那用”，事实上否定了康熙对亏空的认识。雍正元年（1723 年），又谕：“藩库钱粮亏空，近来或多至数十万，盖因巡抚之赀用，皆取给于藩司，或以柔和交好，互相侵那，或先钩致藩司短长，继以威制勒索分肥入己，徒供一身夤缘自奉之费，罔顾朝廷帑藏财用之虚，及事发难掩，惟思加派补库，辗转累民，负国营私，莫此为甚。”②进一步表明了亏空乃侵欺所致；另一方面，表明了严查亏空的决心，并要求三年之内将亏空之项补足。从此拉开了雍正朝清查亏空的序幕。

对雍正朝的清查亏空已多有研究。王业键认为，雍正帝决心整顿财政，一方面三令五申，革除积弊，一方面采取更积极的行动，推行他的改革措施。首先派员或饬令清查钱粮，清查后发觉亏空，则亏空官员视情节轻重予以免职或革职查办。亏空之项，分有着、无着两种，前者指亏空银两经查明由谁负责，责任既明，有关官员自不能逍遥事外，这种亏空均限期责令赔补；后者指责任不明或年久无可着追之亏空，大多以各地正额钱粮所附加的耗羡银两弥补。并以直隶、山西、河南、山东等省的实例说明了清查亏空的效果③。冯尔康认为，雍正朝的清查亏空分为两个方面，一是在中央设立会考府，清查户部的亏空，二是地方上的清查亏空。对地方上的清查亏空，采取了命亲戚帮助赔偿、禁止代赔、分清挪移与侵欺的区别、对畏罪自杀的官员加重处理等办法④。曾小平认为，清初

① 乾隆《大清会典则例》卷 37，《户部·田赋四》。

② 《清世宗圣训》卷 5，《圣治一》。

③ 王业键：《清雍正时期的财政改革》，原载《“中央研究院”历史语言研究所集刊》第 32 本，1960 年。见氏著：《清代经济史论文集》（一），台北县稻香出版社 2003 年版，第 314～323 页。

④ 冯尔康：《雍正传》，人民出版社 1985 年版，第 139～147 页。

亏空的情况极为复杂，由于地方的正式经费有限，对于地方官员而言，在公务上有所作为而不引发亏空几乎是不可能的。随着雍正皇帝的即位，改革重点发生了显著的变化。他主动采取的第一项政策是宣布对政府亏空和官吏侵贪予以正面打击①。

概而言之，雍正的清查亏空，从清查范围上来讲，主要有三：一是设立会考府，清查户部的亏空，二是清查地方藩库的银两亏空，三是清查各地仓库的粮食亏空。从采取的清查措施来讲，则有下述数端：

第一，规定弥补亏空的年限。在前揭康熙六十一年（1722 年）十二月的上谕中，已经明令“除陕西省外，限以三年，各省督抚严察所属，钱粮凡有亏空，无论已参未参，均于三年之内如数补足”。同时又规定了“分限完补”的办法：“州县侵那亏空，审明确系知府徇隐独赔之项，将知府照例革职离任，本犯拟罪监追，勒限三年完补。无论本犯完补，或知府协同完补，但能于一年内全完，系侵欺之项，本犯拟死罪者照例减二等发落，拟军流徙杖者照例豁免，徇隐之知府不准开复。系那移之项，至二万两以上者，一年内全完，本犯照例释免。未至二万两者，一年内全完，本犯照例准其开复，其徇隐之知府亦照雍正二年八月上谕上司与本官一同开复之例皆准其开复。如二限、三限完补者，本犯照例分别发落。若三年限满不能完足，即将本犯治罪，察实果系家产全无，无力完帑，不论是侵是那，将未完之项尽数著落徇隐之知府勒限一年完补，除徇隐侵欺之项虽经全完不准开复外，系那移之项能于一年内全完，准其开复。一年限满不完，再限一年完补，若能于二限内赔补全完，照依原职降一级调用。二限内完不足数，再限一年完补，若能于三限内全完，照依原职降二级调用。三限内不完，即将知府家产搜查变补，若即赔补全完，亦不准开复。如州县亏空，知府失于觉察，系侵欺之项，除本犯照例严追外，失察之知府照失察侵盗本律议处，免其分赔。如系失察那移，例应分赔之项，将知府革

① ［美］曾小平：《州县官的银两——18 世纪中国的合理化财政改革》，董建中译，中国人民大学出版社 2005 年版，第 70 ~ 82 页。

职，其亏空之项，亦先在本犯名下勒限三年追补。一年内全完，将本犯及不行揭报之知府，皆准其开复。二限、三限完补，本犯照例分别发落。若三年限满不能完足，将本犯治罪。察实果系家产全无，无力完帑，将未完之项着落不行揭报之知府分赔一半，其余一半入于无着项下完结。其知府分赔一半银，勒限一年完补，一年内全完，准其开复，不完再限一年完补，若能于二限内全完者，准其开复，于补官日罚俸一年。如二限内完不足数，再限一年完补，若能于三限内全完者，照依原职降一级调用。如三限内不完，不准开复，未完银仍着落追赔。"①

三年之限即满，由于效果不佳不得不再为宽限，如雍正四年（1726年）所谕："数十年来，各省钱粮亏空甚多，朕深悉其弊端，曾降谕旨，宽限三年，令各省督抚催追完项，至今未见有督抚奏报料理就绪者。……今特沛宽恩，凡各省亏空未经补完者，再限三年，宽至雍正七年，务须一一清楚，如届期再不全完，定将该督抚从重治罪。如有实在不能依限之处，着该督抚奏闻请旨。"② 雍正八年（1730年），又覆准："除不及千两者，仍照原限勒追外，其千两以上万两以下者，再定限一年，二万两以下者，再定限二年，每年应完一半。三万两以上者，再定限三年，每年应完三分之一。"③ 分别不同的情况，再次予以宽限。

第二，颁布清查亏空的奖惩则例。康熙末年的奖惩则例已如上揭。追赔亏空，既有分年完补之例，也有分限完补之例，雍正年间根据是否按时完补，对有关承追、督催官员分别奖惩："应追侵盗那移各案，除不及千两者，仍照原限勒追外，其千两以上万两以下者，再定限一年，二万两以下者，再定限二年，每年应完一半。三万两以上者，再定限三年，每年应完三分之一。如能依定限内通完者，承追州县每案记录一次，督催知府每三案记录一次，道员每五案记录一次，督抚、布政使、按察使每十案记录一次。若逾限不

① 乾隆《大清会典则例》卷16，《吏部·考功清吏司·盘察》。
② 《世宗上谕内阁》卷47，雍正四年八月初四日。
③ 光绪《大清会典事例》卷175，《户部·田赋·究追亏空》。

完，或未通完者，将承追之州县每案罚俸一年，督催知府每案罚俸六月，司道、督抚每案罚俸三月。将千两以上万两以下款内下欠之银再限一年，戴罪督催。其二万两以下，初限一年，款内下欠之银，归入第二年项下，统再限一年，戴罪催完。至三万两以上，初限一年款内下欠之银，即归入第二年数内，一并戴罪催完。若仍未通完，将承追之州县降一级留任，督催之知府罚俸一年，司道、督抚各罚俸六月。将千两以上万两以下之款，并二万两以下款内应追之银，再限一年，戴罪催完。其三万两以上之款，两年限内尚未通完者，将下欠之银归入第三年数内一并戴罪催完。倘各能照数通完，将承追州县所降之级准其开复，若不能通完，将承追州县照所降之级调用，督催知府降一级留任，司道、督抚各罚俸一年。其接任承追、督催等官，仍照依到任之日扣限。"①

第三，明确亏空官员的革职、开复、追赔。雍正元年（1723年），上谕吏部："亏空钱粮各官，若革职留任催追，必致贻累百姓，伊等既已获罪革职，岂可复留原任，嗣后亏空钱粮各官，即行革职，着落伊身勒限追还，若果清完，居官好者，该督抚等奏明，着通行直隶各省督抚知之。"② 为避免此前"革职留任"带来的弊端，亏空官员一律革职，如能还款完毕，则视情开复。上揭"分限完补"的办法中已有开复的规定，可以参考。雍正二年（1724年），又上谕吏部："凡官员亏空钱粮仓谷，该管上司失于盘查，自应革职分赔，但定例亏空官员审无侵欺入己之项，勒限一年内赔补全完，准以原职补用，而失察革职之上司转不得与本官一体开复，似属可悯。嗣后亏空银谷限内全完，例应开复者，该督抚查明原参失察之上司，一并题请开复，尔部即行文直省督抚遵行。"③ 明确了亏空官员及上司的开复条件。对亏空的赔补，主要是家产变抵，同时又有上司分赔，子孙追赔之例。雍正元年（1723年）上

① 乾隆《大清会典则例》卷37，《户部·田赋四》。

② 《世宗上谕内阁》卷4，雍正元年二月二十九日。参见乾隆《大清会典则例》卷16，《吏部·考功清吏司·盘察》。

③ 《世宗上谕内阁》卷23，雍正二年八月十四日。

谕："亏空钱粮各官，即行革职，着落伊身勒限追还。"又议准："各省从前亏空，其有着落银内，如有人亡产绝者，该督抚即照无着银所定年限补完报部，仍令该督抚每于岁终将前项有着、无着银完过若干之处，逐一分晰造册具题。"雍正四年（1726年），因地方官员动称亏空赔补无着，又谕："各省亏空，动称无着之项，夫钱粮未经征收，则欠在民，既经征收，而有亏空，则欠在官。州县官不能完，则上司有分赔之例，本人虽已病故，而子孙有应追之条，何得借口无着，以虚国帑。此皆督抚等瞻徇情面，不肯大破积习所致，盖自存不肖之心，以己身见为督抚，恐将来亦被牵累，故目前豫留地步也。"雍正八年（1730年），考虑到家产已绝、官员身故又无嫡系子孙，又覆准："如果正犯家产已尽，正身已故，及并无的（嫡）属子孙，不能赔补者，该地方官察明确实，取具印甘文结，申府加结，转详保题豁免。倘题后欠帑人员别有田产、货财、房屋、人口寄顿，发觉者尽籍入官，将出结州县革职，督催知府降二级调用，司道降一级留任，督抚罚俸一年，其所欠银米等项，着落出结各官赔补。"① 《大清律例》亦有追赔亏空的条文："亏空贪赃官吏，一应追赔银两，该督抚委清查官产之员会同地方官，令本犯家属将田户什物呈明时价，当堂公同确估，详登册记，申报上司，仍令本犯家属售卖完项。"② 仓谷亏空，同样有官员分赔之例，如雍正六年（1728年）河东总督田文镜疏言："东省仓库钱粮，俱有亏空，且多那新掩旧之弊。历任抚臣不及查参，皆该管之知府、知州，为之通同徇隐。请嗣后东省知府、直隶知州离任时，将所辖州县仓库钱粮，俱照豫省交代之例，限三个月，令接任官查明出结，如有亏空，即着落知府、知州均半分赔。完后方许另赴新任。倘接任官徇情出结者，即着落出结之官分赔。"③

第四，查清民欠与亏空的实际情况。雍正四年（1726年）议准："嗣后州县交代，除实在民欠外，其有将已征在官之钱粮侵蚀

① 均见乾隆《大清会典则例》卷37，《户部·田赋四》。

② 《大清律例》卷5，《名例律下》。

③ 《清世宗实录》卷73，雍正六年九月丙子。

亏空，捏称民欠，令接任官接受者，接任官即揭报督抚、司道，该督抚即据揭题参。”① 此处规定了官员交代之时，必须厘清民欠与亏空。雍正六年（1728 年），上谕户部：“苏州巡抚所属七府五州，自康熙五十一年起，至雍正四年，未完地丁钱粮积至八百一十三万八千余两，其中苏松常三府太仓一州，积欠最多，自一百四十余万两至一百八十余万两不等。……其中有或本系该地方官亏空，而希图卸脱，捏作民欠者，或粮户已经交纳，而奸胥蠹役侵蚀入己，仍作民欠者，是此项未完，大约官亏空者十之一二，吏侵蚀者十之三四，其实民欠不过四五而已。在贫窭之民，固不能为无米之炊，而官吏因缘作弊，蠹国害民，情罪可恶，若非彻底清厘，即欲加惠于百姓，其道无由。……派员前往，与该地方官协理清查，将各州县官侵若干，吏蚀若干，实在民欠若干，一一厘剔清楚，朕当再降谕旨，户部即遵谕行令该督抚遍行出示晓谕，其派员分查之处，着户部详悉定议具奏。”② 既可免除人民重复交纳之苦，又可避免官吏逃脱罪责。随后，又加大了区分民欠与亏空的力度，如雍正七年（1729 年）上谕：“江南苏松等处钱粮，历年积欠至一千六百余万两之多，朕已加恩将康熙五十年以前未完，概行豁免，其自五十一年以后应征之项，又复宽限，分为十年至十五年带征，原冀民力宽纾，易于输纳也。乃数年以来，仍不能依限全完。因思此等逋赋，其实欠在民者固多，而为官员侵渔及吏胥土棍中饱者，亦复不少，若不确查详核，明白分晰，则此事难以办理。今特差大臣，会同巡抚、藩司、及清查亏空之御史，总理其事，又遴选大员，专殖以分查各府之任，再拣择州县，分派各处，务令彻底清厘。但念钱粮为数繁多，而积弊历年已久，侵蚀之官吏人等甚众，其中情节，亦有不同。在官者，或因奏销之时，原有民欠，而顾惜考成，那移报完，及征收民欠之后，随手花费，未曾还项，遂捏称尚欠在民。或交代之际，有已征未解之项，乘机隐匿，而接任之员，不及查明，遂仍作民欠收受。其在吏胥、土棍者，或舞弊作奸，暗行偷盗，或

---

① 光绪《大清会典事例》卷 174，《户部 · 田赋 · 钱粮交代》。

② 《清世宗圣训》卷 23，《理财》。

广为包揽，私入己囊，又或乡居窎远之民，难于入城，托其代为纳课，而一时用去，遂成逋欠。此皆情事之所有者。今既彻底清查，则水落石出，从前玩法隐匿之案，势必尽行败露，均有难逃之重罪。”①

第五，区分挪移与侵欺，对侵欺者严加处罚。雍正三年（1725年），上谕大学士等：“内外文武官员历年亏空甚多，圣祖仁皇帝宽大如天，不忍加之以法，伊等罔知儆畏，骄纵日久，朕临御以来即欲严加惩治，恐化诲未施，遽行正法，近于不教而杀，是以屡降谕旨，谆谆警戒，又因国帑关系重大，条奏亏空者纷纷，朕从其所请，令委曲设法，查其宦囊及其族党亲戚，平日分用官资者多方为弥补之计，以宽本人之诛，然此不过一时权宜，非可久行，惟是奉行不善者，违朕本意，或有株连，尤为可恶，夫此等侵帑殃民之人，若不明正国法，终于无所畏惧，今化诲三年，不为不久，倘仍然侵蚀，恣意妄为，不惟国法难宥，情理亦断断不容。自雍正四年以后，凡遇亏空，其实系侵欺者，定行正法无赦，督抚大吏务须悉心查究，不可冤抑，亦不可宽纵，期于核实具奏，毋得以侵为那，使若辈漏网，凡杀人及盗律皆抵罪，然命案盗案其害不过一人一家而止，若侵帑殃民者，在一县则害被于一县，在一府则害被于一府，岂止杀人及盗之比。该督抚何得徇庇容隐，不伸国家之法，以为地方除害乎。且从前一切权宜设法，原欲委曲以全其性命，今既将侵欺国帑之员按例正法，则查其宦囊及其亲党之事俱不必行矣。今年未完之项，仍照旧追赔，从雍正四年正月为始，着遵照此旨，以彰国法。该督抚如或扶同徇隐，以侵为那，亦必严加处分。朕所以先降谕旨者，冀其及今知所儆惧，犹可悛改，以免重罪也。定例侵欺三百两者斩，然每至勾决时，多有宽宥，今立法既期必行，则三百两即斩之例似觉过于太严，朕心为之不忍，侵欺及那移二项，俱应计数目之多寡酌定罪名之轻重，着九卿詹事科道会同详议具奏。”② 明令分清挪移与侵欺的区别，不得以侵为挪，对侵欺库款

① 《清世宗实录》卷78，雍正七年二月癸未。

② 《世宗上谕内阁》卷29，雍正三年二月二十七日。

者，严加处分，直至斩决①。

第六，明确属官的责任。雍正五年（1727 年），上谕内阁："凡州县钱粮之亏空，总不出侵欺、那移二项，当其侵那之时，官固主之，而经手之经承自无不知也，乃不行禀阻，且从而纵容之，以便作奸分肥。迨至本官监追，而经承且优游于事外，本官问重罪，而经承仅得不行禀阻之处分。故凡亏空累累，多由于官吏之相成也。朕以为经承、库吏、经管仓库之人，亦宜重其处分之例，更定以劝惩之法。凡州县官到任，先拣选殷实老成胥吏二人充钱粮总吏，通详报部。凡征收钱粮，即令随征报解，不得存留内署。承办五年，该县无亏空者，即将总吏咨部，以九品杂职即用。本官少有亏空，该总吏力行禀阻，如不听从，许径赴司院呈明免罪，若该吏不行禀阻，致本官以亏空纠参，即将经承一同监追，减本官一等治罪。如此则经承有所劝惩，不敢顺从本官擅动国帑，亦杜绝亏空之一法也。"② 规定了对下属官员的选择及连带责任。

第七，亏空仓谷者，严加处罚。雍正三年（1725 年），上谕大学士等："积贮仓谷，关系民生，最为紧要，朕屡降谕旨，令该督抚严饬州县及时买补昔年亏空之数。无如苟且迟延，奉行不力，即如原任直隶总督利瓦伊钧曾奏称各属仓谷已补足七八分，及今冬发仓赈济，亏空甚多，若非截留漕米，并发给通仓之米，穷民几至失所矣。昨据月选官陈克复条奏，亏空仓谷，请支动正项买补，一面严追本官还项，朕已交与九卿议行。今直省地方，俱着定限三年，将一应仓谷务期买补完足，不得颗粒亏欠。三年之后，朕必特差官员前往盘查，如有缺项，定行重治其罪，倘有不能补足情由，着该督抚题奏。凡亏空钱粮，犹可勒限追完，无损国帑，若亏空仓谷，则一时旱涝无备，事关民瘼，是亏空仓谷之罪较亏空钱粮为甚，自宜严加处分，并着内阁九卿确议定例具奏。"③ 此谕不但指摘了此

---

① 参见《世宗上谕内阁》卷 30，雍正三年三月十九日。乾隆《大清会典则例》卷 19，《吏部·考功清吏司·承追》。

② 《清世宗圣训》卷 18，《察吏》。

③ 《清世宗圣训》卷 30，《积贮》。

前弥补仓谷的不力，也规定了弥补仓谷的期限，以及对亏空仓谷者严加处分的导向。该年又遵旨议定：“州县亏空仓谷，系侵蚀入己者，照侵欺钱粮例拟断，系那移者照那移库银例拟断。其仓谷令接任官于秋成谷贱时，申详督抚藩司，酌动何项钱粮照时价先行买补，该州县出具仓收，道府加结报部，于亏空人员及妻子名下，勒限一年将动用银照数追补还项。如逾限不完，照例治罪。其有仓廒州县，倘因循怠玩，于渗漏处既不黏补，应盖造处又不详请，以致米谷霉烂者，革职。动帑买补，勒限一年照数追赔，限内不完，照例治罪。若仓廒既经修理，犹有托名霉烂亏空者，亦照例革职治罪。”①

第八，耗羡归公，弥补无着亏空。雍正实行耗羡归公的主旨之一，就是弥补亏空，毋需赘述，仅引二段雍正关于山西耗羡归公的上谕作为例证。雍正四年（1726 年）上谕：“各属无着之亏空不能填补者，则将各官应得耗羡归之于公，以为酌补亏空之计。又恐各官无以养廉，以致苛索于百姓，故于耗羡中酌定数目，以为日用之资。诺岷此举亦以山西情形不得不如此办理。以官员之羡余，补官员之亏空，既可完帑，亦不累民，实权宜得中之善策也。诺岷在任二年，诸事渐渐就绪。伊都立接任，安享其成耳。前闻得伊都立将通省火耗应减者皆出示裁减，朕甚嘉之。”② 雍正五年（1727 年），上谕户部：“向来山西亏空甚多，国帑久虚，不能弥补。历任抚臣每请将亏空人员革职留任弥补，不但毫无益于国帑，此等劣员转将亏空为护符，无所不为，民生实受其害。诺岷莅任后，将亏空人员尽行参革，酌定以公完公之法，将州县之火耗重者严行裁汰，酌中量留耗羡抵补无着之亏空，不使累及民间，而官员亦免承追不力之参罚。又恐官员无以养廉，复酌拨以为日用之资，凡地方公务所需，亦皆取给于此，上不误公，下不累民，此实通权达变之良策也。”③

① 乾隆《大清会典则例》卷 16，《吏部·考功清吏司·盘察》。
② 《世宗上谕内阁》卷 48，雍正四年九月十四日。
③ 《清世宗圣训》卷 23，《理财》。

应该说，雍正年间的清查亏空，采取了许多新的政策，效果也比较好。但是，也必须指出，其效果远没有前此学者认为的那么好，依旧存在着许多问题。

不但从一再宽限弥补亏空的年限以及屡屡申饬中可以体味，即使在雍正的相关上谕中也反映了这一点。

如雍正四年(1726年)上谕:“数十年来,各省钱粮亏空甚多,朕深悉其弊端,曾降谕旨,宽限三年,令各省督抚催追完项,至今未见有督抚奏报料理就绪者。惟原任直隶总督利瓦伊钧曾于去年奏称,各属州县地丁银两俱已弥补,惟仓谷尚略有缺欠,冬春之间即可完全补足。及去秋畿辅之地水涝歉收,须用谷石赈济,而仓谷存者甚少。今夏遣官访查,各属亏欠一一败露。观仓谷若此,则库项之亏缺可知矣。利瓦伊钧之罪诚无所逃,据此则他省之钱粮不能清楚显然可见。该督抚等不忍欺朕,故含糊迟延,不行奏报耳。”①

又如雍正五年（1727年）上谕：“各省所贮仓谷，原备歉年赈济之用，实百姓性命所关，地方官员亏空仓谷者较之亏空银两，其罪更为重大，是以朕即位以来时刻以仓储为念，总为民命起见也。雍正元年特颁谕旨，令各省州县于三年之内将所亏仓谷概行买补，务期足数，违者重治其罪。嗣又屡颁谕旨，谆谆申饬，并谕各该督抚，若所属地方有不能如期补足情由，亦据实陈奏。……现在查出江西州县仓谷亏空甚多。”②

雍正六年（1728年），云贵广西总督鄂尔泰也对追赔亏空的相关措施提出了质疑，他说：“滇省无着亏空银两，屡次移咨各原籍查追，俱称无产可变，虽将本身家属监禁严比，不过徒稽岁月，究于钱粮无补。”③

事实上，也没有因为雍正年间的清查亏空以及相关措施而使亏空问题消失，雍正以降，亏空依旧存在，也依旧有清查亏空的新的政策出台。

---

① 《世宗上谕内阁》卷47,雍正四年八月初四日。

② 《世宗上谕内阁》卷52，雍正五年正月十七日。

③ 《清世宗实录》卷75，雍正六年十一月癸酉。

三 雍正以后对亏空的清查

乾隆年间对亏空的清查，主要表现在两个方面，一是对清查亏空的奖惩则例多有修改补充。

乾隆元年（1736 年）覆准："承办亏空人员，如有迟延违限者，遵照钦部事件定例，违一月者罚俸三月，违二月者罚俸六月，违三月者罚俸九月，违四五月者罚俸一年，违半年以上者降一级留任，违一年以上者降二级留任，违二年以上者降三级调用。"

乾隆三年（1738 年）覆准："州县侵项，不能一年内全完者，知府革职，不准开复。若本犯侵项于一年内全完，令该督抚将失察之知府确察平日居官如何，出具考语，给咨送部引见请旨。"

乾隆十二年（1747 年）议准："州县亏空，经该管道府察出揭参，各免其失察处分，如例应责成盘察保结之属官，俟其离任身故后始参，亏空实系从前盘察不实，应无论其揭报与否，将该管道府以失察附参，照失察州县亏空例分别议处，所亏钱粮亦照失察侵那定例分别着赔。"

乾隆十四年（1749 年）奏准："道员失察知府、直隶州知州亏空，照失察例降四级调用，至失察州县亏空，既责成盘察不实之知府，其道员自应量为酌减，如该管道员不豫行揭参州县亏空者，降一级留任。"① 同年题准："嗣后除失察知府、直隶州、亏空之道员等官，照失察例降四级调用外，至失察州县亏空，既责成盘查不实之知府，其该管道员，不豫行揭参州县亏空者，即定为降一级留任。"②

乾隆十五年（1750 年）议准："承追千两至五千两者，以四年为期，每年每案追完二分五厘，四年之内十分全完，准其记录一次。每年完不及数者，初参降俸二级，二参罚俸一年，三参降一级留任，戴罪承追，四年限满全完开复。如不完，降一级调用。其督

---

① 以上均见乾隆《大清会典则例》卷 16，《吏部·考功清吏司·盘察》。

② 光绪《大清会典事例》卷 175，《户部·田赋·究追亏空》。

催各官，递年完至二分五厘者，免其处分，递年完不及数者，其初参、二参、三参、四参处分，悉照五千两以上初参、二参、三参、四参之例办理。”①

二是对雍正年间赔补亏空的一些做法，进行了纠偏。这主要反映在乾隆元年（1736 年）的上谕以及户部、刑部遵旨议定的措施上。

乾隆元年（1736 年）上谕：“户、刑二部奏请遵奉恩诏豁免欠帑人员内，查其原案有应追缴者，有不应追缴者。朕思不应追缴之案，与其赦免于事后，何如详审于事前，使人无拖累，而事易办理。即如开欠一节，原系借贷交接之私情，遇本人或有亏空及应追之项，自当听其自行索讨，以清公帑，今乃令将平日欠银之人开出，即按开出之人着令完缴，是以私债而成公项。从前办理，殊未妥协。其他分赔、代赔、着赔，名色甚多，如道府有稽查州县之责，州县设有亏空，道府非属分肥，即系疏纵，责令分赔，实属允当。若因钱粮数多，一人未能归结，而令旁人分赔、代赔、着赔，则本属牵连，而日久难完，又不得不为开豁，于国帑仍无裨益。其应如何分别定例，俾事不滋扰而法在必行，着户、刑二部妥议具奏。钦此。”于是，遵旨议定：“各旗、省拖欠各案钱粮，除漕运、盐、铜追赔各有成例，并亏空仓库钱粮，监临主守各官以及收支办解，并侵贪挪移、保题家产尽绝后，有隐匿发觉，一切独赔、分赔、代赔、着赔，载在定例，画一遵行外，其分赔案内，如果米谷收存不慎，官物遗失不全，自应揭报题参着追。若既经接受出结，即与前任无涉，乃藉端分派前任各官赔还，殊累无辜。嗣后遇有霉变米谷，短少官物，着落接受出结之员按数赔补，及徇庇之上司分赔，不得藉端摊派。又分赔案内，如支销钱粮，原有一定款项额数，若违例开销，理应着落擅动滥给之人照数赔补，乃竟有私自动用，并不报部，及至日后奏销时，始行奏报开除，及查出与定例不符，驳令追赔，因为数多，一人不能归结，或着属官公捐，或令接任分赔，徒滋扰累。嗣后如有滥行动用，例不准销等项，仍着落擅

① 乾隆《大清会典则例》卷 19，《吏部·考功清吏司·承追》。

动之人赔补，不得抑勒分派。又代赔案内，如拖欠钱粮，原止应着落本身的属，及定例内应行分赔、着赔之人，乃承办之员，因欠帑者独力难赔，或产尽无着，因而辗转株连，如分居别产之弟兄亲属，并不知情之亲友、主仆、旁人，于公帑实未侵渔，私财又非寄顿，勒令赔补，尤为拖累，应行禁止，毋得株连。又代赔案内，如承估、承变、承追，原有一定例限，其迟延不力，各有应得处分，如查估之员勘报不实，及承变、承追以多报少，瞻徇延缓，帑项悬缺者，着令赔偿。若查勘本无不实，催追本无徇纵，止因变抵不敷，与夫公项无完，遽令代赔，殊有未协。嗣后查估追变之员，该管上司查明果无情弊，仍在本人名下归结，不得勒令代赔。又着赔案内，如地方荒歉，借给贫民米谷，或开垦借给牛具籽粮，及借给吏役兵丁办公帑银，原系题明咨部，行令出借，按限扣追。如经手捏报，自应着赔，若遇人亡产绝，无可扣追，概令赔补，实属屈抑。嗣后凡有奉文出借之项，除捏饰侵渔，未经报明，私行借动，即行治罪着赔外，如系奉文借给，实无可追，即确查出结，照例归于无着案内题豁。又承追各项赃罚银，定例着落本犯严追，如果家产尽绝，例应保题豁免，乃本犯无完，赃项无着，辄将亲族株连拖累。更有远年无据赃私，其人已故，无可质讯，即着子孙追补，殊觉失平。嗣后依律着落本犯勒追完结，其有律应身死勿征者，亦照例免征。至远年赃私，必查有实据，方可着追，概不得于本犯之外，滥追赔补。”①

嘉庆年间的钱粮亏空及其清查，朱诚如已有专论，可以参看②。

及至晚清，亏空依旧严重，清查亏空也仍然是整顿财政的重点。光绪四年（1878 年），御史梁俊针对“开源节流”的纷纷陈词，认为“富国之猷，在大经不在末务，救时之要，贵实力不贵虚文”，清查亏空乃当务之急。其奏称：

---

① 光绪《大清会典事例》卷 175，《户部 · 田赋 · 究追亏空》。

② 朱诚如：《嘉庆朝整顿钱粮亏空述论》，见氏著《管窥集》，紫禁城出版社 2002 年版。

生财之道，不外乎开源节流。迩年以来，经费支绌，于是议节财流，则减官俸之成数，改旗饷之放章；议开财源，则劝捐之章日新，抽厘之卡日密。乃财愈理而愈亏，用愈节而愈竭。国家需用巨款，每不得已息借洋商，其弊尤为无穷，不堪设想，此不可不通盘筹画者也。臣以为富国之猷，在大经不在末务，救时之要，贵实力不贵虚文。大经者何？额征钱粮是也。我朝全盛之时，部库所储足支数十年，各省藩库亦皆充实无亏。其时不尚权宜补苴之术，惟于正额钱粮力加经理，遂能臻丰亨豫大之盛。今则闻各省亏空正杂钱粮，大省不下百余万，小省亦不下数十万。自光绪元年恩诏豁免以后，现在积欠既不在民，又非无着，若勒限严追，不难日有起色。当事者不此之务，而惟讲求变通苟且之术，以翼补救于万一。臣所谓末务者此也。实力者何？督抚之整顿是也。各省大吏于所属州县亏空库款，非不知之甚悉，乃瞻徇隐忍，不肯白简从事，间有参劾，往往系已故之员，其所亏短亦系数年之前之款也。此数年中道府既不禀揭，藩臬亦不申详，迟之又久，始以一奏塞责。追请旨查抄备抵，自谓可惩一戒百矣，然服官省份既肯徇隐于前，本籍官吏难保不通融于后，不过取其家产尽绝甘结，即可完案。是徒有查抄之名，并无备抵之实，而盈千累万之正供从此作开销矣。臣所谓虚文者此也。……近年封疆大吏中，惟前任山东巡抚阎敬铭革除陋规，清查交代，维时东省藩库因以充裕，而吏治亦为一变，各省似皆可仿照办理。相应请旨饬下各省督抚，振刷精神，破除情面，咨取阎敬铭所办山东成案，实力举行，不得以参追一二已故之员遂为尽职。并请饬下吏、户二部，严定延不完缴饰词搪塞处分，以及亏空病故年分着落，赔交实银，庶州县有所警惕，而上司不至徇庇矣①。

梁俊所言，得到认可。光绪上谕称：“御史梁俊奏州县官钱粮

① 《光绪朝东华录》(一)，中华书局1958年版，第650~651页。

亏空，宜及生前参追以重库款一折，据称，前任山东巡抚阎敬铭革除陋规，清查交代，藩库因以充裕，吏治亦为一变，各省皆可仿照办理等语，着各该省督抚振刷精神，破除情面，咨取山东办理交代成案，实力举行，不得以参追一二已故之员遂为尽职。其所请饬部严定亏空章程之处，着该部议奏。"

光绪六年（1880年），又将清查亏空与严查州县交代结合起来，这在该年正月户部所上"筹备饷需"一折中所言甚详：

严查州县交代。同治四年十月钦奉谕旨，直隶省各州县，着仿照山东新章办理。其新旧各案，分别已未完结，定限半年汇奏一次。至报结章程，无论正署各员，总需各任分报，不准累任统报，以杜牵混，并不得以驳改册籍、扣算时日，巧脱处分。一有亏款，立即追缴，并着各该省督抚体察情形，参酌山东新章，一体认真查办，毋任不肖州县暗亏国帑，以肃吏治而裕饷源等因，钦此。光绪元年八月，臣部议覆山东巡抚丁宝桢代奏薛福成条陈事宜，光绪二年十二月，臣部具奏综核度支各折内，经申明旧章，通行各直省遵照办理在案。查办理交代，现惟山东省最为认真，历经臣部奏令各该省仿照考核。乃或请暂缓限期，或请分案结报，专折严参者仍复寥寥。相应请旨通饬各该省督抚，遵照例限严查交代。除将如何勒限分别清结，于文到一月内迅速奏明办理外，自此次奉旨之日起，凡州县官卸事交代未清者，实缺人员不准到任，调署候补人员不准委署他缺，并不准派委各项差使。如此后交代案内有两任亏短，即系前任未清再行调署委署之弊，应议督抚藩司以徇庇属员之咎，并将亏项着落分赔。仍令各该省遵照定章，将交代未清各员二参逾限即行参奏，并将各州县任卸各日期先行咨报臣部，并由吏部知照升迁调补委署各缺互相考核①。

由上可以看出，太平天国战后，从同治年间起已经着手清理战乱带

① 《光绪朝东华录》（一），中华书局1958年版，第865～866页。

来的规制混乱，开始注意州县交代时的亏空问题，并有山东的经验可供借鉴，但直至光绪初年仍然效果不好，此次严查州县交代的重点是规定了有亏空钱粮而交代不清者，不但不能履新，上司亦有徇庇属员之咎，并将亏项着落分赔。

原载《人文论丛》2008年卷

二十六、

清代前期的奏销制度与政策演变

中国古代的钱粮奏销是财政史研究中的一个重要内容。奏销制度是否完善，奏销政策是否适宜，直接制约着财政收支的正常运作。本文试图通过“奏销行政组织职能与奏销程序”、“常规奏销制度及政策演变”、“战时奏销制度及政策演变”三个论题，对清代前期的奏销制度和奏销政策做比较系统的研究，尚望读者赐教。

一　奏销行政组织职能与奏销程序

户部作为政府的财政中枢，“掌天下之地政与其版籍，以赞上养万民，凡赋税征课之则，俸饷颁给之制，仓库出纳之数，川陆转运之宜，百司以达于部，尚书侍郎率其属以定议，大事上之，小事则行，以足邦用”①。也就是说掌管一切财政经济事宜。在奏销方面，则“制天下之经费”与“国用之出纳”②。但清代实行的是分

① 光绪《大清会典》卷13，《户部》。

② 光绪《大清会典》卷19，《户部》。

司理事制度，户部之下设有14个清吏司分掌事权。14个清吏司的职掌在清代前后期略有变化，兹以乾隆《大清会典》与光绪《大清会典》所记分别示之：①

司　　别	乾隆《大清会典》所记职掌	光绪《大清会典》所记职掌
山东清吏司	掌稽山东布政使司及盛京民赋收支奏册，兼掌盐课请引疏销。	掌核山东布政司及东三省钱粮，兼掌盐课、参课及八旗官员之养廉。
山西清吏司	掌稽山西布政使司民赋收支奏册，兼掌游牧察哈尔地亩。	掌核山西布政司之钱粮。
河南清吏司	掌稽河南布政使司民赋收支奏册，兼掌游牧察哈尔以及围场捕盗官兵俸饷。	掌核河南布政司钱粮及察哈尔之俸饷，又掌报销之未结者。
江南清吏司	掌稽江苏、安徽二布政使司民赋收支奏册，兼掌江宁、苏州二织造有关钱粮支销奏册。	掌核江南三布政司钱粮及江宁、苏州织造之奏销，又掌各省之平余与地丁之逾限而未结者。
江西清吏司	掌稽江西布政使司民赋奏册。	掌核江西布政司之钱粮，又掌各省之协饷。
福建清吏司	掌稽直隶、福建二布政使司民赋收支奏册，兼掌直属内府庄田，以及游牧察哈尔地亩。	掌核直隶、福建二布政司钱粮与天津之海税，又掌直隶之杂款、赈济及官房租收入。
浙江清吏司	掌稽浙江布政使司民赋收支奏册，兼掌杭州织造支销奏册。	掌核浙江布政司钱粮及织造之奏销，又掌天下民数、谷数。

① 按：据王庆云：《石渠余纪》卷3，《直省出入岁余表》所记，“户部山西司奏销红册为一岁国用出入总汇之本”。据此，山西司在奏销方面的职掌相当重要。但乾隆与光绪《大清会典》均缺记。

续表

司别	乾隆《大清会典》所记职掌	光绪《大清会典》所记职掌
湖广清吏司	掌稽湖北、湖南二布政使司民赋钱粮有关收支奏销册籍。	掌核湖北、湖南二布政司钱粮与厂课，又掌耗羡之政。
陕西清吏司	掌稽西安、甘肃二布政使司民赋收支奏册，兼掌行销茶引、在京汉官俸禄、外藩俸禄、巡捕三营俸饷及各衙门经费。	掌核陕甘新疆三布政司及粮储道之钱粮，又掌茶法及在京之支款（官俸、兵饷、公费、役食、杂支）。
四川清吏司	掌稽四川布政使司民赋收支奏册，本省关税及在京入官户口。	掌核四川布政司钱粮与其关税，又掌草厂之出纳、纸朱之奏销及入官之款，又汇奏天下收成之数。
广东清吏司	掌稽广东布政使司民赋收支奏册，兼掌八旗继嗣归宗、更正户口。	掌核广东布政司之钱粮与八旗继嗣之政令，又掌户差之更代。
广西清吏司	掌稽广西布政使司民赋收支奏册，兼掌京省钱局运铜鼓铸及内仓粮石支放与供应刍豆。	掌核广西布政司之钱粮及其厂税，又掌天下之钱法、内仓之出纳及矿政。
云南清吏司	掌稽云南布政使司民赋收支奏册，兼掌山东、河南、江南、江西、浙江、湖广等省岁运漕粮及京通仓储、江宁水次六仓收支考核。	掌核云南布政司粮储道之钱粮及其厂课，又掌漕政及八旗甲米的预报、发放，八旗及内务府官员俸米发放亦掌之。
贵州清吏司	掌稽贵州布政使司民赋收支奏册，兼掌各关各口征收税课。	掌核贵州布政司粮储道之钱粮与关税、貂贡。

如上，光绪《大清会典》所记各司职掌，大多比乾隆《大清会典》所记有所扩大①，只有山西清吏司的职掌缩小。各清吏司的职掌是依其事务繁简而均匀定之，不大可能让山西清吏司的职掌独简。所谓“只有山西清吏司只管本省钱粮，不兼办其他事务”②，是值得怀疑的。综合以上注揭《石渠余纪》所载文字分析，有理由认为，光绪《大清会典》关于山西清吏司职掌的记载当有脱文。

由上可以看出，各清吏司有稽核分省奏销之责，即“凡钱粮入有额征，动有额支，解有额拨，存有额储，无额则有案。及奏销，则稽其额与其案而议之。省各隶于司”③。同时，各清吏司还兼管其他财政奏销事宜，如山东司兼管盐课奏销，江南司、浙江司兼管织造奏销，陕西司兼管茶课、京官俸禄奏销，云南司兼管漕粮奏销，贵州司兼管关税奏销等。

此外，涉及财政奏销，上述之外的其他有关部门的职能也值得注意。兹据光绪《大清会典》略加引述：

北档房：“掌缮清字、汉字之题本奏折，拨京省之饷。凡拨饷，曰春拨，曰秋拨，令各省以其实存之数报于部，乃察其盈绌而拨于京省。曰冬拨，各省估其来岁之兵饷以报部，则酌而拨之。凡拨饷，先以本省，不足，则视其省之近者而协拨焉。会计各省岁出岁入之数。”

八旗俸饷处：“掌核八旗之俸饷与其赏恤。”

---

① 事实上，在乾隆之前，各司职掌也多有变化，据顺治八年九月十六日和硕端重亲王波洛所上题本《为改附兵饷以专责成事》称：“照得臣部（户部）山东司专管本省本折钱粮并六运司盐法以及各省镇兵马钱粮、满洲驻防、招买粮草，素称事繁。兼之引从部发，事更繁多，一司难以料理。及查兵饷事务，在明季时，原设左右二司专理。自我朝定鼎，将左右二司官裁撤，各留书办一名附入山东、山西二司带管。今山东司盐法事繁，难以兼摄。查广东司事务简少，合将右科兵饷等项事务并承行书役一切文卷改附广东司兼理，庶繁简得均而事有专责。”朱批：“是。”（中国第一历史档案馆藏）如是，在顺治元年至八年间，山东司亦兼掌兵饷事宜，随后又改归广东司兼掌。附志于此，以见诸司职掌变化之一斑。

② 张德泽:《清代国家机关考略》第45页,中国人民大学出版社1981年版。

③ 光绪《大清会典》卷20,《户部》。

捐纳房："掌捐纳之事。"

内仓："掌内仓之出纳。"

银库："掌银钱之出纳。"

坐粮厅："掌验收漕粮，转石坝土坝水陆之运，司通济库之出纳。"

盛京户部："掌治盛京之财赋。"

光禄寺："掌燕劳荐飧之政令，办其品式，稽其经费。……春秋预支银于户部，越岁则奏销。"

内务府广储司："掌库藏出纳之政令。设六库以储上用，一曰银库，二曰皮库，三曰瓷库，四曰缎库，五曰衣库，六曰茶库。皆时其启闭，各稽其出纳之数，书于黄册蓝册，五年则钦派大臣以察核之。"

内务府会计司："掌征三旗庄赋园赋而稽其出纳。……岁终会核其数而题焉。"

六科："在京部院衙门支领户部银物月册，各省收成分数、易知由单，并奏销钱粮册，钱粮交盘册，漕粮全单及漕运交兑册，各仓收放米豆册，坐粮厅岁报抵通漕白册，盐课奏销册，各户关一年汇报册，皆由户科察核。官兵俸饷册，朋桩奏销册，驿站奏销册，由兵科察核。脏赎银谷册，由刑科察核。工程奏销册，工关一年汇报册，由工科察核。"

十五道："掌稽在京各衙门之政事，而注销其限。……若制签、搭饷、磨册、勘工，则道各分其职。"

户部及所属清吏司，以及上揭各部门的有关职能，一方面说明了财政奏销的繁杂，另一方面又标志着财政奏销的条块分割及相互制约。特别是都察院所属六科对有关奏销册的"察核"，事实上起着财政审计的作用，值得注意。

光绪三十二年（1906 年），适应"新政"的需要，户部改为度支部。新改易的度支部与军机处联衔上疏认为："旧时之以一清吏司领一布政司者，揆之事势，殊难允惬，自不能不因时变通。"因此，要求将原有的 14 个清吏司"从新厘定，以事名司"，"分配繁简，各以类附"。得到清廷的允可①。于是，度支部拟定章程 20

① 《光绪政要》卷 33，江苏广陵古籍刻印社 1991 年版，第 2384 ~ 2385 页。

条，将14司改为田赋、漕仓、税课、管榷、通阜、库藏、廉俸、军饷、制用、会计10司，并规范了度支部及新设10司的职掌。

其中，度支部职掌为："综理全国财政，管理直省田赋、关税、榷课、漕仓、公债、货币、银行及会计度支一切事宜。"

10司职掌为："田赋司掌各直省地丁正耗完欠奏销，新增地丁随粮各捐，规复征额差徭，筹议垦务及清丈田亩，改正地租升科定则，并稽核内务府八旗庄田地亩，稽核赐复、免科、除役、蠲赋、缓征，并稽核州县交代各事宜。""漕仓司掌各直省漕粮、漕折、漕项等奏销考成、春秋拨册及临时蠲缓等款，稽核京外各仓积储支放及各省兵米谷数，筹备赈抚各事宜。""税课司掌稽核常洋各关收支各直省商货通税及当杂各税，筹计各省新增税项、烟酒杂捐、机器制造各货税，发给各省田房税契、货商牙帖及一切印花，考核进出口税则，发给关单执照，考核官物及新法制造应否免税等项，查核各关出入口货税收数比较各事宜。""管榷司掌各省盐法，稽核引票、课厘、租税、规羡、杂款、加价、折价、场课、灶课、井课、畦税各项考成奏销，春秋拨册，贡盐、京饷、帑利、饭银、纸朱各款，盘查运库、道库、盐属各官交代更换，纲总认办引岸，兼管茶引、茶课、羡截、土药统税及筹议专卖各事宜。""通阜司掌稽核各省所有金银铜铅矿物，云贵等省铜铅运务，筹铸金银铜各种货币，核议制造纸币，代造商家银行行使凭票，订正总分银行、总分造币厂各章程，筹划全国流通货币办法，调查全国需用货币数目，稽核银行造币厂、印刷造纸等厂局报告，核计购买铜铅各事宜。""库藏司掌稽核国库出入款项，各直省报解京饷各项经费，收放颜缎两库物料，核定折价，核议苏杭两省织造奏销，盘查银缎颜三库，稽核各省司道库储新旧案减平银册，兼管本部饭银出入各事宜。""廉俸司掌稽核京外王公百官廉俸，各处驻防官兵半俸半饷、养赡、红白事赏及各衙门经费事宜。""军饷司掌稽核全国海陆各军、长江水师、在京各旗及各处驻防、各省绿营、官设警兵饷项，并各省协饷各事宜。""制用司掌筹拨京协各饷，稽核各项工程领款及一切例支杂支札库事宜，并各处河工、海塘岁修款项及路矿邮电本利、福建船厂经费报销及一切官有财产出入各事宜。""会计司掌综核全国岁入岁出款目，编列预算决算表式，汇纂各部各省财政统计，颁布各项簿计法式，核定各项特别经费特别报销，筹计颁布国家公债，核算赔还洋款，核办各省春秋冬拨册各事宜。”①

此次改易，体现了“以事名司”的指归，将原来各司纵横交错的财政职能改为“以类相从”，从而使新设各司的财政职能趋于条理化和明晰化。而新设会计司则有可能使奏销更加规范，并与新式预算（详见后述）的酝酿实施有关。

就奏销程序而言，当然与财政机构的设置与更易密不可分。在户部改为度支部以及新设各司后，各类奏销分别由地方或财政机构上达于各司，如田赋归之于田赋司，漕粮归之于漕粮司，关税及正杂各税归之于税课司，盐课归之于管榷司等等，然后由会计司综核，度支部长官审定复核。

在户部以及各司未改易之前，有关奏销程序，《大清会典》有所说明：

> 凡岁课奏销，布政司会所属见年赋税出入之数申巡抚，疏报以册达部，曰奏销册。载旧管、新收、开除、实在四柱，条析起运、存留、支给、拨协、采办为数若干，以待检校。部会全数而复核之。汇疏以闻。以慎财赋出入，以定奏销考成②。

在这里，除了涉及奏销格式（详见后述）外，主要是奏销程序的概要述说。但应该指出的是，此处的奏销程序仅是就田赋奏销而言。田赋的奏销，布政使司是一个关键的环节。众所周知，清代的地方政权分为省、府、县诸级，“布政使司布政使掌一省之政，司钱谷之出纳”③，上受户部有关清吏司之辖，下则管统府县。当奏销之时，各府县将各地钱粮出纳之册报送布政使司，“布政使司

---

① 《清朝续文献通考》卷121，《职官七》，第8810～8811页。

② 乾隆《大清会典》卷10，《户部》。

③ 《清朝文献通考》卷85，《职官九》，第5617页。

受其出入之籍而钩考之，以待奏销”①。然后，各布政使司将各省的奏销册呈送各主管清吏司，户部“责成各司详加磨勘”②，再由户部“会全数而复核之，汇疏以闻”。

其他钱粮奏销，另有其奏销程序，如盐课，先由各盐运使司造册申巡盐御使（盐政）或巡抚，再由巡盐御使或巡抚将奏销册呈送户部山东司稽核，再由户部复核③。又如王公、京营绿旗等俸禄支领奏销，“王公公主额驸领俸，以旗册呈宗人府，满世爵及文武官由本旗，汉文官由本部院册送吏、兵二部，核实咨（户）部”。“京营绿旗武职领俸，由步军统领册送兵部，核实咨（户）部”④。再如河工经费支出奏销，“凡经费，各工有修防之费，有俸饷之费，有役食之费，有岁报图册之费。江南河工有岁增五寸之费，山东有疏浚运河之费。各有常额。江南以河库道，河南以开归陈道、彰怀卫道，山东以运河道，直隶以天津道、通永道、永定河道、清河道、大名道，掌其出纳，岁要其数于河道总督，核实报销”⑤。不同的财政类别款项，各有其不同的奏销程序。

二　清代前期的常规奏销制度及政策演变

财政是传统社会中统治者最为重视的类项，经过历朝历代的因袭借鉴与整饬规范，应该说，财政奏销是较为成熟的制度之一。但即使是成熟的制度，在新的情势下，也不可能完全萧规曹随，也有在政策导引下重新整饬规范的一面，重新整饬规范也往往更为重要，更为值得重视。

在清王朝入关之前的崇德三年（1638年），都察院承政祖可法疏言：“户部掌司钱谷，职任匪轻，应立旧管、新收、开除、实在文簿，

① 乾隆《大清会典》卷10，《户部》。
② 《清史稿》卷121，《食货二》。
③ 参见拙著《清代盐政与盐税》，中州古籍出版社1988年版，第29～31页。
④ 乾隆《大清会典》卷18，《户部》。
⑤ 乾隆《大清会典》卷74，《工部》。

年终令公明官稽查。”得到统治者的认可①。虽然具体情景不甚明了，但已揭示当时的奏销制度已有雏形。清王朝入关之初，由于特殊的战乱格局，未见有明晰的钱粮奏销，现存档案和现有典籍中也不见记载。至顺治三年（1646年）四月，摄政王多尔衮始谕令户部：

> 今特遣大学士冯铨前往户部，与公英俄尔岱彻底查核，在京各衙门钱粮数目，原额若干？见今作何收支、销算？在外各省钱粮，明季加派三项，蠲免若干？见在田土，民间实种若干？应实征、起解、存留若干？在内责成各衙门，在外责成抚按，严加详稽，拟定《赋役全书》，进朕亲览，颁行天下，务期积弊一清，民生永赖②。

此次上谕，虽然是针对编制《赋役全书》而言，但也同时表达了进行钱粮奏销的意愿。同年，又有“造报文册”和“钱粮考成”的政策出台③。“造报文册”当然不单指钱粮奏销册，但其列在《大清会典事例·户部·奏销》中，“钱粮考成”则应以钱粮征收、奏销相联系，所以，从这里已可大致看出当时对钱粮奏销的重视和钱粮奏销的肇始。事实上，我们在现存档案中，也发现了顺治三年后有关田赋、盐课等的分类奏销记载。如顺治六年（1649年），巡按河南监察御使李若琛题称，据河南省造报的奏销册，“河南一省宣武等共二十二卫所，通共原额屯地九万九千三百八十八顷十三亩，自顺治元年起至顺治四年终止，实开熟地二万五千九百九十七顷八十六亩。又编审过汝州等五卫所屯丁二千三百二十四

① 《清朝文献通考》卷41，《国用三》，第5259页。

② 《清世祖实录》卷25，顺治三年四月壬寅。

③ 关于“造报文册”，光绪《大清会典事例》卷177，《户部·田赋·奏销》载：“顺治三年定，官员造报各项文册，遗漏重开，数目舛错，或多开少报，遗漏职名者，罚俸三月。该管官未经查出，据册转报者，罚俸一月。”关于“钱粮考成”，《古今图书集成》卷134，《食货典·赋役部》载：“凡完欠劝惩，顺治三年复准，司道府州县官征收钱粮完欠分数，岁终报部查核。完十分者为上等，完六分以上者为中等，完五分以下者为下等，按分数定其殿最。”

丁。合计丁地二项，元、二、三、四年共征银八万八千四十一两，已完过银五万四千三百九十一两。除解支过，尚遗存库银三千五百二十九两。……顺治五年分旧管并新收共熟地二万七千七百五十顷九十一亩，……合计丁地二项并续查出实地共该征银四万二千八百八十六两，已完银三万一千五十七两。据报解过布政司银二万九百二十七两，又解部军器折价牛角箭弦等银一千四百五十二两，……见在库银二千九百八十二两”①。从这份题本中可以看出，顺治元年至四年的奏销为一案，顺治五年的奏销为一案，亦可证顺治三年之前没有单独的奏销，即使有钱粮征解数字也是后来补报的②，其后才过渡到年度奏销。

尽管如此，当时的奏销并不规范，主要存在着两个问题，一是有的省份有钱粮奏销，有的省份则没有钱粮奏销③，即使有钱粮奏销的省份，也没有一定的奏销时间限制；二是受前者的制约，户部没有也不可能有全国的总奏销。鉴于此，顺治八年（1651 年）顺治帝亲政后，刑科左给事中魏象枢专折上疏：

> 国家钱粮，部臣掌出，藩臣掌入。入数不清，故出数不明。请自八年为始，各省布政使司于每岁终会计通省钱粮，分别款项，造册呈送该督抚按查核。恭缮黄册一套，抚臣会题总数，随本进呈御览。仍造清册，咨送在京各该衙门互相查考，既可杜藩臣之欺隐，又可核部臣之参差④。

---

① 钞档：《地丁题本·河南（四）》，顺治六年六月二十四日李若琛题。中国社会科学院经济所藏。

② 按：湖广顺治五年的钱粮奏销也是顺治八年才补报。见档案，顺治八年七月二十日迟日益题：《为奏销五年钱粮事》。中国第一历史档案馆藏。

③ 王庆云：《石渠余纪》卷 3，《纪赋册粮票》云：“开国之初，法制未定。顺治八年以后，各省始有奏销数目。”有所疏忽。如上所述，在顺治八年之前，有些省份是有钱粮奏销的。

④ 《清世祖实录》卷 57，顺治八年六月辛酉。又《清史列传》卷 8，《魏象枢传》：“八年，世祖章皇帝初亲政，……（象枢）请定藩司会计之法，以杜欺隐；立内外各官治事之限，以清稽滞。皆报可。”

魏象枢的上疏及其被采纳，是清代奏销制度确立的一个相当重要的界标。据有关档案的记载来看，当时的奏销确实是遵循此奏及户部的议复进行，可以引述江西巡抚张嘉的一份奏折为证：

> 奉札行准户部咨开：刑科左给事中魏象枢题《为请定藩司会计奏报之法等事》，内称：省直钱粮，自八年为始，令每岁终藩司造册报督抚按，缮黄册进呈。仍册报在京各有钱粮衙门，互相查算等因。复奉谕旨，备札到臣。就经严檄布政司督催前项册报，以凭磨算。去后，值新抚未任，臣驻省会督催，往复驳核。据该司将额征起存完欠数目逐一分别造册到臣，臣复亲行核算，移送江南督臣马国柱重加复核磨算，计江西省属一十三府顺治八年分田亩人丁所征额赋并课钞租税等项共该银二百三十二万九千八百三十五两有奇……①。

张嘉的上疏是针对田赋奏销而言，在相当重要的兵马钱粮奏销方面，也同样进行了新的整饬，户部尚书车克奏称：

> 查各镇饷司有循例按季报销者，有稽迟不报者。至于各督抚镇有年终奏销者，亦有年终报销者，甚至有经年不行奏报者，孰非划一之规。合通行各督抚镇于年终将所辖各营路及道标各项兵马支放过本折钱粮备开管、收、除、在，截日扣支等项清册奏销。其从前未报者悉行补报。
>
> 朱批：是②。

---

① 档案，顺治九年张嘉题：《为遵旨会议奏销钱粮事》。按：该件档案残损，缺上疏的具体时间。

② 档案，顺治八年车克题：《为销算兵马钱粮事》。按：该件档案残损，缺上疏的具体时间。另据顺治十七年二月三十日山东巡抚许文秀呈报的兵马钱粮奏销册称："顺治八年六月初八日准户部咨，《为销算兵马钱粮事》内开：新奉明旨，一切钱粮现在奏销，而兵马钱粮支放繁多，尤为吃紧，合通行各督抚镇于年终将所辖各营路及各道标各项兵马支放过本折钱粮，备开管、收、除、在、截日扣支等项清册奏销。其从前未报者，悉行补报。"内容大致相同。故可知车克的上疏亦当在此前后。

无疑，经过顺治八年（1651 年）的奏销整顿，各项钱粮收支的年终奏销，奏销册的管、收、除、在“四柱”格式，以及对奏销册的核查磨算等，已经初步形成制度。并且，在各省及各项钱粮奏销的基础上，户部也有了对全国出入总数的总奏销①，载在《清世祖实录》以及《清圣祖实录》、《清世宗实录》中的历年全国地丁钱粮总额②，也是从顺治八年开始，这正与奏销的整顿与上轨相吻合。

当然，任何政策的出台，在初始阶段都有其一定的局限性；任何制度的确立，也有其逐步完善的过程。顺治八年（1651 年）钱粮奏销的上轨，并不意味着所有奏销都循例进行③，这是问题的一个方面；另一方面，也还有对相关事项的进一步规定。就有关事项的进一步规定来看，有几个问题值得注意：

第一，奏销时限的规定。上述有关钱粮的奏销仅仅概称“岁

---

① 按：据记载，在顺治十一年，户部首次有了对全国岁入岁出的总奏报。户部奏称：“国家所赖者赋税，官兵所倚者俸饷，关系匪轻。今约计北直、山东、山西、河南、浙江、江南、陕西、湖广、江西、福建、广东十一省，原额地丁银三千一百六十四万五千六百六十六两有奇，内除荒亡蠲免银六百三十九万四千两零，地方存留银八百三十七万一千六百九十六两零，起解各部寺银二百七万六千八十六两零，该臣部下银一千四百八十万三千八百八十四两零，内拨给十一年分各省镇兵饷一千一百五十一万八千四百两零，应解臣部银三百二十八万五千四百五十两零；又应找拨陕西、广东、湖广等处兵饷银一百八十万两，又王公、文武满汉官兵俸饷银一百九万一千一百两零，计不敷银四十一万五千六百两零……”见《清世祖实录》卷 84，顺治十一年六月癸未。又按：顺治“十四年，设巡视官察核光禄寺钱粮，并饬户工两部岁终会计，勿使入不敷出”。见《清朝文献通考》卷 41，《国用三》，第 5299 页。

② 参见陈振汉等编：《清实录经济史资料》第三分册上，《顺治朝历年地丁钱粮统计表》、《康熙朝历年地丁钱粮统计表》、《雍正朝历年地丁钱粮统计表》，北京大学出版社 1989 年版。

③ 如顺治十六年云南新复后，“滇省废弛日久，钱粮概多混淆，田地荒芜，户口残缺，十六年分各州县经征米谷，有兵马驻镇动支者，有起运接济者，又有存留未尽者。至若所征银两，有起解司库者，有就近在彼买办粮料支放者。且《赋役全书》于十二月中旬始到，转发各属远近不等，必数月方能传遍，一时难以清楚”，难以造册奏销。见钞档：《地丁题本·云南（二）》，顺治十七年二月林天擎揭帖。

终会计”（即年终奏销），至于何时造册进呈，则未加限制。各省如果没有一定的奏销时间规范，造册奏销难免迟延或参差不齐，势必影响到户部的总奏销。于是，顺治九年（1652年）议准：“直省销算钱粮，逐款备造支解完欠清册，户部据以查核。近畿各省限二月终，远省限三月终到部，逾限者参处。”这是有关奏销时限的首次规定，但这一规定仅以“近畿”和“远省”相区分，还较为笼统。因此，顺治十二年（1655年）又议准：“奏销本年钱粮报部定限，直隶、山东、山西、河南、陕西限次年二月终；江南、浙江、江西、湖广限三月中；福建、四川、广东、广西限三月终。”由于两广离京遥远，奏销册籍难以按时到部，顺治十六年（1659年）又议准：“广东、广西改限五月终奏销。”云贵收复后，顺治十八年（1661年），首先规定了贵州的奏销时限：“贵州钱粮限六月中造册奏报。”① 康熙三年（1664年），又规定了云南的奏销时限：“云南奏销钱粮限六月中报部。”② 至此，各省的钱粮奏销都有了各自的时限规范③。如果奏销违限，则予以处罚，并有相应的处罚则例出台④。

---

① 均见《古今图书集成》卷134，《食货典·赋役部》。

② 《古今图书集成》卷135，《食货典·赋役部》。

③ 后来，由于钱粮征解的迟延，奏销时限又有所延缓，如雍正七年议准：“地丁钱粮奏销定例，直隶、山东、山西、河南、陕西令四月到部；江苏、安徽、江西、浙江、湖广令五月到部；福建、四川、广东、广西、云南、贵州令六月到部。”钱粮征解奏销的迟延，必然影响到钱粮支出的安排，因而又要求各省在正式奏销前，“先造草册一本”。见光绪《大清会典事例》卷177，《户部·田赋·奏销》。又，与地丁钱粮奏销时限的限定与更改相一致，也有对“兵马钱粮奏销册籍到部定限”的规定。参见拙著：《清代军费研究》第161页，武汉大学出版社1992年版。

④ 如康熙二十二年题定的处罚例：“奏销钱粮册结，必须随案送部，若司道都司府州县卫所官将册结迟延不送，违限一月者罚俸六个月，违限二月者罚俸九个月，违限三月者罚俸一年，违限四五月者降一级留任，违限六月以上者降二级调用，违限一年以上者革职。如已申送而督抚不即送部，违限五月以下者照司道等官例处分，违限六月以上者降二级留任，违限一年以上者降三级调用。”见《古今图书集成》卷136，《食货典·赋役部》。

第二，奏销格式的重申。应该说，我国传统的财政制度相对成熟，奏销册的“四柱”格式创立及沿袭，有比较长的历史过程①。如上所述，在崇德三年（1638 年）及顺治八年（1651 年）的奏销要求中，已有旧管、新收、开除、实在的四柱格式规定。但征诸现存档案，可以知晓，这种规定并没有得到切实的执行。如山西省顺治八年（1651 年）的地丁钱粮奏销册，分为原额、存留、起运、续报、续完、未完等项②。顺治十六年（1659 年）的地丁钱粮奏销册，分为原额、旧管、新收、开除、实在等项③。又如同年的山东省兵马钱粮奏销册，分为旧管、新收、拨兑、开除、实在等项④。再如两淮盐区顺治十年（1653 年）的盐课奏销册，在“正项钱粮”、“杂项钱粮”、“部议十四款”等款目类别中，分为额征、征解、未完、带征、实征等项⑤。鉴于这种奏销格式的混乱，康熙十一年（1672 年）再次申令：“奏销册，直省布政使司总数，府州县细数，皆载旧管、新收、开除、实在四柱，以凭稽核。”⑥ 经过此次申令，在地丁钱粮奏销和兵马钱粮奏销中的四柱奏销格式基本划一。但我们也注意到，此后并不是所有的钱粮奏销都采用了四柱

---

① 据郭道扬的研究，唐代前期所用会计结算法，基本上还是“三柱”法，唐代中期出现“四柱结算法”的名目，已经有了由“三柱结算法”向“四柱结算法”的过渡迹象。至宋代，“四柱结算法”已得到普遍运用，而且名目划一，简明扼要，趋于完善。在宋哲宗统治时期，四柱名目又发生变化，“元管”改作“旧管”，“已支”改作“开除”，“见在”改作“实在”。这样，旧管、新收、开除、实在的四柱册名目与样式便被固定下来，为明清所沿用。见《中国会计史稿》上册，第 316、396 页，中国财政经济出版社 1982 年版。在述及清代时，郭道扬概称：“在清代的官厅会计核算中，四柱法的运用较之明代进一步普及。账簿、名籍、鱼鳞册、黄册、奏销册、《赋役全书》，以及《会计录》等无一不取用四柱式。”见前揭书下册，第 173 页，中国财政经济出版社 1988 年版。

② 钞档：《地丁题本·山西（二）》，顺治九年六月二十六日车克题本。

③ 钞档：《地丁题本·山西（二）》，顺治十七年二月白如梅题本。

④ 档案，顺治十七年二月三十日许文秀呈：《奏销十六年兵马钱粮文册》。

⑤ 档案，顺治十一年二月二十七日梁凤鸣呈：《顺治十年分征解过正杂盐课钱粮数目文册》。

⑥ 光绪《大清会典事例》卷 177，《户部·田赋·奏销》。

格式①。所谓“无一不采用四柱式”②，是值得怀疑的。

第三，月报制、冬估制、春秋拨制的实行。1. 月报制。如上所述，清代的钱粮奏销采取年终奏销制，但对不时动用的钱粮奏销则没有规定。康熙三十九年（1700年），因工部钱粮奏销“情弊甚多”，始谕令：“凡有修理之处，将司官笔帖式俱奏，请派出每月支用钱粮分晰细数，造册具奏。”康熙四十五年（1706年），又谕令户工二部，“将不启奏用咨文动支大小款项钱粮，于月终汇奏”③。至此，不时动用钱粮的月终奏销形成定制，并在月报制的基础上，年终再统一奏销。2. 冬估制。顺治五年（1648年）规定，“各督抚于题请兵饷疏内，开列该抚额征钱粮现在实数，及兵马岁需饷乾数目，以便部拨”，已粗具冬估制的雏形④。随着“分成拨饷制”和“预拨来年春季俸饷制”的实行⑤，冬估制亦逐步完善，至雍正三年（1725年），明确规定：“每年冬，各省督抚将本省次年一岁应需官兵俸饷，预为会计，造册咨部，由部将各省额征起运等项银两，按款照数拨给。”⑥ 3. 春秋拨制。春秋拨制与冬估制有一定的联系，所谓联系，就是户部在各省冬估册的基础上，对各省征收、库存钱粮分春、秋进行二次拨解，即：“凡拨饷，曰

---

① 如康熙十八年两淮盐课奏销册，在“正项钱粮”、“杂项钱粮”（上揭“部议十四款”已归并入杂项钱粮下）类别下，分为额征、实征、起解、存库等项。见档案，康熙十九年八月二十七日布哈呈：《两淮运司康熙十八年分正杂钱粮文册》。又如康熙十九年江苏杂税奏销册，分为旧额、加增、议增、已完、未完等项。见档案，康熙二十年八月十五日慕天颜呈：《康熙十九年分江苏八府州属牙帖、田房、牛驴猪羊等杂税册》。

② 见上揭郭道扬书。

③ 《清朝文献通考》卷41，《国用三》，第5230页。

④ 光绪《大清会典事例》卷255，《户部·俸饷·各省兵饷一》。按：康熙二年，工科给事中吴国龙曾疏言：“各部寺衙门应用钱粮，年前具题数目，次年于户部支给。”“下部议行”。见《清朝文献通考》卷41，《国用三》，第5229～5230页。这是在京需用钱粮冬估制的肇始。

⑤ 参见拙著：《清代军费研究》，第160～163页。

⑥ 光绪《大清会典事例》卷169，《户部·田赋·部拨京饷》。

春拨，曰秋拨。"① 春秋拨制亦在雍正三年（1725 年）趋于完善，该年奏准："直省于春秋二季将实在存库帑银，造具清册，春季限于二月，秋季限于八月到部，由部据各省所报现存实数，酌定数目，奏明拨解。除仅敷本省需用之福建、广东、广西等省，及不敷本省需用之陕西、甘肃、四川、云南、贵州等省存留本省，不解至京，余省春秋二季册报实存银数，酌量存留本省，以备协济邻省兵饷，并别有所需请拨用外，其余银悉令解部。"②

第四，地丁钱粮奏销与兵马钱粮奏销的同时进行。这与冬估制、春秋拨制都有一定的联系，特别是与冬估制联系密切。如上所揭，在顺治五年（1648 年）的规定中，已要求"各督抚于题请兵饷疏内，开列该抚额征钱粮现在实数"，以便户部统筹考虑。但这种奏销难免头绪不清，导致了奏销册的繁杂，于是，康熙二十五年（1686 年）又重新规定："嗣后应令奏销兵马钱粮与奏销地丁钱粮，同时各为一疏奏销。"③ 也就是说，既将地丁钱粮奏销与兵马钱粮奏销同时进行，又将二者分别奏销。

第五，将奏销钱粮与清查亏空结合起来。康熙二十三年（1684 年），康熙帝"以各省督抚侵欺库帑，户部无凭查核"为由，要求大学士、九卿"详定条例"。在随后所定条例中，还只是限于对存留、起运款项的分晰造报，对用过款项的清查，以及对舛错款项的驳查等④。康熙二十八年（1689 年），户部疏称："各处藩司库银，屡以亏空见告，虽定有藩司升任巡抚躬自盘查之例，然平时漫无稽核，至升任时始行盘查，未免已晚。……嗣后应令各省巡抚于每年

① 光绪《大清会典》卷 19，《户部》。

② 光绪《大清会典事例》卷 169，《户部·田赋·部拨兵饷》。按：据档案记载："春秋二拨，自雍正三年为始，每春秋二季造具实在存库银两清册送部，春季清册务于二月二十日以前到部，秋季清册务于八月二十日以前到部。臣部（户部）据各省所报见存实数，定分拨多寡。"见档案，乾隆元年十二月十九日法敏题：《为请定酌拨条例事》引前定例。

③ 档案，乾隆三十六年素尔讷题：《为奏销乾隆三十五年钱粮事》引前定例。按：该件档案残损。

④ 《清朝文献通考》卷 41，《国用三》，第 5230 页。

奏销时，将司库钱粮亲身盘查，如无亏空，于奏销本内一并保题。倘保题之后仍有查出亏空者，将巡抚照康熙二十七年十二月内新定交盘例治罪。”① 雍正元年（1723 年），又进一步重申，并增加了“令总督监同巡抚亲身盘查”，“钱粮无缺，出具印结，于奏销本内一并保题”的内容②。

第六，对部费陋规的清理。钱粮奏销头绪纷繁，各地的钱粮奏销册在送呈户部以后，往往因数字舛错或格式不符等种种理由屡遭驳查，在顺治年间已有“在外年年销算，在内年年驳查，相习成例”之说③。以至造成“章奏之最繁者，奏销之驳查”的局面。针对这种情况，一方面，给事中姚文然提出“应驳者必驳，不应驳者即省，庶内省章奏之繁，外省驳查之累”的建议④；另一方面，职掌造册的官员为使奏销顺利通过，又大肆向户部行贿，从而形成引人注目的部费陋规。康熙年间的名臣靳辅即指出：“迩来各省销算钱粮，科钞到部，承议司官，虽不乏从公议允之案，然偶值一事，或执一己之偏见，或信部胥之唆使，任意吹求，苛驳无已。钱粮数目繁琐，头绪牵杂，非精于核算，洞悉款项，熟知卷案者，万难得其要领。……则经用钱粮之官，不得不行贿以求之，所谓部费也。”⑤ 康熙年间的部费陋规已相当严重，虽经整饬，但并无多大效果。雍正元年（1723 年）上谕即称：“一应奏销，积弊甚大。若无部费，虽当用之项册档分明，亦因本内数字互异，或因银数几两不符，往来驳诘，不准奏销。一有部费，即糜费钱粮百万，亦准奏销。……朕今不得不加整理。”⑥ 经过雍正年间的清理整顿，情

---

① 钞档：《地丁题本·湖南（二）》，乾隆二年八月十九日张廷玉题本引前定例。

② 档案，乾隆三十六年素尔讷题：《为奏销乾隆三十五年钱粮事》引前定例。

③ 档案，顺治十一年正月十二日杨璜题：《为支销之弊宜除事》。

④ 姚文然：《请省奏销驳查疏》，见《清朝经世文编》卷 12。

⑤ 靳辅：《苛驳宜禁疏》，见《清朝经世文编》卷 26。

⑥ 《清朝文献通考》卷 41，《国用三》。第 5231 页。

况有所好转①。

综上，不难看出，有关新政策的出台与奏销制度的进一步完善相辅而行。奏销时限的规定，奏销格式的重申，以及月报制、冬估制、春秋拨制的实行，目的在于钱粮奏销的规范化；地丁钱粮奏销与兵马钱粮奏销的同时进行，奏销与清查亏空的结合，目的在于钱粮奏销的通盘考虑和最大限度地发挥奏销的功能；而对部费陋规的清理，则标志着整顿财政和肃整吏治的统一。而且，冬估制、春秋拨制以及地丁钱粮奏销与兵马钱粮奏销的同时进行，已经显现出清代前期奏销的“预算”色彩。

上述奏销制度的整顿与规范性措施，主要实施于康、雍年间，因此，可以认为：顺治八年（1651 年），是清代奏销制度的确立点；康、雍两朝，则是清代奏销制度的完备期。

当然，康、雍两朝奏销制度的完备，并不意味着清代前期的常规奏销制度再无变化，这只是一种不拘泥于细枝末叶的概说。雍正朝以后，常规奏销制度除循例进行外，在两个方面仍有新的特色：一是“上、下忙造册”的实行，二是“比较奏销法”的实行②。

地丁钱粮分为春季和秋季的上、下忙征收，是一种惯例；上忙何时征完，下忙何时征完，也有明确的时间限定。但要求将上、下

---

① 参见拙著：《清代军费研究》第 164 ~ 165 页。按：雍正年间对其他陋规的清理整顿也相当突出，参见拙著：《清代盐政与盐税》第 128 ~ 133 页，中州古籍出版社 1988 年版。

② 当然，除此之外，也还有其他一些奏销措施出台，并形成新的制度。如，雍正年间以后，在八旗与绿营中实行“红白事例银”制度，红白事例银的发放与造报，也专门有《红白奏销册》。参见拙著《清代军费研究》第 68 ~ 73 页，第 129 ~ 136 页。又如雍正年间实行“耗羡归公”后，至乾隆五年，上谕始要求各省“将一年之内额征公费完欠杂支同余剩未给各数目，逐一归款。……俱于岁底将一切动存完欠各数，及扣存减半平余银两，造册咨送户部核销”。见光绪《大清会典事例》卷 170，《户部 · 田赋 · 耗羡动支》。在《宫中档乾隆朝奏折》第 5 辑、第 6 辑中载有湖北、山西、江西、河南、山东、广西等省的耗羡奏销报告。例如：湖北乾隆十七年耗羡银，旧管 363614 两，新收 470931 两，开除 479963 两，应存 354582 两。山西乾隆十七年耗羡银，旧管 235799 两，新收 394049 两，开除 413174 两，实在 216674 两。等等。

忙征收分别造册，则始自嘉庆二十年（1815年）。是年，经户部奏准：

> 各州县应征上下忙钱粮，除例准留支及实欠在民外，所有征存属库银两，尽数提解司库。其上忙应四月完半者，限五月底；六月完半者，限七月底。下忙限十二月底截清。解司银数，按限造册送部查核。所有上下忙解司银数，送部款册，令藩司核明。州县每年额征钱粮，本年征过若干，各未完若干，其已完银内，州县应留支若干，实应解存司库、报部候拨若干，又节年缓带征钱粮征获若干，仍未完若干，分别正课杂项，各归各款，造具简明册，依限详报督抚查核。该督抚即于二十日内专折具奏，将原册一并送部。迟逾参处。并责成承办司员，按款详细登记印簿，俟该省春秋二拨及奏销各册到日，逐一核对。遇有送到州县交代册结，随时抽查。倘有已征未解情弊，除州县参革治罪外，并将该督抚藩司一并严参①。

据此，上下忙的分别造册，除将上下忙征收期限有所展缓外，还将此与春秋拨册及州县交代制结合起来。随后，又制定了上下忙造册及有关考成的处分则例②。

实行上下忙分别造册后，年度奏销依然进行，只不过此后的年度奏销增加了对上下忙钱粮征收情况的总体奏报。

比较奏销法则始自道光二年（1822年），该年，因着御使刘尹衡的上疏和户部的议奏，道光帝发布上谕：

> 嗣后实征钱粮，务令扫数完解，并饬藩司随时调查红簿串根，如有银数参差，立即分别参办，至各州县征解银数，着照部议，设立比较之法，于奏销题报外，照例具奏，折内开具清

① 光绪《大清会典事例》卷171，《户部·田赋·催科期限》。参见钞档：《地丁题本·直隶（一）》，道光三年十一月七日蒋攸题本引前定例。

② 参见光绪《大清会典事例》卷173，《户部·田赋·催科考成》。

单，明列通省三年比较，如本年额征若干，已完若干，未完若干，积年旧欠若干，本年带征已完若干，未完若干，比之上三年最多最少之数盈或绌，一一注明①。

由于当时地丁钱粮征收的拖欠以及奏销的展限，奉此上谕后，户部随即行令各省"将道光元年地丁奏销案内已未完欠数目，补行奏报"，补行奏报亦用"三年比较法"，所以，比较奏销法事实上是从道光元年（1821年）的奏销开始。

根据上揭上谕，可以看出，比较奏销法，事实上包括了"本年额征"钱粮与上三年比较，以及"积年旧欠"钱粮与上三年比较两项内容。现存档案也证实了这一点。如道光二年（1822年）福建的地丁钱粮奏销：

道光二年地丁并升垦起科银1234269两零，除留支各款银200923两零外，截至奏销止，解完司库银840941两零，尚未完银192404两零。

比较嘉庆二十四年分额征地丁银1233654两零，除留支各款银200923两零外，截至奏销止，解完司库银819197两零，尚未完银213533两零，计多完银21744两零。

比较嘉庆二十五年分额征地丁银1234191两零，除留支各款银199770两零外，截至奏销止，解完司库银796752两零，尚未完银237668两零，计多完银44189两零。

比较道光元年分额征地丁银1234193两零，除留支各款银199731两零外，截至奏销止，解完司库银833956两零，尚未完银210505两零，计多完银16984两零。

带征积年旧欠：

道光二年分带征嘉庆二十三、四、五等年并道光元年积欠地丁银704754两零，尚未完银627158两零。

---

① 档案，道光三年五月十五日韩文绮题：《为查明道光元年奏销案内已未完解地丁钱粮，比较上三年完欠银数事》。

比较嘉庆二十四年分带征嘉庆二十三年积欠地丁银230424两零，截至奏销止，解完司库银58034两零，尚未完银172390两零，计多完银19561两零。

比较嘉庆二十五年分带征嘉庆二十三、四等年积欠地丁银385923两零，截至奏销止，解完司库银61785两零，尚未完银324137两零，计多完银15810两零。

比较道光元年分带征嘉庆二十三、四、五等年积欠地丁银561805两零，截至奏销止，解完司库银67557两零，尚未完银494248两零，计多完银10038两零①。

其他各省的地丁钱粮比较奏销均类是。此后，道光六年（1826年），户部又议准："各省征收新旧钱粮比较分数，自道光五年为始，均于奏销截数后开单奏报。并颁清单式样。"② 从而使比较奏销进一步规范③。

上下忙分别奏销与比较奏销，是原有年度奏销的重要补充。同时，我们也应该看到，此两项奏销制度的实行，是清代中期地丁钱粮征收普遍拖欠情势下的必然产物，其目的是在于及时掌握不同时期、不同年度的钱粮征收情况，并试图藉此加强对有关官员征收钱粮的考核。

三　清代前期的战时奏销制度及政策演变

一般地说，常规奏销制度是较为规范的制度，一旦确立便具有相对稳定性。与常规奏销制度相比，战时奏销制度则具有临时性和多变性，战时奏销政策也因时因事而异。

---

① 钞档：《地丁题本·福建（一）》，道光三年八月五日孙尔准题本。

② 档案，道光十六年八月四日林则徐题：《为道光十五年江苏地丁奏销比较上三年分数事》引前定例。

③ 按：清代后期，三年比较法改为仅与上年比较，我们在同治八年浙江的地丁钱粮奏销中，看到了这种变化。见钞档：《地丁题本·浙江（二）》，同治九年二月三十日杨昌浚题本。

战时奏销制度有其特定的范畴，主要指的是战时军费奏销（或称“军需奏销”），它与平时军费奏销（或称“兵马钱粮奏销”）相对应。罗尔纲先生曾对清代的战时军费奏销下过一段定语：“军需奏销为兴大兵役时的特别支出，与经常的兵马钱粮奏销不同，它的性质是临时的，它的范围，是跟着战事的进展随时随地而不同的。……报销之始，则先将原拨银两数目作为初案新收，次列开除若干，实存若干，以初案的实存，作为次案的旧管。支用数目，逐案层递滚算，分门别类，挨次题销。”① 罗先生的这段话，是对战时军费奏销的一般性概括，说明了战时军费奏销的特殊性和奏销程序，但没有注意到战时军费奏销的多变性和复杂性。

清初顺治年间，连年用兵，战火不断，“频年鞠旅陈师，饷繁粮浩”②。战时军费奏销比之于常规奏销的无序及渐上轨道，更显得杂乱无章。当时在各省区设立的“饷司”，既主管兵马钱粮的摊派、催缴，又主管军需的奏销，但由于缺乏相应的规章制约，诸弊丛生。顺治八年（1651年），四川道监察御使王亮教称：“饷司历年任其出入不闻，奏报销算，差官催饷，势同狼虎，粮役恣其鱼肉，有司受其凭凌。”③ 顺治十年（1653年），户部尚书车克称：“我朝沿习旧制，特设饷司各官，以办粮糗，此政之所以重军需而稽侵冒也。近见宣大督臣题为悖旨冒饷一疏，内云，饷司徐兆举、陆云龙与镇标中军张世忠等通同侵扣饷银六万六千余两。又云，桃花、矾山等处，五、六等年钱粮蒙混支销，借题克落者为数尚多。……臣谓一镇如此，他镇可知；近畿如此，远方可知。当此需兵需饷之际，使朝廷有用金钱徒饱贪官之腹。”④ 顺治十一年（1654年），户科给事中杨璜又称：“臣查天下钱粮之弊，万绪千端，其最著者莫大于支销不明，得以彼此牵混，行其影射侵挪之

① 罗尔纲：《绿营兵志》第373页，中华书局1984年版。
② 档案，顺治四年高士俊题：《为急需接济，筹饷无术事》。
③ 档案，顺治八年闰二月二十日王亮教题：《为遵旨请撤饷司事》。
④ 档案，顺治十年十二月三日车克题：《为兵饷侵冒多端事》。

计。"① 终顺治一朝，战时军费奏销的混乱格局没有改变。

在三藩之乱初期的康熙十三年（1674 年），康熙帝曾明确谕令："拨饷一次即造册奏销一次，以杜不肖官役借端牵混、挪移侵欺并贱价作贵等弊。"② 这是一次较为重要的上谕，也是在战时军费奏销方面作的第一次明确规定。据此，各地的军需局或粮台在收到户部的拨饷或各地的协饷之后，即将旧管钱粮数额、新收钱粮数额，以及拨解在途、尚未收到的数额，并预估以后的需款数额等分别缮造清册，由总督、巡抚或布政使等用兵地方大员上报户部，户部藉此再作权衡拨解。

很清楚，这一规定主要在于军需的估报和拨款后的收款奏报，试图扭转以往"支销不明"的状况。但由于缺乏对用过之款的报销限定，因此，军需的拨款和收款数目虽然明晰，而军需用款的报销依然混乱。有的地方是用过一次款项即造册奏销一次，有的地方则迟延不报或经年不报，针对这种情况，户部题准："嗣后大兵经过，动用本省钱粮，仍应于本省造册之外，另行造册，一年报销一次。至大兵进剿，拨各省协解钱粮，拨一次即将一次造册报销。"③ 从而将项目奏销与年度奏销结合起来。

尽管如此，当时的军费奏销仍然不规范，并未出现前揭罗尔纲先生所说的"支用款目，逐案层递滚算，分门别类，挨次题销"的那种情况，而是在战争结束以后再进行总的销算。由于战争结束后，战时设立的军需局或粮台相应撤销，军费奏销的任务便落在各地藩司头上，即"军务告竣，一切奏销案件改由藩司汇核查办"④。有时因奏销案件太多，也曾设立报销总局以主其事。这样一来，或因接手之员事务不熟，茫无所知；或因历时久远，无从稽考；或因案牍繁多，难以析别。所谓军费奏销的"算总账"，便往往成了一

① 档案，顺治十一年正月十二日杨璜题：《为支销之积弊宜除事》。

② 档案，康熙十四年九月二十日蔡毓荣呈：《奏销敕部立法销算兵马钱粮事件文册》。

③ 档案，康熙十八年十二月八日张朝珍呈：《奏销荆襄大营自康熙十七年六月起至九月止收支协饷军需等项目黄册》。

④ 档案，乾隆元年十二月十二日刘于义题：《为奏销军需钱粮事》。

笔糊涂账。这或许就是乾隆以前历次战争的军费数额，官书阙于记载的主要原因。

实际上，许多战争的用款也确实是销算不清。即如历时八年的三藩之乱用款，直至康熙末年，还茫无头绪。此后以迄乾隆初年的历次战时军费奏销，也大多历经十数年、数十年不能完结①。其所以出现军费销算不清的局面，因素当然是多方面的，比如经理军需人员不按部定则例采买粮草、支销钱粮，贪劣之员借机渔利等，在奏销之时难免要遭到"部驳"，户部驳文一下，又要辗转核查，难免旷日持久。但是，这与当时军费奏销没有统一的制度，多不按时、分案奏销密切相关。直到乾隆十九年（1754 年），在预备西北军需时，山西巡抚恒文才率先提出了按时、分案奏销军需的意见。他说：

窃惟军需钱粮帑项攸关，向来办理军需，每俟军务告竣之后，始行查办报销，不特头绪纷繁，抑且承办之员前后更易，造报不免舛错，驳查更费周章。似不若办竣一案即将一案用过钱粮造册报销，则造报之员均属经手之人，即查核之上司，曾经督办，亦深悉其原委，不能丝毫弊混，可以迅速完结。惟当军务未竣之时，一切关系军情事宜，均应密办，若将承办军需随案具本题销，总（纵）极详慎，而咨揭繁多，恐有漏泻（泄），更不如以奏代题，尤为谨密②。

乾隆二十年（1755 年），甘肃布政使史奕昂亦指出：

自臣抵任以来，检阅从前军需旧案，每至数年之久方始报销，承办之员类多更易，事经年远，查询愈繁，胥吏反得上下

① 参见拙著：《清代军费研究》第 178 ~ 179 页，武汉大学出版社 1992 年版。

② 档案，乾隆十九年八月十七日恒文奏：《为军需钱粮敬请随案奏销，以清案牍事》。

其手，殊非所以慎支用而省案牍也。此次办过各项钱粮，臣拟大兵齐至军营，即将用过细数逐款查明，随时造报，次第请题，听部核销。……如其中支过粮饷有必须于凯旋后核造者，请即以凯旋之日起，勒限一年内统为造报。倘承办经手之员造册逾限，即照例参处①。

乾隆帝对以上二人的建议甚为赞赏，分别朱批："甚好！知道了。"上引两件奏折除分别历数前此军费奏销的弊端外，在总结经验的基础上，实际上提出了三种办法：第一，用过钱粮及时分案奏销。第二，奏销军费以奏本代替题本。第三，用过钱粮一时不能核办奏销的，在军务告竣后的一年限期内造报，不得逾限。这些办法无疑会对战时军费奏销的纠偏治弊起到作用，所以当即便予以实行。据现存档案看，当时的军费奏销确实体现了分门别类、依次奏销的特点，如运米一次、采买米一次、采买草料一次、采买马驼一次、支过出征行装银一次等，均各作一案奏销。

应该说，康熙十三年（1674 年）的拨饷一次即造册奏销一次与乾隆十九年（1754 年）的依次分案奏销，是战时军费奏销制度方面两次大的改进，它对改变军费奏销的混乱局面起着不容忽视的作用。特别是乾隆十九年实行的分别款项依次奏销，是战时军费奏销程式的根本改变，这种"随支随销"的方式，可以使军需款项迅速结案，即使一时难以结案，也必须在军务告竣后的"一年内统为造报"，从而避免了由军费奏销迟缓而产生的许多弊端。

从总体上看，此后的战时军费奏销均是循例进行。

但是，也必须注意到，由于战争的突发性、历时性、扩延性、复杂性，以及军费拨款、筹措、支出、编报、奏销、驳查的头绪纷繁，案牍山积，军费奏销又往往不以人的意志为转移。换句话说，军费用过一案即奏销一案，以及军务告竣后一年内报销完毕的规定，在战争事起仓促或拖延时日，以及支销违例、屡驳屡查的情况

---

① 档案，乾隆二十年二月十二日史奕昂奏：《为请定军需钱粮随时造报之限，以杜拖延事》。

下，奏销变得非常困难，往往难以如期造报完毕。因此，尽管有乾隆十九年军费报销的理想范式，仍然不得不有所变通。实际上，此后历次战争中的军费报销，多是采取战时的随时造报与战后的统一报销相结合。一般来说，战争时期钱粮物料的收贮、支发、核实，以及军费收支案牍的及时编报等，均由战时因办理军需所设立的军需局经手；战后的统一报销则由事后成立的报销局经手。军需局将一切奏销案件转交报销局汇总查办，军需局随即撤去，局员或归复旧职，或转留报销局，一任办理、督察军务的总督大员委任。报销局在接手军需局的军费收支“底册”后，仍需“按照则例，逐款详核，凡动用银、米，核与则例相符者，必查对底案，始准报销，以归核实。或例准开销而未经动用，及实用之数比则例较少者，即照实用之数具报，不得因有例可援，稍任浮冒。此外有军行紧急，事在必需，量为变通，而核与成例不符者，照例核减，另行分别着落认赔。总期用款俱循则例，帑项不致虚糜”①。然后，按照这些基本的要求，分案汇总，依次结算。报销结案的时间也不再限于一年，而是根据战争时日的长短分别限定日期②。

质言之，上述军费奏销制度的不断改进，其功能主要表现在分别款项、及时奏销方面，也可以说仅仅是军费奏销程序的改变和整理，当然有着不可忽视的作用。但从另一个方面来讲，其对军费支出与奏销中的某些弊端仍然难以遏制。

上述已经谈到常额军费奏销中的军费陋规及驳查，在战时军费奏销中其弊更大。据说，三藩之乱期间，“江南供应满汉各营节年米豆草价各案，不蒙准销，屡驳屡查”③。这种现象，以后历次战时军费奏销中屡见不鲜。其所以如此，固然是由于经理军需人员浮冒开销、中饱私囊，不驳查不足以核实，但同时也是由于部官司员以军费报销为利薮之地，借驳查之名以索部费，以致“军需款目，

---

① 档案，乾隆五十四年闰五月二十一日福康安奏：《为酌核军需报销章程，以杜浮冒以重帑项事》。

② 参见拙著：《清代军费研究》第182页。

③ 慕天颜：《军需报销疏》，见《皇朝经世文编》卷32。

至一千数百万之外，部费即须十余万”①。令人吃惊。

时人曾经认为，“军需一项，所有虚浮，皆在采买米豆草束等项内藏掩”②。所以，历次军费报销中，遭到驳查最多的是采买米豆、草束，制办军器、火药等项。在战争中，由于军需紧急，刻不容缓，办理军需人员一般是“照时价采买制办”，而战时又往往物价增昂，采买制办军需的价值经常“较原议部价浮多”，也就屡遭部驳。这其中，虽然有不肖官吏浮冒开销的现象，但也有因公办理者。而在具体办理中，二者又很难区分，颇费周章。雍正十三年（1735 年）九月，新即位的乾隆皇帝曾试图采取“折中定价”的办法，“斟酌合宜，俾官吏无赔累之苦，国帑无浮冒之弊”，以求公允，以解决军费奏销中屡屡驳查之弊③。但所谓的“折中定价”，实际执行效果并不好。至乾隆四十九年（1784 年），在前此基础上，统一制定了《采买米麦草豆价值》、《采买马驼骡头牛羊价值》等军需条例，使有关的军费奏销有例可依，走向规范。同时也有适度的灵活性，即遇有物价的特别增昂，承办军需人员可以“确访时值，奏明采买”④。与制度的规范相一致，清廷还不断颁布政令（处罚则例），对经理军需人员的违规现象进行整饬，例如⑤：

康熙十四年（1675 年）规定：各省采买米谷豆草估价，均照督抚所定，如估价多开者，或被旁人首告，或被科道题参，审系情实，原估官革职提问，转审官降四级调用。如督、抚、布政使、道、府等官通同多算者，皆革职提问。

康熙十五年（1676 年）规定：供应米豆草等项，如地方官将价值浮冒开销，督抚查出题参，照贪官例革职拿问。如奏销完结之

① 张集馨：《道咸宦海见闻录》第 278 页，中华书局 1981 年版。

② 档案，雍正三年八月八日王景灏奏：《为奏闻事》。

③ 《平定准噶尔方略》前编卷 39，雍正十三年九月癸亥。

④ 乾隆《钦定户部军需则例》卷 7，《采买办解》。参见拙著《清代军费研究》第 184 页。另参郭松义、李新达、李尚英《清朝典制》第 440 页，吉林文史出版社 1993 年版。

⑤ 以下诸条见乾隆《大清会典则例》卷 16，《吏部 · 解支》；卷 23，《吏部 · 军政》。

后，或被科道纠参，或被旁人举首，将督抚一并照贪官例治罪。

康熙二十五年（1686 年）规定：一应制造、采买等项，如有冒销、侵欺事发，皆照户部“军前供应米豆草束浮冒开销例”议处。等等。

凡此政令（处罚则例）的不断颁布，既意味着制度与政策的相互补充，也标示着弊端的不断发生，防贪杜弊任重而道远。

原载《历史研究》2000 年第 2 期

二十七、清代中央财政与地方财政的调整

在清代，并没有严格意义上的中央财政与地方财政的分野，但有以“起运”、“存留”为标志的中央财政与地方财政的划分，并且存在着中央财政与地方财政的调整或变动，这是没有疑问的。不过，就中央财政与地方财政的关系及其性质而言，清代前期与清代后期是大为不同的。清代前期，中央财政与地方财政的调整，主要反映出在户部的控制之下，钱粮起运、存留比例的变动；清代后期，中央财政与地方财政出现混乱格局，主要反映出中央财政的运转失灵和财权的下移以及清廷整顿财政新秩序的努力。

一　起运、存留比例的变动

起运与存留，一般被视作是中央和地方在财政收入上的重新分配，按照乾隆《大清会典则例》的解释，“州县经征钱粮运解布政司，候部拨，曰起运”；“州县经征钱粮扣留本地，支给经费，曰存留”①。乾隆《大清会典》亦称：“凡州县官征收田赋，如期运

① 乾隆《大清会典则例》卷36，《户部》。

解布政使司，以待部拨，其应充本地经费者，如数存留，以待支给。布政使司受其出入之籍而钩考之，以待奏销。"① 所谓“起运”，即各地所征收的钱粮按一定比例起解户部及各部寺监，或听候户部协拨他省兵饷要需，作为国家经费开支之用（包括了京饷、协饷、藩库存储银以及雍正五年后的留贮银、雍正八年后的分贮银等），属于中央财政；所谓“存留”，即各地所征收的钱粮按一定比例存留本地，作为地方经费开支之用（地方存留类别各地略有不同，如湖北，包括驿站项下排夫、脚马、红船、水手、江济等银，以及官俸役食、历日、表夫、祭祀、部寺解费、廪粮、新设关庙三祭等银，从下列表中的“裁减项目”、“存留类别”以及史料示列中，也可以体会），属于地方财政②。

与其他制度一样，清廷入关后依然沿袭明代的起运、存留制度，起运、存留比例大致仍依其旧，即如江苏巡抚汤斌所称，“本朝定鼎，田赋悉照万历年间则例，……顺治初年，钱粮起、存相半”，但随后即因“兵饷急迫，起解数多”③。这种因军费紧急、中央财政困难而采取的削减地方财政、变存留为起运的措施，在清初曾陆续实行，成为当时财政政策的一个重要导向。其中，具有较大规模的裁减存留，肇始于顺治九年（1652 年），该年四月，“户部以钱粮不敷”，遵旨会议筹措款项，将“州县修理察院铺陈、家伙等银”、“州县修宅家伙银两”、“州县备上司朔望行香纸烛银两”、“在外各衙门书吏人役工食银两”等项加以裁减，变为起运钱粮以应军需④。顺治十一年（1654 年）六月，户部又奏称，“国家所赖者赋税，官兵所倚者俸饷，关系匪轻”，“又会议裁扣工食

① 乾隆《大清会典》卷 10，《户部 · 田赋》。

② 当然，这只是大致的划分，军费支出的一部分由驻军所在的地方开支，官俸的一部分也在地方支出。参见彭雨新：《清代田赋起运存留制度的演进》，《中国经济史研究》1992 年第 4 期。

③ 汤斌：《逋赋难清，乞减定赋额并另立赋税重地州县考成例疏》，见乾隆《江南通志》卷 68。

④ 《清世祖实录》卷 64，顺治九年四月丁未。有关各地的具体裁减情况参见陈锋：《清代军费研究》，武汉大学出版社 1992 年版，第 321 页。

等银二十九万九千八百余两"，"将所裁钱粮于紧要处养赡满洲兵丁"①。顺治十三年（1656年）九月，在钱粮不敷、中央财政极度困难的情况下，再一次大规模的"裁直省每年存留银两"，其裁减项目与银额如下表所示：②

顺治十三年地方经费的裁减

裁减项目	裁减银额（两）
抚道按臣巡历操赏花红银	6292
预备过往各官供给下程柴炭银	171064
督抚按巡历造册纸张、扛箱银	28916
衙门桃符门银价值银	1421
孤贫口粮、柴薪、布匹银	87767
朝觐、造册送册路费银	11748
生员廪膳银	126818
考校科举修造棚厂工食花红银	88087.5
乡饮酒礼银	4515
修渡船银	20707.5
修理察院公馆银	6052.5
进表路费银	3626.5
渡船水手工食银	10888.5
巡检司弓兵工食银	23289.5
督抚府州县书役工食银	162341.6
合计	753534.6

这次裁减的地方各项经费达75万余两之多，也被全部移作军费，一如户部尚书车克所说："十三年因钱粮入不敷出，缺额四百

① 《清世祖实录》卷84，顺治十一年六月癸未。

② 《清世祖实录》卷103，顺治十三年九月辛未。

四十余万，随经诸王、贝勒、大臣、九卿、科道会议，于存留各款裁减，以抵不敷兵饷。"① 此后，裁减地方存留仍续有举行，如顺治十四年、十五年（1657 年、1658 年），康熙元年、二年、三年、五年（1662 年、1663 年、1664 年、1666 年）等的裁减②。到康熙七年（1668 年），各地的存留银额只剩 338.7 万余两，与该年田赋银 2583.9 万两相较，起运比例为 86.9%，存留比例仅为 13.1%，与原来的"起、存相半"比较，已是少得可怜。然而，清廷为了改变中央财政的窘迫，该年又裁存留银 1744369 两零，止实在存留银 1643237 两零，存留仅占 6.4%，导致地方经费无着，弊端百出。康熙帝在大臣们的反复疏谏下，始同意将"康熙七年所裁各款自九年为始，复其存留"③，也就是说，存留仍为 338.7 万余两。

不久，三藩乱起，"各处用兵，禁旅征剿，供应浩繁"，又开始削减地方存留，作为筹措军需的重要方策。山东巡抚赵祥星首先举动，"时军兴需费，祥星以暂裁通省存留支给等银二十余万两充饷，先后具奏，均奉旨嘉奖。寻授为兵部右侍郎"④。据档案记载，康熙十四年（1675 年）正式议准"暂移存留事案"，奉旨"裁减驿站官俸工食及存留各项钱粮"，随后，各地先后以裁存留报闻。当时有所谓"存留钱粮，尽裁充兵饷"之说⑤。

从有关方志的记载也可看出，三藩之乱期间确实将此前的剩余存留钱粮"尽裁充兵饷"，几乎没有什么剩余。为了较系统地说明问题，兹以河北东安县为例，将原额存留银、顺治朝裁减存留银、康熙朝三藩之乱期间裁减剩余存留银的情况列表示之：⑥

---

① 档案，顺治十七年六月十二日车克题：《为酌拨十七年兵饷事》。

② 各种方志记载的裁减时间略有不同，如果综合方志的记载来看，实际上在这一段时间内每年都有裁减。

③ 参见蒋良骐：《东华录》卷 9。

④ 《清史列传》卷 10，《赵祥星传》。

⑤ 同治《苏州府志》卷 12，《田赋》引康熙二十年慕天颜疏；又参见《皇清奏议》卷 20，康熙十五年郝浴疏。

⑥ 康熙《东安县志》卷 4，《赋役》。按：乾隆《东安县志》卷 7，《解支》的记载略有不同。

顺、康两朝东安县裁减存留比较

存留银类别	原额银（两）	顺治朝的裁减	康熙朝的裁减
顺抚吏书廪给银	108	十三年裁 90 两	元年全裁
霸州道快手工食银	86.4	十三年裁 14.4 两	十五年全裁
府尹柴薪银	42	未裁	七年全裁
儒学斋夫工食银	24	十三年全裁	
知县俸薪银	63.5	未裁	十五年全裁
心红纸张银	20	十三年全裁	
油烛银	10	十三年全裁	
上司伞扇银	10	十二年裁 8 两 十三年全裁	
修宅家伙银	20	九年全裁	
吏书工食银	129.6	九年裁 57.6 两	元年全裁
门子工食银	14.4	九年裁 2.4 两	十五年全裁
皂吏工食银	115.2	九年裁 19.2 两 十三年裁 24 两	十五年全裁
马快工食银	144	九年裁 9.6 两	十五年全裁
民壮工食银	360	九年裁 60 两 十三年裁 6 两	十五年全裁
灯夫工食银	28.8	九年裁 4.8 两	十五年全裁
看监禁子工食银	57.6	九年裁 9.6 两	未裁
修理监仓银	20	未裁	十五年全裁
轿伞扇夫工食银	50.4	九年裁 8.4 两	十五全裁
库书工食银	12	九年裁 6 两	元年全裁
仓书工食银	12	九年裁 6 两	元年全裁
库子工食银	28.8	九年裁 16.8 两	十五年裁 6 两

续表

存留银类别	原额银（两）	顺治朝的裁减	康熙朝的裁减
斗级工食银	28.8	九年裁16.8两	十五年裁6两
铺兵工食银	104	十八年裁8两	未裁
典史俸薪银	31.5	未裁十五年	全裁
书办工食银	7.2	九年裁1.2两	元年全裁
门子工食银	7.2	九年裁1.2两	十五年全裁
皂吏工食银	28.8	九年裁4.8两	十五年裁12两
马夫工食银	7.2	九年裁1.2两	十五年全裁
生员廪膳银	192	十三年裁128两	二年全裁
朔望行香纸烛银	1	九年全裁	
乡饮酒礼银	10	十三年裁5两	十五年全裁
科场器皿银	60.4	未裁	十五年全裁

上表所列共32款，除“看监禁子工食银”、“库子工食银”、“斗级工食银”、“铺兵工食银”、“皂吏工食银”因具有特殊意义尚存剩一点外，其余存留银两全部裁减完毕。表中未列诸项，如“状元归第银”、“新中进士牌坊银”、“新中举人牌坊银”、“新中武进士花红银”、“新中武举人花红银”、“吹手工食银”、“火夫工食银”、“更夫工食银”、“膳夫工食银”等项，也大多递加裁减，并于三藩之乱期间“暂裁解部充饷”。

上表示列的东安县裁减存留的情况，当然不是特殊的个例，而是普通性的。对此，各种编撰较好的地方志中均有记载，再拣出江西婺源县的情况作为示例，其裁减时间与复存留情况，均可与上述对照。光绪《婺源县志》载：

知县俸薪油烛银75.5两，顺治十四年裁30.5两，康熙十四年全裁，二十二年复。

门子工食银14.4两，顺治九年裁2.4两，康熙七年裁6

两，十年复，十五年全裁，二十二年复。

皂吏工食银115.2两，康熙七年裁72两，十年复，十五年全裁，二十二年复。

马快工食银144两，顺治九年裁9.6两，康熙七年裁134.4两，十年复，十五年全裁，二十二年复。

民壮工食银360两，顺治九年裁60两，康熙七年裁228两，十年复，十五年全裁，二十二年复。

轿、伞、扇夫工食银50.4两，顺治九年裁8.4两，康熙七年，裁12.4两，十年复，十五年全裁，二十二年复①。

又如，康熙《信丰县志》载：

知县俸薪27.4两，薪银36两，顺治十四年裁薪银20两。心红油烛纸张银30两，修宅家伙银20两，顺治九年全裁。迎送上司伞扇银10两，顺治十二年裁8两。

吏书12名，工食银129.6两，顺治九年裁57.6两，实给银72两。每名每月止给银0.5两。

门子2名，工食银14.4两，顺治九年裁2.4两，实给银12两。每名每月止给银0.5两。

皂吏16名，工食银115.2两，顺治九年裁19.2两，实给银96两，每名每月给银0.5两。

马快8名，工食银144两，顺治九年会议每名每月给银1.2两，每年裁银9.6两解部，实给134.4两。

民壮50名，工食银360两，顺治九年会议每名每月给银0.5两，每年裁银60两，实给银300两。

灯夫4名，工食银28.8两，顺治九年会议每名每月给银0.5两，裁银4.8两，实给银24两。

看监禁卒8名，工食银57.6两，顺治九年会议每名每月给银0.5两，裁银9.6两，实给银48两。

① 光绪《婺源县志》卷16，《食货志》。

轿伞扇夫7名，工食银50.4两，顺治九年会议每名每月给银0.5两，裁银8.4两，实给银42两。

仓书1名，工食银12两，顺治九年会议每名每月给银0.5两，裁银6两，实给银6两。

库书1名，工食银12两，顺治九年会议每名每月给银0.5两，裁银6两，实给银6两。

库子4名，工食银28.8两，顺治九年会议每名每月给银0.5两，裁银4.8两，实给24两。

斗级4名，工食银28.8两，顺治九年会议每名每月给银0.5两，裁银4.8两，实给24两①。

裁减存留为起运，亦即变地方财政为中央财政，构成清廷应急军需、渡过中央财政困厄关口的重要手段，有着不可忽视的作用。但是，存留钱粮作为地方财政的标志，事实上维持着地方的行政、社会功能，难以或缺，裁减存留之后，势必生出弊端，还在顺治九年（1652年）首次大规模议裁存留时，户部尚书车克就已指出：

起运以供军旅之需，即有不给，尚可拨济于他藩；存留以供本地之用，一或不敷，万难乞贷于别省。且细查存留各款，不及枚举，其万万不容已者，如经制之有俸薪以养廉也，俸无所出，何以惩官之贪？衙役之有工食以効力也，食无所资，何以禁吏之蠹？礼士藉有月粮，粮裁皆沮气矣。赈贫恃有孤米，米去而孤独尽呼号矣，……以及朝觐、表笺、乡饮、科贡诸费，俱所必需，自难节省。其尤有上关国脉、下系民生，不可斯须废缺者，莫如站支银两焉……倘一一减缩，势必欲挪移供应。②

车克对裁存留之弊的认识可概括为四端：一为地方财政因此而

① 康熙《信丰县志》卷2，《秩官表》；卷5，《食货志》。

② 档案，顺治九年七月二十八日车克题：《为遵旨议奏事》。

紧张，遇事难以设处；二为势必促成或加剧地方官吏的私征私派、贪婪中饱；三为地方行政的社会公共职能削弱；四为导致地方官的挪移侵欺、地方财政混乱。

此种有见解的议论，之所以不为清廷所动，且在顺治后期以迄三藩之乱期间屡屡议裁存留者，据称是“迫不得已”之故。特别是在“存留钱粮，尽裁充兵饷”之时其弊益显。并且更有可能导致地方官吏借摊派之名而中饱私囊，一如刑部尚书朱之弼所说：

> 存留钱粮原留为地方之用，裁一分则少一分，地方官事不容已，不得不又派之民间，且不肖有司因以为利，是又重增无限之苦累矣！①

当时职任直隶灵寿县的名臣陆陇其亦云：

> 查《赋役全书》，旧额有一项人役，则有一项工食，有一项公务，则有一项钱粮，盖未有用其人而可不予之以食，办其事而可不费一钱者也。用人而不予以食，则必至于卖法办事；而求不费钱，则必至于派民。自兵兴之际，司农告匮，将存留款项尽行裁减，由是州县掣肘，贪墨无忌，私派公行，不可禁止。百弊之源，皆起于此。自康熙二十年以后，再颁恩诏，渐次奉复，海内始有起色。然尚有应复而未复者，敢为宪台陈之：
>
> 如衙役犯赃之律甚严，而书办之工食独不复，不知此辈能枵腹而奉公乎。抑将舞文弄法，以为仰事俯育之资也。给以食，而犯法虽杀之无憾也。不给以食，使之不得已而犯法，加之以刑，其肯心服乎？此其当复者一也。
>
> 心红纸张、修宅家伙，此州县所必不能免者也，既奉裁革，不知天下有司，皆能捐俸而自备乎。抑或有责之铺户，派之里下者也。有正项开销，虽贪吏无由借端苛派，无正项可

① 蒋良骐：《东华录》卷9引朱之弼疏。

动，将借口以责之于民，朝廷之所省有限，而小民之受累无穷。此其当复者二也。

上司过往，下程中伙杂支供应，此州县所必不能无者也，既奉裁革，不知上官之临州县，皆能自备供应，自发价值乎？抑或有不能不资藉于地方者也，有司之懦者恐触上官之怒，百计逢迎，贤者亦恐失事之体，多方补苴，无米之炊，不知其安从出也。此其当复者三也。

存留尽复，则私派可禁，私派尽禁，则百姓可足。在主持国计者，惟知复一项，则费一项之金钱，不知裁一项，则多一项之掣肘。掣肘之害，层累而下，总皆小民受之，小民疲罢逃亡，其害仍自国家受之。①

陆陇其除了指摘三藩之乱期间将存留款项尽行裁减，是导致弊端丛生的渊源，还认为，三藩之乱对存留的归复非常有限，仍然难以杜绝弊端的产生，因此提出了归复存留的三个理由，认为，“存留尽复，则私派可禁，私派尽禁，则百姓可足”。

类似议论尚多，其意已明。同时，康熙帝也曾认识到，大幅度的削减地方存留，亦与当时议论纷纭的藩库钱粮的“亏空”有关。他在康熙四十八年（1709 年）的上谕中称：“凡言亏空者，或谓官吏侵蚀，或谓馈送上司，此固事所时有。然地方有清正之督抚，而所属官员亏空更多，则又何说？朕听政日久，历事甚多，于各州县亏空根源，知之最悉。从前各省钱粮，除地丁正项外，杂项不解京者甚多，自三逆变乱之后，军需浩繁，遂将一切存留款项尽数解部，其留地方者，惟俸工等项必不可省之经费，又经节次裁减，为数甚少。此外则一丝一粒，无不陆续解送京师，虽有尾欠，部中必令起解。州县有司无纤毫余剩可以动支，因而挪移正项，此乃亏空之大根源也。”② 由此也可以体会到地方财政紧张所导致的结果往往是连锁性的。

---

① 陆陇其：《时务条陈六款》，见陆陇其《三鱼堂外集》卷 1。
② 蒋良骐：《东华录》卷 21，第 342 页。

三藩之乱结束以后，存留款项又陆续归还地方，存留与起运的关系有所好转。当然，所谓的“复存留”，仍是有限度的，如生员廪膳银一项，原额为190277两，顺治十三年（1656年）裁2/3，康熙二年（1663年）又将留支的1/3全裁，康熙二十四年（1685年）六月，为了“培养士气”，也仅仅归复原额的1/3①。再就直隶东安县的情况来看，原额起运银为6901.8两，原额存留银为6259.3两，起运、存留比例约略相当，后节次裁减，三藩之乱期间裁减殆尽，以后尽管陆续归复，也并不是“归复”到原先的比例，其乾隆年间的存留银为2242.3两②，存留银占应征田赋钱粮的17%，这个比例与全国的情况相比大致相当。

为了展示起运、存留的变化，特将康熙《大清会典》所载康熙二十四年（1685年）的起运、存留数额，以及乾隆《大清会典则例》所载乾隆前期的起运、存留数额，分列两表示之③。

康熙二十四年各省起运、存留比例

省别	起、存总额(两)	起运(两)	百分比	存留(两)	百分比
直隶	2443608	1881108	76.98	562500	23.02
奉天	13939	4755	34.11	9184	65.89
山东	3191415	2504209	78.47	687206	21.53
山西	3017289	2678779	88.78	338510	11.22
河南	2709157	2268602	83.74	440555	16.26
江苏	3978516	2836593	71.30	1141923	28.70

① 蒋良骐：《东华录》卷13，第209页。

② 乾隆《东安县志》卷7，《解支》。

③ 康熙年间的数额，见康熙《大清会典》卷24，《户部·赋役一》；乾隆年间的数额，见乾隆《大清会典则例》卷36，《户部·田赋三》。按：［美］曾小平：《州县官的银两——18世纪中国的合理化财政改革》，董建中译，中国人民大学出版社2005年版，第28页，有《康熙二十四年地丁钱粮的起运与存留》，可以参看。数字可能有问题。陈桦：《18世纪的中国与世界·经济卷》，辽海出版社1999年版，第275页，有《嘉庆末年各地存留银情况表》，可以参看。

续表

省别	起、存总额(两)	起运(两)	百分比	存留(两)	百分比
安徽	1689859	1153291	68.25	536568	31.75
江西	1960556	1525638	77.82	434918	22.18
福建	1069853	866448	80.99	203405	19.01
浙江	2920629	2188575	74.94	732054	25.06
湖北	1044827	831754	79.61	213073	20.39
湖南	637994	487419	76.40	150575	23.60
陕西	1575752	1277096	81.05	298656	18.95
甘肃	211092	105969	50.20	105123	49.80
四川	42000	12465	29.68	29535	70.32
广东	1146095	1006377	87.81	139718	12.19
广西	332522	243211	73.14	89311	26.86
云南	174818	——	——	174818	100
贵州	63216	61692	97.59	1524	2.41
合计	28223137	21933981	77.72	6289156	22.28

乾隆年间各省起运、存留比例

省别	起、存总额(两)	起运(两)	百分比	存留(两)	百分比
直隶	2401058	1913491	79.69	487567	20.31
盛京	41685	26031	62.45	15654	37.55
山东	3408797	2781647	81.60	627150	18.40
山西	3042468	2593517	85.24	448951	14.76
河南	3320491	2738250	82.47	582241	17.53
江苏	3144529	1898991	60.39	1245538	39.61
安徽	1837565	1379512	75.07	458053	24.93

续表

省别	起、存总额(两)	起运(两)	百分比	存留(两)	百分比
江西	2007233	1571321	78.28	435912	21.72
福建	1248736	1037618	83.09	211120	16.91
浙江	2314142	2145083	92.70	169059	7.30
湖北	1173906	823102	70.12	350804	29.88
湖南	1194984	903517	75.61	291467	24.39
陕西	1608851	1356305	84.30	252546	15.70
甘肃	284689	191593	67.30	93096	32.70
四川	657584	490364	74.57	167220	25.43
广东	1257914	841372	66.89	416542	33.11
广西	390980	296035	75.72	94945	24.28
云南	209985	166201	79.15	43784	20.85
贵州	92452	75489	81.65	16963	18.35
合计	29638051	23229439	78.38	6408612	21.62

地方存留的“归复”以及中央财政与地方财政比例的适当划分与固定，是随着国家财政的好转而逐步实现的，“存留之数，岁亦不齐”，各个时期起运与存留的比例均有所变动，康熙二十四年（1685年）的起运、存留数额，从总体比例上来看，已经接近后来的比例，但云南全部留充存留的情况，以及四川等省的高比例存留，依旧带有三藩之乱战争过后的遗痕。乾隆年间起运与存留所反映的比例，大体上是经过纷更之后而固定化了的。

在各种地方志中，也大多载有起运钱粮与存留钱粮，而且存留钱粮的支出类项也较为具体。下面选录河南开封府的起运与存留情况，作为例证：

开封府：起运银四十七万五千五百六十六两六钱，遇闰加额银五千九百九十四两九钱。存留支给河夫、驿站，并官俸、役食、祭祀、棉布等项银六万六千八百三十四两九钱，遇闰加额银四千九百八两八钱。

祥符县：起解连闰并匠价银八万六千四百六十二两四钱，存支河夫连闰银二千三百六十四两四钱，驿站连闰银一万四千一百五十四两六钱，祭祀、俸工等项连闰银一千八百三十一两九钱。

陈留县：起解连闰银三万五千七百七十二两，存支河夫连闰银四百六十四两六钱，驿站连闰银三千一百八十三两三钱，俸工、祭祀等项连闰银一千一百一十八两二钱。

杞县：起解连闰银八万二千五百五十三两五钱，存支河夫连闰银一千四百三十六两八钱，驿站连闰银四千一百五十八两七钱，俸工、祭祀等项连闰银一千七百三十三两五钱。

通许县：起解连闰银二万三千三百六十八两八钱，存支河夫银三百七十三两一钱，驿站连闰银五千一百六十七两六钱，俸工、祭祀等项连闰银一千三百六十两九钱。

太康县：起解连闰银三万五千六百四十五两七钱，存支河夫银七百一十八两三钱，驿站连闰银四千四百六十三两七钱，俸工、祭祀等项连闰银一千八百五十两九钱。

尉氏县：起解连闰银二万一千七百八十二两六钱，存支河夫银三百四十九两八钱，驿站连闰银二千三百一两一钱，俸工、祭祀等项连闰银八百五十八两七钱。

洧川县：起解连闰银一万五千一百五两七钱，存支河夫银二百三十六两九钱，驿站连闰银一千八百三十七两七钱，俸工、祭祀等项连闰银五百一十八两三钱。

鄢陵县：起解连闰并匠价银二万七千七百九十三两三钱，存支河夫银三百二十八两六钱，驿站连闰银六百两四钱，俸工、祭祀等项连闰银八百二十一两八钱。

扶沟县：起解连闰银一万九千三百二十七两八钱，存支河夫银二百八十二两九钱，驿站连闰银三百七十七两八钱，俸工、祭祀等项连闰银八百四十四两二钱。

中牟县：起解连闰银二万七千三十三两，存支河夫连闰银一百九十二两五钱，驿站连闰银一千八百五十三两二钱，俸工、祭祀等项连闰银四百六十七两四钱。

阳武县：起解连闰银三万四千九百五十三两一钱，存支河夫银连闰共一千二百五十四两三钱，驿站连闰银一千四百五十两四钱，俸工、祭祀等项连闰银一千七十三两五钱。

封邱县：起解连闰银二万九千六十七两七钱，存支河夫连闰银四百六十七两二钱，驿站连闰银二千一百六十二两一钱，俸工、祭祀等项连闰银八百八十两八钱。

兰阳县：起解连闰银二万三千一百七十三两八钱，存支河夫等项连闰银五百六十一两五钱，驿站连闰银二千四百四十七两八钱，俸工、祭祀等项共银七百七十一两七钱。

仪封县：起解连闰银一万九千五百二十一两三钱，存支河夫连闰银九百四十两，驿站连闰银二千二百三十八两八钱，俸工、祭祀等项连闰银一千二百四十一两七钱①。

由上可知，存留类项的支出，开封府主要是河夫、驿站、官俸、役食、祭祀等项，至少在一个府内是基本上相同的。

起运与存留有一定的比例，也有制度上的规范。如：

顺治十年（1653 年）覆准："起运钱粮，布政使司先发给府州县空白批文百张，批文内编定号数，府州县起解时，填领解姓名，钤印投司。司验批到先后，以杜侵冒。"

顺治十一年（1654 年）覆准："起解钱粮，布政使司立验批簿，州县于起解之先，豫期申报司库，填入验批簿内，一面起批，限期解交该衙门，该衙门仍将批发回，不得踵蹈寝批之咎。州县将领过批回实收，具文申报，登簿存验。"

顺治十七年（1660 年）覆准："州县解司钱粮批回，三注日期，一注到司日，一注兑银日，一注发批日。"

康熙二年（1663 年）覆准："州县起解钱粮，以批回为据，令设连环批，其式用纸一张，联书字号，截为二批，豫申巡抚，亲判

① 雍正《河南通志》卷 21,《田赋上》。

银数，限日发回。州县临起解时，将发回连环批，一申巡抚存案，一发解役赴该衙门交纳。注收银数目，原批发回，州县即送巡抚对批查验，以杜侵冒迟延之弊。”

康熙四年（1665年）覆准：“钱粮各有款项，起解不容混淆，如布政使司将解到钱粮，发换批回，改抵别项，及府州县不按款项，蒙混抵解，布政使司递为转报者，听督抚题参。”

康熙七年（1668年）题准：“州县开征钱粮后，逐月报府，随收随解，如藉称候齐汇解，以抗玩治罪。府于州县申报后，即转报布政使司，如报收未解，府不即速稽查者，以徇庇例治罪。司于府申报后，核参不严，致日久侵没者，以失察例治罪。巡抚本年不核，至事发，或交代时始查出者，以蒙混例坐罚。”

康熙十五年（1676年）议准：“官员将不应起解之钱粮，违例起解，及应解本色解送折色者，各加议处。”

康熙五十九年（1720年）议准：“州县官将征收钱粮，计道路之远近，量数目之多寡，随征随解布政使司，如有迟延不解者，由府核报参处。如州县批解正项钱粮，而布政使司抵兑杂项，勒批不发者，许州县申报督抚，或径报部院题参。”

雍正七年（1729年）议准：“湖北起解正项钱粮，填用批号，于联批内书写细字，首列起解年分，某项钱粮额数，次开某年月日解过本项之批号银数，复将现解钱粮，用大字分别开填某号批解若干，复细字填注汇计已完未完总数，起解杂项，填用单批，编列字号，钤以州县印信，按照司道衙门，各自一号，起编至百号止，陆续填用，每批止开现解款项，别于批尾黏单，开载解过款项银数月日，每黏单内，以开载十号为率。获批者，于本号之下注明。直隶、奉天、山东、河南、陕西、广东、广西、贵州，现用单联号批，浙江、江西、湖南、云南、正项钱粮，现与湖北之例相符，其杂项填用单批。应照湖北遵行。又山西、江南、福建、甘肃、四川，均照所颁单联批式填解。其盐课米豆等项，填用联批，各省不同，照本省例，复参以湖北之式行。”

乾隆三十二年（1767年）议准：“直隶各州县仓库钱粮，除另解之兵饷，留支之俸工、役食、祭祀等银，悉行勒限起解司库。旗地租银，同地粮随征随解。毋许藉词八月奏销，致任延阁。其田房、牛驴、牙帖等杂税，及驿站、小建、余剩、廪粮等项，应随正项搭解。又带办师生、缺官、降罚、住俸、孤贫、小建等款，数本零星，统于年底扫数汇解。如州县月报不实不尽，核有情弊，该管上司，即前往抽查揭报。至征存钱粮，于拆封次日即便倾镕。银数在三千两以内者，限十日，每千两加二日，总不得过二十日。具批起解，如有逾限，分别记过咨参。”

嘉庆五年（1800 年）奏准：“州县征收钱粮，照依赋役全书内额编银两，分别征收。各州县详请拆封后，责成道府查核实征银两，应支官俸、役食、驿站、夫马、祭祀、廪膳、孤贫等项银两，由各州县自行支留，余存银两即行解交藩库。”①

各种制度上的规范，涉及方方面面，而且十分具体。

起运与存留的关系以及存留的动用，也有相应的规定。如康熙元年（1662 年）题准：“州县钱粮，先尽起运之数全完，方准存留。”雍正六年（1728 年）题准：“直省存留银，凡官役俸工等项，遇支给之时，传集同城文武官公同给发，申报奏销。”② 所谓“先尽起运之数全完，方准存留”，以及上揭种种措施，都表明了对起运钱粮的特别重视。所谓“官役俸工等项，遇支给之时，传集同城文武官公同给发，申报奏销”，也表明存留钱粮不可随意动用，也有例行的奏销手续。

在存留之制外，还分别于雍正五年（1727 年）和雍正八年（1730 年）创立了“留贮”与“分贮”银制度，以备地方不时之用，即所谓：“直省备用之额，雍正五年以各省经费外或多需用，令督抚于春、秋二拨时，酌留若干，封贮司库，是为留贮。遇用豫期疏闻。……雍正七年谕拨户部银二万两，分给大兴、宛平二县，以备需用。八年，援宛、大之例，凡供军需及繁剧州县，亦各拨银贮库，是为分贮。”③ 留贮与分贮银制度，应该说是随着国家财政

---

① 以上见光绪《大清会典事例》卷 169，《户部 · 田赋 · 起运钱粮》。

② 乾隆《大清会典则例》卷 36，《户部 · 田赋三》。

③ 《清朝文献通考》卷 40，《国用二》，第 5228 页。

的好转所采行的对存留之制的补充措施，但其主旨则是为了备战应军需①，毕竟与存留之制不同。

二 耗羡的存留与兵饷的协拨

就起运与存留的关系而言，耗羡的存留与兵饷的协拨亦值得特别注意。

耗羡归公以后，耗羡与存留的关系是一个重要的问题。业师彭雨新先生已经指出“耗羡归公是存留问题上的一大前进”，但未加具体的探讨②。

雍正初实行耗羡归公，提解司库，以支发养廉银和补充地方财政所用，在第四章“耗羡归公与养廉银支发”一节中已经作了论述。耗羡归公是雍正朝重要的财政改革，是毋庸置疑的，但经过一段时间之后，耗羡归公也导致了弊端的产生。特别是在耗羡的动用上，由于缺乏制度上的具体规定，弊端更加明显，雍正帝晚年已经有所觉察，雍正十三年（1735 年）上谕指出：“朕留心体察，外省布政使中竟有庸劣无识之人，将此项银两视为无足轻重之物，而不念其为民脂民膏，或那补借支，或任意费用。前任含糊交代，后任不便深求，竟将有关国计民生之项渐成纸上空谈，而督抚亦不察。”因而谕令“勒定限期，令造清册，送部查核。至于清查之法，应自该省议定公费养廉之年份起，至前任卸事之日止，将额征公费、完欠、杂支，同余剩未给各数目，按年归款。……嗣后，按年分晰造册，随同奏销钱粮各册，咨送户部核销”③。清查耗羡的用项以及规范耗羡的奏销，意旨十分明显，但由于雍正帝的去世，一时中断了耗羡的清查进程④。到乾隆五年（1740 年），清查耗羡

---

① 参见陈锋:《清代军费研究》,武汉大学出版社 1992 年版,第 175 ~ 176 页。

② 彭雨新:《清代田赋起运存留制度的演进》,《中国经济史研究》1992 年第 4 期。

③ 《清世宗实录》卷 157，雍正十三年六月乙亥。

④ 参见郑永昌:《从“地方之公”到“国家之公”——论乾隆初期对地方耗羡收支管控体制的确立》,《故宫学术季刊》第 20 卷第 3 期，2003 年。

的思路又重新拾起，该年上谕：

> 雍正十三年六月内曾奉皇考谕旨，将各省耗羡存公银两饬令清查，原属防微杜渐之至意。朕嗣位之初，念耗羡不同正项，从前原未定有章程，且历年已久，各省规条不一，官员更换亦多，况复恩诏屡颁，纵有挪欠，亦当在宽免之列，是以谕令暂行停止清查。今看各省情形，渐滋冒滥，若不早加整顿，立法防闲，必致挪移出纳，弊窦丛生。一经败露，国法难宽。揆之朕爱养教诲之心，固有所不忍，即经办各员，噬脐知悔，已属难逭。是及今综核清理，亦豫为保全之道也。户部可行文各省督抚，将地方必需公费，分析款项，立定章程，报部核明，汇奏存案。嗣后务将一年之内额征公费完欠杂支同余剩未给各数目，逐一归款。各官养廉，照依正署起止月日应得分数，并扣除空缺，详细登记。其收数内有拖欠未完者，分别应否着追，其支数内有透动加增者，分别是否应给。有无挪移亏缺之处，俱于岁底将一切动存完欠各数，及扣存减半平余银两，造册咨送户部核销。如此年清年款，则民力输将，均归地方实用，而经理之员，亦免罹于参处矣①。

乾隆上谕的关键之点是："行文各省督抚，将地方必需公费，分析款项，立定章程，报部核明。"王庆云《石渠余纪》卷三《纪耗羡归公》所云："（乾隆）五年，以地方无关紧要之事，辄动耗羡，令督抚将各省必需公费分析款项，报部核奏。自是以后，各省耗羡掌于户部湖广司者，取之有定数，用之有定款。"即是指此。嘉庆《大清会典》在叙述户部湖广清吏司职掌时称："凡耗羡之政掌焉。各省每年征收地丁耗羡银两，乾隆五年谕，各省督抚，将地方必需公费，分析款目，立定章程，由部核明，汇奏存案。每年动款，分别循例请销，有定款有定数者，有定款无定数者，以五年通融比较。无定款随时动用者，通融撙节，不得出范围之外。又常例

① 《清朝文献通考》卷41，《国用三》，第5233～5234页。

之外，遇有兴作必需者，随时奏明动用。每年将收支动存各数造册送部。户部于年终查核汇奏。”①

在耗羡的清理整顿上，乾隆五年（1740年）肯定是一个重要的年份，但该年是否制定了《耗羡章程》，则较为模糊，按王庆云《石渠余纪》和嘉庆《大清会典》的记载，似乎该年已经制定，但据郑永昌称：“乾隆十三年（1748年）四月，户部将各省汇奏的耗羡经费各条，节经多次往返诘驳删减，最后将准销经费各项，正式颁定《耗羡章程》。”②

然而，据光绪《大清会典事例》记载：“各省耗羡章程，节次驳令删减，至乾隆十五年，始据各省督抚陆续酌定，经部议覆。各省耗羡提解归公，原为各官养廉及地方公事之用，仅按各省岁收银两，通计节年报销之有定款项，权其多寡，酌量派拨，至无定款项，难以悬拟，其银存留本省以备公用。”③

又，乾隆十五年（1750年）“户部议覆前署江苏巡抚雅尔哈善疏称，江苏省罪囚口粮，在常平仓谷内动给，其盐菜钱文，于耗羡内每年留银二百二十二两零支销。第各属罪囚多寡不同，盐菜钱按日给发，每较原定之数不敷，嗣后应按年核计罪囚多寡，据实请销。应如所请，将罪囚不敷盐菜钱，列在有定款无定数项下，在存公银内动支”④。

乾隆十七年（1762年）上谕：“湖北巡抚恒文奏动耗羡一折内称，本年春拨解黔银两，共用水脚鞘银十二两零，于本年三月份耗羡内动给等语，此奏殊不知大体。各省《耗羡章程》，其有定款无定数之项，部议令随时奏明，固为慎重钱粮起见，但若仅十余金之事亦专折奏请，其琐屑细碎，殊非政体。嗣后此等动用之处，若在百两以下，应成总汇折奏闻，方为得体。可传谕各省督抚知之。”⑤

---

① 嘉庆《大清会典》卷13《户部》。

② 郑永昌：《从“地方之公”到“国家之公”——论乾隆初期对地方耗羡收支管控体制的确立》，《故宫学术季刊》第20卷第3期，2003年。

③ 光绪《大清会典事例》卷170，《户部·田赋·耗羡动支》。

④ 《清高宗实录》卷378，乾隆十五年十二月壬申。

⑤ 《清高宗实录》卷423，乾隆十七年九月癸未。

乾隆十八年（1763年）奏准："江南河工经费，其有定款定数者，仍应照数支销，其有定款而无定数者，以乾隆五年报部之数为准。除见在协办河臣二人各分给五百两以资公用外，其河臣勘工、盘费及修理廨舍、工食、犒赏等项，准其动支银五千两，按月支给。河库道修理天平库署等项，准其动支银五百两，均听各该处自行通融办理。其无定款定数者，照《耗羡章程》，遇有动用之处，令河臣奏明办理。"①

乾隆二十三年（1758年）上谕："户部汇奏耗羡银两内，安徽、浙江、山东、四川、西安（陕西）五省所交耗羡，除通融抵补外，尚多支银一万四千四百余两，请行令该督抚查明，承办各官分赔等语，《耗羡章程》原因每年动支数目多寡不同，是以定议五年合计汇办，以示节制。"②

嘉庆二十五年（1820年）奏准："直省额征耗羡银两，随地粮编征，每年地亩升除不一，随征数目，多寡无定，其动用有定款、有定数者，共五百三十八款，按年尽数支给。其有定款、无定数者，共一百二十九款，每年共酌给银九万一千四百八十三两有奇。令督抚酌盈剂虚，通融撙节，实用实销，由部五年比较，通盘核算，不得出范围之外。倘有任意支销，以致不敷，即于滥动各官名下着落赔补。至常例之外，有兴作等项，随时动用各款，其数在五百两以上者，奏明动用，在三百两上下者，咨部办理。仍于年底汇折具奏，将一年内奏咨动用各案，分别行查准驳各若干件，另缮清单奏闻。"③

根据上述记载，笔者认为，乾隆五年（1740年）上谕后，各省已经陆续制定《耗羡章程》，至乾隆十五年（1750年）"始据各省督抚陆续酌定，经部议覆"。而且此后也还有补充和变化。

乾隆年间耗羡的清理和《耗羡章程》的酌定，其意义，与起运、存留关系密切者，表现在三个方面。

---

① 乾隆《大清会典则例》卷132，《工部·都水清吏司》。

② 《清朝文献通考》卷41，《国用考三》，第5236页。

③ 光绪《大清会典事例》卷170，《户部·田赋·耗羡动支》。

一是规范了耗羡的奏销。无论是造册、考成，还是征解、支发，都有了各种具体的规定。这些规定，在乾隆《户部则例》中，散见《田赋·征解》、《田赋·耗羡》、《田赋·奏销考成》各卷中，而在同治《户部则例》中，则有集中的记载，兹据同治《户部则例》将有关规定示列如下：

> 各省额征各款耗羡，均随同正项钱粮统计分数，一疏具题，以定考成。如正、耗全完，方准议叙。
>
> 各项耗羡，除已完未完分数考成册造报外，仍一面将动存各款，声明有无侵挪亏空，专折奏报，一面分析造具四柱款册送部，户部于年终汇核具题。
>
> 征收耗羡，如止解正项，不解耗羡，即系官吏侵挪。藩司一面勒追，一面参究。若该司瞻徇容隐，经部查出，一并参处。各项着落分赔。仍将是否随正完解之处，该督抚于报部册内声明，以凭稽核。
>
> 各省额征耗羡银两，概同正项钱粮，随时征收，其应支各官养廉、吏役工食，准其在于征收银内坐支。其余仍随正项钱粮尽数解司。每届岁底，各省督抚查明，一年之内额征完欠及动用存留确数，并节年积存数目，年清年款，造册报部，由部汇奏①。

以上所谓“各款耗羡，均随同正项钱粮统计分数”，“征收耗羡，如止解正项，不解耗羡，即系官吏侵挪”，“各省额征耗羡银两，概同正项钱粮”等，都说明，乾隆初年以降，耗羡已与正项钱粮无异。

二是规定了耗羡作为地方存留，其银额以及支发的范围和类项。各省的耗羡存留数额以及有定款有定数者，根据嘉庆二十五年（1820年）奏准的《耗羡章程》示列如下：

---

① 同治《户部则例》卷9，《田赋三·耗羡考成》。

直隶省额定耗羡章程，并晋省协解银，共三十万二千二百六十六两有奇，有定款、有定数者共十款。

奉天省额定耗羡章程，并中江、山海关税羡余等银，共九千二百七十八两有奇，有定款、有定数者共八款。

江苏省苏州布政司所属额定耗羡章程，并匣费等银，共三十五万七千四十八两有奇，有定款、有定数者共三十三款。江宁布政司所属额定耗羡章程，并盐规匣费，共银三十五万七千四十八两有奇，有定款、有定数者共二十八款。

安徽省额定耗羡章程，并匣费等银，共二十二万八千二百七十三两有奇，有定款、有定数者共二十九款。

江西省额定耗羡章程，并关税、火耗羡余等银，共二十三万三千三十二两有奇，有定款、有定数者共四十二款。

浙江省额定耗羡章程等银，共十六万二千三百六十二两有奇，有定款、有定数者共十七款。

福建省并台湾府额定耗羡章程，暨官庄关税赢余寺田租穀，共银二十二万六千六百九十七两有奇，有定款、有定数者共五十九款。

湖北省额定耗羡章程，并各税赢余等银，共二十八万五千九百八两有奇，有定款、有定数者共三十二款。

湖南省额定耗羡章程，共银十五万八千九百四十六两有奇，有定款、有定数，及增添祭祀一款共三十二款。

河南省额定耗羡章程，共银四十二万一千一百十七两有奇，有定款、有定数者共三十九款。

山东省额定耗羡章程，共银四十七万三千一百三十四两有奇，有定款、有定数者共二十二款。

山西省额定耗羡章程，共银三十六万九千二百五十四两有奇，有定款、有定数者共三十一款。

陕西省额定耗羡章程，共银二十三万七千一百七十八两有奇，有定款、有定数者共二十七款。

四川省额定耗羡章程，并盐茶羡余杂税赢余等项，共银二十九万二千九百两有奇，有定款、有定数者共二十五款。

> 广东省额定耗羡章程，并落地税羡银，共二十三万二千七百六十三两有奇，有定款、有定数者共三十七款。
>
> 广西省额定耗羡章程，并盐道拨解盐羡银，共四万三千一百七两有奇，有定款、有定数者共二十六款。
>
> 云南省额定耗羡章程，并公件铜价等银，共十八万一千一百二十四两有奇，有定款有定数者共五十六款。
>
> 贵州省额定耗羡章程，并秋粮耗米、官田莜米、军田租谷变价等银，共六万二千八百六十一两有奇，有定款、有定数者共三十款①。

《耗羡章程》所规定的有定款有定数者，照款照数支销，而有定款无定数者，无定款定数者，则另外奏明请旨。

三是一部分耗羡划入起运项下，一部分耗羡划入存留项下，改变了原来耗羡基本为存留的模式。由此，起运也分为起运正银和起运耗银，存留分为存留正银和存留耗银，如下表所示②：

各省起运正银、耗银与存留正银、耗银

省别	起运（两）		存留（两）	
	起运正银	起运耗银	存留正银	存留耗银
直隶	1788521	211856	662622	自嘉庆十六年改解司库
盛京	20319	——	9148	——
吉林	31957	3298	144	——
山东	2772630	228639	328171	45942
山西	2645504	272847	325074	86202

① 光绪《大清会典事例》卷170，《户部·田赋·耗羡动支》。

② 光绪《大清会典事例》卷169，《户部·田赋·起运钱粮》；光绪《大清会典事例》卷170，《户部·田赋·存留钱粮》。

续表

省别	起运（两）		存留（两）	
	起运正银	起运耗银	存留正银	存留耗银
河南	2747240	244110	248773	36272
江苏江宁	875559	65201	166264	16618
江苏苏州	1355705	48030	124762	7497
安徽	1220310	113998	250419	55370
江西	1781608	86652	215993	——
福建	1037993	130380	198763	4864
浙江	2121751	83584	239797	10731
湖北	961769	71263	98403	10923
湖南	936647	74936	234910	42220
陕西	1341362	66452	269402	173780
甘肃	214495	10536	69531	32378
四川	541502	44697	114210	54911
广东	864211	126260	192460	52665
广西	330846	12154	97157	26851
云南	147000	47642	66816	63802
贵州	65865	5044	29373	9702
小计	23802794	1947939	3942192	730728
合计	25750733		4672920	

上表的起运总额和存留总额都比康熙年间和乾隆年间少，当是征不足额所致，这也是清代中后期田赋征收的实情。从起运与存留的比例看，由于一部分耗羡列入了起运，所以总的起运比例达到84.64，存留比例则降至15.36。

关于兵饷的协拨，笔者在《清代军费研究》中已经有所探讨，可以参见①。协拨亦称“协济”、“协饷”、“拨协”等，是将财力有余省份拨协财力不足省份的一种保证军需供支平衡的手段。

清朝分布各省的军队，原则上在各省起运项下拨支经费，即所谓“以本地之所输，供本地之所用”②。但由于各省军队的分布系从王朝统治的整体要求着眼，驻军多寡与各地的财政收入不平衡，边远省份驻军人数多，而赋税收入少，军费难以保证，必须依赖邻省或别省的协济。如贵州，“贵州额征银止八万余两，兵饷需二十八万有奇，例拨邻省银二十万两”③。如云南，“滇省各标镇协营年需官兵俸饷银九十余万两，除本省额征地丁税课等银拨存备放外，约不敷银三十万两，历由户部于邻省酌拨解滇协济”④。如甘肃，“甘肃一省，地丁钱粮岁仅二十八万余两，而各营兵饷岁需银二百四十余万两之多”⑤。因此，兵饷的协拨是经常性的，但受协省份、拨协省份以及协饷总额历朝、历年略有不同。一般来说，经常受协的有陕西、甘肃、云南、贵州、四川、福建等省，经常拨协的有山东、河南、浙江、江苏、湖北、湖南等省。协饷总额每年大致在四百万两左右，咨依据档案将乾隆二年（1737 年）的协饷情况示列如下⑥：

乾隆二年协饷示例

受协省份	协饷额（两）	拨协省份
陕　西	1300000	河南、山东
甘　肃	2024963	山西、河南
云　南	300000	湖北、江西
贵　州	737268	浙江、江西
四　川	50000	浙江
广　西	105366	江西

① 陈锋：《清代军费研究》，武汉大学出版社 1992 年版，第 166 ~ 169 页。
② 刘武元：《谨请安攘十计疏》，《皇清奏议》卷 3。
③ 《皇朝政典类纂》卷 175，《国用 · 俸饷》。
④ 档案，乾隆二十九年九月十一日爱必达奏：《为奏明事》。
⑤ 档案，乾隆二十年七月四日明德奏：《为秘陈愚昧之见，伏候圣裁事》。
⑥ 钞档：《俸饷》16，《协拨军饷（一）》。

上列协饷额达4537597两，受协省份为陕西等六省，拨协省份为河南等六省，有的是两省协一省，有的是一省协数省。

为了显示协饷的变更情况，再拣出乾隆九年（1744年）的协饷档案予以示例①：

乾隆九年协饷示例

受协省份	协饷额（两）	拨协省份
陕　西	200000	河南
甘　肃	2440000	山西、河南、山东
云　南	580000	湖北、江西
贵　州	749799	浙江
四　川	200000	江西

上列协饷额为4169799两，受协省份为陕西等五省，拨协省份为河南等六省。

从上述两例中可以看出，无论是受协省份、协饷额，还是拨协省份、协饷总额，都有所不同，但基本上都遵循着统一的规律：一是在和平时期受协省份与拨协省份有较为固定的关系，二是协拨先尽邻省，邻省不足再尽次邻省，以尽量减少协拨所带来的转输之费。这就是则例已经指明的："岁应需官兵俸饷，豫为会计，造册咨部，由部将各省额征起运等项银内，按款照数拨给，如福建、广东、广西，仅敷本省俸饷外，尚间有须用协济者，即于邻近省分拨解，陕甘、四川、云南、贵州等省，所需不敷本省，俸饷银于邻省拨解，如山西、河南邻近陕甘，直隶、山东次近陕甘；江西、湖广邻近四川，云贵、浙江次近四川、云贵。凡拨协，先尽邻近，再尽次近。此外各省若别有急需，应协济者，随时于邻近省份通融拨

① 档案，乾隆九年十二月十四日讷亲题：《为钦奉上谕事》。

解，藩库银如不敷用，或动盐课，或请内帑，随时奏闻。”①

为了协饷的正常拨解，顺治九年（1652年）曾制定了协饷拨解考成则例，若协饷不完，即“分别考成，据实题参”②。康熙四年（1665年）又议定了协饷的拨解限期和违误处分：

直隶各省兵饷协拨定为五分，限四月内完二分半，九月内全完。如行师大兵军饷，协济别省钱粮，或迟或误者，革职。支给本省兵饷，或迟或误者，州县卫所官降三级，司道府直隶州各降二级，督抚各降一级，皆令其戴罪督催，完日开复③。

雍正元年（1723年），又再次申令：

其协解兵饷钱粮，定限四月内完一半，九月内完一半，如起解迟延，于部拨钱粮之外擅行动用别项钱粮，将动用官员、该督抚一并议处。凡解送协饷，如有骚扰驿站及苦累小民者，该督抚指名题参，从重治罪。如该督抚瞻徇不行纠参，或备受害人首告，或被科道纠参，将瞻徇不参之督抚一并议处④。

同时，又有协拨造册的具体规定，每年分春秋冬三季造报，均不得逾限：

直隶每岁应造拨饷清册，春季限二月二十日以前到部，秋季限八月二十日以前到部，冬季限十月内到部。逾限题参议处⑤。

① 乾隆《大清会典则例》卷36，《户部·田赋三》。

② 档案，顺治九年四月二十六日车克题：《为谨议协济钱粮考成之法事》。

③ 乾隆《大清会典则例》卷16，《吏部·考功清吏司》。

④ 档案，雍正元年十二月五日纳齐喀题：《为酌拨雍正元年兵饷事》。

⑤ 乾隆《户部则例》卷20，《库藏·拨解》。

显然，清廷对兵饷的协济拨解十分重视。

但是，我们注意到，兵饷的协济拨解完欠与否，虽然受上述政令的制约，但在很大程度上却不决定于此，而是决定于全国财政状况的好坏以及各省财力的是否充足。只有在财政状况较好的情况下，协饷才能如期完解，反之，协饷则为画饼。只略举清初和晚清之例就可明了。如顺治十二年（1655 年）户部尚书孙廷铨在谈到陕西的协饷时说："臣部题催、咨催、差催，不遗余力，延至今日，解到者寥寥无几，如十二年份江南尚欠银三十一万四千两，山西尚欠银二十万两；十三年份山西省欠银一百零一万两，山东省欠银八万两，河南省欠银五万两。又江南省原欠协饷改拨十三年正赋银十万两。总计各省所欠秦川兵饷一百七十五万四千两有奇。至今差官往彼守候，杳无至期。"① 在一二年的时间里，陕西的欠解协饷达到一百七十余万两，而且屡催不至。咸丰三年（1853 年），四川总督裕瑞奏称："自军兴以来，需饷日浩，支绌益增，而川省岁入赋税无多，例支各款为数甚巨，所入本不敷出，是以每年必须由部于邻省协拨银二三十万两方克敷用。近来各省办防办剿，协拨悬殊，即如本年由部指拨江海关税银二十万两解川充饷，嗣准部咨，江海关税银应尽解粮台备用，是外省不能协济川省已有明证。"② 咸丰四年（1854 年），陕甘总督易棠奏称："各省欠解甘省饷银，新旧积至六百余万两。"③ 咸丰年间任甘肃布政使的张集馨则说："甘肃本省进款无几，外省协拨多不批解，兵饷真万分为难。……各营文牒催饷，以及口外各城来文，急于星火，无从应付。""甘省事体极难，欠饷至一千零七八十万之多。而口外防兵，又复嗷嗷待哺，各省协饷，任催罔应。"④ 咸丰五年（1855 年）上谕在谈及

---

① 档案，顺治十三年闰五月二十九日孙廷铨题：《为秦川兵饷半年无支，部拨外协屡催不至事》。

② 档案，咸丰三年十二月十八日裕瑞奏：《为劝谕绅民按粮津贴，请免预征以安民心而裕度支事》。

③ 档案，咸丰四年十一月二十二日易棠奏：《为甘省库款匮乏，协饷解到无期事》。

④ 张集馨：《道咸宦海见闻录》，中华书局 1981 年版，第 184、210 页。

黔饷的欠解时说："现在黔省剿办上下游苗匪，指拨军需，急难应手，实属万分支绌，各省应解黔饷，岂容拨解迟延，致误事机!"各省积欠，"屡催罔应"①。同年，上谕谈及滇、黔、甘协饷时又称："至滇黔甘肃等省，待饷孔殷，江西积欠至三百二十余万两之多，虽（地方）经费支绌，系属实情。"但是，亦应该"稍清积欠，不得专顾本省，致误要需"②。同治五年（1866年），上谕在谈及各省欠解甘肃协饷时，又称："自上年闰五月至今，各省欠解竟至一百六十余万之多。又庆阳粮台由四川、河南、山东、山西各协银三十万两，本年以来，解者寥寥；河东盐课项下岁拨之数；丙寅纲全未解到。甘省粮缺饷匮，势成坐困。即使各省源源接济，已觉分润无多，若再不克如期，大局何堪设想！着官文、曾国藩、崇实、骆秉章、李瀚章、赵长龄、阎敬铭、马新贻、曾国荃、刘坤一、郭柏荫按照单开，各将各省欠解数目即速筹拨，派员迅解，以济饥军，毋得再分畛域，致误大局。"③这说明，户部虽然握有兵饷的统筹协拨之权，但在财政困难的情况下，仍难作无米之炊。各省的地方大员虽然不时受到协饷不完的循例处分，但在财力不足的情况下，首先仍是顾及本省之饷。一般来说，清初的协饷欠解，属于普遍性的财政困难，晚清的协饷欠解，除了财政困难之外，还与地方督抚权力的膨胀有关。

原载《历史研究》1997年第5期

---

① 《清文宗实录》卷181，咸丰五年十月甲寅。

② 《清文宗实录》卷183，咸丰五年十一月甲戌。

③ 《曾国藩全集·奏稿九》，岳麓书社1991年版，第5415页。原标点不妥之处已改正。

二十八、

20 世纪的晚清财政史研究

20 世纪的晚清财政史研究，既取得了令人瞩目的成绩，也存在着一些阙失，值得认真回顾和总结。在已经发表的有关学术史综述中，对晚清财政史的研究涉及很少，不能不说是一个缺憾。本文在总体回溯的基础上，重点缕述几个重要的专题研究和突出成果，最后讨论晚清财政史研究的特点与不足。同时需要说明，由于视野和语言的限制，本文所涉及的国外学者的研究成果主要限于日本。挂一漏万与不妥之处也请读者批评指正。

一　学术史回顾：晚清财政史研究概述

应该说，对晚清财政史的研究，并非始于 20 世纪，在 19 世纪末已经开始。1897 年，上海广学会出版了英国住上海领事哲美森的《中国度支考》，该书虽冠名“中国度支”，实则专门叙述清代特别是晚清的财政。该书的目录较为庞杂，共分为“总论”、“政府疆吏交际”、“直省解京款项”、“漕运京饷”、“额外京饷”、“海关洋税”、“岁入总论”、“地丁银”、“漕粮”、“盐课盐厘”、“百货厘金”、“新关洋税”、“常关税”、“土药税厘”、“杂税”等36目。仅从繁杂的目录来看，《中国度支考》不是一部研究性著作，更多的具有资料选编色彩。当然，其资料也弥足珍贵，刘锦藻编撰的《清朝续文献通考》就有所引用①，并称晚清户部的报告，“多脱误，外人指其不合”，而哲美森的记述，“外人信为无误”。这也正揭示出《中国度支考》的史料价值。

进入20世纪后，广智书局1904年出版了梁启超的《中国国债史》，梁氏对晚清的“国债”进行了初步的梳理。而吴廷燮的《清财政考略》(1914年铅印本)，则是国人从整体上研究清代财政的第一部著作，对晚清财政亦有涉及。1917年商务印书馆出版的王振先《中国厘金问题》，是国内学者研究厘金问题的第一部著作，受到同时代的国外学者的注意②。此后，专门研究清代财政的专著不多见，最为值得注意的是罗玉东的《中国厘金史》(商务印书馆1936年版)，罗著对晚清厘金的研究作出了重要贡献，是20世纪上半叶最具代表性的清代财政史领域的研究著作。另外，侯厚培《中国近代经济发展史》(上海大东书局1929年版)，是国内系统研究近代经济史的第一部著作，是书对财政问题也给予了一定的关注，特别是对晚清的币制改革，有较好的论述。赵丰田《晚清五十年经济思想史》(哈佛燕京学社1939年版)，开了研究晚清经济思想的先河，其中的“增岁入说”、“厚俸禄说”、“行预算说”等

---

① 见《清朝续文献通考》卷66，《国用四》；卷68，《国用六》。按：《清朝续文献通考》卷66在引用时作者记为“哲美森”，卷68则记为“遮密孙”。又按：《清朝续文献通考》卷68在叙述光绪朝财政时，还引用了日本人根岸佶的著作，并称：“吾国财政向无报告，国人鲜有知者，近年始见预算案，然肯细心研究者亦不一二，覼日本人根岸佶为同文会会员，于吾国生计状况钩稽之勤，用力之久，远驾吾国人士之上。”

② 如木村增太郎《支那财政论》(东京大阪屋号书店1927年版)就引述过王氏的著作。按：《中国财政论》原名《支那财政论》，“支那”一词，在历史上，有对中国的蔑称之嫌，因此，凡是在20世纪初至40年代初出版的日本研究著作中，用“支那”作书名的，一律译作“中国”。但为了避免混乱，著名的资料书如《支那经济全书》，仍依其旧。

都是很有启发意义的财政思想研究。

20 世纪上半叶的晚清财政史研究著作虽不多见，但在有关著作中对晚清财政多有涉及。这主要表现在以下三个方面：

第一，立足于民国年间的财政研究，对晚清的财政问题进行回顾或研究。

如贾士毅《民国财政史》(商务印书馆 1917 年版)，专列一章“财政之沿革”，对清代历朝的财政分别加以叙述，其中，对光绪朝的财政叙述尤详，细分为“光绪初年之财政”、“光绪中年之财政”、“光绪末年之财政”三个部分。在其他篇章中，也有对晚清财政的追溯或比较。叶元龙《中国财政问题》(商务印书馆 1937 年版)，也涉及晚清财政。又如陈沧来《中国盐业》(商务印书馆 1929 年版)，吴觉农、范和钧《中国茶叶问题》(商务印书馆 1937 年版)，李权时《现行商税》(商务印书馆 1930 年版)，金国宝《中国币制问题》(商务印书馆 1928 年版)，张家骧、吴宗焘、童蒙正《中国之币制与汇总》(商务印书馆 1931 年版)，杨荫浦《中国金融论》(商务印书馆 1930 年版)，张辑颜《中国金融论》(黎明书局 1936 年版)，分别对晚清的盐税、茶税、商税、货币等相关问题进行了研究。

第二，财政通史著作中对晚清财政的研究。

20 世纪上半叶，财政通史的撰写是一个突出的现象。这方面的著作有：胡钧《中国财政史讲义》(商务印书馆 1920 年版)，徐式庄《中国财政史略》(商务印书馆 1926 年版)，常乃德《中国财政制度史》(世界书局 1930 年版)，刘秉麟《中国财政小史》(商务印书馆 1931 年版)，杨志濂《中国财政史辑要》(无锡大公图书馆 1936 年版)，刘不同《中国财政史》(大东书局 1948 年版)。在这些财政通史中，对晚清的财政予以了充分注意。如胡钧《中国财政史讲义》将中国的财政的演变分作八个时期，清代作为两个时期，即清初至道光、咸丰至宣统。刘秉麟《中国财政小史》，对《赋役全书》、《会计册》、《奏销册》等赋税册籍，以及财政体制、俸禄、货币、田赋、盐税、关税、杂税等都有简要的叙述。其中，对晚清之杂税有较好的论述：“清初入关时，对于各项杂敛，悬为例禁，涤荡繁苛，未始不善。降至中叶，杂税亦多。而流毒之深，贻害之远，莫如土药税。当时清廷收入，恃为大宗。……其他各项杂税，有相沿日久，向有定制者，有光宣之交，临时加征者。前者有牙税、当税、契税、铺税、渔税、矿税等数种，后者如直隶之烟税、家屋税、车捐、花捐、妓捐等。各省新设之名目，大抵相同。”表现出相当的概括能力和识见。

第三，通史性的专题史中对晚清财政的研究。

在通史性的专题研究方面，万国鼎《中国田赋史》（正中书局1933年版），徐士圭《中国田赋史略》（商务印书馆1935年版），陈登原《中国田赋史》（商务印书馆1936年版），马大英、江士杰、刘国明、王延超的《田赋史》下（《田赋会要》第3编，正中书局1944年版），以及郎擎霄《中国民食史》（商务印书馆1933年版），吴兆莘《中国税制史》（商务印书馆1937年版），都涉及有清一代的田赋及相关问题，有的论述较为深入。如吴兆莘的《中国税制史》，对晚清的海关税、厘金税、土药税、茶税、酒税、契税等给予了充分的注意。张家骧《中华币制史》（民国大学出版部1925年版），虽然是货币研究的通史著作，但表现出明显的厚今薄古倾向，对清代以前的币制只是概而述之，重点在于研究晚清至民国初年的相关问题，特别是对银行、造币厂的沿革有系统的论述。其他的通史性的专题研究，还有杨肇遇《中国典当业》（商务印书馆1929年版），欧宗祐《中国盐政小史》（商务印书馆1931年版），曾仰丰《中国盐政史》（商务印书馆1937年版），吴承洛《中国度量衡史》（商务印书馆1937年版）等，都有参考价值①。

专著之外，相关论文涉及诸多方面。汤象龙《咸丰朝的货币》（《中国近代经济史研究集刊》1933年第1卷第2期），梁启超《各省滥铸铜元小史》（《饮冰室合集》21，中华书局1936年版），谭彼岸《王茂荫与咸丰时代的新货币制》（《中国社会经济史研究集刊》

---

① 另外，盐务署主持编撰的《中国盐政沿革史》，分盐区进行叙述，1914年出版《长芦》分册，1915年出版《奉天》分册。笔者最近在东京大学东洋文化研究所图书馆仅见到这两册。就这两册来看，所谓的“中国盐政沿革史”，主要的仍是叙述清代。

1939 年第 6 卷第 1 期)、魏建猷《清代外国银元之流入及其影响》(《东方杂志》1945 年第 41 卷 18 号)，是货币金融方面的代表作。夏鼐《太平天国前后长江各省之田赋问题》(《清华学报》1935 年第 10 卷第 2 期)，王毓铨《清末田赋与农民》(《食货》1936 年第 3 卷第 5 期)，是田赋方面的代表作。彭雨新《清末中央与各省财政关系》(《社会科学杂志》1947 年第 9 卷第 1 期)，罗尔纲《清季兵为将有的起源》(《中国社会经济史集刊》1937 年第 5 卷第 2 期)，对于晚清中央财政体制的瓦解以及地方财政自主权的扩大等问题，有深入的分析。罗玉东《光绪朝补救财政之方策》(《中国近代经济史研究集刊》1934 年第 2 卷第 2 期)，吴廷燮《论光绪朝之财政》(《文献论丛》1936 年)，则分析了晚清财权下移之情势下，清廷的财政清理。在外债与赔款的研究方面，汤象龙《民国以前关税担保之外债》(《中国近代经济史研究集刊》1935 年第3 卷第1 期)、《民国以前的赔款是如何偿付的》(《中国近代经济史研究集刊》1934 年第 2 卷第 2 期)，是两篇重要的作品。另外，陈文进《清代之总理衙门及其经费》(《中国近代经济史研究集刊》1932 年第 1 卷第 2 期)、《清季出使各国使领经费》(《中国近代经济史研究集刊》1934 年第 2 卷第 2 期)，以及沈鉴《辛亥革命前夕我国之陆军军费》(《社会科学》1937 年第 2 卷第 2 期)，也是对相关论题的开创性研究。在厘金研究方面，罗玉东《厘金制度之起源及其理论》(《中国近代经济史研究集刊》1932 年第1 卷第2 期)，傅衣凌《清末厘金制起源新论》(《社会科学季刊》1946 年第 2 卷)，具有代表性。在海关研究方面，则有郑友揆《我国海关贸易统计编制方法及其内容沿革考》(《社会科学杂志》1934 年第 5 卷第 3 期)，汤象龙《光绪三十年粤海关的改革》(《中国近代经济史研究集刊》1935 年第 3 卷第 1 期) 等论文。

与同时期的国内学者的研究相比，国外学者的研究值得重视。在日本，20 世纪初至 40 年代，形成了对晚清财政的研究热潮。

木村增太郎是 20 世纪二三十年代研究清代财政史的最著名的日本学者。他先后出版了《中国的经济与财政》、《中国的财政真相及其革新措施》、《中国的厘金制度》、《中国财政论》、《现代中国的财政经济》等数部研究著作。除了1926年出版的《中国的厘金制度》(东京东亚事情研究会）专门研究厘金问题，1940年出版的《现代中国的财政经济》(东京生活社。该书由木村氏与大川彰合著）专门研究民国财政外，其他几部著作均是以研究晚清和民国初年的财政为重点。《中国的经济与财政》(东京大阪屋号书店1923年版)，共十章，该书除了研究一些较为特殊的经济门类如特种商（牙行、买办)、组合制度（商人的同业组织，会馆、公所、工商业行会等）外，其着重点在于研究晚清的外国银行、晚清的财政困境与内外债、清末的改革。《中国的财政真相及其革新措施》(东京启明会1925年版)，讨论的问题主要集中在四个方面，一是晚清财力匮乏的经过与借款，二是岁出与岁入的状况，三是财政组织的变革，四是财政的清理整顿。《中国财政论》(东京大阪屋号书店1927年版)，主要研究了财政制度、税收制度、外债与内债。木村氏的几部著作，有重复之处，但在论及同一问题时，也不是完全相同，后出版的著作有一些新的进展。如《中国的经济与财政》和《中国财政论》都列有“租税制度”一章，前者主要研究了田赋，其他税种只是在“税制概要”一节中略有介绍。后者除了对田赋、盐税、常关税、海关税这些税种加以论说外，对货物税（厘金)、烟酒税、印花税也作了专节探讨。安东不二雄《中国的财政》(东京东亚实进社1921年版)，分为五编32章，以研究晚清至民国初年的财政状况、外债、内债、银行、岁计为重点，对晚清内外债的研究尤为细致。松井义夫《清朝经费之研究》(满铁经济调查会“经调资料”第66编，南满洲铁道株式会社1935年版)，分为制度和经费二编，在一般性叙述财务行政以及国家财政和地方财政的基础上，重点探讨了晚清的财政支出和相关财政问题。百濑弘《清朝的财政经济政策》①，则对有清一代的财政经济政策进行了初步的研究。另外，平濑巳之吉《近代中国经济史》(中央公论社1942年版)，小竹文夫《近世中国经济史研究》(东京

① 《东亚研究所报》1943年20号。已由郑永昌译成中文，附录于《财政与近代史论文集》下册，台湾“中央研究院”近代史研究所1999年版。

弘文堂书店1942年版），竹内元平《最近中国财政概说》（“满铁调查资料”第108编，南满洲铁道株式会社1929年版）等，也涉及晚清的财政状况与沿革。其他专题性的研究，在关税方面有：吉田虎雄《中国关税及厘金制度》（东京北文馆1915年版），高柳松一郎《中国关税制度论》（京都内外出版株式会社1920年版），西川喜一《财政金融与关税制度》（上海日本堂书店1925年版）。在货币金融方面有：佐野善作《清国货币问题》和《沪汉金融机关》（合称《清国货币问题、沪汉金融机关调查报告》，东京高等商业学校1905年版），清水孙秉《清国货币论》（东京富山房1911年版），根岸佶《中国货币改革论》（东京支那经济学会1919年版），井村薰雄《中国的金融与货币》（1924年版）及《中国的货币与度量衡》（东京大阪屋号书店1926年版），吉田虎雄《中国货币研究》（山口市东亚经济研究会1933年版），宫下忠雄《中国货币制度论》（大阪宝文馆1938年版）及《中国银行制度论》（东京岩松堂书店1941年版）。在内外债方面有：安东不二雄《清国国债事情》（横滨正金银行1910年版），大山嘉藏《中国的国债与列强》（东京文影堂书店1915年版），丰田多贺雄《中国的借款金融政策》（大阪工业之日本社1918年版），中滨义久《中国的对外借款》（“满铁调查资料”第112编，南满洲铁道株式会社1929年版），滨田峰太郎《中国的财政和公债》（东亚研究会1930年版），樋口弘《日本的对华投资研究》（东京生活社1939年版）等。

新中国成立以后，直到20世纪80年代之前，中国大陆学者对晚清财政史的专题研究虽然不突出，但也取得了一些值得注意的成果。许大龄《清代捐纳制度》（燕京大学1950年版）①，对清代各个时期的捐纳制度作了系统的研究，在史的描述的基础上，对捐纳与财政、吏治的关系，有很好的说明，是这一研究领域的拓荒性著作。彭雨新《清代关税制度》（湖北人民出版社1956年版），虽然篇幅不大，却是国内学者系统研究有清一代关税的著作，既扼要介绍了鸦片战争前户部关和工部关的设置及征税制度，又论述了鸦片

① 北京大学出版社2000年出版的许大龄《明清史论集》收录。

战争后中国海关和关税权的被侵占。魏建猷《中国近代货币史》(群联出版社 1955 年版)，则是此一时期研究货币金融方面的代表性著作。魏著主要研究鸦片战争后的银两制度、制钱制度、晚清的币制变革，以及近代外国银元的流入及其影响。刘秉麟《近代中国外债史稿》(三联书店 1962 年版)，对晚清以来的外债作了较为深入的研究。彭泽益在这一时期发表了较多的论文，《鸦片战后十年间银贵钱贱波动下的中国经济与阶级关系》(《历史研究》1961 年第 6 期)、《论鸦片战争赔款》(《经济研究》1962 年第 12 期)、《1853—1868 年的中国通货膨胀》(《中国社会科学院经济研究所集刊》1979 年第 1 集)、《十九世纪五十至七十年代清朝财政危机和财政搜刮的加剧》(《历史学》1979 年第 2 期) 等，都是对相关论题进行深入研究的力作。

相对国内大陆学者的研究成果而言，20 世纪 80 年代之前，国外学者和台湾学者在晚清财政史研究方面，取得了较为丰硕的成果。佐伯富《清代盐政之研究》(东洋史研究会 1956 年版)，是研究清代盐政的重要著作。E. G. 比尔《厘金的起源——1853—1864》(麻省坎布里奇，哈佛大学 1958 年版)，是继罗玉东的《中国厘金史》之后研究早期厘金的重要著作。景复朗《1845—1895 年中国的货币和货币政策》(麻省坎布里奇，哈佛大学 1965 年版)，对晚清的货币进行了新的研究。王业键《中华帝国的田赋》(麻省坎布里奇，哈佛大学 1973 年版)，则是晚清田赋研究的出色著作。王尔敏《清季兵工业的兴起》(“中央研究院”近代史研究所 1963 年版)、《淮军志》(东吴大学中国学术著作奖助委员会 1967 年版，中华书局 1987 年版)，以及刘凤翰《新建陆军》(“中央研究院”近代史研究所 1967 年版)，对晚清有关方面的军费有所涉及。何烈《厘金制度新探》(台北中国学术著作奖助委员会 1972 年版)，在前此学者研究的基础上，有新的探索。王树槐《庚子赔款》(“中央研究院”近代史研究所 1974 年版)，对庚子赔款的议定、筹措、偿付等做了系统的研究。

20 世纪 80 年代以后，随着中国的改革开放和新一代学者的成长，同时也由于以往研究的积累，晚清财政史的研究也进入到一个新的阶段，其标志有四：

第一，晚清财政史的研究受到重视，有多部“断代”财政史著作出版。何烈《清咸同时期的财政》(台湾“国立”编译馆1981年版)，在探讨咸丰以前财政概况的基础上，对咸同时期财政收入、财政支出、钱粮亏空、奏销制度以及中央财政与地方财政的变化等问题都有深入的研究。左治生《中国近代财政史丛稿》(西南财经大学出版社1987年版)，对清代后期的财政收入、财政支出、财政管理以及太平天国的财政有较为系统的论述。孙文学主编《中国近代财政史》(东北财经大学出版社1990年版)，在叙述清代后期的财政时，主要注意到了半殖民地半封建时期财政收入和财政支出的变态，同时，对太平天国的财政和晚清的财政思想，也有一定的论述。邓绍辉《晚清财政与中国近代化》(四川人民出版社1998年版)，试图从晚清财政管理体制的演变，以及税收制度与财政支出制度的变化等方面，探讨晚清财政变革与近代化的关系。周育民《晚清财政与社会变迁》(上海人民出版社2000年版)，分别对鸦片战争与清朝财政、太平天国与清朝财政、洋务运动时期的清朝财政、甲午战争后的清朝财政、覆灭前夜的清朝财政、财政演变中的经济与社会，进行了较为系统的研究。周志初《晚清财政经济研究》(齐鲁书社2002年版)，重点探讨了晚清财政管理体制的演变和晚清财政收支结构的变动。

第二，晚清财政研究向纵深发展，出版了多部专史研究著作。在盐税研究方面，有牧寒《内蒙古盐业史》(内蒙古人民出版社1987年版)，陈锋《清代盐政与盐税》(中州古籍出版社1988年版)，宋良曦、钟长永《川盐史论》(四川人民出版社1990年版)。在关税研究方面，有赵淑敏《中国海关史》(台北“中央”文物供应社1982年版)，卢汉超《赫德传》(上海人民出版社1986年版)，汪敬虞《赫德与近代中西关系》(人民出版社1987年版)，蔡渭洲《中国海关简史》(中国展望出版社1989年版)，叶松年《中国近代海关税则史》(上海三联书店1991年版)，陈诗启《中国近代海关史·晚清部分》(人民出版社1993年版)及《中国近代海关史问题初探》(中国展望出版社1987年版)，戴一峰《近代中国海关与中国财政》(厦门大学出版社 1993 年版)，岡本隆司《近代中国与海关》(名古屋大学出版会 1999 年版)。在军费研究方面，有王尔敏《淮军志》(台湾"中央研究院"近代史研究所 1981 年版)，罗尔纲《绿营兵志》(中华书局 1984 年版)、《湘军兵志》(中华书局 1994 年版) 和《晚清兵志》(中华书局 1997 年版)，龙盛运《湘军史稿》(四川人民出版社 1990 年版)，陆方、李之渤《晚清淮系集团研究》(东北师范大学出版社 1993 年版)，樊百川《淮军史》(四川人民出版社 1994 年版)，戚其章《晚清海军兴衰史》(人民出版社 1998 年版)。在货币金融研究方面，有王业键《中国近代货币与银行制度的演进 (1664—1937)》(台湾"中央研究院"经济研究所 1981 年版)，郑家度《广西近百年货币史》(广西人民出版社 1981 年版)，李宇平《近代中国的货币改革思潮 (1902—1914)》(台湾师范大学历史研究所 1987 年版)，王宏斌《晚清货币比价研究》(河南大学出版社 1990 年版)，宫下忠雄《近代中国银两制度研究》(有明书房 1990 年版)，戴建兵《中国近代纸币》(中国金融出版社 1993 年版)，姚会元《中国货币银行》(武汉测绘科技大学出版社 1993 年版)，张通宝《湖北近代货币史稿》(湖北人民出版社 1994 年版)，穆渊《清代新疆货币史》(新疆大学出版社 1994 年版)，桑润生《简明近代金融史》(立信会计出版社 1995 年版)，程霖《中国近代银行制度建设思想研究》(上海财经大学出版社 1999 年版)。在外债和外资研究方面，有曹均伟《近代中国利用外资》(上海社会科学院出版社 1991 年版)，许毅等《清代外债史论》(中国财政经济出版社 1996 年版)，曹均伟、方小芬《中国近代利用外资活动》(上海财经大学出版社 1997 年版)。在太平天国的财政经济制度研究方面，有郭毅生《太平天国经济制度》(中国社会科学出版社 1984 年版)。

第三，有关论文集的出版较为活跃，台湾商务印书馆 1986 年出版的《中国近现代史论集》值得注意，该论文集分作 30 编 (本)，在许多编中都有相关的财政研究论文，如第二编中王仲孚的《同光间新疆回乱的善后措施》，第八编中庄吉发的《清季南北洋海防经费的筹措》，包遵彭的《清季海军经费考实》，吴相湘的

《清季园苑建筑与海军经费》，第十编中全汉昇的《清季铁路建设的资本问题》，庄吉发的《清季铁路经费的筹措》，第十一编中黄俊彦的《甲午战后筹还外债与财政的变革》，第十三编中王树槐的《庚子地方赔款》等。孙健编《中国经济史论文集》(中国人民大学出版社1987年版)，收录了彭雨新《中国近代财政史简述》、宓汝成《近代中国外债》等长篇论文，这些论文虽属讲义性质，但由于是作者的多年研究心得，不乏真知灼见。台湾“中央研究院”近代史研究所社会经济史组编《财政与近代历史》(台湾“中央研究”院近代史研究所1999年版)，分为上、下两集，收录了许多有分量的论文。个人的论文专集如彭泽益《十九世纪后半期的中国财政与经济》(人民出版社1983年版)，汤象龙《中国近代财政经济史论文选》(西南财经大学出版社1987年版)，陈锋《陈锋自选集》(华中理工大学出版社1999年版)，山本进《清代财政史研究》(汲古书院2002年版）等。

第四，有关研究论文数量繁多，几乎涉及晚清财政的各个方面。有些研究论文具有较高的研究水准，如彭泽益《清代咸同年间军需奏销统计》(《中国社会科学院经济研究所集刊》第3集，1981年)，分别对镇压太平军的军费支出、镇压捻军的军费支出、镇压西北回民起义的军费支出、镇压西南人民起义的军费支出、镇压两粤闽台人民起义的军费支出进行了梳理统计。彭雨新《辛亥革命前夕清王朝财政的崩溃》(《辛亥革命论文集》，湖北人民出版社1981年版)，系统研究了晚清的财政收入、财政支出以及清廷的财政困境。何汉威《清末赋税基准的扩大及其局限》(《“中央研究院”近代史研究所集刊》第17期下册，1988年)，不但注意到了晚清财政的总体状况，而且对烟酒税、契税进行了深入研究。另外，刘克祥《太平天国后清政府的财政整顿和赋税搜刮》(《中国社会科学院经济研究所集刊》第3集，1981年)，岩井茂树《清代国家财政中的中央与地方——以酌拨制度为中心》(《东洋史研究》第42卷2号，1983年)，魏光奇《清代后期中央集权财政体制的危机》(《近代史研究》1986年第1期)，周育民《甲午战后清朝财政研究》(《中国经济史研究》1989年第4期)，张国辉《晚清财政与咸丰朝通货膨胀》(《近代史研究》1999 年第 3 期) 等，都是有关方面的代表作。

上述之外，一些断代著作和经济史著作中，也对晚清的财政予以了充分的注意。宓汝成主编的《清代通史》第八卷（辽宁人民出版社 1991 年版），刘克祥主编的《清代通史》第十卷（同前），严中平主编的《中国近代经济史——1840—1894》(人民出版社 1989 年版)，汪敬虞主编的《中国近代经济史——1895—1927》(人民出版社 2000 年版)，都有相当的篇幅对财政问题进行表述。郭松义、李新达、李尚英《清朝典制》(吉林人民出版社 1993 年版)，在相关章节中，对财政问题着墨较多。杜家骥《清代简史》(福建人民出版社 1997 年版)，列有“财政”专章。朱英《晚清经济政策与改革措施》(华中师范大学出版社 1996 年版)，也有对“晚清的财政金融政策”的专章讨论。

二　专题研究与资料汇编

在以往的晚清财政史研究中，有若干研究专题形成了热点，并取得了突出成就。

1. 晚清财政体制的研究

晚清财政体制的研究，集中在中央财政与地方财政的关系方面，一直受到许多学者的注意。起初，在 20 世纪 30 年代，以研究当时的地方财政以及中央财政与地方财政关系为主旨，出现了许多研究论文，如齐元三《中央与地方赋税划分》(《福建财政月刊》第 5 卷第 2 期，1931 年)、胡善恒《地方财政困穷问题》(《福建财政月刊》第 5 卷第 2 期，1931 年)、吴长春《县地方经费之研究》(《财政经济汇刊》第 1 卷第 6 期，1932 年)、冯华德《我国国地财政划分之理论与实际》(《浙江财政月刊》第 9 卷第 10 期，1936 年) 等，这些论文对晚清的财政体制略有涉猎。随后，在 20 世纪三四十年代，前揭罗尔纲的《清季兵为将有的起源》，彭雨新的《清末中央与各省财政关系》，罗玉东的《光绪朝补救财政之方策》，吴廷燮的《论光绪朝之财政》等文，对晚清中央财政体制的瓦解、晚清财权的下移以及地方财政自主权的扩大等问题，有深入的分析。这些文章的一个主要观点是随着财权的下移导致了地方督抚的专权。这一论点影响深远，为后来的许多论著沿袭①。

进入80年代以后，研究晚清中央财政与地方财政的论文较多。在数量繁多的论文中，刘广京、何汉威、戴一峰等人的论文值得注意。刘广京《晚清督抚权利问题商榷》(刘广京《经世思想与新兴企业》，台湾联经事业出版公司1990年版)，不同意前此学者认为的太平天国革命被镇压后，清政府的财权、军权、政权下移，中央控制日益式微，从而形成地方督抚专权之局的传统定论。认为，中央既未如成说所云大权旁落，督抚亦未如想象中那样为所欲为。何汉威《从清末刚毅、铁良南巡看中央与地方财政的关系》(《"中央研究院"历史语言研究所集刊》第68本，第1分，1997年)，从光绪二十五年刚毅南下江苏、广东整顿财政和几年后铁良南下江苏理财的个案研究入手，探讨了中央与地方财政的关系，提出了一些新的论点，认为:"清末从中央到地方督抚，对他们辖下的财政管理，俱失去有效的监控能力。中央固不用说，甚至督抚的财权亦受地方下层势力所制约，……中央根本无法对省财政作彻底根本的清

① 参见缪全吉《曾国藩幕府盛况与晚清地方权利之变化》,《中山学术文化集刊》第4集，1969年；魏光奇《清代后期中央集权财政体制的危机》,《近代史研究》1986年第1期；尹福庭《试论太平天国革命时期清政府中央和地方权利的消长及影响》,《清史研究集》第4辑，1986年；林乾《咸丰后督抚职权的膨胀与晚清政治》,《社会科学战线》1989年第1期；汪林茂《清咸同年间筹饷制度的变化与财权下移》,《杭州大学学报》1991年第2期；何瑜《晚清中央集权体制变化原因再析》,《清史研究》1992年第1期。另外，何烈在其所著《清咸同时期的财政》(台湾"国立"编译馆1981年版)中，重点研究了晚清的中央财政与地方财政，认为：咸同以降，中央控制名存实亡，"自全国而言，督抚的权利已大于中央；自一省而言，新设各种机构的权利已大于原有的建置衙署。于是吏事、兵事与经费，实际上都非中央政府所能控制，只有督抚才是真正的主宰。一切政务实施，中央一惟地方大吏的意志为转移，本身绝少主见"。此种见解依然是传统定论的申说。除此之外，何氏还具体分析了在财政关系方面，中央与地方的不协调，以及疆臣与将领之间的摩擦。

理，而督抚面对下层盘根错节的贪污舞弊，即使有意整顿税收，亦无能为力。”戴一峰《晚清中央与地方财政关系：以近代海关为中心》(《中国经济史研究》2000 年第 4 期)，则从近代的海关着手，探讨了中央财政与地方财政以及侵华列强改造中国财政体制等诸多方面的复杂关系。指出，中央与地方的不协调，使得“清廷对于各省的财政，连名义上的控制也维持不住了”。而疆臣与将领之间的摩擦，导致了矛盾的迭起，导致了筹饷、协拨的困难。

另外，陈锋《清代中央财政与地方财政的调整》(《历史研究》1997 年第 5 期) 一文，较系统的探讨了有清一代中央财政与地方财政的关系。对于晚清的财权下移，陈文认为，“晚清的财权下移是一个复杂的现象。财权下移之局的形成，因为时局的变化，既有督抚专权的意蕴，又有时势所迫的政策导向因素；财权下移的结果，既标示着中央财政对地方财政的失控，又展现出财政体制极端混乱之后，地方漫无限制的筹款，一方面使清廷和各地方渡过了重重险关，另一方面又不可避免地导致弊端迭出”。同时，陈文认为，晚清的财权下移事实上为清廷所不容，因此便有种种清理整顿财政的措施出台，并对此作了具体的分析①。

日本学者山本进的《清代后期四川地方财政的形成》(《史林》第 75 卷 6 号，1992 年)、《清代后期四川的财政改革》(《史学杂志》103 编 7 号，1994 年)、《清代后期湖广的财政改革》(《史林》第 77 卷 5 号，1994 年)、《清代后期江浙的财政改革》(《史学杂志》104 编 12 号，1995 年)、《清末山西的差徭改革》(《东洋史研究报告》第 19 号，1995 年) 等文②，以及谷井阳子《道光咸丰时期地方财务基调的变化》(《东洋史研究》第 47 卷 4 号，1989 年)，土居智典《清代湖南省的省财政形成与绅士层》(《史学研究》第

① 还可参见陈锋最近发表的几篇长文：《清代财政支出政策与支出结构的变动》，《江汉论坛》2000 年第 5 期；《清代财政收入政策与收入结构的变动》，《人文论丛》2001 年卷；《清代财政行政组织与奏销制度的近代化》，《人文论丛》2000 年卷；《清代财政制度的近代化》，《东瀛求索》第 11 号，2000 年。

② 已收入该氏的论文集《清代财政史研究》，汲古书院 2002 年版。

227号，2000年），通过细致的个案考察，把着眼点放在了晚清地方财政的变制及其复杂的关系方面，展现出新的视角和研究方法。

2. 货币研究

在早期的货币研究著作中，国内学者金国宝《中国币制问题》（商务印书馆1928年版）和张家骧、吴宗焘、童蒙正《中国之币制与汇总》（商务印书馆1931年版）两书，有较高的研究水准。《中国币制问题》在叙述本位制度、银两制度以及银币、铜币、纸币问题时，对光绪以降的变革作了系统的梳理，书中列制的统计表格，如“（光绪年间）各省银角之成色重量”、“（光绪、宣统年间）各省通用银元之成色重量”、“各省宝银名称重量表”、“各地通用银两与库平比较表”、“海关平与各口通用银两比较表”等，对后来的相关研究开启了门径、打下了基础。《中国之币制与汇总》对硬币（银元、铜元、制钱）、纸币、本位制及造币机构等作了精当的叙述。其记银元云：“清以前，吾国上下通行之银，皆系以重量计，而不以枚数计也。自清乾隆五十七年，户部奏准西藏鼓铸银钱，是为我国以银铸币之始。至道光初年，各国银钱输入渐多，蔓延各地，欲禁无由，当时两广总督林则徐，奏请自行鼓铸银元，藉资抵制，旋经部议驳。又道光中，浙省曾自铸一两重银钱，欲与洋元并行，以民间阻滞而止。光绪初年，吉林机器官局所铸有一钱、三钱、半两、七钱、一两五种，皆未见盛行。至十三年二月，粤督张之洞奏称……于是我国流通之银元中，始有吾国自铸之银元。”若非有深入的研究，不可能有如此的高度概括。日本学者清水孙秉《清国货币论》（东京富山房1911年版），亦值得重视。该书事实上以研究晚清的货币为旨归，对晚清的货币制度、货币种类、“兑换券”（银票、钱票、洋钱票）、票号、钱庄、钱铺、大清户部银行、通商银行、外国在华银行等都有述说。而且，清水氏应邀在北京的时间有两年多，除博采典籍文献外，又辅以调查，称得上力作，清朝度支部通阜司司长王璟芳的序言亦称“言我国币制沿革及现今金融状况至详且尽”。根岸佶、越智元治《中国及满洲的通货及币制改革》（东亚同文会1937年版），以研究民国年间的货币为主，但对清代的银两制度、铜钱制度、纸币等都有所叙述，特别是在探讨币制改革时，认为晚近的币制改革分为四个时期，第1时期是1895—1900年，第2时期是1901—1914年，第3时期是1914—1927年，第4时期是1927—1935年，表现出很好的识见。另外，对晚清的所谓“金本位案”、“银本位案”也有细致的讨论。宫下忠雄《中国货币制度论》(大阪宝文馆1938年版)和《中国银行制度论》(东京岩松堂书店1941年版)，也值得注意的，宫下氏的这两种著作虽然都是以民国年间为研究时段，但对晚清时期也有论述。特别是后一种著作，对晚清的银行业发展及纸币法规等叙述较为细致，所示列的78个统计表，如“历年开设支那银行年别统计（1896—1937)”、“萌芽时期支那银行设立年别统计（1896—1911)”、“外国银行各年设立表（1857—1925)”、“外国银行的对华投资（1874—1925)”等，颇具价值。

近年出版的货币研究著作较多，前已揭明，不赘述①。

3. 外债与赔款

晚清往往为清偿军费赔款而举借外债，所以，外债与赔款、军费等都有所联系，相关的研究成果都可以参考。在外债研究方面，安东不二雄《清国国债事情》(横滨正金银行1910年版)，是最早的著作之一，全书分为七章：第一章，清国国债的起源；第二章，日清战争以前的国债；第三章，日清战争公债；第四章，义和团赔偿金及补充公债；第五章，铁道借款；第六章，内国债及地方公

---

① 另外可以参考的论文如郝延平《晚清沿海的新货币及其影响》，《“中央研究院”近代史研究所集刊》第7期，1978年；彭泽益《1853—1868年的通货膨胀》，《中国社会科学院经济研究所集刊》第1集，1979年；朱浤源《近代广西货币的变革》，《“中央研究院”近代史研究所集刊》第19期，1980年；李宇平《张之洞的货币政策》，《台湾师大历史学报》1983年第11期；何汉威《从银贱钱荒到铜元泛滥——清末新货币的发行及其影响》，《“中央研究院”历史语言研究所集刊》第62本，1993年；张国辉《晚清货币制度演变述要》，《近代史研究》1997年第5期；邓绍辉《论甲午战后清政府币制改革及失败原因》，《四川师大学报》1999年第2期。

债；第七章，全国岁出岁入及关税收入额。该书以研究晚清的外债为主，对晚清的内借及财政的总体状况也有专章。在对外借款中，详于甲午战争所导致外债的叙述与分析，对汇丰银款、汇丰金款、克萨借款、俄法借款、英德借款、英德续借款有单独论列，并对每次借款的偿还方法、偿还资金、偿还财源等作了说明。对铁道借款的叙述也相当细致，按时间顺序分别叙述了关内外铁道公债、京汉铁道公债、正太铁道公债、汴洛铁道公债、沪宁铁道公债、粤汉铁道借款、道清铁道借款、广九铁道公债、津浦铁道第一次公债、沪杭甬铁道公债、邮传部公债、新奉铁道借款、吉长铁道借款、津浦铁道第二次公债、邮传部赎路公债。丰田多贺雄《中国的借款金融政策》(大阪工业之日本社1918年版)，伊藤文吉《中国与列强的经济关系》(京都内外出版株式会社1923年版)，中滨义久《中国的对外借款》(“满铁调查资料”第112编，南满洲铁道株式会社1929年版)，对甲午战争以前的外债、甲午战争以后的外债、义和团与外债、币制改革及东三省实业振兴借款、瑞记借款等，也有详细的叙述。

许毅等《清代外债史论》(中国财政经济出版社1996年版)，是近年出版的集中研究外债的一本专书，涉及了“西征借款”、“海防、塞防的建设与外债”、“四大军事工业的创立同外债的关系”、“洋务运动与外债”、“中法战争与外债”、“中日甲午战争与外债”、“清末矿业借款”、“清末电讯借款”、“清末地方政府借款”、“清末驻外使领馆借款与留学生学费借款”、“清末内债演变为外债的几次借款”、“币制实业借款的发生发展过程”等若干专题。有些专题前此学者涉及较少，值得注意。至于其他相关的论文，俞建国《清末财政性外债及其对中国自主权的影响》(《中国社会科学院经济研究所集刊》第10集，1988年）一文，富有特色，该文不但缕述了清末的几次主要的外债，而且分析了外债对清朝财政的影响与控制。

在晚清的赔款中，庚子赔款影响最大，也最为纷繁，研究成果相对较多。王树槐《庚子赔款》(“中央研究院”近代史研究所1974年版)，是专门研究庚子赔款的著作，该著分作“庚子赔款的议定”、“中国的筹措”、“偿付的波折”、“各国的退还”诸章，对庚子赔款的议定、筹措、偿付等做了系统的研究。作者写作该书的目的，是“综观庚款前后经过，比较各国的用心，分析其利弊得失，阐明对中国财政、教育、实业等各方面的影响”。由于作者利用了大量的中外档案，且分析透彻，使《庚子赔款》成为一部国内外学者注目的名著①。

汤象龙《民国以前的赔款是如何偿付的》(《中国近代经济史研究集刊》1934年第2卷第2期)，则是对清代赔款进行综合研究的重要论文。汤象龙认为：“军费、外债和赔款为中国近代财政史上国家三宗最大的支出，三宗的总数常占国家岁出三分之二以上，各时期的财政的盛衰和变迁与此有莫大的关系，特别是时代愈近，关系愈不可分离。更重要的是近百年来的情形，军费、外债和赔款三宗岁出都有连带的关系。一旦对外战争爆发或对内镇压农民起义，政府军费随之膨胀，军费膨胀，外债即随之。及对外战争结束，赔款又随之。或因赔款摊偿，外债又随之。此种连带的关系构成中国近代财政史的主要基础之一。”这是颇有见地的论述。按照汤象龙的说法，中国的对外赔款，自鸦片战争到清亡的50年时间里，大小赔款多达一百数十次，各种赔款有的因为战争，有的因为教案，赔款的偿付有的归于中央政府，有的归于地方政府。在归于中央政府的赔款中，有五次最为重要，数额也最为巨大，即：1842年的鸦片战争赔款、1860年的英法联军赔款、1881年的伊犁偿款、1895年的日本赔款（甲午赔款）、1901年的八国联军赔款（庚子

---

① 在王树槐《庚子赔款》之外，唐林《庚子赔款》，《银行月刊》1935年5卷1期；蔡百受《庚子赔款偿付之经过》，《银行周报》1935年11卷40～45期；杨志章《英国庚款与其用途》，《银行月刊》1936年6卷6期，是早期研究庚子赔款的重要论文。20世纪80年代以后，又有新的论文发表，田志和、苏义发《清代东北地方庚子赔款始末》，《东北师大学报》1988年第4期；周志初《庚子赔款本息的计算方法及应付数额》，《历史档案》1992年第4期；宓汝成《庚子赔款的债务化及其清偿、“退还”和总清算》，《近代史研究》1997年第5期；袁成毅《中国对日庚子赔款述略》，《抗日战争研究》，1999年第4期，等等，对庚子赔款进行了专题性的深入研究。

赔款）。汤象龙的这篇论文，对这五次赔款的数额以及赔款的摊偿进行了总体研究。该文的最大特点是利用档案和相关文献列制了大量的统计表格，为后来的研究提供了方便①。

4. 关税（海关）

在关税研究方面，日本学者吉田虎雄是较早的开拓者之一，他的《中国关税及厘金制度》（东京北文馆1915年版），对税关的设置、税关的沿革与组织、常关税的征收、海关税的征收，叙述系统而有致，而且特别注意到了晚清与民国初年的变革。该书附录的非常详细的“海关税率表”也为后来的研究者提供了方便。而高柳松一郎的《中国关税制度论》（京都内外出版株式会社1920年版）②，英国学者莱特的《中国关税沿革史》③，则是研究中国近代海关制度和关税征收的力作。特别是莱特的《中国关税沿革史》，主要根据海关档案，并参考英国外交部档案写成，有重要的史料价值和学术价值。国内学者陈向元《中国关税史》（京华印书局1926年版），马寅初《中国关税问题》（商务印书馆1930年版），吴堉幹《中国关税问题》（商务印书馆1930年版），李权时《中国关税问题》（商务印书馆1936年版），周念明《中国海关之组织及其事务》（商务印书馆1933年版），都是研究晚清至民国年间关税问题的重

① 另外，彭泽益《论鸦片战争赔款》（《经济研究》1962年第12期），是另一篇研究赔款的重要论文，该文对鸦片战争赔款研究得更为细致，除了论述英国勒索赔款的项目（烟价、行欠、战费）以及清廷对偿还赔款的罗掘外，对此次赔款所带来的人民负担的加重予以了充分的注意。伊原泽周《关于甲午战争的赔偿金问题》（《中华文史论丛》第54辑，上海古籍出版社1995年版），考察了甲午战争中日本军费支出的总额以及清朝的赔款总额，揭示出日本对中国的财政掠夺。谢俊美《再论中日甲午战争的赔款问题》（《华东师范大学学报》1993年第2期）、戚其章《甲午战争赔款问题考实》（《历史研究》1998年第3期），也作了一些新的论述和考证。

② 该书原名为《支那关税制度论》，1926年又出版了改定增补版。中文版作为“经济丛书之五”，商务印书馆1924年版，李达译。

③ 该书1938年在上海用英文出版。1958年三联书店出版中文本，姚曾廙译。

要著作，虽详于民国，但对晚清的关税研究亦有相当的篇幅。

20世纪80年代以后，又有赵淑敏《中国海关史》，卢汉超《赫德传》，汪敬虞《赫德与近代中西关系》，蔡渭洲《中国海关简史》，叶松年《中国近代海关税则史》，陈诗启《中国近代海关史·晚清部分》、《中国近代海关史问题初探》，戴一峰《近代中国海关与中国财政》，岡本隆司《近代中国与海关》出版，前已揭明。这些著作代表了最新的研究水平。其中，戴一峰的著作，更注意研究海关与财政的关系。该书分为上、下两编，上编为“中国近代海关的历史沿革及其与中国财政关系的演进”，重点探讨了晚清时期的海关与财政、民国时期的海关与财政；下编为“中国近代海关与中国财政关系面面观”，重点探讨了海关与常关、海关与厘金制度、海关与内外债及赔款、海关与晚清的财政整顿和改革。作者认为：“在近代中国，列强侵华势力控制下的中国海关在它与中国财政的关系中，典型地扮演了双重角色：它既是列强扩大对华经济侵略，控制中国财政经济命脉的工具，又是列强改造中国财政体制的样板。”该书列制的25个统计表格也有重要的参考价值。岡本隆司的著作，也分为上、下两编，上编注重研究晚清海关的起源与税务司制度，并对粤海关、上海关进行了重点分析。下编则从海关税与借款、赔款以及中央财政与地方财政的关系着眼，探讨晚清以迄民国年间海关体制、海关税征收与财政经济的变化。陈争平《1895—1936年中国国际收支研究》(中国社会科学出版社1996年版)，也对晚清的海关贸易统计、走私贸易、国际收支平衡等问题进行了较为深入的研究。

著名学者滨下武志的《中国近代经济史研究》(东京大学东洋文化研究所报告，1989年)，其副标题即是“清末海关财政与开港场市场圈”，将海关与晚清的财政问题放在了一个重要的位置。从该书的章目设置中，也可以窥见作者的研究意旨。第一章为“清末财政与海关”，主要研究晚清财政的总体状况，从关税、厘金、币制看中央与地方财政的关系，海关与晚清财政，借款政策与晚清财政，财政整理与海关税等。第二章为“马士（H. B. モ-ス，又译作“摩尔斯”，Hosea Ballou Morse）与中国海关”，主要研究马士与上海统计局，马士与海关贸易报告，马士与中国的国际收支问题，借款的返还与金融市场等。第三章为“海关与贸易统计”，主要研究海关的设立与运作，海关统计与统计方法的变迁，亚洲区域内的交易与中国等。第四章为“开港场与地域市场”，主要研究亚洲市场和中国，地域市场和地域关系间的海关与常关，常关、海关与通货金融问题，海关与地域市场等。该书搜集、利用了大量的中、英、日文献和研究论著，据作者在“序”中所说，搜集海关资料达十余年，书后附录的“海关关系资料目录”和“研究文献目录”长达76页。又附录有“贸易统计关系资料”、“关税关系统计资料”、“海关统计集计法”、“海关·常关·厘金税则”（包括1858年天津条约付属关税税则、1902年中英通商条约付属关税税则、1903年厦门关输出入税则、1905年重庆新厘科则、重订苏省水卡捐章、厦门内地税关税目）、“税关关系文书”、“镇江关关系资料”等。因此，该书也就同时具有了重要的史料参考价值①。

在早期的关税研究论文中，汤象龙《光绪三十年粤海关的改革》(《中国近代经济史研究集刊》1935年第3卷第1期）是一篇值得注意的论文。粤海关是康熙二十三年（1684年）与闽海、浙海、江海同时设置的四个海关，至乾隆二十二年（1757年），其他三关关闭，粤海关成为鸦片战争前中国唯一的对外贸易口岸。对此关进行个案研究，具有特别的意义。而光绪三十年（1904年）粤海关的改革，“清除了该关二百余年来许多积弊，这不但在该关的历史上是一件大事，即在整个的关税史上也是值得注意的一件事”。该

---

① 黑田明伸教授有对滨下著作的书评，可以参见(《滨下武志〈中国近代经济史研究——清末海关财政与开港场市场圈〉》，《史学杂志》第100编第6号，1991年）。又按：滨下武志的另一部著作《近代中国的国际契机》(东京大学出版会1990年版)，也涉及晚清的海关与关税。该书已有中文版（朱荫贵、欧阳菲译，中国社会科学出版社1999年版)。另外，中华书局1992年出版的汤象龙《中国近代海关税收和分配统计》是一部重要的统计资料书。需要提及的是，该书的“绪论”部分，分作“中国近代海关税务司制度”、“中国半殖民地半封建社会的海关税制”、“税务司制度建立后中国海关税收的分析”、“中国近代海关税收的分配”四个部分，作了长篇论述，几与专著无异。

文在叙述粤海关用人、报销等方面的积弊后，对改革的措施作了分析。汤象龙在20世纪80年代还发表过两篇关税个案研究的论文，即：《台湾海关税收和分配统计（1862—1894）》(《中国社会经济史研究》1982年第3期)，《重庆海关税收和分配统计（1891—1910）》(《四川文史资料》1983年第3期)，也可以参考。

在20世纪六七十年代，日本学者发表了几篇重要论文，如，金城正笃《1854年上海“税务司”的创设——南京条约以后的中英贸易和税务司创设的意义》(《东洋史研究》24卷1号，1965年)，同氏《清代的海关和税务司——税务司制度的确立》（琉球大学《法文部纪要——史学·地理学篇》第18号，1975年)，对税务司进行了系统的研究。副岛元照《帝国主义与中国海关制度——从鸦片战争到辛亥革命》(京都大学人文科学研究所《人文学报》第42号，1976年)，对列强染指下的晚清海关作了概要的叙述。

国内学者在20世纪80年代后发表的研究论文，如姚贤镐《两次鸦片战争后西方侵略势力对中国关税自主权的破坏》(《中国社会科学》1981年第5期)，陈诗启《论清末税务处的设立和海关隶属关系的改变》(《历史研究》1987年第3期)，戴一峰《近代中国租借地海关及其关税制度试探》(《海关研究》1987年第2期）及《论清末海关兼管常关》(《历史研究》1989年第6期）等文，具有代表性。

5. 厘金

在厘金研究方面，前已提及的1915年出版的吉田虎雄《中国关税及厘金制度》，1917年出版的王振先《中国厘金问题》，1926年出版的木村增太郎《中国的厘金制度》，是最早的研究著作，具有开拓之功。可惜的是，后来的相关论著鲜见提及。

吉田虎雄的《中国关税及厘金制度》，除“税关”一章中，有厘局的叙述，“关税”一章中有鸦片厘金的叙述外，对厘金的研究以“各省的厘金制度”为名，分省区进行，分别对江苏、浙江、湖北、四川、福建、奉天、直隶、山东、河南、山西、陕西、甘肃、安徽、江西、湖南、广东、广西、云南、贵州、吉林、黑龙江等省区的厘金作了概要的叙述。其中详于江苏省的厘金。

王振先的《中国厘金问题》，分为七个篇目对厘金进行了初步研究，即：（1）绪言，（2）厘金之沿革，（3）各省厘金之制度（附铁道厘金），（4）厘金之税率及其税额，（5）厘金在租税上之研究，（6）免厘加税之运动及其主要论旨，（7）免厘之根本计划。其中“各省厘金之制度”与吉田虎雄著作中的“各省的厘金制度”大致相似。王氏曾留学日本早稻田大学，是否参考吉田氏著作或二人相互切磋，不得而知。其他篇目还是有其独到的见解，如，在“厘金之沿革”中，将厘金的沿革分作三个时期，一是创办时期，包括雷以諴的创制和曾国藩、胡林冀的仿行。二是推广时期，认为，“办有成效，各省争自仿行，不数年间，厘金遂推及于各地。开办伊时，厘局地点尚限于水陆冲要、货物辐辏之区。自商贾谋脱税趋歧路，承办厘金之局员，复认额包征，藉以牟利。时捐输之例即开，纳贿得官者相望于道，其势不能不多取盈。防奸商趋避之弊，不免多设分局，在在盘诘留难，商民益受其累”。三是发达时期，认为，咸丰末年，虽已认识到厘金的弊害，屡有裁减厘局之谕，但因为财政困难，厘局难撤。至光绪年间，厘局益繁，病民亦愈甚。“江苏一省，有四百余所之分卡，自大运河上流宿迁县至镇江，其间距离仅六百里，而厘局及常关之数，达十有九。又由河南省卫辉府经卫河输送货物于天津，历河南、山东、直隶三省，沿途纳税须十余次。其烦苛可想。……所谓厘金发达时期，即其殃民最甚之时”。并且指出，民国初年，“厘金有议裁之说，未能实行，间有一二省行之者，旋复其旧。未几以厘金为国税，命各省国税厅掌之。民国三年，官制改正，各省设财政厅，厘金亦归管辖。自是以后所差异者，只其征收考成及整顿办法特见明文，以为施行标准耳，于免厘加税之根本问题无与也”。又如，在“厘金之税率及其税额”中对厘金课税、征收方法的归结：“其课税法有两种，一曰配赋法。各地运行之物品，而以其数配赋予商民。其弊也，此地税轻，彼地税重，甲货税轻，乙货税重，不公孰甚。此在同治四年以前各省尚多用之，其后知有流弊，乃渐改革。一曰定率法。先将税品公估一定之价格，刊印成帧，使各地按率以征收之。然货色贵贱、货价高低，因时与地而各不同，欲悬定价，强不可齐者，而齐之亦未足以言平允。于是局员藉斟酌变通之美名，行因缘为奸之实事。兼以官吏包办，多方取盈。其征收方法，有一起一验者，有两起两验者。逢起则税加重，逢验则税稍轻。前者谓之纳税二次之制度，后者谓之纳税四次之制度。究之二次四次之外，尚有层层留难，暗中需索者。手续愈繁，弊端愈多，商民之负担亦愈重。……或谓统捐之制，比较为良，然各省有行之者，卒以脱税甚多，收入锐减，并此新制不能维持。”这些论述，均值得注意。

木村增太郎的《中国的厘金制度》，主要叙述了厘金的沿革、厘金的性质与种类、厘金的征收与裁撤，内容较为简略，基本上与该氏随后出版的《中国财政论》一书中的“货物税”重复。

另外，金子隆三《中国的厘金制度与产业政策》也值得注意①。该书的分量较足，其“厘金”部分多达十六章，章目如下：第一章，厘金的沿革；第二章，厘金的本质；第三章，厘金局的组织（包括清代的厘金局组织、现行厘金局组织等）；第四章，各省厘金局的名称及总数；第五章，厘金征收制度（包括一起一验制、两起两验制、统捐制、出产税、销场税、产销税、落地税、过境税等）；第六章，税率；第七章，征收规定；第八章，制裁规定；第九章，各省的厘金制度；第十章，铁道厘金（包括京汉铁道厘金、京奉铁道厘金、津浦铁道厘金、山东铁道厘金等）；第十一章，特种厘金及与厘金类似的杂税、杂捐（包括盐厘、糖厘、家畜厘、茶税、丝蚕捐、烟酒税捐等）；第十二章，厘金收入及其归属；第十三章，厘金的弊害；第十四章，厘金与子口半税的关系及得失；第十五章，厘金改良计划；第十六章，废厘加税问题。仅从章目已

---

① 该书属于“支那出张复命书”第四编《厘金》、第五编《支那的产业保护政策》的合集。《中国的厘金制度与产业政策》藏于东京大学经济学部图书馆，资料卡上注明：东京，出版时间不详。该书亦没有版权页，但贴有东京岩松堂书店的售书小票。书中引用资料的最后时限是 1916 年。又，东洋文库的藏本作：金子隆三《支那出张复命书》，大正七年（1918 年）。

可看出其探讨厘金问题的全面。由于该书属于调查报告的性质，当然不乏识见，但更偏重于资料的汇集。如第三章中对重庆厘金局、汉口征收局、长沙厘金局、广东韶州厘金局组织机构的示列；第六章中对湖北、山东厘金税则的统计；第十一章中对广西与江西的糖厘、江苏与浙江等地的丝蚕厘列举等，都颇为细致。

1932年出版的井出季和太氏的《厘金》也属于调查报告的性质①，内容更为翔实。分别对厘金的沿革、厘金的意义、厘金的种类、厘金的征收机关、厘金的税率、厘金的利弊、各地的厘金制度、铁道厘金、特殊厘金、厘金收入、厘金减免等问题进行了叙述。在对“各地的厘金制度”的叙述中，大多数省份都将清代和民国分别论列，在对“特殊厘金”的叙述中，盐厘和鸦片厘金均是分省区论列。而且，将引用的典籍文献和论著加以揭示（重要者如《湖南厘务汇纂》、《福建省例》、《广东全省厘务总局新刊厘则》、《福建省厘捐类沿革利弊说明书》、《阁钞汇编》、《户部陕西司奏稿》、《丁恩改革盐务报告书》、《各省厘金状况调查统计表》、《支那经济全书》、各省财政说明书以及《中国度支考》、《中国厘金问题》、《中国关税制度论》、《民国财政史》等），是著在资料性和学术性方面，超过了前此各种著作。在台湾总督官房调查课写的“凡例”中，也认为井出季和太氏的“调查研究”，具有极其重要的参考价值。

而罗玉东的《中国厘金史》和何烈的《厘金制度新探》在研究的深度上堪为代表。罗著是早期厘金研究的代表作，是书分为12章，分别对厘金制度之起源、历年清廷对于厘金税政之措施、全国厘金税制概要、全国厘金收支概况、江苏浙江安徽三省厘金、江西湖北湖南三省厘金、福建广东广西三省厘金、山东河南山西直隶四省厘金、陕西甘肃四川云南贵州五省厘金、东三省及新疆四省厘金等进行了系统考察。作为一部名著，《中国厘金史》的特点主要有三：第一，既有对厘金制度起源、沿革及厘金与晚清财政状况

---

① 此为《支那内国关税制度》的第三册，“南支那及南洋调查”第208辑。台湾总督官房调查课1932年版（日文）。

的总体考察，又有分省区的细微梳理与分析。第二，引用资料十分丰富，包括了各省的厘金奏报档案、各省的财政说明书、有关省份的厘务汇纂和抽厘则例、海关关册、支那经济全书等。第三，十分注意统计资料的编制与分析，书中共列制统计表128个，如“历年各省厘金收入总数”、“江苏省历年厘金收入项下其他税收分析”、“江苏省历年厘金收入项下各项拨款分析”、“浙江省历年厘金收支比较”等，颇具价值，曾反复被学者引用。但罗著亦有其不足，除了对前揭诸书鲜有提及外，研究范围局限在百货厘金方面，对盐厘等特殊厘金没有涉及，在有些方面，还没有达到井出季和太氏的调查研究水准。

何烈的《厘金制度新探》晚出，对厘金的起源、厘金对晚清财政的贡献、厘金制度的弊端、厘金与晚清政局等都有较好的论述。事实上，在《中国厘金史》的基础上撰写该书，本身就需要相当大的勇气。何烈在《厘金制度新探》的“绪论”中说：“关于厘金制度之研究，最具成绩的当推近人罗玉东，罗氏所著《中国厘金史》，堪称研究中国厘金制度的权威著作。书中详述厘金制度之创立及推行全国的经过，举凡征收制度及收支状况，均有颇为详尽的叙述和分析，并分别说明各省实施厘金制度的沿革、税制与收支情形。书后附录各种统计表、各省厘票及表报式样等，都极具参考价值。由于该书所引用的部分原始资料（如故宫档案及宣统年间所编各省财政说明书等）与重要参考书（如《湖南厘务汇纂》等），目下在台湾已很难找到，愈使该书身价增高，殆已成今日研究厘金制度必不可少的锁钥。《中国厘金史》出版于民国二十五年（1936年），作者的研究方法容或未能尽善，但其著述态度是相当严谨的，见解也颇为独到。可惜书中所讨论的，只限于百货厘金一种，而收数颇大的洋药厘土药厘、盐厘及其他杂项厘金，均甚少涉及。而且作者的研究重点，似乎是详于前而略于后（事实上，该书内容多为光绪三十四年以前的分析讨论。其后则甚为简略），详于制度沿革而略于影响分析。令人深觉此一问题仍有进一步研究的必要。”何烈还点评了前揭美国学者E. G. 比尔《厘金的起源——1853—1864》一书，认为，“所持论点，大部因袭罗玉东，创见不多；引用资料，尤嫌贫乏”。不过，何烈对前揭吉田虎雄、王振先、木村增太郎、金子隆三、井出季和太诸氏所著各书都没有提及，不能不说是一个缺憾。

在研究厘金的论文方面，周育民《晚清的厘金、子口税与加税免厘》（上海市历史学会1986年年会论文集《中国史论集》），王翔《从“裁厘认捐”到“裁厘加税”》（《近代史研究》1988年第3期），杨文华《论中法战争以前厘金与子口税的消长变迁》（《史学月刊》1989年第1期），汪敬虞《威厚阔、李德立与裁厘加税》（《中国社会经济史研究》1990年第4期），戴一峰《论晚清的子口税与厘金》（《中国社会经济史研究》1993年第4期），马敏《清末江苏资产阶级裁厘认捐活动述略》（《马敏自选集》，华中理工大学出版社1999年版）等，均以晚清厘金的变制为研究重点，也是值得注意的。

6. 资料汇编

作为晚清财政史研究的基础性工作，资料的编撰，取得了较为突出的成就。在20世纪上半叶的资料汇编中，杜翰藩《光绪财政通纂》（蓉城文化书局1905年版），是研究晚清财政最主要的资料。黄炎培、庞淞《中国四十年海关商务统计图表（1876—1915）》（商务印书馆1917年版），以及杨端六、侯厚培《六十五年来中国国际贸易统计》（国立中央研究院社会科学研究所，1931年）、实业部国际贸易局《最近三十四年来中国通商口岸对外贸易统计（1900—1933）》（商务印书馆1935年版），是较早的海关贸易统计资料。江恒源《中国关税史料》（中华书局1931年版）、陈度《中国近代币制问题汇编》（上海瑞华印务局1932年版），分类汇集相关资料，也为后来的研究打下了良好的基础。

清末（明治末年）日本对中国的调查资料如《支那经济全书》（东亚同文会1907—1908年版），《清国事情》（日本外务省通商局1907年版），《清国商业事情与金融习惯》（东亚同文书院1904年版），《清国商业总览》（东亚同文会1906—1908年版），《清国厘金税报告集——在清国帝国各领事馆调查》（日本外务省通商局1909

年版）等，也汇集了颇有价值的晚清财政资料。如东亚同文书院教授根岸佶主持的《支那经济全书》共有12辑，其中，第1辑有财政编，第3辑有关税编，第6辑有货币编、银行编。以第1辑“财政”编为例。该编共分四章，第一章“总论”，概述有清一代的财政体制、法律典章、中央财政与地方财政的关系、赋税征收与吏治关系等。第二章“地方财政”，包括收入中的地租的种类、田制、赋则、征收、耗羡、地丁银、漕粮、粮折、盐政、盐课、盐厘、厘金、土药税、牙税、当税、契税、茶税、直隶的新税等款目；支出中的祭祀费、仪宪费、驿站费、赏恤、采办、织造、教育费、俸食（俸禄）、养廉银、公费银、红白事例银、河工、塘江、饷乾（驻防八旗、绿营、长江水师、勇饷、练军）、漕运经费、海军费、补支和预支、解京诸饷、协饷、在北京诸衙门费。并附录有地方财政实例（江南财政调查）①。第三章“中央财政”，包括经常收入中的漕粮、京饷、关税、杂款，临时收入中的协饷、捐项、借款、捐官；支出中的宫内费、俸食、养廉、饷乾、土木费、警察费、工部所管经费、宝源宝泉局经费、教育费、驿站、借拨银等。第四章“公债”，包括甲午以前的形势（外债的起源）、日清战争（甲午战争）导致的国债（含战初的财政状况、内债的募集、外债的成立）、日清战后善后公债（含怡和及瑞记借款、俄法借款、英德借款、偿还准备、昭信股票、续借英德洋款）、庚子赔款、地方借款等。又如《清国厘金税报告集——在清国帝国各领事馆调查》，依次包括了安东、奉天、牛庄、吉林、哈尔滨、天津、芝罘（烟台）、上海、南京、杭州、汉口、长沙、重庆、福州、厦门、汕头、广东等领事馆对厘金的调查，并集录有各地的厘金税则与章程。这些资料也有助于晚清的财政史研究。

---

① 该调查包括“江宁藩库”、“江安粮道库”、“江南盐巡道库”、“江海关道库”、“金陵防营支应局”、“江南筹防局”、“金陵善后局”、“金陵厘捐局”、“江宁劝办房膏总局”、“徐州膏捐总局”、“裕宁官银钱局”、“江南银铜元局”、“皖南茶厘总局”、“徐州土药统捐总局”、“江宁府属清赋督垦局”、“吴淞口平粜义捐总局”、“上海摊地局”等。见《支那经济全书》第1辑，东亚同文会1907年版，第647～674页。

新中国成立以后直至 80 年代以前，有关的资料汇编也较为突出。严中平等《中国近代经济史统计资料选辑》(科学出版社 1955 年版)，中国人民大学经济史研究室《中国近代国民经济史参考资料》(内部刊行，1962 年)，在贸易、关税、银钱比价、地租形态等方面都选编了一些有价值的统计资料。李文治《中国近代农业史资料》(三联书店 1957 年版)，对户口、田地、田赋资料的选编予以了充分的注意。巫宝三等《中国近代经济思想与经济政策资料选辑》(科学出版社 1959 年版)，除了收录龚自珍、林则徐、魏源、王茂荫、包世臣等人的经济思想、财政思想、货币思想等资料外，还收录了嘉庆、道光、咸丰三朝的有关农业政策、工矿政策、商业政策、对外贸易政策、财政与货币政策等资料。中国人民银行总行参事室金融史料组《中国近代货币史资料》(中华书局 1964 年版)，对近代货币资料的搜集堪称完备，特别是集中收录了相关档案资料，更具价值。徐义生《中国近代外债史统计资料》(中华书局 1962 年版)，有较详的外债资料。姚贤镐《中国近代对外贸易史资料》(中华书局 1962 年版)，有较详的关税资料。中国近代史资料丛刊编辑委员会主编的“帝国主义与中国海关资料丛编”，也是对海关与关税资料的集成，如《中国海关与中法战争》(科学出版社 1957 年版)、《中国海关与英德续借款》(科学出版社 1959 年版)、《中国海关与庚子赔款》(科学出版社 1962 年版）等。另外像《戊戌变法》(神州国光社 1953 年版)、《鸦片战争》(神州国光社 1954 年版)、《洋务运动》(上海人民出版社 1961 年版）等资料汇编，也有一定的财政资料的搜集。

20 世纪 80 年代以后，资料汇编受到进一步重视，特别是档案资料的编辑出版空前突出。除《历史档案》、《清代档案史料丛编》定期整理编辑出版清代档案资料外，许多类型的档案陆续出版。如《明清档案》(台湾联经出版事业公司 1986 年版)，《吴熙档案选编》(江苏人民出版社 1988 年版)，《光绪朝朱批奏折》(中华书局 1995 年版)，《咸丰同治两朝上谕档》(广西师范大学出版社 1998 年版)、《中国海关密档》(中华书局 1998 年版）等。这些档案汇编中包括了许多财政史料，有的还有财政史料专集，如《光绪朝朱批奏折》

第 85、86、87 等辑，即是“财政”专编。《吴煦档案选编》的第六辑、第七辑则专门辑录了《清政府财政经济资料》。档案资料整理之外，一些集中的财政史料汇编也值得注意。如鲁子健《清代四川财政史料》（上册，四川社会科学出版社 1984 年版；下册，四川社会科学出版社 1988 年版），徐雪筠《上海近代社会经济发展概况——〈海关十年报告译编〉》（上海社会科学出版社 1985 年版），中国人民总行参事室《中国清代外债史资料》（中国金融出版社 1991 年版），汤象龙《中国近代海关税收和分配统计》（中华书局 1992 年版），穆和德、李策《近代武汉经济与社会——〈海关十年报告·汉口江汉关〉》（香港天马图书有限公司 1993 年版），李必樟《上海近代贸易经济发展概况——1854—1898 年英国驻上海领事贸易报告汇编》（上海社会科学出版社 1993 年版），吴兆莘、洪文金等《中国财政金融年表》下册（中国财政经济出版社 1994 年版），莫世祥、虞和平等《近代拱北海关报告汇编》（澳门基金会 1998 年版）等。这些档案资料与财政资料汇编，对今后清代财政史的研究必将起到推进作用。

三　晚清财政史研究的特点与不足

概观 20 世纪的晚清财政史研究，我们可以总结出如下特点：

第一，从研究进程来看，20 世纪之交至 30 年代以及 20 世纪 80 年代以后是晚清财政史研究较为突出的两个时期。在第一个时期，除了胡钧《中国财政史讲义》、徐式庄《中国财政史略》等多部财政通史和万国鼎《中国田赋史》、吴兆莘《中国税制史》等多部通史性的财政专史对晚清财政多有涉及外，还出现了哲美森的《中国度支考》、吴廷燮的《清财政考略》、松井义夫的《清朝经费之研究》这样的专门研究清代财政史的著作。更为突出的是，出现了罗玉东的《中国厘金史》这样的堪称经典的专史著作。在第二个时期，除了著作、论文的数量猛增以及研究的深度、广度大为扩展外，晚清财政的专史研究非常突出，涵盖了田赋、盐税、关税、军费、货币、外债、厘金等诸多方面，并在若干方面形成了研究热点。从总体上研究晚清财政的著作，如《清咸同时期的财政》、《中国近代财政史丛稿》、《中国近代财政史》、《晚清财政与中国近代化》、《晚清财政与社会变迁》、《晚清财政经济研究》等，较为集中的出版。

第二，在晚清财政史研究的起步阶段，国内学者已比较注意国外财政学的理论著作翻译。如亚当士（斯）的《财政学大纲》，就由刘炳麟翻译，商务印书馆 1933 年出版；柏克的《市预算》，由孙树兴翻译，商务印书馆 1933 年出版；塞力格曼的《租税转嫁与归宿》，由许炳汉翻译，商务印书馆 1935 年出版等。同时，国内学者也开始撰写自己的财政学著作。如雍家源的《中国政府会计论》，商务印书馆 1933 年出版，胡善恒的《赋税论》，商务印书馆 1934 年出版，尹文敬的《财政学》，商务印书馆 1935 年出版，马寅初的《财政学与中国财政》，商务印书馆 1948 年出版。这些财政学著作，一方面，注重财政理论与方法的探讨，对初始的财政史研究具有引导与规范作用；另一方面，注重论与史的结合，注重现实与历史的关系，对去时不远的晚清财政予以了关注和评说。胡善恒的《赋税论》对赋税的分类、赋税的原则、赋税的负担、赋税在经济上的影响以及我国的税种与西方国家的税种进行了分析论列。尹文敬的《财政学》在"预决算论"一编中，述及中国的预算起源时即云："中国编制预算，起于满清末年。光绪之季，政府以筹备宪政之名，注意清理财政，定清理财政章程三十五条，在京设财政清理处，各省设清理财政局，由部派财政监理官。令各省财政清理局将收支存储粮银各数，编造册籍并盈亏计算表送部。此种办法，已具会计出纳之形式，而为预算之先声……"这可以看作是在研究相关理论时对晚清预算的初步梳理。

第三，某些现实问题的凸显和对现实的关注，导致了研究热点的形成。20 世纪二三十年代的关税研究热就是一个典型。吴堉幹在其《中国关税问题》的序言中即称："关税问题，系中国目前政治、经济、国权，均极重要。近年以来，有识之士，殆均注意及此，即坊间关于此项问题之著述，亦尝汗牛充栋。"这从一个侧面反映出了财政史学者的学术责任感和现实使命感。仅从吴堉幹

《中国关税问题》的章目中，亦可一目了然，如第二章“中国关税自主权丧失之沿革”，第三章“中国海关行政权旁落之由来”，第四章“中国现行关税制度之缺点”。关注现实当然不能代替严格的学术研究，但历史与现实的相互照察，却是学者的重要使命之一。

第四，一直比较注意财政资料的汇编与整理，大量财政资料的出版，成为晚清财政史研究的基础。哲美森的《中国度支考》，吴廷燮的《清财政考略》，作为最初的财政史著作，主要显现的是其史料价值。而就专门的财政资料整理来说，有三个特点：一是从现有典籍文献中撮录财政史资料，如《中国财政金融年表》、《清代四川财政史料》等①；二是清代档案的整理出版，如地方性档案馆的《吴熙档案选编》、中央级档案馆的《光绪朝朱批奏折》等，或者主要是利用清代档案整理出的资料，如《中国近代货币史资料》、《中国清代外债史资料》等；三是带有研究性质的统计资料的整理，较为典型的是汤象龙的《中国近代海关税收和分配统计》，罗尔纲在为该书所写的序中评价道：“他（汤象龙）是1930 年开始大量收集清政府档案时就选定‘海关税收’作为研究课题。……从1930 年至 1936 年他领导大批人员抄录了清代财政经济档案 12 万件，其中一半采用了统计列表方法。汤象龙同志撰著本书所用的档案多达 6000 件，只不过是他所收集的档案资料总数的 5%。他把海关报告中的旧管、新收、开除、实在的四组数字编成统计表格，在本书中发表了共计 118 个统计表，其中全国海关历年税收和分配综合统计表 46 个，全国各海关历年税收和分配关别统计表 72 个。可见著者在发掘和利用清代档案进行研究工作规模之大，在我国史学界是仅有的，也是最早的，至于著者运用统计方法整理大量财政经济档案更是我国史学界的第一人。”②

以往的晚清财政史研究虽然取得了很多值得称道的成果，但也存在着明显的不足，或者说存在着一些值得注意的问题。

---

① 《清代四川财政史料》中，也有少量的档案资料。

② 汤象龙：《中国近代海关税收和分配统计》，中华书局 1992 年版，第 2 页。

我们知道，晚清财政史研究与前朝财政史研究的最大不同，是有清代档案可资利用，由于许多学者大量利用现存档案，使得研究课题显得细致而深入。汤象龙、刘隽、罗玉东等人在早期的研究中已开了利用清代档案的先河。其后，彭泽益《十九世纪后半期的中国财政与经济》收录的晚清财政史论文，陈锋《清代盐政与盐税》以及《陈锋自选集》中收录的研究论文等，都是主要依据清代档案资料写成。但不可否认的是，许多论著对档案材料的利用仍存在着明显的欠缺，甚至是一些重要的著作，如何烈《厘金制度新探》、《清咸同时期的财政》，周育民《晚清财政与社会变迁》等，仅仅是从已经出版的档案资料汇编或他人的论著中转引了一些材料，基本上没有自己查阅的档案。至于其他一些著作，如左治生《中国近代财政史丛稿》，孙文学主编《中国近代财政史》等，连转引的档案资料也稀见。并不是说，转用或不用档案资料就写不出好的著作，但毕竟制约着研究的深度。同时，档案资料的整理与出版亦明显滞后，虽然已经整理出版了许多档案资料，但与浩如烟海的清代档案资料相比还差之甚远，尚需动用大量的人力、物力。而且，除了整理出版中国第一历史档案馆和台湾保存的清代档案外，各地方档案馆保存的档案也需要进一步予以关注。只有注意档案资料的利用，并加大档案资料特别是专题档案资料的整理出版，晚清财政史的研究才有望登上一个新的台阶。

另一个问题是，学术研究的规范性不够。关于这一个问题，近年已有不少文章进行指摘，也已有所好转。这当然是值得高兴的。晚清财政史研究的规范性问题，主要表现在两个方面，一是相当数量的论文选题重复，没有新意或新意很少，甚至不乏拼凑抄袭，不断地制造学术垃圾。二是有些论著既不进行学术史的检讨，也不借鉴或甚少借鉴他人的研究成果，这一方面可能是由于视野的受限，另一方面也有可能是有意无意的漠视。前已指出："1915年出版的吉田虎雄《中国关税及厘金制度》，1917年出版的王振先《中国厘金问题》，1926年出版的木村增太郎《中国的厘金制度》，是最早的研究著作，具有开拓之功。可惜的是，后来的相关论著鲜见提及。"这"后来的相关论著"即包括了罗玉东的《中国厘金史》和何烈的《厘金制度新探》等①，罗、何的著作堪称名著，亦有这种现象，其他著作勿论。

再者，某些财政专题的研究甚少或阙失，比如赋税征收册籍的研究、杂税的研究、晚清俸禄变革的研究②、晚清新的财政支出的研究等。

最后，尽管已有《清咸同时期的财政》、《晚清财政与中国近代化》、《晚清财政与社会变迁》、《晚清财政经济研究》等著作出版，但水平不等，深度不一。从严格的意义上说，至今还没有一部系统全面的晚清财政史著作。这既与汉、唐、宋等朝代以及民国年间的财政史撰写存在着差距，也与晚清财政史研究的活跃，以及晚清财政史研究的基本条件不协调。之所以会出现这种情况，一方面是由于现存清代文献资料和档案资料过于浩繁，非一人之力、非短期内可以撮其精要，正确论述。从这个意义上来说，存世资料的多少，对研究者而言，也是一柄双刃剑。另一方面，也与某些专题研究的不足相关联。如果没有高水平的专题研究作为基础，也就不可能有系统全面的晚清财政史著作。

上述问题，实际上是互为关联的。因此，需要各个方面的共同努力，以造就新世纪晚清财政史研究的新景观。

原载《近代史研究》2004 年第 3 期

---

① 按：罗、何著都引用过《支那经济全书》，何著另引用过《清国行政法》、《支那经济综览》等。

② 应该说明的是，1996 年武汉大学出版社出版的由我和黄惠贤主编的《中国俸禄制度史》中的“明清部分”，达 20 余万字，由我执笔。由于临时决定赴日访学一年，晚清的俸禄制度及其变革未来得及撰写。

二十九、

清末民国年间日本对华调查报告中的财政与经济资料

日本在明治维新以后，国门大开，了解世界、特别是了解近邻的中国，以促进商贸，成为朝野上下的迫切愿望。大隈重信氏为《支那经济全书》撰写的“序”中说：“自中兴之后，订通商之约，于是彼此往来，懋迁之业大兴矣，贸易之道，知彼为要，凡其国政教风化，地理民俗，物产之丰歉，人情之好恶，必精察审知，然后时措之宜。今我之于支那，对立东瀛，同种同文，通交最久，宜人人熟悉其国情。而其实有不然者，概皆知古而昧乎今，见外而遗乎内，莫有能综计而详说之者。其非观国之术有所未至邪？是以业贸易者，未免有望洋之叹焉。”也正是在这个基点上。明治末年展开了对晚清国情的大调查，这一时期，除了各种单独成册的调查报告外，大型的调查资料汇编如《支那经济全书》等也相继出版。松方正义氏为《支那经济全书》所作的“叙”曾感叹道：“所谓经济事项者，网罗靡遗，本末具举，洋洋乎大观哉。此书一出，其裨益于我贸易产业者，岂浅鲜也乎？”如果说明治末年日本对中国进行的大调查，出发点在于开展或促进贸易，那么，20 世纪以来特别是 20 世纪三四十年代所进行的大调查，意旨又有所不同，如曾任满铁总裁的松冈洋右所言，满铁的调查关乎日本国策的制定和执行以及“满洲国”的建国和建设①。事实上，不单是满铁的调查，其他的一些调查活动也直接与日本对中国的觊觎、侵略相关联。但是，由于历次调查汇集起来的翔实的调查资料涉及中国当时的政治、经济、军事、地理、文化、社会的方方面面，又确实可以弥补中国文献记载的不足，对深化某一领域或某一门类的研究大有裨益，因此，这些调查资料日益受到学界的注意。即使是调查活动的本身也已经成为许多学者的研究课题②。本文仅就视野所及，揭示相关调查报告以及调查资料汇编中的财政与经济资料，以期有助于国内学者的历史研究。

一　晚清的调查资料

1. 日本官方和民间的调查报告

明治初年以来，日本政府和民间机构就不断派员赴中国调查，但规模较为有限，调查的内容偏重于地理、军事等方面③。从明治31年（1898年）起，日本农商务省等部门开始大规模派遣“清国

---

① 松冈洋右：《话说满铁》，东京第一出版社昭和12年（1937年）版，第182～183页。

② 如20世纪90年代本庄比佐子领衔、日本文部省资助的研究课题“战前期中国实态调查资料的综合研究”、“战前期中国调查资料研究”等。其他日本学者的著作有马场明《日中关系与外政机构研究》，东京，原书房1983年版；井村哲郎《满铁调查部》，亚洲经济研究所1996年版；久保亨《战时华北的工场调查》，东京，一桥大学经济研究所1998年版；本庄比佐子、内山雅生、久保亨编《兴亚院与中国战时调查》，东京，岩波书店2002年版等。附记：2002年下半年我在东京大学东洋文化研究所访学，《兴亚院与中国战时调查》一书尚未出版，滨下武志先生知道我要写作这篇文章，惠寄了本书，特此致谢。

③ 如1879年日本参谋本部派员对中国军事、地理的调查。参见本庄比佐子等《兴亚院与中国战时调查·前言》。

实业视察员”对中国的经济进行调查①，这些视察员回国后，撰写递交了数量可观的“复命书”、“报告书”，如农商务省商工局的《清国出张复命书》、《清国织物业视察复命书》、《清国染织业视察复命书》（明治32年），《清国陶器业视察报告书》（明治39年），《清国窑业调查报告书》、《清国工艺品匠人调查报告书》（明治41年）；农商务省农务局的《清国蚕丝业调查复命书》、《清国农商工视察报告》（明治32年）；农商务省山林局的《清国视察复命书》（明治36年）、《清国林业及木材商业视察复命书》（明治38年）；农商务省水产局的《清国水产贩路调查报告》（明治33年）；农商务省盐业调查所的《清国盐业视察报告书》（明治32年）；外务省通商局的《清国商况视察复命书》（明治35年）等。

明治中后期开始的带有官方色彩的调查，目的在于“精查详查清国实业上的真相，以窥知实业界的盛衰消长”②，所以上述“复命书”、“报告书”更多的集中在经济方面。如由加藤末郎撰述的《清国出张复命书》，农商务省商工局明治32年（1899年）刊印，该书分为“北清的农事”、“满洲的大豆”、“南清的农事”三部分，每一部分又有细目，在“南清的农事”中，就分别对杭州的农业、苏州的农业、上海附近的棉花栽培与买卖、汉口烟叶集散状况进行了叙述。又如《清国农商工视察报告》，由吉川荣吉撰述，农商务省农务局明治32年（1899年）刊印。该书分为商业、农业、养蚕、蚕丝业四部分，由于其考察的路线是由横滨港到达上海，游历江浙二省后，到达汉口，再由汉口到广东、福建，最后到达台湾，再由台湾回日本，所以介绍的主要是上海、杭州、海宁、湖州、苏州、无锡、江宁、汉口、广东、福州、厦门、香港、澳门等地的情况。在叙述“税厘”时称：“清国内地的税厘，其种类之多之繁，实出于意料之外，试以浙江省湖州府南浔镇的生丝输出课厘为例，生丝一包，即80斤，需付税厘：（1）正厘16元，（2）

① 此前日本农商务省就曾派员调查，如明治30年（1897年）农商务省农务局的《清国蚕丝业视察报告书》等。

② 吉川荣吉:《清国农商工视察报告·绪言》,农商务省农务局,明治32年。

沪饷4元，（3）塘工堤防费2元40钱，（4）善后费2元，（5）赈捐2元，（6）浚湖经费30钱，（7）湖州本镇善举1元。通计27元70钱。另外，本镇的‘公同慈善’还要捐费数元。而生丝运至上海，还有江苏厘捐。其种类的繁杂亦不让于南浔。”① 记述相当细致。再如《清国商况视察复命书》，楢原陈政撰述，东京元真社明治35年（1902年）版②。该书除了对贸易、商人有总体的述说外，分别对北京、张家口、保定、天津、锦州、盛京、牛庄、烟台、上海、苏州、无锡、湖州、杭州、宁波、福州、厦门、泉州、漳州、汕头、澳门等地的商况进行了详细的描述。在对北京的描述中，着重于炉房、银号、钱铺、当铺，记载了180家钱铺的名称及其设置地点，并称“恒利、恒兴、恒和、恒源，为钱铺中的‘四大恒’，明代就已开设，信用最著”③。在对上海的描述中，炉房、银号、钱铺、当铺的记载亦详，另外，还详于上海的棉花市场、棉布制造、行会行规以及各种输出输入统计表，等等。书后附录的“天津厘金税则”、“牛庄港老关税率”、“江苏省外国物品厘金税则”、“重订苏省水卡捐章”、“苏常镇各局管辖分卡清单”、“江苏省牙厘总局光绪二十三年收到各局清数”、“福建省厘金税则”、“厦门内地税关税目”、“广东省厘金税则”等亦弥足珍贵④。

上述之外，在明治年间，还有一些非官方的视察或调查报告，如三井物产的《清国绵丝贸易实况报告书》（明治24年），名古屋商业会议所的《清国新开港场商业视察报告书》（明治29年），京都商业会议所的《清国新开港场视察报告》（明治30年），茶业组合中央会议所的《清国、印度、锡兰茶况视察复命书》（明治31年），三井银行的《清国福建、浙江两省铁道线路调查报告书》、《闽浙两省视

① 见该书第16页。按：这里未用银两为单位，据第29页记载，湖州在商业上皆使用洋银，故丝行的交易等均用洋银计算。

② 这是正式出版的本子，东京大学经济学部图书馆藏。书前用了“故公使馆二等书记官楢原陈政”字样，该调查报告的作成时间应在前，书中记述事项的最后时间是1897年。另外，东洋文库亦有藏本，但刊印时间不详。

③ 楢原陈政:《清国商况视察复命书》,东京元真社明治35年版,第32页。

④ 楢原陈政:《清国商况视察复命书》，第378~479页。

察报告书》(明治34年)，东京高等商业学校的《清国货币问题、沪汉金融机关调查报告》(明治31年)、《清国苏州、杭州绢织物业调查报告书》(明治38年)，静国农事试验场的《清国茶业调查复命书》(明治42年)，横滨正金银行的《清国国债事情》(明治43年)等。这些调查或视察报告，也值得注意。如受横滨正金银行的委托，财政史学家安东不二雄的调查报告《清国国债事情》就很有特点，该著分为7章，分别为清国国债的起源、日清战争以前的国债、日清战争公债、义和团赔偿金及补充公债、铁道借款、内国债及地方公债、全国岁出岁入及关税收入额。该书以调查研究清代的对外借款为主，对国内的借款也有专章，在对外借款中，详于甲午战争所导致外债的叙述与分析，对汇丰银款、汇丰金款、克萨借款、俄法借款、英德借款、英德续借款有单独论列，并对每次借款的偿还方法、偿还资金、偿还财源等做了说明，对铁道借款的叙述也相当细致，按时间顺序分别叙述了关内外铁道公债、京汉铁道公债、正太铁道公债、汴洛铁道公债、沪宁铁道公债、粤汉铁道借款，道清铁道借款、广九铁道公债、津浦铁道第一次公债、沪杭甬铁道公债、邮传部公债、新奉铁道借款、吉长铁道借款、津浦铁道第二次公债、邮传部赎路公债。对内的借款，则有甲午商款、昭信股票、直隶公债、收赎京汉铁路公债、湖北公债、安徽公债、湖南公债等的分节叙述，既是调查资料的汇集，也兼具专著的性质。

2. 东亚同文书院的调查资料汇编

东亚同文书院及其前身汉口乐知堂和上海日清贸易研究所以对中国的连续性调查而著名。1886年，日本“兴亚论”者荒尾精在汉口创办汉口乐知堂，1890年，又在上海设立日清贸易研究所，同年底，荒尾精在陆军士官学校时期的校友根津一继任所务。1892年，根津一依据汉口乐知堂和上海日清贸易研究所对中国的调查材料编成《清国通商总览》，该书2编3册，长达2300余页，分地理、交通、运输、金融、产业、习惯等类项，作为早期的调查资料，具有相当的价值。1898年，东亚同文会在东京成立，1900年，东亚同文会在华办学，南京同文书院成立，院长为根津一，次年，书院迁至上海，更名“东亚同文书院”，院长依旧是根津一①。东亚同文书院作为以研究中国现状为专务的学校，更加重视对中国的调查，东亚同文会编辑的《支那经济全书》即是东亚同文书院的早期调查集成。

据东亚同文会的“编辑绪言”称，东亚同文书院的调查历经数年，先后参加调查的人数达200余人，原稿达2万页以上，从中选择成书出版的约1万页。指导调查和总其成者，是著名学者根岸佶。明治40年（1907年）出版的《支那经济全书》分为4辑，每辑又分若干编，第1辑7编，主要涉及农政、手工业、工业、资本家、物价、人民生活、财政等事项；第2辑6编，主要涉及商贾、特许商（盐商、茶商）、买办、会馆公所、行规条约、家规店规等：第3辑5编，主要涉及旧关（常关）、新关（海关）、水运、仓库、山西票庄等；第4辑4编，主要涉及商政、商品陈列场、商用书式、商用账簿等。明治41年（1908年）又出版8辑，每辑的序号仍然续前。第5辑2编，为铁道总论、铁道分论；第6辑6编，分别是邮政、电信、度量衡、货币、支那银行、支那的外国银行；第7辑8编，分别是海上保险、商帮、牙行、报关行（包括渝行与通关所）、招牌、广告、商标、列国对清贸易；第8辑7编，分别是农业、米、麦、豆（包括豆饼与豆油）、砂糖、棉花、脂肪油与蜡；第9辑2编，分作畜牧（含牛骨、皮货、制革等）和海产；第10辑3编，分作木材、木炭、矿山；第11辑7编，分别是一般工业、磷寸（火柴）、造纸业、精米业、制粉与制面、纺织业及棉丝、棉织物；第12辑6编，分别为制丝业、绢织物、陶瓷器、出版业、文房用具、杂货。在12辑之外，另附有《支那交通全图》。

《支那经济全书》每集各编的内容之详细、资料之丰富，可以说是前所未有的。兹以第1辑“财政”编（第7编）为例。该编共分4章，第1章“总论”，概述有清一代的财政体制、法律典章、中央财政与地方财政的关系、赋税征收与吏治关系等。第2章“地方财

---

① 参见冯天瑜《中文版前言》，沪友会编，杨华等译：《上海东亚同文书院大旅行记录》，商务印书馆2000年版，第1～15页。

政”，包括收入中的地租的种类、田制、赋则、征收、耗羡、地丁银、漕粮、粮折、盐政、盐课、盐厘、厘金、土药税、牙税、当税、契税、茶税、直隶的新税等款目；支出中的祭祀费、仪宪费、驿站费、赏恤、采办、织造、教育费、俸食（俸禄）、养廉银、公费银、红白事例银、河工、塘江、饷乾（驻防八旗、绿营、长江水师、勇饷、练军）、漕运经费、海军费、补支和预支、解京诸饷、协饷、在北京诸衙门费，并附录有地方财政实例（江南财政调查）①。

第3章“中央财政”，包括经常收入中的漕粮、京饷、关税、杂款，临时收入中的协饷、捐项、借款、捐官；支出中的宫内费、俸食、养廉、饷乾、土木费、警察费、工部所管经费、宝源宝泉局经费、教育费、驿站、借拨银等。第4章“公债”，包括甲午以前的形势（外债的起源），日清战争（甲午战争）导致的国债（含战初的财政状况、内债的募集、外债的成立），日清战后善后公债（含怡和及瑞记借款、俄法借款、英德借款、偿还准备、昭信股票、续借英德洋款），庚子赔款，地方借款等。

《支那经济全书》所汇集的资料，有的来源于实地调查，有的是文牍档案典章的直接移录，有的是从相关资料中采摘综合。就三种资料的来源形式来看，实地调查和采摘综合的资料最具有价值。

实地调查的资料很多，在各辑各编中都有。如第1辑第3编“劳动者”，分别对劳动者的种类、就业年龄，劳动的方法、时间、工钱等，进行了调查。其对劳动者的工钱调查，可以参见下表②：

---

① 该调查包括江宁藩库、江安粮道库、江南盐巡道库、江海关道库，金陵防营支应局、江南筹防局、金陵善后局、金陵厘捐局、江宁劝办房膏总局、徐州膏捐总局、裕宁官银钱局、江南银铜元局、皖南茶厘总局。

② 《支那经济全书》第1辑，东亚同文会，明治四十年版，第153～154页。按：据《清国事情》（日本外务省通商局，明治四十年版）第2辑第13卷，第820页载，十仙银货商人呼之为“七分二”；一弗相当于银货一元，等于库平银两七钱二分；又，洋银一弗五十仙等于一海关两，当然，每年的比价有所不同，如一海关两1892年的比价为一弗五十六仙，1893年为一弗五十四仙，1894年为一弗五十二仙，1899年为一弗四十二仙，1900年为一弗三十九仙，1901年为一弗四十一仙等。

职　　名	月给或日给	上海的情况	天津的情况
石　工	日	50—60 仙	
铁　工	日	60—85 仙	40—70 仙
铜　工	日	50—60 仙	
染　工	日	40—50 仙	年 40—100 弗
纺织男工	日	25 仙	
纺织女工	日	22 仙	
船　工	日	60—85 仙	55—65 仙
建筑大工	日	55 仙	40 仙
英语翻译	月	8 弗以上	

另外，对夔昌自来水公司、汉口枪炮局的工钱支付，也有系统的调查统计。又如第 1 辑第六编“人民生活程度”，分别对北京、汉口、香港每月的温度，衣冠、饮食、居住状况，北方人的生活状态、江南人的生活状态、上海的商人生活、上海的买办生活、上流社会的生活状态等进行了调查。在“上海的商人生活”一节中，甚至记录了上海大东门外一个小卖店在光绪三十年正月和三月每天的日常开支①。再如第 9 辑第一编“牧畜（附养鸡）、牛骨、兽皮、制革、羊毛、猪毛及鸭子”，分别对相关类项进行了调查。对北京猪行的调查称，北京的猪行在东单牌楼马市附近，同业者有五六十行，其中最大的猪行称为“黄店王”，猪的产地大多来自于张家口、大同府、宣化府、平泉州、八沟、哈达州（赤峰）、建昌县、丰宁县、承德府等。猪的买卖数，各行合计，平均每天八百余头②。对汉口、天津等地的牛皮行调查称，汉口的牛皮是重要的商品

① 《支那经济全书》第 1 辑，东亚同文会，明治四十年版，第 403 ~ 414 页。按：原文虽称其为“小卖店”，但恐怕亦有一定规模，该小卖店专做丝的生意，除夫妻、女儿三人外，还雇有三个伙计和仆人，其长子在美国读书，次子曾留学日本，学成归国后在武昌的一所学校供职。

② 《支那经济全书》第 9 辑，东亚同文会，明治四十一年版，第 56 ~ 58 页。

之一，每年的集散量高达二十七万担以上。专营牛皮的牛皮行，外国人有美最时、太平洋行两家，中国人经营的徐复泰行、徐德祥行、姚义兴行三家最具实力，其他则有臣泰昌、张森茂、常永茂、复盛源、慎发、瑞泰、金益、彭长泰、杜祥兴、杨洪顺、陈元丰、萧万泰、张永元、产茂恒、玉和太、源顺欣、张祥兴、高复泰、杜同盛、周源顺、兴泰礼、义泰信等行。天津和汉口一样，牛皮也是最重要的商品，天津有名的牛皮行有新泰兴洋行、隆茂洋行、顺庆洋行、明义洋行、平和洋行、礼和洋行、高林洋行、聚立洋行、信远洋行、德义洋行、仁记洋行，另外还有恒顺茂、恒平号、裕昌兴、恒利号、天顺成、兴顺成、兴盛德、东泉盛、东聚成等皮货铺①。

采摘综合的资料，如对同治以后的海关收入统计，据编者云，分别采自《政治家年鉴》、“钱洵的统计”（称钱洵为“著名的财政论者”）、《光绪会计表》、《海关报告》，由于前两种资料难寻，也就显得珍贵。编者并且指出：“光绪二十年之前和二十一年之后，数字差异很大，值得怀疑，尚待日后补正。”（光绪二十一年之后据《海关报告》）又，光绪十一年至十三年钱洵的统计和《光绪会计表》的统计不同，一并采纳。兹将此统计示列如下②：

时　　间	海关岁入银两	折合英镑
同治三年（1864 年）	7872257	2361677
光绪元年（1875 年）	11968109	
光绪二年	12152921	
光绪三年	12067078	
光绪四年	12483988	
光绪五年	13531670	
光绪六年	14258583	

① 《支那经济全书》第 9 辑，东亚同文会，明治四十一年版，第 164～169 页。
② 《支那经济全书》第 1 辑，东亚同文会，明治四十年版，第 909～912 页。

续表

时　　间	海关岁入银两	折合英镑
光绪七年	14685162	
光绪八年	14085672	
光绪九年	13286757	
光绪十年	13510712	
光绪十一年	14472766 13527584	
光绪十二年	15144678 14366306	
光绪十三年	15895577 19319999	
光绪十四年	17754216	
光绪十五年	16767282	
光绪十六年	16710373	
光绪十七年	18206777	
光绪十八年	17622859	
光绪十九年	16801180	
光绪二十年	10674032	
光绪二十一年	21385389	3497402
光绪二十二年	22579366	3763227
光绪二十三年	22742104	3387626
光绪二十四年	22503397	3246584
光绪二十五年	26661460	4013105
光绪二十六年	22873986	3550233
光绪二十七年	25537574	3784100
光绪二十八年	30007044	3900915
光绪二十九年	30530688	4007150
光绪三十年	31493156	4514020
光绪三十一年（1905 年）	35111004	5281280

对于中国学者来说，《支那经济全书》直接移录的文牍档案典章资料，可以在汉籍中查询，如“光绪二十九年部库收款细数”、“光绪二十九年部库放款细数”、“光绪二十九年各省岁入表”等①但由于一些汉籍资料已阙如或难以觅到，如“赈册书式”，“红契书式”、“官契书式”、“白契书式”、“典契”，“执业田单书式”、“贷地地契书式”，等等②。所以这一部分的资料价值仍不可忽视。

上述之外，值得注意的问题有三：第一，该调查资料的资料时限虽然主要集中在晚清，但在有些地方又不局限于此。如第 6 辑“度量衡”编，专列一章叙述先秦至晚清的度量衡沿革。第 7 辑“商帮”编，在介绍宁波帮、绍兴帮、钱江帮、金华帮、广东帮、山西帮、徽州帮、福建帮、江西帮、四川帮等商帮时，注意了源流的上溯。第 12 辑“文房用具”编，分为秦汉时代以后的文具、隋唐时代的文具、宋元时代的文具、明至现代的文具加以叙述。第二，对一些不太引人注目的社会经济事项，列有专编，从前揭编目中已可窥知一二。并且，其介绍和资料的搜集也较为细致。如第 7 辑“广告”编，不但有店铺新开广告、卖药广告、香烟广告等一般的广告，也有报纸等新式媒体刊载的广告。第 11 辑“燐寸”编，对汉口燮昌公司、长沙和丰公司、北京京师丹凤火柴有限公司、重庆有邻公司、上海燮昌公司、福州福建火柴厂、九龙隆起公司、广东大和公司、佛山巧明公司等，一一罗列。第三，是书不仅仅是资料的汇编，还表现出一定的识见。其识见一般反映在各编的“总论”、“总说”、“绪论”、“结论”、“余论”中，如论赋税的征收与吏治关系：“官吏的中饱，导致了财政秩序的混乱，从俚语‘三年清知府，十万雪花银’，可窥实情之一斑。……清国收入表面上约一亿两，但民间实际负担额则在四倍以上。”③ 在列制统计

---

① 《支那经济全书》第 1 辑，东亚同文会，明治四十年版，第 913 ~ 976 页。

② 《支那经济全书》第 1 辑，东亚同文会，明治四十年版，第 49 ~ 50、78 ~ 85、100 ~ 102 页。

③ 《支那经济全书》第 1 辑，东亚同文会，明治四十年版，第 443 ~ 444 页。

表后，对前后数据升降之原因，也大多有分析论述。

《支那经济全书》之外，明治末年，东京东亚同文会还编辑出版有《清国商业综览》5册，东亚同文会明治三十九年至四十一年（1906—1908年）版，上海东亚同文书院则有《清国商业惯习及金融事情》一书，东亚同文书院明治三十七年（1904年）版。如《清国商业习惯及金融事情》，分为“清国商业习惯”和“金融事情”两卷，主要是对上海、汉口两地的调查资料。在“清国商业习惯”卷中，对上海的内地商人、上海的会馆及公所、上海商业会议公所、上海的行栈、上海的报关行、上海的茶馆、汉口的商帮、汉口的交兑习惯、汉口的行帮及市场、汉口的报关行及渝行、汉口的会馆公所等有详细的记载。在“金融事情”卷中，主要记述了沪汉两地的银号、银爐、银元局、公估局、钱庄、票号、当铺及货币种类等。

3. 驻华领事馆的调查报告汇编

日本驻华领事馆亦十分注重对华的调查，从明治14年（1881年）起，日本外务省通商局就将各领事馆不同时间的调查报告汇编成册，分别冠以《通商汇编》、《通商报告》、《清国事情》等书名出版。这些调查报告从不同的角度记述了晚清的政治、经济、社会、文化等状况。以明治40年（1907年）出版的（清国事情）为例，可以略加管窥。

《清国事情》分作2辑，第1辑4卷，分别是“在天津帝国总领事馆管辖区域内的事情”、“在芝罘（烟台）帝国领事馆管辖区域内的事情”、“在上海帝国总领事馆管辖区域内的事情”、“在汉口帝国领事馆管辖区域内的事情”；第2辑10卷，分别是苏州、杭州、南京、长沙、沙市、福州、厦门、汕头、广东、重庆领事馆管辖区域内的事情。每卷又分作若干章、若干节、若干款、若干项，十分细致，如第4卷“在汉口帝国领事馆管辖区域内的事情”长达400页，分作17章，分别为地势、面积、人口与职业，管辖区内的一般特征，衣食住状态，气候与卫生，商业机关与市场，贸易，工业与矿业，重要农产物、林产物与畜牧、土地，金融与度量衡，铁路，航运，汽船业与仓库，租界，土地房产的买卖与租赁，劳动价格，物价，学校与公共团体①。各章的调查和记述虽详略不一，但有关记载的详细程度的确值得注意，如对湖北厘金局卡设置、征收的记述，对九江贸易额的统计，对汉口各种棉布产地、名称、尺寸、价格的记述，对汉口外国银行、洋行、工场商店的统计，对汉口的食品价格、木材价格、杂货价格的统计等②，都远远超出国内学者现有研究成果的表述。

二 民国年间的调查资料

民国年间的调查资料以“满铁调查资料”最为著名，也已为国内学者所熟悉。但是，“满铁调查资料”只是“南满洲铁道株式会社”的调查资料之一种。南满洲铁道株式会社成立于1906年11月，1907年4月正式运营③。在其运营之初，即开始了对东北地区及整个中国的调查，当时汇编成册的资料有《南满洲经济调查资料》7册，满铁调查课，明治四十二年至大正一年（1909—1912年）版，《满蒙交界地方经济调查资料》3册，满铁调查课，明治四十二年至大正四年（1909—1915年）版，《北满洲经济调查资料》2册，满铁调查课，明治四十三年至四十四年（1910—1911年）版等。

据满铁总裁松冈洋右的《话说满铁》介绍，作为一般的调查机构，于明治四十年（1907年）设立调查部（次年改称调查课），明治四十一年（1908年），在满铁的东京支社设立东亚经济调查

① 按：各卷的章目虽然不尽相同，但大体一致，显现出各领事馆的调查事先有统一的规划。当然，各领事馆对有关事项的调查详略不一，如天津领事馆对税关的调查较为细致，上海领事馆对周边地区的宁波、温州、芜湖等地的调查较详。

② 《清国事情》，外务省通商局明治40年版，第738～744、783～788、817～821、1014～1021、1023～1028页。

③ 小林英夫：《满铁经济调查会小史》，见《满铁经济调查会史料》第1卷，东京柏书房株式会社1998年版。

局，大正十二年（1923年）设立哈尔滨事务所调查课，昭和七年（1932年），又在哈尔滨事务所调查课的基础上组成经济调查会，昭和十年（1935年），在哈尔滨铁路局内设置哈尔滨经济调查所（后改称北满经济调查所），同年，又设立天津事务所调查课。这些调查机构也作了大量的调查，如，满铁调查课于昭和七年（1932年）废止，在存在的25年间，刊行的调查资料有《满洲旧惯调查报告书》、《经济调查资料》、《交涉资料》、《调查报告书》、《满铁调查资料》、《满蒙全书》、《劳农露国（俄国）研究丛书》、《露亚经济调查丛书》等，总数达467部，涉及中国、俄国等的政治、法律、经济、交通、文化各个方面。另外，还有《满铁调查月报》等刊物的发行。又如，经济调查会刊行的资料，截至昭和十一年（1936年）九月，有《经调资料》、《苏联研究资料》、《苏联远东及外蒙调查资料》等178部。另有《满洲经济年报》（即《满洲经济统计》年刊）、《苏联年鉴》等刊物的发行。再如东亚经济调查局，其初设时是作为满铁东京支社的一个机构，着眼于东亚经济和世界经济动向的调查研究，到昭和四年（1929年），该调查局成为具有财团法人性质的国家调查机构。其刊行的资料为《调查报告》（后改称《经济资料》），达到一百数十编①。

除了松岡洋右氏提到的之外，据笔者在东洋文库、东京大学图书馆和有关部所的图书馆检索查阅，满铁所属的许多机构都程度不等的进行过调查，并有调查资料的编辑出版，这些机构如：满铁临时经济调查委员会、满铁国际收支调查委员会、满铁太平洋问题调查准备会、满铁社长室、满铁总裁室、满铁总务部、满铁弘报课、满铁资料课、满铁交涉部资料课、满铁矿业部矿物课、满铁兴业部商工科及农务课、满铁产业部、满铁地方部、满铁产业试验场、满铁长春事务所、满铁北满经济调查所、满铁北支经济调查所、满铁北支事务局调查室、满铁上海事务所等。

---

① 参见松岡洋右：《话说满铁》，东京第一出版社昭和十二年版，第181～186页。

1. “满铁调查资料”

满铁调查资料在大正年间和昭和年间由南满洲铁道株式会社陆续刊行。与财政、经济有关的资料如：第 7 编《银两与铜元的比较》，大正十一年（1922 年）版；第 14 编《支那的国债统计》，大正十二年（1923 年）版；第 17 编《满洲的磷寸工业》，大正十二年（1923 年）版；第 18 编《满洲的纺织业》，大正十二年（1923 年）版；第 19 编《满洲的柞蚕制丝业》，大正十二年（1923 年）版；第 23 编《满洲的油坊业》，大正十三年（1924 年）版；第 24 编《日本的木材需求与满洲木材》，大正十三年（1924 年）版；第 32 编《满洲的制粉业》，大正十三年（1924 年）版；第 34 编《在满洲的外国经济势力》，大正十三年（1924 年）版；第 38 编《满洲的砂糖》，大正十三年（1924 年）；第 41 编《满洲的肉类加工业》，大正十三年（1924 年）版；第 64 编《东三省的度量衡》，大正十三年（1924 年）版；第 74 编《奉天省的财政》，昭和三年（1928 年）版；第 92 编《满洲物价调查》，昭和四年（1929 年）版；第 95 编《最近支那关税问题》，昭和四年（1929 年）版；第 96 编《满洲物价调查》，昭和四年（1929 年）版；第 108 编《最近支那财政概说》，昭和四年（1929 年）版；第 112 编《支那的对外政治借款》，昭和四年（1929 年）版；第 127 编《支那内国公债事情》，昭和五年（1930 年）版；第 132 编《满洲油坊现状》，昭和五年（1930 年）版；第 140 编《支那的对外交通经济借款》，昭和五年（1930 年）版；第 149 编《黑龙江省的财政》，昭和六年（1931 年）版；第 154 编《支那银行关系规定》，昭和六年（1931 年）版；等等。

如上所揭示的满铁调查资料，主要是对东北地区的调查，但值得注意的是，即使是对东北地区的调查，也涉及其他地区，如《满洲物价调查》，在“支那的物价”一节中，就有上海、北京、广东等地的物价资料。同时，该调查资料，不仅仅是资料的汇集，也收录有个人的研究著作。如中滨义久《支那的对外政治借款》，全书分为 14 章，前 5 章：甲午战争以前的外债、甲午战争以后的外债、义和团与外债、币制改革及东三省实业振兴借款、瑞记借款，叙述晚清的借款事宜，后续几章的白耳义借款、バーチ・クリスプ借款、五国善后大借款、续善后借款、西原借款、烟酒借款契约、新四国财团等则是叙述民国年间的借款事宜。另外，作为“满铁调查资料”第82编，中滨义久还有《吉林省的财政》一书。又如竹内元平《最近支那财政概说》，该书共有13章：第一章，总论；第二章，财政组织；第三章，岁入岁出概说；第四章，租税；第五章，岁计和军阀的关系；第六章，国债通论；第七章，外债；第八章，内债；第九章，国民政府的财政；第十章，各省财政；第十一章，支那财政上的主要问题；第十二章，国民政府的新财政方针；第十三章，结论。该书主要研究民国年间的财政问题，但也涉及晚清的财政状况与沿革。

2. “临时经济调查委员会刊行资料”

与“满铁调查资料”相比，“临时经济调查委员会刊行资料”规模较小，共有24编。调查资料涉及的范围主要是东北三省，内容主要是东北三省及近邻省区的道路、水运、森林采伐、家畜饲料、燃料、牛、毛皮、大豆、高粱、课税、外商势力等，基本上是以一个专题作为一编，单独成书。对这些问题的调查都比较专门，而且目前对这些问题的研究阙如，因此，这些资料也就显得重要。如第24编《关于满蒙牛向日本输出的调查》，南满洲铁道株式会社昭和5年（1930年）版，该书分作14章，其章目如下：

第一章　总论
第二章　日本牛肉的需求情况
第三章　满蒙牛的现状
第四章　满蒙牛的放牧与饲养
第五章　满蒙牛的市场集散与输出
第六章　大连的满蒙牛输出趋势
第七章　满蒙牛的买卖与输出成本
第八章　催肥
第九章　屠宰场

第十章　冷藏库

第十一章　输送机构

第十二章　青岛牛与牛肉的输出

第十三章　朝鲜牛的输出

第十四章　结论

有关各章的内容都较为翔实，且有统计表格以资说明，如第二章“日本牛肉的需求情况”分别为日本的畜牛总头数、日本与其他国家对牛肉的消费比较，以及青岛、大连、天津、朝鲜、澳大利亚、加拿大对日本的肉牛输出等，该章的统计表有“大正六年（1917 年）以来日本的畜牛头数与公牛母牛比例”、“大正年间日本的畜牛总头数与生产、死亡、屠杀比例”、“大正十一年（1922年）以降大连港的满蒙牛向日本的输出头数”、“牛肉输入国别、数量及价格历年比较”等。值得注意的是，该调查虽然在昭和 2 年至昭和 3 年（1927—1928 年）进行，但相关资料上溯到 20 世纪初叶。

又如第 16 编《支那毛皮》，南满洲铁道株式会社昭和 4 年（1929 年）版，调查时间是 1928 年 2 月至 1929 年 5 月，全书分为上、下两编，上编 8 章，主要涉及毛皮的种类、生产、市场、消费、输出等，附录有“满洲毛皮输出数量金额表”、“天津毛皮输出数量表”、“美国领事馆调查的奉天及哈尔滨毛皮输出数量金额表”、“美国领事馆调查的天津输出毛皮数量金额表”等。下编 10 章，主要叙述奉天、哈尔滨、海拉尔、满洲里、齐齐哈尔、吉林、锦州、天津、张家口、宣化等地的毛皮集散市场。

3. 满铁“经调资料”

据小林英夫《满铁经济调查会小史》，经济调查会于“满洲事变”（1931 年 9 月 18 日）的次年 1932 年 1 月成立，1936 年 10 月废止。这个机构作为“满洲国”（1932 年 3 月“建国”）的政策立案机关发挥了重要作用，也有人认为为日本的战时经济政策的制定提供了帮助。经济调查会下分五部，各有职掌，第 1 部，经济一般；第 2 部，产业；第 3 部，交通；第 4 部，商业及金融；第 5

部，法政一般（包括法政、财政、关税、国际关系等）。每部又有若干班。常规编制达到300余人①。该调查会调查出版的丛书性质的资料有“经调资料”、“立案调查书类”、“资源调查书类”、“苏联研究资料”等。就“经调资料”而言，涉及财政经济事项的较多，比较重要的如：《清朝经费之研究》，满铁经济调查会“经调资料”第66编，南满洲铁道株式会社昭和十年（1935年）版；《华北地契制度的研究》，满铁经济调查会“经调资料”第87编，南满洲铁道株式会社昭和十年（1935年）版；《山东省一个农村（张耀屯）的社会经济事情》，满铁经济调查会“经调资料”第95编，南满洲铁道株式会社昭和十年（1935年）版；《山东省经济调查资料》，满铁经济调查会“经调资料”第97编，南满洲铁道株式会社昭和十一年（1936年）版；《中国大豆生产统计表》，满铁经济调查会“经调资料”第110编，南满洲铁道株式会社昭和十一年（1936年）版；《满人农家经济调查报告》，满铁经济调查会“经调资料”第119编，南满洲铁道株式会社昭和十一年（1936年）版等。

在“经调资料”中，村级调查资料值得注意。如《山东省一个农村（张耀屯）的社会经济事情》（满铁经济调查会“经调资料”第95编，南满洲铁道株式会社昭和十年（1935年）版），分为村落概说、土地、建筑物、劳动力、家畜及家禽、农具、作物耕种及肥料、生产物的处理及交易、税课等负担、借贷、农家的生活制度、风俗与习惯、度量衡及通货等13章。是现实性的田野调查。

“经调资料”也包括了研究性的著作。如松井义夫《清朝经费之研究》，分为制度和经费两编，“制度”编分为官制、财务行政两章，“经费”编分为总论、经费准则、经费的类别、国家经费与地方经费的关系、经费的区分、经费的膨胀、皇室费、俸给费、军事费、公债费等十章。在一般性叙述财务行政以及国家财政和地方财政的基础上，重点探讨了晚清的财政支出和相关财政问题。又如矢野春隆《华北地契制度的研究》，全书八章，对契的字意、沿

① 见《满铁经济调查会史料》第1卷，东京柏书房株式会社1998年版。

革、种类、性质以及契税制度等进行了研究。在契税制度一章中，除了对明清契税进行梳理外，关于民国年间契税征收的研究尤详。

满铁其他调查机构编辑出版的涉及财政、经济的资料主要者如满铁上海事务所的《浙江财阀》（“上海满铁调查资料”，第22编），《米：以无锡米市场为中心》（同前，第25编），《江苏省太仓县农村实态调查报告书》（同前，第35编），《米：上海米市场调查》（同前，第39编），《江苏省松江县实态调查报告书》（同前，第48编）等。满铁总务部调查课的《黑龙江省财政一斑及现行税则》（“调查报告书”第8卷），《关于支那地租制度改革问题》（“调查资料”第3辑），《满洲的金融机关与通货》（同前，第6辑）等。满铁天津事务所的《冀东区域贸易概况与关税事情》（“北支经济资料”，第5辑），《河北省农业调查报告》（同前，第26、30、31辑），《河北省棉产调查报告书》（同前，第35辑）等。满铁东亚经济调查局的《上海的金融机关》（“经济资料”，第13卷第9号），《支那的国际财团》（同前，第14卷第9号）等。满铁北支事务局调查室的《杀虎口关税》（“北调理”10），《中支三省对外收支推计》（“北调理”11），《河南省焦作煤矿权益调查》（“北调法”10），《京汉沿线农业设施调查报告》（“北调农”2）等。满铁北支事务局调查部的《河北省税制调查报告书》（“北支调查资料”，第1辑），《山东棉业调查报告》（同前，第4辑），《青岛附近农村实态调查报告：青岛特别市李村区西韩哥庄》（同前，第7辑）等。

4. 台湾“南支那及南洋调查”

与满铁在北部中国的调查相呼应，“台湾总督官房调查课”从20世纪20年代起，开始进行大规模的相关调查①，其调查资料的汇编，最著名的就是“南支那及南洋调查”。

---

① 按：20世纪初，“临时台湾旧惯调查会”已开始了对台湾社会经济的调查，并于明治38年（1905年）出版了《台湾旧惯调查经济资料报告》，该资料分为产业、地方产业、交通、一般经济资料4编，基本上涵盖了台湾经济的方方面面。

在“南支那及南洋调查”这个系列的调查报告中，除了南洋菲律宾、马来西亚等国外，既有南部中国省份的调查资料，如《云南省事情》1—3册，系“南支那及南洋调查”第96辑，大正13年（1924年）版；又有涉及整个中国财政经济事项的调查资料，如《支那的商业事情》（同前，第57辑，大正11年版），《支那的渔业》（同前，第94辑，大正14年版），《支那关税特别会议的经过》（同前，第134辑，昭和2年版），《支那最近的工业与财政》（同前，第163辑，昭和4年版），《支那内国关税制度》1—4册（同前，第158、176、208、215辑，昭和4年至昭和9年版），等等。

这些资料具有相当的史料价值，有些带有研究性质，如《支那内国关税制度》第3册《厘金》（“南支那及南洋调查”第208辑，台湾总督官房调查课昭和7年版），为井出季和太氏撰写，内容翔实，分别对厘金的沿革、厘金的意义、厘金的种类、厘金的征收机关、厘金的税率、厘金的利弊、各地的厘金制度、铁道厘金、特殊厘金、厘金收入、厘金减免等问题进行了叙述。在对“各地的厘金制度”的叙述中，大多数省份都将清代和民国分别论列，在对“特殊厘金”的叙述中，盐厘和鸦片厘金均是分省区论列。而且，将引用的典籍文献和论著加以揭示（重要者如《湖南厘务汇纂》、《福建省例》、《广东全省厘务总局新刊厘则》、《福建省厘捐类沿革利弊说明书》、《阁钞汇编》、《户部陕西司奏稿》、《丁恩改革盐务报告书》、《各省厘金状况调查统计表》、《支那经济全书》、各省财政说明书以及《中国度支考》、《中国厘金问题》、《支那关税制度论》、《民国财政史》等），该著在资料性和学术性方面，超过了前此各种著作。在台湾总督官房调查课写的“凡例”中，也认为井出季和太氏的“调查研究”具有极其重要的参考价值。

除了“台湾总督官房调查课”调查编辑的资料外，同属于“台湾总督府”的其他一些机构也有调查资料的编辑出版，如台湾总督府财务局的《南支南洋的关税和内国税》（昭和10年版），分为南支南洋的关税和南支那的内国税两编，有较为细致的民国年间的关税调查资料；又如台湾总督府热带产业调查会的《南支那的资源和经济》第1卷《福建省》，长达1300页，分为地志、产业、交通、金融、财政5章，并附录有“福建历年大事记”（先秦至1938年6月20日），内容相当完备。其中，“地志”是包括土地及民众、地势、气象、地方情势等的一般性介绍。“工业”则包括了农业、林业、矿业、渔业、盐业、工业、电气事业、土木事业、度量衡。“财政”包括中央财政、省地方财政、县地方财政以及田赋的整理、契税的整理、营业税的整理等项内容。该资料汇编主要叙述民国年间福建的事情，但大多有晚清以来的沿革以及与其他省区的比较对照，如第3章“交通”，在叙述“有线电信”时称：“本省的有线电信局处，清末光绪三十二年，有厦门、漳州、泉州、福州、水口、涵江、建宁、马尾、浦城、三都澳、延平、云霄等十三个（原文如此，实际上共列出12个），民国初年有十五个，民国九年有十九个，民国二十四年增加到三十五个。其局处的种类：有管理局（福州）、一等及二等局各一，三等局二，四等局三，支局二十七，合计三十五局，如果再加上十二个营业处，营业局处则有四十七个。”① 在叙述邮政时，列有“民国年间各省民局处理邮件数额对照表”②、“光绪二十四年全国的民局数额及处理邮件数额统计表”③ 等。另外，还有台湾总督府财务局的《支那国民政府的税制》（昭和16年版）、《台湾贸易四十年表》（昭和11年版），台湾总督府殖产局的《主要农作物经济调查》（昭和3年版）、《渔业经济调查书》（昭和12年版），台湾总督府临时南支调查局的《广东省调查书》（昭和13年版）、《广东省营工厂调查报告书》（昭和14年版），台湾银行总务部调查课的《南洋华侨与金融机关》（大正5年版）、《福建矿物志》（大正9年版）等。

同样为调查报告，金子隆三的《支那之厘金制度与产业政策》

---

① 《南支那的资源和经济》第1卷《福建省》，台湾总督府热带产业调查会昭和13年（1938年）版，第983页。

② 《南支那的资源和经济》第1卷《福建省》，第974～975页。

③ 《南支那的资源和经济》第1卷《福建省》，第981～982页。

也值得注意①。该书的分量较足，其“厘金”部分多达十六章，章目如下：第一章，厘金的沿革；第二章，厘金的本质；第三章，厘金局的组织（包括清代的厘金局组织、现行厘金局组织等）；第四章，各省厘金局的名称及总数；第五章，厘金征收制度（包括一起一验制、两起两验制、统捐制、出产税、销场税、产销税、落地税、过境税等）；第六章，税率；第七章，征收规定；第八章，制裁规定；第九章，各省的厘金制度；第十章，铁道厘金（包括京汉铁道厘金、京奉铁道厘金、津浦铁道厘金、山东铁道厘金等）；第十一章，特种厘金及与厘金类似的杂税、杂捐（包括盐厘、糖厘、家畜厘、茶税、丝蚕捐、烟酒税捐等）；第十二章，厘金收入及其归属；第十三章，厘金的弊害；第十四章，厘金与子口半税的关系及得失；第十五章，厘金改良计划；第十六章，废厘加税问题。仅从章目已可看出其探讨厘金问题的全面。由于该书属于调查报告的性质，当然不乏识见，但更偏重于资料的汇集。如第三章中对重庆厘金局、汉口征收局、长沙厘金局、广东韶州厘金局组织机构的示列；第六章中对湖北、山东厘金税则的统计；第十一章中对广西与江西的糖厘、江苏与浙江等地的丝蚕厘列举等，都有相当的参考价值。

5. 其他调查资料

另外，像兴亚院②政务部编撰的“兴亚资料”（分为经济编、

---

① 该书属于“支那出张复命书”第四编《厘金》、第五编《支那的产业保护政策》的合集。《支那之厘金制度与产业政策》藏于东京大学经济学部图书馆，资料卡上注明：东京，出版时间不详。该书亦没有版权页，但贴有东京岩松堂书店的售书小票。书中引用资料的最后时限是 1916 年。东洋文库的藏本作：金子隆三《支那出张复命书》，大正七年（1918 年）。

② 据本庄比佐子等《兴亚院与中国战时调查》一书附录的“兴亚院调查报告目录”来看，兴亚院的调查资料达到 1935 种之多。另外，该书中久保亨撰写的《兴亚院的中国实态调查》，本庄比佐子撰写的《华南的调查》，金丸裕一撰写的《中国工业调查》，奥村哲撰写的《重要国防资源调查》，内山雅生撰写的《华北联络部的资源调查与华北农村》等，都可以参考。

政治编，如经济编中的《以广州为中心的对外贸易》、《中国南部矿产资源调查报告》、《中华民国的财政经济》等)，兴亚院技术部编撰的“兴技调查资料”（如《中国北部林产资源调查》、《中国北部小麦品质及需求情况的调查》、《两淮地方的盐垦事业》等)，兴亚院华北联络部编撰的“调查所调查资料”（如《中国北部农具事情的调查》、《中国北部棉作经营调查》、《华北兽医的调查》等)、“调查资料”（如《中国北部花生、花生油及油粕调查》、《华北各地粮食交易机构的调查》、《济南市郊农家的调查》等)，兴亚院华中联络部编撰的“兴亚华中资料”（如《海关的预算制度及预算编成的顺序》、《中国盐税的研究》、《战后上海的物价状态》等)、“华中调查资料”（如《苏北共产地区实情调查报告书》、《新四军的现状》等)、“农产资源资料”（如《中国中部生丝调查报告》、《中国中部粮食作物调查报告书》等)，东亚研究所编撰的“资料”甲、乙、丙、丁系列（如资料甲第27、34、36号《经济方面中国的惯行调查报告书》，第25、33、35号《中国农村惯行调查报告书》；资料乙第54号《中国生丝的世界地位》，第55号《中国茶的世界地位与前瞻》；资料丙第43号《英国对华公共事业投资：电灯、煤气、自来水及客车、电车》，第153号《内蒙古的农牧业》；资料丁第3号《中国沿海及长江流域的卫生状况》，第7号《中国西北羊毛贸易与回族的作用》)，中支建设资料整备委员会编撰的“编译汇报”（如《河南省的棉业》、《湖南省的桐油与桐油业》、《广东经济调查报告》等)、“资料通报”（如《中国经济、财政、金融关系资料目录》、《中国工业关系资料目录》、《中国交通关系资料目录》等)，中支经济研究所编撰的“中支经济资料”（如《上海华商银行的构成与战后动向》、《民国二十七年度中国对外贸易概论》等)，上海商务官事务所编撰的“支那通商报告”（如《中国通商报告》、《中国对外贸易概况》、《最近中国罢工事情》等)。这些资料数量繁多，涉及民国年间（主要是三四十年代）财政、经济的方方面面，值得注意。

东亚同文书院不但继续了以往的调查，而且规模更加扩大。民国年间，东亚同文书院参加调查的学生达到5000人，调查线路达到700条，除西藏之外几乎遍布中国所有省区①。在这一时期不但陆续出版了大型调查资料的集成《支那省别全志》(1917—1920年出版)、《支那经济地理志》(1922—1928年出版)、《新修支那省别全志》(1941—1946年出版)，而且也有《支那年鉴》的出版发行。在这些资料汇编中，有大量的财政经济资料，如《支那经济地理志》分为交通全编、制度全编和产业贸易编，《支那年鉴》则分为法制、政治、外交、国防、教育、财政、贸易、商业、金融等类。另外，各年度的调查报告书也值得注意，如《东亚调查报告书——昭和十六年度》(东亚同文书院1942年版)，就包括了《以青岛港为中心的民船业》、《镇江金融状况》、《包头当铺研究》、《厦门货币金融状况》、《广东货币金融状况》、《闽江流域的经济》、《南昌县的财政》、《厦门的米粉业》等专题调查。这些调查，非常专业和细密，如《南昌县的财政》分为财政组织的现状、地方收入概要、地方公债、地方经费、预算与决算制度、新政权地方财政的根本问题等章。《厦门的米粉业》分为厦门工业一般、米粉业概观、工业组织、劳动者分析、同业工会、米粉业的将来等章。由于调查的专业化和细密化，提供的资料和相关分析也就具有相当的资料价值和学术性的启迪。

原载《近代史研究》2004年第3期

① 爱知大学藤田桂久教授曾将东亚同文书院对中国的调查分为几个时期，一是1901—1905年的肇始期，调查范围主要在山东和武汉；二是1906—1919年的扩大期，其标志是日本外务省自1907年起对调查提供补助金，调查扩大到各省区；三是1920—1930年的成熟期，调查更加专业化和细密化；四是1931年后的制约期，由于“九·一八”事变和中日战争的爆发而受到限制。参见沪友会编《上海东亚同文书院大旅行记录》，第7页。